山东工会年鉴

SHANDONG GONGHUI NIANJIAN

2019

山东省总工会　编

九 州 出 版 社
JIUZHOUPRESS

图书在版编目（CIP）数据

　　山东工会年鉴.2019 / 山东省总工会编.—北京：
九州出版社，2019.12
　　ISBN 978-7-5108-8662-1

　　Ⅰ.①山… Ⅱ.①山… Ⅲ.①地方工会－工会工作
－山东－2019－年鉴 Ⅳ.①D412.852-54

　　中国版本图书馆CIP数据核字（2019）第290354号

山东工会年鉴(2019)

作　　者　山东省总工会　编
出版发行　九州出版社
地　　址　北京市西城区阜外大街甲35号(100037)
发行电话　（010）68992190/3/5/6
网　　址　www.jiuzhoupress.com
电子信箱　jiuzhou@jiuzhoupress.com
印　　刷　山东黄氏印务有限公司
开　　本　889毫米×1194毫米　16开
印　　张　33
字　　数　778千字
版　　次　2019年12月第1版
印　　次　2019年12月第1次印刷
书　　号　ISBN 978-7-5108-8662-1
定　　价　168.00元

《山东工会年鉴》编审委员会

编 辑 说 明

一、《山东工会年鉴》是由山东省总工会主持编纂的信息资料密集型工具书,自1995年起,每年编辑出版一卷。本书旨在全面、系统、翔实地记载山东各地工会组织的概貌、年度工作情况和在改革开放及社会主义现代化建设中出现的新情况、新问题,为全省各级工会组织进一步做好新时期的工会工作提供政策理论指导和工作经验借鉴,为续修山东工人运动史志提供资料。同时,也为各级领导和社会各界人士广泛了解和深入研究山东工人运动及工会工作提供可资借鉴的信息载体。

二、《山东工会年鉴》采用分类编辑法,主体结构分为类目、分目、子目、条目4 个层次。类目下设分目和子目,分目和子目下设条目。条目为年鉴的基本单位和内容载体,标题用黑体字标于条目内容之首。

三、本卷是全面记载和反映2018年度全省各级工会组织的工作概况和有关信息的资料。全卷共设11个类目:(1)特载;(2)大事记;(3)重大事件;(4)会情概况;(5)调查研究;(6)理论探讨;(7)政策法规;(8)先进表彰;(9)工运人物;(10)统计数据;(11)附录。内容主要收录了2018年山东省总工会及直属企事业单位,省产业工会,省直机关工会,省属大企业工会,市、县(市、区)总工会所在区域内发生的大事要闻,开展的重要工作和活动,时限截至2018年12月31日。为完整反映某一事物全貌,对某些条目从时间上作了适当上溯或下延。

四、卷内资料由山东省总工会机关各部室,省总工会直属企事业单位,省产业工会、省直机关工会、省属大企业工会,市、县(市、区)总工会提供,并由单位领导审阅。为示负责,撰稿人署名于各相应条目或文章标题之后。

五、卷内《统计数据》来源于各地工会组织,但由于统计口径不一,某些数据与有关部门统计使用的数据可能不尽一致,采用时请予注意。

六、《山东工会年鉴》是集体创作的结晶。值此,谨向所有为本卷年鉴撰稿、编辑、审稿、出版、发行付出辛勤劳动的单位和个人深表谢意!

七、由于编纂水平所限,卷中纰漏在所难免,恳请专家学者和广大读者批评指正。同时,对本卷年鉴有何建议、意见,也望一并赐教,以求《山东工会年鉴》编纂质量不断创新与提高。

编 者

2019年7月

山东省工会第十五次代表大会专题

2018年12月10日，山东省工会第十五次代表大会在济南开幕

省委书记刘家义出席会议并讲话

中华全国总工会党组书记、副主席、书记处第一书记李玉赋出席大会开幕式并讲话

山东省庆祝"五一"国际劳动节
暨劳动模范和先进工作者表彰大会专题

2018年4月27日，山东省庆祝"五一"国际劳动节暨省劳动模范和先进工作者表彰大会在济南举行

省委书记刘家义出席会议并讲话，省长龚正宣读表彰决定，杨东奇主持，陈辐宽、王清宪、于晓明、于杰出席

省委书记刘家义（左一）、省长龚正（左三）为劳模和先进工作者颁奖

山东省工会代表会议专题

2018年8月31日，山东省工会代表会议在济南召开

会议代表进行分组讨论

会议以无记名投票方式，差额选举产生山东省出席中国工会第十七次全国代表大会代表

全国人大常委会副委员长、中华全国总工会主席王东明来鲁调研专题

2018年9月11—14日，全国人大常委会副委员长、中华全国总工会主席王东明（前排左二）来鲁就发展海洋经济建设海洋强国及工会工作进行调研（图为在济南浪潮集团调研）

在中国重汽济南动力部调研

在中国重汽济南动力部调研

在济南市外来务工人员(农民工)综合服务中心调研

中国工会"一带一路"人文交流
上合组织国家职工技能交流营闭营式专题

2018年5月30日，中国工会"一带一路"人文交流——上合组织国家职工技能交流营闭营式在济南举行，省总工会党组书记、常务副主席刘贵堂（右三）出席闭营式并致辞

在鲁期间，交流营成员先后到山东职业学院、浪潮集团和国网山东省电力公司检修公司参观交流了职工技能培训、职工技术创新、工匠精神培育等方面的经验和做法

"中国梦·劳动美——学习贯彻习近平新时代中国特色社会主义思想和党的十九大精神"山东省职工演讲比赛决赛专题

2018年6月29日,"中国梦·劳动美——学习贯彻习近平新时代中国特色社会主义思想和党的十九大精神"山东省职工演讲比赛决赛在济南举行

获得第一名的选手陈国瑞演讲

获得前十名选手合影

2018年12月3日，山东省参加第六届全国职工职业技能大赛总结大会在济南召开，省委副书记、省总工会主席杨东奇出席会议并讲话，省总工会党组书记、常务副主席刘贵堂主持会议并宣读表扬通报

2018年9月25日，省总工会党组书记、常务副主席刘贵堂到临沭县第一书记帮包村调研

2018年7月4—5日，古巴共产党中央政治局委员、国务委员会成员、工人中央工会总书记乌利塞斯·吉拉特（左一）率代表团到山东进行友好访问

2018年10月31日，省总工会党组书记、常务副主席刘贵堂（左八）在济南会见德国五金工会巴伐利亚州分会代表团

2018年11月1日，省总工会党组书记、常务副主席刘贵堂（左排左四）在济南会见韩国劳动组合总联盟忠南世宗地域本部工会代表团

2018年8月3日，齐鲁工匠研究院揭牌仪式在山东管理学院长清校区举行。省总工会党组书记、常务副主席刘贵堂与山东管理学院党委书记冯庆禄共同为齐鲁工匠研究院揭牌

2018年7月20日，由省总工会开展的2018年"夏送清凉"活动在济南地铁R3线中铁十四局项目部举行。省总工会党组书记、常务副主席刘贵堂为一线职工和农民工送去了矿泉水、洗漱包等劳保用品和慰问品

2018年4月23日，省总工会举行"悦读吧"揭牌暨电子职工书屋阅读卡赠送仪式。中国工人出版社党委书记、社长芮宗金，省总工会党组书记、常务副主席刘贵堂出席仪式并为"悦读吧"揭牌

2018年4月18日，省总工会机关召开创建第六届全国文明单位动员部署会议，号召全体机关干部职工凝心聚力、团结一致争创全国文明单位。会后与会人员进行文明创建倡议签名

目　录

特　载

努力以工人阶级新担当新作为　全面开创新时代现代化强省建设新局面

　　——在山东省工会第十五次代表大会上的讲话 ……………………………… 刘家义 1

在山东省工会第十五次代表大会上的讲话

　　——全国总工会党组书记、副主席、书记处第一书记 ………………………… 李玉赋 4

忠诚党的事业　竭诚服务职工　团结动员全省职工为全面开创新时代现代化强省

　　建设新局面共同奋斗

　　——在山东省工会第十五次代表大会上的报告 ……………………………… 杨东奇 7

大　事　记

1 月 ………………………………………………………………………………… 16

2 月 ………………………………………………………………………………… 18

3 月 ………………………………………………………………………………… 18

4 月 ………………………………………………………………………………… 20

5 月 ………………………………………………………………………………… 21

6 月 ………………………………………………………………………………… 22

7 月 ………………………………………………………………………………… 24

8 月 ………………………………………………………………………………… 25

9 月 ………………………………………………………………………………… 26

10 月 ……………………………………………………………………………… 27

11 月 ……………………………………………………………………………… 29

12 月 ……………………………………………………………………………… 30

重 大 事 件

视察考察 ·· 32

　王东明来山东调研 ······························· 32

　李守镇率全国政协总工会界别部分委员来山东调研 ········· 32

　全国总工会资产监督管理部部长李庆堂来山东督查调研 ······· 33

　全国总工会经审会副主任、经审办主任李伟言到潍坊调研 ······ 33

　全国总工会办公厅主任邹震来山东调研 ················ 34

　中国海员建设工会主席丁小岗调研山东海员产业工人队伍建设 ··· 34

重要会议 ·· 35

　山东省隆重庆"五一"表彰劳模和先进工作者 ············ 35

　省总工会第十四届委员会第十次全体会议召开 ············ 36

　全省工会困难职工解困脱困工作推进会召开 ············· 36

　省总工会第十四届委员会第十二次全体会议召开 ··········· 36

　省总工会成立机关青年工作委员会 ·················· 37

　山东省参加第六届全国职工职业技能大赛总结大会召开 ······· 37

　山东省工会第十五次代表大会在济南开幕 ·············· 38

　山东省工会第十五次代表大会闭幕 ·················· 38

重要工作 ·· 39

　省总工会召开新闻发布会,全面启动工会重大工作项目 ········ 39

　山东省将"齐鲁工匠"纳入人才培养计划,每年选树 50 名 ······ 40

　省总工会加强劳动竞赛工作,每年设立劳动竞赛经费 1000 万元 ··· 40

　省总工会新一届领导班子赴驻青疗养院现场办公,加快推进工人疗养院开发建设 ··· 42

重要活动 ·· 42

　山东省 2018 年"春风行动"启动,"春风送岗"集中招聘活动同时举行 ······· 42

　省总工会开展"帮扶送教育"活动 ··················· 43

　中国工会"一带一路"人文交流——上合组织国家职工技能交流营在济闭营 ········· 43

　全省职工演讲比赛落下帷幕 ······················ 43

　山东省第六届职工职业技能大赛——数控操作工维修工决赛闭幕 ··· 44

　省总工会组织开展关爱农民工子女主题活动 ············· 44

　齐鲁工匠研究走进大学殿堂　齐鲁工匠研究院揭牌 ········· 44

　"山东工会"微信公众号上线仪式在济南举行 ············ 45

省总工会开展"双联共建"走访慰问活动 ……………………………………… 45

山东"智慧工会"建设工程项目签约仪式举行 …………………………………… 45

全省零售业营业员技能竞赛举行 ………………………………………………… 45

山东省第三届智能制造工业创新创业大赛落幕 ………………………………… 46

省总工会组织开展国家宪法日宣传活动 ………………………………………… 46

2018 年"齐鲁大工匠"颁奖典礼举行 …………………………………………… 46

先模风采 ……………………………………………………………………………… 47

"齐鲁大工匠"刘建树:"我是不拿焊枪的电焊工" …………………………… 47

焊花中绽放绚烂的人生 …………………………………………………………… 48
　　——记齐鲁工匠、省劳模、华能德州电厂焊工程平

"好工匠是干出来的" ……………………………………………………………… 49
　　——山东 4 位来自一线的中国工会十七大代表一路走来,留下矢志不渝奋斗打拼
　　　的共同足迹

张宝民:人生在实干中闪光 ……………………………………………………… 50

党旗下承诺　使命中前行 ………………………………………………………… 51
　　——记"烟台最美一线职工"、长岛邮政公司投递员范继阳

一根扁担挑起使命与担当 ………………………………………………………… 52
　　——全国职工演讲比赛冠军获得者陈国瑞

不让须眉的"女焊子" ……………………………………………………………… 54

一缕"阳光"照在工友们身上 …………………………………………………… 55
　　——记省劳动模范、山东新洋丰肥业有限公司职工孙敬同

踏遍青山人未老 …………………………………………………………………… 56
　　——记泰山景区天烛峰管理区副区长黄国强

一路奋斗一路歌 …………………………………………………………………… 57
　　——记山东省劳动模范、山东天荣实业集团有限公司总经理李修京

重大事故 ……………………………………………………………………………… 58

山东能源龙矿集团山东龙郓煤业有限公司"10.20"重大冲击地压事故 ……… 58

会 情 概 况

山东省总工会 ………………………………………………………………………… 59

概况 ………………………………………………………………………………… 59

工作综述 …………………………………………………………………………… 59

政策研究工作 ……………………………………………… 62

组织工作 …………………………………………………… 64

宣教文体工作 ……………………………………………… 65

生产保护工作 ……………………………………………… 66

保障工作 …………………………………………………… 68

基层组织建设和民主管理工作 …………………………… 70

法律工作 …………………………………………………… 71

女职工工作 ………………………………………………… 72

财务工作 …………………………………………………… 75

离退休干部工作 …………………………………………… 77

机关党建工作 ……………………………………………… 78

经费审查工作 ……………………………………………… 80

资产监督管理工作 ………………………………………… 81

职工帮扶工作 ……………………………………………… 82

工运史志研究工作 ………………………………………… 83

对外交流工作 ……………………………………………… 84

机关服务工作 ……………………………………………… 85

省总工会主席办公会议研究事项 ………………………… 87

省总工会常委会研究事项 ………………………………… 93

省总工会直属单位 ………………………………………… 94

山东管理学院 ……………………………………………… 94

青岛工人疗养院 …………………………………………… 96

青岛工人温泉疗养院 ……………………………………… 98

中国纺织工人疗养院 ……………………………………… 100

山东工人报社 ……………………………………………… 101

职工天地杂志社 …………………………………………… 102

山东职工之家 ……………………………………………… 103

省产业工会　省直机关工会 …………………………… 104

财贸金融工会 ……………………………………………… 104

轻工纺织工会 ……………………………………………… 106

国防机械电子工会 ………………………………………… 108

外经贸工会 ………………………………………………… 110

农林水工会 ………………………………………………… 112

地质工会 …………………………………………………… 114

冶金工会 …………………………………………………… 116

石油化学工会 ……………………………………………………… 118

海员工会 …………………………………………………………… 120

建材工会 …………………………………………………………… 125

建设工会 …………………………………………………………… 126

医务工会 …………………………………………………………… 129

山东黄河工会 ……………………………………………………… 132

电力工会 …………………………………………………………… 133

煤矿工会 …………………………………………………………… 135

交通工会 …………………………………………………………… 138

教育工会 …………………………………………………………… 140

邮政工会 …………………………………………………………… 142

原济南军区装备部工会 …………………………………………… 144

省直机关工会 ……………………………………………………… 145

省属大企业工会 ………………………………………………… 147

胜利石油管理局有限公司工会 …………………………………… 147

中国铁路济南局集团有限公司工会 ……………………………… 150

中国石化集团齐鲁石油化工公司工会 …………………………… 159

莱芜钢铁集团有限公司工会 ……………………………………… 162

中铁十四局集团有限公司工会 …………………………………… 164

中国冶金地质总局山东局工会 …………………………………… 167

中国东方航空股份有限公司山东分公司工会 …………………… 168

山东航空集团工会 ………………………………………………… 171

中国移动通信集团工会山东省委员会 …………………………… 174

中国联通集团公司工会山东省委员会 …………………………… 175

山东机场有限公司工会 …………………………………………… 178

中铁十局集团有限公司工会 ……………………………………… 180

中移铁通山东分公司工会 ………………………………………… 184

中国石化青岛炼化公司工会 ……………………………………… 186

中国电信山东分公司工会 ………………………………………… 188

中泰证券股份有限公司工会委员会 ……………………………… 190

华能山东发电有限公司工会 ……………………………………… 192

大唐山东发电有限公司工会委员会 ……………………………… 195

山东能源集团有限公司工会 ……………………………………… 197

山东中烟工业有限责任公司工会 ………………………………… 200

山东钢铁集团有限公司工会 ……………………………………… 203

市总工会 ·· 205

　济南市总工会 ·· 205

　青岛市总工会 ·· 209

　淄博市总工会 ·· 218

　枣庄市总工会 ·· 224

　东营市总工会 ·· 229

　烟台市总工会 ·· 234

　潍坊市总工会 ·· 247

　济宁市总工会 ·· 255

　泰安市总工会 ·· 260

　威海市总工会 ·· 266

　日照市总工会 ·· 271

　莱芜市总工会 ·· 276

　临沂市总工会 ·· 277

　德州市总工会 ·· 283

　聊城市总工会 ·· 290

　滨州市总工会 ·· 297

　菏泽市总工会 ·· 303

调 查 研 究

综合调研 ·· 315

　整合内外资源　做强主责主业　努力构建"四方联动""五位一体"系统化维权工作

　　格局 ·· 315

　　——关于构建工会"外联内合"系统化维权工作格局的可行性研究报告

　关于进一步提升工会服务农民工工作水平的调查研究报告 ············ 326

专题研究 ·· 335

　山东"智慧工会"的研究报告 ···································· 335

　山东省企业民主管理调查报告 ···································· 343

理 论 探 讨

获奖论文 ··· 354

　　关于 2018 年度全省工会优秀调研成果的通报 ··· 354

论文选编 ··· 360

　　关于深化工会改革的几点思考 ··· 360

　　关于工会参与实施乡村振兴战略的实践与思考 ······································· 366

政 策 法 规

山东省总工会关于印发《山东工会参与乡村振兴战略实施十项措施》的通知 ············· 374

山东省总工会关于新时代职工之家建设的十条意见 ··· 376

山东省总工会关于加强工会维权工作的十条意见 ··· 379

关于印发《"齐鲁工匠"创建"工匠创新工作室"激励办法》的通知 ······················· 381

山东省总工会关于"智慧工会"建设工程的实施意见 ··· 382

关于印发《山东省总工会关于工会经费支出实行项目化管理的办法(试行)》的通知 ········· 385

关于印发《山东工会困难职工档案管理办法》的通知 ··· 387

关于印发《山东省基层工会经费收支管理实施细则(试行)》的通知 ······················· 390

关于印发《山东省工会困难职工解困脱困工作三年行动方案(2018—2020 年)》的通知

··· 395

关于印发《山东省劳模和工匠人才创新工作室管理办法》的通知 ························· 398

关于印发新修订的《山东省工会工作创新奖评选办法》的通知 ··························· 402

关于印发《山东省总工会职工需求调查实施办法(试行)》的通知 ························· 404

先 进 表 彰

全国五一劳动奖和全国工人先锋号获得者名单(山东省) ······································ 407

　　全国五一劳动奖状 ··· 407

　　全国五一劳动奖章 ··· 407

全国工人先锋号 ··· 408

山东省劳动模范和先进工作者名单 ··· 409

2018 年山东省富民兴鲁劳动奖状（章）和山东省工人先锋号获得者名单 ········ 436

山东省总工会关于授予张瑜等 34 名获得省行业性职工职业技能竞赛第一名选手
山东省富民兴鲁劳动奖章的决定 ··· 436

山东省总工会关于授予"特高压入鲁"重点工程建设立功竞赛先进集体和先进个
人山东省富民兴鲁劳动奖状（章）、山东省工人先锋号的决定 ··············· 437

山东省总工会关于授予王双等 3 名山东省第二届智能制造（工业 4.0）创新创业
大赛前三名作品第一完成人山东省富民兴鲁劳动奖章的决定 ··············· 438

山东省总工会关于授予重点工程建设立功竞赛先进集体和先进个人山东省富民兴
鲁劳动奖状（章）山东省工人先锋号的决定 ·································· 438

山东省总工会关于授予山东省模范职工之家红旗单位山东省富民兴鲁劳动奖状和
职工最信赖"娘家人"山东省富民兴鲁劳动奖章的决定 ··················· 442

山东省总工会关于授予日照钢铁精品基地重点工程建设劳动竞赛先进集体和先进
个人山东省富民兴鲁劳动奖状（章）山东省工人先锋号的决定 ··············· 443

山东省总工会关于向山东省第四届创业大赛优秀选手颁发山东省富民兴鲁劳动奖
章的决定 ··· 444

关于授予 2018 年度"齐鲁大工匠""齐鲁工匠"山东省富民兴鲁劳动奖章的决定 ······ 444

关于授予 2018 年度"当好主力军、聚力新动能、建功新时代"劳动竞赛工程先进集
体和先进个人山东省富民兴鲁劳动奖状（章）山东省工人先锋号的决定 ······ 445

2018 年"齐鲁大工匠""齐鲁工匠"名单 ·· 448

工 运 人 物

新闻人物 ··· 451
领导成员 ··· 458
山东省总工会 ·· 458
省总工会直属企事业单位负责人 ··· 459
省产业、省直机关工会负责人 ··· 460
大企业工会负责人 ··· 461
济南市 ··· 462
青岛市 ··· 463
淄博市 ··· 464

枣庄市 ……………………………………………………………… 465

东营市 ……………………………………………………………… 466

烟台市 ……………………………………………………………… 466

潍坊市 ……………………………………………………………… 467

济宁市 ……………………………………………………………… 469

泰安市 ……………………………………………………………… 470

威海市 ……………………………………………………………… 470

日照市 ……………………………………………………………… 471

莱芜市 ……………………………………………………………… 471

临沂市 ……………………………………………………………… 471

德州市 ……………………………………………………………… 473

聊城市 ……………………………………………………………… 474

滨州市 ……………………………………………………………… 475

菏泽市 ……………………………………………………………… 476

统 计 数 字

工会基层组织建设状况 ………………………………………………… 478

工会权益保障工作 ……………………………………………………… 481

工会民主管理工作(限企事业单位填报) ……………………………… 484

工会劳动保护工作(限企事业单位填报) ……………………………… 487

工会法律工作(限企事业单位填报) …………………………………… 489

工会经济技术工作(限企事业单位填报) ……………………………… 490

职工文化体育工作 ……………………………………………………… 492

工会财务和经费审查工作 ……………………………………………… 494

附　录

山东省总工会机关领导及部门办公电话 ……………………………… 496

山东省总工会直属企事业单位通讯录 ………………………………… 497

省产业工会、省直机关工会通讯录 …………………………………… 497

省属大企业工会通讯录 ………………………………………………………………… 498

县级以上工会通讯录 …………………………………………………………………… 498

特　　载

努力以工人阶级新担当新作为
全面开创新时代现代化强省建设新局面

——在山东省工会第十五次代表大会上的讲话
（2018 年 12 月 10 日）
刘家义

各位代表、同志们：

在全省上下深入学习贯彻习近平新时代中国特色社会主义思想和党的十九大精神，深入学习贯彻习近平总书记视察山东重要讲话、重要指示批示精神，加快建设新时代现代化强省之际，山东省工会第十五次代表大会今天隆重开幕了。这是全省广大职工群众和工会工作者政治生活中的一件大事，也是对全省各级工会组织在新时代担当新使命、展现新作为的一次全面动员，对于我省工运事业发展具有重要意义。在此，我代表中共山东省委，向大会的召开表示热烈祝贺！向长期以来关心支持山东工会工作的全国总工会，向莅临大会指导的全总党组书记、副主席、书记处第一书记李玉赋同志表示衷心感谢！向出席会议的全体代表，并通过你们，向辛勤工作在全省各条战线的广大职工和工会工作者致以诚挚的问候！

刚才，玉赋主席作了很好的讲话，对我省工会工作给予充分肯定，对下一步工作提出了明确要求，我们要深入学习领会，认真抓好贯彻落实。

工运事业是党的事业的重要组成部分，工会工作是党治国理政的一项经常性、基础性工作，工人阶级是全面建成小康社会、坚持和发展中国特色社会主义的主力军。党的十八大以来，以习近平同志为核心的党中央高度重视工人阶级和工会工作，习近平总书记多次出席工会活动、同普通工人谈心、与劳模座谈、发表重要讲话、作出重要批示，强调必须坚持党对工会工作的领导、坚持全心全意依靠工人阶级、坚持为实现中华民族伟大复兴的中国梦而奋斗、坚持高举维护职工合法权益旗帜、坚持弘扬劳模精神劳动精神工匠精神、坚持加强基层工会建设等，深刻阐明了工会工作的地位作用、目标任务、实践要求，科学回答了工人阶级和工会工作的一系列方向性、根本性、战略性的大问题，形成了习近平总书记关于工人阶级和工会工作的重要论述。这些重要论述是对马克思主义劳动学说和工运学说的继承和发展，是习近平新时代中国特色社会主义思想的重要组成部分，为新时代工运事业和工会工作创新发展指明了前进方向、提供了根本遵循。

省工会第十四次代表大会以来，全省各级工会组织坚持以习近平新时代中国特色社会主义思想为指导，深入贯彻落实习近平总书记关于工人阶级和工会工作的重要论述，坚定不移走中国特色社会主义工会发展道路，在加强职工思想政治引领、组织职工建功立业、维护职工合法权益、构建和谐劳动关系、深化工会改革创新、推进工会系统党的建设等方面做了大量富有成效的工作，工会在全省工作大局中的作用进一步彰显。全省广大职工以高度的主人翁使命感和历史责任感，踊跃投身强省建设生动实践，在各自岗位拼搏奉献，在各个领域施展才华，在各条战线建功立业，为全省各项事业发展作出了突出贡献，充分彰显了工人阶级的时代风采和担当作为。可以说，山东这些年的发展变化，每一个进步、每一项成就，都凝聚着广大职工的辛勤与汗水，凝聚着各级工会组织的奋斗与拼搏。实践充分证明，我国工人阶级不愧是中国共产党最坚实最可靠的阶级基础，不愧是我们社会主义国家的领导阶级，不愧是先进生产力和生产关系的代表，不愧是坚持和发展中国特色社会主义的主力军。各级工会组织不愧是职工之家，各级工会干部不愧是职工群众最可信赖的娘家人、贴心人。

党的十九大作出了中国特色社会主义进入新时代的重大政治论断，绘就了决胜全面建成小康社会、夺取新时代中国特色社会主义伟大胜利的宏伟蓝图，开启了实现中华民族伟大复兴的伟大征程。站在新的历史起点上，工运事业要继续前进，必须充分发挥工人阶级主力军作用，团结带领广大职工为实现中国梦而努力奋斗，这是我们义不容辞的责任和担当。习近平总书记对山东发展高度重视、寄予厚望，多次亲临山东视察指导，多次发表重要讲话、作出重要指示批示，明确要求山东在全面建成小康社会进程中走在前列，在社会主义现代化建设新征程中走在前列，在经略海洋上走在前列，打造乡村振兴齐鲁样板，努力打造对外开放新高地，全面开创新时代现代化强省建设新局面。把这些部署要求变成现实，是我们的重大政治责任，是全省的工作大局，更是广大职工的光荣使命。全省广大职工要把思想和行动统一到习近平新时代中国特色社会主义思想和党的十九大精神上来，把智慧和力量凝聚到落实党中央各项决策部署上来，在新时代新征程的伟大实践中担当新使命、展现新作为。

希望广大职工坚定理想信念，做习近平新时代中国特色社会主义思想的践行者。习近平新时代中国特色社会主义思想，是实现"两个一百年"奋斗目标和中华民族伟大复兴中国梦的行动指南，也是引领我国工运事业不断取得辉煌成就的伟大旗帜。全省广大职工要自觉以习近平新时代中国特色社会主义思想武装头脑、指导实践、推动工作，树牢"四个意识"，坚定"四个自信"，做到"四个服从"，坚决维护习近平同志党中央的核心、全党的核心地位，坚决维护党中央权威和集中统一领导，始终在政治立场、政治方向、政治原则、政治道路上同以习近平同志为核心的党中央保持高度一致，坚定不移听党话、矢志不渝跟党走，始终成为党执政的坚实依靠力量、强大支持力量、深厚社会基础。要坚定中国特色社会主义理想信念，自觉把个人前途命运同国家和民族前途命运紧紧联系在一起，把个人梦同中国梦紧密联系在一起，把实现党和国家确立的发展目标变成个人的自觉行动，充分汇聚起奋进新时代、追梦新征程的磅礴力量。

希望广大职工围绕时代主题，做新时代现代化强省建设的奋斗者。我国工人运动的时代主题是为实现中华民族伟大复兴的中国梦而奋斗。实现中国梦，根本上要靠包括工人阶级在内的全体人民的劳动、创造和奉献。全省广大职工要紧紧围绕时代主题，牢牢把握走在前列的目标定位，切实担当起时代赋予的光荣使命，以主人翁姿态投身全省经济社会发展主战场，争做新时代现代化强省建设的见证者、开创者、建设者。要坚定践行新发展理念，积极参与供给侧结构性改革，加快推动新旧动能转换重大工程，实现高质量发展。要聚焦聚力打造乡村振兴齐鲁样板、发展海洋经济、推进军民融合深度发展、打好三大攻坚战、打造对外开放新高地等重大任务，焕发劳动热情，积极干事创业，充分释放工人阶级强大的奋进力量，共同谱写岗位建功的人生华章。

希望广大职工发扬伟大品格，做新时代精神风尚的引领者。总书记强调，工人阶级一定要在坚持中国道路、弘扬中国精神、凝聚中国力量上发挥模范带头作用；要发扬工人阶级伟大品格，用先进思想、模范行动影响和带动全社会。全省广大职工要牢记总书记谆谆教诲，自觉培育和践行社会主义核心价值观，传承发扬中华优秀传统文化，大力弘扬沂蒙精神，培育崇德向善理念，弘扬社会新风正气，倡树绿色文明的生活方式，在齐鲁大地形成健康向上的精神风貌、文明风尚。要大力弘扬劳模精神、劳动精神、工匠精神，树立辛勤劳动、诚实劳动、创造性劳动的理念，唱响"劳动光荣、创造伟大"的时代主旋律。要充分发扬工人阶级识大体、顾大局的光荣传统，旗帜鲜明拥护、支持、参与改革，正确对待改革发展过程中利益关系和利益格局的调整，更好地维护全省改革发展稳定大局。

希望广大职工立足岗位成才，做适应新时代发展需要的高素质劳动者。劳动者素质对一个国家、一个民族、一个地区的发展至关重要。面对新时代、新挑战、新任务，山东要转方式调结构，实现"腾笼换鸟、凤凰涅槃"，需要一支宏大的高素质劳动者大军作支撑。全省广大职工要争当知识型人才，坚持与时俱进，勤学善思笃行，实现学以增智、学以广才、学以强能，努力成为新时代现代化强省建设的栋梁之材。要争当技能型人才，培育执着专注、精益求精、一丝不苟、追求卓越的职业素养，练就一身真本领，掌握一手好技术，努力成为各行各业的行家里手和技术骨干。要争当创新型人才，崇尚创新精神、培养创新思维，瞄准科技前沿和新兴高端产业等广阔领域，大胆创新、放手创造，把关键核心技术牢牢掌握在自己手中，为实施创新驱动发展战略提供强有力的人才支撑和智力保障。

工会是党联系职工群众的桥梁和纽带。全省各级工会要深入学习贯彻习近平总书记关于工人阶级和工会工作的重要论述、习近平总书记同全总新一届领导班子成员集体谈话时的重要讲话精神，牢记职责使命，锐意改革创新，奋力开创新时代山东工会工作新局面。要忠诚党的事业，始终把政治性作为第一位的要求，始终把工会置于党的领导之下，始终保持工会工作正确政治方向，切实履行政治责任，教育引导全省广大职工坚定不移听党话、跟党走。要服务全省大局，牢牢把握工人运动时代主题，开展好"当好主力军、聚力新动能、建功新时代"劳动竞赛，实施好"齐鲁工匠"建设工程，完成好产业工人队伍建设改革任务，组织动员广大职工为全省经济社会发展作出更大贡献。要认真履行职责，坚持以职工为中心的工作导向，从职工最关心最直接最现实的利益问题入手，把维权服务工作做深入、做扎实、做到位，让职工群众有更多获得感、幸福感、安全感。要深化改革创新，聚焦增强政治性、先进性、群众性，在巩固已有改革成效的基础上，以更大力度、更实举措把工会改革推向深入、进行到底，努力把全省工会组织建设得更加充满活力、更加坚强有力。

全省各级党委、政府要始终坚持以人民为中心的发展思想，贯彻党的全心全意依靠工人阶级方针，切实保证工人阶级的主人翁地位。要加强和改进党对工会工作的领导，认真落实以习近平同志为核心的党中央关于加强和改进党的群团工作的部署要求，定期研究解决工会工作中的重大问题，支持工会依法依章程创造性开展工作。要加大支持保障力度，赋予工会更多的资源和手段，交办更多发展所需、职工所急、工会所能的事，为工会工作发展创造更好环境和条件。要加强工会领导班子和干部队伍建设，关心工会

干部学习和成长，加大工会干部的培养、选拔、交流力度，使广大工会干部工作有激情、干事有舞台、发展有空间。

各位代表、同志们，幸福都是奋斗出来的，新时代是奋斗者的时代！让我们更加紧密地团结在以习近平同志为核心的党中央周围，坚持以习近平新时代中国特色社会主义思想为指导，锐意进取、创新实干，勇做新时代泰山"挑山工"，为谱写新时代高质量发展的山东篇章、全面开创新时代现代化强省建设新局面而努力奋斗！

最后，祝山东省工会第十五次代表大会圆满成功！

在山东省工会第十五次代表大会上的讲话

——全国总工会党组书记、副主席、书记处第一书记
（2018 年 12 月 10 日）
李玉赋

各位代表、同志们：

在全党全国各族人民深入学习贯彻习近平新时代中国特色社会主义思想和党的十九大精神，庆祝改革开放 40 周年，各级工会学习宣传贯彻习近平总书记在同全国总工会新一届领导班子成员集体谈话时的重要讲话精神、落实工会十七大目标任务的新形势下，山东省工会第十五次代表大会隆重开幕了。这是山东广大职工和工会干部政治生活中的一件大事。在此，我谨代表中华全国总工会和王东明主席，向大会的召开表示热烈的祝贺！向出席会议的全体代表，并通过你们向全省广大职工、劳动模范和工会干部致以诚挚的问候！

多年来，尤其是党的十八大以来，山东省委坚决贯彻落实党中央的决策部署，深入

贯彻全心全意依靠工人阶级方针，切实加强和改进对工会工作的领导，制定出台了省委关于加强和改进党的群团工作的实施意见、省群团改革"1+4"方案、产业工人队伍建设改革实施方案等政策文件，为新时代山东工会工作创新发展提供了坚强保障。省人大、省政府、省政协通过地方立法和执法检查、政策制定、视察调研等方式，为工会工作提供有力支持，社会各界也给予工会工作积极配合和帮助。这些都为山东工会工作创新发展创造了有利条件。在此，谨表示衷心的感谢！

山东省工会十四大以来，全省广大职工坚定不移听党话、跟党走，认真贯彻新发展理念，积极推动高质量发展，以高度的主人翁责任感和饱满的劳动热情，立足本职岗

位，创新创业创优，充分展示了山东工人阶级的时代风采和精神风貌。全省各级工会团结动员广大职工建功立业，切实履行维权服务的主责主业，推动构建和谐劳动关系，不断深化改革创新，工会组织影响力凝聚力战斗力进一步增强。特别是今年以来，省总在深入调研论证的基础上，形成了可操作、可落地、能见效的"三个工程""三个十条"，进一步明确了今后一个时期的思路和举措，体现了鲜明的山东特点，为各地工会工作提供了有益借鉴。

习近平总书记高度重视工人阶级和工会工作，党的十八大以来，习近平总书记围绕工人阶级和工会工作多次发表重要讲话、作出重要指示，形成了习近平总书记关于工人阶级和工会工作的重要论述。工会十七大用"八个坚持""四个立足"概括了习近平总书记重要论述的基本内涵和实践要求。习近平总书记亲自出席中国工会十七大开幕式，并在大会闭幕后同全总新一届领导班子成员集体谈话，对工人阶级和工会组织寄予殷切希望，对做好新时代工会工作提出明确要求，为我们指明了前进方向、提供了根本遵循。山东各级工会要以习近平新时代中国特色社会主义思想和党的十九大精神为指导，深入学习贯彻习近平总书记关于工人阶级和工会工作的重要论述，以忠诚党的事业、竭诚服务职工为己任，在服务发展大局中彰显担当作为，在思想政治引领中凝聚职工力量，在做实维权服务中赢得职工信赖，在深化改革创新中激发动力活力，团结动员广大职工为全面开创新时代现代化强省建设新局面作出新贡献。下面，我代表全国总工会，提几点希望。

第一，以习近平新时代中国特色社会主义思想为指引，牢牢把握工会工作正确政治方向。

要把学习贯彻习近平新时代中国特色社

会主义思想特别是习近平总书记关于工人阶级和工会工作的重要论述，作为工会组织当前和今后一个时期的首要政治任务，与学习宣传贯彻习近平总书记在同全总新一届领导班子成员集体谈话时的重要讲话精神结合起来，不断增强"四个意识"，坚定"四个自信"、做到"两个维护""四个服从"，始终在政治立场、政治方向、政治原则、政治道路上同以习近平同志为核心的党中央保持高度一致，把维护核心落实到行动上、落实在工作中。要深刻认识习近平总书记考察山东时的重要讲话对山东实现高质量发展的精准指引，更加自觉地把学习贯彻习近平新时代中国特色社会主义思想转化为推动山东经济社会发展的生动实践。要抓好习近平总书记重要讲话精神的学习宣传和贯彻落实工作，紧紧围绕中国工会十七大提出的目标任务，周密部署，狠抓落实，把思想统一到党中央关于工人阶级和工会工作的重要指示精神上来，把力量凝聚到实现中国工会十七大确定的目标任务上来，以实际行动推动习近平总书记重要讲话精神在工会系统落地生根、开花结果。

第二，牢牢把握工运时代主题，组织动员广大职工在建设新时代现代化强省中展现新作为。

要牢牢把握为实现中华民族伟大复兴的中国梦而奋斗的工人运动时代主题，切实找准工会工作在经济建设主战场中的切入点、结合点、着力点，紧紧围绕省委、省政府关于供给侧结构性改革、新旧动能转换、建设海洋强省、打造乡村振兴齐鲁样板、构建对外开放新高地等重大决策部署，广泛组织开展"当好主人翁、建功新时代"主题劳动和技能竞赛，组织动员广大职工立足岗位建功立业。要大力弘扬劳模精神、劳动精神、工匠精神，把劳模管理服务做得更实，把大国工匠品牌叫得更响，努力营造劳动光荣的社会风尚和精益求精的敬业风气。要按照政治上保证、制度上落实、素质上提高、权益上维护的总体思路，有力有序推进产业工人队伍建设改革，加快建设一支宏大的知识型、技能型、创新型产业工人大军，为山东实现"两个走在前列、一个全面开创"提供强有力的人才支撑。

第三，加强对职工的思想政治引领，进一步巩固党执政的阶级基础和群众基础。

要始终牢记党赋予工会组织的政治责任，把统一思想、凝聚力量作为重要任务，通过深入细致地做好思想政治工作，引导职工不断增强对党的政治认同、思想认同、情感认同，更加紧密地团结在党的周围，坚定不移听党话、跟党走。要始终重视运用从群众中来、到群众中去的工作方法，充分利用工会各类宣传阵地，多做组织职工、宣传职工、教育职工、引导职工的工作，多做统一思想、凝聚人心、化解矛盾、增进感情、激发动力的工作，使广大职工在理想信念、价值理念、道德观念上保持团结统一，使思想政治工作更有温度、更有力量，更有成效。要通过职工喜闻乐见、乐于接受的载体和方式，面对面向职工宣传党的路线方针政策，引导广大职工积极践行社会主义核心价值观，真正把党的意志和主张转变为自觉行动。

第四，切实履行维权服务主责主业，不断增强职工群众获得感幸福感安全感。

要始终坚持以职工为中心的工作导向，切实履行维护职工合法权益、竭诚服务职工群众的基本职责，把服务职工、维护职工合法权益的大旗牢牢掌握在手中。要聚焦维护职工劳动经济权益，协助党委和政府做好全面深化改革特别是供给侧结构性改革过程中职工转岗安置、再就业培训、劳动关系处

置、社保接续等工作。要健全工会服务职工工作体系，推动送温暖、金秋助学等工作常态化、制度化、规范化。要加强智慧工会建设，打造工会工作升级版，推进"互联网+"工会普惠性、便捷性、精准性服务。要加强快递员、送餐员、卡车司机等灵活就业群体和平台就业群体入会和服务工作，最大限度把农民工吸收组织到工会中来。脱贫攻坚要呼唤人穷志不短的勤奋精神，激发百折不挠的勇气和智慧；要加大城市困难职工解困脱困工作的力度，让每一个困难职工同步迈入全面小康社会。要推动完善政府、工会、企业共同参与的协商协调机制，健全以职代会为基本形式的企事业单位民主管理制度，有效预防化解劳动关系矛盾，以劳动关系和谐促进职工队伍和社会大局稳定。

第五，持续深化工会改革创新，努力把工会组织建设成为党的职工群众工作的坚强阵地。

要以庆祝改革开放40周年为契机，认真贯彻落实党中央关于群团改革的决策部署和习近平总书记重要指示精神，结合山东工会实际，以更大力度、更实举措推进工会改革向纵深发展。要围绕保持和增强政治性、先进性、群众性这条主线，激发制度活力，激活基层经验，激励干部作为，增强团结教育、维护权益、服务职工功能，构建联系广泛、服务职工的工会工作体系。要树立落实到基层、落实靠基层的理念，把职工群众和基层工会关心什么、期盼什么作为谋划深化改革的出发点和落脚点，将更多资源和力量向基层倾斜，把基层工会组织建设成为党的职工群众工作的坚强阵地。要落实新时代党的建设总要求，认真履行管党治党政治责任，以党的政治建设为统领，不断提高工会系统党的建设质量。坚持做到党建作引领、工建勇当先。认真执行中央八项规定及其实

施细则，坚决反对"四风"特别是形式主义、官僚主义。扎实推进工会系统党风廉政建设和反腐败工作，自觉接受纪检监察组织监督，进一步形成良好的政治生态。要加强队伍建设，引导工会干部提高政治站位，厚积理论素养，开阔视野和胸襟，增强领悟力、研究力、引导力、协调力、执行力，练就干、学、说、写这几把过硬的"刷子"，做到处事公道、为人厚道、永走正道，打造一支忠诚干净担当的高素质专业化工会干部队伍，进一步建好"职工之家"，当好"娘家人"，使之打动人心、凝聚人心、赢得人心。

各位代表、同志们，实现党的十九大绘就的宏伟蓝图，工人阶级使命光荣，工会组织责任重大。我们相信，在山东省委的坚强领导下，在省人大、省政府、省政协和社会各界的大力支持下，山东省总工会新一届领导班子一定能够高举习近平新时代中国特色社会主义思想伟大旗帜，团结带领全省职工群众和工会干部，共同谱写新时代现代化强省建设新篇章，用劳动和创造托起中华民族伟大复兴的中国梦！

最后，预祝山东省工会第十五次代表大会圆满成功！

忠诚党的事业　竭诚服务职工
团结动员全省职工为全面开创新时代
现代化强省建设新局面共同奋斗

——在山东省工会第十五次代表大会上的报告
（2018年12月10日）
杨东奇

各位代表，同志们：

现在，我代表山东省总工会第十四届委员会向大会作报告，请予审议。

山东省工会第十五次代表大会，是在我国进入全面建成小康社会决胜阶段、中国特色社会主义进入新时代，全省上下奋力推进新时代现代化强省建设关键时期召开的一次重要会议。大会的主题是：以习近平新时代中国特色社会主义思想为指导，深入学习贯彻习近平总书记关于工人阶级和工会工作的重要论述，旗帜鲜明坚持党的领导，坚定不移走中国特色社会主义工会发展道路，忠诚党的事业，竭诚服务职工，团结动员全省职工，为决胜全面建成小康社会、全面开创新

时代现代化强省建设新局面共同奋斗。

党的十八大以来，在以习近平同志为核心的党中央坚强领导下，党和国家事业取得历史性成就、发生历史性变革，中国特色社会主义进入新时代。在这一伟大历史进程中，省委团结带领全省广大党员干部群众，认真贯彻落实习近平总书记视察山东重要讲话、重要指示批示精神，以"两个走在前列、一个全面开创"为目标定位，凝心聚力、开拓进取，奋力谱写新时代中国特色社会主义山东篇章。全省广大职工勇立时代潮头，爱岗敬业奉献，充分发挥了工人阶级主力军作用，合力唱响了新时代奋斗者之歌。

中共山东省委切实加强和改进对工会工

作的领导，召开了省委党的群团工作会议，制定了加强和改进党的群团工作实施意见、"1+4"群团改革实施方案、新时期产业工人队伍建设改革实施方案等，定期听取工会工作汇报，及时研究解决涉及职工群众和工会工作的重大问题；全国总工会对我省工会工作非常关心重视，给予强有力指导和全方位支持；省人大常委会加强劳动立法，为工会履行职责提供了法治保障；省政府及相关部门制定并落实一系列涉及职工的民生政策，将工会开展的"查身边隐患、保职工安全、促企业发展"活动纳入全省安全生产监管体系；省政协通过民主协商、提案办理等渠道，积极推动职工关心问题解决；社会各界给予工会工作极大关注、支持和帮助，这些都为工会工作开展创造了良好环境和有利条件。

一、过去五年工会工作主要成绩

省工会第十四次代表大会以来，全省各级工会把学习宣传贯彻习近平新时代中国特色社会主义思想和党的十八大、十九大精神作为首要政治任务，认真学习贯彻习近平总书记关于工人阶级和工会工作的重要论述，坚定不移走中国特色社会主义工会发展道路，在省委、全总坚强领导下，履职尽责、改革创新，各项工作不断取得新成绩。这五年，是聚焦强"三性"、去"四化"，工会改革创新持续深化的五年；是聚焦党政中心工作，服务大局作用有力彰显的五年；是聚焦工会主责主业，维权服务实效不断增强的五年；是聚焦全面从严治党，工会系统党的建设全面加强的五年。

五年来，各级工会履行政治责任，职工思想政治引领工作不断加强。积极推动习近平新时代中国特色社会主义思想和党的十八大、十九大精神进企业、进车间、进班组，扎实开展"中国梦·劳动美"主题教育，举办庆祝建党95周年、喜迎党的十九大等系列活动，开展党的十九大精神集中宣讲，把党的意志和主张转化为广大职工的自觉行动。大力唱响工人伟大、劳动光荣的时代主旋律，评选推荐全国劳动模范和先进工作者148名，首次以省委、省政府名义评选表彰山东省劳动模范和先进工作者994名，各级工会培养选树了一大批先进职工典型，大力弘扬劳模精神、劳动精神、工匠精神，榜样示范带动作用充分发挥。加强职工职业道德建设、职工文化建设，建成"职工书屋"4000多个，引导广大职工自觉践行社会主义核心价值观。

五年来，各级工会主动服务大局，组织动员广大职工为新时代现代化强省建设贡献力量。围绕中心彰显新作为。谋划实施了新时代劳动竞赛、"齐鲁工匠"、助力乡村振兴等重点工程、重要举措，动员组织广大职工立足岗位、建功立业。牵头制定了我省《新时期产业工人队伍建设改革实施方案》，协调推动改革任务落实。职工创新取得新成效。广泛开展职工技术创新活动，全省职工提出合理化建议591万件，完成技术革新34.6万项，推广先进操作法12.4万项，荣获国家专利5.6万项，县级以上工会命名"劳模和工匠人才创新工作室"4000多个。职工素质实现新提升。举办省级行业性职工职业技能竞赛400余项，带动52.6万名职工提升技能等级；职工网上学习系统上线工种321个，参加网上学习练兵职工超过4000万人次。

五年来，各级工会强化主责主业，维权服务实效不断增强。推动出台了《山东省厂务公开条例》《山东省企业工资集体协商条例》等地方性法规。集体协商工作提质增效，集体合同及工资、安全生产、女职工专项集体合同的签订率、履约率不断提高。在规范提升职代会、厂务公开等民主管理制度基础上，推动规模较大企业建立工会与行政沟通协商机制。工会普法宣传、法律监督、法律援助工作不断加强，各级工会建立法律援助服务机构 736 个。深入开展"安康杯"竞赛、"查保促"等群众性安全生产活动，组织职工查出并整改安全隐患 270 多万项。和谐劳动关系建设稳步推进，在"去产能"重点行业实施了职工培训促进分流安置专项行动，各级工会接办职工信访 5.2 万件次。坚持精准识别、分类施策，帮助 16.5 万户困难职工家庭实现解困脱困。扎实推进普惠服务，"工会会员服务卡"覆盖职工 511 万人，"职工医疗互助保障计划"每年覆盖职工 900 多万人；县级以上工会组织 2.5 万名一线职工疗休养。"四季服务"活动筹集发放资金 18.1 亿元，帮扶、慰问、服务职工 1024.4 万人次。五级服务体系更加健全，建成"妈妈小屋" 3200 个，户外劳动者服务站点近千个；坚持回归公益、回归主业，工人文化宫清理整改工作成效显著。

五年来，各级工会深化改革创新，工会自身建设水平不断提高。认真制定落实改革实施方案，推动机构职能调整、干部结构优化、运行机制改革、载体方式创新，政治性、先进性、群众性不断增强。"智慧工会"建设逐步提速，新媒体矩阵加快搭建，县级以上工会微信公众号陆续上线运行。基层基础持续夯实，出台新时代职工之家建设十条意见。截至今年 9 月，全省基层工会 15.1 万个，会员 1927 万人；市、县产业工会组织体系进一步健全，行业性劳动和技能竞赛、维权服务等工作水平不断提升；加大对乡镇（街道）工会支持力度，选聘社会化工会工作者 1108 人，省、市、县三级工会累计拨付社会化工会工作者工资和活动经费补助 3.2 亿元。工会经费收、管、用水平进一步提高，经审监督体系不断完善，资产监督管理更加规范。对外交流交往不断扩大，调查研究、干部培训、史志编纂、工会报刊、机关服务、老干部等工作都取得积极进展。

五年来，各级工会坚持党建引领，全省工会系统党的建设全面加强。牢固树立抓好党建是最大政绩理念，以党章为根本遵循，把政治建设放在首位，不断提升工会系统党的建设水平。扎实推进工会系统党风廉政建设和反腐败工作，不断巩固落实中央八项规定精神成果，扎实开展党的群众路线教育实践活动、"三严三实"专题教育，推进"两学一做"学习教育常态化制度化，全面排查整改廉政风险点，始终保持纠治"四风"高压态势。积极配合支持派驻纪检组工作，从严从实抓好巡视整改，严格监督执纪问责，不断将工会系统全面从严治党引向深入。

这些成绩的取得，是习近平新时代中国特色社会主义思想指导的结果，是省委、全总坚强领导的结果，是各级各部门及社会各界重视支持的结果，是广大职工参与推动、各级工会干部团结奋斗的结果。在此，我代表省总工会第十四届委员会，向省委、全总和社会各界，向全省广大职工、各级工会干部及工会积极分子，向工会历届老领导、老同志，表示衷心感谢并致以崇高敬意！

同时，我们也清醒认识到，工会工作还存在一些问题和不足：基层基础有待加强，乡镇（街道）工会工作力量薄弱，部分基层工会有效覆盖不足、动力活力不足、作用发挥不足的问题亟需破解；主责主业意识有待增强，维权服务效果与职工需求相比还有一定差距；强"三性"、去"四化"成果有待巩固扩大，工会改革创新还需持续深化；工作作风有待改进，做职工群众工作的本领还需进一步提升，等等。我们必须高度重视，采取有力措施，切实加以解决。

二、深刻领会和把握习近平总书记关于工人阶级和工会工作的重要论述

党的十八大以来，习近平总书记高度重视工人阶级和工会工作，发表一系列重要讲话、作出一系列重要论述，科学回答了工人阶级和工会工作一系列方向性、根本性、战略性重大问题。习近平总书记关于工人阶级和工会工作的重要论述，把我们党对工运事业和工会工作的规律性认识提升到一个新高度，为新时代工运事业和工会工作创新发展指明了前进方向。习近平总书记同全总新一届领导班子成员集体谈话时的重要讲话，进一步丰富发展了关于工人阶级和工会工作的重要论述，必将在指导工运事业和工会工作中展示出强大的思想力量、巨大的引领作用、磅礴的实践伟力。中国工会十七大明确了新时代工运事业和工会工作的目标任务，对于我们科学把握形势，凝聚奋进力量，开创崭新局面，具有重要指导意义。

要深刻把握工会组织的政治属性和工会工作的政治定位，更加自觉地坚持党对工会工作的领导。习近平总书记指出，"我国工运事业是在党的领导下发展起来的，是党的事业的重要组成部分，工会工作是党治国理政的一项经常性、基础性工作。""工会工作做的是群众工作，实质上就是政治工作，讲政治是第一位的要求。"他要求，"在坚持党的领导这个问题上，工会必须旗帜鲜明、立场坚定""要始终把自己置于党的领导之下，在思想上政治上行动上始终同党中央保持高度一致""各级党委要加强和改进对工会的领导，注重发挥工会组织的作用，加大对工会工作的支持保障力度，为工会工作创造更加有利的条件"。我们只有始终坚持党的领导，才能把正方向、引对道路，把习近平总书记关于工会工作"只能加强，不能削弱；只能改进提高，不能停滞不前"的要求落到实处。

要深刻把握工人运动的时代主题和工会组织的使命担当，更加广泛地团结动员广大职工建功新时代、同筑中国梦。习近平总书记指出，我国工人运动的时代主题是为实现中华民族伟大复兴的中国梦而奋斗。他对工人阶级的地位作用给予高度评价，指出"工人阶级是我国的领导阶级，是我国先进生产力和生产关系的代表，是我们党最坚实最可靠的阶级基础，是全面建成小康社会、坚持和发展中国特色社会主义的主力军"；对贯彻落实全心全意依靠工人阶级方针提出明确要求，强调"要贯彻落实到党和国家政策制定、工作推进全过程，落实到企业生产经营各方面"；对弘扬劳模精神、劳动精神、工匠精神发出新的号召，要求"牢固树立劳动最光荣、劳动最崇高、劳动最伟大、劳动最美丽的观念"；对发挥工人阶级主力军作用寄予殷切期望，指出"完成党的十九大提出的目标任务，必须充分发挥工人阶级主力军作用"，要求广大职工"把自身前途命运同国家和民族前途命运紧紧联系在一起，把个人梦同中国梦紧密联系在一起，把实现党和国家确立的发展目标变成自己的自觉行动"。我们只有牢牢抓住工人运动时代主题，组织动员广大职工肩负崇高使命、书写奋斗华章，才能为新时代现代化强省建设汇聚起磅礴力量。

要深刻把握工会组织的政治责任和衡量工会工作成效的政治标准，更加主动地肩负起加强职工思想政治引领的重要任务。习近平总书记一再重申，"引导职工群众听党话、跟党走，巩固党执政的阶级基础和群众基础，是工会组织的政治责任"；一再强调，"对群团组织来说，谁能把自己联系的群众最广泛最紧密地团结在党的周围，谁的工作就是做得好，反之就是做得不好"，为衡量

工会工作成效确立了政治标准。围绕"如何把职工群众团结引导好",习近平总书记指出,"关键是深入细致做好思想政治工作",强调"时代变化了,但从群众中来、到群众中去的工作方法不能变",要求"多做组织群众、宣传群众、教育群众、引导群众的工作,多做统一思想、凝聚人心、化解矛盾、增进感情、激发动力的工作""把网上工作作为工会联系职工、服务职工的重要平台",等等。我们只有牢记党赋予工会的政治责任,肩负起加强职工思想政治引领的重要任务,才能为巩固党执政的阶级基础和群众基础作出应有贡献。

要深刻把握以职工为中心的工作导向和工会组织的基本职责,更加精准地做好维权服务工作。习近平总书记强调,"工会要坚持以职工为中心的工作导向,抓住职工群众最关心最直接最现实的利益问题,认真履行维护职工合法权益、竭诚服务职工群众的基本职责。"他要求,"工会要把服务职工、维护职工合法权益的大旗牢牢掌握在手中,把群众观念牢牢根植于心中,练就见微知著、以小见大的真功夫,哪里的职工合法权益受到侵害,哪里的工会就要站出来说话""要做好城市困难职工解困脱困工作,及时做好因各种原因返贫致困职工的帮扶救助,为广大职工提供具有工会特点的普惠性、常态性、精准性服务"。我们只有始终把职工群众放在心中最高位置,牢记基本职责,把维权服务做得更精准、更到位,才能不断满足职工群众美好生活需要。

要深刻把握强"三性"、去"四化"的改革方向和"构建联系广泛、服务职工的工会工作体系"的改革目标,更加有力地推进工会改革创新。习近平总书记明确指出,"工会改革是全面深化改革的重要组成部分。"在改革方向上,他指出,"要紧紧围绕

保持和增强政治性、先进性、群众性这条主线,强化问题意识、改革意识,着力解决突出问题";在改革目标上,他强调,要认真落实党中央关于深化工会改革的决策部署,"构建联系广泛、服务职工的工会工作体系"。同时,指明了工会改革的重点任务、方法路径、工作重心、机制保障,要求"在建机制、强功能、增实效上下功夫""把群众路线作为工会工作的生命线和根本工作路线""把工作重心放在最广大普通职工身上""坚持眼睛向下、面向基层,把力量和资源向基层倾斜投放""完善联系职工群众的制度机制",等等。我们只有牢牢把握工会改革的方向目标,聚焦问题、持续加力,才能让职工群众真正感受到工会是职工之家,工会干部是最可信赖的娘家人、贴心人。

全省各级工会组织和广大工会干部一定要带着信念、带着使命、带着感情,认真学习领会习近平总书记关于工人阶级和工会工作的重要论述,在学懂弄通做实上下功夫,在入脑入心入行上见实效,使其在山东工会系统落地生根。

三、今后五年工会工作总体要求和主要任务

今后五年,全省工会工作的总体要求是:坚持以习近平新时代中国特色社会主义思想为指导,全面贯彻党的十九大精神,深入学习贯彻习近平总书记关于工人阶级和工会工作的重要论述,习近平总书记同全总新一届领导班子成员集体谈话时的重要讲话精神,在省委、全总坚强领导下,围绕完成省第十一次党代会和中国工会十七大确定的目标任务,坚定不移把工会置于党的领导之下,坚定不移走中国特色社会主义工会发展道路,在助推强省建设上持续用力,在思想政治引领上持续用力,在做实维权服务上持续用力,在深化改革创新上持续用力,把山

东工会建设得更加充满活力、更加坚强有力，团结动员全省广大职工为实现"两个走在前列、一个全面开创"共同奋斗。

（一）践行新思想、落实新要求，推动习近平新时代中国特色社会主义思想在山东工会系统形成生动实践。

进一步加强理论武装。把学习贯彻习近平新时代中国特色社会主义思想作为重大政治任务，改进学习培训，确保学深悟透，使广大工会干部深刻领会其时代背景、科学体系、精神实质、实践要求和重大意义。认真学习贯彻习近平总书记关于工人阶级和工会工作的重要论述，习近平总书记同全总新一届领导班子成员集体谈话时的重要讲话精神，自觉用以武装头脑、指导实践、推动工作。

进一步加强党的领导。全面落实工会组织实行双重管理、以同级党委领导为主的体制，认真落实向同级党委请示、报告工会工作制度，不断完善党建带工建、党工共建工作机制，坚持在党委领导下谋划推进工会工作，使工会工作与党政中心工作同频共振、同向发力，更好地贴近大局、融入大局、维护大局、服务大局。要切实增强"四个意识"，坚定"四个自信"，坚决维护习近平总书记党中央的核心、全党的核心地位，坚决维护党中央权威和集中统一领导，始终在政治立场、政治方向、政治原则、政治道路上同以习近平同志为核心的党中央保持高度一致。

进一步加强工会系统党的建设。认真落实新时代党的建设总要求和新时代组织工作路线，以政治建设为统领，全面提高工会系统党的建设水平，把工会系统各级党组织建成坚强领导核心和战斗堡垒，充分发挥工会系统广大党员干部的先锋模范作用。按照中央统一部署，认真开展"不忘初心、牢记使命"主题教育。扎实推进工会系统党风廉政建设和反腐败工作，进一步拓展落实中央八项规定精神成果，持续纠治"四风"特别是形式主义、官僚主义问题，积极配合、自觉支持派驻纪检监察组工作，不断完善监督机制，努力打造工会系统"山清水秀"的政治生态。

（二）建功新时代、奋进新征程，组织动员广大职工在新时代现代化强省建设中彰显使命担当。

大力开展新时代劳动竞赛。主动对接省委、省政府工作部署，以"当好主力军、聚力新动能、建功新时代"为主题，围绕推动高质量发展，聚焦聚力新旧动能转换重大工程、打赢"三大攻坚战"、建设海洋强省、打造对外开放新高地等重大部署，省劳动竞赛委员会每年选择10-15项重点工程、重大项目开展示范性竞赛活动，每年举办80项左右的省级职工职业技能竞赛，带动各级工会深入开展具有时代特征、区域特色、行业特性、单位特点的劳动和技能竞赛，广泛开展群众性经济技术创新活动，深化"安康杯"竞赛、"查保促"等群众性安全生产活动，充分激发调动广大职工的积极性、主动性、创造性，为新时代现代化强省建设汇聚强大正能量。推动工会参与乡村振兴战略实施十项措施落地见效，稳步推进村级工会组织建设，实施扶持返乡农民工就业创业行动计划，推动各级工友创业园规范提升、发挥作用，组织城乡、村企工会结对共建，发挥劳动模范特别是农业劳模示范带动作用，为打造乡村振兴齐鲁样板助力添彩。

大力推进产业工人队伍建设改革。适应新旧动能转换要求，总结推广一批先进经验做法，推动完善产业工人技能形成体系，畅通产业工人发展通道；推动实施符合技术工人特点的分配制度和长效激励机制，提升产业工人的政治待遇、经济待遇、社会待遇；履行工会牵头职责，完善协同落实机制，推进政策衔接落地；大规模开展职工职业技能培训，发挥产业工会优势，用好职工网上学习平台，开展中外职工技术交流，努力造就一支有理想守信念、懂技术会创新、敢担当讲奉献的宏大产业工人队伍。

大力实施"齐鲁工匠"建设工程。推动这一工程纳入各级党委、政府人才发展计划，扎实做好"齐鲁工匠"的培育选树、管理服务和作用发挥等工作。通过集中宣传、巡回报告、网上展示等方式，真正擦亮"齐鲁工匠"品牌。积极为劳动模范和工匠人才发挥作用搭建平台、提供舞台。到 2022 年，县级以上工会培育命名"劳模和工匠人才创新工作室"1 万个。大力弘扬劳模精神、劳动精神、工匠精神，积极推动劳模、工匠人才管理服务相关政策落实，加强市县两级劳模评选培养工作，加强"齐鲁工匠研究院"建设，努力营造劳动光荣的社会风尚和精益求精的敬业风气。

（三）适应新变化、关注新动态，切实做好职工思想政治引领工作。

用共同理想信念凝聚职工。牢牢把握意识形态工作主导权，在广大职工中深入开展有特色、接地气的宣讲，使习近平新时代中国特色社会主义思想真正入脑入心。深入细致地做好职工思想政治工作，坚持和运用好从群众中来、到群众中去这一重要工作方法，坚持社会主义先进文化前进方向，充分发挥我省优秀传统文化、红色文化资源丰富的优势，充分运用职工喜欢和熟悉的话语体系、沟通方式，把组织职工、宣传职工、教育职工、引导职工的工作做实做好，引导广大职工坚决拥护核心、衷心爱戴领袖，坚定不移听党话、跟党走。

用社会主义核心价值观引领职工。深化

"中国梦·劳动美"主题教育，加强以职业道德为重点的"四德"建设，大力宣传各行各业职工践行社会主义核心价值观的生动实践和先进典型，引导广大职工唱响时代主旋律、争做社会风尚引领者。注重发挥主流媒体作用，加快工会传统媒体和新媒体融合发展，加强网上舆论引导，深化"网聚职工正能量、争做中国好网民"主题活动，在网上亮出工会旗帜、发出工会声音。

用先进职工文化感召职工。加强职工文化阵地建设，坚持线上线下有机融合，提高"职工书屋"建设、管理、使用水平；坚持回归公益、做强服务，利用 3 年时间集中整治推动县级工人文化宫提档升级，纳入公共文化服务体系，打造职工精神文化生活新家园。基层工会要立足实际，搭建便捷高效的职工学习娱乐平台，举办职工喜闻乐见的文化体育活动，深化群众性精神文明创建。工会报刊、网站及工人文化宫、文体协会等要坚持面向职工、面向生产一线，多提供思想精深、制作精良的职工文化产品，打造健康文明、昂扬向上、全员参与的职工文化。

（四）顺应新期待、满足新需要，切实把维权服务工作做得更加到位、更有实效。

切实增强维权工作实效。认真落实加强工会维权工作十条意见。加大源头参与力度，主动参与涉及职工利益的法律法规政策制定修改。推动落实就业优先战略和更加积极的就业政策，配合做好促进就业、扶持创业工作，尤其要密切关注、共同做好供给侧结构性改革中职工转岗安置工作。推动完善企业工资决定、正常增长和支付保障机制，深化工资集体协商工作，促进职工工资随经济效益和劳动生产率同步增长提高。推动构建多层次社会保障体系，督促解决职工漏保、断保问题，加强职工医疗互助。依法维护农民工合法权益，推动解决拖欠农民工工资和社保转移接续等问题。完善工会劳动保护监督机制，保障职工生命健康权益。切实维护女职工合法权益和特殊利益。深入开展法治宣传和公益法律服务行动，充分发挥各级工会法律援助和服务律师团的作用，每年为职工包括农民工提供免费法律援助服务不少于 1 万件，为权益受到侵害的职工主持公道。督促落实劳动合同制度，推行工会劳动法律监督建议书、意见书制度，探索推动将企业劳动违法行为纳入公共信用系统。加快建设工会法律专业人才队伍，到 2020 年取得劳动关系协调员、劳动争议调解员资质的工会干部达到 1000 人以上。

切实做好服务职工工作。坚持职工利益无小事，从职工群众最关心最直接最现实的利益问题入手，竭诚做好服务职工工作。坚持以精准帮扶为重点，构建服务职工体系。省总工会与济南市总工会联合打造全国一流的大型职工综合服务中心，提升各级职工服务中心的综合服务功能，按照"一次办好"改革要求，推行工会服务职工工作项目清单制度，推进"互联网+"工会普惠性服务，做实各类维权帮扶、保障服务项目；工人文化宫、工人疗休养院、国际海员俱乐部、职工互助保障组织等要进一步增强公益性、服务性；广泛发动社会力量参与，加强"妈妈小屋"、户外劳动者服务站点建设。坚持以职工需求为导向，拓宽服务职工领域。深化"四季服务"活动，推动完善职工福利制度，做好职工生活保障服务；广泛开展一线职工疗休养，加强人文关怀和心理疏导；充分发挥 12351 职工服务热线的作用，畅通网上受理渠道，全天候回应解决职工诉求；通过购买社会服务等方式，为职工提供项目化、专业化服务；加强工会志愿者队伍建设，组织开展职工志愿服务活动。坚持把提高解困脱困质量放在首位，分类做好城市困难职工解

困脱困工作。推动建立低保与扶贫衔接机制，做到扶贫同扶志、扶智相结合。力争到 2019 年底，我省现有 9800 户建档困难职工实现解困脱困。加强工会对口援疆援藏工作。

切实促进劳动关系和谐。充分发挥政府与工会联席会议制度、协调劳动关系三方机制和工会、人社、司法行政、法院"四方联动"机制的作用，推动解决劳动关系领域重大问题。健全以职工代表大会为基本形式的企事业单位民主管理制度体系，推动企事业单位构建内部利益矛盾自主调处机制，把职代会、集体协商、职工董事监事制度等融入企业法人治理结构。深化和谐劳动关系创建活动，配合做好劳动关系领域风险排查化解、应急处置工作，建立企业劳动关系状况动态监测报告制度，加强对劳动关系领域社会组织的政治引领、示范带动和联系服务。做好职工信访工作，通过协商、调解、仲裁、诉讼等方式依法调处劳动关系矛盾。警惕和防止敌对势力煽动渗透破坏，坚决维护职工队伍和工会组织的团结统一。

（五）激发新动力、塑造新形象，持续深化工会改革创新。

着力推进工会改革任务落实。加强与地方机构改革衔接协调，强化优化职能，聚焦主责主业，改革运行机制，创新方式方法，构建联系广泛、服务职工的工会工作体系。坚持加强顶层设计和基层探索创新有机结合、良性互动，加大分类指导和改革督查力度，进一步形成上下联动、整体推进的工作局面。适应我省机构改革情况和重点产业发展，加强县级和中心城市行业工会建设，更好发挥产业工会在参与政策制定、服务行业职工、促进产业发展等方面的独特作用。按照管办分离的原则，推动工会所属社团改革。进一步形成以职工为中心的工作导向，

完善工会工作任务项目形成机制和工会改革效果评价机制，加强职工满意度测评，切实增强职工群众的改革获得感。

着力加强"智慧工会"建设。加快实施"智慧工会"建设工程，促进互联网与工会工作融合发展，全省统一规划、统一标准、统一建设，打造互联互通、开放共享、省市县乡和企业全面覆盖、线上线下有机结合的工会网上工作体系。运用大数据、云计算、互联网、人工智能等手段，实现联系服务职工的思路模式创新、机制方式变革、渠道流程再造、载体平台升级。以服务项目实、交互体验好、职工粘性强为目标，建设"齐鲁工惠"普惠服务职工平台；以增强传播力、引导力、影响力为标准，建设新媒体宣传平台；以促进工会工作精准化、精细化发展为方向，建设大数据支撑平台。进一步强化网上工作力量，走好网上群众路线，建好网上职工之家，不断增强运用互联网推进工会工作创新发展的能力。

着力加强新时代职工之家建设。树立大抓基层鲜明导向，深化党建带工建、党工共建工作，全面落实新时代职工之家建设十条意见，进一步加大力量、资源向基层倾斜投放的力度，切实打通联系服务职工"最后一公里"。大力实施"新领域、新业态、新组织建会入会集中行动"，推动新经济组织、新社会组织、开发区（工业园区）工会建设，探索普惠职工、网上入会等新方式、新途径，积极推进八大领域建会和八大群体入会工作，做到哪里有职工群众，哪里就有工会组织。加强基层工会特别是企业工会规范化建设，坚决制止、纠正随意撤并工会组织和机构、弱化工会地位和作用的行为，推进基层工会组织和会员实名制管理，通过选树职工信赖的职工之家和娘家人、推行为职工办实事公开承诺制度、建立职工之家动态管理机制等方式，充分激发基层工会活力。

着力加强工会干部队伍建设。树立正确选人用人导向，建立健全工会干部思想教育、激励保障、考核评价机制，关心关爱基层工会干部，加大培训、交流力度，教育、引导、激励工会干部忠诚党的事业、贯彻党的主张，站稳群众立场、竭诚服务职工，勇于担当作为、积极干事创业，努力造就一支忠诚、干净、担当的高素质工会干部队伍。推动落实改革要求，坚持专职为主、兼职挂职相结合，充实县级及以下工会工作力量；不断扩大社会化工会工作者队伍，逐步推动纳入国家社会工作专业人才队伍体系。驰而不息改进作风，建立落实深入基层、联系职工长效机制，进一步密切同职工群众的血肉联系。

统筹做好工会各项工作。进一步强化经费保障，优化支出结构，提高使用效能。加大对工会经费、资产监管力度，构建国家审计、工会经审、社会审计、职工会员监督相结合的经审监督体系。不断扩大工会对外交流合作范围和领域。支持山东管理学院建设发展，提升服务工会工作水平。统筹做好调查研究、工会报刊、信息统计、史志编纂、老干部等各项工作。

各位代表、同志们，新时代赋予工人阶级新使命，新征程呼唤工会组织新作为。让我们更加紧密地团结在以习近平同志为核心的党中央周围，坚持以习近平新时代中国特色社会主义思想为指导，在省委、全总坚强领导下，不忘初心、牢记使命，履职尽责、担当作为，奋力开创新时代山东工会工作新局面，团结动员全省广大职工为决胜全面建成小康社会、建设新时代现代化强省作出新的更大贡献！

大 事 记

2018 年

1 月

3—12日　全省工会干部学习贯彻党的十九大精神培训班在济南举办，培训班共分三期，来自各市总工会，省产业工会，大企业工会，省直机关工会和省总工会机关及直属事业单位的400余名工会干部参加了培训。省总工会领导魏丽、王星海、李臻分别为培训班学员授课。

8日　省总工会召开处级以上干部会议，宣布省委关于省总工会领导干部调整的决定。省人大常委会副主任、省总工会主席尹慧敏主持。省委组织部副部长马晓磊宣读了省委的人事任免决定，刘贵堂同志任省总工会党组书记、提名为省总工会常务副主席（正厅级）人选。省总工会领导魏丽、王星海、蒋石宝、贺余德、李臻、魏勇、周克民，省总工会秘书长，机关、直属单位处级以上干部参加会议。

11日　省总工会副主席魏丽一行在烟台市人大常委会副主任、市总工会党组书记、主席刘洪波等陪同下，到栖霞走访慰问困难职工、困难劳模和困难企业，并送去慰问金。

14日　省总工会基层工作部调研组一

行到菏泽调研百名工会干部下基层挂职非公企业第一主席工作开展情况，调研组一行听取了菏泽市总工会开展挂职第一主席工作的情况介绍，分别召开了三个由市县工会干部、企业负责人、挂职第一主席等人员参加的座谈会，到单县、郓城实地察看了6家挂职第一主席企业。

15日　省总工会召开送温暖活动新闻发布会，对本年度全省工会送温暖活动部署情况进行了通报。元旦春节期间，省总工会将组成9个送温暖慰问组，分赴各市、省产业、大企业对建档立卡困难职工开展集中走访慰问活动，实现两节期间送温暖活动的全覆盖、无遗漏。省总工会党组成员、副主席魏丽出席活动，并介绍了有关情况。

16日　省总工会召开2018年工作务虚会，谋划全省2018年的工会工作。省总工会党组书记刘贵堂主持会议并讲话。分管领导分别介绍了所分管的部室（单位）2018年工作思路、主要任务、目标措施，并站在全省工会工作全局的角度，提出了2018年省总工会工作意见和建议。省总工会秘书长，机关各部室、直属省产业工会、事业单位的主要负责同志参加会议。

同日　中国国防邮电工会副巡视员万敏、电子信息工作部部长张苏仲等一行组成工作组来我省送温暖，在烟台调研走访慰问了东方电子集团、富士康（烟台）科技园两家企业和4户困难职工。

16—17日 根据省政府统一安排，省总工会二级巡视员周克民带领省政府解决拖欠农民工工资问题第三督查组对聊城市进行了督查。

17日 省总工会第十四届经费审查委员会第十次全体会议在济南召开。全会总结2017年全省工会经审工作，安排部署2018年经审工作任务，审议并通过了省总工会党组成员、经审会主任蒋石宝所作的经审工作报告。

18日 山东省总工会第十四届委员会第九次全体会议在济南召开。会议认真学习贯彻习近平新时代中国特色社会主义思想和党的十九大精神，贯彻落实省委、全总一系列决策部署，总结了2017年的工作，部署了2018年的任务，履行了有关人事事项民主程序，选举刘贵堂为省总工会常务副主席。会议听取并审议通过了省总工会党组书记刘贵堂受省总工会常委会委托向大会作的工作报告。省人大常委会副主任、省总工会主席尹慧敏主持会议并讲话。省总工会十四届委员会委员参加会议；未担任省总工会十四届委员会委员的市总工会、省产业工会、大企业工会，省总工会机关部室、直属单位主要负责同志，省总工会十四届经审会委员列席会议。

23—24日 全省工会职工创新暨"查保促"工作总结交流会议在济南召开。会议认真学习贯彻习近平新时代中国特色社会主义思想和党的十九大精神、总结工作、交流经验、表彰先进，研究部署2018年全省工会生产保护工作任务。省总工会副主席李臻出席会议并讲话，省总工会二级巡视员周克民宣读表彰决定。各市总工会、大企业工会分管生产保护工作的副主席，省产业工会、

省直机关工会主席（主任），各市总工会生产保护部部长参加了会议。

24日 省总工会副主席魏勇一行，到省外经贸系统进行了走访慰问，为困难职工送去了慰问金和新春祝福。省外经贸工会及相关单位的同志陪同参加活动。

25日 省总工会副主席李臻赴淄博市和省石化、邮政系统的企业及齐鲁石化公司"送温暖"，为他们送去了工会组织的温暖和新春祝福，并对工会改革工作进行专项督查。

25—27日 省总工会副主席王星海先后到日照、莱钢、莱芜走访慰问部分困难企业、困难职工及离退休劳模，为他们送上慰问金。

26日 省总工会党组成员、经审会主任蒋石宝到德州市走访慰问困难企业、困难劳模、困难职工，听取了德州市总工会改革推进情况和困难职工解困脱困工作报告，实地考察了德州市职工服务中心。德州市人大常委会副主任、市总工会主席周玉刚等同志陪同走访。

28—30日 中国机械冶金建材工会副主席刘建新、机械工作部部长王晓洁一行来山东开展送温暖活动。在烟台、威海、潍坊走访调研了全省3家机械装备制造企业，对33户困难职工进行了慰问和救助，帮扶救助总金额7万元。

本月 由省总工会组织的山东工会系统学习党的十九大精神劳模宣讲团深入全省17市和有关大企业，深入企业、车间、班组，与职工面对面、心贴心地开展了100场劳模宣讲和谈心交流活动，受到了职工们的热烈欢迎，在全省引起了强烈反响。此次山东工会系统学习党的十九大精神劳模宣讲活动，以"宣讲十九大精神 弘扬劳模精神"为主题，宣讲团成员由30名劳动模范和党的十

九大代表组成，共分成 10 个宣讲小组，深入到 100 家不同类型的企业，开展宣讲活动和谈心交流活动。所到 100 家企业中，既有胜利油田、齐鲁石化、济南铁路局、莱钢集团等大型国有企业，也有山东金钟科技集团、厚丰集团、美林电子、富士康科技集团、爱科科技等非公中小企业。活动期间，面对面聆听劳模宣讲或与劳模近距离交流的职工达 15000 余人。

2 月

5 日 省总工会副主席魏丽在省教育工会主席宋志明的陪同下，走访慰问了教育系统困难离退休劳模、困难教职工。

5—7 日 全国总工会女职工部副部长王英一行来山东潍坊调研工会联动社会力量支持职工子弟四点半学校、暑托婴托幼托服务机构，创新模式关爱女职工及"妈妈小屋"建设等创新工作，潍坊市人大常委会副主任、市总工会主席张新强，市总工会常务副主席郭召义及省总工会有关部门负责同志等陪同调研。

6 日 省总工会召开机关老干部情况通报会，省总工会党组书记、常务副主席刘贵堂出席会议并作情况通报，省总工会党组成员、经审会主任蒋石宝主持会议。省总工会机关部分离退休老干部、老干部工作领导小组成员参加会议。

7 日 省人社厅、省扶贫办、省总工会、省妇联联合济宁市人民政府举办山东省 2018 年"春风行动"启动暨"春风送岗"济宁市集中招聘活动。"春风行动"是我省公共就业服务的"开年大戏"，已连续举办 14 年。今年活动立足一个"早"字，主题为"促进转移就业，支持返乡创业，助力增收

脱贫"。根据春节后用工及求职特点，本次活动精心筛选 237 余家用人单位参加，提供就业岗位 1.4 万余个。济宁市工会设立了维权服务台，现场为求职者和招聘企业提供各类服务。此次"春风行动"将持续到 3 月底，预计全省举办各类招聘会 1500 余场次。

22—23 日 省总工会利用两天时间，组织开展"讲政治强作风提效能"集中教育，进一步引导机关全体干部职工提高政治站位，强化作风建设，提升工作效能，举全会之力服务山东新旧动能转换重大工程。

3 月

7 日 "巾帼跟党走，建功新时代"——省总工会庆"三八"女职工风采展示活动在济南举行。省总工会党组书记、常务副主席刘贵堂出席活动并致辞。省总工会领导魏丽、李臻、魏勇、周克民出席活动。驻济单位的部分女职工代表、工会女职工干部共 400 余人参加了风采展示活动。

8 日 省总工会在常春营地组织开展了庆"三八"女职工素质提升拓展活动。机关各部室、省产业工会 30 余名女职工参加了活动。

同日 省总工会副主席李臻在济南会见了以塞伊德·尤斯夫为团长的埃及全国邮政工会代表团一行。双方表示愿以此次访问为契机，在习近平主席"一带一路"的倡议下，进一步深化双方工会和职工间的交流合作，不断播撒友谊的种子，为中埃两国人民世代友好，做出积极贡献。在鲁期间，代表团还访问了枣庄、济宁等地。

12 日 省总工会机关 20 余名志愿者参加了省直机关工委组织的"绿满齐鲁 美丽山东"植树活动。此次植树活动在黄河天桥

段北岸大堤举行,旨在贯彻落实省委省政府提出的国土绿化行动要求,在省直机关干部中树立和践行"绿水青山就是金山银山"的发展理念。

12—16 日 省总工会第一期工会主席培训班——全省非公有制企业工会主席培训班在山东管理学院山东省工会干部培训基地举办,来自全省 17 市的非公有制企业工会主席共 156 人参加了培训。

12—19 日 全国总工会经费审查委员会副主任、办公室主任李伟言率全总审计调研组一行 9 人,来到山东对省总工会 2016—2017 年度预算执行情况进行审计,同时就山东省工会经审工作开展调研。调研期间,李伟言主任一行分别在省总工会和青岛市、潍坊市总工会召开座谈会,分别听取了省总工会和济南、青岛、烟台、潍坊、威海、德州、滨州等 7 市总工会,以及部分县(市、区)总工会经审工作汇报,并先后到青岛即发集团、潍柴控股集团、莱钢集团有限公司进行了实地调研。

14—17 日 全国总工会办公厅主任邹震率调研组一行来山东,就中国工会十六大以来工会工作理论实践进展与经验等工作进行调研。省总工会副主席魏勇陪同调研。调研组先后到泰山玻璃纤维有限公司、泰安启程车轮制造有限公司、岱庙街道花园社区、菏泽创业大学(菏泽职工创业学院)、富士康菏泽科技园区和山东新洋丰肥业有限公司等企业、社区开展调研,参观生产现场、查阅有关资料,组织召开座谈会,广泛听取企业负责人、工会主席、劳模及职工代表对工会工作的意见建议。调研期间,邹震一行在泰安、菏泽分别组织召开由市、县(市、区)、乡镇(街道、开发区、行业)工会干部参加的座谈会,听取了工会工作亮点、创新点、典型经验介绍及意见建议,并就有关

问题进行了深入研讨。

26 日 省总工会召开大调研情况交流会,魏丽、王星海、蒋石宝、李臻、魏勇、周克民等省总工会领导分别代表所牵头的省总工会调研组,就近期在省内省外开展大调研有关情况作了交流介绍。省总工会党组书记、常务副主席刘贵堂主持会议并讲话。省总工会党组成员、省纪委派驻省总工会纪检组组长贺余德出席会议。

26—30 日 全省开发区(工业园区)工会主席培训班在山东管理学院山东省工会干部培训基地举办。省总工会党组书记、常务副主席刘贵堂参加了该培训班的座谈会,并对做好基层工会工作提出明确要求。来自全省 17 市的 146 名开发区(工业园区)工会主席参加了培训。

28 日 省国机电工会三届二次委员会议在山东职工之家召开。会上表彰了 26 个先进集体、63 名先进个人,授予 46 个知识型、技能型、创新型班组(车间)山东省国防机械电子工业工人先锋号。与会人员听取并审议了常委会工作报告,研究讨论了省国机电工会《关于贯彻落实<新时期产业工人队伍建设改革方案>的实施意见》。省总工会副主席王星海出席并讲话。省国防科工办、省机械工业科技协会、山东电子学会领导,省国防机械电子工会第三届委员会委员、女职工委员会委员,各市、县、产业工会主席和有关企业负责人共计 104 人参加会议。

28—29 日 全省财贸金融系统工会工作会议在济南召开。省总工会副主席魏丽出席会议并讲话。

29 日 省农林水工会第二届委员会第四次全体会议在山东职工之家召开。会议审议通过了省农林水工会第二届常委会所做的《立足产业定位实施品牌战略 全力开创新时代农林水工会工作新局面》的工作报告,

履行了有关人事事项民主程序。省总工会副主席王星海出席并讲话。省农林水工会第二届委员会委员、女职工委员会委员和部分委员单位工会干部80余人参加了会议。

30日 省总工会党组书记、常务副主席刘贵堂到《山东工人报》社检查指导工作。刘贵堂与报社中层以上干部进行了座谈，认真询问了报社面临新媒体激烈竞争下遇到的新问题、新情况。听取《山东工人报》社主要负责同志向刘贵堂汇报了报社2017年以来在舆论宣传、报纸发行、内部管理等工作情况，以及今后的发展思路。会上，刘贵堂主席对《山东工人报》社工作作出重要指示。省总工会副主席王星海陪同。

同日 省石油化学工会三届四次全委会议在山东职工之家召开。会议总结了2017年工作，部署了2018年工作任务；表彰了三届三次全委会议以来全省石化医药系统涌现出的先进单位和个人；履行了有关人事事项民主程序；审议通过了题为《服务大局担当作为 奋力推进新时代系统工会工作走在前列》的工作报告。省总工会副主席李臻出席会议并讲话。省石油化学工会第三届委员会委员、女职工委员会委员、各市（县）石化医药工会负责人和部分委员单位的工会干部近80人参加了会议。

4 月

2—3日 省总工会党组书记、常务副主席刘贵堂带领省总工会调研组对青岛工人疗养院、青岛工人温泉疗养院、中国纺织工人疗养院进行了调研。实地察看了三家疗养院，并召开座谈会，听取省总工会驻青疗养院开发建设领导小组的工作汇报。对疗养院开发建设提出具体要求。省总工会副主席魏

勇陪同调研。

4日 山东省冶金行业职工学习培训技能提升三年行动总结表彰暨第二个三年行动启动大会在济南召开。省总工会副主席魏丽讲话，省总工会副主席李臻主持。省人力资源和社会保障厅、团省委、省黄金协会、省冶金工业总公司、省冶金工会等单位的相关领导同志出席会议。省冶金工会第四届委员会全体委员、女职工委员会委员及受表彰人员共100余人参加会议。

10—11日 全省网上工会建设工作座谈会议在济南召开。会前，与会代表分别赴山东省委组织部远程教育中心、浪潮集团、山东互联网传媒集团现场参观学习了"灯塔-党建在线"、大数据运营管理、融媒体平台建设的做法和经验。省总工会副主席魏勇出席会议并讲话，各市总工会分管副主席、相关部门负责人和省总工会部分部室负责人共计40余人参加会议。

18日 省轻工纺织工会第二届委员会第二次全体会议在济南召开，会议表彰了全省轻纺行业五一劳动奖状（章）和工人先锋号，履行了有关人事事项的民主程序。省总工会党组成员、经审委主任蒋石宝出席并讲话。

同日 省总工会机关召开创建第六届全国文明单位动员部署会议，号召全体机关干部职工凝心聚力、团结一致争创全国文明单位。省总工会党组书记、常务副主席刘贵堂出席会议并作动员讲话，省总工会副主席魏丽主持会议，省总工会领导王星海、贺余德、李臻出席会议，省总工会秘书长，驻会纪检组，机关各部室、直属省产业工会全体人员，直属事业单位领导班子成员共140余人参加会议。

18—20日 全国总工会资产监督管理部部长李庆堂一行3人先后到济南、淄博、

东营、滨州和山东管理学院，就工会资产的监督管理工作和工人文化宫的清理整改情况进行实地督查调研，并召开座谈会，听取省总工会资产监督管理中心的工作汇报。省总工会党组成员、副主席魏勇陪同。

20日 省医务工会2018年工作会议在济南召开。会议总结2017年工作，表彰2017年工会信息报送先进单位和先进个人，安排部署2018年重点工作任务。省卫生计生委副主任仇冰玉主持会议，省总工会副主席魏丽出席会议并讲话，省医务工会负责同志作工作报告。十七市医务工会，省计生协会机关工会，委直属单位和高校附院工会分管工会工作的领导和工会主席参加会议。

23日 省总工会举行"悦读吧"揭牌暨电子职工书屋阅读卡赠送仪式。中国工人出版社党委书记、社长芮宗金，省总工会党组书记、常务副主席刘贵堂出席仪式并为"悦读吧"揭牌。省总工会副主席王星海主持仪式。省总工会领导魏丽、蒋石宝、李臻、魏勇、周克民等出席仪式。省总工会机关各部室、省产业工会部分人员参加活动。

24日 省直机关第四届庆"五一"低碳环保健步走活动在济南千佛山景区举行，省总工会代表队在136个参赛队中脱颖而出，首次取得了第一名的优异成绩，并荣获了优秀组织奖。

26日 《工会新时空》电视栏目开播仪式在山东广播电视台举行。省总工会党组书记、常务副主席刘贵堂，山东广播电视台党委书记、台长吕芃出席仪式并共同为栏目开播点亮大屏。省总工会党组成员、副主席王星海，山东广播电视台党委副书记周盛阔出席仪式并致辞。《工会新时空》是由省总工会、山东广播电视台共同打造的一档电视栏目，全年共52期，分为常规节目和特别节目两类。常规节目设《嗨·工会》《齐鲁

工匠》《活力工会》等三个板块。省总工会领导魏丽、贺余德、李臻、魏勇、周克民出席开播仪式。各市总工会分管副主席、宣教部部长，省产业工会、大企业工会有关负责同志，省总工会机关各部室、各驻济直属事业单位负责同志参加开播仪式。

27日 山东省庆祝"五一"国际劳动节暨省劳动模范和先进工作者表彰大会在济南举行。会上，龚正省长宣读了《中共山东省委 山东省人民政府关于表彰山东省劳动模范和先进工作者的决定》。决定授予刁统武等761名同志"山东省劳动模范"称号，授予山清等233名同志"山东省先进工作者"称号。省委书记刘家义出席会议并讲话，杨东奇主持，陈辐宽、王清宪、于晓明、于杰出席。省有关部门负责同志，2018年省劳动模范和先进工作者，山东省本年度受表彰的全国五一劳动奖、全国工人先锋号获得者单位代表，全国五一劳动奖章获得者等参加会议。

5月

4—5日 全省金融系统"山东农商银行杯"职工乒乓球比赛在威海市举办，来自本系统29支代表队的200多名运动员参加了比赛。省总工会副主席魏丽出席开幕式并宣布比赛开幕。

17日 省总工会组织党员干部到山东省监狱开展警示教育活动。省总工会党组成员、经费审查委员会主任蒋石宝、省纪委驻省总工会机关纪检组组长贺余德、省总工会党组成员、副主席李臻参加了活动。

14—18日 全省国防机械电子系统工会干部培训班在山东管理学院举办。此次培训内容为深入学习贯彻党的十九大精神、习

近平新时代中国特色社会主义思想，系统开展产业工人队伍建设改革、新旧动能转换、新一代电子信息技术等工会相关新理论、新知识培训。山东管理学院领导房克乐在开班式上致辞，省总工会王星海副主席出席并讲话。

18日 省总工会召开党风廉政建设工作会议。此次会议深入学习贯彻习近平新时代中国特色社会主义思想和党的十九大精神，贯彻落实十九届中央纪委二次全会、省纪委十一届三次全会和全国工会党风廉政建设工作会议精神，总结2017年省总工会党风廉政建设和反腐败工作，研究部署2018年任务。省总工会领导、驻会纪检组、机关各部室、直属省产业工会全体人员，直属事业单位领导班子成员共150余人参加会议。

同日 中国海员建设工会巡视员张景义一行4人来鲁调研山东省海员产业工人队伍建设情况，听取了省海员工会负责人工作汇报，并先后到青岛远洋船员职业学院和青岛远洋运输有限公司召开座谈会。

30日 中国工会"一带一路"人文交流——上合组织国家职工技能交流营闭营式在济南举行。此次交流营的举办正值上合组织青岛峰会前夕，来自上合组织成员国、观察员国和伙伴国的18个国家的代表齐聚一堂，共同探讨推动上合组织国家职工技能发展。交流营活动在北京、山东开展，通过主旨讲座、专题研讨、企业参访、技能体验、与大国工匠互动及文化参观等多种形式的交流，深化上合组织各国对"一带一路"倡议、"上海精神"和中国工会构建和谐劳动关系、维护职工合法权益、弘扬劳模精神和工匠精神等理念的理解认识，增进上合组织民心相通，巩固上合组织合作的民意基础。在鲁期间，交流营成员先后到山东职业学院、浪潮集团和国网山东省电力公司检修公

司参观交流了职工技能培训、职工技术创新、工匠精神培育等方面的经验和做法。省总工会党组书记、常务副主席刘贵堂出席闭营式并致辞，省总工会副主席李臻主持闭营式。

同日 全省货运司机入会集中行动启动仪式暨济南市物流产业工会成立大会在济南传化泉胜公路港举行。会上，与会有关领导为济南市物流产业工会及济南传化泉胜公路港工会联合会揭牌，并向货运司机代表发放工会会员证、职工互助保障。来自济南市各区（县）、局、大企业工会负责同志及物流企业代表和货运司机代表140余人参加了会议。省总工会副主席王星海出席会议。

本月 为规范和加强工会购买服务工作，经省总工会14届第93次主席办公会议研究同意，省总工会出台《山东省工会购买服务管理办法（试行）》（以下简称《办法》）。《办法》对工会购买服务的目的、定义、基本原则作出了规定；明确了购买服务主体是各级工会及其所属的企事业单位，明确了购买服务内容，明确了预算管理、购买程序和承接服务主体确定方式。

6月

11日 省总工会副主席李臻在济南会见了以杨艾基·彼得森为团长的挪威食品工会代表团。在山东期间，该代表团参访了滕州山东盈泰食品有限公司、济南佳宝乳业等企业。

13日 山东省第三届智能制造（工业4.0）创新创业大赛在山东大厦举行启动仪式。此次比赛由省总工会、省委网信办、省经信委、省人社厅、团省委、省科协、山东电子学会共同主办，新泰市人民政府联合主

办，省国防机械电子工会、省信息产业协会、省节能环保低碳协会共同承办的。比赛设置智能装备和产品、智能化生产服务、工业机器人、工业用虚拟现实产品等赛项，设立一二三等奖和优秀奖若干，前 3 名推荐授予"山东省富民兴鲁劳动奖章"，前 5 名推荐授予"山东省青年岗位能手"荣誉称号。省总工会副巡视员周克民出席并讲话。

14 日 省总工会召开全面启动工会重大工作项目新闻发布会，省总工会党组书记、常务副主席刘贵堂出席发布会并介绍情况，省总工会副主席王星海主持发布会。刘贵堂介绍，从 2018 年 3 月开始，省总工会围绕落实省委关于"大学习、大调研、大改进"的部署要求，聚焦工会工作的"五个强化"，组织开展了谋划实施全省工会重大工作项目专题调研，最终形成了可以落地见效的六项重点工作项目，概括起来就是"三个工程""三个十条"。

20 日 省总工会第十四届经费审查委员会第十一次全体会议在济南召开，会议听取了对省总工会 2017 年度经费预算执行情况审计结果的综合报告、省总工会 2017 年度工会经费收支决算和 2018 年度工会经费收支预算草案的说明，审议通过了省总工会 2017 年度工会经费收支决算和 2018 年度工会经费收支预算。省总工会党组成员、经审会主任蒋石宝主持会议并讲话。

同日 省总工会召开新闻发布会，解读《关于建立"四方联动"机制加强劳动关系矛盾预防化解工作的意见》。省总工会副主席魏丽出席发布会并介绍情况，省总工会副主席王星海主持发布会。省总工会、省人社厅、省司法厅、省高级人民法院有关人员出席发布会并回答记者提问。

25—29 日 中国能源化学地质工会副主席、分党组成员陈志标，副巡视员冯鲁崑

等一行就山东省石化医药系统工会组织建设、行业性工资集体协商、化工企业退园进城过程中职工权益保障和职工队伍稳定情况等方面进行调研。省总工会二级巡视员周克民陪同有关活动。

27 日 省总工会第十四届委员会第十次全体会议在济南召开。会议传达学习了习近平总书记视察山东重要讲话精神和省委十一届五次全体会议精神；发布了山东省总工会重点工程重要举措；履行了有关人事事项民主程序；审议通过了《关于深入学习贯彻习近平总书记视察山东重要讲话精神　扎实推进新时代山东工会工作创新发展的决议》。省总工会党组书记、常务副主席刘贵堂主持会议并讲话，省总工会第十四届委员会委员参加会议，未担任省总工会十四届委员会委员的市总工会、省产业工会、大企业工会和省总工会机关各部室、各直属单位主要负责同志，有关单位负责同志列席会议。

28 日 全国工会进一步落实城市困难职工解困脱困责任制电视电话会议召开，山东省总工会党组书记、常务副主席刘贵堂在山东分会场出席会议并作典型发言，省总工会领导，各市、县（市、区）总工会、省产业工会、省总工会机关各部室负责同志在山东分会场参加会议。

29 日 "中国梦·劳动美——学习贯彻习近平新时代中国特色社会主义思想和党的十九大精神"山东省职工演讲比赛决赛在济南落下帷幕。此次比赛由山东省总工会主办、胜利石油管理局有限公司工会委员会承办，经过自下而上层层选拔，17 市和有关大企业共 21 个代表队的 42 名选手参加了这次全省的复赛。在决赛中，有 2 人获得金奖，3 人获得银奖，5 人获得铜奖。

同日 省总工会举行纪念建党 97 周年表彰大会暨优秀基层工会干部事迹报告会。

会议对省总工会工作成绩显著、表现突出的先进基层党组织、优秀党员和优秀党务工作者进行了表彰；邀请全国优秀工会工作者、富民兴鲁劳动奖章获得者、山东世纪阳光纸业集团有限公司工会主席邵文修作事迹报告。省总工会党组书记、常务副主席刘贵堂出席会议并讲话。

7 月

4—5日 古巴共产党中央政治局委员、国务委员会成员、工人中央工会总书记乌利塞斯·吉拉特率代表团来山东省进行友好访问。省委常委、统战部部长邢善萍在济南会见了代表团，中华全国总工会书记处书记、副主席江广平，山东省总工会党组书记、常务副主席刘贵堂，中华全国总工会国际联络部副部长李晓波，山东省总工会副主席李臻陪同会见和访问。该代表团先后到山东能源集团、力诺集团等进行了参观考察，并与省总工会进行了交流。

9日 省总工会召开《山东省基层工会经费收支管理实施细则（试行）》新闻发布会，省总工会副主席魏丽出席发布会并介绍情况，省总工会副主席王星海主持发布会。

12日 省总工会党组成员、经审会主任蒋石宝一行5人赴省总工会联建村——聊城市莘县河店镇王庄村，开展"双联共建"活动调研。

13日 省总工会召开"担当作为、干事创业"集中行动动员大会，对集中行动进行动员部署。省总工会党组书记、常务副主席刘贵堂传达了省委书记刘家义、省长龚正有关讲话精神并讲话，省总工会领导魏丽、王星海、李臻、魏勇、周克民围绕担当作为、干事创业、抓好重点工程重要举措落实进行

发言，省总工会党组成员、经审会主任蒋石宝主持会议并宣读了集中行动方案，省总工会党组成员、省纪委驻省总工会纪检组组长贺余德传达省委常委、组织部部长杨东奇有关讲话精神。

13日 山东省第六届职工职业技能大赛开幕式暨钳工决赛在潍柴大学隆重举行。此次大赛由省总工会、省人社厅、省科技厅、省经信委、省住建厅联合主办，潍坊市总工会和潍柴控股集团有限公司承办钳工赛区赛事。比赛设钳工、焊工、数控加工中心操作工、数控机床装调维修工、网络与信息安全管理员、砌筑工等六个决赛工种。省总工会副主席李臻出席会议并讲话，来自全省17市和大企业的21支代表队共60名选手角逐本次省级钳工决赛。

16—20日 第二期全省非公有制企业工会主席培训班在山东管理学院长清校区工会干部培训基地举办，来自全省17市的140余名非公有制企业工会主席参加了培训。

17日 省总工会党组书记、常务副主席刘贵堂以《做担当作为、干事创业的好班长》为题，讲专题党课。省总工会领导魏丽、李臻、魏勇，省总工会秘书长，省纪委驻省总工会纪检组、省总工会机关各部室（单位）、直属省产业工会、6家经费独立的直属企事业单位主要负责人参加专题党课学习。

19日 省总工会召开的新闻发布会，介绍了省人才工作领导小组印发《关于实施"齐鲁工匠"建设工程的意见》（以下简称《意见》）的情况，《意见》明确提出，省、市、县（市、区）三级工会联合相关部门共同推进实施"齐鲁工匠"建设工程，为新旧动能转换、现代化强省建设提供人才支撑。山东省将每年选树命名50名"齐鲁工匠"，带动引导各级各单位广泛开展工匠人才培育

选树活动，促进培育造就一支规模宏大的知识型、技能型、创新型劳动者大军。

20日 由省总工会开展的2018年"夏送清凉"活动在济南地铁R3线中铁十四局项目部举行。省总工会党组书记、常务副主席刘贵堂，省总工会党组成员、副主席魏丽出席活动。此次活动为奋战在地铁R3线的一线职工和农民工送去了矿泉水、洗漱包、西瓜、绿豆、白糖、灭蚊药、藿香正气水等劳保用品和慰问品。

21日 "中国梦·劳动美——学习贯彻习近平新时代中国特色社会主义思想和党的十九大精神"全国职工演讲比赛决赛在北京圆满结束，来自全国各省（区、市）总工会和铁路、金融、新疆生产建设兵团工会34支代表队的68名选手参加了为期两天的激烈角逐，山东省选手陈国瑞喜获全国职工演讲比赛决赛第一名。

22—27日 根据全总统一部署，省总工会组织开展了"感恩祖国，拥抱北京"关爱农民工子女主题活动，来自青岛、临沂、菏泽等市的100名困难农民工子女及留守儿童参加了活动。

23日 省总工会举行"山东省总工会职工心理健康服务专家库"成立仪式。省总工会副主席魏丽出席仪式，并向专家代表颁发聘书。有关同志对省总工会联合省卫计委印发的《山东省实施职工心理健康行动的意见（2018—2020年）》以及专家库成立方案作了解读。

24日 中国财贸轻纺烟草工会四届四次常委会议在青岛召开，山东省总工会党组成员、经费审查委员会主任蒋石宝出席会议并致辞。会后，与会人员先后到青岛纺织谷、青岛航标处团岛灯塔参观学习近现代纺织业历史和全国劳模王炳交事迹。

25日 由省总工会、省人社厅、省科技厅、省经信委、省住建厅共同举办，省国防机械电子工会、山东机床通用机械协会、枣庄科技职业学院共同承办的山东省第六届职工职业技能大赛数控加工中心操作工、数控机床装调维修工决赛在枣庄科技职业学院圆满收官。

26日 省总工会副主席李臻在济南会见了以杰拉德·克拉马科为团长的意大利劳工联盟威尼托大区工会代表团一行。

8 月

3日 齐鲁工匠研究院揭牌仪式在山东管理学院长清校区举行。省总工会党组书记、常务副主席刘贵堂出席揭牌仪式，并和山东管理学院党委书记冯庆禄共同为齐鲁工匠研究院揭牌。省总工会秘书长、有关部室主要负责同志和山东管理学院领导李明勇、房克乐、杨茂奎、董以涛以及教师、学生代表共100余人参加了揭牌仪式。

9日 由财政厅、省总工会、省人社厅等部门组织的全省第三届乡镇财政业务技能竞赛决赛在威海荣成市举办，取得圆满成功。魏丽副主席出席了决赛活动，向取得竞赛项目第一名的选手颁发了"山东省富民兴鲁劳动奖章"。

10日 省劳动竞赛委员会在济南召开新闻发布会，发布并解读《关于在全省开展"当好主力军、聚力新动能、建功新时代"劳动竞赛的实施意见》。省总工会副主席李臻出席发布会并介绍了情况。

13—15日 省人大常委，省总工会党组书记、常务副主席刘贵堂一行在青岛市走访看望所联系的人大代表，在烟台栖霞市调研工会工作。在栖霞市调研期间，刘贵堂一行看望了省总工会挂职干部。

14—16日　中国海员建设工会主席丁小岗来山东调研航运企业。

15日　全省工会困难职工解困脱困工作推进会在滨州召开。会议通报了全省困难职工建档人数从2016年初的25万余户，下降到1.7万余户。会议要求2018年—2020年，全省每年完成1/3以上建档立卡困难职工的解困脱困任务，对于新产生的困难职工按照相关标准同步建档，实施帮扶救助。

同日　省总工会副主席李臻在济南会见了以何塞·德巴列为团长的墨西哥工农革命联合会代表团一行。

17日　山东"智慧工会"建设工程启动仪式在济南举行。省总工会副主席魏勇出席活动并讲话。省总工会机关相关部室负责人，各市总工会分管副主席和负责网络或宣传工作的部门负责人，省产业工会，省直机关工会，大企业工会负责信息化建设工作的负责人参加活动。

同日　省委省直机关工委二级巡视员王树山一行3人，到省总工会就省总工会开展的"担当作为、干事创业"集中行动进行调研。省总工会党组书记、常务副主席刘贵堂会见调研组一行，省总工会党组成员、经费审查委员会主任蒋石宝汇报了有关工作情况。省总工会秘书长和相关部门负责同志参加汇报。

24日　省总工会举办"健康伴我行"系列活动之一——"工会大讲堂"之心理健康知识讲座。省立医院副主任医师、心理治疗师王斌应邀作题为"家庭与职业"专题辅导报告。省总工会机关各部室、驻济直属省产业工会全体人员，驻济直属事业单位领导班子成员参加辅导会。

27—31日　全省乡镇街道工会主席培训班和全省国有企业工会主席培训班在山东管理学院省工会干部培训基地同期举办。省总工会党组成员、经审委主任蒋石宝出席开班仪式并讲话；山东管理学院纪委书记房克乐在开班仪式上代表学校致辞。来自全省17市的151名乡镇街道工会主席和近百名国有企业工会主席参加培训。

30日　山东省总工会第十四届委员会第十一次全体会议在济南召开。会议选举省委副书记杨东奇为省总工会主席。

31日　山东省工会代表会议在济南召开，会议以无记名投票方式，差额选举产生山东省出席中国工会第十七次全国代表大会代表97名。省总工会党组书记、常务副主席刘贵堂出席会议，作关于山东省出席中国工会第十七次全国代表大会代表候选人情况的说明。来自全省各级工会、各个行业、各条战线的210名代表出席会议。

9 月

4日　全省工会推进新时代职工之家建设工作会议暨基层工会干部培训班在济南召开。省总工会副主席王星海出席并讲话。各市总工会分管基层组织建设的副主席和基层工作部部长，省产业工会、省直机关工会、大企业工会负责同志及参训学员140余人参加会议。

5日　省总工会党组书记、常务副主席刘贵堂在济南会见以达尔伍兹·马图谢夫斯基主席为团长的全波兰油气矿业工会代表团一行。省总工会副主席李臻陪同会见。

6日　省总工会与省司法厅联合举行山东省法律援助中心职工工作站、山东省职工法律援助工作站揭牌暨工会法律援助事务合作协议签订仪式。省总工会副主席李臻，省司法厅二级巡视员李邦喜出席仪式并讲话。省总工会有关部门负责人、省职工法律援助工作站全体人员、各市总工会法律工作部部长、省级法律援助律师代表及省法律援助中心工作人员共计50余人参加会议。

11—13日 省总工会组织机关及直属单位90余名党员干部到胶东（威海）党性教育基地进行了党性教育现场教学培训活动。省总工会党组成员、经费审查委员会主任蒋石宝，省总工会党组成员、省纪委驻省总工会机关纪检组组长贺余德参加活动。

13—14日 全国人大常委会副委员长、中华全国总工会主席王东明来山东省调研。全总副主席、书记处书记、党组副书记邓凯，省委副书记、省总工会主席杨东奇，省人大常委会副主任王云鹏，省总工会党组书记、常务副主席刘贵堂等陪同调研或参加有关活动。

17日 省总工会召开处级以上干部会议，传达学习全国人大常委会副委员长、全国总工会主席王东明在山东调研时的讲话精神，传达省委副书记、省总工会主席杨东奇指示要求，通报省总工会当前重点工作。省总工会党组书记、常务副主席刘贵堂主持会议并讲话。

25日 省总工会党组书记、常务副主席刘贵堂带队到临沭县省总工会第一书记帮包村调研。临沂市人大常委会副主任、市总工会主席刘淑秀陪同活动。

26—29日 全国政协委员，全总原党组成员、经费审查委员会主任李守镇率全国政协总工会界别委员一行就新形势下职工思想状况来山东省调研。省总工会副主席王星海、李臻陪同调研。

10月

9—11日 全省工会领导干部培训班在广东省总工会干部学校举办，对各市总工会、省产业工会、省直机关工会、直属大企业工会，以及省总工会机关各部室和直属事业单位的主要负责同志共60余人进行了集中培训。此次培训，围绕学习贯彻习近平新时代中国特色社会主义思想和党的十九大精神，安排了"新时代"解读、新修订《中国共产党纪律处分条例》解读；针对工会主责主业，设置了"劳资冲突与工会应对"课程；组织学员到深圳市宝安区福海街道和平社区工会联合会、塘尾社区工会联合会和广州地铁公司进行现场教学，并与当地工会干部进行深入交流。

10—12日 全国工会社会组织工作研讨会在山东青岛召开，全总社会联络部部长刘迎祥与会并讲话，省总工会副主席李臻出席会议并致辞，全总社会联络部副部长佟永春主持会议。

12—13日 省协调劳动关系三方推进劳资集体协商理论及实操培训班在山东管理学院举办，来自各市人社、工会、企联、工商联系统80余名学员参加了培训。

15日 济南市工会第十七次代表大会开幕。省总工会党组书记、常务副主席刘贵堂出席开幕式并致辞。

19日 省总工会举行学习贯彻《中国共产党纪律处分条例》专题辅导讲座，邀请省委党校二级巡视员、机关纪委书记张传武就新修订的《中国共产党纪律处分条例》作专题辅导。省总工会党组书记、常务副主席刘贵堂出席讲座。

同日 山东"智慧工会"建设工程项目签约仪式在省总工会举行。签约仪式上，省总工会相关部室分别就牵头建设的山东"智慧工会"建设工程各软件系统与7家中标企业签订了政府采购合同。采购合同的签订标志着山东"智慧工会"建设工程正式进入建设施工阶段。省总工会副主席魏勇出席签约仪式并讲话。省总工会秘书长、相关部室负责同志，山东"智慧工会"建设工程各承建单位负责人、项目经理共计30余人参加了活动。

21日 出席中国工会第十七次全国代表大会的山东省代表团举行第一次全体会议。省委副书记、省总工会主席杨东奇出席会议并讲话，全国总工会副主席、书记处书记、党组成员江广平出席会议，省总工会党组书记、常务副主席刘贵堂主持会议，省总工会党组成员、经费审查委员会主任蒋石宝参加会议。

22日 中国工会十七大山东省代表团在北京中国职工之家举行第二次全体会议。与会代表学习了中国工会十七大开幕式上中央领导同志的致词，讨论审议了中国工会十七大报告。省委副书记、省总工会主席杨东奇，全国总工会副主席、书记处书记、党组成员江广平，中国工人出版社社长、党委书记王娇萍出席会议并发言，省总工会党组书记、常务副主席刘贵堂主持会议，省总工会党组成员、经费审查委员会主任蒋石宝参加会议。

23日 中国工会十七大山东省代表团在北京中国职工之家举行第三次全体会议。与会代表继续学习讨论中央领导同志的致词，讨论审议中国工会十七大报告和《中国工会章程》（修正案）。省委副书记、省总工会主席杨东奇，全国总工会副主席、书记处书记、党组成员江广平出席会议，省总工会党组书记、常务副主席刘贵堂主持会议，省总工会党组成员、经费审查委员会主任蒋石宝参加会议。会议预选了全总第十七届执委候选人。

同日 中国工会十七大山东省代表团在北京中国职工之家举行第四次全体会议。与会代表讨论审议了《中国工会章程（修正案）》、财务报告、经审工作报告；讨论了关于全总十六届执委会报告的决议（草案）、关于《中国工会章程（修正案）》的决议（草案）、关于全总十六届执委会财务工作报告的决议（草案）、关于全总十六届经审会报告的决议（草案）。省总工会党组书记、常务副主席刘贵堂主持会议，省总工会党组成员、经费审查委员会主任蒋石宝参加会议并发言。

24日 中共中央政治局常委、国务院总理李克强应邀在中国工会第十七次全国代表大会上作经济形势报告，在山东代表中引起强烈反响。10月24日晚，中国工会十七大山东省代表团举行第五次全体会议，学习讨论李克强总理的报告。省总工会党组书记、常务副主席刘贵堂主持会议并发言。

25日 中国工会十七大山东省代表团在驻地中国职工之家召开工作总结会议。省总工会党组书记、常务副主席刘贵堂主持会议并讲话，总结山东省代表团出席大会履职情况，对各位代表学习、宣传、贯彻好中国工会十七大精神提出要求。省总工会党组成员、经审委主任蒋石宝参加会议。

31日 省总工会党组书记、常务副主席刘贵堂在济南会见德国五金工会巴伐利亚州分会代表团。省总工会副主席李臻、省生态环境厅副厅长周杰出席会谈。该代表团在鲁期间，分别赴中德生态园、中车四方股份公司、海尔集团、德国巴伐利亚州山东代表处和济南西门子变压器有限公司等企业进行了参观访问，并与上述企业的工会和职工代表就工会组建、工资集体协商等工会工作进行了座谈交流。

11 月

1 日　省总工会党组书记、常务副主席刘贵堂在济南会见韩国劳动组合总联盟忠南世宗地域本部工会代表团。

7 日　省总工会第十四届委员会第十二次全体会议在济南召开。会议坚持以习近平新时代中国特色社会主义思想为指导，深入学习贯彻习近平总书记在同中华全国总工会新一届领导班子成员集体谈话时的重要讲话精神，传达贯彻中国工会十七大精神和省委常委会会议精神，对全省工会系统学习宣传贯彻工作作出安排部署。省委副书记、省总工会主席杨东奇出席会议并讲话。

同日　全国工会劳动和技能竞赛工作理论研讨现场会在潍坊召开。会议的主要任务是学习贯彻习近平总书记同中华全国总工会新一届领导班子成员集体谈话时的重要讲话和中国工会十七大精神，总结近年来劳动和技能竞赛成功经验和理论成果，交流工作体会，明确工作要求。会议通报了全国工会劳动和技能竞赛论文集入选论文名单，山东省总工会、潍坊市总工会、豪迈集团等 12 个单位和个人作了典型发言。与会人员参观了潍坊市关于开展劳动和技能竞赛工作的展板，并到潍柴控股集团进行了实地观摩。全国总工会劳动和经济工作部副部长闵迎秋出席会议，各省、自治区、直辖市总工会劳动和经济工作部负责同志，劳动和技能竞赛理论征文作者代表和有关单位代表及专家参加了会议。

15 日　省总工会以"工会大讲堂"的形式，组织"健康伴我行"系列活动之一——健康保健知识讲座。省千佛山医院有关专家应邀为省总工会机关干部职工作专题辅

导报告。省总工会党组成员、省纪委省监委驻省总工会纪检监察组组长贺余德出席辅导会。

16 日　省总工会召开机关青年工作委员会第一届第一次全体会议。省总工会机关党建工作领导小组副组长、秘书长李业文出席。会议明确了机关青年工作委员会的性质、条件、组织机构及人员组成，表决通过了《山东省总工会机关青年工作委员会章程》，并对年底前的工作进行了安排部署。会议要求，省总工会机关青年干部要深刻认识省总工会党组和领导对青年干部的关心关爱，自觉提升思想政治素质、业务工作本领、协同配合能力，履行好工会干部的职责和使命，在推动新时代山东工会工作创新发展中充分发挥青年生力军作用。

19 日　省总工会召开领导班子（扩大）会议，传达学习习近平总书记同全总新一届领导班子成员集体谈话时的重要讲话。省委副书记、省总工会主席杨东奇出席会议并讲话。省总工会党组书记、常务副主席刘贵堂传达了习近平总书记同全总新一届领导班子成员集体谈话时的重要讲话，省总工会副主席魏丽交流了学习体会。省总工会领导贺余德、魏勇，省总工会秘书长，各部室、直属省产业工会、直属事业单位主要负责同志参加会议。

19—20 日　以"争做新工匠，筑梦新时代"为主题的山东省零售业"银座杯"营业员技能竞赛决赛在济南举行。省总工会副主席魏丽，省零售业协会会长、鲁商集团副总经理王志盛等领导观看服务技能展示，并向获奖选手颁奖。

19—21 日　省总工会在山东管理学院举办全省工会帮扶工作培训班，传达学习全总帮扶工作要求，部署 2018 年度帮扶资金使用及录入工作。各市总工会分管主席、保

障部长、职工服务中心主任，县（市、区）总工会及省总工会职工帮扶中心有关负责同志270余人参加培训。省总工会副主席魏丽出席开班式并讲话。

23日 省总工会召开领导班子（扩大）会议，进一步学习习近平总书记同全总新一届领导班子成员集体谈话时的重要讲话精神，深入交流学习体会。省总工会党组书记、常务副主席刘贵堂强调，各级工会要把学习贯彻习近平总书记重要讲话精神作为一项重大政治任务，全面系统地学、持续深入地学，自觉用以武装头脑、指导实践、推动工作。省总工会领导、秘书长，省纪委驻省总工会纪检组、各部室、直属省产业工会、事业单位主要负责同志参加会议。

28日 全省工会法律工作和工会联系引导社会组织工作会议在济南召开，会议总结了2018年全省工会法律工作和工会联系引导社会组织工作成果，分析了工作中存在的问题和短板，对下一步工作任务作出部署。省总工会二级巡视员周克民出席会议并讲话。各市总工会分管法律工作和工会联系引导社会组织工作的副主席和从事该项工作的部门负责人，省产业工会、大企业工会分管领导或从事该项工作的负责同志共计70余人参加会议。济南、青岛市总工会等九家单位做了典型发言。

29日 省工人运动研究会五届五次理事会议暨全省工会理论政策研究工作会议在济南召开。会议认真学习贯彻习近平总书记同全国总工会新一届领导班子成员集体谈话时的重要讲话精神，全面落实中国工会十七大部署要求，回顾总结一年来全省工会理论政策研究工作情况，研究部署下一步任务。省总工会二级巡视员周克民出席会议并讲话。

29—30日 山东省第三届智能制造工业4.0创新创业大赛颁奖仪式在新泰市举行，山东（新泰）智能制造高峰论坛同时举办。此次由省总工会、省委网信办、省工业和信息化厅、省人力资源社会保障厅、团省委和省科协主办的本届智能制造工业4.0创新创业大赛，自2018年7月份启动以来，得到了省内各企业、高校等单位团队和个人的积极响应，共有238个项目参与到申报当中。经专家初审、复审，共遴选出67个项目进入决赛环节。经过决赛比拼，东方电子股份有限公司等10家单位获得一等奖，山东海能环境技术有限公司等15家单位获得二等奖，淄博京科电气有限公司等20家单位获得三等奖。省总工会副主席魏勇出席并讲话。

12月

3日 山东省参加第六届全国职工职业技能大赛总结大会在济南召开，此次大赛我省取得5项团体奖、11项个人奖、总分第四名的历史最好成绩。会议深入学习贯彻习近平总书记关于工人阶级和工会工作特别是关于劳模精神、劳动精神、工匠精神的重要论述，认真总结山东省参加第六届全国职工职业技能大赛工作，表扬奖励获奖选手和教练团队，对弘扬新时代工匠精神、叫响做实"齐鲁工匠"品牌作出安排部署。省委副书记、省总工会主席杨东奇出席会议并讲话。省总工会党组书记、常务副主席刘贵堂主持会议并宣读表扬通报。有关方面的获奖代表作了发言。

同日 省总工会副主席魏丽在济南会见了以澳门工会联合总会副会长兼秘书长冯家辉为团长的代表团一行。该代表团在鲁期间，聆听了山东省委党校丁兆庆教授做的"改革开放40周年山东经济社会发展"讲座，并赴浪潮集团、山东省博物馆、青岛中车四方股份公司、海信研发中心等参观访问。

4日 省总工会联合省妇联、省残联、省见义勇为基金会、济南铁路局、山东舜天律师事务所、山东省农民工维权工作站等单位在济南火车站开展了以"尊崇宪法、学习宪法、遵守宪法、维护宪法、运用宪法"为主题的"12·4国家宪法日"宣传活动。

7日 2018年"齐鲁大工匠"颁奖典礼在济南举行。省总工会党组书记、常务副主席刘贵堂，省总工会领导魏丽、蒋石宝、贺余德、魏勇、周克民出席颁奖典礼。省总工会机关各部室和驻济直属事业单位负责同志，省产业工会、省直机关工会和大企业工会负责同志，各市总工会主席或常务副主席、分管宣教工作的副主席，山东管理学院学生代表等约500人参加颁奖典礼。

10日 山东省工会第十五次代表大会在山东会堂开幕。省委书记刘家义，中华全国总工会党组书记、副主席、书记处第一书记李玉赋出席大会开幕式并讲话。省委副书记、省长龚正，省委常委，省人大常委会、省政府、省政协有关领导出席。省委副书记、省总工会主席杨东奇代表省总工会第十四届委员会作报告。共青团山东省委书记陈必昌代表人民团体致贺词。省直有关部门和人民团体的主要负责同志应邀参加开幕式。来自全省各行各业的近900名省第十五次工代会代表和20多名特邀代表出席大会。

12日 山东省工会第十五次代表大会圆满完成各项议程，在济南胜利闭幕。省委副书记、大会主席团常务主席杨东奇主持，省人大常委会副主任王良，副省长王书坚，省政协副主席韩金峰出席大会闭幕式。大会审议批准了省总工会第十四届委员会报告、财务工作报告和省总工会第十四届经费审查委员会工作报告，选举产生了省总工会第十五届委员会和省总工会第十五届经费审查委员会。

同日 省总工会十五届一次委员会议选举产生了省总工会十五届委员会主席、常务副主席、副主席、常委，省总工会十五届一次经审会议选举产生了省总工会十五届经审会主任、副主任、常委。杨东奇当选省总工会第十五届委员会主席。

16—17日 省总工会党组书记、常务副主席刘贵堂就率省总工会新一届领导班子成员及相关部室主要负责人共20余人赴省总工会驻青三家疗养院考察，并参加了青岛工人温泉疗养院开发建设现场推进会。

21日 省劳动竞赛委员会印发《关于命名2018年度"当好主力军、聚力新动能、建功新时代"劳动竞赛工程选树项目的通报》，命名《发动机特种测量技术研究及应用》等40项成果为"山东省职工优秀技术创新成果"；命名安伟创新工作室等30个工作室为"山东省示范性劳模和工匠人才创新工作室"；命名山东中烟工业有限责任公司济南卷烟厂等20家企业为"山东省职工创新竞赛示范企业"；命名济南西门子变压器有限公司电磁计算组等100个集体为"山东省创新型班组"；命名任璐等100名职工为"山东省创新能手"；命名刘东等95名职工为"山东省群众性安全生产竞赛优秀职工"。

24日 省总工会党组书记、常务副主席刘贵堂出席临沂市工会第十五次代表大会并讲话。

27日 全国工会推进货车司机等群体入会工作现场经验交流会在广州召开。全国总工会党组书记、副主席、书记处第一书记李玉赋出席会议并讲话。山东省总工会党组书记、常务副主席刘贵堂出席会议并典型发言。

重大事件

视 察 考 察

王东明来山东调研

9月13—14日，全国人大常委会副委员长、中华全国总工会主席王东明就深入学习贯彻习近平新时代中国特色社会主义思想和党的十九大精神，扎实做好新时代工会工作在我省调研。

王东明先后赴中国重汽济南动力部、浪潮集团高端容错计算机生产基地、济南二机床集团、济南市外来务工人员（农民工）综合服务中心等，深入生产车间、劳模创新工作室、产品展厅、职工书屋、服务窗口等，看望劳模、一线职工、农民工和工会干部，了解职工生产生活和工会工作情况。王东明充分肯定近年来山东工会工作。他指出，各级工会要深入学习贯彻习近平新时代中国特色社会主义思想和党的十九大精神，把握工运时代主题，切实履行维护职工合法权益、竭诚服务职工群众的基本职责，从大处着眼、小事做起，以实际行动赢得职工信赖，团结引领广大职工坚定不移听党话、跟党走，大力弘扬劳模精神、劳动精神、工匠精神，当好主人翁、建功新时代。

全国总工会副主席、书记处书记、党组副书记邓凯，省委副书记、省总工会主席杨东奇，省人大常委会副主任王云鹏，省总工会党组书记、常务副主席刘贵堂等陪同调研或参加有关活动。

李守镇率全国政协总工会界别部分委员来山东调研

9月26—29日，全国政协委员，全国总工会原党组成员、经费审查委员会主任李守镇率全国政协总工会界别委员一行就新形势下职工思想状况来山东省调研。

李守镇率调研组一行先后赴中国重汽（香港）有限公司济南动力部、国家电网山东省电力公司检修公司、中国石化集团济南炼油厂、烟台万华实业集团、上汽通用东岳基地、烟台张裕葡萄酿酒股份有限公司等，深入车间班组、劳模创新工作室、生产一线等，与劳模、一线职工、工会干部亲切交流，深入了解新形势下一线职工和基层工会干部在学习宣传贯彻党的十九大精神过程中的思想状况，听取职工群众关注的热点难点问题和建议诉求。

李守镇充分肯定了近年来山东工会在职工思想政治工作中取得的成绩。他指出，做好新形势下职工思想政治工作，使学习宣传贯彻党的十九大精神有的放矢，各级工会要提高思想认识和政治站位，突出思想政治引领，团结引领广大职工坚定不移听党话、跟党走。工会作为职工的娘家人，是企业职工思想政治工作的重要力量，要认真倾听职工心声，关注职工所思所想，关心职工工作生活，为职工搭建良好的技能培训和素质提升平台，真心实意为职工排忧解难，激发职工干事创业、岗位建功的激情和活力。

在鲁调研期间，省总工会副主席王星海、李臻陪同调研。

全国总工会
资产监督管理部部长
李庆堂来山东督查调研

4月18—20日，全国总工会资产监督管理部部长李庆堂一行3人先后到济南、淄博、东营、滨州和山东管理学院，就工会资产的监督管理工作和工人文化宫的清理整改情况进行实地督查调研，并召开座谈会，听取省总工会资产监督管理中心的工作汇报。省总工会党组成员、副主席魏勇陪同。

李庆堂对山东工会资产工作给予充分肯定，指出山东工会资产工作成效较好、企事业整体运行健康平稳、服务阵地作用发挥有效。山东省总工会对工会资产工作高度重视、思路明确，特别是在工人文化宫、疗（休）养院清理整改工作中，一手抓省总工会本级整改，一手抓县（市、区）整改，工作扎实、成效显著。

李庆堂强调，工会资产是各级工会组织履行职能、服务职工的物质条件和重要保障。加强工会资产监督管理工作，要强化责任意识，做到守土有责、守土尽责，确保工会资产保值增值；要强化法治意识，依法依规监管，确保工会资产配置、使用、处置等

规范有序；要积极争取党政支持，做好源头参与工作，尽快推动将工人文化宫建设纳入政府公共文化服务体系，确保工人文化宫充分履行公益性服务的职能。

全国总工会
经审会副主任、经审办主任
李伟言到潍坊调研

3月15—16日，全国总工会经审会副主任、经审办主任李伟言率调研组到潍坊调研指导工会经审工作。调研期间，调研组通过召开座谈会，分别听取了潍坊市工会工作和市、县工会经审工作汇报，到潍柴控股集团就工会经审工作信息化管理平台进行了实地调研。

调研组着重听取了潍坊工会经审工作信息化管理平台的开发及推广情况的汇报，对于平台系统能够动态掌握基层工会经审组织建设、经审工作开展情况，高效规范开展经审工作规范化考核，精准便捷查询法规制度等功能给予了充分肯定。李伟言指出，潍坊工会经审工作有亮点、有创新，以经审台账化管理为突破口推进规范化建设，这是潍坊经审工作一大特点，通过建立台账，推动经审工作有条理、规范化，调动了工作的积极性。能够推动改革创新，以经审台账为基础，积极探索开发信息化平台，以推进信息化平台建设为抓手，提高了经审工作信息化管理水平，取得了一些很好的经验。

李伟言指出，潍坊各级工会经审组织要立足新形势、新任务、新要求，继续探索创新，不断总结好经验好做法，推动工会经审工作实现新发展、再上新台阶。

全国总工会
办公厅主任邹震来山东调研

3月14—17日，全国总工会办公厅主任邹震率调研组一行来山东，就中国工会十六大以来工会工作理论实践进展与经验等工作进行调研。

调研组先后到泰山玻璃纤维有限公司、泰安启程车轮制造有限公司、岱庙街道花园社区、菏泽创业大学（菏泽职工创业学院）、富士康菏泽科技园区和山东新洋丰肥业有限公司等企业、社区开展调研，参观生产现场、查阅有关资料，组织召开座谈会，广泛听取企业负责人、工会主席、劳模及职工代表对工会工作的意见建议。

调研期间，邹震一行在泰安、菏泽分别组织召开由市、县（市、区）、乡镇（街道、开发区、行业）工会干部参加的座谈会，听取了工会工作亮点、创新点、典型经验介绍及意见建议，并就有关问题进行了深入研讨。邹震对泰安、菏泽两市工会工作给予充分肯定。他指出，两市工会发挥政治引领作用好，改革创新意识强，工作特色鲜明、亮点突出、扎实有效，开展的"树双百、带双千、促双创""第一主席"挂职非公企业及"双百一万"工程等创新工作取得较好成效，值得推广学习。

邹震强调，各级工会要深入学习贯彻习近平新时代中国特色社会主义思想和党的十九大、十九届二中、三中全会精神，推动学习活动向企业车间、班组延伸，团结带领职工听党话、跟党走。要立足大局开展工作，围绕党委政府重大工程开展建功立业竞赛，组织有影响的重大活动，调动广大职工的积极性和主动性。要大力推进工会改革和产业工人队伍建设改革，加强体制机制创新，切实去"四化"、强"三性"；认真落实《新时期产业工人队伍建设改革方案》，建设高素质劳动者大军。要始终坚持高举维权大旗，聚焦维权主业，理直气壮维护职工合法权益，推动实现职工体面劳动、舒心工作、全面发展。要应用"互联网+"工会工作，利用好网上工会平台建设，把服务职工工作做得更具体、更扎实、更温暖，努力满足职工群众对美好生活的向往。要加强工会系统党的建设，落实全面从严治党要求。

中国海员建设工会主席
丁小岗调研山东海员
产业工人队伍建设

8月14日—16日，中国海员建设工会主席丁小岗、巡视员张景义、副主席曹宏伟、兼职副主席翟箒红一行，到省海员工会、山东海运股份有限和洲际船务集团，调研产（企）业工会工作、海员队伍建设和企业运营、发展等情况。丁小岗用"思路求实、工作扎实、作风务实"肯定省海员工会工作。他要求省海员工会充分发挥中国海员建设工会常委单位的示范带头作用，团结带领全省海员工会各级组织，紧跟时代步伐，坚持问题导向，努力提升为党政分忧、为产业助力、为职工谋利的能力，始终保持势头、勇立潮头、走在前头。

在分别听取山东海运股份有限公司总经理高长峰和洲际船务集团总经理陈泽凯工作汇报后，丁小岗用"逆势崛起、异军突起、优势奋起"给予肯定。他强调，山东海运和洲际船务作为年轻的航运企业，虽然所有制形式不同，但是成功抓住"一带一路"建设和海洋强国战略的重大机遇，成功运用反映现代社会化生产规律的先进经营方式和管理方法，分别跻身中国主要航运企业经营船队规模第三位和第四位。成绩的取得，包括企业党政对海员队伍建设的高度重视，也包括广大海员职工的担当奉献。他指出，随着互联网、大数据、人工智能和实体经济的深度融合，航运业面对一些不容工会组织回避的新情况新问题新挑战。要积极推进海员产业工人队伍建设改革，巩固产业工人"主人翁"地位，发挥产业工人"主力军"作用，聚焦产业工人"主体性"群体，组织动员广大海员职工做新时代的见证者、开创者、建设者。

重 要 会 议

山东省隆重庆"五一"表彰劳模和先进工作者

4月27日，山东省庆祝"五一"国际劳动节暨省劳动模范和先进工作者表彰大会在济南举行。省委书记刘家义出席会议并讲话，龚正宣读表彰决定，杨东奇主持，陈辐宽、王清宪、于晓明、于杰出席。

会上，龚正宣读了《中共山东省委 山东省人民政府关于表彰山东省劳动模范和先进工作者的决定》。决定授予刁统武等761名同志"山东省劳动模范"称号，授予山清等233名同志"山东省先进工作者"称号。

省劳动模范和先进工作者代表依次登上主席台，省领导向他们颁奖。任林刚代表全省劳动模范和先进工作者宣读倡议书，倡议全省各行各业劳动者始终高举习近平新时代中国特色社会主义思想伟大旗帜，积极投身新时代现代化强省建设，自觉践行社会主义核心价值观，当好主力军、聚力新动能、建功新时代。

刘家义代表省委、省政府，向全省广大工人、农民、知识分子和其他各阶层劳动群众，向驻鲁部队指战员、武警官兵和公安干警，致以节日祝贺。向为我省改革开放和社会主义现代化建设作出突出贡献的劳动模范和先进工作者，致以崇高敬意，希望大家不忘初心、牢记使命，努力奋斗、再立新功。他强调，全省广大党员干部群众一定要牢记习近平总书记的殷切期望和深情厚爱，积极投身经济社会发展的火热实践，争做新时代现代化强省建设的奋斗者，为实现山东创新发展、持续发展、领先发展贡献自己的力量。

刘家义强调，争做新时代现代化强省建设的奋斗者，就要坚定不移跟党走、牢记使命再出发。持续深入学习贯彻习近平新时代中国特色社会主义思想和党的十九大精神，全面落实习近平总书记对新时代山东工作的总要求，树牢"四个意识"，坚定"四个自信"，在建设新时代现代化强省的伟大实践中彰显担当作为、书写人生华章。争做新时代现代化强省建设的奋斗者，要当好发展主力军、聚力建功新征程，大力唱响劳动美、带头引领新风尚，学习实践提素质、不断增强先进性。全省各级各有关部门要牢固树立以人民为中心的发展思想，切实维护劳动者合法权益，扎扎实实解决好广大职工群众最关心最直接最现实的利益问题，努力让每一名劳动者过上更加幸福的生活。各级工会组织要以更大力度、更实举措推进工会改革，动员组织全省广大职工提升技能素质、焕发劳动热情、激发创造活力、努力建功立业，使工会组织真正成为"职工之家"。各级党委要切实加强和改善对工会的领导，为工会工作创造更好条件，不断加大支持保障力度，为实现走在前列、奋力开创新时代现代化强省建设新局面作出新的更大贡献。

省有关部门负责同志，2018年省劳动模范和先进工作者，2018年山东省受表彰的全国五一劳动奖、全国工人先锋号获得者单位代表，全国五一劳动奖章获得者等参加会议。

省总工会第十四届委员会第十次全体会议召开

6月27日，省总工会第十四届委员会第十次全体会议在济南召开。会议传达学习了习近平总书记视察山东重要讲话精神和省委十一届五次全体会议精神；发布了山东省总工会重点工程重要举措；履行了有关人事事项民主程序；审议通过了《关于深入学习贯彻习近平总书记视察山东重要讲话精神 扎实推进新时代山东工会工作创新发展的决议》。省总工会党组书记、常务副主席刘贵堂主持会议并讲话，省总工会第十四届委员会委员参加会议，未担任省总工会十四届委员会委员的市总工会、省产业工会、大企业工会和省总工会机关各部室、各直属单位主要负责同志，有关单位负责同志列席会议。

全省工会困难职工解困脱困工作推进会召开

8月15日，全省工会困难职工解困脱困工作推进会在滨州召开。会议通报了全省困难职工建档人数从2016年初的25万余户，下降到1.7万余户。会议要求2018年—2020年，全省每年完成1/3以上建档立卡困难职工的解困脱困任务，对于新产生的困难职工按照相关标准同步建档，实施帮扶救助。到2020年，人均纯收入在当地城市低保标准下的建档困难职工，全部实现解困脱困；对重病丧失劳动能力和身体残疾的深度贫困职工，推动由政府纳入救助制度兜底。会议印发《困难职工解困脱困三年行动规划（征求意见稿）》，滨州市总工会等5个单位交流了在推进困难职工解困脱困、开展工资集体协商、做好心理健康服务等方面的经验体会。省总工会副主席魏丽出席会议并讲话。

省总工会第十四届委员会第十二次全体会议召开

11月7日，省总工会第十四届委员会第十二次全体会议在济南召开。会议坚持以习近平新时代中国特色社会主义思想为指导，深入学习贯彻习近平总书记在同中华全国总工会新一届领导班子成员集体谈话时的重要讲话精神，传达贯彻中国工会十七大精神和省委常委会会议精神，对全省工会系统学习宣传贯彻工作作出安排部署。省委副书记、省总工会主席杨东奇出席会议并讲话。

杨东奇指出，习近平总书记的重要讲

话,是指导新时代工运事业和工会工作的纲领性文献。要充分认识讲话的重大政治意义、深远历史意义、深刻理论意义、鲜明实践意义,带着使命、带着责任、带着感情认真学习领会,准确把握精神实质,切实把思想和行动统一到党中央决策部署上来。

杨东奇强调,要以习近平总书记重要讲话精神为统领,推动中国工会十七大部署要求在山东落地生根。忠诚党的事业、坚持党的领导,始终保持工会工作正确政治方向。紧扣时代主题、聚力强省建设,团结动员广大职工以不懈奋斗书写新时代华章。肩负政治责任、团结凝聚职工,不断巩固党执政的阶级基础和群众基础。坚持职工为本、做实维权服务,不断增强职工群众的获得感幸福感安全感。持续深化改革、勇于开拓创新,努力把工会组织建设得更加坚强有力、更加充满活力。

杨东奇要求,全省各级工会要把学习宣传贯彻习近平总书记重要讲话精神,完成好中国工会十七大目标任务和省委部署要求,作为重大政治任务,做到组织领导到位、学习培训到位、宣传宣讲到位、贯彻落实到位,奋力谱写新时代山东工会工作新篇章。

会议还通过了其他有关事项。

省总工会成立机关
青年工作委员会

11月16日,省总工会召开机关青年工作委员会第一届第一次全体会议。省总工会机关党建工作领导小组副组长、秘书长李业文出席。会议明确了机关青年工作委员会的性质、条件、组织机构及人员组成,表决通过了《山东省总工会机关青年工作委员会章程》,并对年底前的工作进行了安排部署。会议要求,省总工会机关青年干部要深刻认识省总工会党组和领导对青年干部的关心关爱,自觉提升思想政治素质、业务工作本领、协同配合能力,履行好工会干部的职责和使命,在推动新时代山东工会工作创新发展中充分发挥青年生力军作用。

山东省参加第六届
全国职工职业技能大赛
总结大会召开

12月3日,山东省参加第六届全国职工职业技能大赛总结大会在济南召开,此次大赛我省取得5项团体奖、11项个人奖、总分第四名的历史最好成绩。会议深入学习贯彻习近平总书记关于工人阶级和工会工作特别是关于劳模精神、劳动精神、工匠精神的重要论述,认真总结工作,表扬奖励获奖选手和教练团队,对弘扬新时代工匠精神、叫响做实"齐鲁工匠"品牌作出安排部署。省委副书记、省总工会主席杨东奇出席会议并讲话。省总工会党组书记、常务副主席刘贵堂主持会议并宣读表扬通报。

杨东奇指出,要深入学习贯彻习近平总书记关于工人阶级等方面的重要论述,珍视工匠精神中蕴含的敬业美德、精业追求、奉献精神、诚信品格、创新勇气等丰富内涵,结合新的时代条件使其不断发扬光大。要充分认识弘扬工匠精神、培育工匠人才的时代意义,发扬工匠精神,厚植工匠文化,引领教育广大职工争做新时代奋斗者和高素质建设者。

杨东奇强调,各级各部门要把弘扬工匠精神、培育工匠人才作为一项战略任务,放在更加突出位置。广大党员干部特别是各级工会干部要模范带头践行，争做敬业精业、担当作为、实绩突出的"工匠型干部"。要以"当好主力军、聚力新动能、建功新时代"为主题，广泛开展各种形式的劳动竞赛。要扎实推进"齐鲁工匠"建设工程，梯次培育、精心选树、大力宣传工匠人才，营造劳动光荣的社会风尚和精益求精的敬业风气，为新时代现代化强省建设凝聚起强大力量。

会上，有关方面的获奖代表贾正中、战强、刘德柏、杜军等同志作了发言。

山东省工会第十五次代表大会在济南开幕

12月10日，山东省工会第十五次代表大会今天在山东会堂开幕。省委书记刘家义，中华全国总工会党组书记、副主席、书记处第一书记李玉赋出席大会开幕式并讲话。省委副书记、省长龚正，省委常委，省人大常委会、省政府、省政协有关领导出席。

刘家义代表山东省委、省政府向大会召开表示祝贺。他指出，省工会第十四次代表大会以来，全省各级工会组织做了大量富有成效的工作，在全省工作大局中的作用进一步彰显。全省广大职工以高度的主人翁使命感和历史责任感，踊跃投身强省建设生动实践，在各自岗位拼搏奉献，在各个领域施展才华，在各条战线建功立业，为全省各项事业发展作出了突出贡献，充分彰显了工人阶级的时代风采和担当作为。山东这些年的发展变化，每一个进步、每一项成就，都凝聚着广大职工的辛勤与汗水，凝聚着各级工会组织的奋斗与拼搏。

李玉赋代表全国总工会向大会的召开表示热烈祝贺。他说，山东省委切实加强和改进对工会工作的领导，省人大、省政府、省政协为工会工作提供有力支持，为山东工会工作创新发展创造了有利条件。山东广大职工立足本职岗位，创新创业创优，充分展示了山东工人阶级的时代风采和精神风貌。全省各级工会团结动员广大职工建功立业，工会组织影响力凝聚力战斗力进一步增强。

省委副书记、省总工会主席杨东奇代表省总工会第十四届委员会作报告。报告强调要以习近平新时代中国特色社会主义思想为指导，深入学习贯彻习近平总书记关于工人阶级和工会工作的重要论述，旗帜鲜明坚持党的领导，坚定不移走中国特色社会主义工会发展道路，忠诚党的事业，竭诚服务职工，团结动员全省职工，为决胜全面建成小康社会、全面开创新时代现代化强省建设新局面共同奋斗。报告系统总结过去五年工会工作主要成绩，明确今后五年总体要求和主要任务。

共青团山东省委书记陈必昌同志代表人民团体致贺词。省直有关部门和人民团体的主要负责同志应邀参加开幕式。来自全省各行各业的近900名省第十五次工代会代表和20多名特邀代表出席大会。

山东省工会第十五次代表大会闭幕

12月12日，山东省工会第十五次代表大会圆满完成各项议程在济南胜利闭幕。省委副书记、大会主席团常务主席杨东奇主持，省人大常委会副主任王良，副省长王书坚，省政协副主席韩金峰出席大会闭幕式。这次大会得到了省委、全国总工会坚强领导和省人大、省政府、省政协、省军区，省直有关部门、人民团体的大力支持。

大会审议批准了省总工会第十四届委员会报告、财务工作报告和省总工会第十四届经费审查委员会工作报告，选举产生了省总工会第十五届委员会和省总工会第十五届经费审查委员会。

12日下午，省总工会十五届一次委员会议选举产生了省总工会十五届委员会主席、常务副主席、副主席、常委，省总工会十五届一次经审会议选举产生了省总工会十五届经审会主任、副主任、常委。杨东奇当选省总工会第十五届委员会主席。

重 要 工 作

省总工会召开新闻发布会，全面启动工会重大工作项目

6月14日，省总工会召开全面启动工会重大工作项目新闻发布会，省总工会党组书记、常务副主席刘贵堂出席发布会并介绍情况。刘贵堂介绍，从2018年3月开始，省总工会围绕落实省委关于"大学习、大调研、大改进"的部署要求，聚焦工会工作的"五个强化"，组织开展了谋划实施全省工会重大工作项目专题调研，最终形成了可以落地见效的六项重点工作项目，概括起来就是"三个工程""三个十条"。

"三个工程"：一是实施"'当好主力军、聚力新动能、建功新时代'劳动竞赛工程"，目的就是组织动员全省广大职工群众以比学赶超的精神，为实施新旧动能转换重大工程、实现高质量发展、开创新时代现代化强省建设新局面贡献智慧和力量；二是实施"齐鲁工匠建设工程"，目的就是加快培育造就更多的齐鲁工匠，努力建设一支知识型、技能型、创新型劳动者大军，为新时代现代化强省建设提供强有力的人才支撑；三是实施"工会网上工作平台建设工程"，就是对全省工会系统网上平台统一规划、统一标准、统一建设，实现省、市、县、乡、企业五级覆盖，着力打造信息互联、资源共享、优势互补、工作互动的全省"互联网+工会"工作体系，搭建普惠职工的新平台。

"三个十条"：一是"加强工会维权工作十条意见"，目的在于真正回归工会主责主业，切实维护好职工合法权益；二是"新时代'职工之家'建设十条意见"，目的在于切实夯实基层基础、激发基层工会活力，真正像习近平总书记讲的那样，把工会组织建设成为广大职工群众信赖的"职工之家"，把工会干部锤炼成为职工群众信赖的"娘家人"；三是"山东工会参与乡村振兴战略实施十项措施"，省总工会通过调研深切感受到，工会在乡村振兴中有优势、有资源、有潜力，可以大有作为。

山东省将"齐鲁工匠"纳入人才培养计划，每年选树 50 名

7 月 19 日，省总工会召开的新闻发布会，介绍了省人才工作领导小组印发《关于实施"齐鲁工匠"建设工程的意见》（以下简称《意见》）的情况，《意见》明确提出，省、市、县（市、区）三级工会联合相关部门共同推进实施"齐鲁工匠"建设工程，为新旧动能转换、现代化强省建设提供人才支撑。山东省将每年选树命名 50 名"齐鲁工匠"，带动引导各级各单位广泛开展工匠人才培育选树活动，促进培育造就一支规模宏大的知识型、技能型、创新型劳动者大军。

《意见》明确规定"齐鲁工匠"建设工程由省人才工作领导小组统一领导，省委组织部、省委宣传部、省总工会、省人社厅、省发改委、省经信委、省教育厅、省科技厅、省财政厅、省国资委联合组成"齐鲁工匠"建设工程推进工作委员会，下设办公室，办公室设在省总工会。

"齐鲁工匠"选树命名面向全省各行各业在职职工，聚焦新旧动能转换重点产业，人选不受年龄、性别、学历、职级、职称、工作年限、荣誉基础等条件限制。按照"确保质量、宁缺毋滥"的原则，每年选树命名 50 名"齐鲁工匠"，支持他们领衔创建"工匠创新工作室"，从中再选树命名 10 名"齐鲁大工匠"，优先推荐申报"泰山产业领军人才产业技能类"。省总工会向每位"齐鲁工匠"领衔创建的创新工作室，一次性提供 5 万元创新资金资助；向每位"齐鲁大工匠"领衔创建的创新工作室，一次性提供 30 万元创新资金资助。

《意见》明确落实"齐鲁工匠"的政治待遇、经济待遇、社会待遇，探索实行"齐鲁工匠"在工会等群团组织中挂职和兼职，纳入党委联系专家范围。鼓励企业为"齐鲁工匠"制定职业发展规划和年资（年功）工资制度，科学评价其技能水平和业绩贡献，合理确定年资起加点和工资级差。把"齐鲁工匠"纳入劳模疗休养范围；为"齐鲁工匠"提供参加高端培训的机会；加强"齐鲁工匠"国际交流与合作，选派优秀"齐鲁工匠"赴制造业强国和"一带一路"沿线国家进行研修学习、技术交流、技能竞赛，增进中外产业工人之间互学互鉴。

省总工会加强劳动竞赛工作，每年设立劳动竞赛经费 1000 万元

8 月 10 日，省劳动竞赛委员会在济南召开新闻发布会，发布并解读《关于在全省开展"当好主力军、聚力新动能、建功新时代"劳动竞赛的实施意见》（以下简称"意见"）。省总工会副主席李臻出席发布会并介绍了情况。

李臻介绍，2018 年以来，为了贯彻落实习近平总书记视察山东的重要讲话精神和省委、省政府关于加快新旧动能转换、向高质量发展进军的系列决策部署，省总工会主动担当、积极作为，决定在全省各行各业、各条战线广泛开展多种形式的劳动竞赛活动。活动以"当好主力军、聚力新动能、建功新时代"为主题，以助力重点工程项目优质高效建设、推动企业技术创新、促进安全生产、提升职工队伍技能素质为重点，着眼培养造就一支宏大的知识型、技能型、创新型

劳动者大军，着眼为新旧动能转换重大工程实施和新时代现代化强省建设提供有力人才支撑。为此，省总工会领导班子成员带队，先后赴安徽、四川、湖北、广东等省进行考察学习，同时在省内进行了深入调研，提出了劳动竞赛活动的总体思路和具体举措。经省委省政府领导同意，8月3日，省劳动竞赛委员会正式印发了《关于在全省开展"当好主力军、聚力新动能、建功新时代"劳动竞赛的实施意见》（鲁劳竞〔2018〕1号）。

《意见》提出了"当聚建"劳动竞赛的三大任务。大力开展重点产业重点区域重点项目劳动竞赛。紧紧围绕全省新旧动能转换重大工程确定的目标任务，以提高发展质量和效益为中心，以整合各方资源、凝聚各方力量为着眼点，聚焦重点产业、重点区域、重点工程、重点项目、重点工作，广泛开展示范性劳动竞赛活动，助推产业结构升级、区域发展、科技进步和工程建设。

大力实施职工创新竞赛。广泛开展以技术创新、服务创新、管理创新为主要内容的职工创新竞赛活动。省劳动竞赛委员会每年举办5-10项职工创新创意类竞赛和80项左右的职工技能竞赛，对取得优异成绩的选手给予精神和物质奖励。到2022年，全省县级以上工会培育建设劳模和工匠人才创新工作室1万个，培育选树创新能手3万名、创新型班组2万个，力争实现职工技术革新、发明创造、总结推广先进操作法100万项以上。

大力开展安全生产劳动竞赛。广泛开展以"组织教育发动职工查改安全隐患"和构建安全隐患排查治理长效机制为着力点的"查身边隐患、保职工安全、促企业发展""安康杯"竞赛等群众性安全生产活动，力争到2022年，建会企业普遍开展安全生产劳动竞赛。

《意见》明确了"当聚建"劳动竞赛的组织实施方法。省劳动竞赛委员会每年选择一批影响力大、支撑作用强、带动和引领效应显著的重大工程、重点园区、重点工作开展示范性劳动竞赛活动，为全省劳动竞赛活动的开展提供样板和标杆。各市、县（市、区）根据省劳动竞赛委员会的统一部署，研究确定本地开展劳动竞赛的重点任务和重点内容。细化竞赛方案，明确竞赛名称、竞赛内容和目标、竞赛方式和载体、参赛范围和人员、竞赛标准和要求、竞赛起止时间、竞赛考评和奖励办法等内容，保障劳动竞赛高质量开展。同时，科学组织实施，实现全员参与。

《意见》提出了"当聚建"劳动竞赛的保障措施。建立健全各级劳动竞赛委员会，劳动竞赛委员会在同级工会设立办公室。省劳动竞赛委员会适时组织劳动竞赛成果展示交流和观摩学习活动，每年召开一次劳动竞赛工作总结推进大会；省总工会每年设立劳动竞赛经费1000万元。

完善工作推进机制和竞赛激励机制，对在劳动竞赛中作出突出贡献的先进集体和先进个人，按规定推荐评选山东省富民兴鲁奖。每年评选山东省职工技术创新成果奖一等奖2个，分别奖励3万元，二等奖8个，分别奖励1万元，三等奖30个，分别奖励3000元；山东省创新能手100个，分别奖励5000元；同时对一、二等奖职工技术创新成果奖的第一完成人，授予山东省富民兴鲁劳动奖章；劳模和工匠人才创新工作室每个给予5万元的创新资助资金；齐鲁大工匠创新工作室每个给予30万元的创新资助资金；每年评选省级查隐患先进个人100个，并按照《山东省总工会职工排查安全生产事故隐患奖励办法（试行）》规定进行奖励。

省总工会新一届领导班子赴驻青疗养院现场办公，加快推进工人疗养院开发建设

12月16—17日，省总工会党组书记、常务副主席刘贵堂就率省总工会新一届领导班子成员及相关部室主要负责人共20余人赴省总工会驻青三家疗养院考察，并参加了青岛工人温泉疗养院开发建设现场推进会。省总工会领导魏丽、蒋石宝、魏勇、李业文、王际仓、周克民等参加。

刘贵堂对省总工会驻青疗养院开发建设工作予以充分肯定。他说，工人疗养院是国家社会保障事业和医疗卫生事业的重要组成部分，是工会组织传递党和政府对工人阶级的关怀、保障职工休息休假权利、维护职工健康权益的重要阵地。他要求，要树立高度的责任心和使命感，把工人疗养院建设好、利用好。在推进工人疗养院开发建设过程中，要坚持高标准高质量，既要突出工会主责主业，又要适应社会经济发展需要，争取打造一批具有明显工会特色、具有较强竞争力的疗休养品牌。他强调，工人疗养院要进一步增强公益性、服务性，要以保护和促进职工身心健康为出发点和落脚点，营造优质的服务环境，努力提升服务水平，将工人疗养院建设成为竭诚服务劳模、职工群众的主阵地，让党政放心、职工满意、社会赞誉。

魏丽在青岛工人温泉疗养院开发建设现场推进会讲话中要求，温泉疗养院要牢牢把握我省医养健康产业大发展的机遇，牢牢把握即墨区大力发展温泉康养产业的机遇，牢牢把握创新发展的机遇，加快推进温泉疗养院的大发展。在开发建设中要建立科学的组织领导体系，要增强纪律规矩意识，要增强质量安全意识，确保开发建设工程科学、有序、高效推进。

重 要 活 动

山东省2018年"春风行动"启动，"春风送岗"集中招聘活动同时举行

2月7日，省人社厅、省扶贫办、省总工会、省妇联联合济宁市人民政府举办山东省2018年"春风行动"启动暨"春风送岗"济宁市集中招聘活动。"春风行动"是山东省公共就业服务的"开年大戏"，已连续举办14年。今年活动立足一个"早"字，主题为"促进转移就业，支持返乡创业，助力增收脱贫"。根据春节后用工及求职特点，本次活动精心筛选237余家用人单位参加，提供就业岗位1.4万余个。济宁市工会设立了维权服务台，现场为求职者和招聘企业提供各类服务。此次"春风行动"将持续到3月底，预计全省举办各类招聘会1500余场次。省总工会副主席魏丽参加了相关活动。

省总工会开展"帮扶送教育"活动

"六一"国际儿童节前夕,省总工会在全省广泛开展了"帮扶送教育"活动,帮助困难职工特别是农民工子女顺利完成小学至高中教育阶段学业。

活动中,全省各级工会结合自身实际,加强与有关部门和优势企业的联系协调,凝聚社会力量,积极筹集资金,创新助学方式,帮助困难职工子女解决上学难问题。有的开展女干部、女劳模与困难女职工结对帮扶,有的组织困难农民工子女参加游学活动,有的开展为农民工子女赠书授课活动,还有的开展困难职工子女亲情服务活动等,这些形式多样、内容丰富的帮扶送教活动,给困难职工家庭及子女送去了工会组织和社会大家庭的温暖,使困难职工子女增添了自强不息、努力学习、早日成才的信心,同时,也营造了关心、帮助困难职工,为困难职工办好事实事的良好社会氛围。据统计,2018年全省各级工会共筹集帮扶资金990.7万元,帮扶困难职工子女11260人,其中农民工子女4210人。

中国工会"一带一路"人文交流——上合组织国家职工技能交流营在济闭营

5月30日,中国工会"一带一路"人文交流——上合组织国家职工技能交流营闭营式在济南举行。闭营式上,上合组织成员国代表分别发言,纷纷表示此行收获颇丰,先进的科学技术、科学的育人模式给人留下

深刻印象,将以此次访问为契机,积极搭建成员国间更多的合作与交流平台,共同促进上合组织职工间的交流与合作,促进上合机制壮大发展,增进上合组织各国间的了解与友谊。

此次交流营的举办正值上合组织青岛峰会前夕,来自上合组织成员国、观察员国和伙伴国的18个国家的代表齐聚一堂,共同探讨推动上合组织国家职工技能发展。交流营活动在北京、山东开展,通过主旨讲座、专题研讨、企业参访、技能体验、与大国工匠互动及文化参观等多种形式的交流,深化上合组织各国对"一带一路"倡议、"上海精神"和中国工会构建和谐劳动关系、维护职工合法权益、弘扬劳模精神和工匠精神等理念的理解认识,增进上合组织民心相通,巩固上合组织合作的民意基础。

在鲁期间,交流营成员先后到山东职业学院、浪潮集团和国网山东省电力公司检修公司参观交流了职工技能培训、职工技术创新、工匠精神培育等方面的经验和做法。省总工会党组书记、常务副主席刘贵堂出席闭营式并致辞,省总工会副主席李臻主持闭营式,中国职工对外交流中心、省政府外事侨务办公室、省人社厅有关负责人出席闭营式。

全省职工演讲比赛落下帷幕

6月29日,"中国梦·劳动美——学习贯彻习近平新时代中国特色社会主义思想和党的十九大精神"山东省职工演讲比赛决赛在济南落下帷幕。

根据全总的统一部署,山东省职工演讲比赛采取自下而上、层层选拔的方式进行。经初步统计,自2月份以来,全省各级工会

共组织职工演讲比赛 720 余场，直接参与演讲职工 3.2 万余人，现场观看比赛的观众达 20 余万人，通过不同形式观看比赛的观众达数百万人。

本次大赛由山东省总工会主办、胜利石油管理局有限公司工会委员会承办，经过自下而上层层选拔，17 市和有关大企业，共 21 个代表队的 42 名选手参加了这次全省的复赛。在决赛中，有 2 人获得金奖，3 人获得银奖，5 人获得铜奖。

山东省第六届职工职业技能大赛——数控操作工维修工决赛闭幕

7 月 25 日，由省总工会、省人社厅、省科技厅、省经信委、省住建厅共同举办，省国防机械电子工会、山东机床通用机械协会、枣庄科技职业学院共同承办的山东省第六届职工职业技能大赛数控加工中心操作工、数控机床装调维修工决赛在枣庄科技职业学院圆满收官。全省各市和大企业的 29 支代表队、86 名选手，经过激烈角逐，最终高竟展、张旭阳、张明智、张承阳、亓玉久、刘鹏林等 6 人获得 2 个工种决赛成绩的前 3 名，分别被授予山东省富民兴鲁劳动奖章。同时，主办方为决赛获得个人成绩前 10 名的选手和获得团体成绩前 10 名的团队颁发了证书奖牌，为获得个人成绩前 6 名的选手颁发 1000-10000 元不等的奖金，并确定每个工种成绩前 5 名选手参加集中强化培训，根据训练成绩选拔前 3 名选手代表全省参加第六届全国职工职业技能大赛。省总工会副主席王星海出席闭幕式并讲话。

省总工会组织开展关爱农民工子女主题活动

7 月 22—27 日，根据全总统一部署，省总工会组织开展了"感恩祖国，拥抱北京"关爱农民工子女主题活动，来自青岛、临沂、菏泽等市的 100 名困难农民工子女及留守儿童参加了活动。

整场活动行程共 6 天，活动形式多样、内容丰富，集科学性、知识型、趣味性为一体。参观了长城、奥运会主场馆鸟巢、水立方、参观天安门升旗仪式并与国旗班战士合影留念。为锻炼孩子们的创新能力、动手能力、团队合作能力，全面提升其综合素质、发扬工匠精神，活动特意安排参加由北京汽车博物馆和北京百校千企科技有限公司联合举办的"新时代小工匠"活动，让孩子们自己动手，体验组装能源电动车的全过程。活动还特别设置了针对农民工子女、留守儿童心理健康状况的心灵关爱辅导讲座和舞台情景剧，加强了对孩子们的思想引导和心理疏导。

齐鲁工匠研究走进大学殿堂齐鲁工匠研究院揭牌

8 月 3 日，齐鲁工匠研究院揭牌仪式在山东管理学院长清校区举行。省总工会党组书记、常务副主席刘贵堂出席揭牌仪式，并和山东管理学院党委书记冯庆禄共同为齐鲁工匠研究院揭牌。这标志着齐鲁工匠研究正式走进大学殿堂。省总工会秘书长，省总工会有关部室主要负责同志，山东管理学院领导以及教师、学生代表共 100 余人参加了揭牌仪式。

"山东工会"微信公众号上线仪式在济南举行

8月17日，"山东工会"微信公众号上线仪式在济南举行。"山东工会"微信公众号现设3个板块。《工会头条》板块推送各级工会新闻时讯，下列工会新闻、社会新闻、维权案例3个栏目，主推工会新闻、社会新闻和维权服务，在第一时间发布省总工会权威信息，传递工会正能量，聚焦社会百态，提升维权服务功能，做实服务职工品牌。《新时空》板块搭建服务职工、互动交流平台，下设政策解读、齐鲁工匠、职工书屋、健康生活等栏目。《媒体矩阵》板块链接全国、全省各级工会新媒体平台，全方位展示山东工会系统新媒体面貌，同时传递全国各省市的先进工作经验。省总工会党组书记、常务副主席刘贵堂，省总工会副主席魏勇出席仪式，省总工会副主席王星海致辞。

省总工会开展"双联共建"走访慰问活动

10月17日是第5个国家扶贫日，也是传统节日重阳节。为深入抓好"双联共建"活动落实，充分发挥工会组织在推进乡村振兴中的示范带头作用，省总工会当天以"情系乡村 敬老爱老"为主题，在莘县王庄村开展走访慰问活动，为老人们送去关爱与节日问候。

莘县河店镇王庄村是省总工会"双联共建"联系村，共有421户1620人。根据王庄村实际情况，这次省总工会机关共走访慰问80岁以上老人及贫困户47人。走访慰问过程中，工作人员转达了省总工会领导和机关对老人和贫困户的节日祝福和问候，介绍了省总工会开展"双联共建"活动情况，了解他们的身体状况和生产生活情况，并为每位老人送去了棉衣、油、面粉等生活必需品。

山东"智慧工会"建设工程项目签约仪式举行

10月19日，山东"智慧工会"建设工程项目签约仪式在省总工会举行。签约仪式上，省总工会相关部室分别就牵头建设的山东"智慧工会"建设工程各软件系统与7家中标企业签订了政府采购合同。采购合同的签订标志着山东"智慧工会"建设工程正式进入建设施工阶段。仪式上，各承建单位分别就项目建设做了表态发言，展现了建设精品工程的决心、信心和能力；监理和测评单位对建设过程及工程质量提出了规范性要求，为项目建设画出了边界、定下了规矩。省总工会副主席魏勇出席签约仪式并讲话。省总工会秘书长、相关部室负责同志，山东"智慧工会"建设工程各承建单位负责人、项目经理共计30余人参加了活动。

全省零售业营业员技能竞赛举行

11月19—20日，以"争做新工匠，筑梦新时代"为主题的山东省零售业"银座杯"营业员技能竞赛决赛在济南举行。省总工会副主席魏丽，省零售业协会会长、鲁商集团副总经理王志盛等领导观看服务技能展示，并向获奖选手颁奖。

此次技能竞赛由省财贸金融工会和省零售业协会联合举办，分为预赛、决赛两个阶段。自8月份启动预赛以来，全省各地零售企业积极组织，广大员工踊跃参加，开展了形式多样的理论学习、技能培训和技能比武。在各地预赛的基础上，经过择优选拔，来自银座集团、德百集团、潍百集团等14支代表队的200多名选手参加了在济南举行的决赛。决赛共设超市商品美陈、速开密码箱及材质鉴别、投诉受理等项目，全部从实战出发，集竞技性、观赏性和实用性于一体，特别是首次创新性地引入顾客扮演环节，现场模拟投诉受理等场景，以真实发生的案例为试题，既考验了选手的现场反应能力和应变能力，又高度再现了日常工作中遇到的各类问题。

山东省第三届智能制造工业创新创业大赛落幕

11月29—30日，山东省第三届智能制造工业4.0创新创业大赛颁奖仪式在新泰市举行，山东（新泰）智能制造高峰论坛同时举办。此次由省总工会、省委网信办、省工业和信息化厅、省人力资源社会保障厅、团省委和省科协主办的本届智能制造工业4.0创新创业大赛，自2018年7月份启动以来，得到了省内各企业、高校等单位团队和个人的积极响应，共有238个项目参与到申报当中。经专家初审、复审，共选出67个项目进入决赛环节。经过决赛比拼，东方电子股份有限公司等10家单位获得一等奖，山东海能环境技术有限公司等15家单位获得二等奖，淄博京科电气有限公司等20家单位

获得三等奖。省总工会副主席魏勇出席并讲话。

省总工会组织开展国家宪法日宣传活动

12月4日，在第五个国家宪法日到来之际，为深入贯彻落实习近平总书记关于加强宪法宣传教育重要指示精神，贯彻落实中央关于深入学习宣传和贯彻实施宪法的部署，省总工会联合省妇联、省残联、省见义勇为基金会、济南铁路局、山东舜天律师事务所、山东省农民工维权工作站等单位在济南火车站开展了以"尊崇宪法、学习宪法、遵守宪法、维护宪法、运用宪法"为主题的"12.4国家宪法日"宣传活动。

本次宣传活动通过悬挂宣传横幅、发放宣传手册、面对面交流等方式为职工群众提专业供法律咨询，重点针对劳动关系领域的职工、农民工维权问题进行了精准的解答和指导。据统计，本次宣传活动共发放《中华人民共和国宪法》《中华人民共和国工会法》《中华人民共和国劳动法》《农民工维权100问》《权益维护法律知识微手册》《女职工权益维护法律知识微手册》等宣传资料1000余份，现场解答咨询职工群众300余人次。

2018年"齐鲁大工匠"颁奖典礼举行

12月7日，2018年"齐鲁大工匠"颁奖典礼在济南举行。刁统武等10人被命名为"齐鲁大工匠"，吴洪波等40人被命名为"齐鲁工匠"。省总工会党组书记、常务副主席刘贵堂，省总工会领导魏丽、蒋石宝、贺

余德、魏勇、周克民出席颁奖典礼。

颁奖典礼上，全国五一劳动奖章获得者、泰山产业领军人才、享受国务院特殊津贴人员、潍柴装备技术服务公司模具钳工王世杰等10位嘉宾分别为10位"齐鲁大工匠"颁奖。

省总工会党组书记、常务副主席刘贵堂和山东管理学院党委书记冯庆禄，为10位"齐鲁大工匠"颁发了"实践导师"聘书；刘贵堂、山东广播电视台党委副书记周盛阔与"齐鲁大工匠""齐鲁工匠"合影留念。省总工会机关各部室和驻济直属事业单位负责同志；省产业工会、省直机关工会和大企业工会负责同志；各市总工会主席或常务副主席、分管宣教工作的副主席，山东管理学院学生代表等约500人参加颁奖典礼。

先 模 风 采

"齐鲁大工匠"刘建树：
"我是不拿焊枪的电焊工"

我省今年底选树命名的"齐鲁大工匠"中有三名电焊工，与其他二人不同，"我虽然是高铁电焊工，但我不拿焊枪。"中车青岛四方机车车辆股份有限公司电焊工技师刘建树笑着说。

走进中车四方公司动车组转向架焊接车间，仿佛步入科幻电影片场，30台机器人电焊手臂灵活摆动着，发出阵阵闪光和嗤嗤电焊声。今年40岁的刘建树穿梭在焊接机器人之间，查看着转向架的焊接情况。赋予这些机器人生命和灵性的就是刘建树。

"想不拿焊枪完成复杂的电焊工艺，就要付出更多的辛苦。"刘建树说，与手工焊的手持焊枪、全副武装不同，操作焊接机器人辛苦在编程上。"编程前需要操纵机器人干一遍活，把所有的操纵数据编成程序，再做优化调整，这样机器人就能独立工作了。"

刘建树把焊接机器人的工作过程划分为一个个布点，在转向架上这样的布点有7000多个。对每一个布点，他都要将所需的焊枪角度、焊接参数和轨迹、智能修正参数等数据输入电脑，焊接机器人把活干一遍就能记住。

1999年，刘建树刚参加工作时干的也是手工焊。当时，车间里有3台机器人手臂，但几乎没人会使，用机械手臂焊接还不如人工效率高。刘建树主动摸索着使用机械手臂，"摸索了两个月，根本摸不着头绪，不得已就放弃了。"但他并不甘心。公司请外国专家对机械手臂维修时，刘建树时不时地凑上去请教。外国专家送给他一本外文机械手册，里面英文夹杂着德文，只有中专学历的他根本看不懂。刘建树一边查词典一边看手册，终于慢慢学会了使用机械手臂，从2000年开始转到焊接机器人的岗位。

"我发现里面很有乐趣，很适合我的性格。"性格沉稳的刘建树在这个岗位上一干就是18年。能在这个枯燥岗位上坚守下来的，同批工人里只有他一个。全靠自学实现了自我突破，他独立开发了 30 多种大部件近 200 套自动焊程序，破解了众多国内外编程专家都难以解决的难题，被公认为是转向架领域"焊接机器人编程第一人"。

在 2004 年国内准备试制动车时，转向架的焊接工艺一直是个瓶颈。"转向架就像动车的腿，一旦焊缝有瑕疵就会形成安全隐患。"那时外国的焊接工艺也是一道一道焊接的，无法实现一次性焊接。2005 年，刘建树专心搞起了技术攻坚，试验了一个月，编出了一个程序，焊接一次成型，外表看起来比人工的好很多。"但一检测，4 个试验件，3 个里面有杂质。"再经反复试验，他首创的"多层多道错层一次性堆焊"编程终于成功了。一根横梁的焊接时间，过去人工焊接需要 30 个小时，现在只需 6 个小时，十几层的焊缝可一次性焊完，并且工艺水平、焊接品质远远超过人工。

转向架侧梁内腔狭小的空间里，有着走向复杂的焊缝轨迹。虽然中车四方股份公司拥有国内首条动车组自动焊接柔性生产线，厂家的编程专家耗时 2 个月，报废了 4 根侧梁，但焊接机器人程序始终无法准确定位，超声波探伤发现焊缝缺陷过多。"空间狭小，宽度只有 10 厘米，是半盲焊，很多焊缝看不见，想通过编程操作机械手臂来控制焊枪，难度非常大。"刘建树临危受命重新编程，一点点摸索焊缝的每一个拐弯，把每一个焊缝轨迹细分成更多焊接点，仅用 8 天就完成了狭小空间内机器人焊枪快速变换角度的高难度编程。

近几年，刘建树独创了"机器人多种编程方法一体化应用""构架环焊缝机械手焊接技术""机器人样板焊缝标准化编程方法"等 6 项绝招绝技，解决了百余项公司级技术难题。在刘建树的努力下，目前转向架构架已全部实现自动化焊接，质量检测合格率100%。

刘建树现在对编程的痴迷丝毫不减："干编程必须要熬得住，只有积累多年的经验，才能获得那种灵光一现的编程灵感。在自己的操作下，机械手臂比人手还灵活，那种感觉特别让人着迷。"

焊花中绽放绚烂的人生

——记齐鲁工匠、省劳模、华能德州电厂焊工程平

今年刚获评"齐鲁工匠"和"山东省首席技师"的程平，作为代表参加了省第十五次工代会。接受采访时，他心情格外激动，记者注意到，他特意把省劳动模范、德州市道德模范、国际焊接大赛金牌等奖章和代表证一起别在胸前，以表达自己内心的喜悦。

程平是中国华能集团德州电厂检修部锅炉队焊工班技术员，他勤于钻研，练就了一身过硬的焊接技术，多次屡建新功，被评为华能山东公司技能专家、华能集团优秀焊工、国家焊接高级技师，荣获"山东省劳动模范""全国电力技术能手""中央企业技术能手""齐鲁金牌职工"等多项荣誉称号。

2013 年，德州电厂两台凝升泵电机和前置泵电机底座等大铸件出现裂纹，电厂生活区排污泵大型电机铸铁底座也出现了裂痕，而此时厂里缺少电机更新换代备品。厂里把解决这个难题的任务交给了程平。技能超卓的程平采用预热、锤击、焊后缓冷的焊接工艺，成功修复，一举避免了更换电机及系统等一系列麻烦，为企业节省了 60 余万元资金。

带压堵漏是一项危险且技术难度很高的工作。2013 年 7 月，5 号机组炉侧包墙管鳍片将管子拉裂，由于正值迎峰度夏的用电高

峰期，停机将导致巨大的经济损失和非停事故发生。经过仔细观察，程平确认裂纹在外侧，长度30毫米。为了减少机组非停，程平主动请缨实施带压堵漏，在做好相关防护措施的前提下，他利用精湛的焊接技术，一举完成了这项艰巨任务。

2014年3月，德州电厂机组检修正处于焊接的高峰期，程平接到了让他参加华能山东公司焊接技术比武的通知。为了工作和比赛两不误，他一边加班加点拼命工作，一边利用焊接水冷壁的间隙抓紧练习，为焊接技术比赛做准备。等工作忙完赶到济南时，已到了比赛抽签时间，在准备不足的情况下，他仍取得此次大赛的第三名。

程平出色的焊接技能，引起了华能集团公司的关注，在之后的诸多大赛中，公司都抽调程平担任教练。2014年6月，国务院国资委主办第三届国际焊接技能大赛，来自德国、英国、奥地利等12个国家的27家企业、6所职业院校的297名选手参加大赛。在近三个月的训练中，程平牺牲了所有的节假日，最后带领华能代表队闯关成功，以总成绩排名第九获竞赛优秀团体奖，5名选手分获中央企业"技术能手""优秀焊接选手"称号。作为教练的程平，获表演奖第三名，被国际焊接组委会授予"优秀焊接选手"称号。

2015年，又一次机遇降临到程平头上，匈牙利焊工国际大赛在布达佩斯举行。作为华能集团选派的中国一队教练，程平详细制定焊接练习计划，完成赛前的集训任务，带领中国西电集团、北京嘉克公司、华能集团的4位选手共同参加论文交流、技术讨论、焊接比赛等3个部分的活动，克服语言不通等困难，最终获团体第二名、手工焊单项银奖，为国家争得了荣誉。

2017年6月，金砖国家技能发展与技术创新大赛焊接比赛在上海举行，大赛汇聚了73个参赛队、300多位焊接技术高手，其中，境外16支队参赛。经过激烈角逐，华能集团代表队荣获团体银杯奖，取得参赛以来历史最好成绩，程平夺得个人表演赛金牌。

程平丰富的教学实操经验让他在业界享有很高的声望，有许多参加国内、国际赛事的代表队上门向他取经，他都在单位许可的情况下热情接待、倾囊相授。随着个人成绩和名气的提升，从2017年开始，程平被邀请以裁判的身份出现在赛场。近几年，程平为集团公司、地方培养技能焊接人才30多名，培养央企技术能手8名，华能集团技术能手25名，省、市级技术能手、工匠多人。

程平告诉记者，今后要把自己多年在一线工作中的技术和经验总结提升，编成实操性很强的标准化操作规程，推进焊接理论的不断创新，变个人经验为大家的财富，更好地为企业和社会服务。同时，有效释放创新工作室效能，探索技能人才的立体培养模式，带领团队共同攻关，在研发方面实现新突破。

奋斗让人生走向辉煌，奉献让人生绽放异彩。22年坚守在电厂车间一线的程平，在焊接中熔化自己，溅出炫目的人生"火花"。

"好工匠是干出来的"

——山东4位来自一线的中国工会
十七大代表一路走来，留下
矢志不渝奋斗打拼的共同足迹

皮进军是青岛港（集团）有限公司大港分公司装卸大队副队长。这位70后从沂蒙山到青岛港，从打工仔到杰出创业青年，依靠刻苦和勤奋，成为屡破世界纪录的"技能高尖"。他带领全队278名农民工，创造了

66项绝活,先后4次刷新纸浆接卸世界纪录,创造了5个以自己名字命名的港口作业技能品牌。2004年10月,他所创造的"进军灌装"成为集团第一个农民工品牌。在此基础上,他又创出17分14秒安全优质装完一节火车的集团最高纪录,被公司命名为"进军装车"品牌。他说:"要瞄准建设知识型、技能型、创新型职工队伍,搞好传帮带,让更多的工友靠素质、靠本事吃饭,为加快建设世界一流海洋港口再做新贡献。"

尽管诸多荣誉加身,中车青岛四方机车车辆股份有限公司转向架分厂钳工宁允展却依旧习惯于大家叫他"宁师傅"。动车组排风消音器、动车攻丝引头工装、动车定位臂螺纹引头定位工装、动车空簧孔防护、动车踏面清扫器座螺纹引头工装、制动夹钳开口销开辟工具、动车组刻打样冲组合与划线找正工装……这些被广泛推广应用于现场生产的创新工装都出自他手。这些发明每年能为公司节约创效近300万元,其中还有两项获得了国家专利。如今,高铁已经成为中国的一张靓丽的金名片,宁允展说:"作为高铁工人中的代表,我对工匠精神的理解是对技能和知识有持之以恒的追求,要吃苦耐劳意志坚强,耐得住寂寞,对产品质量有着强烈的责任心,踏踏实实认认真真地做好每一道工序,对工艺方法不断优化不断创新,用行动来实现产品的完美。"

明建建是济南元首集团所属针织股份公司的成衣车间副主任,前不久刚刚当选为济南市总工会兼职副主席。从一个普通打工妹成长为优秀农民工、技术能手,再成为山东省首席技师,一路走来,她播撒下的精益求精工作、诚实诚信待人的种子,在元首公司这片沃土上生根发芽。"企业发展到今天,离不开高素质职工队伍的建设。通过技术比武、技能培训、劳模评选等,不断增强职工

的技术创新能力,要让更多的底层职工走上前台,收获更多的掌声。"明建建的心里,还有更多人的"工匠梦"。

陈晓红是日照港集团二公司矿石女子堆取料机班班长。从最初的杂货理货员、货物检斤员、库场统计员到后来的堆取料机班班长,她在生产一线兢兢业业,带领团队不断创新,取得30余项技改革新和QC(质量控制)研究成果。联手兄弟班组,5次打破单班装火车效率全国纪录,3次创造矿石卸船效率世界纪录。2010年创造了每小时卸矿9786吨的世界顶级效率。有人称她为"铁玫瑰",在她的带领下,矿石女子堆取料机班也成了闻名全国的"工人先锋号"。她说:"现在,日照港人人羡慕工匠,人人争当工匠,劳动精神、劳模精神和工匠精神根植到港口的每个班每个岗,干一行、专一行、精一行已蔚然成风。"

张宝民:人生在实干中闪光

他是同事们眼中谦和踏实的兄长,他是领导心中勇挑重担的"大将",他更是勤奋实干的技术大拿。他,就是山东省劳动模范、齐鲁首席技师、山东省建筑材料行业技术革新标兵、山东泉兴水泥有限公司设备保障部部长张宝民。

今年49岁的张宝民,几十年扎根机电维修一线,从泉兴水泥公司建设第一条2500吨的新型干法水泥生产线到第三条5000吨新型干法水泥生产线,从余热发电建设到100万吨水泥粉磨站的投产运行,每一台设备的招标、图纸审核、土建安装,张宝民都烂熟于心。如果想查找现场哪台设备的资料,他就像一个存储硬盘,运行时间、运行参数、故障分析他都能立刻脱口而出。当大

家惊叹他的记忆力时，他却平淡地说，机电维修就像养孩子，天天看着它，每一点变化都能发现。每天生产现场关键的主辅机设备旁都能看到张宝民忙碌的身影，或测量、或记录、或思考，似乎从来都没有闲下来的时候。工作中积累的三十多本记录笔记，摞起来有一米多高。张宝民说，好脑子不如烂笔头，这些笔记都是他的宝贝，里面记录着设备信息，故障处理等内容，经常翻看研究，帮助他及时发现隐患，处理故障。2015 年 8 月的一天，他在三线窑尾电力室巡检发现窑主电机控制柜电流波动异常，凭着多年的经验，他敏锐判断该设备有故障隐患。当即跑到摄氏 100 多度的旋窑平台检查窑主机，发现窑大齿圈异响严重，并且很有规律。为了确定他的判断，他又到中控室查看运行趋势后再次返回旋窑处查找问题，终于发现窑胴体 34-37 米处的细微裂缝。张宝民边汇报边果断采取止料停窑措施，避免了一起重大生产安全事故的发生，挽回经济损失上百万元。

张宝民一心扑在自己的技术领域，紧盯行业先进指标，不断技改创新，解决设备运行遇到的实际问题。工作中，张宝民发现公司无保安电源，如遇恶劣天气等突发状况，电源一旦跳停，会造成公司的关键设备回转窑胴体弯曲变形，带来巨大损失。爱钻研、善攻关的张宝民顶着近 40℃的高温，忍受着蚊虫的叮咬，用时两个多月，带领设备部的技术人员画草图、做方案、比数据。经过反复论证实验，成功改造了公司回转窑辅助传动装置，解决了突发停电对窑胴体的危害，提高了窑胴体的安全系数，年可节约维修费 180 万元。该项目获得国家专利，并在多家企业推广使用，实现了经济效益与社会效益的双丰收。

张宝民凭借自己不懈的努力，赢得了企业的信任和工友的敬重。2017 年 2 月，山东泉兴水泥公司成立了以他名字命名的"劳模创新工作室"。张宝民以工作室为平台，将自己所掌握的技术知识和经验毫无保留地分享给年轻职工，带领大伙儿一起学技术、搞革新。"在师傅身上学到的不仅仅是精湛的技能，更是一种严谨、踏实的工作作风，师傅像兄长一样教我们做事，更教我们做人。"徒弟赵鹏深有感触地说。据悉，工作室成立以来，已累计培养出 40 多名机电维修工，大多数都取得了三级以上的职业资格证书，其中有 11 名一级高级技师，25 名二级技师，有的还走上了领导岗位。近日，依托"张宝民劳模创新工作室"建设的泉兴能源集团技师工作站被省人社厅和财政厅认定为"齐鲁技能大师特色工作站"

党旗下承诺　使命中前行

——记"烟台最美一线职工"、长岛邮政公司投递员范继阳

9 月 28 日，长岛邮政公司投递员范继阳在烟台市总工会开展的"寻找最美一线职工"活动中被评为烟台市"最美一线职工"，并授予"烟台市五一劳动奖章"。这是对他作为一名共产党员和爱岗敬业的绿衣使者最好的褒奖。

作为一名"90 后"的范继阳，担负着整个南长山岛党政军民 2 万余人的特快投递任务。从事网运投递工作 6 年来，他不怕苦不怕累，除大风天停航外，从未休息过一个双休日、节假日，一直坚守在自己的工作岗位上，默默地奉献着自己的青春，认真履行着自己的神圣职责，踏踏实实地践行着共产党员全心全意为人民服务的宗旨。

近年来，随着电商业的迅猛发展，进口

包裹量越来越多，为了达到投递时限，范继阳早晨 7 点就踏上投递之路，中午吃碗泡面，接着进行处理邮件，再上路投递。下午 5 点多归班进行系统录入，6 点二班邮路进岛，吃口饭，立即进行处理，一干就是一两个小时，晚上 9 点回家是经常的事。他从不叫苦喊累，平均每天处理、投递特快邮件达 260 余件。尤其是双十一期间，每天进岛邮件达 1000 多件，遇到异常天气就会导致邮件积压爆仓，处理起来很困难。为保证能够及时地投递，他夜以继日地工作，利用晚上时间分拣邮件、录入信息，白天时间就全身心投递。平均每天投递特快 350 多件，行驶里程 230 多公里，确保了每一个快件都能准确及时地投递到每个用户手中，十天时间妥投 4000 余件。从未因邮件多、工作累而出现丢失、延误现象。他热情周到的服务，受到了用户的信赖和赞扬。

多年的投递工作，范继阳始终坚持当日事当日毕。长岛属海洋气候，经常因大风、大雾停航，尤其是每年的 11 月份至次年的 3 月份，是海上交通最不正常的季节，停航少则一两天，多则三天五日，邮件进岛积压成山。为了让用户尽早收到邮件，范继阳顾不上吃饭，总是连夜进行处理，有时甚至拉来他的父母亲朋同事来帮忙分拣处理。不管多晚，甚至到凌晨也要把邮件处理完毕，从没因此而影响第二天的投递。看到他辛苦、劳累、疲惫的样子，父母看在眼里，痛在心里，试着商量他："儿子，咱能不能跟领导反映一下，给你加个人，或调整一下岗位，这样实在是太累了。"范继阳一边埋头处理邮件，一边说："哪能，咱是党员，哪能给组织添麻烦。再说了，这个岗位，编制就是一个人，其他投递员也很累。爸妈，别担心，我行的。"就这样，不管是炎热的夏天，还是严寒的冬天，范继阳都能按时、准确、

安全地把邮件送到用户手里，给全县投递员树立了标杆。

长岛属丘陵地区，投递路上需翻山越岭，尤其是山岭东面的孙家、赵王等村，山坡大，平时比较好走，雨雪天十分难行。有一次下着大雪，车不敢往下开，范继阳就把车停在坡上，抱着、背着或扛着邮件，一步一步走到村里，把邮件送到老百姓的手里。一位大叔心疼地说，"小范，你这傻孩子，这样天气就不要来送了，太危险，等天好了再来也晚不了。"范继阳露出真挚的笑容："哪能啊，大叔，这是我的职责，邮件可不能延误。"大家纷纷为范继阳竖起大拇指，为邮政竖起了大拇指。

范继阳自 2008 年 11 月参加工作以来，多次被单位评为"先进生产工作者"。2016 年，被授予"2016 年度山东邮政网运投递达标争先劳动竞赛先进个人"称号；2017 年被烟台邮政公司评为"标杆党员"称号；2018 年被烟台邮政工会授予"最给力员工"称号。

一根扁担挑起使命与担当

——全国职工演讲比赛冠军获得者陈国瑞

"一根扁担可以挑百斤重担，当你挑在肩上的那一刻，有一种责任也扛在了肩头，对于当过兵的我，更愿意把这份责任称为使命。军人的使命是保家卫国，而我们城肥人的使命，是像时传祥前辈那样，舍我一人脏，换来万家净。"

8 月 22 日，由中华全国总工会主办的"中国梦·劳动美——学习贯彻习近平新时代中国特色社会主义思想和党的十九大精神"全国职工演讲比赛在北京举行。来自济南市城管局城肥清运管理一处的掏粪工陈国

瑞，身着工装走上讲台，手拿着一根扁担，开始了他的演讲。

陈国瑞朴实无华、饱含深情的演讲，获得了现场观众雷鸣般的掌声。演讲结束后，评委、央视主播康辉激动不已，"在所有选手中，如果让我选择一个我最喜欢的表达，就是陈国瑞。他的演讲好就好在不宣泄而又克制，这种克制特别有力量。"不负众望，在来自全国各地的包括多名大国工匠、全国劳模等 68 名选手中，陈国瑞脱颖而出，以总分 106 的成绩，夺得全国职工演讲比赛的冠军。

9 月 6 日，记者来到济南市城管局城肥清运管理一处清除二队，与陈国瑞面对面交流，了解这位全国职工演讲比赛冠军、新时期的"掏粪工"背后的成长故事与工作经历。

"比赛完回来后，我的心情和生活就立马平静下来，整个人也放松下来。整个比赛已经成为过去，也成为我人生成长过程中的一段历练。"陈国瑞告诉记者，虽然获得了全国冠军，但他的心情异常的平静。在回单位的第二个工作日，陈国瑞就再次拿起了粪勺，扛起了扁担，当天就挑粪十几担。

大学生、国家营养师、高级面点师、特种兵、掏粪工……1987 年出生的陈国瑞身上有多重身份。他曾是济南大学一名优秀大学生，毕业后选择了当兵，并成为一名特种兵，期间荣立三等功并被评为优秀士兵。2012 年，陈国瑞通过退伍军人安置考试，报考岗位时他无意间选择了济南市城管局城肥清运管理一处。

"回到家一查才知道是掏粪工，当时就有点后悔，但真正走上工作岗位，才发现现实更超出我的想象。"虽然陈国瑞从小就生活在济南，但他之前却没有见过旱厕。上班第一天，老班长宋永义就递给他一根扁担两

个铁桶，外加一把大大的粪勺。为了照顾他，老班长说"你先别掏粪了，就只负责挑吧。"

每天一个人挑 30 担粪，一担近 80 斤。凌晨 3 点上班，8 点下班，这种与正常作息截然相反的工作习惯，曾经让陈国瑞很不适应。但他更不适应的是心态。"因为当过兵，有吃苦的精神，虽然脏点、累点、苦点，经过一段时间都可以克服，但最不能克服的是心里那道坎。不愿见人，更不愿参加聚会，生怕别人问起工作。"陈国瑞回忆道。

一天深夜，陈国瑞在济南市市中区上新街挑粪，没走几步，扁担的铁钩突然断了，"砰"木桶重重地砸在地上，粪水溅起来，黄褐色粘稠物一下子打到脸上身上。他憋在心里的委屈在那一刻全部释放了，抓起扁担重重地摔在了地上。那一刻，一位特种兵竟哭得像个孩子。老班长宋永义是济南市劳模，他从粪水里捡起扁担，拍着陈国瑞的肩膀说："你知道这根扁担跟了我多久吗？28 年了。28 年前，我第一次拿过这根扁担时跟你一样大。坚守这份工作，是因为大家需要我们。就像这根扁担，能够弯曲证明它有韧性，就是能用得住的好扁担。你应该像扁担那样，有担当，有韧劲儿啊"。那一刻，陈国瑞终于明白了。有担当，有韧劲儿，这成为了陈国瑞心中的"扁担精神"。从此他不再逃避，努力干活，把责任挑在肩上。

济南市城管局城肥一处清除二队党支部书记田书明也曾是一位老挑粪工，他说工作中的陈国瑞特"较真"。据他介绍，对于那些住户集中、蹲位易满的厕所，陈国瑞就每月多跑两趟、多掏几遍。对于那些小巷深处，清掏车无法靠近的厕所，就用粪勺子一勺勺地装满粪桶再挑到粪车里。有时吸粪管被堵住了，他就用手一点点去抠管子，一把把去抓粪便。就是凭着这份韧劲，把扁担当

做自己的"使命"，陈国瑞拿着这根扁担参加全市环卫工技能比武，得了第一名，被授予岗位技术标兵称号，评为济南市劳动模范。

"陈国瑞不仅具有爱心，经常帮助孤寡老人，还多才多艺，是单位的文艺骨干，新媒体主播。作为济南市青年宣讲团团长，他已经走进学校、企业、机关等宣讲100余场次。"济南市城管局城肥一处工会主席巩莉莉说。据巩莉莉介绍，陈国瑞不仅被评为济南市道德模范，还于2017年获得"中国好人"称号。

不让须眉的"女焊子"

"梁矿论焊，谁与争锋？电焊达人，花落哪家？大矿匠心，现场竞技！诚邀工友，前来观战！"今年6月中旬，一份技术比武挑战书在山东能源肥矿集团梁宝寺煤矿各专业工作群里飞速传阅。令大家大跌眼镜的是，发出这挑战书的竟然是该矿综机中心7名娇嫩如水的女工。

"我们这些在电焊一线摸爬滚打十几年的老爷们，难道还不如几个女同志？竞技场上，可不能让人看了笑话。"看到挑战书当天，该矿男电焊工周保伟和杨吉昌等不甘示弱，纷纷报了名，决定接受"女焊子"们的挑战。

恰逢该矿正在进行学习型组织创建活动。得知"女焊子"勇发挑战书后，该矿综机中心党支部决定为此事推波助澜一把，将此次别出心裁的挑战纳入该矿举办的技术比武系列活动之中，并制作了精美海报在全矿进行宣传。

一石激起千层浪。宣传海报刚发出，大批"应战者"纷纷报名。该矿通防二区还在微信群里发布了区队电焊工技术比武方案和练兵图片，该矿选煤厂、机电一区相继发送了应战电焊工名单，采四区、运输一区一队等迅速组织参战。

7月5日，电焊比武正式拉开帷幕。包括4名发起挑战书的"女焊子"在内的进入复赛的24名焊工齐聚一堂，一比高下。比赛现场，四名"女焊子"手持焊枪、头戴防护罩，精神饱满。飞溅的焊花，像流泻的彩霞，焊接声、敲打声、逐渐弥漫的浓浓烟雾和选手们挥汗如雨的场面绘成了一幅精美的劳动画卷。一双双专注在焊镜后的眼睛，捕捉每一秒的衔接。

经过激烈角逐，"女焊子"芦雯、刘敏一鸣惊人，以总成绩104分和101.92分夺得冠亚军，以优异成绩证明了自己巾帼不让须眉的焊接实力。

据了解，"女焊子"芦雯和刘敏除了是关系亲密的同事外，还有更深一层的姑嫂关系。芦雯是小姑，刘敏是嫂子。芦雯至今还清楚地记得：当时学焊工的时候，可不是一件轻松的事，一蹲就要蹲半天，经常手酸脚麻。那时候芦雯也打过退堂鼓，嫂子刘敏就鼓励她，"学焊工照样有出息，电焊也是一门技术活，既然在这个岗位上干，咱就得干出个样来。"正是嫂子的鼓励和支持，让芦雯坚持了下来，并且做得更好。

该矿综机中心党支部副书记王春祥告诉记者，综机中心电焊组的7名女焊工承担着梁宝寺矿井电缆钩、Φ108焊管等所有自制加工中的焊接工作。焊接Φ108mm的焊管是她们承接最多的活。该焊管焊接工艺比较复杂，"女焊子"们通过反复钻研练习，让旋转焊接Φ108焊管的技术变得质量更高、速度更快、效果更好，连全矿的男焊工都自叹不如。"焊接Φ108mm的焊管就是嫂子教我的。一开始我担心自己干不好时，嫂子还鼓励我让我大胆干，焊不好她再补焊。"大赛冠军芦雯回忆说。

一缕"阳光"照在工友们身上

——记省劳动模范、山东新洋丰肥业有限公司职工孙敬同

他是工作中的好表率，拼搏进取、勇于创新、甘于奉献，出色完成各项任务；他是职工们的贴心人，经常深入职工家庭开展走访慰问、定期开展职工交心谈心、组织开展系列活动，全力做好后勤保障服务；他还是公益活动的活跃者，每年到敬老院、儿童福利院参加志愿服务活动，并积极参与菏泽市"精准扶贫"工作，主动包保联系3个贫困户。

他叫孙敬同，2010年9月来到山东新洋丰肥业有限公司工作，先后担任人事专员、党群主管、办公室副主任、机关分工会主席等职。2011年开始，他加入公司内部讲师队伍，积极参与新职工入司培训、企业文化及发展史培训、职工礼仪培训的授课等。他还积极开展外部协调，最大限度为公司争取利益。2016年底，他牵头负责申报2017年度山东省电力直接交易试点企业并成功入围，同时积极配合完成2017年每月用电情况申报与对接，当年度即实现抵返电费17万余元。由于业绩突出，孙敬同先后获得菏泽市经济开发区经济运行工作先进个人、菏泽市五一劳动奖章、山东省劳动模范等荣誉称号。

近两年，随着公司新旧动能转换、降本增效工作的深入，部分落后工艺、设备被淘汰，有些人员面临整合和分流，个别职工情绪较大，孙敬同积极主动地走进他们中间，逐个走访有异议的职工，通过讲政策、明道理，努力化解他们的不满情绪，为安全稳定生产消除隐患。

为了能够以最短的时间将有"思想问题"的职工了解清楚，孙敬同连续两周放弃中午休息时间，查阅档案了解职工家庭背景，到岗位上听取职工真实想法，再晓之以理、动之以情，使其能服从大局、安心工作；职工有时夜间打电话向他抱怨，不管多晚，他都能以最客气的态度给职工做好解释，有时一通电话就是一两个小时，直到职工心里的憋屈释放出来、思想通了，他才放心休息。在2017年三季度公司尿基厂二车间部分职工分流期间，从未因岗位调整、工种变化等发生集体事件，实现了职工分流工作零矛盾。

对工作中遇到的问题，他及时向工会主席、主要领导等汇报，并根据情况适时参与解决，每年专门开展的谈心谈话都在40人次以上。他通过建立党建工作群、办公室内部群、宿舍管理群等，鼓励广大干部职工以手机随手拍的形式，宣传成绩、曝光不足，并通过定期评比的形式，奖励职工多提好创意、好点子，先后收集合理化建议80余条。针对职工提出"现有停车场远远不能满足停车需求，建议建设机动车停车场"的意见，他积极向公司反馈并提前拟定出相应的协调对接和实施方案，最终得以落实，深得职工好评。职工提出的"上下班骑车职工强制穿戴反光背心、安全帽""车间皮带安装拉绳开关"等合理化建议还获菏泽市总工会表彰。

把职工放在心上，孙敬同有个"五清楚、六必访、七必谈"法则——职工思想变化、性格爱好、长处及不足、家庭情况、社会交往等五方面，做到心中清楚；婚丧嫁娶、家庭矛盾、生病住院、旷工缺勤、家庭困难、重大变故等六种情况，必上门探访；

职工思想波动、受到批评、人际关系紧张、工作变动、新职工进厂、完不成工作任务、违规违纪七种情况，必找其谈话，耐心解惑，让其感受到公司大家庭的温暖。职工们都说，不论在单位还是家里，只要老孙出现，准能给大家带来阳光。

5年来，孙敬同平均每年走访职工家庭12人次，困难职工、因伤因病职工家庭更是达到走访的全覆盖。调查显示，公司职工满意度连续三年获评良好以上，离职率保持在8%以内，无因劳资纠纷出现职工投诉、上访事件。

踏遍青山人未老

——记泰山景区天烛峰管理区副区长黄国强

巍巍泰山之下，有一群这样的人，不分寒暑、夙夜匪懈地在深山中守林护林，勤勤勉勉维护景区建设，把无限风光赠予游客和行人。现任泰安市泰山风景名胜区管理委员会天烛峰管理区副书记、副区长的黄国强就是其中普通的一位。

1998年，黄国强来到泰山桃花源管理区，成为一名林业技术员。甫一踏入工作岗位，他就进入了角色，每天早出晚归，与工人们在山林中同吃同住。为完成营林生产任务，常常连续十几个昼夜坚守在护林工队。2002年10月他调任竹林寺管理区副区长。走上领导岗位的他，更是处处严格要求自己，从不计较个人得失。2006年7月份，黄国强被派驻泰安市重点工程之一的龙潭公园建设项目指挥部，具体负责工程管理工作。在工程建设过程中，他充分发挥专业优势，干中学、学中干，与同志们一起攻克了一道又一道技术难关。工地施工任务紧张艰巨，他就常驻工地，一边监督工程质量、确保工程进度，一边实时跟踪、验收计算工程量。辛勤的耕耘终于换来了丰硕的果实，公园建成后，受到了广大市民和中外游客的一致好评，年接待游人十万余人次。

2008年4月，他的身影再一次出现在市政府北侧荒山绿化工程中，他与同事一起冒着酷暑，精心规划，科学施工，短短三个月的时间，共计栽植各类绿化苗木9万余株，苗木成活率达90%以上，彻底改善了该区域植被稀少、景观效果单一的状况。2009年11月，黄国强被抽调到"泰山古镇"及《中华泰山·封禅大典》实景演出项目中来，协助领导完成拆迁建设工作。在项目中，他创造性开展工作，先后参与完成拆迁安置、电力专线铺设、停车场建设、绿化美化工程等工作，圆满完成了一系列急难险重的任务。

2013年8月，黄国强调任天烛峰管理区副书记、副区长，并分管工会工作。虽然担任了领导岗位，但是他始终不忘初心，在具体工作中和大家建立了密切的联系。进入冬季防火期以后，他看到登山盘路周围的枝柴堆积在林内，隐患较大，便主动请缨带领灭火突击队员们到山上清理林内可燃物，大家把枝柴捆绑在一起，肩挑人扛一步一步运到山下。经过一段时间的努力，三万多斤枝柴就这样一点一点的堆积到院子里……

由于特殊的工作性质，特别是到了森林防火期，很多职工都要吃住在站队，在单位的时间要远远多于和家人团聚的时间。为此，他想方设法改善职工的生活条件，让大家感受到"家"的温暖。基层工队站点的条件艰苦，有的站点没有水源，上班时要自己提着生活用水走几百米山路才能到达工作地点，有的站点房屋破损、门窗漏风，特别是到了冬天，室内室外温度相差无几。在他和支部一班人的不懈努力下，几年时间里管理区先后维修翻新了工队房屋 30 多间，更换隔热断桥门窗 100 多平方米，为瞭望哨打深水井一眼，铺设供水管线 500 余米，彻底结束了基层站点没水喝的历史，还修建了 120 余米台阶道路，解决了站点出行难等问题。

基层站队的硬件上去了，他又开始琢磨起软件建设来。2016 年，他提出了建设"家园工程"的设想，以积极推进"职工小家"建设为目标，实施了以"小菜园、小花园、小读书角"为主的"三小"工程建设。经过近三年的努力，现在景区 10 个基层工队站已经建立起小菜地 1000 余平方米，小花园 10 处，在很大程度上解决了一线职工吃菜难问题，同时也大大提升了站队周围环境。同时，为各工队站建立起了"小读书角"，定期送书送报到基层，进一步丰富了职工业余文化生活，"以场为家""以站为家"的理念更加深入人心。

凭着强烈的事业心和瞩目的工作成绩，黄国强先后获得市直机关十大优秀青年、泰安市优秀青年岗位能手、泰山先锋、泰安市优秀工会工作者等荣誉称号。

一路奋斗一路歌

——记山东省劳动模范、山东天荣实业集团有限公司总经理李修京

4 月 27 日，山东天荣实业集团有限公司总经理李修京在省庆祝"五一"国际劳动节表彰大会上被授予"山东省劳动模范"称号，这不仅是对他三十年如一日任劳任怨、努力工作的肯定，更是对他继续谱写当代优秀企业家"锐意进取、勇于创新、敢于挑战、扎实苦干"新篇章的鞭策。

一路奋斗一路歌，创新实干谋发展。李修京历任菏泽天华实业担任企管部主任、天华建工集团副总经理，天华混凝土、荣华建材经理，2015 年 9 月担任山东天荣实业集团总经理。面对市场挑战和机遇，李修京和他的团队走出了一条"以多元避风险，以创新带发展"的天荣发展道路。2016 年 5 月，天荣家居正式成立，吹响了进军创意家居市场的集结号。

牡丹创意家居小镇由集团公司投资兴建，以新旧动能转换为发展引擎，以电子商务为依托，通过"电商+实体"的发展模式，形成了以"互联网+"为特色的新实体经济。小镇聚焦聚力"四新"促"四化"，不断提高发展质量，并以新技术搭建创新平台，实现产业智慧化。目前一期项目已建成家居智能化制造生产车间及配套设施 50 万平方米，拥有 12 个独立的家居生产工厂。投产使用的 3800 余台（套）设备大部分从德国、意大利等国家进口引进，自动化程度处于国际领先水平。从台湾购进的 7 条水性漆涂装线确保了产品零甲醛、无污染，15 套中央除尘系统保证了生产过程中产生的木屑、粉尘集中收集、再生再利用，废气通过光氧催化处理后环保排放，确保了企业环保 100% 达标。

近年来，公司秉承"传承匠心、智造臻品"的工匠精神，从原材料的选取、生产加工工艺、零部件的配置、到产品出厂检验，每个细节都做到精益求精，把对产品品质的执着追求渗透到了产品生产的全过程。目前，主要生产美式、欧式、法式和新中式及全屋定制等 7 大系列 500 余种产品，实现了从产品研发设计到体验式消费的家居全产业链智造。旗下拥有天荣、AA、森梵、淘木轩、轩阳家居、自由森林等品牌，享誉国内外。

主动寻求发展机遇，积极探索新的发展思路和模式，结合国家政策导向和企业发展实际，尽快实现企业战略转型。公司借助阿

里巴巴、京东、猪八戒网等"互联网"平台,利用大数据、VR 等技术,客户根据自身需求,实现私人订制及一站式购物体验。与南京林业大学签订了《校企产学研长期合作协议》,2017 年 12 月 15 日,南京林业大学(天荣)科研教学实习基地正式挂牌。2018 年天荣家居被评选为中国十八省市家具行业"诚信"企业、中国十省市"环保"家具知名品牌、中国诚信建设"重质量、守诚信"示范单位,系列产品在第十三届、十

四届中国林交会上获得十一项金奖。

实业报国,造福社会。李修京始终坚持"来源社会,回报社会"信念,关心、参与希望工程和慈善事业,以实际行动回报社会、奉献爱心。他所领导下的企业累计捐助近 20 万元,他本人多次参与"慈心一日捐"、抗洪救灾捐款、非典防治捐款、爱心扶困等捐款、捐助和捐赠活动,累计捐赠价值达 8 万多元。

重 大 事 故

山东能源龙矿集团
山东龙郓煤业有限公司
"10.20" 重大冲击地压事故

2018 年 10 月 20 日 22 时 37 分 51.79 秒,山东能源龙矿集团山东龙郓煤业有限公司 1303 工作面泄水巷及 3 号联络巷发生重大冲击地压事故,造成 21 人死亡、4 人受伤,直接经济损失 5639.8 万元。

事故发生后,党中央、国务院领导同志作出重要批示,山东省委书记刘家义、省长龚正、副省长王书坚带领有关部门负责人和专家赶到现场。依据《中华人民共和国安全生产法》《煤矿安全监察条例》(国务院令第 296 号)、《生产安全事故报告和调查处理条例》(国务院令第 493 号)等法律法规,经山东省委常委会研究决定,由山东煤矿安

全监察局牵头,组织省公安厅、应急管理厅、总工会、能源局、菏泽市人民政府等有关单位和部门,成立了山东龙郓煤业有限公司"10.20"重大冲击地压事故调查组,邀请国内知名教授、专家组成专家组参与事故调查。

经调查分析认定,本起事故为冲击地压引发的生产安全事故。

事故的直接原因是龙郓煤矿 3 煤层及其顶底板具有冲击倾向性;事故区域埋深 1027-1067 米,煤岩体自重应力高;采掘及疏放释水、3 煤层分岔合并及构造影响、巷道临近贯通等,形成高应力集中区;采用的防冲措施没有有效消除冲击危险,在当班掘进、施工卸压钻孔扰动和田桥断层带滑移影响下,诱发冲击地压事故发生。

事故调查组对 24 名责任人和相关责任单位提出了处理建议,并针对事故原因及暴露出的突出问题,提出了事故防范措施及建议。

会情概况

山东省总工会

概　况

山东省总工会辖济南、青岛、淄博、枣庄、东营、烟台、潍坊、济宁、泰安、威海、日照、莱芜、临沂、德州、聊城、滨州、菏泽 17 个市总工会、140 个县（市、区）总工会。山东省总工会设财贸金融、轻工纺织、国防机械电子、外经贸、海员、农林水、地质、冶金、石化、建设、医务、建材、黄河、原济南军区装备工会、电力、煤矿、交通、教育、邮政工会 19 个产业工会以及省直机关工会。

山东省总工会辖胜利石油管理局、济南铁路局、中国石化集团齐鲁石化有限公司、莱芜钢铁集团有限公司、中铁十四局有限公司、中国冶金地质总局山东局工会委员会、山东航空公司、中国东方航空公司山东分公司、中国联通公司山东分公司、中国移动公司山东分公司、山东机场有限公司、中铁十局有限公司、中国铁通集团山东分公司、山东省电信公司、中国石化青岛炼油化工有限公司工会、大唐山东发电有限公司工会、华能山东发电有限公司工会、齐鲁证券有限公司、山东能源集团有限公司、山东中烟工业有限责任公司工会和山东钢铁股份有限公

司、中国铁塔股份有限公司山东分公司工会委员会共 22 个直属大企业工会。

山东省总工会机关设：办公室、政策研究室、组织部、宣传教育部、生产保护部、保障工作部、民主管理部、法律工作部、女职工部、财务部、离退休干部处、机关党委、资产监督管理中心、经费审查委员会办公室、职工对外交流中心、工运史研究室、机关服务中心、困难职工帮扶中心共 18 个工作部门。

山东省总工会下辖 6 个直属事业单位：青岛工人疗养院、青岛工人温泉疗养院、中国纺织工人疗养院、《山东工人报》社、《职工天地》杂志社、山东职工之家。

2018 年，全省有基层工会 151300 个，建立工会组织的基层单位为 385598 个，工会会员为 19274344 人，建会职工 19691011 人。

工作综述

2018 年，在省委、全总坚强领导下，全省各级工会深入学习贯彻习近平新时代中国特色社会主义思想和党的十九大精神，学习贯彻习近平总书记关于工人阶级和工会工作的重要论述，紧紧围绕全省工作大局，强化政治引领、强化开门开放、强化基层基础、

强化主责主业、强化底线管理，履职尽责、担当作为，谋篇布局、改革创新，突出重点、狠抓落实，全省工会各项工作取得新的成效。

一、加强理论武装，履行政治责任

深入学习贯彻习近平新时代中国特色社会主义思想。各级工会按照学懂弄通做实的要求，通过分专题学习研讨，分层次开展培训，引导广大工会干部增强"四个意识"，坚定"四个自信"，坚决做到"两个维护"。加强对习近平总书记关于工人阶级和工会工作的重要论述研究阐释，用最新理论成果指导实践。

自觉承担起党赋予工会组织的政治责任。广泛开展"中国梦·劳动美——学习宣传贯彻习近平新时代中国特色社会主义思想和党的十九大精神"主题宣传教育活动，各级工会深入基层宣讲、交流1700多场次。在全国职工演讲比赛中，我省推荐选手荣获第1名。联合山东广播电视台开设《工会新时空》，常态化对全省工会系统重点工作和先模人物等进行宣传。深入推进先进职工文化建设，教育引导广大职工自觉践行社会主义核心价值观，坚定不移听党话、跟党走。

二、理清思路重点，明确目标任务

科学搭建新时代山东工会工作"四梁八柱"。按照省委"大学习、大调研、大改进"部署要求，聚焦工会工作"五个强化"，围绕落实"四性一度"要求，利用3个月时间，由领导班子成员带队，赴外省取经，下基层访谈，到全总对接，经反复研究形成了"三个工程""三个十条"，得到全总主要领导同志和省委领导同志的充分肯定，新时代山东工会工作思路更加清晰、方向更加明确、重点更加突出。

成功召开省第十五次工代会。在省委、全总坚强领导下，认真做好大会文件起草、大会选举、舆论宣传、会务统筹等各项工作。大会全面总结过去五年山东工会工作取得的成绩，明确提出今后五年的目标任务，选举产生了省总工会新一届领导机构。会后，省总工会及时下发通知作出部署，各级工会迅速掀起了学习宣传贯彻热潮。

三、聚焦强省建设，汇聚奋斗伟力

新时代劳动竞赛工程全面起势。以"当好主力军、聚力新动能、建功新时代"为主题，紧紧围绕省委、省政府确定的重大战略任务，更高水平、更大力度组织动员各行各业职工，为加快新旧动能转换、实现高质量发展建功立业。首次以省委、省政府名义，评选表彰了994名省劳动模范和先进工作者。取得了第六届全国职工职业技能大赛总分第4名、职工创新成果获奖数量第1名的历史最好成绩。

"齐鲁工匠"建设工程提档升级。将这一工程纳入省人才发展计划，在省人才工作领导小组领导下，由省总工会牵头实施。在层层推荐基础上，选树了50名"齐鲁工匠"，其中10名"齐鲁大工匠"，在山东广播电视台隆重举行颁奖典礼，对其领衔创建的创新工作室分别给予5万元和30万元的经费资助，带动全省各级工会选树命名工匠1839名、资助600余万元。在山东管理学院建立"齐鲁工匠研究院"。通过各种方式扩大宣传，在全社会产生了良好反响。2018年10位"大国工匠年度人物"中，山东独占2席。

工会助力乡村振兴开拓新空间。在全国率先出台了工会助力乡村振兴十项措施，总结推广临沂代村建会强会经验，稳步推进村级工会建设，现已建立村级工会742家。组织城乡、村企工会结对共建，发挥农业劳模示范带动作用，实施返乡农民工创业行动，全省工会助力乡村振兴的热潮正在兴起。

四、突出主责主业，提高质量实效

工会维权工作更加有力。出台了维权工作"十条意见"，成立维权工作委员会，联合省人力资源社会保障厅、省司法厅、省法院建立"四方联动"机制，维权力度更大、效果更好。联合开展了"集中要约"行动，集体协商指导员队伍建设和管理水平不断提升。积极参与新旧动能转换和"去产能"过程中职工权益维护工作，持续推动职代会、厂务公开民主管理规范化建设。建立工会系统农民工欠薪报告制度，联合有关部门为4.9万名农民工解决欠薪5.65亿元。女职工合法权益和特殊利益维护工作更具成效。

协调劳动关系持续加力。持续开展和谐劳动关系创建活动，推动协调劳动关系三方机制健全完善、发挥作用。注重加强劳动关系预防预警、排查调处工作，切实做好劳动纠纷源头治理。开展"尊法守法·携手筑梦"活动，为职工（农民工）提供法律咨询或服务9372人次。制定出台我省境外非政府组织业务主管办法。省、市、县三级工会定点接访696人次，带案下访156次。

精准帮扶工作成效明显。印发实施《山东省工会困难职工解困脱困工作三年行动方案（2018—2020年）》，建立健全困难职工联系人、信息比对等制度，建成全国首个省级"精准帮扶工作平台"，协调省民政厅等单位支持，使困难职工享受与低保户同等的水电气暖等优惠待遇，在档困难职工由年初的8.5万户减少到5860户。

普惠服务水平不断提升。"惠员工程"扩面提质增效，全省已发放会员服务卡557.5万张；全年335.5万名职工参加医疗互助活动，14.6万人次获得医疗补助9427.2万元。"四季服务"活动筹集发放资金3.5亿元，帮扶、慰问、服务职工168万人次。组织心理健康公益巡讲1500余场。

一线职工疗休养活动惠及职工3.3万余人。

五、推进改革创新，夯实基层基础

"两项改革"协同推进。持续深化工会改革创新，出台了运行机制改革相关制度文件，完成山东职工之家转企改制工作；落实了领导班子"专挂兼"配备、增加领导机构中基层和一线人员比例等改革要求；开展对市、县级工会改革情况专项督查；修订完善创新奖评选办法，工会工作创新成果持续涌现。推动建立产业工人队伍建设改革任务贯彻落实协调机制，建立了督促检查、情况通报等制度。

"智慧工会"建设步伐加快。经省政府办公厅立项、评估、论证，由省总工会投资2000万元统一开发，委托浪潮集团承建，强力启动工会网上工作体系建设。山东工会新媒体宣传平台已绑定121家市、县（市、区）工会微信公众号，直接覆盖职工近100万人。普惠服务平台、大数据支撑平台等开发建设加速推进。

新时代职工之家建设扎实推进。出台新时代职工之家建设十条意见。联合省委组织部发文，进一步完善了党建带工建、党工共建机制。实施"新领域、新业态、新组织建会入会集中行动"，全省八大领域新建会15069家、新发展会员136.3万余人。选派千名工会干部到企业担任工会工作指导员。加强工会社会工作专业人才队伍建设，省总工会拨付社会化工会工作者工资补助1959.45万元。加强基层工会规范化建设，制定下发"争创十佳职工信赖的职工之家、争做十佳职工信赖的娘家人"活动意见，调动了基层工会的积极性、创造性。

工会实体阵地建设不断加强。以敢于担当、敢于斗争的精神，努力破解驻青疗养院历史遗留问题，闲置多年的温疗已经恢复重建，纺疗规划建设加速推进，工疗焕发出新的生机活力。启动全省 93 家工人文化宫整治提升三年计划，初步呈现出你追我赶、加快发展的生动局面。

六、严抓正风肃纪，激励担当作为

工会系统党的建设持续加强。省总工会先后组织开展"讲政治、强作风、提效能"集中教育、"党风廉政建设月"活动等，召开党风廉政建设工作会议，扎实做好中央巡视反馈问题整改，切实把党建工作主体责任落到实处。各级工会认真落实中央八项规定及其实施细则精神，通过各种有效载体和方式，从严从实加强党的建设，风清气正的政治生态正在形成。

干事创业的氛围日益浓厚。省总工会开展了"担当作为、干事创业"集中行动，启动创建全国文明单位工作，制定出台了激励担当作为、推动工作落实、加强协调配合及党员干部澄清保护、工作失职问责等 5 项制度机制，机关建设呈现崭新局面。省总工会作为唯一省直部门，在全省组织部长会议上作了大会发言。

（王世玉）

政策研究工作

参与组织实施"四个重大"专题调研

一是按照省总工会统一部署，结合落实省委"大学习、大调研、大改进"，在与全总相关部室沟通对接、总结梳理各省先进经验的基础上，坚持问题导向，加强顶层设计，制定了"四个重大"专题调研方案，认真做好统筹协调工作。二是分别参与劳动竞赛、维权十条意见、"齐鲁工匠"三个课题的调研论证、方案制定工作，全过程参与了"三个工程""三个十条"的研究制定工作，为理清新时代山东工会工作思路和重点作出积极贡

献。三是组织起草了省总工会"大学习、大调研、大改进"实施方案及开展情况报告，并报送全总和省委、省政府，得到全总王东明主席、李玉赋副主席的批示肯定。

做好省第十五次工代会文件起草工作

一是加强组织领导。在大会筹委会统一领导下，成立文件起草组，在认真学习领会梳理习近平总书记关于工人阶级和工会工作重要论述的基础上，制定工作方案，明确任务分工，有序推进大会文件起草工作。二是深入开展调研。在深入开展调研的基础上，起草了大会报告等一系列文件，两轮征求省总工会领导班子成员、秘书长，机关各部室、直属省产业工会以及各级工会干部和职工代表的意见建议。组织专门力量分赴 17 市向省总工会第十四届委员会委员当面征求了对大会报告的意见建议；按照刘家义书记批示要求，将大会报告呈报 12 位省委常委征求意见。四是反复修改完善。根据省总工会领导意见，对省委领导讲话、全总领导致词、大会报告等"三个报告"及决议、群团代表致词、有关会议主持词等一系列文件，进行了反复修改完善定稿，为大会胜利召开打下坚实基础。大会召开期间和闭幕后，组织起草了新闻发布会材料、新闻通稿、分团审议提纲、讨论情况汇报、大会精神传达提纲、学习贯彻通知、任务分工方案等文件。

参与做好中国工会十七大随团服务

一是组织起草了省总工会领导在山东工会代表会议、代表团组团会议和三次全体会议、工作总结会议上的讲话等。二是拟定了山东团各次会议工作方案，协调组织代表发言。三是在向全总报送简报素材的同时，首创性编发了山东团简报 10 期，得到了全国总工会和省总工会领导、与会代表及兄弟省（区市）工会同仁的一致好评。四是代拟了向省委常委会汇报材料、省委书记讲话、大会精

神传达提纲；起草了省总工会领导学习贯彻大会精神的多篇稿件，并发表在《工人日报》《大众日报》《中国工人》《山东通讯》等报刊上。

参与做好工会改革相关工作 一是加强对下指导督导，结合年初"送温暖""担当作为、干事创业"专题调研，对市县工会改革组织开展了两次专项督查，并形成专题报告。二是按照工会改革任务分工安排，认真抓好任务落实，制定下发了《山东省工会职工需求调查实施办法（试行）》。三是组织起草了向全总督查组汇报工会改革有关材料。四是按要求及时向省委、全总报送了本省工会改革进展情况。

加强和改进调查研究工作 一是完善调研工作制度。制定出台了《山东省总工会关于加强和改进调查研究工作的意见》，对《山东省工会优秀调研成果评选办法》进行了修订完善。二是加强调研工作统筹。认真落实年度重点课题、领导牵头调研、分类评选表彰、优秀成果转化等制度，促进全省工会调研工作质量整体提升，分类评选出优秀调研成果一等奖11项、二等奖18项、三等奖25项、优秀奖37项；召开省工运研究会五届五次理事会议，举办了工会十七大精神专题辅导，研究会被评为"2014—2017年度先进省级社会组织"。三是推动优秀成果转化。通过向《中国工运》《山东通讯》《工会论坛》等推荐刊发优秀调研成果和理论文章，编印《全省工会优秀调研成果汇编》，向有关部门推荐参加社科研究成果评选等方式，进一步畅通优秀调研成果交流推广渠道，部分优秀调研成果荣获"第四届山东省人力资源社会保障优秀调研成果"二、三等奖；及时调度调研成果转化应用情况，上年度优秀调研成果转化率保持在70%以上。

深化工会工作创新奖评选工作 一是持续完善制度设计。深化规律性认识，在总结实践经验基础上，对创新奖评选办法作了进一步完善，调整了评选周期，规范了评选程序。二是持续加强督促指导。把立项报备，开展定期调度做扎实，细化过程控制，推动"项目化"运作。三是持续改进创新奖评审。在第一轮随机抽选评委评审的基础上，邀请全总有关领导、兄弟省份工会同仁、有关高校专家等参与第二轮评审，提升了科学化规范化水平。四是持续加大宣传推广力度。在省总工会全委会上进行隆重表彰，陆续在《大众日报》《山东工人报》、山东工会网、《工会新时空》开设专栏、专版，加大宣传力度，示范带动效应进一步提升。

重要文稿起草工作 一是全委会：组织起草了十四届九至十三次、十五届一次（一年6次）全委会上省总工会领导讲话，以及工作报告、筹备报告、有关决议、主持词、任务分工方案等大量文件。二是重大活动：起草了省委领导在省劳模表彰大会上讲话；省总工会领导在机关总结表彰暨动员大会、机关处级以上干部谈话提纲；积极参与创建全国文明机关工作，组织起草了省总工会领导在创建全国文明单位动员会上的讲话；参与撰写了"讲政治、强作风、提效能"集中教育活动领导讲话及开展情况报告，得到杨东奇书记的批示肯定。三是党的建设：起草了党组年度述职报告、领导班子五年述职报告；年度民主生活会、中央巡视整改专题民主生活会党组对照检查材料，中心组学习相关材料；组织起草了省总工会领导在党风廉政建设工作会议上的讲话、活动开展情况报告，得到刘家义书记、龚正省长批示肯定。四是综合汇报：起草了上报省委、省政府、全总的年度工作总结和打算；向省委分管领导、全总王东明主席、江广平、巨晓林副主席汇报材料；参与起草了省总工会领导在全总会议上的发言，学习全总领导指示精神的讲话及贯彻意见。同时，起草了省总工会领导在有关业务工作会上的讲话，在兄弟群团、下级工会代表大会上的致辞等，做好其他文稿起草、校核工作。

统筹做好其他各项工作 一是统计工作质量不断提升。认真完成全总部署的年报统计任务，按时上报了省统计局所需数据，为业务工作开展了提供抽样、查询服务。二是自身建设进一步加强。持续加强理论学习，弘扬求真务实作风，树立担当作为精神，工作标准、质量、效率不断提高，团结和谐、创先争优的氛围更加浓厚。三是认真做好保密工作。持续加强保密教育，认真执行各项规章制度，严格遵守保密纪律，没有失泄密问题发生。

（李兴龙）

组织工作

提升政治站位 发挥参谋助手作用 一是严格按政策做好干部人事工作。按要求完成省总工会与基层干部双向交流任职，选派"千名干部下基层"、到扶贫工作重点村担任村支部书记工作；配合省委组织部完成了新一届领导班子选配和省管干部年度考核工作，组织完成13名十五届常委的民主推荐、考察等工作；协助12个市总工会、7个省产业工会、7个大企业工会完成换届或领导班子的调整工作；全年完成120余人次职级变动、考录、调入调出和退休工作。二是扎实做好中央巡视整改落实工作。与有关部门一道完成了《中共山东省总工会党组关于落实中央巡视整改要求的实施方案》和向省委组织部督导组汇报的材料。针对巡视反馈的温疗有关问题，及时对温疗党委主要负责人进

行调整，积极推进温疗领导班子建设；及时给予相关责任人员政务处分，进一步正风肃纪；坚持问题导向，研究提出了相应措施，制定了关于进一步加强事业单位党的建设和领导班子建设的两个意见，从制度上堵塞漏洞、强化防范、规范管理。三是筹备好2017年度党组民主生活会。会前多次与督导组沟通联系，熟悉掌握材料撰写要求，并逐一向每位领导反馈；会后，拟定了党组2017年度民主生活会整改清单，针对19项问题，提出了33条具体整改措施，并逐条明确了责任部门和分管领导，明确了完成时限，抓好整改落实。

敢于担当作为 加强干部队伍建设 一是树立正确选人用人导向。在2018年的处级干部职级晋升工作中，尝试将工作实绩进行量化，并纳入晋升总分，进一步树立重实干重实绩的用人导向；研究制定了《省总工会关于进一步激励干部担当作为的实施意见》《省总工会工作人员问责办法》，为干部担当作为提供激励、约束双向保障。二是持之以恒抓好干部监督。扎实开展"好人主义、圈子文化、码头文化"专项治理，认真做好干部人事档案专项审核自查、领导干部报告个人有关事项的重点核查和随机抽查以及领导干部因私出国（境）专项检查工作，集中对领导干部在企业、社会团体兼职（任职）进行清理。建立组织人事部门与纪检、审计部门工作联动机制，对4人进行了组织调整或组织处理，着力构建从严管理体系。三是持续提升干部素质。优化了工会干部培训班次的课程内容，全年共举办培训班32期，培训3530人次，其中组织部承办11期，培训1400多人次，为干部履职尽责奠定坚实基础。四是扎实做好工资、社保等服务保障工作。完成200余人次的各类待遇核定、调整；完成2018年度机关事业单位工

作人员基本工资调整、离休人员增加离休费以及退休人员养老金调整工作。

勇于攻坚克难　努力破解历史遗留问题
一是着力推进竞聘上岗工作。指导 5 家单位结合自身实际科学设置竞聘条件和程序，积极协调考试机构出面组织考试，妥善解决竞聘过程中出现的问题。二是帮助解决实际困难。针对职工之家在 2006 年工资改革时部分职工人事信息问题，加强指导、靠前督导，帮助职工之家完成 50 人的档案审核、信息认定等工作。

坚持从严从实　扎实做好代表大会组织人事工作　一是坚持凡事有章可依、有据可查。从找依据、定原则、打基础着手，拟定了一系列指导换届组织人事工作的规范性文件。为做好各类人选名额分配工作，综合考虑职工人数等各方面情况，经过大量计算和数据分析，制定了详细的名额分配原则和分配方案；为便于各单位掌握人选推选程序，针对不同类型单位情况，制定了人选产生程序和需要重点把握的几个重点问题；为确保人选信息准确、符合要求，主导设计了省第十五次工代会信息管理系统，在认真研究相关规定和征求上级部门意见的基础上，制定了 7 项人事信息审核意见，规范了人事信息填报和审核工作。二是将高标准、严要求贯穿始终。坚持工作热情不减、工作标准不降，对中国工会十七大和省第十五次工代会 1351 名各类人选近 11 万余项人事信息进行了认真预审和校核，对 10 种名册、10 种名单、5 种简介反复校验文字和版式，对 4 个选举办法、31 个会议主持词等上会材料进行了多次酝酿研究、逐字逐句斟酌，最终形成的 290 种会议材料没有出现任何疏漏。三是圆满完成各项选举任务。2018 年召开的有选举任务的会议共 5 次，包括 1 次换届大会、1 次代表会议和 3 次全委会。会前，科学设计选票样式，周密拟定每次会议的选举工作流程，合理安排分票、发票和计票人员，做好预演和应急预案；会上，一切行动听指挥，互相提醒补位，圆满完成 5 次会议的选举工作。

（刘　磊）

宣教文体工作

开办《工会新时空》电视栏目　在山东电视公共频道开设《工会新时空》电视栏目，每周六晚黄金时间播出，并通过齐鲁网和"闪电新闻"客户端进行发布，时长 15 分钟，设《嗨·工会》《齐鲁工匠》《活力工会》等版块的播报模式，在山东广播电视台合办栏目中属于首创，改进和创新了工会新闻宣传工作的载体和方式，作为全国工会系统首档周播电视栏目，受到了广大职工群众的一致好评。自 2018 年"五一"前夕栏目开播以来，省网收视率一度达 1.73，市场份额 5.63，播出时段 20 万观众同时收看。山东省广播电视检测中心《监听监看周报》，对《工会新时空》电视节目进行专题点评指出：《工会新时空》交流工会建设新经验、展示工会发展新成就，为劳动者鼓劲、为创新者点赞、为建设者喝彩，唱响了新时代奋斗者之歌。

形成新闻宣传工作大格局　2018 年 8 月，"山东工会"微信公众号上线运行，完成迁移绑定市、县工会微信公众号 96 家，可覆盖粉丝数量达到 89.2 万人，成为凝聚职工、服务职工、引导职工的新闻宣传新阵地和信息交流新平台，初步形成《山东工人报》《职工天地》杂志、《工会新时空》电视栏目、山东工会网、"山东工会"微信公众号等五大媒体宣传平台。组织召开系列新闻发布会，向全社会发布并解读山东工会"三个工程""三个十条"等重大政策措施，把崭新的工会风貌通过媒体展示给社会，树立了山东工会新闻宣传里程碑。集中力量圆满完成中国工会十七大、省第十五次工代会、庆五一表彰大会、"三个工程""三个十条"等重大活动、重点工作，以及先模人物典型事迹的宣传报道工作。据不完全统计，全年刊发原创文章、视频 600 余篇，山东新闻联播报道工会新闻 24 条，累计时长 31 分 28 秒。

开展党的十九大精神劳模宣讲活动 以"宣讲十九大精神 弘扬劳模精神"为主题，组织 30 名劳模和十九大代表，分赴全省各地企业开展 100 余场劳模宣讲和谈心交流活动，社会反响良好，带动 20 万名各级劳模发挥辐射和引领效应，在全省职工中掀起对标劳模的热潮。属本省工会历年来规模最大、覆盖面最广的一次宣传活动。

举行全省职工主题演讲比赛 自 2018 年 2 月起，分初赛、选拔赛、复赛、决赛四个阶段，各级工会组织职工比赛 720 余场，参加演讲 3.2 万余人，现场观看比赛的观众达 20 余万人，通过网络直播等不同形式观看比赛的观众达数百万。组队参加全国职工演讲比赛总决赛，山东省选手陈国瑞获得总分第一名，斩获金奖，创历史最好成绩。

推进"职工书屋"建设工作 与中国工人出版社合作建设的省总工会机关"悦读吧"，成为干部职工学习、阅读、交流的平台和展示文明机关形象的窗口。命名 70 个全国工会职工书屋示范点，完成图书配送任务，开展电子职工书屋开通与推广普及工作，推动开展各种读书交流活动。全国工会职工书屋品牌建设交流会上，表彰了 6 项典型成果，本省分获各奖项。

开展"齐鲁工匠"宣传活动 组织召开"齐鲁工匠"建设工程新闻发布会和"齐鲁工匠"选树活动媒体推介会，通过电视、广播、报纸、网络、户外大屏幕等进行专题报道 70 余次。连续 5 天微信投票共 128 万多人次点击参与。出版"齐鲁工匠"2018 卷系列丛书，举办"齐鲁大工匠"颁奖典礼，展示工匠风采，叫响"齐鲁工匠"品牌。

（刘晓林）

生产保护工作

谋划全省工会生产保护工作思路方向 紧紧围绕省委、省政府关于加快新旧动能转换、向高质量发展进军的决策部署，谋划和做好新时代山东工会生产保护工作。谋划实施"当好主力军、聚力新动能、建功新时代"劳动竞赛工程，组织动员广大职工为新时代现代化强省建设贡献力量。联合相关部门重新启动成立了省劳动竞赛委员会，下发了《关于在全省开展"当好主力军、聚力新动能、建功新时代"劳动竞赛的实施意见》。2018 年，全省各级工会组织开展重点工程劳动竞赛 1301 项，参赛企业 5398 家，参赛职工 261.7 万人；评选职工优秀技术创新成果 1.5 万项，选树命名劳模和工匠人才创新工作室 1417 个；组织开展技能竞赛 3800 余项，参赛职工 248.9 万余人，共有 7.2 万名职工通过技能竞赛晋升了职业资格等级。扎实推进"齐鲁工匠"建设工程，为新时代现代化强省建设提供人才支撑。深入调研，制定《关于实施"齐鲁工匠"建设工程的意见》，由省人才工作领导小组印发，并且将该工程纳入山东人才培养计划。在省人才工作领导小组统一领导下，联合省委组织部、省总工会等 11 部门组成"齐鲁工匠"建设工程推进工作委员会，办公室设在省总工会。圆满完成了10名"齐鲁大工匠"和40名"齐鲁工匠"选树命名工作，全省各级工会选树命名工匠1839名，资助资金600余万元。省人才工作领导小组办公室以文件的形式转发了省总工会推进"齐鲁工匠"建设工程的经验做法，要求全省各级各单位学习借鉴；发布的10位2018年"大国工匠年度人物"中，本省推荐的王进、王树军等2名工匠入选，是全国各省（区、市）唯一入选2人的省份。

引领全省工会生产保护工作走在前列

参与起草《山东省功勋荣誉表彰奖励获得者待遇实施细则（试行）》和《山东省生活困难表彰奖励获得者帮扶实施细则（试行）》，进一步落实落细劳模待遇。以第六届全国职工职业技能大赛为突破点，进一步加强劳动和技能竞赛工作。举办了山东省第六届职工职业技能大赛，选拔选手参加第六届全国职工职业技能大赛，取得了5项团体奖、11项个人奖，总分全国第四名的历史最好成绩，山东省总工会在北京人民大会堂召开的总结大会上上台领奖。2018年12月3日，召开了山东省参加第六届全国职工职业技能大赛总结大会，省委副书记、省总工会主席杨东奇出席会议并讲话。2018年11月，全国工会劳动和技能竞赛工作理论研讨现场会在潍坊召开，山东省总工会作了典型发言，本省共有4篇论文入选优秀论文，数量居全国第一；本省共有3项职工创新项目获全国奖励40万元，4项成果获全国职工优秀技术创新成果，获奖数量居全国第一。以加大奖励激励为突破点，进一步激发全省职工参与劳动竞赛的热情。省总工会设立劳动竞赛经费1000万元，用于奖励在劳动竞赛中作出突出贡献的先进集体和先进个人；对"齐鲁工匠""齐鲁大工匠"领衔创建创新工作室分别给予5万元和30万元的创新资

金资助，对山东省示范性劳模和工匠人才创新工作室给予5万元的创新资金资助；对山东省职工优秀技术创新成果奖一、二、三等奖第一完成人分别奖励3万元、1万元3000元，对山东省创新能手每人奖励5000元；对在第六届全国职工职业技能大赛中获得个人奖的11名选手分别奖励2万元、1万元和5000元，获得团体奖的5个教练团队分别奖励2万元和1万元。

推动全省工会生产保护工作深化发展

紧紧围绕全省经济社会发展大局，认真大力弘扬劳模精神、劳动精神、工匠精神，营造劳动光荣的社会风尚和精益求精的敬业氛围，切实做好劳模服务管理工作。圆满完成了994名山东省劳动模范和先进工作者的评选推荐工作，并首次以省委、省政府名义进行表彰。2018年4月26日，在山东会堂召开了山东省庆祝"五一"国际劳动节暨省劳动模范和先进工作者表彰大会；推荐的青岛前湾集装箱码头有限责任公司固机高级经理许振超被中共中央、国务院授予"改革先锋"称号；评选推荐了4个全国五一劳动奖状、38名全国五一劳动奖章、33个全国工人先锋号；按照省委领导有关要求，通报表扬了抗灾救灾先进工会组织29个、抗灾救灾优秀工会干部37名、抗灾救灾先进企业41个和抗灾救灾优秀职工77名；严格界定发放范围，细化标准条件，规范工作程序，明确精准识别帮扶对象、健全完善档案台账的工作要求，规范完成了1487.8万元省级困难劳模帮扶专项资金的发放；创新劳模疗休养形式，组织16批近800名省劳模和省富民兴鲁劳动奖章获得者参加了疗休养；大力实施职工创新竞赛。坚持"一线技术工人为主体、重点解决生产一线的实际问题、成果能在生产一线直接应用"为竞赛的出发点和落脚点，制定下发了《山东省劳模和工匠

人才创新工作室管理办法》《山东省职工创新竞赛奖励项目管理暂行办法》等4个规范性文件，为职工创新竞赛的有序开展提供了标准。为实现高质量发展营造良好的安全生产环境，发动组织职工查改身边安全隐患，深入开展群众性安全生产劳动竞赛。2018年，省长龚正2次对省总工会开展的"查保促"活动提出表扬；2018年11月，在全国工会劳动安全卫生（职业病防治）专项集体合同工作推进会上，山东省总工会作了典型发言；《中国安全生产报》刊登了8期"查保促"专题报道；全省基层以上工会奖励群众性安全生产竞赛优秀职工2.24万人，发放奖金743.5万元。

统筹协调整合资源抓落实 注重统筹资源配置，整合工作举措，放大集成优势，切实增强生产保护工作的整体效能。积极争取外部支持。召开"当聚建"劳动竞赛和"齐鲁工匠"建设工程新闻发布会，扩大两大工程的社会影响力；联合省委组织部、省人力资源社会保障厅、省财政厅、省卫生健康委下发《山东省功勋荣誉表彰奖励获得者休假疗养和医疗优待暂行办法的通知》，进一步提高了省部级以上表彰奖励获得者的待遇；依托山东管理学院成立了齐鲁工匠研究院，开展工匠文化研究，聘请"齐鲁大工匠"担任山东管理学院实践导师，发挥其育人价值，激发广大学生成长成才。组织"齐鲁大工匠"赴台湾开展技术技能学习交流，增进了两岸产业工人的互学互鉴。充分借助内部资源。配合省总工会宣教部，举办2018年"齐鲁大工匠"颁奖典礼，现场为10名"齐鲁大工匠"颁奖。通过电视、报纸、微信公众号等各类媒体广泛宣传劳动模范和齐鲁工匠的先进事迹；主动融入"智慧工会"建设，加大山东省职工网上学习系统建设力度，截至2018年底，已上线工种346个，拥有题库试题101.5万道，视频资料338个，上线职工64.4万人；上线职工学习闯关超过917.6万人次，组织技能竞赛理论考试和职工培训考试38场，展示推介劳模和工匠人才创新工作室、齐鲁工匠181个。

（任　鹤）

保障工作

大力推进精准帮扶工作 全省各级工会突出精准帮扶，健全制度机制，狠抓工作落实，全省在档的全国级困难职工由年初的8.5万户减少到5860户。一是健全精准帮扶长效机制。省总工会先后印发《山东省工会困难职工解困脱困工作三年行动方案（2018—2020年）》《山东工会困难职工档案管理办法》《关于建立健全困难职工联系人制度的意见》，在明确阶段工作目标、规范档案管理的基础上，在全国工会系统首创和推行困难职工联系人制度，建立起困难职工家庭与所在单位、联系人"一对一"精准对接和"面对面、点对点、零距离"帮扶服务机制。二是搭建全省精准帮扶平台。落实全总关于困难职工精准帮扶工作信息化试点任务，开发建设"山东省总工会困难职工精准帮扶工作平台"，进一步摸清了困难职工底数、切实掌握困难职工需求，夯实了精准帮扶基础。三是联合推进精准帮扶措施落地。省总工会与省民政厅、省公安厅、省税务局等开展困难职工档案数据比对和信息共享工作，印发《关于加强全省工会困难职工档案数据比对的通知》，为开展信息比对整改提供了遵循。省总工会与物价、财政等部门共同推动《关于对困难职工家庭实施"精准帮扶"的通知》措施落实，在档困难职工家庭享受免费电量已列入预算并及时拨付各市，水气暖和公租房等方面享受低保户待遇政策逐步落地。四是加强工作检查督促。召开全省工会困难职工解困脱困工作推进会，举办精准帮扶工作培训班，就中央、省财政帮扶资金管理使用进行部署培训，及时总结困难职工解困脱困典型经验，通报表扬全省工会困难职工解困脱困工作先进集体、先进个人和困难职工联系人，全省困难职工精准帮扶工作取得显著成效。

"四季服务"活动不断深化　一是冬送温暖，为困难职工送去党委政府和工会组织关怀。元旦、春节期间，全省各级工会大力开展送温暖活动，共筹集资金 2.35 亿元，走访慰问企业 7115 家，困难职工家庭 11.04 万户，其中，困难职工 9.5 万户，困难农民工 0.9 万户，困难劳模及先进人物 0.64 万户。二是春送岗位，为困难职工提供多方位就业渠道。扎实开展"工会就业创业服务月活动"，同时，联合政府部门组织"春风行动""民营企业招聘周"和"金秋招聘月"等公共人才就业服务活动。全省工会共组织专场招聘会 335 场，发放宣传材料 40 余万份，提供免费就业服务 32.6 万人次。三是夏送清凉，帮助高温一线职工改善劳动环境。全省工会推动制定有关改善生产生活条件的防护措施 291 件，督促企业整改危害职工（农民工）身心健康和生命安全的事故隐患 14108 件，筹集慰问资金 8713.6 万元，走访企业和工地 8592 家，慰问职工（农民工）123.4 万人次。四是金秋助学，帮助困难职工子女顺利完成学业。2018 年 7 月—9 月份，全省工会筹集助学资金 2143.2 万元，资助困难职工子女 5368 人（含困难农民工子女 887 人），同时为 1563 户深度困难职工家庭发放生活帮扶资金 900 余万元；为困难职工家庭高校毕业生提供实习见习机会 1504 人次、技能培训 2081 人次、就业岗位 6018

个，帮助 977 人实现就业。

工会服务就业体系不断完善　一是整合优化就业创业服务资源。印发《山东省总工会关于进一步促进工友创业工作的意见》，建立工会服务创业导师库，规范"工友创业园"和工友创业先进个人选树，增设"返乡创业农民工之星"奖项。全省工会建立了一支 200 人的创业导师队伍。二是发挥工友创业服务机构作用。2018 年，全省 560 家"工友创业园"，广泛开展"订单式""定向式"就业技能培训，加大创业培训、创业孵化和创业指导工作力度，通过扶持创业就业等措施，带动就业 6.5 万人。三是为创业者搭建展示交流平台。举办全省"工友创业"大赛，省、市两级 200 多家企业参赛，经复赛、决赛，择优推荐 8 个大赛优胜项目（人员）参赛全省创业大赛。其中，薛宜彬获金牌创业导师奖，"花样挂面"项目获返乡创业二等奖并代表山东参加第三届"中国创翼"创业创新大赛。四是强化工会干部业务培训。协调省人社厅举办全省工会干部创业咨询师培训，各地 175 名工会干部参加，确保每县区至少有 1 名服务创业工作骨干。

开展职工心理健康服务　省总工会联合省卫健委印发《山东省实施职工心理健康行动的意见（2018—2020 年）》。建立健全省、市、县三级职工心理健康服务专家库，面向各类职工群体特别是农民工、困难职工和"三期"女职工等，开展心理减压、人际关系、婚姻家庭等心理健康公益巡讲 1500 余场。依托各级职工服务中心、规模以上企业建立心理健康服务站点 90 余家。此项工作受到广大职工、社会各界普欢迎，职工心理健康意识普遍增强，各级工会服务职工心理健康积极性显著增强。

第二轮对口援助任务圆满完成　对照《山东工会对口援疆援藏项目计划书

（2015—2018 年）》，在对全面工作推进逐项梳理的基础上，制定专项督导方案，推动对口支援项目落实。省总工会成立了三个督导组，赴新疆、西藏和青海，对接当地工会、生产建设兵团、省援疆指挥部和省援藏办，督导协调援助项目落实，协调省援疆指挥部投入资金 750 万元，建设了疏勒南疆齐鲁工业园区职工之家和英吉沙县服装产业园职工服务中心。第二轮山东工会对口援助拨付和用于援助项目资金 3135.688 万元，落实援助项目 80 个，圆满完成第二轮对口援助各项任务。省总工会在全国工会对口援疆援藏工作座谈会上作典型经验交流发言。

（孙　健）

基层组织建设和民主管理工作

加强制度设计　为落实五个强化的工作目标，结合省委部署开展的"大学习、大调研、大改进"，参与省总工会"第二调研组"的调研，形成了"三个工程""三个十条"之一的《新时代职工之家建设十条意见》及配套落实的 8 个文件，以"1+8"的制度体系指导全省新时代职工之家建设。2018 年 9 月 4 日，在济南举行全省工会推进新时代职工之家建设工作会议，省总工会副主席王星海出席会议并讲话，会议对新时代职工之家建设工作进行了全面部署安排。

坚持党建引领工建　与省委"两新"组织工委联合出台《关于进一步加强非公有制经济组织和社会组织"党建带工建、党工共建"工作的通知》，推动"两新"组织党建、工建同向发力、同频共振。全省 11 个市出台党建带工建相关文件，极大地促进了工会组织建设工作的提升。向省委组织部报

送 2018 年度全省"党建带工建、工建促党建"工作情况报告，为省委考核基层党建工作提供了重要依据。

打好建会入会攻坚战　制定下发《推进物流货运企业建会及物流货运司机等群体入会工作方案》，推动全省货运司机入会集中行动的开展。下发《关于开展"新领域、新业态、新组织建会入会集中行动"实施方案》，开展"新领域、新业态、新组织建会入会集中行动"、百人以上非公企业建会集中行动，推动工会组织向新兴领域新兴群体延伸。多次对建会入会情况开展专项督导检查，每月调度通报建会入会进展情况。截至 2018 年 12 月底，全省八大领域新建会 15149 家，建会率为 63%；新发展会员 136.6 万余人，入会率为 66%，集中行动目标任务已经提前完成。与省交通厅联动，开展"司机之家"创建活动，全省 31 家试点单位中，已有 9 家投入使用，为货车司机累计提供服务 1.35 万人次。稳步推进村级工会建设，指导临沂代村成立全省第一家村级总工会。2018 年 9 月 26 日，在临沂召开全省工会参与实施乡村振兴战略现场推进会议，省总工会党组书记、常务副主席刘贵堂出席并讲话，临沂市委副书记张宏伟出席并致辞，省总工会副主席王星海主持会议。山东工会基层组建工作受到全总的高度重视和充分认可，2018 年 12 月 27 日，刘贵堂主席在全国工会推进货车司机等群体入会工作现场经验交流会议上作了题为"坚持党建引领 积极推动八大群体入会进家"的典型发言，介绍了山东的工作经验，得到全总和兄弟省市的一致好评。

选派千名干部下基层　制定下发《关于选派工会干部到非公有制经济组织和社会组织挂职第一主席的实施意见》，选派 1000 名工会干部到未建立工会组织或工会工作薄弱

的"两新"组织担任工会工作指导员，工会工作指导员进入企业后深入基层一线，密切联系职工，发挥熟悉政策、勇于担当的优势，直接指导推动111家企业实现突破，相继建立了工会组织。做好网络舆情应对处置，对片面不实的网络炒作认真做好引导，并向全总、省委报送相关情况。

加强工会社会工作专业人才队伍建设与省民政厅、人力资源社会保障厅联合出台《关于加强工会社会工作专业人才队伍建设的意见》，建立健全工会社会工作专业人才薪酬保障、评价激励、教育培训、职业发展等机制，参考事业单位标准，设置岗位等级和工资标准，建立全省工会社会工作专业人才管理数据库，实行实名动态管理。全年分2次为社会化工会工作者核算、发放工资补助1959.45万元。

开展"双争"活动 制定下发《关于开展"争创十佳职工信赖的职工之家 争做十佳职工信赖的娘家人"活动的实施意见》，在全省安排部署开展"双争"活动，通过推行为职工办实事公开承诺制度、建立职工之家动态管理机制等方式，充分激发基层工会活力。争取用两年左右时间，基层阵地达到"八有"标准。

做好评先树优工作 认真做好中国工会十七大、省第十五次工代会表彰工作，按照标准认真进行评先选优。全年共有62个模范职工之家、62个模范职工小家、53名优秀工会工作者、53名优秀工会积极分子、9名优秀工会之友受到全总表彰（命名）。1家企业、1名个人被全国工商联、人力资源社会保障部、全总表彰为"全国双爱双评先进企业工会""全国热爱企业优秀员工"。全省共评选出模范职工之家、模范职工小家、优秀工会工作者、优秀工会积极分子各100个（名），授予10个先进基层工会组织模范

职工之家红旗单位荣誉称号、10名基层工会主席职工最信赖"娘家人"荣誉称号，并分别授予富民兴鲁劳动奖状（章），激发了基层工会组织和工会干部的使命担当。

推动厂务公开民主管理规范化法制化积极履行省厂务公开民主管理协调小组办公室职责，在推进"三去一降一补"五大任务、新旧动能转换重大工程中，坚持企业改制方案提交职代会审议，职工裁减和安置方案提交职代会审议通过。指导山钢集团一届一次职代会的筹备，推进本省国有企业集团建立职代会制度。开展第十次全国企业民主管理工作调研检查和第十一次全省企业民主管理工作调研检查。2018年11月26日—29日，在青岛举办全省企业工会与行政沟通协商机制品牌建设培训班，省总工会党组书记、常务副主席刘贵堂对这次培训提出了"注重培训质量、严格纪律规定"的要求，省总工会副主席魏勇出席培训班开班仪式并讲话。编写《厂务公开十年历程（2009—2018）》。

（孟　舟）

法律工作

普法工作成效显著 制定下发通知以及专项资金管理办法实施细则，持续开展"尊法守法·携手筑梦"服务农民工公益法律服务行动，全省16个市总工会组织律师或有关专业高校师生到农民工集中的乡镇、街道、社区及工地为农民工讲解法律政策、宣传道德规范，开展法律跟踪服务。烟台、潍坊、德州、日照市总工会承接全总法治宣传行动任务，组织40个小分队，累计开展活动近百场次，为近2万人次农民工提供法律咨询或服务，帮助和援助1000余名农民工讨回欠薪近800万元。组织开展以"宪法在

我心中"为主题的网上宪法法律知识普及竞赛以及以"尊崇宪法、学习宪法、遵守宪法、维护宪法、运用宪法"为主题的"12.4国家宪法日"宣传活动。联合省普法办、省委宣传部、司法厅、国资委，共同开展以"弘扬法治精神 建设法治山东"为主题的全省企业职工网上法律知识等系列竞赛，100余万职工参与活动，取得了良好社会效果。2018年9月底，全总检查组到山东省就七五普法工作进行中期检查，听取汇报并赴济南、淄博等地进行实地考察，全总检查组对山东省七五普法工作给予高度评价。

维权工作有序开展 与省人社厅等八部门联合下发《关于印发进一步加强劳动人事争议调解仲裁完善多元化处理机制实施方案的通知》。与省人社厅、省司法厅联合出台《山东省劳动人事争议法律援助实施办法》，在办法中设工会法律援助专章，并对在劳动人事争议仲裁机构设立工会法律援助工作站做出规定。2018年9月初，与省司法厅法律援助中心签订合作协议，挂牌成立"山东省法律援助中心职工工作站"和"山东省职工法律援助工作站"，制定出台律师值班制度、工作站管理办法、工作站工作流程、工作站职责等规范制度。2018年11月，组织25名工会干部（其中省总工会机关12名）参加全总和人社部联合组织的"劳动关系协调师"资格鉴定考试，提高了工会干部依法协调劳动关系、维护职工合法权益的能力和水平。2018年12月，举办工会劳动争议调解员培训班，培训近200名工会干部担任调解员，为开展争议调解储备人才。

维稳及工会劳动法律监督工作稳中求进 配合省委完成中央有关部委的联合调研。根据省委要求，先后开展了全国两会等重要时间节点的信息提报工作和重点群体问题的排查化解工作，保障了职工队伍稳定。开展源头化解职工队伍稳定风险排查化解工作，定期调度、汇总情况，指导工作开展，为领导决策提供参考，省总工会在全国工会职工稳定工作会议上作书面交流。向省人大法制工作委员会提报了《2018年—2022年山东省工会劳动法律监督条例立法建议项目》，并对必要性和可行性进行了论证分析。

工会联系引导劳动关系领域社会组织工作不断深化 通过文件部署、微信调度、电话督办等方式，积极推动各市总工会加强调查研究，对劳动关系领域社会组织数量、规模等情况形成专题调研报告。据初步统计，截至年底山东省有社会组织近4.2万家，初步认定的劳动关系领域社会组织1.19万家。2018年6月，全总社联部到山东省进行督导调研，听取了法律工作部汇报，并到济南、青岛、德州等地调研，全总一行对山东省工作给予高度评价。2018年8月，省总工会、省委统战部、省民政厅、省律师协会、济南市总工会等单位在济南召开劳动关系领域社会组织工作联系会议，建立了联系机制。同时，切实加强与省民政厅、省委统战部、工商联、省外办等单位的沟通协调，实现联系引导无缝衔接。2018年10月，全总在山东省召开工会社会组织工作研讨会议，省总工会从建好五个机制、打牢五个基础、把准五个要点等方面介绍联系引导经验，与会人员现场考察了青岛国立社会工作服务中心、海都心理健康服务中心两家劳动关系领域社会组织。

（张 犁）

女职工工作

举行庆"三八"女职工风采展示活动
2018年3月7日，省总工会举行"巾帼跟党走 建功新时代"——庆祝"三八"国际劳动妇女节女职工风采展示活动。省总工会党组书记、常务副主席刘贵堂出席活动并致辞，省总工会领导魏丽、李臻、魏勇、周克民出席活动。刘贵堂充分肯定了广大女职工和各级工会女职工组织在经济社会发展中的积极贡献，并对全省广大女职工和各级工会女职工组织提出新的要求。他指出，广大女职工要始终把个人梦与中国梦紧密联系在一起，把发挥"半边天"与"主力军"作用有机统一起来，在加快推动现代化强省建设、决胜全面建成小康社会的新征程上，践行新思想、展现新风采。各级工会女职工组织要更好地坚持以女职工需求为导向、以女职工满意为标准，努力提升女职工工作科学化水平，让广大女职工的获得感、幸福感、安全感更加充实、更有保障、更可持续，真正把各级工会女职工组织建设成为广大女职工信赖的"娘家"。活动中，省总工会女职工委员会向全省女职工发出倡议，号召女职工用拼搏的精神和实干的劲头，在伟大实践中创造出崭新业绩。驻济单位的部分女职工代表、工会女职工干部共 400 余人参加了活动。

开展女职工维权行动月活动　2018 年 3 月，以"加强生育保护，依法维护女职工合法权益和特殊利益"为主题，以推进女职工专项合同工作规范化建设为重点，在全省广泛开展女职工维权行动月活动。各市、省产业、大企业工会积极响应，成立领导小组、制定活动方案，采取多种形式广泛宣传普及有关法律法规，开展法律咨询、志愿服务等活动，进一步提高广大女职工学法、用法和依法维权的意识和能力，提高企业经营者知法、守法和依法保障女职工权益的自觉性和主动性。

开展企业性别平等机制建设情况调研　为深入贯彻男女平等基本国策，落实中央经济工作会议关于"就业要解决好性别歧视问题"的要求，根据全总女职工委员会安排部署，于 2018 年 4 月至 5 月开展了企业性别平等机制建设情况的调研，本次调研共涉及制造业、电力、电子信息业、石油 4 个行业。通过问卷调查、召开座谈会、走访企业等形式，掌握了本省企业推进性别平等的规定和做法，了解了企业在推进性别平等工作中面临的困难以及存在的主要问题，并提出了针对性建议，撰写了调研报告，该调研成果获 2018 年度全省工会优秀调研成果三等奖。

推进女职工权益保护专项集体合同工作规范化建设　认真做好实施新旧动能转换重大工程过程中，企业女职工专项合同的新签、续签工作，进一步推进与集体合同"三同步"。大力推行分类签订、加强督查考核，深入部分企业进行督查指导、实地验收，组织开展了合同履约率和女职工满意度测评。开展专项合同规范化建设达标企业选树活动，以女职工专项合同规范化建设工作的六大要求及按企业类别分类制定的质量考核标准为选树条件，在全省选树命名了 200 家达标企业。女职工专项合同签订率始终保持在 98% 以上，履约率和女职工满意度不断提高。连续四年与省企业联合会、省企业家协会联合开展"以德立业、和谐兴企"主题宣传活动，表彰了一批积极推动女职工权益法律法规贯彻落实、维护女职工权益的先进企业和企业经营者。

大力推进"妈妈小屋"建设　年初，对 2017 年全省"妈妈小屋"建设情况进行了通报，并提出 2018 年建设目标任务。加大"妈妈小屋"宣传力度，在省广播电台新闻焦点节目中对"妈妈小屋"进行了专题报道。开展了"妈妈小屋"示范点选树推荐工作，在全省选树"妈妈小屋"示范点 150

个，其中公共场所50个。加大资金支持力度，积极争取"妈妈小屋"示范点补助资金，制定补助资金管理办法，规范"妈妈小屋"运行和资金使用。全面了解掌握公共场所"妈妈小屋"位置信息，依托山东智慧工会工程，将公共场所"妈妈小屋"的位置信息纳入"工会一张图"板块，更加方便"妈妈小屋"的识别和使用。截至2018年年底，全省共建成"妈妈小屋"3200多个，其中，公共场所1137个。

开展帮扶送教育活动 "六一"节前夕，继续在全省开展"帮扶送教育"活动，各市、省产业、大企业工会结合实际，筹措资金，广泛开展"帮扶送教育"活动。据统计，2018年全省各级工会共筹集帮扶资金990.7万元，帮扶困难职工子女11260人，其中农民工子女4210人。

开展关爱农民工子女主题活动 按照全总统一部署，组织青岛、临沂、菏泽等市部分农村的100名农民工子女及留守儿童参加了由中华全国总工会发起组织的"感恩祖国，拥抱北京"2018年阳光少年成长营活动。

开展全省工会女职工重点工作督查 为进一步推进女职工权益保护专项集体合同和"妈妈小屋"建设两项女职工重点工作深入开展，2018年9月至10月女职工部组成两个督查组通过召开座谈会、实地验收、问卷调查等形式，分别对全省9个市两项重点工作进展情况进行督查调研，抽查了26家女职工专项合同规范化建设达标企业，23个"妈妈小屋"示范点的建设情况，了解掌握了市、县（市、区）总工会及基层工会女职工专项合同及"妈妈小屋"建设基本状况、主要做法和经验，有力促进了女职工重点工作落实。

开展托管班试点工作 对全省工会托管班建设情况进行调研统计，向全总推荐了青岛、潍坊、烟台、油田、山钢等单位的8个托管班为全国工会爱心托管班。

开展"书香三八"读书活动和十大爱情故事选送活动 组织全省女职工积极参加第六届"书香三八"读书征文活动，本省参与活动人数、投稿作品数及获奖作品数均居全国前列，省总工会获"特别组织奖"，5个市、3个大企业获"优秀组织奖"。积极推荐五年来本省读书成果展板内容及获奖作品参加全国"书香三八·嘉年华"活动，选送的多个作品在水立方展演。积极参加"乡约·2018中国十大爱情故事"推选活动，选送的3个故事获提名奖。

举办全省工会女职工干部培训班 为提升工会女职工干部的政治理论水平和业务能力，2018年9月3日至7日，全省工会女职工干部培训班在山东管理学院举办。本期培训班结合女职工工作实际，突出女职工特色，设置了内容丰富、针对性强的课程。如为提升工会女职工干部的政治理论水平和自我管理能力，邀请了省委党校、济南大学的教授，开设了学习贯彻习近平总书记治国理政思想的思考及工会干部能力提升与优化课程；针对新形势下如何做好女职工权益维护工作，邀请具有丰富诉讼经验的律师结合相关案例就女职工劳动保护、婚姻家庭等方面的法律知识进行了讲解分析；为提高女职工干部人文素养、增强科学健康保健观念，设置了中国传统文化与女性修养、女职工健康保健知识等课程，并组织17地市及部分基层工会的女职工工作分管领导、女职工干部进行专题研讨交流。另外，培训班还将省总工会"三个工程""三个十条"重点工作编印成册，使大家能够全面了解省总工会重点工作部署，助力重点工作的贯彻落实。各市总工会，省产业、大企业工会，部分县

（市、区）和基层工会的女职工干部 100 余人参加了培训。

召开全省工会女职工部长会议 2018 年11 月 27 日，全省工会女职工工作部长会议在济南召开。会议的主要任务是学习贯彻习近平总书记重要讲话精神和中国工会十七大精神，统筹谋划今后五年全省工会女职工工作思路和举措。省总工会副主席魏丽出席会议并讲话。魏丽充分肯定了一年来全省各级工会女职工组织在联系、维护、服务女职工中的好做法好经验，并对学习贯彻习近平总书记同中华全国总工会新一届领导班子成员集体谈话时的重要讲话、落实中国工会十七大目标任务，提出了明确具体要求。就谋划好今后五年全省工会女职工工作，魏丽强调，要始终坚定正确政治方向，坚持以习近平新时代中国特色社会主义思想统领工会女职工工作；坚持围绕中心服务大局，自觉把党政中心工作和重大战略部署转化为女职工工作的具体安排和实际行动；切实加大维权服务力度，把女职工群众对美好生活的向往作为奋斗目标；落实工会改革创新要求，不断增强工会女职工工作生机活力。会上，17市总工会和部分省产业、大企业工会汇报了2019 年工会女职工工作计划和打算，对今后五年全省工会女职工工作提出了建议和设想。各市总工会女职工部部长，省产业工会、省直机关工会、大企业工会分管领导、女职工工作负责同志共 50 余人参加了会议。

筹备召开女职委换届会议 为切实做好省总工会女职工委员会与省总工会委员会首次同步换届工作，对各市级工会女职工委员会主任配备情况进行了摸底调查，全面了解掌握情况。起草新一届女职工委员会组成方案建议，协调调度各市总工会、省产业工会、大企业工会、省直机关工会和省总工会有关

部门推荐新一届女职委委员预备人选 85 名，并对人选材料进行了认真审核把关，为女职委换届工作打下坚实组织人事工作基础。

（姜良芝）

财务工作

坚持大局思维 服务中心工作成效显著一是圆满完成财务报告起草工作。按照省工会第十五次代表大会筹备要求，在广泛调研、深入思考的基础上起草了财务工作报告。回顾总结了五年来的财务工作和基本经验，分析了存在的不足，并结合贯彻中国工会十七大精神，对今后五年全省工会财务工作进行安排部署。二是扎实开展审计整改督导工作。2018 年全总经审会和省审计厅分别对本单位进行了审计，财务部配合审计要求，认真准备会计资料，组织提供翔实、扎实依据。审计认为省总工会切实履行职责，为各项工作的顺利推进提供了有力保障，财务管理预算管理规范化水平较高。审计整改中通过推动整改重心前移，注重部门联动，通过查找管理漏洞，改进工作方式，逐步实现审计、整改、提升的闭链良性循环。三是着力推动实体经济降本增效。认真贯彻省政府《支持实体经济高质量发展的若干政策》文件精神，出台了小微企业返还工会经费相关政策。为确保政策落地，不断加强与税务部门的联系和沟通，做好宣传解释工作，并及时向省发改委汇报工作成果，为助推山东高质量发展贡献工会力量。

坚持强化收缴 经费保障规模稳中有升一是税务代收机制有效运行。2018 年在多次修改及会签的基础上，制订下发了《山东省地税部门代收工会经费（建会筹备金）管理办法（试行）》，进一步理顺经费收缴关系。

二是财政支持力度逐年递增。不断加大对财政资金的争取力度，2018年财政补助在原有基础上增加2000万元困难职工帮扶资金及1400万元专项资金，为省总工会重点工作的开展增添强有力的物质保障。三是自主收缴工作常抓不懈。把持续开展市级财务工作竞赛作为促进工会经费收缴的重要抓手，通过以赛促收、以查促缴，深挖工会经费增长点，实现了2018年省总工会本级拨缴经费收入和上解全总任务数均比预算增长10%以上，超额完成本级经费收缴和上缴全总任务。

坚持正确方向　经费支出结构不断优化

一是实施项目管理。制订下发了《山东省总工会关于工会经费支出实行项目化管理的办法（试行）》及申报指南，结合"三个工程""三个十条"确立的重点工作对各市级工会项目申报提出指导意见，确保省总工会重要举措落实到位。二是加大补助力度。出台了《山东省乡镇（街道）、开发区（工业园区）工会经费收缴办法（试行）》，并开展试点，进一步增强了镇街工会的工作活力。三是细化收支管理。制订下发了《山东省基层工会经费收支管理实施细则（试行）》，并召开新闻发布会公布了职工集体福利、文体活动支出等方面的费用标准，进一步明确对基层工会经费收支管理要求，赢得了社会各界和广大职工的一致好评。下发《省总工会直属省产业工会、企事业单位工会经费收支管理办法》，进一步加强和规范了直属单位工会经费收支管理。四是开展绩效评价。制订下发了《山东省总工会预算支出绩效评价办法（试行）》，组织完成了部分工会经费项目绩效评价，并按照财政要求开展了困难职工及困难劳模帮扶专项资金绩效评价，实现了经费支出追踪问效，提升了工会经费的使用效益。

坚持依法理财　财务规范管理亮点频出

一是信息系统开发有序推进。根据年初工作目标，开启了集预算管理、会计核算、财务管控于一体的全省工会财务管理信息系统开发建设工作。财务部提出建设意见，明确目标要求，实行月计划、周调度，重要节点全程跟踪，截至年度，该系统设计、开发工作已按计划完成。二是内控体系建设初具雏形。2018年10月份起财务部按照领导要求承担了省总工会系统内控建设牵头工作，制订下发了《关于成立省总工会内部控制建设领导小组的通知》，提出了《山东省总工会内部控制建设工作实施方案》，牵头组织了本级及下属单位的内控建设自评及合规性建设和业务培训，自评结果达到财政厅合格要求。三是预算管理工作不断深化。按服务大局、服务职工、服务基层的目标，积极与机关业务部门沟通联系，按时准确编报省总工会本级预决算，严格预算执行，做到"支出必有预算"，强化预算约束力；采取预审和"两上两下"方式，严格审批市级工会和直属事业单位预决算，按制度要求审核"三公"经费、重大项目支出预算编报，确保预算编制的科学性和准确性。四是半年财务检查成效显著。集中力量对直属单位财务收支情况和专项资金使用情况进行了检查。做到了检查前明确检查重点，细化检查标准；检查中认真查阅财务资料，充分交流发现问题；检查结果向办公会作出全面汇报，提出整改意见，召开专题会议，强化整改落实，并就检查情况建立问题台账，实行对账销户，有效确保了检查效果。五是财务规范验收稳步推进。按照三年一期的新一轮规范化验收总体部署，开展了第二年规范化验收。本次验收共涉及5个市总工会和44个县（市、区）总工会，检查过程中，坚持从严从实，注重提升管理实效，对被查单位逐一下发了财务检查意见书，进一步加强和规范全省各级工会财务会计管理工作。六是收据清理工作全面完成。按照全总要求，历时两个月，集中力量完成对2010年至2017年30万份机打收据和6万份手工收据的清理核销工作，对收据逐份登记、汇总金额、按序排列，进一步完善了票据管理，确保了财务安全。

坚持固本强基　财务人员素质显著提升　一是组织开展全省县级以上工会财务人员培训班，培训财务干部150余人；与全总财务部、经审办、省财政厅、审计厅等协调组建专家团队，开展义务送教活动12次。二是依托网上练兵平台建立工会财务业务知识题库，筛选上传工会财务试题1000道，形成了财务干部学习教育长效机制。

（朱　青）

离退休干部工作

截至2018年底，省总工会机关离退休老同志167人，其中离休干部17人，退休老同志150人；党员147人；2018年去世4人，新进6人。离退休干部处共有工作人员3人。

加强离退休干部党组织建设　增强凝聚力　加强党总支班子和党员队伍建设。扎实开展支部委员培训，党总支对支部委员进行了2次的教育培训。组织老党员进行政治理论学习，及时发放学习材料，定期开展组织生活会及民主评议会。注重委员发挥示范表率作用，在"慈心一日捐"及受灾地区的捐款活动中，委员们积极带头捐款。文体活动中，支部委员利用自身专长服务于各兴趣小组；编纂离休干部名录，两位支部委员全程参与，共录入105名离休干部信息，保质保量地圆满完成了这项工作。2018年7月4日，老干部党总支与莱商银行济南城南支行党支部举行了"不忘初心，牢记使命"主题党日活动。2018年9月中旬组织56名老党员赴威海地区开展为期三天的党性教育活动。大力推进省总工会离退休干部党建网络信息工作。建立健全离退休干部党组织工作经费保障机制和党组织班子成员工作补助机制。定期核算并及时发放离退休干部党组织班子成员工作补助，依规合理使用党组织工作经费。2018年，党总支被省直工委评为"省直先进基层党组织"。

加强服务保障工作　认真落实好政治待遇，坚持、完善阅读文件、座谈会和省总工作情况通报会。为老干部订阅报刊杂志。积极组织老干部到临沂参观考察工农业生产活动、三八节活动、春季健步走活动、重阳节登山活动。

全面落实好生活待遇　及时做好老干部相关待遇落实工作，关爱老干部的身体健康。细心组织对保健干部的查体、健康疗休养工作及退休干部的健康体检；邀请专家讲授老年保健知识讲座。坚持探望慰问因病住院老干部及去世送葬制度，全年看望患病老干部80余次。做好中秋节、老年节、春节等节日的福利和生日蛋糕券的发放工作。开展走访慰问及帮扶工作。2018年春节期间，走访慰问老干部30人、老干部遗属33人；走访慰问困难老干部19人，并发放慰问金，共计50000元。做好离休干部的急诊报销工作及问题反映记录等工作。2018年重新汇编老干部通讯录并及时发放。

推进文化养老向纵深发展　积极搭建"文化养老"向纵深发展的新平台、新阵地，促进老干部主动发挥余热，实现老有所为。构建学习娱乐交流平台。开展各种文体活动和学习培训活动；举办春秋季运动会；举办老干部庆国庆书画、摄影、剪纸展。积极组织参加省老干部局、省老年体协举办的各种文体比赛活动，展示老干部风采。在省直系列比赛活动中多个项目分获一、二、三等奖。在省直老年体协举办的"体彩杯"运动会上荣获"优秀组织奖"。举办了省直单位够级邀请赛。组织老干部积极参加山东省离退休党建网的标识标语及主题歌的征集活动，其中两位老干部在主题歌征集上获奖。在省委老干部局全省开展的"我亲历的改革"主题征文活动中，省总工会报送了20篇文章，荣获"优秀组织奖"，其中5名老干部分获一、二、三等奖。开展慈善募捐活动，在慈心一日捐中，136名老干部参与捐款，共计19220元；寿光灾区捐款活动中，仅三个小时就有110名老干部捐款20220元。扎实关心下一代活动，请老干部为青少年举办朗诵培训和展演活动。有两位老干部受聘于山东老年大学。被省老龄委连续认定为"山东敬老文明号"。

加强部门自身建设 加强业务培训，提高工作实践能力。一是按照上级部门的计划安排，参与省委老干部局开展的离退休干部信息录入、党建工作等培训学习活动；二是结合本部门的实际工作加强有关老干部的政策学习和理论研究，提高工作人员的工作实践能力。2018年，在全省老干部信息录入工作中，省总工会被评为优秀，一名同志被评为"优秀信息管理员"。认真落实上级交办事项，按时完成离休干部名录采集和整理工作。对老干部在企业、社会团体兼职问题进行全面排查。在老干部中进行了党员群众是否信教、邪教、有害气功排查工作。圆满完成省工会第十五次代表大会特邀接待组的工作任务。

（刘　萍）

机关党建工作

坚持思想引领　不断提升党员干部能力素质 一是持续加强理论武装。把新党章、新宪法，《习近平谈治国理政》第一、二卷，《习近平新时代中国特色社会主义思想三十讲》等作为学习的重要内容，为党员干部购买配发10余种相关学习资料，定期举办专家辅导等方式组织党员干部深入学习。同时，加大对机关学习的督导力度。组织党员干部积极参加"灯塔－党建在线"学习测试，省总工会先后两次受到省直机关工委通报表彰。二是持续加强党性教育。积极推进"两学一做"学习教育常态化、制度化，开展向郑德荣等同志学习活动，组织观看《榜样3》等专题教育片，赴威海党性教育基地开展红色教育，到省监狱接受警示教育，教育引导党员干部坚定理想信念，牢记党的宗旨，加强党性锻炼。三是积极做好党组中心组学习服务。制定了《党组中心组年度学习计划》，全年服务省总工会党组中心组学习13次，会前认真制定学习方案，会上做好学习记录，会后宣传报道学习情况。坚持及时向省委省直机关工委上报每季度、全年学习情况。牵头协助党组召开2017年度民主生活会。注重加强党建工作宣传报道，全年在山东工会网、山东机关建设网共投宣传稿件29篇，省总工会被评为山东机关党建宣传报道工作先进单位。

坚持打牢基层　着力夯实基层党组织基础 持续提升基层党组织的组织力，为全面从严治党提供重要保障。一是推进党支部标准化建设。认真学习贯彻《中国共产党支部工作条例（试行）》，根据《关于推进省直机关基层党支部标准化建设的实施意见（试行）》，研究制定了《山东省总工会推进基层党支部标准化建设实施方案》，进一步明确了党支部工作重点、指标任务和标准要求。组织召开了纪念建党 97 周年表彰大会暨优秀基层工会干部事迹报告会，对 8 个先进基层党组织、16 名优秀党员和 12 名优秀党务工作者表彰；向省直机关工委推荐了先进基层党组织 1 个，优秀党员、优秀党务工作者各 1 名。组织召开了省总工会 2017 年度基层党组织组织生活会、民主评议党员、排查党员信教和党建材料造假等近 20 余项工作，并及时上报总结和报告。二是加强党员教育管理。坚持把从严治党要求贯穿到党员发展、教育、管理、监督各个环节。进一步优化党员队伍结构，及时调整充实党支部领导班子，接转党员组织关系 41 份，全年发展党员 2 名，转正 2 名，做好党费收缴、管理、使用。三是严肃党内政治生活。认真落实《新形势下党内政治生活若干准则》，规范党内政治生活，积极推进"三会一课"、民主评议党员、谈心谈话、组织生活会等制度落实。牵头协助党组召开 2017 年度民主生活会；组织召开了省总工会 2017 年度基层党组织组织生活会和民主评论党员工作、党支部书记述职等工作，机关党内政治生活的政治性、时代性、原则性、战斗性不断增强。

坚持正风肃纪　切实加强机关党风廉政建设　一是加强党风廉政教育。邀请省纪委领导和省委党校专家就加强党风廉政建设和反腐败工作、新修订的《中国共产党纪律处分条例》《宪法》等作专题辅导讲座 3 场。组织处级以上党员干部参加省德廉知识测试，并采取纸质试题闭卷考试方式，分济南和青岛两个考场，对 179 名处级以下党员干部、公职人员进行了三场集中测试。加强警示教育，组织集中收看《失衡的代价》等警

示教育片 6 场，及时将省纪委省监委典型案例的通报印发各党支部学习。二是推动党风廉政建设责任落实。组织召开 2018 年度党风廉政建设工作会议，起草了省总工会领导在党风廉政建设工作会议上的讲话，为做好 2018 年党风廉政建设工作提供了遵循。起草拟定了《党风廉政建设和反腐败工作实施意见》，明确提出了党风廉政建设工作总体要求、目标任务和具体措施。制定了《党风廉政建设责任书》，组织党组书记与领导班子成员、领导班子成员与分管部室（单位）主要负责人、部室（单位）负责人与党员干部层层签订责任书，层层夯实责任、持续传导压力。三是强化监督执纪问责。加强重要工作监督，对省第十五次工代会会风会纪、机关干部选拔任用和评选表彰、事业单位竞聘上岗等进行监督。起草拟定了省总工会党员干部受诬告澄清保护机制。按时向派驻纪检监察组报送半年、全年工作总结。强化责任追究，对 1 名违法违纪党员干部给予党纪处分。认真处理信访案件，对来信来访及上级交办的案件及时调查核实。

坚持凝心聚力　积极做好机关群团工作坚持党建带群建、群建促党建，注重发挥机关群团组织的作用，其工作不断深化。一是做好职工服务工作。制定下发了《山东省总工会机关工会会员慰问救助办法》，全年共走访慰问生育及生病住院会员 30 余人次，为 7 名离退休干部职工和 4 名结婚会员发放纪念品。在春节、中秋节等重大节日及时为会员筹办并发放慰问品。为全体会员发放了生日蛋糕券及电影券。为 2 名因病致困会员申请慈善救助资金，已拨付款项 2 万元。二是开展群众性公益活动。调整充实志愿服务队伍，认真履行社会责任，热心社会公益事业，组织开展了"慈心一日捐""情系灾区"募捐活动，共计捐款 116870 元。组织

30 余名同志开展了植树节志愿服务活动和庆五四"青春飞扬 文明交通"志愿服务活动。积极参与社区区域化党建工作，走访慰问经二路社区困难职工 3 人，并为 10 名社区内困难职工赠阅《济南日报》。省总工会被大观园街道党工委评为区域化党建工作先进单位。三是广泛开展群众性文体活动。组织了庆"三八"女职工素质提升拓展活动、省总工会机关"迎国庆、健康行"健步走活动、机关秋游暨趣味团队赛等活动。做好 S365 平台日常管理工作，组织"天天健步走 健康伴我行"线上团队竞赛并对获奖团队进行奖励。组队参加省直机关第四届庆"五一"低碳环保健步走活动，在 136 个参赛队中首次取得第一名的优异成绩，并荣获优秀组织奖。组队参加省直机关第三届游泳运动会，共获得 2 个第三名、4 个第四名、2 个第五名、2 个第六名和 3 个第七名的优异成绩。积极组织文体兴趣小组开展日常活动，定期聘请教练加以培训和指导，及时为各小组配备活动器材和活动用品。

（倪牛兵）

经费审查工作

聚力主责主业 加强审查审计监督 坚持服务工会中心工作，坚持全面审计、突出重点，充分发挥经审监督职能作用。一是不断加强经费审查。省总工会经审会全体会议和常委会议，围绕工会工作全局和主要目标任务，对年度预决算草案和半年预算执行情况进行严格审查，严把预算审查关口，促进优化经费支出结构，加强预算执行管控，助推工作落实见效，本级工会预决算管理不断规范。二是从严实施审计监督。省总工会经审办全年组织实施审计项目 38 个，其中预算执行审计 28 个、财务收支审计 9 个、经济责任审计 1 个，共指出问题 210 个，提出建议 94 条。审计工作中，坚持以事实为依据，以法规为准绳，对发现的问题，列明定性依据并提出整改意见，针对被审计单位预算执行、财务状况及内部控制提出综合性审计建议，在促进加强财务管理和内部控制特别是部分单位问题整治方面发挥了建设性作用、决策参谋作用。对省总工会职工帮扶中心办公室改造工程等 3 个工程项目进行了跟踪审计，审减工程价款 16.16 万元，审减率 14.94%。三是认真督促问题整改。省总工会经审办对 2017 年开展审计情况进行汇总分析并向主席办公会作全面汇报，下发了《关于 2017 年全省工会审计情况的通报》，要求被审计单位对审计发现问题进行整改。严格落实主席办公会要求，专门下发《关于进一步做好审计整改工作的通知》，要求对审计发现问题特别是历史遗留问题、易发多发问题逐项排查，列明整改措施和完成时限，在彻底整改的基础上，深挖问题根源，研究治本之策。四是做好其他审计检查工作。对 250 家申报省劳模荣誉称号单位的《申报荣誉称号工会经费计拨情况审查意见表》进行了复核审查，在此基础上，联合财务部组成 4 个小组对 7 个市 36 家申报荣誉称号单位工会经费计拨情况进行现场抽查，收缴欠解工会经费 293.82 万元。参与全总经审会对甘肃省总工会的年度预算执行情况审计，配合驻会纪检组、生产保护部、权益保障部、财务部开展专项资金检查、有关单位账目核查，在促进加强核算管理、资金管控和党风廉政建设方面履职尽责、发挥作用，较好完成了领导交办任务。

坚持统筹兼顾 推进重点工作落实 始终聚焦主要目标，理清工作思路，区分轻重缓急，逐项抓好工作措施和任务落实。一是深入调查研究，做好省第十五次工代会相关筹备工作。为做好十四届经审会工作报告起草工作，省总工会经审办下发了《关于开展全省工会经审工作调研的通知》，设计了《山东省工会经审组织建设情况和经审工作开展情况统计表》，在分管领导带领下，采取全面调研与重点调研相结合、召开座谈会与实地调研相结合等方式对全省经审工作开展情况进行调研，按要求完成了报告起草任务，全面总结了过去五年全省工会经审工作情况，理清了未来五年经审工作思路和重点，同时形成了《山东省构建工会立体经审监督体系调研报告》，为健全完善本省工会经审监督体系做好基础工作。二是坚持科技强审，推进经审工作信息化建设。为利用信息技术提高经审工作质量，按照山东"智慧工会"建设总体要求，充分借鉴北京、广西等地经审工作平台建设的经验做法，上半年正式启动全省工会审计信息系统建设工作，就平台软件相关功能、模块、应用等与软件公司进行了多次沟通，基本完成软件功能模块开发工作，形成了软件系统初始版本，争取自 2019 年开始逐步进入审计信息化轨道。三是加强规范化建设，提高全省经审工作水平。充分运用考核评价机制，通过组织开展市级工会经审工作规范化建设考核、全省工会优秀审计项目评选，经审工作规范化水平进一步提升。四是强化学习交流，提升经审干部履职能力。作为全省工会经审工作重要交流平台，坚持办好《山东工会经审信息》，并面向全国所有省、直辖市工会宣传本省经审工作经验。组织部分经审干部参加全国工会审计专业干部培训班，促进与外省经审干部的相互交流和学习。组织培训全省各级工会经审干部近 100 人，切实增强培训的针对性、实用性，提升了经审干部的素质能力。

（朱德有）

资产监督管理工作

推进省总工会直属企事业单位改革发展
依法依规解决历史遗留问题。坚持依法依规解决问题的思路，合理利用社会"外脑"，对亟需解决的温疗新接待中心项目，启动工程清算工作，形成解决新接待中心项目工作方案。对亟需解决的芭东小镇项目，2018 年推动召开三次管委会会议，解决了长期未进行的审计问题。积极探索省总工会驻青三家疗养院发展思路。综合三家疗养院发展的利弊，确立了一盘棋统筹谋划的发展思路，实现资源整合共享和错位发展，实施"三位一体"大疗养的发展战略，着力打造山东工会"幸福感恩之旅"大疗养工作品牌，即疗养在温疗，休养在纺疗，培养在工疗。有序推进省总工会驻青疗养院开发建设工作。牵头制定《关于加强省总工会驻青单位党建和疗养院开发管理的五条意见》，明确纺疗改造项目立项管辖归属地和立项项目种类。青岛工人温泉疗养院召开开发建设现场推进会，一期工程已经全面启动。大力推进山东职工之家实现转型升级。在对山东职工之家进行内部装修及立体车库建设等硬件改造和开发管理软件提升的基础上，坚持发展与改制同步推进。优先抓好职工之家的转企改制工作，完成工会改革任务，2018 年 5 月 8 日，省政府批复同意山东职工之家转企改制方案。

推进工人文化宫、工人疗休养院清理整改工作 加强监督检查和工作指导。针对工人文化宫、工人疗休养院的清理整改工作中的重点难点问题，制定山东省工会清理整改工作法律问题白皮书，建立清理整改工作联系人制度，及时总结推广先进经验，明确清理整改下步举措。针对清理整改过程中发现的底数不清问题，多次与省编办联系，核定全省工人文化宫底数。扎实做好纺疗的清理整改工作。纺疗因地理位置优越，前期存在大量房屋出租行为。一方面要求疗养院通过断电、设置门障、增设保安等方式积极清租，另一方面通过诉讼、仲裁后申请强制执行的方式清退。召开清理整改工作座谈会。为贯彻落实全国工人文化宫、工人疗休养院清理整改工作座谈会精神，进一步明确清理整改工作达标条件和要求，2018 年 12 月召开由各地市分管领导和部分县市区分管领导等参加的清理整改工作座谈会，传达全总主要领导指示精神和工作部署要求，安排部署下步工作。

全面加强资产监督管理体制机制建设
加强资产干部队伍建设。组织召开全省工会资产监督管理工作培训班，总结各地的先进典型经验，梳理工会资产工作面临的形势和存在的问题，统一思想，提高认识，增强做好工会资产工作的本领。规范对疗休养院的考核管理。根据全总工作要求，对 2018 年度青岛湛山疗养院、烟台工人疗养院、青岛工人疗养院、青岛工人温泉疗养院疗休养数据进行统计汇总，形成疗休养财务工作报告，并及时上报全总。强化工会资产管理。一方面，强化制度建设。结合本省实际，拟定《山东省工会行政事业性资产管理办法实施细则（试行）》。另一方面，规范资产处置。2018 年，向全总预上报阳谷县工人文化宫异地重建审批事宜，批复山东职工之家固定资产报废、山东工人报社集装箱报废、冠县工人文化宫拆迁安置、山东能源集团工会委员会工会资产股权转让等 4 项事宜。

（周　翠）

职工帮扶工作

以规范化建设为重点做好信访热线工作
组织召开全省工会信访工作座谈会，传达省委省政府及省总工会领导关于上合、组织青岛峰会期间安保维稳工作部署和指示精神，督促全省工会信访工作会议精神贯彻落实，积极营造良好社会环境，为保障上合组织青岛峰会和全国工会十七大、省第十五次工代会顺利召开做出积极贡献。举办全省工会信访和热线工作培训班，邀请省信访局、省人社厅等单位专家授课，讲解政策法规，进行典型案例分析，提高信访业务素质和规范化工作水平。培训市、县及部分省产业、大企业工会干部 90 多人。搞好领导干部接访安排、服务保障和信访事项转送交办、调处督办和台账管理。省、市、县三级工会领导干部全年定点接访近 700 案次，阅批来信 1 百多件次，有效促进了职工信访问题的解决。做好日常信访和热线接处工作，及时完成中央巡视组、省信访联席办和全总转送交办事项。按时完成全省信访和职工热线半年及全年统计报表和综合分析报告。参加全国工会信访工作经验交流会，在会上作了《强化责任担当　全力推动职工信访问题解决》的典型发言。

积极行动促进省总工会维权十条意见落实　配合省总工会法律部，设立省总工会职工法律援助工作站并挂牌开展工作。为求助职工提供法律咨询 32 人次，审查和代拟法律文书 4 份，参与处理涉法涉诉信访案件 2 件，代理诉讼 2 件。按照省总工会与济南市联合打造职工服务中心决策部署开展筹建工作。主动与广东、北京等省市联系，并在分管副主席魏丽带领下赴昆明、北京市工会实地考察，提出全省统一 12351 热线平台建设方案。积极与济南市总工会及相关单位联系对接，并在省总工会办公室、财务部、网络办支持配合下，依法进行了购买服务项目招投标，建设方案正在按计划顺利推进。扎实做好经常性救助工作，与保障部完成省产业大企业困难职工档案和救助工作交接，对360 多份困难职工档案进行审核并对符合条件的实施救助，发放救助款 31.4 万元。

加强自身建设，全面提升保障能力和服务水平 完成办公场所整修改造和功能调整，优化了服务环境。帮扶中心 6 人参加全总劳动关系协调员培训考核，2 人获得一级、3 人获得三级劳动关系协调员资格。派员协助中央巡视组工作并圆满完成任务，受到省委有关部门肯定和表扬。

（邓尔乐）

工运史志研究工作

忠诚履行职责 做好本职工作 一是编纂出版 2018 卷《山东工会年鉴》。工作中严格遵循征稿制度中规定的时间和质量要求，确保征集资料快、编纂质量高。严格按照年鉴质量标准要求，按照编辑工作程序对每篇稿件经过通读、理顺、修改、检查等步骤，进行认真负责的加工整理，同时处理好各种数据及说法的不一致、交叉重复以及内容的平衡等问题，对来稿进行编辑修改。同时，依据质量标准对编辑所交稿件进行全面认真的审阅把关，避免政治性、知识性错误。在编纂过程中，紧紧围绕省总工会的中心工作，贴近社会现实和职工生活，从优化篇目设置、规范编纂流程、提高编校质量、改进装帧设计等方面积极开拓创新，力求做到重点突出、特色鲜明。2017 卷《山东工会年鉴》被山东省政府办公厅评为优秀年鉴。二是举办撰稿人培训班。年鉴从组稿开始，撰稿人是各承编单位的工作人员，文字与写作水平参差不齐，对年鉴的意义及其体例要求的认识也不一致，每年还总会有一部分新手。同样，年鉴编辑本人的知识面和业务理论水平、文字驾驭能力也会有差别，这会对年鉴成书产生影响。本室组织年鉴撰稿人培训班，培训撰稿人学习年鉴体例和编辑理念，让每一位撰稿人充分理解年鉴编纂的指导思想和撰稿要求，保证基础稿件质量。三是修改《改革开放实录》，根据领导安排，2018 年，根据省委党史研究院的要求，对《改革开放实录》山东卷的山东工会部分的内容进行了修改及补充，其内容从截至 2017 年底，延伸到 2018 年上半年，直至达到有关标准要求。四是围绕中心，服务大局。根据省总工会统一安排，无论是山东省工会十五大筹备工作还是相关部门的资产清点工作，部门工作人员都积极参加，认真圆满地完成了相关任务。五是认真贯彻省总工会有关指示精神，自觉遵守省总工会有关规章制度，严格纪律，恪守职责，在做好本部门工作的基础上，按时参加机关党委组织的有关活动。

严格保密制度 做好保密工作 认真履行保密工作责任制，严格执行保密制度，不在非涉密计算机上处理有关涉密信息，确保保密工作不出问题。认真贯彻中央八项规定有关精神，切实履行保密工作责任制，倡导并努力实践管好自己的部门，看好自己分管的人，办好自己分管的事，保证了自己分管部门工作的有条不紊、有序进行，确保了保密工作无意外、不出事。

（郭东平）

对外交流工作

2018 年，山东省总工会共组织 2 批 18 人次赴 3 个国家和地区进行友好交流访问；全年共接待来自上合组织国家职工技能交流营、古巴工人中央工会、德国五金工会巴伐利亚州分会、墨西哥工农革命联合会和澳门工会联合总会等国内外工会代表团 11 批、共计 113 人次来鲁交流访问，来访团组和人数又创历史新高。

一、来访纪事

1. 2018 年 1 月 30 日至 2 月 1 日，国际运联海员信托基金会执行主管托马斯·亚伯拉罕松为团长的代表团一行 4 人来鲁交流访问。

2. 2018 年 3 月 7 日至 13 日，埃及全国邮政工会代表团塞伊德·尤斯夫一行 7 人来鲁交流访问。

3. 2018 年 5 月 28 日至 30 日，上合组织国家职工技能交流营一行 32 人来鲁交流访问。

在鲁期间，交流营成员参观访问了山东职业学院、浪潮集团和国网山东检修公司，重点围绕职工技能培训、职工技术创新、工匠精神培育等开展互动交流，取得丰硕成果。此次交流营活动既推动了上合组织国家职工间的实质性交流与合作，又深化了职工间友谊，为促进上合组织国家职工民心相通、共同发展创造了独特的平台。

4. 2018 年 6 月 9 日至 15 日，挪威食品工会代表团杨艾基·彼得森一行 6 人来鲁交流访问。

5. 2018 年 7 月 4 日至 5 日，古巴共产党中央政治局委员、国务委员会成员、工人中央工会总书记乌利塞斯·吉拉特代表团一行 9 人来鲁交流访问。时任山东省委常委、统战部部长邢善萍在济南会见了代表团，中华全国总工会副主席、书记处书记江广平陪同访问。古巴工会代表团此次来访，规格之高、级别之高在山东工会外事史上尚属首次。省外办也借此机会与古巴工会代表团进行了专题会谈。

6. 2018 年 7 月 21 日至 28 日，意大利劳工联盟威尼托大区工会总书记杰拉德·克拉马科一行 3 人来鲁交流访问。

7. 2018 年 8 月 15 日，墨西哥工农革命联合会何塞·德巴列国际关系书记一行 5 人来鲁交流访问。

8. 2018 年 9 月 3 日至 7 日，全波兰油气矿业工会主席达尔伍兹·马图谢夫斯基一行 7 人来鲁交流访问。

9. 2018 年 10 月 28 日至 11 月 1 日，德国五金工会巴伐利亚州分会主席朱尔根·韦斯勒一行 10 人来鲁交流访问。

10. 2018 年 10 月 30 日至 11 月 2 日，韩国劳动组合总联盟忠南世宗地域本部议长高锡熙一行 7 人来鲁交流访问。

11. 2018 年 12 月 2 日至 7 日，澳门工会联合总会社团骨干代表团一行 23 人来鲁交流访问。

在济期间，代表团参加了山东省委党校丁兆庆教授做的"改革开放 40 周年山东经济社会发展"讲座，并赴浪潮集团、山东省博物馆进行了参观访问。这次访问深化了澳门工会对内地工会构建和谐劳动关系、维护职工合法权益等理念的理解，增进了职工之间的互学互鉴和友好交流，加强了双方工会和职工间的合作，为山东和澳门职工创造更加美好的生活、为实现中华民族伟大复兴的中国梦作出了积极贡献。

二、出访纪事

1. 2018 年 12 月 20 日至 28 日，省总工

会副主席魏丽率6人代表团访问墨西哥、美国。

主要成果：代表团通过与墨西哥工农革命联合会、美国服务雇员国际工会1199分会和美国国际卡车司机工会的座谈交流，增强了相互了解和互信，达成了加强双方合作交流的共识，并与墨西哥工农革命联合会签署友好交流与合作备忘录。备忘录的签署，标志着山东工会在继与美国、加拿大工会组织签署交流合作备忘录后，又一次开启了与北美大国工会组织交流交往的新领域。

2.2018年11月6日至12日，省总工会女工部部长李颖率12人代表团访问台湾。

主要成果：代表团与台湾工会组织就职工教育、劳动保护、工会干部培训、职工技能培训、技术人才交流等进行了广泛交流，重点就下半年省总工会组织"齐鲁工匠"赴台培训交流团进行了磋商。同时积极宣传党的十九大精神，宣传山东省改革开放以来取得的重大成就，以及山东省在新旧动能转换工程下面临的重大机遇，努力打造好"孔孟缘、鲁台情"对台工作品牌，弘扬齐鲁优秀传统文化，讲好中国故事山东篇。

（公 英）

机关服务工作

加强基础设施建设 逐步实施部门创建"阳光行政"工作品牌的方案。制定了《关于实施机关公车管理工作网上审批流程的方案》，开发完善了机关公车管理网上办公流程并在机关内网办公系统上正式运行；房管和行政工作的网上办公流程已经开发完成，房管工作网上办公流程处于试运行阶段，行政工作网上办公流程因设备配置缺失暂时无法运行。构建完善了机关事务工作平台。按照山东省机关事务局要求，先后建立完善了省总工会办公用房管理系统平台、公务车辆管理平台、公共节能工作平台，配备了相关器材和专用网线，完成了信息数据的采集、录入和报送；按要求为机关公车加装了车载终端北斗定位系统，及时完成了鲁O、鲁W车辆号牌更换工作。

规范机关行政工作服务水平 公务用车管理方面。严格执行《山东省党政机关公务用车管理规定》等政策法规，认真做好省总工会工作大调研、五一表彰大会、内外宾接待等重大活动的用车保障，公车的日常使用和节假日管理，公车标志喷涂，车辆的维护保养、配置更新和车牌更换，驾驶员的安全教育，班车的日常运行和应急保障等工作。机关公务用车全部实现定点维修、定点加油、定点保险，全年运转安全有序。办公用房管理方面。根据《山东省党政机关办公用房管理办法》，对机关办公用房面积进行了专项调查摸底，在逐一实地测量的基础上，对不符合要求的部分进行了彻底调整改造，力戒违规超标。及时做好公用水电暖的设施维护和费用收缴、空调设施维护、人防工程维修改造等工作。着重加强对重大基建工程的预算、招标、施工、决算等关键环节的把控，竭力避免经济责任的风险。行政管理方面。认真学习贯彻《山东省机关事务管理办法》，下大力气理顺管理体制、提高依法履职能力。认真完成了机关干部职工及离退休人员查体、部分办公家具更新、电梯维修保养、职工饮水、消防和通信设施维护等工作，固定资产清理工作按计划推进。出色完成五一表彰大会、省十五次工代会的安保和行政保障工作，及时处置应对各种突发事件和领导交办的临时工作任务，得到领导称赞。

机关办公环境得到持续改善 对机关办

公区域的改造和提升。整体更换了办公室木门并新做了门牌号码，提升了整体办公形象。量身定做了办公座椅进行以旧换新，改善了办公环境质量，得到高度认同。完成了对机关办公楼楼梯和公用地面的粉刷、帮扶中心办公区域的全面改造、办公院区大门的改建、办公楼大厅标语墙和绿植的布置、办公院区绿化维护等工作，机关办公环境的美化度不断提升。对办公楼内部环境卫生的督查和管理。制定了《省总工会机关卫生节能安全工作检查方案》《机关生活垃圾分类工作实施方案》等规章制度。全年适时组织相关人员进行卫生节能安全检查 3 次，日常注意及时补充配备公共卫生用品，督促物业加强卫生工作力度，有效维护了机关办公楼的内部环境卫生。按照省机关事务局的要求，为各办公室配备了分类垃圾箱，每个楼层配设了烟灰和垃圾收集箱，较好地完成了垃圾分类工作。

年末，根据工作计划和实际需要，安排实施了办公区域人脸识别安保系统加装、办公楼消防设施改造、办公楼地下设备层基础改造三项工程，着力解决机关办公环境存在的安保设施不力、消防隐患严重、设备层环境质量低劣等安全隐患问题。

节能降耗工作走在省直机关前列　督促做好日常节能工作。通过微信工作群、会议、通知等形式，适时提醒大家日常工作中注意节约能源、保护环境。一是节约用电，注意随手关灯，及时关闭不需要的办公电器，更换使用节能灯泡、节能开关，杜绝只开不关、灯火长明；二是节约用水，广泛推广使用节水设备，加强对用水设备的日常维护和管理，杜绝长流水、防止滴渗漏；三是加强对办公设备的维护管理，注意节约使用办公用品，初始文件尽量通过电子文档传阅，最大程度降低办公消耗，节约能源资源。加强和完善节能设施建设。在前期办公楼节能改造工程建设的基础上，进一步在用能源头上增设了监控装置，在个人手机上安装了监控终端，并多次组织相关人员进行学习培训，实现了对办公楼用电、用水全面监控的精细化管理以及对办公室中央空调温控开关和办公插座的远程管控，有效发挥了节能设施的功效，使办公楼整体能耗下降 20% 以上，在省直机关中独树一帜、别无二家。在节能工作评比中，省总工会节能工作受到了省住建厅、山东建筑大学和济南市建委等单位的专家团队的一致好评，得到了省直机关事务管理局领导的重点关注和高度评价。广泛宣传教育，提高节能意识。2018 年 6 月，根据省直机关事务管理局的要求，集中开展了"节能降耗、保卫蓝天"的宣传教育活动，通过宣传栏、条幅、标语、传单、微信工作群等形式进行节能宣传，使机关干部职工进一步统一了思想，提高了认识，加强了大家对做好公共机构节能工作的紧迫感、责任感和使命感，形成了"人人节约、事事节约、处处节约"的良好氛围。

创先争优工作成果丰硕　部门全体人员深入学习贯彻习近平新时代中国特色社会主义思想和党的十九大精神，进一步牢树"四个意识"，坚定"四个自信"，做到"两个维护"，紧紧围绕省总工会"三个工程""三个十条"等重大工程、重要举措，谋实招、出实策，踏实立足本职岗位，统筹推进部门工作，力争优异工作成绩。党支部一班人更是思想上"合心"、工作上"合力"、感情上"和弦"、行动上"合拍"，充分发挥模范带头作用，认真落实主体责任和"一岗双责"，坚持把纪律规矩挺在前面，坚持党建工作与部门工作共筹划、同部署、齐落实，做到"两手抓两手硬、双促进双落实"。"担当作为、干事创业"的浓厚氛围，在部门和支部内蓬勃彰显，服务中心的工作也得到省总工会和有关单位的高度认可并获得了系列荣誉。省总工会机关荣获"全省节约型公共机构示范单位"、在省级机关人防知识竞赛中获得"优秀组织奖"，省总工会机关大楼被评为"山东省公共建筑'节约之星'"荣誉称号（也是获奖单位中唯一的省直机关单位），服务中心党支部被评为机关先进基层党组织，一名支部委员被评为优秀党务工作者，省总工会节能工作在全省公共机构能源节约和生态环境保护工作会议上受到点名表扬。

（李庆华）

省总工会主席办公会议研究事项

（14 届第 83 次–120 次）

14 届第 83 次　1 月 16 日召开，尹慧敏主持。议题：

1. 关于省总工会十四届九次委员会议议程、日程的汇报

2. 关于省总工会十四届九次委员会议工作报告起草情况的汇报

3. 关于省总工会十四届九次委员会议经审工作报告起草情况的汇报

4.《关于召开山东省工会第十五次代表大会的决议》有关情况的汇报

5. 关于省总工会十四届九次委员会议有关人事事项的说明及建议的汇报

6. 关于 2017 年度山东省职工技术创新竞赛活动选树表彰工作有关情况的汇报

14 届第 84 次　1 月 24 日召开，刘贵堂主持。议题：

关于全国工会系统先进集体和先进工作者评选推荐情况的汇报

14 届第 85 次　2 月 9 日召开，刘贵堂主持。议题：

1. 关于召开中国石化青岛炼油化工有限责任公司工会第二次会员代表大会有关情况的汇报

2. 关于对"特高压入鲁"重点工程建设立功竞赛先进集体和先进个人进行表彰的汇报

3. 关于拟授予张瑜等 34 名获得省行业性职工职业技能竞赛第一名选手及山东省第二届智能制造（工业 4.0）创新创业大赛前三名作品第一完成人山东省富民兴鲁劳动奖章的汇报

4. 关于发放 2018 年度第一期全国劳模专项补助资金的汇报

5. 关于评比推荐和评比命名 2016-2017 年度全国、省"安康杯"竞赛先进集体和先进个人的情况汇报

6. 关于评选推荐 2018 年度全国五一劳动奖和全国工人先锋号方案的汇报

7. 关于烟台市总工会购置新工人文化宫有关情况的汇报

8. 关于省总工会机关节能改造和职工之家装修改造工程审计情况的汇报

9. 关于省总工会机关固定资产管理工作方案的汇报

10. 关于省总工会机关报废、更新车辆情况的汇报

14 届第 86 次　3 月 5 日召开，尹慧敏主持。议题：

1. 关于 2016-2017 年度全国"安康杯"竞赛先进集体和个人评比申报情况的汇报

2. 关于济青高速铁路等重点工程建设立功竞赛活动表彰建议方案的汇报

3. 关于 2018 年全国五一劳动奖和全国工人先锋号评选推荐情况的汇报

4. 关于全国工会社会联络工作会议精神及贯彻意见的汇报

5.关于命名2017年度"山东省工会职工维权法律服务示范单位"工作的汇报

6.关于2017年度市级工会经费回拨补助的汇报

7.关于2017年度县级工会经费回拨补助的汇报

8.关于山东职工之家转企改制方案的汇报

9.关于《山东省总工会关于加强外事管理工作的规定》起草情况的汇报

14届第87次 3月20日召开,刘贵堂主持。议题:

关于《关于评选推荐山东省劳动模范和先进工作者的实施意见》的汇报

14届第88次 4月11日召开,刘贵堂主持。议题:

关于2018年山东省劳动模范和先进工作者评选推荐情况的汇报

14届第89次 4月13日召开,刘贵堂主持。议题:

1.关于2018年省总工会干部教育培训工作有关情况的汇报

2.关于报废办公自动化设备的情况汇报

3.关于开设专题电视栏目的情况汇报

4.关于在省总工会机关建设"悦读吧"的情况汇报

5.关于山东省第二届"省长杯"工业设计大赛及山东工业设计周申报山东省富民兴鲁劳动奖章有关情况的汇报

6.关于《2018年全省"查身边隐患、保职工安全、促企业发展"群众性安全生产工作意见》的汇报

7.关于《山东省总工会关于境外非政府组织在山东境内开展工会研究交流合作活动的业务主管实施办法(试行)》起草情况的汇报

8.关于2017年审计情况的汇报

14届第90次 4月23日召开,刘贵堂主持。议题:

关于推荐表彰、命名全国工会工作先进单位、优秀个人和全省工会工作先进单位、优秀个人方案的汇报

14届第91次 4月28日召开,刘贵堂主持。议题:

1.关于全省工会网上工作平台体系建设实施方案和山东工会数据支撑平台、"爱工惠"普惠服务职工平台建设方案,关于办公自动化平台建设方案,关于山东工会新媒体宣传平台建设方案的汇报

2.关于《关于实施"齐鲁工匠百千万"工程的意见》的汇报

14届第92次 5月7日召开,刘贵堂主持。议题:

1.关于召开威海市工会第十七次代表大会有关情况的汇报

2.关于山东省对外经济贸易工会召开第一届委员会第一次全体会议和第一届经费审查委员会第一次全体会议的汇报

3.关于全国工会组织工作会议精神及贯彻意见的汇报

4.关于开发建设全省工会财务规范化网上管理系统的汇报

5.关于开发建设全省工会审计信息系统的汇报

6.关于2018年省级行业性职工职业技能竞赛项目申报情况的汇报

14届第93次 5月11日召开,刘贵堂主持。议题:

1.关于省工会第十五次代表大会筹备委员会及工作机构组成方案的汇报

2.关于中国工会十七大分配我省有关人选推选工作建议的汇报

3.关于《山东省总工会关于贯彻落实中央八项规定精神的实施办法》制定情况的

汇报

4. 关于拨付乡镇（街道）、县属开发区（工业园区）和市县级产业工会社会化工会工作者工资补助的汇报

5. 关于《山东省总工会经费支出绩效评价管理办法》起草情况的汇报

6. 关于《山东省总工会购买服务管理办法》起草情况的汇报

14届第94次 5月22日召开，刘贵堂主持。议题：

1. 关于开展2018年一线职工疗休养活动方案的汇报

2. 关于《山东省总工会关于加强新时代职工之家建设的十条意见》的汇报

3. 关于全国和全省工会工作先进单位和优秀个人推荐情况的汇报

4. 关于疗养院开发建设工作情况的汇报

5. 关于购买省第十五次工代会信息管理软件的汇报

14届第95次 5月25日召开，刘贵堂主持。议题：

关于山东省工会第十五次代表大会有关组织人事工作的汇报

14届第96次 6月5日召开，刘贵堂主持。议题：

1. 关于省总工会驻青疗养院开发建设概念方案、服务类单位比选和遗留问题处理方案的汇报

2. 关于山东职工之家立体车库改造事宜有关情况的汇报

3. 关于申请2018年度中央财政疗休养补助资金有关情况的汇报

4. 关于山东省富民兴鲁劳动奖章和"当好主力军、聚力新动能、建功新时代"劳动竞赛、"齐鲁工匠"建设工程激励方案的汇报

5. 关于2018年我省劳模疗休养活动安

排情况的汇报

6. 关于2016-2017年度全省"安康杯"竞赛先进集体和先进个人评比命名方案的汇报

7. 关于对济青高速铁路等重点工程建设劳动竞赛先进集体和先进个人进行表彰的汇报

8. 关于日照钢铁精品基地省级示范性重点工程劳动竞赛项目表彰建议方案的汇报

14届第97次 6月15日召开，刘贵堂主持。议题：

1. 关于召开中国石化集团胜利石油管理局有限公司工会第一届会员代表大会有关情况的汇报

2. 关于《"齐鲁工匠"课题调研工作方案》的汇报

3. 关于山东省总工会第七届女职工委员会组成方案的汇报

4. 关于2017年度省总工会本级经费收支决算和2018年度省总工会本级经费收支预算（草案）的汇报

14届第98次 6月25日召开，刘贵堂主持。议题：

1. 关于山东中烟工业有限公司工会召开第二届会员代表大会有关情况的汇报

2. 关于省总工会系统的省第十五次工代会代表候选人参加各市选举分配建议的汇报

3. 关于《"齐鲁工匠"创建"工匠创新工作室"激励办法》的汇报

4. 关于发放2018年度省级困难劳模帮扶专项资金的汇报

5. 关于组织开展关爱农民工子女主题活动方案的汇报

6. 关于《山东省基层工会经费收支管理实施细则（试行）》起草情况的汇报

14届第99次 6月26日召开，刘贵堂主持。议题：

1. 关于省总工会第十四届委员会第十次全体会议议程、日程的汇报

2. 关于《山东省总工会关于深入学习贯彻习近平总书记视察山东重要讲话精神扎实推进新时代山东工会工作创新发展的决议》起草情况的汇报

3. 关于省总工会第十四届委员会第十次全体会议有关人事事项的说明及建议的汇报

4. 关于制定《山东省实施职工心理健康行动的意见（2018-2020年）》情况的汇报

5. 关于预拨2018年度省财政困难职工帮扶专项资金的汇报

6. 关于送温暖工程基金会资金运作情况的汇报

14届第100次 7月6日召开，刘贵堂主持。议题：

1. 关于对全总经审会《审计报告》所提问题整改意见的汇报

2. 关于"齐鲁工匠"申报选树工作方案的汇报

3. 关于山东省第六届职工职业技能大赛有关情况的汇报

4. 关于对日照钢铁精品基地重点工程建设劳动竞赛先进集体和先进个人进行表彰的汇报

5. 关于设立山东省法律援助中心职工工作站和山东省职工法律援助工作站有关情况的汇报

6. 关于召开菏泽市工会第八次代表大会有关情况的汇报

7. 关于山东省对外经济贸易工会召开第一届委员会第一次全体会议和第一届经费审查委员会第一次全体会议的汇报

14届第101次 7月12日召开，刘贵堂主持。议题：

关于《山东省总工会"担当作为、干事创业"集中行动方案》的汇报

14届第102次 7月16日召开，刘贵堂主持。议题：

关于《山东省总工会关于建立健全困难职工联系人制度的意见》的汇报

14届第103次 7月19日召开，刘贵堂主持。议题：

1. 关于中国纺织工人疗养院院区整体改造方案及投资估算等有关情况的汇报

2. 关于青岛工人温泉疗养院工作推进情况的汇报

3. 关于省总工会驻青三家疗养院医疗项目建设和待岗职工上岗工作有关情况的汇报

4. 关于组织参加全总2018年劳模疗休养活动情况的汇报

14届第104次 8月2日召开，刘贵堂主持。议题：

1. 关于清理规范性文件有关情况的汇报

2. 关于《山东省总工会送温暖志愿服务队工作方案》的汇报

3. 关于召开济南市工会第十七次代表大会有关情况的汇报

14届第105次 8月6日召开，刘贵堂主持。议题：

1. 关于《山东省总工会关于新时代职工之家建设的十条意见》任务分工的汇报

2. 关于山东省总工会成立新时代职工之家建设委员会的汇报

3. 关于《山东省总工会关于开展"新领域、新业态、新组织建会入会集中行动"的实施方案》的汇报

4. 关于《关于在全省开展工会干部到非公有制经济组织和社会组织挂职第一主席的实施意见》的汇报

5. 关于《关于规范推行党组织领导下的基层工会主席直接选举工作的意见》的汇报

6. 关于开展"争创十佳职工信赖职工之家 争做十佳职工信赖娘家人"活动有关情况的汇报

14 届第 106 次 8 月 13 日召开,刘贵堂主持。议题:

1. 关于 2018 年帮扶资金优化管理的情况汇报

2. 关于《山东省总工会在"担当作为、干事创业"集中行动中开展"健康伴我行"系列活动方案》的汇报

3. 关于成立省总工会维权工作委员会的汇报

14 届第 107 次 8 月 20 日召开,刘贵堂主持。议题:

1. 关于成立参与乡村振兴战略实施领导小组建议的汇报

2. 关于 2018 年"大国工匠年度人物"推荐人选情况的汇报

3. 关于 2016-2017 年度全省"安康杯"竞赛先进集体和先进个人评比命名情况的汇报

14 届第 108 次 8 月 27 日召开,刘贵堂主持。议题:

1. 关于召开山东省工会代表会议有关事项的汇报

2. 关于补助潍坊受灾县区抗洪救灾资金的汇报

14 届第 109 次 8 月 29 日召开,刘贵堂主持。议题:

1. 关于省总工会十四届十一次委员会议议程、日程的汇报

2. 关于省工会代表会议议程、日程的汇报

3. 关于省总工会十四届十一次委员会议有关人事事项的汇报

4. 关于省工会代表会议有关人事事项的汇报

14 届第 110 次 9 月 6 日召开,刘贵堂主持。议题:

关于 2018 年度中国劳动关系学院劳模本科班招生报名推荐情况的汇报

14 届第 111 次 9 月 17 日召开,刘贵堂主持。议题:

1. 关于"齐鲁工匠"选树活动宣传工作方案的汇报

2. 关于"当好主力军、聚力新动能、建功新时代"劳动竞赛和"齐鲁工匠"建设工程配套文件制定情况的汇报

3. 关于网上学习系统技术服务合同相关情况的汇报

4. 关于制定《山东省工会困难职工解困脱困工作三年行动方案(2018—2020 年)》的情况汇报

5. 关于授予山东省第四届创业大赛优秀选手山东省富民兴鲁劳动奖章的汇报

6. 关于为县级工资集体协商专职指导员发放 2018 年上半年劳务补贴的汇报

7. 关于制定《山东省总工会关于进一步深化行业性工资集体协商工作的实施意见》的情况汇报

8. 关于制定《山东省总工会关于进一步促进工友创业工作的意见》的情况汇报

9. 关于加强工会社会工作专业人才队伍建设意见的汇报

14 届第 112 次 9 月 30 日召开,刘贵堂主持。议题:

1. 关于省总工会内部控制建设有关情况的汇报

2. 关于山东"智慧工会"建设工程相关工作的汇报

3. 关于"齐鲁工匠"推荐评审情况的汇报

4. 关于通报表扬全省工会抗灾救灾先进集体和个人的汇报

5. 关于拨付中央财政专项疗休养补助资金的汇报

14届第113次 10月12日召开，刘贵堂主持。议题：

1. 关于推荐"全国就业与社会保障先进民营企业暨关爱员工实现双赢"候选表彰单位和个人情况的汇报

2. 关于将全总抗洪救灾专项资金拨付潍坊市总工会的汇报

14届第114次 10月16日召开，刘贵堂主持。议题：

关于推荐第五届全国职工优秀技术创新成果的汇报

14届第115次 10月31日召开，刘贵堂主持。议题：

1. 关于帮助省总工会第一书记帮包的西林村建设桥梁的汇报

2. 关于为平邑县武台镇乡村振兴服务队拨付工作经费有关情况的汇报

14届第116次 11月6日召开，刘贵堂主持。议题：

1. 关于省总工会十四届十二次委员会议议程、日程的汇报

2. 关于省总工会十四届十二次委员会议有关人事事项的说明及建议的汇报

14届第117次 11月28日召开，刘贵堂主持。议题：

1. 关于山东省总工会第十四届委员会第十三次全体会议议程、日程的汇报

2. 关于山东省工会第十五次代表大会议程、日程的汇报

3. 关于山东省总工会第十五届委员会、经费审查委员会第一次全体会议议程、日程的汇报

4. 关于山东省工会第十五次代表大会代表和山东省总工会第十五届委员会、经费审查委员会有关情况的汇报

5. 关于山东省工会第十五次代表大会组织领导机构有关事项的汇报

6. 关于山东省工会第十五次代表大会及山东省总工会第十五届委员会、经费审查委员会第一次全体会议选举办法（草案）的汇报

7. 关于提请山东省工会第十五次代表大会确认山东省总工会第十四届委员会增补委员会委员、经费审查委员会委员及撤销委员会委员职务决定的汇报

8. 关于总监票人、监票人安排意见的汇报

9. 关于召开华能山东发电有限公司工会第二届会员代表大会有关情况的汇报

10. 关于山东省总工会第七届女职工委员会建议名单的汇报

11. 关于山东省工会第十五次代表大会宣传报道工作方案的情况汇报

12. 关于为2018年我省全国工会职工书屋示范点统一采购配送图书的情况汇报

13. 关于2018年度"齐鲁大工匠""齐鲁工匠"申报选树情况的汇报

14. 关于发放2018年度第二期全国劳模专项补助资金的汇报

15. 关于补充发放2018年度省级困难劳模帮扶专项资金的汇报

16. 关于对在第六届全国职工职业技能大赛中获奖的选手和教练团队进行奖励激励的汇报

17. 关于向全总推荐申报2018年度职工创新补助资金项目有关情况的汇报

18. 关于修订《山东省工会工作创新奖评选办法》情况汇报

19. 关于修订《山东省工会优秀调研成果评选办法》情况汇报

20. 关于2018年度工会统计调查有关情况的汇报

14 届第 118 次 11 月 29 日召开，刘贵堂主持。议题：

1. 关于《山东省总工会第十四届委员会报告》起草情况的汇报

2. 关于《山东省总工会第十四届委员会财务工作报告》起草情况的汇报

3. 关于《山东省总工会第十四届经费审查委员会工作报告》起草情况的汇报

4. 关于制定《山东省总工会关于加强和改进调查研究工作的意见》情况汇报

5. 关于制定《山东省总工会职工需求调查实施办法（试行）》情况汇报

6. 《关于加强村（社区）工会建设的意见》有关情况的汇报

7. 《关于建立以上代下维权机制的意见》有关情况的汇报

8. 关于《工会预防和参与处置职工群体性事件暂行办法》制定情况汇报

9. 关于《山东省总工会直属产业工会、企事业单位工会经费收支管理办法》起草情况的汇报

10. 关于 2018 年度乡镇（街道）、开发区（工业园区）工会活动经费补助情况的汇报

11. 关于 2018 年度困难市县工会经费补助方案的汇报

12. 关于对相关单位财务检查有关情况的汇报

13. 关于对《山东省送温暖工程基金会重大事项报告制度》等提请审查的汇报

14 届第 119 次 12 月 3 日召开，杨东奇主持。议题：

1. 关于山东省工会第十五次代表大会筹备情况的汇报

2. 关于《山东省总工会第十四届委员会财务工作报告》起草情况的汇报

14 届第 120 次 12 月 4 日召开，刘贵堂主持。议题：

1. 关于省总工会 12351 职工热线平台建设方案的汇报

2. 关于拨付乡镇（街道）、县属开发区（工业园区）和市、县级产业工会社会化工会工作者下半年工资补助的汇报

3. 关于经济责任审计问题整改情况的汇报

省总工会常委会研究事项

（14 届 8-12 次）

14 届第 8 次 1 月 16 日召开，尹慧敏主持。议题：

一、审议通过山东省总工会第十四届委员会第九次全体会议议程、日程

二、听取并审议刘贵堂同志代表山东省总工会第十四届常委会作的工作报告

三、听取并审议蒋石宝同志代表山东省总工会第十四届经审会作的工作报告

四、听取并审议《关于召开山东省工会第十五次代表大会的决议》

五、听取并审议有关人事事项

14 届第 9 次 6 月 26 日召开，刘贵堂主持。议题：

一、审议通过山东省总工会十四届十次委员会议议程、日程

二、审议通过拟提交省总工会十四届十次委员会议讨论的《山东省总工会关于深入学习贯彻习近平总书记视察山东重要讲话精神 扎实推进新时代山东工会工作创新发展的决议（草案）》

三、听取并审议有关人事事项

14 届第 10 次 8 月 29 日召开，刘贵堂主持。议题：

一、审议通过山东省总工会第十四届委

员会第十一次全体会议议程、日程

二、听取并审议提交山东省总工会第十四届委员会第十一次全体会议的有关人事事项

三、审议通过山东省工会代表会议议程、日程

四、听取并审议提交山东省工会代表会议的有关人事事项

14届第11次 11月6日召开，刘贵堂主持。议题：

一、审议通过省总工会十四届十二次委员会议议程、日程

二、审议通过提交省总工会十四届十二次委员会议的有关人事事项

14届第12次 12月7日召开，刘贵堂主持。议题：

一、通过山东省总工会第十四届委员会报告（审议稿）

二、通过山东省总工会第十四届委员会财务工作报告（审议稿）

三、通过山东省总工会第十四届经费审查委员会工作报告（审议稿）

四、通过山东省工会第十五次代表大会组织人事工作有关文件

五、通过关于山东省总工会第七届女职工委员会成员名单的决议（草案）

省总工会直属单位

山东管理学院

明确办学定位 进一步明确了以本科教育为主体、以工会培训为使命、适度开展专科教育的办学层次定位，明确了以工会与劳动关系为特色，以管理学科为主体，管、经、工、文、艺、法协调发展的学科专业体系，确定了以培养劳动情怀深厚、专业知识扎实、实践能力突出的高素质应用型人才培养目标，确定了立足山东，面向管理、服务一线，为区域经济社会和工会事业发展做贡献的服务面向。

党建和思想政治工作 深入学习贯彻习近平新时代中国特色社会主义思想和党的十九大精神，牢固树立"四个意识"，坚定"四个自信"，坚决做到"两个维护"，全校师生在思想上政治上行动上同以习近平同志为核心的党中央保持高度一致。完善党委领导下的校长负责制，实施二级学院党政联席会议制度，校院两级民主决策机制更加健全。开展"大学习、大调研、大改进"活动，及时回应师生诉求。平调处级干部27人，提拔使用处级干部53人，选拔科级干部163人，认真做好了干部培训、挂职、"千名干部下基层"等工作。完成党总支换届选举，配齐配强了基层党组织书记和党务工作力量。实施固定党日制度，"三会一课"等规范开展，党员发展质量不断提升。召开全面从严治党工作会议，开展廉政文化月活动和廉政警示教育，开展整治形式主义和官僚主义、违规收送礼品礼金等专项治理。加强学校网站、微博、微信公众号等的监管，

抵御和防范宗教渗透，认真做好党外知识分子和归国留学人员工作，把牢了意识形态工作领导权和话语权。开展"学习新思想千万师生同上一堂课"活动，实施"青年马克思主义者培养工程"，以庆祝改革开放40周年为契机开展系列主题教育活动，深化思政课教学改革，习近平新时代中国特色社会主义思想"三进"工作扎实推进。加大80周年校庆等重大活动宣传力度，学校新闻被多家媒体报道、转载。

教育教学工作 本科专业增加至23个，专科专业优化至21个，本科在校生人数首次超过专科。设立双学位和辅修第二专业，开展专升本招生。获批山东省应用型人才培养发展支持计划专业1个，建设校级高水平应用型立项专业群2个。引入智慧树在线开放课程资源82门，立项校级在线开放课程10门。学籍、考试、实践教学、毕业论文等各环节教学行为更加规范。实施专业与课程评估，初步建立专业与课程建设质量保障体系。午间教学沙龙活动、课堂教学质量月活动成效显著。5名教师在省第五届青年教师教学竞赛中获奖，多名教师在学科竞赛中获得优秀指导教师奖。获批山东省本科教改项目7个，省级教学成果奖一等奖2项，二等奖3项，立项校级混合式教改课题20个、教研课题14个。

工会与劳动关系特色 成立劳动关系学部，设立齐鲁工匠研究院，同中国劳动关系学院大国工匠与劳动模范研究所、山东省国防机电工会建立战略合作关系，成功举办首届工会与劳动关系山东论坛，《山东工会论坛》办刊质量不断提升。将劳模精神、劳动精神、工匠精神融入人才培养全过程，聘请10名"齐鲁大工匠"为实践导师，形成了工会与劳动关系学科发展合力。落实服务工会行动计划，举办工会干部培训班76期，

送教到基层80人次，培训工会干部近2万人，设立工会干部现场教学基地20个，与国外工会交流联系日益密切，成功承办全省职工职业技能大赛等赛事。

科研创新和服务社会方面 完善科研管理制度，新成立校级科研机构4个、科研团队1个，获批山东省高等学校协同创新中心，与山东社科院签订战略合作协议。获批各级各类课题125项，科研经费到账223.939万元，发表学术论文228篇，出版学术著作22部，新增知识产权83项，科研优秀成果获奖25项，举办学术交流活动69场。发挥科研和专业优势，助力乡村振兴战略，开展电商扶贫活动。

师资队伍建设 柔性引进高水平专家10名，选聘产业教授6名，自主培养博士13名，选派19名教师到国内外高水平大学研修学习、进修助课，完成92名"双师型"教师资格认定。新进工作人员80名。创新开展"教学型"教授、副教授培养评审工作。11名教师进入高等学校创新创业教育导师库，5名教师受聘"山东高校专业宣讲团专家"。

人才培养方面 规范校企合作办学行为，完善创新创业课程体系，获批大学生国家级创新创业项目11项，获得各级各类学科竞赛和创新创业大赛荣誉奖励140多项。密切与台湾修平大学等合作关系，3名学生赴澳大利亚交流学习，中外合作办学机制更加成熟。招生工作实现新突破，一志愿投档率和生源质量再创新高。"互联网+就业"新模式初步建立，就业服务常态化机制更加完善，毕业生总体就业率达到97.86%，专升本、考研率有较大提升。继续教育招生人数达4657人，实现社会效益和经济效益双提升。

学生教育管理工作 新进专职辅导员10

人，辅导员队伍整体素质明显提升。发放奖助金 448.55 万元、奖学金 58.45 万元、社会资助金 32.4 万元，惠及学生 2945 人。为 124 名贫困学生建档立卡，免除学费 61.43 万元。办理助学贷款 763 万元，资助学生 1029 人。启动新生心理健康"五个一"工程，在全省高校大学生健康节获奖 3 项。试行"第二课堂成绩单"制度，在全省"三下乡"暑期社会实践中，11 支队伍获得优秀团队称号，22 名学生获得优秀个人称号。3 名学生作为西部计划志愿者开展服务工作，学校青年志愿者协会、工商学院鲁志调研团获得省级荣誉奖项。

依法治校方面 落实"制度建设年"，新建规章制度 126 项，修订 12 项，党建工作、组织人事工作、教学科研工作、师资队伍建设、学生教育管理、群团建设与管理、服务保障管理等制度框架基本搭建，现代大学制度体系较为完备。顺利完成公务用车改革，依法依规进行党务校务和信息公开。

校园文化建设方面 成功举办建校 80 周年校庆。编写 80 周年大事记，提升校史馆内涵，建立校友信息名录，发布传唱校歌，制作宣传片、宣传册，为学校道路、建筑、景观等正式命名，校园文化标识系统初步建立。智慧学习空间建成使用，书画艺术馆完成布展，图书馆人文气息更加浓厚。举办毕业联欢会、春季运动会等系列校园文体活动，首次与省总工会联合举办 2018 年工作情况通报会暨迎新年联欢活动。

服务保障工作 积极争取各类财政专项经费支持，资金来源渠道进一步拓宽，完成预算采购项目 46 个，完成各类审计 45 项。深入推进智慧校园建设，新建实验教学综合楼实验室规划初步形成。5 栋教师休息用房、大学生文体中心顺利交付使用，体育场看台基本完工，实验综合教学楼项目进入施工程序。完成电力增容及相关楼宇的空调、家具、窗帘安装，完成重点地块景观提升，规范门头房租赁，资产管理、饮食服务和医疗卫生工作水平进一步提升。安全隐患排查、安全教育演练效果显著，校园及周边环境安全稳定。认真做好绩效工资发放、公积金调整、各类补贴、补助、福利、劳务费、博士安家费发放及社会保险办理等工作。

（齐　敏　赵纪娜）

青岛工人疗养院

落实党建领导机制　加强队伍建设 一是严守政治纪律和政治规矩，筑牢战斗堡垒。院党委分工协作、职责明确，加强思想建设，努力打造"担当作为、干事创业、清正廉洁"的干部队伍，全体职工完成《党纪法规和德廉知识学习》考试，在实际工作中实行重大决策追责制，按照风险防控措施狠抓落实；二是作为上合峰会外媒接待单位，院党委高度重视，把酒店整改及接待作为第一政治任务来严格要求，积极推进各项工作，克服各方面的困难，圆满完成接待任务，获得省市峰会接待"先进单位""重点接待酒店"两项殊荣，11 人荣获先进个人光荣称号。三是继续推进"两学一做"教育常态化制度化，增强"四个意识"、坚定"四个自信"、落实"两个维护"，开展"大学习、大调研、大改进"，组织全体员工开展"担当作为、干事创业"专题组织生活会；加大"好人主义、圈子文化、码头文化"专项治理整顿工作；邀请全国劳模王炳交为省总工会驻青疗养院作了一堂生动的事迹报告；与消防支队、社区结成共建单位。四是学习宣传贯彻中国工会十七大精神、山东省总工会第十五大精神；注重对年轻党员干部及入党积极分子的重点培养，2018年转正一名党员，对6名写入党申请书的同志，帮助其迅速成长；增强其党性修养和干部素养，让新鲜血液充实进来，放手使用，筑牢战斗堡垒，让党建工作更加充满朝气；五是完成既定学习任务，职工政治素养得到全面提升，同时认真听取职工意见与呼声，逐步解决涉及职工切身利益的问题，如房屋差额面积补贴，对提出申请人员进行全面审核备案，择机发放补贴；确保了职工队伍稳定，单位和谐持续发展，全年无上访事件；严格履行保密工作责任制，全年未发生泄密事件；在社会上树立了良好的企业形象。

做好日常各项工作　从建章立制入手，狠抓规范化、标准化管理的落实，2018年，相继下发了5个规范性文件，《青岛工人疗养院车辆管理规定》《青岛工人疗养院内部控制管理条例》《青岛工人疗养院内部治安保卫工作条例》《青岛工人疗养院办公用房管理规定》《青岛工人疗养院公务接待管理规定》等事项的工作程序及纪律要求做了详细的规定；加强财务管理，严格以收定支，量入为出，认真履行财务制度，严格报销审批手续。有效将"三公"经费控制在合理预算范围内。落实好离休干部的待遇：及时做好老干部相关待遇落实工作，坚持、完善订阅文件杂志工作等，做好相关政策的解读，中秋、春节、烈士纪念日等节日的走访慰问61人次。按时为八名离休干部缴纳466960元医疗保险工作；及时完成2017年度人社厅统计年报工作和机构编制综合管理信息上报工作，以及事业法人年检上报工作；按时完成2名退休职工、3名辞职员工的人社厅减员上报工作，以及完成辞职人员档案转移、社保证明等后续工作处理，完成每个季度的党费上交、退休职工党员关系转移等工作；《制定青岛工人疗养院竞聘上岗实施方案》坚持客观，公正的原则，考核工作实绩与考核工作态度相统一的方法。按时完成本院28名职工参与竞聘上岗人员信息核对、统计、上报、竞聘、公示等工作；看望住院职工2人次，积极办理工会互助保险年度缴费，为本院6名在职职工办理19单工会职工互助保险，获得理赔保险金额26813.34元；参与2018年度青岛市精神文明单位复审材料准备工作。办理完成本院《医疗机构执业许可证有效期限的延长申请》。及时完成返岗职工岗位安置、配合专业技术人员进修手续办理等；按时完成9名护士的延续注册及6名医师的考核工作；完成工疗医疗项目的平面功能定位。配合完成省总工会驻青单位党建和疗养院开发管理领导小组安排的各项工作。做好对外宣传工作，筹备完成院网站的建设，以达到为本院做好正面宣传的目的，提高疗养院的知名度和可信任度。

加强督导推进酒店管理全面提升　2018年酒店在院党委集体领导下，每月听取酒店业主代表工作汇报，分析酒店管理经营中存在的问题，提出建议性意见；业主代表参加酒店召开的每月一次的联席会，听取酒店总经理对上一月经营情况的汇报和下一个月工作的计划，交换意见，促进业主方与经营方的沟通交流，有效解决管理经营中出现的实际问题。一是有效监督酒店营运，合理建议，年内协助制定酒店绩效考核制度、工资架构制定、岗位管理职责、工作流程、各岗位人员编制的编纂工作的完成，2018年酒店GOP实现363万元。2018年营业总收入5461.78万元（含税），比2017年增加了1158.21万元，增长26.91%，其中餐饮收入3016.14万元，其中：中餐收入873.25万元，上座率60.5%，人均消费200元，增长14.3元。自助餐收入919.47万元，上座率

56.3%，人均消费 118 元；宴会厅收入 1213.20 万元，超 2017 年 267 万元。客房收入 2341.95 万元，客房入住率 56.5%，平均房价 571 元，超 2017 年 316 万元；其他收入 103.66 万元。二是强化酒店运营机制，变革联席会议事惯例，增加市场营销、质检、人力资源方面报告，加大检察监督力度，开源节流，实现年初制定的各项工作目标。

发展疗休养主业，更好的服务于劳模及一线职工　聚焦发展疗休养主业，加大人力、物力投入，2018 年接待业务量和团队满意度都实现了历史性的突破。2018 年累计接待劳模和职工疗休养共 28 批 986 人次。共产生收入合计 2253374 元。较之上年，疗休养人次收入上升约 300%。其中省内疗休养 24 批次 799 人，收入约 179 万余元，省外 4 批次 187 人，收入 46 万余元。省内劳模 3 批 132 人，收入 53 万余元；省内一线职工 667 人，收入 126 万余元。各级工会直接组织 298 人，企业工会组织 369 人。疗休养毛收入约 33 万余元，实现了社会效益和经济效益的统一。

（陈　虎）

青岛工人温泉疗养院

以党建工作为引领　集中精力抓干部职工的思想作风建设　2018 年，根据上级党委的统一部署，疗养院党委认真组织全体党员和在岗人员学习贯彻党的十九大精神和习近平新时代中国特色社会主义思想，扎实推进"两学一做"学习教育常态化、制度化。重点学习了《习近平新时代中国特色社会主义思想三十讲》《习近平谈治国理政》等论著，积极参加"灯塔—党建在线"知识竞赛活动和"大学习、大调研、大改进"活动，切实

提升了党员干部理论素养和知识水平，提高了政治站位；牢固树立"抓党建是本职、不抓党建是失职、抓不好党建是不称职"的责任意识，切实履行职责，把党建工作作为工作重点，严格落实党风廉政建设主体责任，认真落实意识形态责任制。严格执行中央"八项规定"精神，持之以恒抓好作风建设，扎实推进全面从严治党向纵深发展；以树立"四个意识"、强化"四个服从"、坚定"四个自信"为重点，以"大学习、大调研、大改进"活动为抓手，抓好党员的学习教育活动。在院党委的领导下，开展了重温入党誓词、党建系列片教育月、"幸福感恩之旅"三位一体疗养院大品牌宣传教育、党纪法规和德廉知识学习竞赛等活动，建立党建工作宣传栏，使干部职工思想统一到党中央、省委和省总工会党组要求上来。

以基本建设工作为主线，积极展开基本建设的各项筹备工作　2018 年 3 月，省总工会做出重大决定，成立省总工会驻青党建和疗养院开发管理领导小组，将驻青三所疗养院进行"三位一体"大疗养品牌建设。决定对温泉疗养院进行整体开发建设，计划投资八亿元人民币，新建工程面积 7 万余平方米。为了稳妥、有序地搞好开发建设工作，一是积极办理各项建设手续：认真准备、及时提交各种报审资料，2018 年 11 月已办妥 1、2、3 号楼《建筑工程施工许可证》；委托即墨雍达设计院，按 2018 版标准重新出具 1、2、3 号楼消防图纸，2018 年 11 月新设计图已送消防部门报审，已进入第二轮审图阶段；与有关设计院、即墨区规划局、建设局、发改委、林业局、部队等单位进行沟通对接，有序地进行二期开发建设各种手续的报审，并对各单位提出的具体问题进行处理；2018 年 12 月取得了《林木采伐许可证》。二是进行规划设计：委托上海联创设

计院、中国美院设计院对温泉疗养院的开发建设编制概念性规划设计比选方案，2018年9月上述单位已按设计任务书提交了各自的设计方案，修改后的规划设计方案已报即墨区规划局审核。三是做好开发建设筹备工作：与供电、供水、燃气等公司对接，研究、确定了基础建设配套项目部分方案；与设计院、测绘院、园林绿化等部门对接对本院所需保留、移植树木位置、数量、品种进行统计，确定移植树木的位置、数量、品种；完成了全院的地形图测绘、办公楼的建筑质量鉴定和需测定树木的坐标定位；与设计院、专业防水公司对接，确定了1、2号楼屋面防水方案及研究确定了一期工程施工工期。四是筹备并成功召开开发建设推进会：2018年12月17日，成功召开了温泉疗养院开发建设现场推进会，会议由省总工会副主席魏勇主持，副主席魏丽致辞。省总工会领导班子全体成员及各部门负责人、即墨区委区政府领导、有关新闻媒体、施工单位代表、三家疗养院全体在职职工出席会议。

以清理历史遗留问题为先导，切实为开发建设工作扫清障碍 （一）对芭东小镇项目的审计：经请示省总工会同意，聘请专业团队对芭东小镇项目的住宅项目进行财务审计和工程审计。2018年6月14日、2018年7月20日、2018年9月26日，召开三次芭东小镇"温泉度假开发项目"管委会。会议由挂职党委书记姜德庆主持。会议明确了管委会代表，两家审计单位通报了审计工作的推进情况，提出了审计中发现的问题及存在的困难。推进审计工作：按照管委会的决议，财务审计和工程审计按照程序逐步推进。针对审计工作所遇到的困难，督促中天嘉合履行职责，认真负责，根据审计单位的要求，及时提供审计所需的材料。（二）已完成1-3号楼工程量和工程造价的审核。完

成1-3号楼及院内工程项目合同和付款情况清查；同山东诚品造价公司一道完成工程合同及付款情况明细等的核对。

以医务工作为重点，为开业做好专业技术方面的准备 根据青岛市卫计委的通知要求，完成了2016—2018年度的考核申报工作；完成了护士延续注册工作；完成提交了"关于延长本院医疗机构执业许可证有效期申请"的相关手续和材料，并得到了批复、同意；医务人员于2018年12月1日全归岗上班，为了能适应将来疗养院的工作，在驻青疗养院医疗小组的共同努力下，完成了医务人员的岗前培训相关工作，并联系安排到青岛市三甲医院去进修学习。

以职工竞聘上岗工作为起点，逐步实行疗养院用人制度的改革 成立竞聘上岗领导小组：党委书记为组长，组员由院党委成员、纪检员、政工科负责人、职工代表组成。负责竞聘上岗方案的拟定和组织实施；认真核对人员信息，确保每个人员信息与人社厅数据库信息一致；制定职工绩效考核暂行规定；成立专业技术岗位竞聘专家委员会和管理、工勤岗位竞聘委员会；组织职工认真填写竞聘上岗报名表并写出个人述职报告，通知职工按时参加竞聘上岗述职演讲。2018年12月29日，通过个人述职、专家评审，圆满完成了竞聘上岗工作。

以规范财务、物资管理工作为目标，为疗养院开发建设和管理打好基础 积极配合青岛市纪检委、即墨区纪检委对财务进行了全面的清理检查；积极配合省总工会财务部对财务工作进行全面审核，对发现的问题及时进行整改；对全院的物资进行了全面清点，对拟报废的物资列出了明细，形成了报告，准备报省总工会资产管理中心审批。

（徐江本）

中国纺织工人疗养院

持之以恒，党建工作开创新局面 坚持以习近平新时代中国特色社会主义思想和党的十九大精神为指导，认真贯彻落实习近平总书记视察山东重要讲话和对山东工作重要指示批示精神，组织每周四政治学习，深入开展"两学一做""树三风提三力"活动，严格落实"三会一课"制度，参加省总工会纪检组支部纪检委员培训、党纪法规及德廉知识学习测试。组织全院职工参加驻青单位党建活动4次，重温入党誓词、观看党建工作纪录片、参观济南大智学校党建工作、参加青岛温泉工人疗养院开发建设启动仪式，较好地展现了职工团结进取、昂扬向上的精神风貌，增强了团队的凝聚力、向心力和战斗力。

依法依规，清退工作有力推进 2018年本院顶住各方面压力，下大气力整治租户违法占房问题，共清退违法占房12家，清退场地10600平方米，追缴欠款19万元。截至2018年底还剩鑫海酒楼一家没有清退，中纺大酒店已进入二审程序，第三海水浴场更衣室租赁案、海门公司租赁场地欠费案的起诉、执行工作正在持续有力推进。

埋头实干，开发建设顺利进行 在领导小组的坚强领导下，项目组成员勇于担当、敢于作为，为了更好地明确本院开发改造工作的目标定位和发展方向，多次与青岛市规划局主要领导进行沟通，做好政策对接，及时了解发改委意见，并就纺疗项目立项进行了咨询；两次与市南区规划局领导及审批部门就纺疗概念规划方案进行沟通，先后召开会议、座谈会和论证会，完成了本院发展定位、功能布局可行性分析的项目策划工作，

编制了设计任务书，修缮改造项目概念性方案经主席办公会通过。建设项目是否适用审批、核准、备案等手续到山东省发改委进行现场咨询。2018年9月，本院修缮改造项目方案的立项审批顺利通过，改造项目意见书经青岛市市南区规划局函复同意。截至年底，本院施工许可、环境评估、招投标、测绘、地基基础测量、结构鉴定及施工图设计等工作已全部顺利完成。

以人为本，职工利益得到极大保障 坚持以人为本，始终把维护职工切身利益作为工作的出发点和落脚点。重阳节、春节期间走访慰问5名离休老干部，看望生病住院老职工4人，给全院199名职工发放过节福利，安排职工健康查体，为21名在职职工办理医疗互助保险，为全院199名职工准备生日蛋糕券。2018年11月30日，10名待岗职工全部返岗上班。2018年12月29日，竞聘上岗工作圆满完成，涉及到自2006年工资套改以来待遇与职称不相符的矛盾得以解决。

常抓不懈，日常工作有序开展 2018年是本院修缮改造工程启动之年，坚持"预防为主、打防结合"的方针，狠抓治安管理工作，落实责任制，强化内部管理，确保院内安全稳定；为上合峰会在青岛顺利召开，加强在岗职工值班巡逻，提高警惕，高度戒备，圆满完成安保工作，同时清除院北面违章瓦岗房4000㎡，开挖、平整、修复地面10000㎡，清理垃圾300余吨，栽植草坪10000㎡，铺设水泥路面5000㎡，设置围挡900㎡，院整体形象得到提升，受到外界好评；补足短板，对文书档案和会计档案进行重新梳理，实现了纸质版和电子版同时保存，确保了档案的安全性及延续性；2018年10月，在省总工会的大力支持下，为提高办公效率、规范行政管理，聘请软件公司为三家疗养院开发办公自动化软件，便于转变思

路，提升办公水平。

（田晓燕）

山东工人报社

坚持正确舆论导向　在舆论引导方面，坚持党管媒体、政治家办报的要求，以正确的舆论引导读者听党话跟党走。深入学习贯彻十九大精神和习近平新时代中国特色社会主义思想，组织学习讨论，撰写学习体会，坚定政治站位，做到知行合一。

围绕中心工作，聚焦重点工作　在中国工会十七大召开期间，报社安排特派记者赴北京大会现场，对山东代表团的有关活动进行了深入、及时、准确的报道，受到省总工会主要领导的充分肯定。为宣传报道好省第十五次工代会，报社班子制定了详细的报道方案，确定了数十个报道选题，选派15名上会记者，重点到位，分工明确，效果突出。大会召开期间，业务领导明确分工，精心策划版面，审核稿件，共刊发大会各类报道80多篇，出版摄影整版2个，撰写大会开幕社论《勇立新时代潮头，唱响奋斗者之歌》，部署贯彻大会精神系列评论员文章4篇。大会报道版面大气大方，图文并茂，冲击力强，实现了报社有史以来从力度到水平的历史性跨越。

及时报道山东工会重要工作与活动　围绕省总工会"三个工程""三个十条"重点项目，挖经验、推标杆，全年发表各级工会典型稿件160多篇；宣传庆五一劳模表彰大会，对当年的10位重点省劳模、"齐鲁大工匠""齐鲁工匠"作了深度挖掘；借助"中国梦·劳动美"栏目、《工匠》专版，推出一批有影响的劳模、工匠和技能人才创新团队；《工报记者走基层》栏目，全年刊发记者采写的基层通讯68篇。

出精品，创品牌，成绩斐然　1. 在"山东新闻奖"评选中，本报作品14件次上榜，20余人次获奖。2018年开展并揭晓的2017年度山东新闻奖专项奖评选中，本报推荐的多篇作品获奖。本报推荐的散文《古隆中探幽》获得山东新闻奖二等奖；通讯《一名环卫工"违规"遭辞退引发的思考》获得山东新闻奖三等奖。2. 在省委宣传部开展的"记者新春走基层"活动中，获评3个先进个人、1个先进集体。3. 举办通讯员联谊活动，提升报纸质量和影响力。全年举办了两期、共200多人参加的全省通讯员培训班，邀请知名专家教授讲课；评选出近百名本报优秀撰稿人和优秀通讯员，为他们颁发了优秀撰稿人、优秀通讯员荣誉证书。

解决了一批长期想解决但没有解决的问题　顺利完成党支部换届工作，党支部战斗堡垒作用明显增强。历经9个月的时间，顺利完成报社全员竞聘上岗工作。帮助印刷厂与《泰山周刊》人员解除劳动合同，彻底规避了法律风险。印刷厂着力补齐短板，先后通过环评、消防验收，完善了政府需要的手续，生产经营步入正轨。

落实巡视整改责任，完善规章制度，规范工作流程　根据巡视组提出的个别岗位责权划分不清晰、有时出现扯皮现象、个别部门主动沟通差问题。报社分别召开有关部门专题会议，消除部门间的隔阂，达到了思想、行动统一。针对部分规章制度缺失、流程不尽规范问题，先后制定实施了山东工人报社印务公司《财务管理及费用报销制度》《销售管理制度》《生产管理制度》《固定资产管理制度》；制定《〈山东工人报〉社"三重一大"决策制度暂行办法》；修订编采业务"三审"制度，强化政治家办报意识，落实意识形态工作责任制等。

（刘振涛）

职工天地杂志社

坚持党性原则，坚持正确舆论导向　认真学习贯彻落实习近平新时代中国特色社会主义思想、党的十九大精神和党的新闻舆论工作职责使命"四十八字方针"。在杂志社以自行组织经营保证宣传出版的情况下，坚定不移地将社会效益放在首位。2018年，以特别报道形式，深度报道了中共中央追授的郑德荣等7名"全国优秀共产党员"的感人事迹；根据山东省总工会"齐鲁工匠建设工程实施方案"，精心策划、深入开展齐鲁工匠宣传报道工作；通过开设"齐鲁大工匠"专栏，编辑出版"齐鲁工匠"专刊等宣传工匠精神。全年以工会信息、经验交流、工作通讯、工会评论、工运理论研究成果、职工维权案例、图片新闻、专栏专刊等形式采访撰写、编辑发表多篇有一定影响的文章。

坚持"向职工讲述维权故事""讲述工会故事""讲述工匠劳模故事"的办刊风格　深刻领会习近平总书记《在全国宣传思想工作会议上的重要讲话》精神中，围绕讲什么样的中国故事、如何讲好中国故事的深刻论述和具体要求，在选题、组稿、约稿、采访、撰写、出版过程中，注重故事性、讲究细节化、突出感染力、追求可读性，把编辑部想讲的变成"读者想听的"，把"读者想听的"融进"我们想讲的"，凭借丰富的职工故事资源，"向职工讲述精彩维权故事"的办刊风格日益成为职工读者喜闻乐见的表达形式和语言格式，取得了良好的传播实效。

坚持正确工作取向，培育优良工作作风　重视业务立社、业务立刊、业务立身，加强采编队伍工作作风建设。通过集体学习、编前会、观摩交流、业务研讨等形式，不断提高编采人员政治政策水平、社会热点把握能力、新闻采编技巧；加强履行保密工作责任心教育，在宣传出版过程中，编采人员认清保密责任，坚守社会主义新闻工作纪律，正确把握宣传出版与保守机密间相互关联和相互制约的"度"；通过营造学习型组织氛围，提升编辑业务素质，打造团结和谐、拼搏进取的创业团队，逐渐形成了讲学习、看成绩、比贡献的良好社风。2018年，杂志社编采人员积极参加国家新闻出版总署组织的业务培训，参加省新闻出版广电局举办的编辑人员业务面授。同时，为了培训骨干作者队伍，强化期刊宣传的思想性、艺术性，于2018年4月中旬举办了高层次的全省期刊作者新闻报道与文学创作培训班。

筑牢经济基础　在传统媒体日显困境的环境下，杂志社始终如一地坚持"以读者为上帝"的服务理念。2018年，以稳定为基调，在人员成本增加和纸张涨价因素下，杂志定价不变。同时，在宣传倡导订刊、读刊、用刊上下功夫，"提高有效阅读率"，为杂志的可持续发展打下了良好基础。与山东省散文学会联合举办"贯彻十九大·讴歌新时代"全国职工散文大赛，举办颁奖仪式，邀请专家做公益学术讲座，向获奖作者赠阅报刊；面向全省作者和读者，主办了"纪念改革开放四十周年"文学征文活动；同时，积极利用杂志平台，拓展服务领域，提升杂志形象，得到读者好评。2018年，杂志发行稳步上升，实现了连年递增，并逐步消灭空白点。同时，通过邮局，面向社会、面向全国订阅发行。在广告经营方面，坚持广告为新闻宣传让路、向读者输送正能量的原则，在发行、广告营业收入充分保证杂志社正常运转和健康发展的基础上，大力刊登传播公益广告。

（刘爱国）

山东职工之家

坚持用科学理论武装头脑，促进各项工作 一是认真学习习近平新时代中国特色社会主义思想和党的十九大精神，不断强化思想政治建设。坚持每周全体党员集中学习，深入领会习近平新时代中国特色社会主义思想的时代背景、科学体系、精神实质、实践要求，深入领会这一思想的重大意义；在工作中党员不断树牢"四个意识"增强"四个自信"，自觉在思想上、政治上、行动上同党中央保持高度一致；支部党员把坚决维护习近平总书记在党中央的核心，全党的核心地位，坚决维护党中央的权威和集中统一领导，作为根本的政治任务；在"大学习、大调研、大改进"中，党员通过理论学习，学习交流、调研查摆、对标反思等形式，对政治站位、思想观念、宗旨意识、责任担当、工作方式、能力作风等进行一次大检修，找准了问题，明确了方向，激发出党员干事创业、担当作为的热情和干劲。二是把推进"两学一做"学习教育常态化、制度化，做到学到位、见实效。认真学习党章，自觉加强党性修养；按时开展"三会一课"，宣传党的各项政策，定时召开组织生活会，开展严肃的批评和自我批评，学习习近平总书记系列讲话以及视察山东的重要讲话精神，真正入脑入心，化为行动；开展"不忘初心、重温入党誓词"等主题党日活动，让党员受到了教育，使党组织更有凝聚力、战斗力，促进各项工作顺利开展。

坚持以改革为动力，扩大经营服务覆盖面 一是围绕工会工作的中心开展各项工作，接待省内外和省总工会举办的各类大小会议、培训等活动一百多场次，受到了举办单位的一致好评，实现收入过千万元，达到了历年收入的最高峰。充分发挥了职工之家服务职工群众、服务工运事业重要阵地的作用。二是以改制改革为动力，抓机遇、促发展。在改企的过程中逐步稳妥解决历史形成的问题，减轻负担，轻装上阵，增强自我发展的能力，结合实际工作情况陆续制定出台促发展的好制度，如《全员营销制度》《营销人员奖励制度》《物资采购管理制度》《财务内控管理制度》《每周工作联查制度》，通过改革，逐步走上一个管理科学、运营规范、健康良好的发展道路。三是心无旁骛谋发展，多措并举抓营销。在稳定服务老客户的同时，开发一批新客源，参加济南市政府采购招标大会，中标为济南市党政机关会议培训定点单位，扩大了服务群体，同时努力拓展服务项目，开展节假日食品礼盒销售活动，推行职工普惠化活动，为职工提供质优价廉的餐饮外卖等服务。四是建立安全生产责任制度，牢固树立安全第一的思想。每个职工都在各自的职责范围内明确安全生产要求，执行安全操作制度，坚持每日安全检查和周四的大联查，定时开展员工的安全知识理论和技能的培训，开展"查保促"活动，使各种隐患得到了消除，实现"安全"与"生产"的双赢。五是积极关心职工，努力为职工办好事、办实事，让职工得到更多更实的改革发展成果。在职工遇到困难时伸出援助之手，解决职工的实际困难，使困难职工放下包袱，安心工作。组织职工查体，关心职工健康，从职工最关心、最直接的利益入手，梳理没有解决的问题，制定出解决问题的时间表、路线图，节约挖潜，筹集资金二十多万元解决历史形成问题。使职工感到关心和温暖，更加激发了职工干事创业的决心和信心。

（东　莉）

省产业工会　省直机关工会

财贸金融工会

概况　山东省财贸金融工会共有编制11人，实有工作人员7人。2018年，省财贸金融工会认真学习贯彻习近平新时代中国特色社会主义思想和党的十九大精神，牢牢把握党中央对工人阶级和工会工作提出的新任务新要求，牢固树立为职工群众维权、为改革发展添力的理念，紧紧围绕省总工会"三个工程""三个十条"总体部署和行业中心工作，以提升产业职工素质、维护职工合法权益为重点，着力突出重点、打造亮点，积极推进各项工作走在前列。

强化政治引领作用，带领广大职工听党话、跟党走　广泛开展学习党的十九大精神辅导培训、宣传演讲，以及"中国梦·劳动美"主题宣传、文艺演出等活动，扎实开展大学习、大调研、大讨论活动，紧跟省总工会"三个工程""三个十条"的工作部署步伐，重行动讲实效，迅速召开系统重点工作推进会，进一步明确产业工会工作重点，总结推广一批先进典型，职工职业技能竞赛、集体协商签订集体合同、职工之家建设、调查研究等产业工会工作亮点特色突出。

动员引领产业职工当好主力军，建功立业新时代　省财贸金融工会对口金融、保险、商业零售、供销、餐饮、旅游等系统，与人民群众日常生活息息相关。全省新旧动能转换确定重点发展十大行业包括现代金融服务业和文化旅游业2个行业，对行业经济发展质量和产业工人队伍建设提出更高要求。省财贸金融工会围绕中心，主动作为，深入开展"当好主人翁、建功新时代"主题劳动竞赛和职业技能竞赛，引导职工立足岗位建功立业。一是与省财政厅、人民银行济南分行、省餐饮协会、省旅游导游协会成功举办了全省财政、金融、餐饮服务、旅游4个行业10个工种的省级行业技能竞赛。二是与天津银行、广发银行、交通银行济南分行、太平人寿保险山东分公司、中石化山东分公司等7个单位组织开展了系统职业技能竞赛。三是主动对接税务机构改革形势要求，与省税务局组织了税务干部"奋勇争先"闯关网络业务竞赛。四是积极推动劳模创新工作室创建工作。通过严格的考核验收，命名表彰了15个财贸金融系统"劳模创新工作室"，突出发挥示范引领作用，激发职工学业务学技术、创新创造的主动性和积极性。五是协作组织了全国商业劳模服务品牌走进德百展示交流活动，组织全省商业零售业服务员"银座杯"技能竞赛，搭建弘扬劳模精神、树立商业服务形象平台，推动全省商业服务水平的提升。六是在石化、粮食、商业系统重点开展了"安康杯"安全生产竞赛和提升服务水平竞赛活动。2018年评选表彰财贸金融系统五一劳动奖状先进单位45个、先进个人奖章80名，工人先锋号先进集体55个。

强化主责主业，推进维权工作制度化建设 一是重点推进工资集体协商签订集体合同工作取得新进展。主动与泰安市总工会沟通协作，促成泰安市餐饮行业签订了《泰安市餐饮行业工资集体合同》；推动烟台市芝罘区汽车销售行业签订了《烟台芝罘区汽车流通行业工资集体协议》、中国供销石油烟台有限公司工资专项集体合同；经过反复沟通交流，促成潍坊银座商城签订了银座集团第一个企业工资集体合同；在金融系统选择平阴农村商业银行签订了企业工资集体合同。这些集体协商签订集体合同的典型，为全系统开展工资集体协商签订集体合同工作提供了可复制可推广的典型经验，起到典型示范引导的作用。二是着重抓了金融机构民主管理工作。制定下发了《关于金融机构民主管理工作检查的通知》，实行百分制考核评分，进一步规范金融机构厂务公开、职代会建设，职代会提案落实率明显提高，协商民主强化社会责任工作品牌建设成果显著，农业银行"幸福家园"建设深受员工欢迎，建设银行"劳动者港湾"建设引起社会热烈反响。近几年新建立的山东海洋集团、山东发展投资公司等新型金融机构均依法依规建立民主管理制度，民主选举了职工董事、职工监事。

夯实工作基层基础，扩大工会组织覆盖面 一是认真贯彻落实全总八大群体集中建会要求，着力推进商场信息员、家政服务员入会建会工作。据不完全统计，全省共有商场信息员 10.7 万名，涵盖企业 5480 个，2018 年有 5000 多名商场信息员加入供应商工会，2.8 万名加入商场工会，入会率达 40%。全省家政行服务业从业人员 110 多万，企业 5600 多家，保持和新建立劳动关系的 16 万人，新入会职工 2 万多名。二是指导督促新建投资、保险、商粮企业建会工作取得新进展。亚太财产保险山东分公司、山东鲁粮集团、安邦人寿保险山东分公司、平安普惠企业管理有限公司山东公司建立工会，依法办理工会法人资格登记。三是加强基层工会组织规范化建设。认真贯彻落实《山东省总工会关于新时代职工之家建设的十条意见》，对人民银行济南分行、建设银行等金融系统基层单位建家工作进行了督导检查。选树全国模范职工之家 1 个、山东省模范职工小家 1 个。

贴近产业实际开展活动，努力为职工提供精准服务 一是组织开展了形式多样的富有产业特色的职工趣味运动会、职工演讲比赛、单身职工联谊会、心理健康辅导等活动，举办了全省金融系统职工乒乓球比赛，丰富了职工业余文化生活，促进职工全面发展。二是筹集资金开展精准帮扶救助活动。2018 年帮扶救助了 261 名困难职工，慰问 82 名患大病职工。严格困难职工档案甄别，为 48 名困难职工分别申请了助学、大病和生活救助。三是女职工专项集体合同签订率达到 95% 以上，新建省级爱心妈妈小屋 14 个，女职工特殊权益保护得到更好落实。

加强自身建设 省财贸金融工会党支部带头以党章为根本遵循，落实"一岗双责"，实现"两学一做"常态化制度化，巩固落实中央八项规定精神，牢固树立"四个意识"，坚持"四个自信"，做到"两个维护"，不断改进工作作风，心系职工，廉政勤政，争创一流工作业绩。深入企业调查研究，倾听职工心声，协调帮助解决问题，反映基层意见，撰写了金融系统职工权益实现情况、家政行业职工队伍素质建设情况两份高质量调研报告，分别获得 2018 年度全省工会优秀调研成果二等奖和三等奖；向省总工会等领导机关上报了驻鲁金融系统评选省劳模落入空当和新建行业工会联合会活动经费无保障的两份信息反映。支持组织山东省第十届家庭服务业可持续发展高层论坛，共商家政行业转型升级发展新思路新举措，研讨行业规范发展模式。严格执行省总工会财务、会议、评先奖优规定，加强金融系统工会经费收缴催缴工作，2018年完成收缴经费680万元。坚守底线思维，树牢敬畏意识，认真学习落实《保密条例》规定，全体人员做到依规行事，绝不泄密。省财贸金融工会一班人团结协作，充满活力，工作作风和工作实效受到基层工会和职工的欢迎。

（续 端）

轻工纺织工会

概况 2018年，山东省轻工纺织工会在省总工会、中国财贸轻纺烟草工会的坚强领导下，在相关部门的大力支持下，以深入学习宣传贯彻党的十九大和省第十一次党代会精神为引领，围绕"一二五六"工作思路：即"一"统一思想汇聚力量；"二"打造职工素质提升、创建劳动保护标准化企业"两大品牌"；"五"实施行业性工资协商、企业工会与行政沟通机制建设、群众性安全生产、构建和谐劳动关系、市县产业工会组织建设"五大行动"；"六"建设"六型"工会，组织动员产业广大职工为促进全省轻纺行业经济发展和山东工会工作走在全国前列做出了新贡献、展现了新作为。

统一思想汇聚力量 省轻纺工会通过理论培训、专题汇报、座谈交流、参观考察、经典诵读等方式，深入学习贯彻党的十九大和省第十一次党代会精神，习近平新时代中国特色社会主义思想，中国工会十七大、省第十五次工代会精神。通过学习，进一步把思想和认识统一到党中央的决策部署和对工会工作的重要指示上来，统一到中国工会十七大和省第十五次工代会精神上来。树立"四个意识"、坚定"四个自信"，做到"两个维护"，切实增强做好工会工作的内生动力，努力担负起引导职工群众听党话、跟党走的政治责任，认清形势，明确责任，集中智慧和力量，全面完成中国工会十七大和省第十五次工代会确定的各项工作任务，充分发挥工会组织优势，不断激发广大职工的积极性、主动性、创造性，组织动员广大职工为实现中华民族伟大复兴的中国梦建功立业。

打造"职工素质提升"品牌 一是开展职工技术创新竞赛活动。组织动员全省轻纺行业广大职工积极开展了以"当好主力军、聚力新动能、建功新时代"为主题的职工技术创新竞赛活动，涌现出一大批先进集体、先进个人和职工优秀技术创新成果。表彰了20项"山东省轻纺行业职工优秀技术创新成果"，10个"劳模和工匠人才创新工作室"，12个"创新型班组"，20名"创新能手"。11月26日—28日，中国财贸轻纺烟草工会纺织服装行业劳动和技能竞赛经验交流会在淄博市召开，省轻工纺织工会做了典型发言。11月27日至28日，省轻纺工会召开了全省轻纺行业职工素质提升现场推进会议，总结了近年来省轻纺工会开展职工素质提升工作，分析研讨了存在的问题和不足，部署了今后的工作任务。二是举办职工劳动和技能竞赛。2018年举办了"威力杯"山东省第七届五金制品行业技能大赛、"大金杯"山东省第十三届家电行业职业技能竞赛、山东省白酒行业首届酒体设计职业技能竞赛、"梁子黑陶杯"山东省第七届工艺美术行业职业技能大赛、"黎宁杯"山东省皮革行业皮革加工职工职业技能大赛、山东省轻工行业职业技能（果露酒）竞赛等8个工种的职工职业技能大赛，激励广大职工技能成才、岗位建功。三是选树"全省轻纺行业齐鲁工匠" 35 名。推荐汶上如意技术纺织有限公司崔本亮获得"齐鲁工匠"荣誉称号，孙凤军、史亚萍获得"全国轻工行业大工匠"荣誉称号。五一前夕，评选全省轻纺行业五一劳动奖章 60 名、奖状 26 个、工人先锋号 35 个，推荐淄博华光陶瓷科技文化有限公司设计中心和山东金晶科技股份有限公司动力部获得全国工人先锋号荣誉称号。四是搭建网上学习平台。在纺织、白酒、葡萄酒行业开设了学习模块，组织职工网上实名注册登录学习，建立 3000 多道题库，闯关答题竞赛。积极开展轻纺行业职工网上学习练兵活动。

打造"创建劳动保护标准化企业"品牌制定下发《关于开展选树工会劳动保护标准化企业活动的意见》和《关于开展 2018 年度选树全省轻纺行业工会劳动保护标准化企业活动的通知》，明确创建范围、目标任务、实施步骤，制定《创建工会劳动保护标准化企业标准》，对创建活动进行动员部署，分组深入淄博、潍坊、德州等 5 个市、金晶集团、晶峰集团等 12 个企业进行指导督查，选树典型，建立完善工作推进和考核评价机制，命名工会劳动保护标准化企业 18 个。

实施"五大行动"维护产业职工合法权益　一是深化行业性工资集体协商行动。下发关于对全省轻工纺织行业开展工资集体协商工作进行检查督导的通知，对各市轻纺工会、各委员单位开展工资集体协商工作情况进行调研摸底。在 74 家委员单位中，2018 年新签工资集体合同（协议）5 家，新签行业性工资协议 2 家，续签工资集体合同（协议）45 家，建制率达 70%。52 家开展工资集体协议的企业均按《山东省企业工资集体协商条例》的要求进行了进一步规范，把最低工资标准、加班工资标准、工资调整幅度、劳动定额标准、工资支付办法等企业职工普遍关心的问题作为了集体协商的核心内容。8 月份，省轻纺工会赴淄博指导临淄区食品行业工资集体协商，6 家协商代表召开协商会议，在临淄区食品行业第一届二次职工代表大会上审议通过《临淄区食品行业 2018 年度工资集体协议》，并由企业方和职工方首席代表现场签订工资集体协议。二是推进企业工会与行政沟通协商机制建设行动。充分发挥以职工代表大会为基本形式的企业民主管理作用，持续推进企业工会与行政沟通协商机制建设，明确协商内容，构建闭环工作流程，将协商机制建设情况纳入考核范围，充分发挥企业工会在沟通协商工作中的组织动员作用，督促企业落实职工民主权利和解决职工利益诉求，促进企业健康发展。截至年底，委员单位中 100 人以上建会非公企业建制率达到 95%，国有、集体及其控股企业建制率达到 100%。三是深入实施群众性安全生产行动。广泛开展以"落实全员安全责任，促进企业安全发展"为主题的"查保促"工作，推动企业全员安全生产责任制进一步落实，群众性安全生产工作和企业安全文化建设进一步深化，企业安全生产水平进一步提升，职工安全责任意识和能力进一步增强。组织各级工会组织，特别是企业工会开展"手指口述安全确认法""安全隐患随手拍""安全生产合理化建议征集""安全生产技能竞赛"等群众性安全生产活动，充分发挥工会在劳动保护、安全生产工作中的监督检查作用。2018 年，督查 6 家市县产业工会、20 余家委员单位。四是构建和谐劳动关系行动。配合政府相关部门做好在产业转型升级、新旧动能转换、企业搬迁转产过程中职工安置工作，确保职工队伍和社会稳定；加大困难职工解困脱困帮扶力度，开展精准帮扶工作，及时掌握行业内困难企业和困难职工基本情况，健全完善困难职工档案，多方争取帮扶资源，实现困难职工需求信息和救助资源精准对接。2018 年元旦春节期间省轻纺工会分 3 个组先后深入到济南、淄博、烟台等市，扎实开展了全省轻纺烟草盐业系统送温暖活动，共发放慰问金 16.5 万元，走访困难企业 19 家，帮扶困难职工 150 余户。五是加快市县产业工会组织建设行动。推动健全完善轻纺工会组织体系，与全省 17 个地市总工会密切配合，协调沟通各有关单位，结合各地市轻纺行业特点和工作实际，对当前产业工会建设中面临的新情况、新问题进行了深入调研，摸清现状，总结经验，查找问题，提出对策，共同积极推动市县（市、区）轻纺工会建设，重点推进产业集群工会联合会建设，建立起覆盖行业各种所有制企业的组织体系，接长手臂、延伸触角、扩大工作覆盖面。截至年底全省轻工纺织行业已建立市级产业工会 11 个，县级产业工会 21 个。

建设"六型"工会加强自身建设 省轻纺工会认真贯彻落实习近平总书记关于纠正"四风"的重要指示精神，切实转变工会作风，以打造学习型、实干型、创新型、服务型、团结型、廉政型"六型"工会为目标，加强工会自身建设，努力把工会建设成为"党政靠得住、企业离不开、职工信得过"的职工之家。举办了全省轻纺烟草系统工会干部培训班，着力提升产业工会干部服务的能力和水平，来自全省轻纺烟草系统近 100 余名工会干部参加了培训学习。举办全省轻纺烟草盐业系统庆祝改革开放 40 周年职工书画展，展出优秀作品 105 幅。深入推进"两学一做"学习教育常态化制度化，积极参与轻工纺织行业涉及产业发展和职工权益

的有关政策、标准的制订，召开了与对口部门、相关协会联席会议；下发了《关于开展在新旧动能转换重大工程中如何发挥产业工会作用专题调研的通知》，分组赴济南、淄博、潍坊等地，深入太阳纸业集团、如意科技集团等 20 多家企业开展专题调研，撰写的《关于新旧动能转换中发挥产业工会作用的调查研究》调研报告获省总工会三等奖。

（李　瑶）

国防机械电子工会

概况 2018 年，省国机电工会在省总工会党组、分管主席和上级产业工会的坚强领导下，在各部室、各产业工会和同志们的关心帮助支持下，全体同志团结奋斗、干事创业，紧扣产业特点创特色、树品牌、强活力，实现了整体工作的新提升。

履行政治责任，引领职工听党话跟党走 广泛开展"中国梦·劳动美——学习宣传贯彻习近平新时代中国特色社会主义思想和党的十九大精神"主题宣传教育活动，推动习近平新时代中国特色社会主义思想进企业、进车间、进班组、进职工头脑，凝聚起了坚定信念跟党走、推动供给侧结构性改革和加快新旧动能转换的磅礴奋斗力量。

通过加强思想道德文化建设，引领职工践行社会主义核心价值观。参加中国机械冶金建材工会点赞工匠摄影大赛，获优秀组织奖。支持第一书记挂职帮包村建起了农民工书屋。以"弘扬体育精神，运动强健体魄，责任铸造辉煌"为主题，举办了全系统第三届职工乒乓球比赛。

厚植创新驱动，持续不断加动力创品牌 把打造工匠文化品牌作为推进产业工人队伍

建设改革的着力点和突破口，作为人才培养的强基之举，通过创新开启工匠学习推树、系列宣传、赛事举办、引导激励四大引擎，促进品牌越擦越亮、实施效果越来越好。截至年底，全系统已有齐鲁行业工匠 40 人，并推出齐鲁大工匠 1 人、齐鲁工匠 4 人、齐鲁工匠提名奖 2 人，带动各级选树工匠 1600 多人。每年采取开办论坛或座谈研讨推进会、开展媒体深度宣传等形式，强势营造工匠精神学习宣传实践氛围。组织弘扬工匠精神庆五一职工专场文艺演出，500 多职工现场观看，7 万多人在线观看网络直播；组织的育匠人、铸匠魂、做匠人、出匠品演讲报告会，网络直播终端点击量超过 5 万人次。

助力新旧动能转换，提技创新搭平台建载体 参与承办大赛的数量由 3-5 个，发展到现在的 6-8 个，竞赛领域工种由传统制造业的几个工种发展到机械三维设计、数控技术、智能制造和电子信息等众多领域里几十个工种，共有 2000 余个团队、500 余名个人晋级决赛，对接转化优秀创新成果 469 项。8 项赛事共有 14 名职工获得山东省富民兴鲁奖章。持续推进劳模工匠高技能人才"三位一体"的创新工作室建设，全年新命名授牌劳模和工匠人才创新工作室 17 个，全系统各委员单位已建各级创新工作室 400 余个。组织部分企业工会主席、工匠赴陕西国防企业考察学习创新工作室建设，学到了"十有""四结合"先进新鲜经验。持续开展群众性的经济技术创新，全系统职工开展技术革新 2.8 万项，总结推广先进操作技法 4600 个，实施职工合理化建议 23.5 万条。不断扩大机械行业网上学习练兵覆盖范围，上线工种模块达到 14 个，覆盖 16 家大企业和部分中小企业，上线突破 20 万人次。

推进精准普惠服务，聚焦主业抓维护强职能 大力推进职工之家建设，出台实施了包括 6 章 21 条内容的《山东省国防机械电子行业新时代模范职工之家创建管理办法（试行）》，着力建设规范、创新、服务、文化、智慧型工会组织，开展模范职工之家、模范职工小家、职工最贴心娘家人选树，着力把各级工会组织打造成温馨和谐之家、维权服务之家、增长才干之家、聚集创新之家。大力推进工资协商提质增效，完善提升了德州中央空调产业工资协商典型，完成了枣庄滕州、淄博张店区域性行业性工资协商典型考察确定和培树的初步工作。大力开展职工心理健康关爱行动，采取购买服务和争取省总工会部门支持的形式，挑选国家级心理咨询师，精心策划准备课题，为企业送辅导讲座 11 场次。大力开展夏清凉、冬送温暖活动，采取专项列支、争取省总工会和上级产业工会支持的方式，全年共发放送温暖帮扶资金 36 万元、防暑降温物资 6 万元。帮扶的 298 名建档困难职工中，有 247 名实现了脱贫解困，脱贫解困率达 83%。

加强组织建设，坚持不懈夯基层固基础 完善产业工会组织体系，加快产业工会组建，帮助指导成立了诸诚汽车产业工会联合会、淄博张店机电产业园区工会联合会、聊城临清轴承产业园区工会联合会，完成了临沂临沭机械装备制造产业工会联合会成立的前期准备工作。推动产业工会规范建设，落实制度、发挥作用，创造性开展富有产业特色的工会工作。加强产业工会能力，举办了全系统工会干部培训班。调查研究水平整体提高，形成的 3 篇调研成基本上做到了能参与的积极参与。编印的全系统工会《调研文集》深受基层欢迎。

亮点特色工作 一是《打造工匠文化品牌助力制造强省》的经验做法，被中国机械冶金建材工会作为优秀创新案例，入选由中国工人出版社出版的《创新之路》，面向社会公开发行；二是承办或参与承办数控技术、机械三维设计、电子信息类和涵盖 10 强产业的智能制造 8 大竞赛。其中，数控机床装调工、数控加工中心操作工，在国赛中获团体赛总第 3 名和第 9 名的好成绩；三是打造智能制造创新创业大赛品牌，238 个项目申报参与，67 个项目晋级决赛，46 个项目获奖，获奖项目前 3 名的项目第一完成人，获授山东省富民兴鲁劳动奖章荣誉称号；四是打造市级产业工会先进典型——淄博市冶金机电工会，指导帮助总结出《以改革释放产业工会组织创新力》新鲜经验，在中国国防邮电工会上作了大会典型发言。山东工人报作为参评 2018 年头条新闻大赛重点稿件《以创新力集聚产业工人"主力担当"》为题发表；五是提报的 3 篇调研报告，分获省总工会会优秀调研成果一等奖、三等奖和优秀奖。

（陈　明）

外经贸工会

概况　山东省对外经济贸易工会委员会（以下简称省外经贸工会）机关设办公室、组织民管部、基层工作部、女职工工作部，现有工作人员 8 名。截至 2018 年底，省外经贸工会辖 43 个直属外贸企（事）业单位工会、91 家基层工会；17 个市商务局工会、125 个县（市、区）商务（外经贸）局工会、76 个县（市、区）外经贸企业工会联合会。驻青外经贸系统共有专职工会工作者 4 人，兼职工会工作者 410 人，工会会员 8632 人。

加强理论学习，增强政治引领　认真学习贯彻习近平新时代中国特色社会主义思想、习近平总书记视察山东重要讲话精神、新旧动能转换重大工程总体要求，中国工会十七大、山东省工会十五大会议精神。通过培训班、微信公众号、工作交流、竞赛答题等形式广泛宣传；建立机关干部学习制度及台账，全年组织集中学习 31 次；各基层单位开展形式多样的活动，促进宣传教育进车间、进班组。通过学习，提高思想觉悟和政治站位，增强"四个意识"、坚定"四个自信"、做到"两个坚决维护"，将思想行动统一到以习近平同志为核心的党中央部署要求上来，切实肩负起团结引领广大职工听党话跟党走的政治责任。

开展青年职工成长成才素质提升工程　用好职业院校（山东外贸职业学院）和外经贸企业"两个阵地"，突出培训、竞赛、表彰激励"三个手段"，搭建起职工成长成才平台，打造一支知识型、技能型、创新型外经贸劳动者队伍。在对职工培训需求深入调研基础上，举办商务礼仪、跨境电商、阳光心理、外贸制单、海关税务和处罚风险 5 期培训；各基层单位开展职工教育培训 117 场，参训职工近万名。12 月以国际贸易基础理论、外贸单证操作、商务英语口语技能等为竞赛内容，举办第一届山东省国际贸易业务员技能竞赛。全省 17 市、各直属单位选拔 50 名选手参加省级决赛，展现了全系统职工业务过硬、本领高强、锐意进取风采，在广大职工中树立终生学习、立志成才理念。此项工作得到中国财贸轻纺烟草工会主席王倩的肯定及批示。

举办山东省外经贸系统第一届职工体育大会　以"强体魄 展风采 增活力 促发展"为主题举办全系统第一届职工体育大会，内容涵盖拔河、乒乓球、羽毛球、够级、趣味等项目，活动覆盖面与职工参与度大幅提升，带动各单位开展多彩文体活动，增强全系统的向心力、凝聚力。

开展"激发职工创造活力，推动外贸转型升级"主题劳动竞赛　加强顶层设计，提出实施方案，由面到点，推动各基层单位扎实开展符合实际的竞赛活动，促进职工岗位创新，形成比学赶帮超的竞赛氛围，增强活动针对性实效性。各基层单位开展劳动技能竞赛58场次，覆盖职工13200余人。

开展"崇尚劳动·关爱职工"为主题的送清凉活动　到近60个直属单位调研走访，为高温下坚守在工作岗位的一线职工送上降温茶近万斤，详细了解一线职工的工资福利、吃住环境、劳动保护等，促进企业采取多项举措防暑降温，增强职工在高温天气自我保护意识和自救能力。

开展"查保促"群众性安全生产活动抓好宣传发动、检查督导、制定活动方案，成立工作小组，明确责任分工，建立普遍化、制度化、长效化工作机制。各单位广泛开展宣传教育、技能比武、知识竞赛、消防演习等"查隐患"活动458场次，查找隐患825件，提高了职工隐患排查治理、事故防范、应急处置和自我保护能力。

加强源头维权　坚持和完善以职工代表大会为基本形式的民主管理制度，切实保障职工的知情权、参与权、表达权和监督权。推动各单位工会与行政沟通协商机制的建立与完善。规范公司制企业职工董事、职工监事制度，强化述职评议，切实代表和反映职工群众的意愿诉求。完善职工服务体系，举办职工心理健康培训1期。

精准救助困难职工　运用困难职工精准帮扶信息化平台，精准识别困难职工，建立全系统困难职工联系人制度，及时宣传政策，有效链接职工需求，实现"面对面、点对点、零距离"精准帮扶。全年走访慰问困难职工、全国劳模、省劳模290人，发放各种救助款52.26万元。

成立山东省对外经济贸易工会第一届委员会　按照"联合制、代表制"要求成立山东省对外经济贸易工会第一届委员会并召开第一次全体会议，选举产生领导班子，委员会委员由省公司，省、市、县三级商务（外经贸）局工会主席和县外经贸企业工会联合会主席组成，同时增加劳模和一线职工代表，实现单位类型由"工作委员会"到"工会委员会"转变。

加强对市、县（市、区）商务（外经贸）局工会的纵向组织建设　组成专题调研组到东营、滨州、潍坊、临沂等市及部分县（市、区）商务（外经贸）局工会、外经贸企业调研，就外经贸企业工会联合会组建进度、工作开展及作用发挥情况进行调研。年中召开全省组建县（市、区）外经贸企业工会联合会工作先进单位表彰会，分别在昌邑、罗庄、周村、沾化举办片组交流活动，统一思想，明确外经贸工会联合会的地位和作用，积极探索围绕外经贸中心工作，服务外经贸企业和职工的途径。

促进全系统工会组织规范化建设　印发《关于贯彻落实〈山东省总工会关于新时代职工之家建设的十条意见〉的实施意见》，提出13项具体举措，增强基层工会活力。对基层工会组织实行动态台账管理，敦促4家基层工会按时换届选举，为12家基层单位办理三证合一换证工作，提升基础工会组织建设规范化水平。

加强对直属单位的检查督导　对全系统工会工作开展，做到年初有安排部署、年中有调度推进，年底有检查督导。为促进各项工作落实落地，省外经贸工会工作人员与部分基层工会主席组成4个督导小组，深入43个基层单位，听取工会工作汇报，查看基础档案资料，征求党政领导和职工、会员对工会工作意见，既全面总结评价工作，又促进各单位互学互促、共同提高。

加强调查研究，建立基层联系点制度
在举办大型活动、开展重点工作前，深入调查研究，广泛征求委员单位和各基层单位意见，开展活动以职工需求为根本出发点。建立基层联系点制度，每名工作人员联系 8—10 个直属基层单位，密切联系基层、一线职工，与职工群众面对面交流，了解职工思想动态，听取并反映职工诉求，为企业和一线职工解决实际问题。

加强工会干部队伍建设　举办学习贯彻习近平新时代中国特色社会主义思想培训班 1 期，学习贯彻中国工会十七大、山东省工会十五大培训班 1 期，工会经费管理与使用等工会基础业务方面培训班 2 期，提高工会干部服务职工、创新工作的能力和水平。

建立健全各项制度　坚持每周一办公例会制度、基层联系点制度、定期向省总工会全委汇报工作制度、与所属单位党政领导沟通制度、与工会主席工作磋商制度、与机关干部谈心、批评和自我批评制度、严格遵守保密制度，通过制度建设推动单位规范化建设。

发挥女职委作用　召开省外经贸工会女职委六届二次全委（扩大）会议，开展女职工维权行动月活动，维护女职工合法权益和特殊利益。深化鹊桥联谊会品牌活动，创新活动形式和内容，增强活动实效，全年举办 2 场大型鹊桥联谊会。

（徐　霄）

农林水工会

概况　山东省农林水工会委员会管辖全省 17 个市水利工会、9 个市农业局工会、12 个市林业局工会、14 个水利厅直属单位工会。工作涵盖农业、林业、水利、海洋与渔业和畜牧业五大行业。山东省农林水工会机关人员编制 7 人，实有工作人员 6 人。

加强职工思想政治引领　山东省农林水工会深入学习宣传贯彻习近平新时代中国特色社会主义思想和党的十九大精神，认真学习宣传中央、省委党的群团工作会议精神，中国工会十七大、省第十五次工代会精神，特别是习近平总书记同全总新一届班子集体谈话时的重要讲话精神。通过举办专题学习会、报告会、专题培训班等，不折不扣地把习近平总书记重要讲话精神和大会精神贯彻落实到工作全过程、各方面，教育引导系统内各级工会干部和广大职工，不断增强对党的政治认同、思想认同、情感认同，更加紧密地团结在以习近平同志为核心的党中央周围，坚定不移听党话、跟党走。

推动落实省总工会"三大工程""三个十条"　根据省总工会确定的"三个工程""三个十条"重点工作项目，结合产业实际和行业特点，厘清职责、创新机制、多措并举，迅速出台工作方案，制定 25 项具体措施。组织人员深入水利工程一线，围绕省总工会重点工作进行了专题调研，形成专题调研报告，进一步补充完善产业重点工作实施方案。在此基础上，组织各级工会围绕重点工作，开展了自查互查抽查，确保重点工作落地见效。

召开山东省农林水工会二届四次全委会
山东省农林水工会二届四次全委会于 2018 年 3 月 29 日在济南召开。省农林水工会第二届委员会委员、女工委委员 70 余人参加了会议。会议总结了 2017 年工作，部署了 2018 年工作任务。省农林水工会主席马玉珊作了题为"立足产业定位　实施品牌战略　全力开创新时代农林水工会工作新局面"的工作报告。会议履行了有关人事事项的民主程序，共替（增）补委员 15 名，表决通过了关于孔祥贞、刘建晖同志不再担任山东省农林水工会第二届委员会常务委员会委员的决定。会议表彰了2017年度全省农林水系统先进单位40个，支持工会工作的优秀领导干部39人，优秀工会工作者41人。

开展职工职业技能竞赛 在基层单位广泛开展岗位练兵、技能培训和技能比武的基础上，组织开展了系统内水利、畜牧、农机3个行业、7个工种的省级行业职工职业技能竞赛，对在技能竞赛中荣获技能项目第一名的职工，申报省总工会授予山东省富民兴鲁劳动奖章。经省级决赛，选出的9名选手参加了全国首届农业行业职业技能大赛、3名选手参加了第六届全国水利行业职业技能竞赛，均取得优异成绩。联合渔业技术推广站、中国农业出版社等单位共同开发的"渔业技能操作规范电子教材"，将上传至山东省职工网上学习平台，供渔业系统职工网上学习使用。

开展职工技术创新特色品牌活动 山东省农林水工会积极组织开展各类职工技术创新活动，引导职工立足本职岗位，投身企业改革创新实践，加快建设学习型、技能型、创新型职工队伍。2018年，继续自下而上地组织开展了职工合理化建议暨技术创新特色品牌活动，并于12月份在济宁召开了系统第四届职工合理化建议暨技术创新成果发布会，会议对活动开展先进单位和先进个人进行了表彰，来自系统内5家单位和个人作了交流发言，对活动开展情况进行了系统总结和详细部署。本次会议共发布职工优秀合理化建议237项、优秀技术创新成果17项。

培育选树产业劳模和"齐鲁工匠" 制订《关于加强全省农林水系统劳模（高技能人才）创新工作室建设工作的实施意见》，加大工作力度，实施规范运行，解决技术难题，推动企业技术创新，培养产业高技能人才。认真组织实施"齐鲁工匠"建设工程，培育选树产业系统劳模工匠人才，建立起系统内高技能人才库、创新成果库。通过系统库向省总工会推荐了4名"齐鲁工匠"候选人、3项职工创新技术成果等。其中，德州市丁东水库潘皋正工作室被评为山东省示范性劳模和工匠人才创新工作室，省动物疫病预防与控制中心被评为山东省创新班组，渔业技术推广站刘振华被评为山东省创新能手。

加强职工之家建设 制定《关于推动工会与行政沟通协商机制规范化建设的通知》、转发《关于开展"争创十佳职工信赖的职工之家 争做十佳职工信赖的娘家人"活动的实施意见》等多个规范性文件。德州市水利局水利施工处被评为全国工人先锋号，淄博市自来水公司被评为全国模范职工小家，莒南县浔源供水服务中心被评为全省模范职工之家，淄博市农科院、淄博水利自来水公司、威海市水利局政工科等3家单位被确认为全国农林水利气象系统的模范职工之家、模范职工小家。

做好职工维权帮扶工作 坚持困难职工档案动态化管理，对新致困和返困的职工及时纳入建档范围，严格纳入和退出标准、程序，切实做到精准帮扶。根据省总工会保障部和职工帮扶中心工作安排，对符合条件的3名困难职工及时申请中央财政资金帮扶。发放省级财政帮扶资金20.6万元，救助困难职工47人次。积极推动产业和谐劳动关系建设，培养产业系统协调劳动关系专业人才，4名同志取得了省劳动争议调解员资格证书。

持续开展"文明家庭"创建活动 全省农林水系统各级工会女职工组织深入贯彻落实党的十九大精神和习近平总书记关于家庭文明建设的系列重要指示精神，团结和带领广大女职工积极投身新时代现代化强省建设中去。为发挥典型的示范作用，以家庭的和谐稳定促进职工队伍稳定，年内对系统内120余户"文明家庭"进行了表彰。

农林水工会干部培训 举办全省农林水系统工会主席培训班，全省农林水系统70余名工会主席参加培训，围绕新旧动能转换实施方案解读、基层工会规范化建设、工会干部能力提升与优化以及工会干部心理压力释放与调适等培训主题进行培训学习，进一步提升了工会干部的专业素质和业务水平。

开展理论课题调研工作 结合省总工会"大学习大调研大改进"工作部署，围绕工会工作基本职责职能，为深化、破解、落实"五个强化"，提高全省农林水系统工会干部的理论业务素质，促进全系统工会工作创新开展，组织开展了理论课题调研工作。在各单位的积极支持和共同努力下，共征集调研报告68篇，经常委评审、集体研讨，评选出调研报告一等奖10篇，二等奖10篇，三等奖20篇，优秀奖28篇。

加强自身建设 山东省农林水工会不断强化责任意识、担当意识，扎实开展"担当作为、干事创业"集中行动，引导部门人员解放思想、变革观念、担当作为、干事创业；踊跃参加机关党委组织的党性教育活动；坚持利用每周一的"集中学习日"，传达上级有关政策文件精神和党的理论知识，认真学习《习近平新时代中国特色社会主义思想三十讲》内容；将支部书记上党课、组织生活会、民主评议党员、收缴党费等纳入主题党日活动安排中，不断丰富和完善学习内容，并顺利完成支部换届选举工作；认真履行保密工作责任制，严守保密工作各项规定，大力推动工作创新发展走在前列。

（郑腾腾）

地质工会

强化职工思想政治引领 2018年，山东省地质工会以习近平中国特色社会主义思想为指导，把学习发展宣传贯彻党的十九大精神作为首要的政治任务抓紧抓好。编制《不忘初心·牢记使命》口袋书，下发到各基层单位、项目组；与局政治处联合举办"立足岗位做贡献，青春建功促发展"主题演讲比赛，举办庆祝建党97周年全局学习十九大精神、宪法知识竞赛，组织"书香三八·嘉年华"读书成果展示，征集学习十九大感受体会的视频活动，举办"弘扬宪法精神，争做职业道德模范"主题征文活动。深化"中国梦·劳动美"主题教育实践活动，坚定广大职工听党话跟党走的理想信念，组织职工参加中国能源化学地质工会举办的"新时代·新征程·新作为"职工摄影大赛和微电影微视频创作大赛，推荐的作品《潮涌澎湃起 杨帆唱大风》荣获三等奖。举办了8场先模事迹巡回报告会，近千人聆听了报告，在全系统营造了劳动光荣、劳动伟大的社会风尚。

开展职业技能竞赛 以"当好主力军、聚力新动能、建功新时代"为主题，主办了两项职工职业技能竞赛。这两项技能竞赛均入选2018年度省级"十强产业"职工职业技能竞赛项目。与山东省矿业协会共同主办了2018年中国技能大赛"劳雷杯"首届全国地质勘查行业物探职业技能竞赛山东省选拔赛，比赛内容全面，充分展示职工的综合技能，国土、煤田、冶金、化工、核工业、地矿、国资委等所属单位的22支代表队67名选手参加了决赛。选送优胜选手参加全国总决赛，山东省物化探勘查院刘洪波在全国

27支代表队82名选手中获得了第9名，三名参赛选手均获得"全国地勘行业物探优秀人才"荣誉称号，山东省地质工会获最佳组织奖。同时聚焦全省发展重大战略，指导各基层工会广泛开展各具特色技能竞赛、劳动竞赛、岗位练兵、岗位创新、创优等活动。山东省地质测绘院地质大数据开发应用小组、山东省地矿工程勘察院济南泉水保护班组被评为山东省创新型班组，同时授予山东省工人先锋号荣誉称号，济南泉水保护班组获全国工人先锋号。省勘院曾纯品、林广奇被评为山东省创新能手，2项创新成果获得山东省职工优秀技术创新成果三等奖。积极参与省总工会组织的"齐鲁工匠""齐鲁大工匠"选树活动，省勘院肖军被命名为"齐鲁工匠"。评选30名"山东地矿系统五一劳动奖章"，为广大职工提供了看得到、学得到、做得到的标杆，在全局营造了崇尚劳模、学习劳模的浓厚氛围。

强化民主管理工作 持续抓好职代会、厂务公开两个条例贯彻落实，推进以职代会为基本形式的院务公开民主管理制度化、规范化建设，有效地维护了职工的利益。充分发挥网站、微信公众号、宣传栏等媒介的作用，对职工关心的热点问题做到公开透明，涉及职工切身利益的事项公开操作。各基层工会开设职工监督平台、举报平台，设置职工代表接待日，设立"职工心声"诉求表达信箱，进一步畅通联系职工的渠道。继续开展劳动关系和谐单位创建活动，在规范劳动用工等方面充分发挥工会组织的作用，既维护了职工的合法利益，又维护了单位的稳定。推动各单位建立工会与行政协商机制的建立，实行协商民主，提升了工会工作新水平，提升了职工满意度。

持续深化"查保促"群众性安全生产活动 印发《2018年全省地矿系统"查身边隐患、保职工安全、促地矿发展"群众性安全生产工作意见》，深入开展"安康杯"竞赛活动，局第六地质大队3613机班组获得全省竞赛优胜班组称号，局第八地质大队刘奎森获得全省先进个人荣誉称号。各基层工会通过联合安全部门举办群众性安全生产工作培训班，开展"安全隐患随手拍""安全生产合理化建议征集"等活动，促进单位主体责任、职工岗位责任落实。与地矿局安全管理处开展了安全生产先进项目创建活动，对安全生产优秀项目进行了评选通报，职工安全责任意识和能力进一步增强。

切实提升职工获得感、幸福感 坚持走访慰问一线职工制度，为职工送温暖、送清凉、送健康、送安全。各基层工会春节前走访慰问职工1020人次发放慰问金125.5万元；夏送清凉走访4649人，金额103.9万元。地质工会赴河北雄安、承德茅荆坝、泰安等地施工项目现场走访慰问职工。推进野外项目组（机台）标准化建设，提升了野外一线职工的工作、生活条件。组织开展职工心理健康辅导讲座，引导职工正确处理工作生活关系，培养健康向上的生活态度。开展多种形式的文化、体育活动，积极参与地矿局建局60周年职工文艺汇演等活动，丰富职工文化生活。

加大困难职工帮扶力度 地质工会聚焦困难职工，对困难职工进行了进一步的调查摸底，做好困难职工解困脱困工作，实施分类精准帮扶。春节前对全局困难职工进行救助，统筹分配局大病救助基金、慈善总会救助金和困难职工救助金，共救助职工160人，发放救助金71.35万元。各基层工会通过为职工办理"工会互助医疗保障卡"、为特困职工组织捐款、结对子帮扶、邀请医院专家坐诊等方式，加强对职工的关心关爱。

强化基层基础，努力提高工作水平 进一步健全基层工会组织体系，指导各基层工会完成了基层工会主席届中选举，调整各分会设置，健全了三级网络体系建设，配齐配强工会干部。制定了基层单位工会法人资格变更登记工作流程，协助各基层单位办理了工会法人证书变更。推进职工之家和职工小家建设，七院西部分院青海格尔木分水岭北1∶5万矿调项目工会小组荣获全国模范职工小家荣誉称号，三院戴长国荣获山东省优秀工会工作者。开展工会工作优秀项目展示活动，三个项目在中国能源化学地质工会举办的"建功新时代·彰显新作为"工会工作项目展示活动中，作为优秀项目进行展示。组织开展了基层工会干部培训班，提升了基层工会干部履职能力和工作水平。加强工作督查和调查研究，对各单位工会工作及时进行调度检查，促进了各项工作落地落实。撰写完成省地矿系统产业工人党员情况的调研报告。筹备山东省地质工会第一届委员会、经费审查委员会、女职工委员会成立大会。做好工会财务工作，积极推进财政票据电子化改革，规范工会经费收、管、用。搜集整理汇总了地质工会60年来的史志材料，完成了省地矿局建局60周年局志综合卷的地质工会篇的编纂工作。及时宣传贯彻落实全总十七大、山东工会十五大精神，举办了山东省工会第十五次代表大会精神宣讲报告会，让十五大精神在基层落地生根，并形成生动实践。

驰而不息抓好自身建设 坚持理论学习与业务学习相结合，集中学习和自学相结合，工作人员的思想水平、理论政策水平、工作能力和水平都在不断提高。工作做到有布置、有落实、有检查，周周有计划、有总结。加强党建及党风廉政建设，严格执行八项规定，严格执行各项规章制度。树牢保密意识、严守保密纪律，执行保密规定。做好老干部工作，建立联系制度，热心、耐心为他们服务。

（王晓丹）

冶金工会

概况 山东省冶金工会设组织宣传部、经济工作部、生活女工部和办公室，编制10人。截至2018年底，工作人员7名，委员单位52个。年内，省冶金工会深入学习贯彻习近平新时代中国特色社会主义思想和党的十九大精神，认真贯彻落实习近平总书记关于工人阶级和工会工作的重要论述，在省总工会的正确领导下，在各委员单位的大力支持下，着眼服务新时代现代化强省建设大局，紧紧围绕省总工会重点工程重要举措，牢牢把握工会主责主业，积极担当作为，奋力改革创新，各项工作取得新成绩。

加强思想政治引领，团结引导广大职工听党话、跟党走 把学习宣传贯彻习近平新时代中国特色社会主义思想和党的十九大精神作为首要政治任务，积极推动新思想进企业、进车间、进班组，引导冶金行业广大职工牢固树立"四个意识"，坚定"四个自信"，做到"两个维护"。深入开展"大学习、大调研、大改进"，聚焦主责主业、基层基础和职工素质提升，深入各委员单位开展"冶金行业职工技能状况、新时代职工权益实现问题、集体协商工作情况、女职工工作情况"等专题调研。广泛开展"讴歌新时代·贯彻新思想·展现新作为"主题征文活动，大力弘扬劳模精神、劳动精神、工匠精神，引导冶金行业广大职工自觉践行社会主义核心价值观，共收集征文264篇，评选出优秀作品60篇在《职工天地》C刊开设专栏全年进行连载。

推动"第二个三年行动"有效开展，促进职工技能素质提升 深度总结"第一个三年行动"实施情况，提炼各单位在"职工网上学习+技能素质提升"方面的经验和做法，全面梳理存在的问题和不足，依托省总工会平台，联合省人力资源社会保障厅、共青团山东省委、山东省冶金工业总公司和山东省黄金协会制定《山东省钢铁黄金有色金属行业职工学习培训技能提升第二个三年行动实施方案》，顺利召开第一个三年行动总结表彰暨第二个三年行动启动大会，隆重表彰山钢股份莱芜分公司工会、莱芜钢铁集团有限公司工会、山东金岭铁矿有限公司工会、山东钢铁集团淄博张钢有限公司工会、山东招金集团有限公司工会、山东黄金矿业股份有限公司新城金矿工会等6个"第一个三年行动"先进单位和徐爱波、刘洋、刘东、司文东、张允浩、于家光、孙志岭、尹春伟、黄艳、战明学等10名网上学习标兵，对职工网上学习进行再动员再部署。

组织职工职业技能竞赛，全面激发职工干事创业活力 组织开展2018年度省冶金行业职工职业技能竞赛，为广大职工切磋技艺、交流经验、展现风采搭建平台，大力弘扬工匠精神，切实发挥职业技能竞赛"促学、促训、促练"作用，进一步提高职工的专业技术水平和实践操作技能。设置省级竞赛和行业级竞赛，省级竞赛采取企业初赛、行业复赛和省级决赛的形式，广泛发动全员参与基层选拔赛，做到规范与灵活相结合，标准与特色相结合。充分依托网上学习练兵活动实施，技能竞赛决赛所有工种的理论考试和高炉炼铁工、转炉炼钢工模拟仿真实操均在山东省职工网上学习系统中进行。参加省级决赛的选手，网上练兵成绩以10%的比重计入总成绩。6个工种的决赛分别在烟台黄金技校和莱钢培训基地成功举行，来自全省50多个单位的60多个代表队参与省级决赛，3名职工获得"山东省富民兴鲁劳动奖章"，3名职工获得"山东省技术能手"称号，59名职工获得"山东省冶金行业技术能手"称号。

开展群众性经济技术创新竞赛活动，助推企业高质量发展 大力开展省冶金行业"劳模和工匠人才创新工作室"和"冶金工匠"选树活动，加快建设一支有理想守信念、懂技术会创新、敢担当讲奉献的产业工人队伍。经过严格考核和综合评比，选树省冶金行业"劳模和工匠人才创新工作室"11个、"冶金工匠"5名；泰钢集团史秀宝、金洲矿业宫福祝入选"齐鲁工匠"，莱钢集团蔺红霞入选"齐鲁大工匠"。广泛开展以"小革新、小发明、小改造、小设计、小建议"（"五小"）为主要内容的群众性技术创新竞赛，围绕促进企业产品研发、提升质量、节能降耗、经营管理、安全生产、职工服务等，开展形式多样的合理化建议征集活动，使每个岗位的职工都能参与到企业创新工作中来，进一步释放了群众性技术创新活力。

深化安全生产标准化班组选树命名活动，构建班组安全文化 在过去五年开展选树安全生产标准化班组的基础上，深入开展"选树命名冶金行业安全生产标准化班组再提升活动"，筑牢班组安全防线，推动企业安全生产，为新时代现代化强省建设提供良好的安全生产环境。广泛征求各创建单位安全环保生产部门工作人员、班组管理专家、一线班组长意见，进一步修改完善安全生产标准化班组考核验收标准，使验收项目分类更加清晰，基本标准内容更加完备，验收方式更加明确。进一步强化示范带动，2018年共评选出77个安全生产标准化班组和9个安全生产标准化示范班组。

推进省级示范性重点工程劳动竞赛品牌建设，凝聚职工奋斗伟力 日照钢铁精品基地"推转调，促优化，建精品"省级示范性重点工程劳动竞赛进入冲刺年，各参赛单位认真落实劳动竞赛方案，积极部署，扎实推进。截至 2018 年底，参赛单位扩大到 88 个，15000 余名建设者参赛，取得优异的竞赛成绩，一期生产线已经全线贯通，生产运行安全高效，日均产量接近 1 万吨，各工程合格率保持 100%，安全生产实现"六为零"，取得了热试即投产、投产即达效的成就。在进行年中检查和年底考评的基础上，对 2017 年度先进集体和先进个人进行表彰，1 个集体获"山东省富民兴鲁劳动奖状"、10 个班组获"山东省工人先锋号"、6 名个人获"山东省富民兴鲁劳动奖章"；5 个二级单位获"山东省冶金行业五一劳动奖状"、12 个班组获"山东省冶金行业工人先锋号"、21 名个人获"山东省冶金行业五一劳动奖章"。日照钢铁精品基地省级示范性重点工程劳动竞赛选树典型，鼓舞士气，凝聚起职工团结奋斗的正能量，为山东省重点工程劳动竞赛品牌创建打下良好的基础。

强化自身建设，提升冶金工会服务职工水平 省冶金工会坚持党建统领，从严从实抓好支部党建工作，严格落实"三会一课"、组织生活会、谈心谈话等基本制度，以学习贯彻习近平新时代中国特色社会主义思想和党的十九大精神为重点，制定详细科学的学习计划，每周组织一次党员集中学习，每月开展一次专题讨论，自觉加强和规范党内政治生活，旗帜鲜明讲政治，始终坚定正确政治方向，努力做到支部班子和党员队伍思想统一、政治坚定、行动有力。举办冶金系统工会干部培训班，重点培训职工权益保障、工会组织建设、职工素质提升、劳动竞赛等工会业务知识，将课堂讲授与课外活动相结合，将理论学习与交流互动相结合，注重增强培训的政策理论性和科学务实性，切实确保培训效果。立足主责主业，用心服务职工，积极做好困难职工帮扶和春节送温暖工作，同时策划实施职工喜闻乐见的有效载体，把服务送到职工群众的心坎上，努力满足职工的多样化需求。

（肖敬慧）

石油化学工会

聚力开展职工技术创新竞赛活动 一是办好技能大赛。联合省人社厅等部门分别举办了全省第九届化工行业职业技能大赛、全省第六届药品检验检测技能竞赛，共有 4 个工种，96 家化工医药企业（院校）的 298 名选手以及全省食品药品监管系统的上百名检验人员参加了大赛。其中，4 人荣获"山东省富民兴鲁劳动奖章"。由于省内大赛办得成功，全国第十届石油和化工行业职业技能竞赛安排在山东举办。取得优异成绩并获优秀组织奖。二是推选创新成果。在全系统广泛开展职工技术创新成果推荐评选活动。推荐的刘丹丹被评为"齐鲁工匠"。1 个班组获"山东省创新型班组""山东省工人先锋号"称号，1 名个人获"山东省创新能手"称号。参加全国能源化学地质系统优秀职工技术创新成果评审，获一等奖 1 名、三等奖 2 名。三是开展安全竞赛。在全系统组织开展"安康杯"竞赛和"查保促"群众性安全生产活动，广泛推广"一法三卡"工作法。推荐的兖矿鲁南化工被评为"全国安全生产优胜企业"。

全力推进石化医药产业工会组织建设 一是采取多种形式。认真贯彻省总工会《关于进一步加强产业工会建设的意见》，采取调研走访、会议推进等形式，积极推动建会。深入青岛、泰安等6市调研，抓住工会改革机遇，层层传导动力，发放《推进组建市县级石化医药产业工会的函》13份。2018年，新成立宁阳县、郯城县等8家县级产业工会。大力推广5种建会模式。做法在中国能源化学地质工会全委会上交流推广，全委陈志标主席来山东调研后即兴"七律"诗给予充分肯定，并称赞山东石化工会工作走在全国前列。《"七律"诗篇赞石化》在《山东工人报》头版头条予以刊登。二是加强规范建设。认真落实《关于加强基层产业工会规范化建设的意见》，组织系统工会规范化建设督导，对已建产业工会的，按照"九有"标准，查漏补缺、加以规范；对正在筹建的，对照标准、逐项落实，力争组建一个、规范一个。一年来，指导规范各地产业工会及产业工会联合会5家，有2家企业分别荣获"全国模范职工之家""省模范职工小家"称号。三是推动工作创新。2018年，省政府相继公布了三批共72家化工园区，石化工会以此为契机，按照省总工会建家十条意见中"在八大领域建会"的要求，深入泰安、临沂等市的12个化工园区加强调研指导，推动建会建家。截至年底，省政府公布的72家化工园区中，已建会31家。指导各园区工会结合区域内产业发展需求、职工队伍特点，组织开展技能竞赛活动。

大力发展企业文化职工文化 一是立足省级层面。举办了系统首届职工乒乓球比赛，共有15个代表队的70余名运动员参赛，活动在"工会新时空"进行了播报。举办了"当好主人翁、建功新时代"职工摄影及微电影微视频创作大赛，优选20幅摄影作品分别在《职工天地》《山东工人报》上刊登。举办了"庆祝改革开放40周年"职工摄影作品巡展。组队参加省级行业体协越野行走比赛，获得团体第5名的佳绩。参加第四届省级行业体协乒乓球比赛，在所有组别中均获得好成绩。二是走在系统前列。积极参加全国能源化学地质工会首届"新时代、新征程、新作为"职工摄影比赛、微电影微视频创作大赛以及征集优秀职工歌曲活动，4部微电影作品获一等奖，7首歌曲分获一、二、三等奖。组织开展工会工作理论研究和调研征文活动，推荐11篇，获二等奖4篇，三等奖7篇。

着力加强部门自身建设 一是搞好集中行动。以省总工会"担当作为、干事创业"集中行动为契机，认真落实"三个工程""三个十条"，制定部门抓落实的6项机制措施。赴济南、泰安开展"夏送清凉"活动，先后赴临沂市沂南县，与省总工会派驻书记所在村开展"帮扶送教"，赴济南炼化，与炼油一部党支部联合开展"对标榜样—弘扬劳模精神"主题党日活动，在干部职工、劳动模范、中小学生中弘扬红色基因、宣讲毛泽东思想。先后在泰安、滨州开展两期"尊法守法·携手筑梦"法制宣传行动暨"送法进企"活动。在全省工会法律工作会议上作典型发言。印制下发《省总工会重点工作汇编》90余份。设计理论知识100题，并组织答题。对接江苏省机冶石化工会，与其建立常态化学习交流机制。二是提升自身素质。组织召开了石化工会全委会议、学习中国工会十七大精神暨工会工作座谈会，举办了工会干部培训班。完成全省自选调研课题2项。积极参加机关组织的"讲政治　强作风　提效能"集中教育等活动，严格落实周一下午集中学习制度。参加机关组织的公务员职业道德主题征文比赛，获二等奖2篇。参加机关健步走比赛，分获男子组、女子组第一名和优秀组织奖的好成绩。

（梁晓燕）

海员工会

概况 中国海员工会山东省委员会辖港口、远洋运输、近海运输、内河运输、轮渡、物流仓储、水陆工程、海事、救助打捞、航海教育、船员服务和海员外派等水运企事业（集团、局、院、公司）工会31个；省海员工会机关设：办公室、组织宣传部、生产生活部。截至2018年底，全产业建立基层工会委员会346个，有专职工会干部192人（其中省海员工会机关5人）；有职工72252人，其中农民工20233人，工会会员72021人。

2018年，山东省水运经济积极培育新动能，转型升级提速，质量效益提高，为加快建设新时代海洋强省提供了有力支撑。全省沿海港口总泊位597个，其中万吨级以上泊位307个，总吞吐能力达到8.6亿吨。全省港口吞吐量完成16.89亿吨，同比增长6.7%。沿海港口吞吐量完成16.15亿吨，同比增长6.4%，总量居全国第二位，其中外贸8.5亿吨、金属矿石3.8亿吨、液体散货2.55亿吨、集装箱2765万标箱，同比分别增长5.8%、5%、1.6%、8%，山东成为国内唯一拥有3个超4亿吨大港的省份。青岛港全自动化集装箱码头创出单机平均作业效率42.9自然箱/小时的世界纪录，成为世界上自动化程度最高、亚洲首个真正意义的全自动化码头。内河港口吞吐量完成7365万吨，同比增长12%。全省海河运力3097艘船舶、371.9万总吨位，同比分别增长10.8%和1.1%；水路客运量完成2044万人次，同比增长0.35%，旅客周转量12.76亿人公里、同比增长5.7%；货运量完成1.8亿吨、同比增长7.8%，货运周转量1835亿

吨公里、同比增长4.4%。山东海运股份有限公司运力达到768万载重吨，同比增长30.61%，居全国第三位；渤海湾鲁辽客滚运输规模、船龄、现代化程度均保持国内领先。省海员工会以习近平新时代中国特色社会主义思想为指导，深入学习贯彻党的十九大精神，以理论武装新境界维护核心，以建功立业新贡献服务中心，以维权服务新成效凝聚人心，推进新时代全省海员工会工作走在前列。

落实新时代党的建设总要求 省海员工会坚持用习近平新时代中国特色社会主义思想武装全体党员头脑，严明政治纪律和政治规矩，树牢"四个意识"，增强"四个自信"，做到"四个服从""两个维护"。履行"一岗双责"，抓好"三会一课"、组织生活会和民主评议党员等制度，开展"讲政治、强作风、提效能"集中教育、"大学习、大调研、大改进""担当作为、干事创业"集中行动等。深入推进党风廉政建设和反腐败工作，驰而不息纠治"四风"，打造"山清水秀"的政治生态。

开展"中国梦·劳动美——学习宣传贯彻习近平新时代中国特色社会主义思想和党的十九大精神"主题宣传教育活动 省海员工会荣获全省"宣讲十九大精神展示女职工风采"活动"组织奖"。全系统2人荣获"中国梦·劳动美——学习贯彻习近平新时代中国特色社会主义思想和党的十九大精神"全省职工演讲比赛"优秀选手奖"。与青岛海洋经济团体联盟合作，推进海员队伍诚信建设，强化航运业和海员队伍社会责任意识、规则意识、奉献意识。用好6·25"世界海员日"和7·11"中国航海日"等重大节点，举办庆祝表彰大会、征文大赛、抖音视频大赛等系列活动，指导出刊《山东海员》杂志4期，弘扬海洋、航海和海员文

化。交通运输部北海救助局播撒"上善济海、守望千舟"文化种子，900 多名海员职工以最崇高的人间大爱、最美好的品格情操，日夜坚守 26 万平方公里责任海域，枕戈待旦，随时出击，把生的希望送给别人，把死的危险留给自己，倾力保障海上船舶、船员安全，维护社会和谐稳定。

实施"当好主力军、聚力新动能、建功新时代"劳动竞赛工程 省海员工会围绕加快海洋强省建设和产业新旧动能转换，以提高发展质量和效益为中心，开展内容丰富、形式多样的全省海员职工创新竞赛，激发广大海员职工创新创造创优的热情和活力。青岛港集团工会围绕提升装卸效率、优化营商环境、推进重点工程，班班比、月月赛，全年组织各类竞赛 960 余项次，参赛职工 6.7 万人次，创出生产高效 1000 余项、"五小"革新成果 2700 余项，表彰奖励竞赛优胜集体 362 个、优胜个人 4606 人次，命名 59 名比武状元集团"工人先锋"，形成了全方位、多层次、常态化的职工创新竞赛生动局面，2018 年以 220.7 自然箱/小时的效率创造海洋联盟欧洲线全球泊位效率第一、纸浆作业单班单头卸船 7780 吨新纪录。日照港集团工会深化职工创新阵地建设，全港 27 个劳模和工匠人才创新工作室设立 300 多项创新研究课题，500 多名高技能人才和专业技术带头人参与其中，发明先进生产操作法 10 多项、施工工法 3 部，刷新生产建设纪录 275 项，累计创效近千万元，2 个劳模和工匠人才创新工作室晋升为省级，创新驱动港口发展的动能不断释放，港口吞吐量快速增长，其中铁矿石进口量 1.25 亿吨、占全国总进口量的 1/8，木片进口 1590 万吨、占全国的 1/2，大豆进口 1016 万吨、占全国的 1/8，焦炭吞吐量 1023 万吨、占全国的一半以上，均居全国沿海港口第一位。

全省海员产业工人在竞赛中实现了技术提升、技能晋级、素质提高、价值体现，产业工人队伍建设捷报频传。3 人和 1 个集体分别荣获"全国五一劳动奖章""全国工人先锋号"，1 人荣获"全国技术能手"，4 人荣获"全国交通技术能手"，1 人荣获"全国交通运输青年科技英才"，2 人分别荣获"全国青年岗位能手标兵""全国青年岗位能手"，参加第十届全国交通运输行业水路危险货物运输员职业技能大赛荣获个人二等奖 1 名、三等奖 2 名，1 个单位、2 个集体和 2 人分别荣获全国交通运输行业"文明单位""文明示范窗口""文明职工标兵"，荣获年度中国港口科技进步奖特等奖 1 项、一等奖 1 项、二等奖 1 项、三等奖 12 项，荣获年度中国航海科技奖二等奖 3 项；11 人荣获省劳动模范、先进工作者，4 人和 4 个集体分别荣获"省富民兴鲁劳动奖章""省工人先锋号"，2 人分别荣获"齐鲁大工匠""齐鲁工匠"，2 人荣获"省技术能手"，2 人荣获"齐鲁首席技师"，2 人入选省首批"齐鲁工匠后备人才培育导师库"；荣获省职工优秀技术创新成果二等奖 1 项、三等奖 3 项，省示范性劳模和工匠人才创新工作室 2 个，省职工创新竞赛示范企业 1 家，省创新型班组 4 个，省创新能手 3 人；1 个单位荣获"全省工会抗灾救灾先进企业"；表彰山东省水运系统"先进创新工作室"2 个、"工人先锋号"36 个、"山东省优秀船员"42 人。

举办山东省第二届船员技能大赛 山东海事系统网络安全技能竞赛 9 月 19—21 日，以"提高船员素质·助力海洋强省"为主题的第二届山东省船员技能大赛在山东交通学院威海校区举行，来自全省 7 支航运企业代表队和 10 支航海院校代表队的 170 名队员参加了航运企业队和航海院校队两个组别的比赛；50 多名裁判员、200 多名工作人员参与比赛。全体参赛队员凭借扎实的专业基础和精湛的技能技艺，纷纷亮出自己的看家绝活。一方面，沉着冷静、全力应战，每一项成绩的取得，都是各参赛单位平时管理水平的真实再现；另一方面，同台竞技、互相切磋，以赛促学、以赛促练、以赛促改。包括安全理论的知识竞赛、展示速度与力量的海员铁人三项接力、体现团结拼搏精神的合力操纵船舶精准靠泊，从船舶整体、船员团体和船员个体三个维度，全面演绎了山东海员工匠的时代风采。山东海运股份有限公司船长王有顺、青岛中远海运劳务合作有限公司轮机长叶红才，分别获得船舶驾驶项目和船舶轮机项目第一名，现场授予"山东省富民兴鲁劳动奖章"。

7月25—27日，山东省"技能兴鲁"职业技能大赛—山东海事系统网络安全技能竞赛在潍坊海事局举行。整个竞赛，组织方高度重视，成立了由山东海事局局长袁宗祥为主任、山东省人力资源和社会保障厅副厅长周春艳、山东省海员工会主席马骥为副主任的组委会。在预赛阶段，全省海事系统2000多名职工全员参赛，18名职工取得网络安全知识网上答题满分的好成绩，经出席决赛的领导现场抽签，选取其中10名职工参加山东海事局信息化新技术调研学习。经过选拔，来自全省海事系统10支代表队的20名选手，参加了由笔试、实操竞赛、知识竞答三个环节组成的决赛。笔试采取书面答卷形式，全面检测选手的基本知识掌握情况；实操竞赛采用网络靶场模式，通过CTF夺旗赛制全面考验选手的网络渗透、漏洞分析、漏洞修复、安全防护等网络攻防能力；知识竞答分为必答题、抢答题和风险题三个部分，选手们丰富的知识积累和娴熟的网络技能将竞赛气氛推向高潮。日照海事局张一可获得个人一等奖和"山东省技术能手"称号。

开展全省水运系统船舶、班组"安康杯"竞赛 省海员工会以"落实全员安全责任·促进企业安全发展"为主题，组织全省水运系统26家企业的59018名职工、575艘船舶、3015个班组，持续开展船舶、班组"安康杯"竞赛，参赛率平均达到95%以上。各参赛单位着力开展安全技能培训、安全生产合理化建议等群众性安全生产活动，着力落实"层层负责、人人有责、各负其责"的安全生产工作体系，着力建设船舶、班组同舟共济、知行合一的安全文化，促进全系统安全生产形势持续稳中向好。青岛远洋运输有限公司"天宝海"轮结合航线实际，制定并实施成立一个竞赛领导小组、开好一次竞赛动员会、组织一次"安全承诺书"签名、开展一次"我为安全建言献策"演讲比赛、搭建一个"安全提示、警句、祝福"船员局域网信息互发平台、开展一次"安全你我他、亲情筑防线"展示、组织一次《安全生产法》知识问答、举行一次应急、突发事件模拟练兵、实施一次全船自查自纠整改考评验收、进行一次竞赛总结"十个一"活动计划。全系统整改安全事故隐患2407件，参加群众性安全培训30161人次，涉及农民工6037人次。经省海员工会等推荐，2个集体荣获全国"安康杯"竞赛优胜班组，2个集体荣获全国青年安全生产示范岗；11艘船舶、10个班组、9名职工荣获"全国水运系统安全优秀船舶""全国交通系统安全优秀班组""全国交通系统安全先进个人"；1个集体、1名职工、1名总经理分别荣获省"安康杯"竞赛优胜班组、先进个人、安康企业家，1人荣获省群众性安全生产竞赛优秀职工；表彰省水运系统"安康杯"竞赛优胜单位20个，安全先进船舶30艘、班组39个、个人42名。

做实维权服务工作　省海员工会召开省公务船/科考船派遣制船员工资行业参考标准专家研讨会，制定并发布山东省第一个行业工资参考标准——公务船/科考船派遣制船员工资参考标准，涉及省内100多艘公务船/科考船上的近1500名派遣制船员，这也是我国第一个公务船/科考船派遣制船员工资行业参考标准，让船员享受到国际公约和国内法律、规定所赋予的权益，经验做法被《山东工运信息》专题印发。以全国人大征求《个人所得税修正案草案》意见为契机，从海员职业的特殊性、海员工作周期与征税周期存在的差异、我国海员个税优惠力度不足等三个方面，向省总工会报告《我省海员关于减免个人所得税的问题反映》，得到省总工会党组书记、常务副主席刘贵堂批示，并通过《山东工运信息》专题上报省委、省政府和全国总工会，通过省委上报中办。为青岛某船舶管理公司一名海员追回14.6万元伤残补助金和拖欠工资，刘贵堂同志针对此事作出批示，要求各级工会加大维权力度，让全社会感受到工会为职工维权的力量，山东电视台《工会新时空》栏目对此专题报道。主持全国内河船员职工队伍情况和权益保障问题课题评审会。承办中国海员岸上福利设施研讨会，中国海员建设工会发来《感谢信》。指导青岛、烟台国际海员俱乐部做好中外海员服务工作，实现服务海员常态化、多样化、实体化，得到专程来山东考察海员岸上福利设施的国际运联代表团高度评价。转发《省总工会关于加强工会维权工作的十条意见》。召开省海上劳动关系三方协调机制专题会议2次。提出2019年《中国船员集体协议（A类）》修改意见。启动全国第一个海员心理健康公益促进计划，举办山东海员心理健康公益巡讲暨咨询疏导服务活动2场，惠及海员职工640人。抓住在航

船员最关心最直接最现实的利益问题，举办山东海员健康营养饮食论坛。冬送温暖、夏送清凉，全省海员工会筹集资金450.47万元，走访船舶、车间和工地等246处，慰问海员职工（农民工）29412人次，发放防暑降温用品355.66万元，举办文化消暑晚会18场，建设"爱心驿站"14个。全系统荣获"全国模范劳动关系和谐企业"1家；"全省工会职工维权法律服务示范单位"2家，"省关爱职工优秀企业经营者"1名，全省工会"困难职工贴心人"1名，"全省女职工权益保护专项集体合同规范化建设达标企业"2家，省总工会"妈妈小屋"示范点2个。

加强自身建设　扩大社会影响　省海员工会把学习宣传贯彻习近平总书记同全总新一届领导班子成员集体谈话时的重要讲话精神，落实中国工会十七大和省第十五次工代会确定的目标任务，作为加强产业工会思想建设、组织建设、队伍建设的重中之重，印发《关于深入学习宣传贯彻习近平总书记同全总新一届领导班子成员集体谈话时的重要讲话精神的通知》《关于深入学习宣传贯彻中国工会十七大精神的通知》《山东省工会第十五次代表大会四个重要文件》，深入企业向工会干部和海员职工开展宣讲活动。转发《省总工会关于新时代职工之家建设的十条意见》，深化全省海员工会"建好职工家，当好娘家人"活动。威海港股份有限公司工会主席朱富勤荣获"全国工会系统劳动模范"，朱富勤等海员产业3名先进模范人物当选中国工会十七大代表。经省海员工会等推荐，全系统3个集体荣获"全国模范职工小家"；1个单位、1个集体和4人分别荣获省"模范职工之家""模范职工小家""优秀工会工作者"；表彰"省海员工会工作十佳单位"，省海员工会工作"先进单位"

"先进基层"17个、41个,省优秀海员"工会干部""积极分子""工会之友"83人、78人、9人。对山东海事局辖4个分支局的13个基层工会开展"模范职工小家"检查验收,授予9个基层工会"模范职工小家"称号。深入6个大中型水运企业开展专题调查研究,上报《山东省技能型海员职工队伍建设调研报告》,获得全省工会调研成果"优秀奖"。选派机关干部参加中国海员建设工会和交通运输部海事局组织的"媒体走近海员——跟船活动""《2006海事劳工公约》履约高级研讨班",提高业务素质。参加省总工会"弘扬宪法精神,争做职业道德模范"主题征文比赛,刘尚涛获得三等奖。加快政府采购流程建设,成为省总工会第一个完成政府采购流程的直属产业工会。信息工作以270分,位居省产业工会、省直机关工会第一名。

省海员工会先后在中国海员建设工会第四届全国委员会第二次全体会议、第九届全国船员服务协会会长秘书长联席会议上介绍经验。上线运行"省海员工会微信公众号",坚持每天讲述海员职工故事、传播产业进步声音、分享工会工作精彩。全年在《山东工人报》头版头条报道工作2次;在《山东工会微信公众号》报道工作2次;在30多家中央和省级其他重要新闻媒体——新华社、全国总工会、省总工会、中国海员建设工会网站和《中工网》《齐鲁网》《新浪网》《搜狐网》《腾讯视频》,《工人日报》《大众日报》《中国交通报》《中国水运报》《中国工运》《工会信息》《职工天地》《中国海员》等报刊,发表稿件223篇。特别是习近平总书记给正在中国劳动关系学院劳模本科班就读大一的青岛港集团大港分公司流机队吊车司机王加全等学员重要回信的连线报道、习近平总书记亲切接见中交一航局第二工程公司港珠澳大桥项目部岛隧工程首席钳工管延安的连线报道,向社会彰显山东海员工匠英才辈出,以较强的宣传阵势取得较大的宣传效果。

刘贵堂视察省海员工会 4月3日,省总工会党组书记、常务副主席刘贵堂到省海员工会检查指导工作,省总工会副主席魏勇一同检查指导。刘贵堂看望全体工作人员,了解大家的工作生活情况,要求大家勤勉敬业,努力提高工作质量。得知省海员工会2017年调处海员劳资纠纷4起,为10名海员及家属追回被拖欠工资、医疗补偿和伤残补助金等157万元,刘贵堂高兴地说:产业工会一定要突出主责主业,加大维权投入。

刘贵堂详细询问产业结构调整、海员队伍建设、海员工会工作等方面的情况。他强调,省海员工会要戒骄戒躁,乘势而上。作为对行业最熟悉、与职工最靠近的产业工会组织,要充分发挥优势,使工会工作更加贴近基层、贴近职工,更加符合职工群众的意愿,把工会组织维权的旗帜真正树立起来,让职工一想到维权,就想到找工会组织。机关年轻人多,有朝气,要以干事创业为目标,围绕省总工会的部署要求凝心聚力,全心全意为职工群众服务。要按照习总书记提出的工会组织要真正成为职工群众信赖的"职工之家"、工会干部要真正成为职工群众信赖的"娘家人"的要求,把"职工之家"和"娘家人"的工作做实做细做好,不断焕发工会组织的生机活力。

丁小岗调研山东海员产业工人队伍建设 8月14日—16日,中国海员建设工会主席丁小岗、巡视员张景义、副主席曹宏伟、兼职副主席翟筛红一行,到省海员工会、山东海运股份有限公司和洲际船务集团,调研产(企)业工会工作、海员队伍建设和企业运营、发展等情况。丁小岗用"思路求实、工作扎实、作风务实"肯定省海员工会工作。他要求省海员工会充分发挥中国海员建设工会常委单位的示范带头作用，团结带领全省海员工会各级组织，紧跟时代步伐，坚持问题导向，努力提升为党政分忧、为产业助力、为职工谋利的能力，始终保持势头、勇立潮头、走在前头。

在分别听取山东海运股份有限公司总经理高长峰和洲际船务集团总经理陈泽凯工作汇报后，丁小岗用"逆势崛起、异军突起、优势奋起"给予肯定。他强调，山东海运和洲际船务作为年轻的航运企业，虽然所有制形式不同，但是成功抓住"一带一路"建设和海洋强国战略的重大机遇，成功运用反映现代社会化生产规律的先进经营方式和管理方法，分别跻身中国主要航运企业经营船队规模第三位和第四位。成绩的取得，包括企业党政对海员队伍建设的高度重视，也包括广大海员职工的担当奉献。他指出，随着互联网、大数据、人工智能和实体经济的深度融合，航运业面对一些不容工会组织回避的新情况新问题新挑战。要积极推进海员产业工人队伍建设改革，巩固产业工人"主人翁"地位，发挥产业工人"主力军"作用，聚焦产业工人"主体性"群体，组织动员广大海员职工做新时代的见证者、开创者、建设者。

（丛国栋）

建材工会

概况　省建材工会委员会由 51 名委员组成，7 名常委，现有工作人员 2 人。委员包括部分市建材工会、集团工会、重点大企业工会主席。

组织"南京玻纤院杯"全国建材行业技术革新奖遴选推荐工作　全国建材行业"技术革新奖"是中国建筑材料联合会、中国机械冶金建材工会从 2006 年开始共同组织的，国内建材行业具有一定权威性和含金量的技术革新奖项。省建材工会一直负责该项工作的组织申报工作，在 5 月份召开的"全国建材行业技术革新奖总结表彰会"上又荣获中国建筑材料联合会、中国机冶建材工会颁发的优秀组织奖，并就开展群众性技术革新活动情况，作了大会发言，介绍经验做法。本年度的组织申报工作从 3 月份开始，通过多种形式的宣传发动组织工作，6 月份共收到技术革新奖项目 64 项。经过初步审查、现场考察、专家评审等环节，确定 32 个项目推荐到全国建材行业技术革新奖奖励办公室。在 2018 年"南京玻纤院杯"全国建材行业技术革新奖 168 个获奖项目中，山东省获奖项目共计 20 项（一等奖 1 项、二等奖 6 项、三等奖 13 项），占全国获奖数量的 12%。为鼓励一线技术人员和职工继续积极参与全国建材行业技术革新奖项的申报和评选活动，对 20 个获奖项目进行奖励，其中一等奖奖励 3000 元、二等奖奖励 2000 元、三等奖奖励 1000 元。

全力推动山东"智慧工会"建设工程　一是充分调研。山东"智慧工会"建设工程从 2018 年 2 月份启动，启动伊始作为省总工会"大学习、大调研、大改进"工作的一部分，开展了深入调研，坚持走下去，坚持走上去，坚持走出去，掌握了全国网上工会建设工作的现状和云计算、大数据的典型应用和发展趋势，经过反复论证，形成了成熟的山东"智慧工会"建设工程整体方案。二是争取立项。方案经省总工会主席办公会议通过后，6 月 13 日报送省政府办公厅进行立项，在办公厅 2018 年信息建设审批工作已经结束的背景下，在魏勇主席的带领下，建材工会多次到省政府办公厅有关部门协调沟通。8月2日省政府办公厅在组织技术、财政等专家严格评审后，批准同意了建设方案。三是招标建设。8月3日《山东省总工会关于"智慧工会"建设工程的实施意见》（鲁会〔2018〕48号）正式印发。8月17日，山东"智慧工会"建设工程启动暨山东工会微信公众号上线仪式举行。9月3日山东"智慧工会"建设工程采购计划在山东政府采购网发布。9月26日，山东"智慧工会"建设工程开标，浪潮软件集团等7个建设单位中标。10月19日，工程项目签约仪式举行，项目正式进入开发建设阶段。11月20日，举办全省网络建设工作培训班，就APP设计给各市地、省产业、大企业作了介绍，在全省启动了工会组织和工会会员实名制采集工作。四是全力推进。全年，网络办共举办全省性的网络建设工作会议3次；省总工会各业务部门层面的工作对接会3次；建设方案专家论证会5次；赴省政府办公厅数据整合专项工作组请示汇报工作20余次；各软件项目建设单位工作例会11次，与技术人员的工作会40余次；修改"齐鲁工惠"普惠职工平台、数据整合实施平台需求方案20余版；修改各平台、软件原始模型近30版。

抓住主责主业，筑牢工作基础 2018年度，省建材工会积极开展帮困送温暖工作，加强在经济技术创新活动中发挥工会组织作用的调查研究，根据省总工会有关部门要求，认真选树建材行业涌现出的先进人物、先进单位代表，围绕安全生产管理发挥产业工会引导、监督作用。

（徐福松）

建设工会

概况 2018年，山东省建设工会紧紧围绕习近平新时代中国特色社会主义思想，深入学习宣传贯彻党的十九大精神，贯彻落实省总工会部署的"三个十条""三个工程"重大工作项目，在省住建厅党组的领导下，坚持"维护核心、服务中心、凝聚人心"的原则，团结和带领全省住建职工，为推动全省住建事业平稳健康发展发挥应有的作用。

学习教育常态化制度化 山东省建设工会把深入学习贯彻习近平新时代中国特色社会主义思想、习近平总书记关于工人阶级和工会工作的重要论述、习近平总书记在与全总领导班子集体谈话时的重要讲话精神作为重大政治任务，扎实推进厅党组学习计划安排落实落地，扎实推进"两学一做"学习教育常态化制度化，重点学习了习近平总书记一系列重要讲话精神和治国理政新思想、新理念、新方略，深入领会把握习近平新时代中国特色社会主义思想，牢固树立四个意识，进一步提高政治站位，严格落实"三会一课"制度，组织全体党员开展了讲"党课""微党课"活动，先后组织了集体学习39次，全年报送党支部学习交流信息7篇，组织（专题）民主生活会2次，组织开展讲党课、微党课各2次，较好地完成了学习任务，全体党员政治信念更加坚定。

认真抓好党建工作 研究制定2018年度党建工作目标责任书，确定15项党建工作。坚持"主题党日"、三会一课、民主评议党员、谈心谈话等制度，扎实开展支部活动，加强思想政治、组织作风及廉政建设，始终把思想政治建设摆在各项工作的首位，积极拓展党建工作新思路，丰富主题党日教育形式。组织全体人员观看了爱国主义纪录片《厉害了，我的国》《辉煌中国》；参加灯塔—党建在线学习答题活动。5月7日，山东省建设工会党支部与济南水务集团开展党建工作交流活动，学习"小白热线"践行"产权有界限，服务无界限"的"全过程"服务理念。6月15日，建党97周年纪念日即将到来之际，山东省建设工会全体党员、干部参观了省委党史陈列馆、开展"庆七·一，重温入党誓词"活动。9月3日，山东省建设工会全体党员、干部携手中建二局山东分公司、"郭明义爱心团队"来到商河县白桥中学开展主题党日宣传教育活动，组织聆听了全国道德模范"当代雷锋"、中国共产党第十九届中央委员会候补委员、全总副主席（兼职）郭明义同志对十九大精神的宣讲。先后在聊城、临沂举办了全省城镇供排水行业"学习贯彻十九大精神 优质服务建功新时代"职工演讲比赛和全省住建系统"学习贯彻习近平新时代中国特色社会主义思想和党的十九大精神，抓好安全生产工作"主题演讲比赛。

全行业职工职业技能竞赛活动 5月24—25日，省建设工会和省房地产业协会联合主办的第二届山东省物业服务行业职业技能竞赛在济南举行，来自17个地市的近百名选手参加物业管理员和电工两个工种的竞赛。

7月13—15日，山东省第六届职工职业技能大赛砌筑工决赛在山东城市建设职业学院成功举办，来自各地市和驻鲁央企的17支代表队、51名选手参加了比赛。经过两天的激烈角逐，青岛市代表队、临沂市代表队和烟台市代表队获得团体前三名，枣庄市等7个代表队获得团体优胜奖。省总工会副主席李臻同志和省住房城乡建设厅副厅长周善东同志出席了大赛闭幕式并讲话。

8月18—20日，由山东省建设工会和山东省勘察设计协会联合举办的首届山东省建筑创意设计技能竞赛在威海成功举行，来自全省17地市和省直设计单位的29支代表队、107名选手参加了比赛。

9月18日，第六届全国职工职业技能大赛砌筑工决赛在郑州举行，来自全国28个省（市）的85名砌筑高手展开激烈角逐，山东省建设工会选拔集训选手贾正中荣获个人实操第1名，总分第2名的好成绩，山东省代表队获得大赛团体奖第2名。

11月3日，山东省工程造价行业市政工程造价职业技能竞赛在济南成功举行。本次竞赛是省建设工会、省工程建设标准定额站和省工程造价协会承办的市政工程造价一线职工专业技能岗位练兵活动，竞赛预赛从8月开始，超过2400人参加预赛个人比赛，来自开发、设计、施工、中介机构等182家企业参加了团体比赛，参赛规模在山东省各行业职工职业技能竞赛中名列前茅。共有170名选手脱颖而出，组成17个市级代表队进行决赛。

11月8—10日，首届全省建筑行业装配式构建安装职业技能竞赛在济南成功举办，来自全省17个地市的30支代表队参加了比赛，这也是全国首个装配式建筑领域的职业技能竞赛。省总工会副主席魏丽、省城镇化领导小组办公室专职副主任宋锡庆、省城市建设职业学院院长韩培江、住房城乡建设部建筑节能与科技司处长何任飞等出席了闭幕式并为获奖单位和代表队颁奖。2018年以来，全省住建系统共有6名职工通过山东省建设工会组织的职业技能竞赛被省总工会授予"富民兴鲁"劳动奖章。

安全生产劳动保护工作 2018年，全省住建系统共有2387家企事业单位报名参加"安康杯"竞赛，参赛班组32941个，参赛职工 878371 人。山东省建设工会、山东胜越石化工程建设有限公司和临沂市政工程有限公司一公司桥梁施工班组被评为全省"安康杯"竞赛优秀组织单位、优胜单位和优胜班组；盛安建设集团有限公司被评为全省"安康杯"竞赛优胜单位、继续保持称号单位；盛安建设集团有限公司董事长、总经理周鹏被评为全省"安康杯"竞赛安康企业家；中建八局二公司荣获全国"安康杯"竞赛优胜集体；淄建集团、潍坊建设集团和山东景芝建设集团连续三年保持全国"安康杯"竞赛优胜单位荣誉称号。各级工会组织都组织开展了"查保促"活动，有力保障了安全生产。6 月 26 日，在第十七个全国"安全生产月"期间，山东省建设工会组织来自全省住建系统的 5 位优秀演讲选手走进临沂市政集团火车站南片区道路及管廊工程项目部施工现场，开展优秀选手"安全生产演讲进工地"活动。5 位选手紧密结合自身工作实际，用鲜活的案例、生动的语言诠释着安全的重要性，给施工一线工人们上了一堂生动的安全教育课，施工现场一线 100 余名职工参加了活动。

工会组织建设 10 月 16 日，山东省建设工会四届十一次全委会议在济南召开，会议总结了 2017 年 9 月至 2018 年 9 月工会工作，部署了 2018 年下半年工作任务，履行了有关人事事项的民主程序。山东省建设工会第四届委员会常委、委员 80 余人参加了会议，山东省住房城乡建设厅党组成员、副厅长周善东出席会议并讲话。12 月 26—27 日，山东省建设工会五届全委会议在济南召开，会议总结了四届委员会工作，部署了五届委员会工作任务，选举产生了山东省建设工会五届委员会及领导机构。山东省建设工会第五届委员会常委、委员 90 余人参加了会议，山东省住房城乡建设厅党组成员、副

厅长周善东同志，山东省总工会二级巡视员周克民同志出席了会议并讲话，山东省建设工会主席薛希法代表四届委员会作了工作报告。

送温暖活动 2018 年，山东省建设工会根据各地住建行业的特点，在做好的"两送两助"工作基础上，不断丰富帮扶救助的方式方法，取得了很好的效果。2 月 2 日，山东省总工会党组成员、副主席魏丽在山东省城镇化领导小组办公室专职副主任宋锡庆的陪同下，走访慰问了住建系统困难职工并送上慰问金，把党和政府以及工会组织的关怀与温暖送到他们心上。春节期间，山东省建设工会共帮扶各级住建系统困难职工和劳模 216 户，发放帮扶资金共计 30.6 万元，按照省总工会要求，完善了精准帮扶档案，努力做到精准掌握贫困现状、精准识别扶贫对象、精准找出贫困成因、精准选择扶贫路子、精准评估扶贫效果。积极组织"冬送温暖""夏送清凉"、和"金秋助学""大病救助"常规性救助活动。6 月 26 日，夏季高温季节，山东省建设工会深入临沂市政集团施工一线，为坚持高温作业的施工人员送去了茶叶、绿豆、矿泉水等防暑降温物品。春节期间，山东省建设工会慰问坚持施工一线的棚改工程经十一路安置房项目部，为坚持奋战一线的农民工送去水饺等年货。

"促交流·学榜样"活动 4 月 26 日，在"五一国际劳动节"来临之际，由山东省建设工会和中建一局北京公司联合举办的"领略劳模风采、传承工匠精神"建筑工人拜师劳模活动，在中建一局北京公司承建的济南中海项目举行。在活动现场，劳模们畅谈了学习十九大精神的感想体会和自己的成长经历，鼓励广大一线职工们争先创优、不忘初心、砥砺前行，为国家、为企业增光添彩。中建一局北京公司的任小鹏等 4 名青年

员工向李振月、王东波、吕茂青、吴昌征4名全国劳动模范和全国五一劳动奖章获得者拜师，师傅们向他们赠送了图书《大国工匠》，李振月和吴昌征现场演示了自己的绝活，向徒弟们传授技艺。积极参与全国和省里工匠推选活动，开展了争做"齐鲁最美环卫职工"和"最美建设职工"活动，2018年，共命名了35位"齐鲁最美环卫职工"和56位"齐鲁最美建设职工"；组织参与了中华全国总工会、全国海员建设工会和省总工会的活动和评先树优工作。2018年全年共取得了以下荣誉：中建八局第二建设有限公司的卢晓波创新工作室被评为山东省示范性劳模和工匠人才创新工作室；德州天元集团有限责任公司工程管理部被评为山东省创新型班组，同时授予省工人先锋号；山东菏建建筑集团有限公司科员王振亚被评为山东省创新能手；天元建设集团六建技术工长李国华和山东正泰工业设备安装有限公司班组长李振月被评为全国建筑行业"大国工匠"；李振月还被评为山东省"齐鲁工匠"；省规划院市政所所长张洪峰和省建筑科研院结构二所所长梅佐云被评为全省工会抗灾救灾优秀职工。

职工文化体育活动 5月16日，山东省建设工会联合省城市建设管理协会举办"学习贯彻十九大精神，优质服务建功新时代"全省城镇供排水行业职工演讲比赛，来自全省城镇供排水行业17个城市的34名选手参加了比赛。这次比赛深入学习宣传贯彻了习近平新时代中国特色社会主义思想和党的十九大精神，讴歌中国梦，诠释劳动美，展示了新时代供排水职工朝气蓬勃、奋发进取的精神风貌。

6月26日，山东省建设工会承办的全省住房城乡建设系统"中国梦·劳动美"—学习贯彻习近平新时代中国特色社会主义思想

和党的十九大精神抓好住建行业安全生产工作主题演讲比赛在临沂举行。来自全省住建系统的47个代表队94名选手参加了比赛。这次比赛旨在深入贯彻落实习近平新时代中国特色社会主义思想和党的十九大精神，大力弘扬工匠精神、劳模精神，突出"安全生产月"和安全生产工作。通过这次演讲比赛，全系统广泛深入的宣传安全生产法规政策，普及安全生产知识，强化职工安全观念，增强了广大职工安全责任意识、自我防范保护意识，丰富了"安全生产月"活动内容，有力提升了安全工作水平。5月15日—17日，举办了供热系统乒乓球比赛；11月3日—5日，组队参加了第四届省级行业体协乒乓球、羽毛球比赛暨第二届趣味运动会，并取得了优异成绩。11月15日—16日在威海举办住建系统乒乓球比赛，这些丰富多彩的文体活动，活跃了职工文化生活，增强了企业凝聚力，受到了住建职工的热烈欢迎和广泛参与。

（陈 岩）

医务工会

概况 山东省医务工会受省卫生健康委党组和省总工会的双重领导，负责全省卫生健康系统和委属（管）单位的工会工作，承担"领导行业和直属、兼管机关"三重工会职能，辖17市医务工会、23家委直属单位工会及10所高校附院工会，现有专职工作人员8人，其中主任一名，副主任一名。

加强思想引领，提高广大职工政治站位 宣传贯彻落实中央和省委重要指示精神，团结动员广大职工在坚定理想信念、投身改革发展中发挥主力军作用。坚持工会主席带头学、工会干部靠上抓、职工群众紧跟上的工

作思路，把习近平新时代中国特色社会主义思想和党的十九大精神根植于心。举办基层工会主席学习党的十九大精神专题培训班，开展"中国梦·劳动美"和"巾帼心向党·共筑中国梦"主题教育活动，推动学习宣传工作进机关、进一线、进单位、进科室，切实将职工思想和行动统一到党的决策部署上来。坚持用中国工会十七大和省十五次工代会精神学深悟透武装头脑。组织系统工会干部收看大会实况，推动在广大工会干部中迅速掀起学习热潮，自觉用以武装头脑、指导实践、推动工作。坚持把弘扬优秀传统文化与培育社会主义核心价值观作为主旋律。发挥职工讲堂的文化传播作用，广泛开展"书香三八""最美家庭"等文明建设系列活动，培育树立社会主义核心价值观，倡树优良家风，激发正能量。

注重素质提升，营造干事创业氛围 紧紧围绕全省卫生健康工作走在前列的目标要求，以岗位建功为主题，深入开展职工劳动竞赛、技术比武、发明创造、劳模工作室评选等活动，动员广大职工积极投身卫生与健康事业。举办全省卫生计生系统生育全程服务、卫生应急、寄生虫病防治岗位、结核病防治、公立医院基本药物合理应用、基层医疗机构中医药适宜技术等 6 项技能竞赛。全省各级医疗卫生单位共计举办培训班近 1000 场，培训职工 8 万余人次，参赛职工 1 万人次，6 名比赛优胜者获得了山东省"富民兴鲁"劳动奖章。开展争先创优活动，激发内在工作动力。在系统内开展劳模（高技能人才）创新工作室建设和"五小"职工科技创新项目申报评选，确定系统劳模（高技能人才）创新工作室 7 个，职工科技创新项目 40 个，拨付创新工作室和创新项目补助资金 27 万元。完成省总工会 2017 年度科技创新项目和创新能手申报推荐工作，山东中医药大学第二附属医院李丽申报的悬吊循经弹拨法治疗颈肩腰腿疼病获得省优秀创新成果三等奖，省千佛山医院心外科副主任王东、齐鲁医院康复科主任岳寿伟获得省级创新能手。通过鼓励创新，系统职工群众工作提质增效成果显著。坚持模范引领，加大示范带动推力。积极组织劳模、工人先锋号推荐申报，省立医院血液科主任王欣被评为省级劳模，山东中医药高等专科学校中医药文化博物馆、省立三院药学部获得省级"工人先锋号"荣誉称号。积极推动女职工岗位建功，全省卫生健康系统共有 53 个集体、29 个个人分别荣获山东省巾帼建功先进集体和先进个人称号。完善改进劳模管理服务，开展省级劳模摸底，完善劳模管理系统信息录入，完成 2018 年度劳模慰问金、困难劳模补助资金的申报，组织完成劳模疗休养，为劳模工作生活做好服务保障，形成了尊重劳动、尊重知识、尊重人才的行业风尚。

坚持载体牵引，强化广大职工健康理念 精心筹划健康文化教育，发挥行业优势和心理健康专家库作用，开展职工心理健康知识普及、人文关怀和心理疏导，促进职工自我发展。积极开展驻济单位健步走、跳绳、踢毽子、太极拳、乒乓球等健康竞赛活动，营造了职工参与度高、凝聚力量强的良好活动氛围。推动全民健身运动开展，在全省卫生健康系统开展太极拳推广活动，举办职工登山健身活动及趣味运动会，普及健身理念，形成健康锻炼共识。在省直机关登山健身活动中成绩名列前茅；省级行业体协越野行走比赛夺得团体第一名；在省级行业体协举办的第四届乒乓球、羽毛球比赛中和第二届趣味运动会中荣获团体总分第一名和优秀组织奖；第四届省直机关羽毛球邀请赛夺得团体第二名，极大地增强了职工的行业自信心。扎实推进全省卫生健康系统体育示范单位创建，济南市第三人民医院、淄博市第一医院等 2 家单位被评为卫生健康系统体育示范单位。

突出民主建设，增强广大职工主人翁意识 落实职工群众知情权、参与权和监督权，切实发挥职工主体作用，把工会民主管理作为促进卫生健康事业发展的重要手段。加强民主管理制度建设。指导监督基层单位完善职代会工作制度，不断提高职代会运行质量。提高民主管理能力水平。建立完善职工代表述职制、职工代表联系制，发挥职工代表民主管理的"宣传员"、职工动态反馈的"信息员"的作用。搞好民主管理监督考核。把建立健全职工代表大会制度纳入委直属单位综合考核指标，为推进民主管理程序制度化、规范化，提供了监督保障。

强化服务宗旨，维护职工合法权益 开展帮扶送温暖活动。关注困难职工和一线职工，完成困难职工摸底建档工作，建立困难职工救助常态化机制。开展困难职工信息档案核查，为精准帮扶、合规有效使用帮扶资金筑牢基础。春节期间走访慰问困难职工 147 人，发放慰问金 19.95 万元；"六一节"前夕，对有学龄子女的困难职工进行走访慰问。积极开展志愿服务活动。推动开展志愿服务，打造山东健康扶贫职工志愿服务活动亮点。2018 年全省卫生健康系统各级工会组织的义诊服务 157 次，委派专家 7081 人次，义诊受益群众 18 万余人次，义诊服务时间 300 余天。省医务工会在中国教科文卫体工会志愿服务活动推进会上作典型发言，交流工作经验。抓好职工福利待遇落实。各级工会按照全国总工会《基层工会经费收支管理办法》和省总工会《关于修订基层工会有关经费支出标准的通知》规定的职工福利标准，严格履行规定程序，落实职工福利待遇。创新服务职工手段，提高工会服务质量。探索"互联网+工会"模式，转变思维、拓宽思路，加快推进工会工作信息化、现代化发展。切实做好女职工维权服务。增强女职工法治意识和自我维权能力。推动落实女职工专项集体合同，将女职工专向合同纳入委直属单位综合考核指标。着力推进"妈妈小屋"建设，已建成的"妈妈小屋"156 家，同比增长 50%。

扭住主责主业，筑牢工作基础 坚持大事大抓，强化主责主业。召开医务工会年度工作会议部署年度重点工作任务。要求按照去除"四化"、增强"三性"的要求，加大工会工作改革创新力度，加强工会自身建设，明确目标任务，统一思想、凝聚共识。举办工会主席培训班，提高谋划落实能力。组织参加工会干部培训，切实提高工会干部履职能力和综合素质。扎实开展"安康杯"竞赛和"查保促"活动。坚持着眼全局、贯穿始终，策划好、实施好两项基础工程。建立健全"查保促"工作领导小组，建立督导检查整改机制和考核奖惩机制，强化基层工作，强化责任担当，职工群众安全生产意识显著增强。以开展"安康杯"竞赛为抓手，不断深入推进基层单位安全生产工作和安全文化建设，进一步树牢安全理念，提升安全生产水平。省疾病预防控制中心和省医学影像学研究所获评 2018 年省安康杯竞赛优胜单位和优胜班组。

注重调查研究，深化工会工作务实作风 落实省委和省总工会、省卫生健康委关于"大学习、大调研、大改进"工作要求，加大调查研究力度，推动调研工作取得实效。开展强化基层基础、增强基层工会活力专题调研，为基层工会建设提供了对策建议。针对事业单位用工变化对工会工作影响进行专项调研，为上级工会有关决策提供参考。开展工会财务工作大检查，对驻济委直单位、高校附院的 21 个基层工会 2015 年至 2017 年度工会财务收管用情况开展专项检查，进一步加强和规范工会财务管理，严肃工作纪律。

（周　瑞）

山东黄河工会

概况　山东黄河工会辖 8 个市河务（管理）局工会工作委员会，71 个基层工会委员会，机关设办公室、组宣文体部、女工与生产生活部 3 个部门。2018 年，山东黄河工会围绕中心、服务大局，全面加强民主管理，推进"五型"班组建设，丰富职工文体活动，做好困难帮扶救助，大力弘扬劳模精神等，各项工作打开新局面，取得了新进展。

深化基层单位民主管理　一是加强组织领导，形成工作合力。成立分管局长为组长、有关部门参加的领导小组，印发《关于进一步加强基层单位民主管理工作的意见》，制定考核办法，对政务公开、民主理财、民主评议干部、民主恳谈会、基层民主议事等实施清单化管理。二是抓好工作落实，发挥示范效应。召开全局民主管理座谈会，强化对各单位民主管理工作的调研指导，从提高思想认识、完善工作机制、加大工作力度等方面全力推动工作开展。建立示范县局 15 个，以点带面，扎实推进。

扎实推进"五型"段所创建　一是纳入目标考核，加强督促检查。结合实际，出台《关于提升基层段所建设管理水平的意见》，制定"五型"段所考核办法和评分细则（试行）；年初将基层段所建设纳入各单位目标考核体系，发挥主体作用，增强工作主动性。二是立足基层实际，注重分类指导。通过实地查看、问卷调查、座谈交流方式，完成段所建设调研报告；7 月起对基层段所建设情况进行全面督导检查，针对各单位实际，提出注重整体规划和分类指导意见。通过"五型"段所建设，增强了一线职工的归属感、幸福感、荣耀感和干事创业积极性。2018 年，滨州码头管理段被评为山东省"模范职工小家"，济南黄河河务局水闸工程班被评为山东省"工人先锋号"、山东省创新型班组。10 月中旬，全河基层班组建设现场会在河口召开，黄河工会王健主席对工作给予充分肯定。通过抽查考核，对 26 个优秀"五型"段所、28 个"职工满意食堂"进行表彰。

关注基层一线，关心困难职工　一是开展节日慰问活动。"五一"前夕，成立两个慰问组，走访 9 处施工项目部，带去组织关怀。二是做好群众性安全生产工作。积极开展安康杯竞赛活动，淄博大刘家管理段被省总工会评为"安康杯"优胜班组；做好高温天气职工劳动保护工作，印发通知要求各单位建立健全防暑降温工作机制，积极开展防暑降温宣传教育和"夏送清凉"活动，全局各级共慰问基层段所、施工工地 255 个（次），发放防暑降温物品 70 多万元。

加强劳模管理，弘扬劳动精神　一是按规定落实劳模待遇。完成 12 名退休劳模的津贴审批工作并报黄河委员会；安排 9 人参加黄河工会劳模休养；组织两期山东黄河劳模休养，40 人参加。二是深化"中国梦·劳动美"主题教育。举办山东黄河职工演讲比赛，21 名选手参加，为引导职工践行社会主义核心价值观发挥了积极作用。

开展文体活动，丰富职工文化生活　一是举办职工篮球比赛。在聊城举办山东局篮球比赛，共 12 支代表队、180 余人参赛，圆满、和谐、安全完成赛事组织任务，增进了单位之间的沟通与交流。在淄博承办全河职工篮球比赛小组赛及决赛，获组织奖，山东局代表队在比赛中荣获冠军。二是积极参加上级各类活动、赛事。参加省直机关第四届庆"五一"低碳环保健步走活动，获优秀组织奖；选拔8名队员参加"龙江杯"第六届全国水利系统职工乒乓球比赛，获男子团体19名、女子团体14名，为历史最好成绩。

加强女职工工作，展示女工风采 一是组织开展丰富多彩的"三八"妇女节纪念活动，积极参加省总工会"巾帼跟党走 建功新时代"女职工风采展示活动。二是按照省总工会部署，开展了"宣讲十九大精神，展示女职工风采"活动，黄河医院和物资储备中心选送节目参加省总工会评比，获优秀组织奖。三是组织全局女职工参加第六届"书香三八"—"引领女性阅读·建设文明家庭"读书征文活动，共收到散文、诗歌、绘画等原创作品70余篇，其中7篇在黄委获奖，省局工会组织人员评选出一等奖3篇，二等奖6篇，三等奖9篇，济南河务局等5个单位获得优秀组织奖。

加强工会自身建设，提升管理水平 一是加强组织建设。摸底调查基层工会组织情况，完成调查报告，结合实际提出意见建议；安排会员登记工作，发放会员证6746份，以此进一步理顺基层工会组织关系、强化会员意识、规范会籍管理；召开十届八次全委扩大会议，增替补委员，选举产生工会主席。二是加强财务管理。制定工会财务管理办法，规范工会经费收支管理；及时转发并组织学习《山东省基层工会经费收支管理细则》，规范职工福利发放；召开会议安排工会经费收据电子开票工作，印发通知进一步加强专用票据管理。三是加强学习教育。通过集中学习、举办培训班、组织宣讲等形式，学习贯彻党的十九大精神，工会十七大

精神，习近平生态文明思想和全国生态环境保护大会讲话精神，领会精神实质，指导工作实践。

（王　飞）

电力工会

坚持凝智聚力，职工民主管理更加深化 2018年省电力工会深入落实国网公司《民主管理纲要》，扎实开展职代会质量评估，深化厂务公开、班务公开，保障职工的知情权、参与权和监督权。常态化开展职工代表巡视、提案和职工合理化建议征集活动，健全工会组织体系，培训中心等7个业务支撑和综合单位依法合规成立工会组织，工会组织力量进一步加强。坚持以职工为中心，开展调研，征求意见，着力构建高效管用的职工"诉求+服务"工作体系，全面推进有温度企业建设。

坚持迭代优化，班组建设成效更加明显 坚持以职工为中心，突出迭代完善，持续优化班组建设评价细则，组织开展"两规则两机制"运行后评估，制定业务支撑和综合单位班组对标工作指导意见；提出"一班一策"班组对标评价办法。强化一把手抓，抓一把手，确保推进班组建设力度不减，班组建设水平快速提升。突出市县一体，加强对县公司指导帮扶。改进班组建设检查方式，按照扩大覆盖面、加大检查深度、充分沟通交流的原则，开展班组建设年度检查，真正实现检查、调研、指导相统一。组织专业部门安排业务骨干，善始善终完成检查任务，高质量出具检查通报。开展"生命体"班组创新实践，引导班组自主管理、自觉提升。深化班组移动终端推广应用，累计配发终端3.5万台，累计推广移动应用29个，一对一

现场解决问题 161 项，梳理 114 项应用需求清单，提升了班组工作智能化水平。

坚持大胆实践，创新创效体系更加实用
创新整合职工创新创效资源保障，列支专项零购资金，统一推广职工创新成果，实现了推广资金来源的突破。理顺创新成果转化推广流程，总结部分基层单位的试点经验，制定创新成果转化推广全流程体系，成立创新成果转化推广联盟。从促进职工创新创效出发，成立创客协会，一项成果进驻国网电商平台，系统内外共销售 43 套，实现了免招标线上推广。一项创新成果在国网系统 7 个公司推广。试点创新成果推广收益分配激励，按照公司创新创效成果奖励管理细则要求，试点单位通过组织内部成果拍卖会形式，将创新成果推广收益按照一定比例奖励创新团队。2018 年，公司 130 项成果获省部级以上优秀成果奖，57 项成果通过国网平台发布，850 项成果实现公司内部推广，一项成果获得全国职工优秀技术创新成果奖。6 个创新工作室被评为山东省示范性劳模和工匠人才创新工作室，14 个班组被评为山东省创新型班组。2 人被评为国网职工技术创新"突出贡献者"，16 人被评为山东省创新能手。公司职工技术创新成果得到广泛关注，由全总组织的上合组织国家职工技能交流营来公司参观交流，公司职工技能培训和技术创新得到 17 国外宾的高度评价。

坚持搭建平台，职工队伍素质更加增强
贯彻《新时期产业工人队伍建设改革方案》，全年开展各类"大讲堂"7.2 万次，评选表彰 56 门金牌课程，"大讲堂"培训模式入选中国电力教育培训年度典型案例。实施强基提升进阶式"金种子"人才培养模式，培训"金种子"优秀班组长 3 期、123 人次，提升了班组长队伍的领导力、教练力、创新力。大力开展劳动技能竞赛，3 名选手在山东省第六届职工职业技能大赛中包揽前三名，并代表山东参加全国大赛取得优异成绩，公司在全省职业技能大赛总结大会上作典型发言。加强劳动竞赛五个全过程管理，坚持持续激励、过程激励，连续三年召开特高压工程建设立功竞赛表彰会，2 个单位、14 名职工分别被授予富民兴鲁劳动奖状、奖章，15 个班组获评山东省工人先锋号。组织开展"安康杯"竞赛活动，11 个班组、10 名班组长被评为全国安全管理标准化示范班组、优秀班组长。召开十大劳模表彰大会，开展"大力弘扬劳模、工匠精神集中宣传"活动，通过"讲述劳模故事""劳模精神进校园"等形式，将劳模精神具体化、人格化，引起职工广泛共鸣。检修公司王进作为全国电力行业唯一代表，被全总和中央广播电视总台授予全国 10 位"大国工匠 2018 年度人物"之一，取得了良好的社会反响；烟台公司李红新被评为首届"齐鲁大工匠"。公司系统 4 人荣获全国五一劳动奖章，32 人被评为山东省劳模；1 人被评为国网特等劳模、6 人被评为国网劳模，4 个单位荣获国网先进集体，9 个班组获评国网一流班组（工人先锋号），109 个班组获评国网先进班组，获奖数量位居国网前列。

坚持价值引领，职工文化建设更加繁荣
把学习贯彻党的十九大精神作为开展文体活动的价值核心，把广泛开展文体活动作为服务职工美好生活的重要载体，以第十二届文化体育节为主线，各单位、各协会积极参与，共建共享，全年开展各门类文体活动 970 余项，极大丰富了职工精神文化生活。开展"迈进新时代、书写新篇章"主题书画、摄影、征文系列创作活动，创作成果面向国网系统举办了主题展览。积极承办国网公司首届"卓越杯"职工足球联赛，16 支球队、500 余名球员参加比赛。着力构建

"职工文化生态圈"，书法美术协会承办国网公司庆祝改革开放 40 周年书画创作笔会；乒乓球协会举办首届"先锋杯"乒乓球比赛；太极拳协会举办段位考试，86 名职工取得中国武术协会会员证和段位证，协会会长被全总授予"全国优秀工会积极分子"称号；涌现出一大批协会工作骨干和一大批文艺骨干，文体协会的主阵地作用、承办单位的支撑作用和职工达人的领军作用得到充分激发。职工文艺创作繁荣发展，职工自编自演的节目连续九年登上国网"两会"舞台；编写出版《国网印吧》系列丛书，在指导"国网印吧"创建、普及大众篆刻知识、展示职工文化成果等方面做出了积极贡献；公司职工文艺作品先后获得中央企业"五个一工程"奖、能源化学地质工会系统优秀职工歌曲一等奖等。

坚持奋发有为，工会工作价值更加彰显　坚持党建统领，落实"旗帜领航·三年登高"，深化"两学一做"学习教育，广大工会干部"四个自信"更加坚定。召开学习贯彻中国工会十七大精神座谈会，举办专题辅导讲座，认真领会会议精神实质。落实公司《关于加强新时代工会专兼职队伍建设的意见》，不断提高工会队伍的战斗力。以关心关爱职工为切入点，全面开展建设有温度企业课题研究。加强工会经费管理，严格执行工会经费预决算制度，顺利通过省总工会 2018 年工会财务工作审计，管理水平得到省总工会充分认可。常态化开展"送温暖""金秋助学"等活动，累计筹集资金 718 万元，帮扶困难职工 2443 人，资助困难职工子女 271 人。认真落实疗养费管理有关要求，采用招投标程序遴选 12 家疗休养机构，4558 名劳模和优秀职工参与疗养，人数同比增长 24%。

（魏晓庆）

煤矿工会

概况　山东省煤矿工会，是在山东省能源局、山东省总工会和中国能源化学地质工会领导下的省级产业工会，内设机构有办公室、生产保护部、组织宣传教育部、保障女工部、文体工作部等部门，编制 13 人，实有工作人员 12 人。工作范围涉及全省煤炭系统各级工会，包括山东能源集团公司（淄博矿业集团公司、新汶矿业集团公司、枣庄矿业集团公司、肥城矿业集团公司、临沂矿业集团公司、龙口矿业集团公司）、兖矿集团公司和山东省煤田地质局等局级工会，山东省煤炭泰山疗养院、山东省煤炭临沂温泉疗养院、通用技术集团工程设计有限公司等直属单位工会，以及泰安市、枣庄市等市级煤炭产业工会。

山东省煤矿工会六届四次全委（扩大）会议在济南召开　3 月 16 日，山东省煤矿工会六届四次全委（扩大）会议在济南召开。原山东省煤炭工业局党组成员、副局长黄传富出席会议并发表讲话。山东省煤矿工会主席李斌作了题为《牢记初心勇担当引领全省煤矿职工在加快新旧动能转换中奋力开创煤炭行业发展新局面》的工作报告。大会选举王传奎同志为工会副主席，增替补了部分委员。省煤矿工会六届委员会委员、经审委员、女工委员和增替补委员共 90 余人参加会议。

深入开展理论宣传，引领职工永远跟党走　积极引导全省各级煤矿工会组织在广大职工中开展"中国梦·劳动美——学习宣传贯彻习近平新时代中国特色社会主义思想和党的十九大精神"主题宣传教育活动。开展中国工会十七大，省工会十五大精神的宣传教育，宣传工会五年来的新成就，取得的新进步，未来五年的新举措，增强广大职工对工会的心理认同和情感认同。

服务新旧动能转换，促进企业高质量发展 认真开展"当好主力军、聚力新动能、建功新时代"劳动竞赛，落实竞赛要求，激发职工竞赛热情。全省煤炭系统有 6 项研究成果获省职工优秀技术创新成果三等奖，3 个劳模创新工作室被评为省示范性劳模和工匠人才创新工作室，3 家矿（处）单位被评为省职工创新竞赛示范企业，2 个班组被评为省创新型班组，4 人被评为省创新能手。2 月 23 日，山东省煤矿工会下发《关于表彰"鲁煤工匠"的通报》（鲁煤工〔2018〕3 号），决定授予兖矿集团煤业股份有限公司兴隆庄煤矿高兴亮等 20 人为"鲁煤工匠"称号。4 月 3 日，《山东省煤矿工会关于表彰第十一届全省煤炭系统职工职业道德建设标兵单位标兵个人和先进单位、先进个人的通知》（鲁煤工〔2018〕7 号），决定授予山东能源新矿集团新巨龙公司等 10 个单位"全省煤炭系统职工职业道德建设标兵单位"称号，授予张树勇等 10 名同志"全省煤炭系统职工职业道德建设标兵个人"称号，授予兖矿集团东华建设有限公司三十七处等 10 个单位"全省煤炭系统职工职业道德建设先进单位"称号，授予马恒强等 10 名同志"全省煤炭系统职工职业道德建设先进个人"称号，并予以表彰。

加强群众安全工作，助力企业安全生产 不断加强群监、协管组织队伍建设，及时调整充实和定期培训群监员、协管员，建立健全行业上下纵向到底、横向到边、纵横互联的群众安全监督检查网络体系。坚持群众安全工作例会与表彰奖励制度，不断完善安全宣传教育、安全培训、群监检查、协管安全、安全隐患排查等规章制度，依法参与事故调查处理，形成了有章可循、有法可依的工作体系。年初召开全省煤矿群众安全工作会，交流工作经验，总结部署工作。指导各单位深入开展"安康杯"竞赛和"查保促"活动，充分调动职工参与活动的积极性，努力把事故隐患消灭在萌芽状态，助力企业实现安全生产。2018 年，全省煤炭系统 2 人排查出三级以上安全生产事故隐患获得奖励。在去年表彰的 2016—2017 年度全省"安康杯"竞赛优胜单位和个人中，17 家单位继续保持"安康杯"竞赛优胜单位称号，2 家单位获评优胜单位，1 个班组获评优胜班组，3 人获评先进个人，2 家矿（处）单位获评示范单位，1 人获评"安康企业家"。2 人获评省群众性安全生产竞赛优秀职工。

推进和谐劳动关系创建工作 深入抓好《山东省企业职工代表大会条例》《山东省厂务公开条例》的贯彻落实，依法依规推进企业民主管理工作，切实落实职工民主权利。持续深化"推行协商民主、强化社会责任"工作品牌创建活动，开展企业工会与行政沟通协商机制"提质增效年"活动，认真落实山东省总工会《进一步深化行业性工资集体协商工作的实施意见》，推动工资集体协商工作深入发展，依法签订《工资集体协议》，继续开展"集中要约行动"，推进工资合理决定机制建设。

广泛开展扶贫送温暖活动 组织全省煤矿各级工会组织广泛开展"金秋助学"和扶贫送温暖活动。7 月 30 日，省煤矿工会下发了《关于认真开展 2018 年"金秋助学"活动和困难职工家庭高校毕业生阳光就业行动的通知》（鲁煤工〔2018〕21 号）。8 月中下旬，省煤矿工会共拿出 22.4 万元对考上大学的 72 名特困职工子女给予了资助。据统计，进入 8 月份以来，省属煤矿各级工会共筹集"金秋助学"救助金 324 万余元，发放资助金 287.5 万元，资助困难职工子女 1247 人。同时，还下发了《关于全省煤矿各级工会组织广泛开展扶贫送温暖活动的通知》，积极筹措资金 32 万元，由省局领导带队分三路对 160 户进行了救助。2018 年底省煤矿工会名下在册的 68 户困难职工档案按照全总、省总工会要求已全部脱困，再有新困难职工按照属地进行管理。

加强女职工工作 评选表彰了全省煤矿工会先进单位、先进工作者、巾帼标兵岗、巾帼标兵和女职工培训示范学校，鼓舞了广大职工的工作干劲。10 月 15 日，省煤矿工会下发《关于表彰山东省煤矿工会女职工工作先进单位和先进工作者的决定》（鲁煤工〔2018〕29 号），决定授予山东能源新矿集团良庄矿业有限公司工会女职工委员会等 47 个单位为"山东省煤矿工会女职工工作先进单位"称号，决定授予杨文溢等 96 名同志为"山东省煤矿工会女职工工作先进工作者"称号；下发《关于表彰山东省煤矿工会女职工工作巾帼标兵岗和巾帼标兵的决定》（鲁煤工〔2018〕30 号），决定授予山东能源新矿集团天乐城旅游文化有限公司水世界前厅部等 19 个单位为"山东省煤矿工会女职工工作巾帼标兵岗"称号，授予宫鸿雁等 20 名同志为"山东省煤矿工会女职工工作巾帼标兵"称号；下发《关于表彰全省煤炭系统文明和谐家庭的决定》（鲁煤工〔2018〕31 号），决定授予刘炳清家庭等 96 个家庭为"山东省煤矿工会文明和谐家庭"称号；下发《关于命名山东省煤矿工会女职工培训示范学校的决定》（鲁煤工〔2018〕32 号），决定命名山东能源新矿集团协庄煤矿工会女职工培训师范学校等 6 所学校为"山东省煤矿工会女职工培训示范学校"；全省煤炭系统"爱心妈妈"小屋建设取得新进展，共建立"爱心妈妈"小屋 30 余座；继续开展全省煤炭系统家属协管工作，做好煤矿安全生产的第二道防线。

不断丰富职工文体生活 2 月 9 日，山东省煤矿工会下发了《关于"中国梦·劳动美"全省煤炭系统职工书画摄影作品展获奖作品的通报》（鲁煤工〔2018〕2 号），有获奖作品 149 件，其中书法作品 72 件，绘画作品 57 件，摄影作品 20 件；12 月 28 日，山东省煤矿工会下发了《关于"纪念改革开放四十周年"山东省煤炭系统职工摄影展获奖作品的通报》（鲁煤工〔2018〕37 号），共有 125 件作品获奖，其中一等奖 5 件，二等奖 10 件，三等奖 15 件，优秀奖 95 件。本次摄影展注重以"工厂、工地、工位、工人、工匠"为场景，客观记录基层一线，重点关注新发展理念的新面貌、企业发展的新姿态、一线员工的新精神，展现了改革开放以来全省煤炭工业的伟大变化和历史成就；组织全省煤炭系统职工参加中国能源化学地质工会"京能杯"微电影微视频创作大赛、"长庆杯"首届"新时代 新征程 新作为"职工摄影大赛。全国煤矿文化艺术工作再获佳绩，10 个单位荣获 2017—2018 年度全国煤矿文化艺术工作先进单位，13 人荣获 2017—2018 年度全国煤矿文化艺术工作先进个人。做好全国煤矿文化网络宣传工作成绩突出，7 家单位荣获 2018 年度全国煤矿文化网络宣传先进单位，4 人荣获 2018 年度全国煤矿文化网络宣传优秀通讯员，6 人荣获先进通讯员。

强化工会组织建设 加强新建企业工会建设，指导泰山地勘集团工会组建工作，增强工会组织基础。认真贯彻落实省总工会关于新时代职工之家建设的十条意见，扩大建会建家覆盖面，推进基层工会达到"八有"标准。认真落实省总工会《开展"争创职工信赖的职工之家、争做职工信赖的娘家人"

活动实施意见》，对照评分细则标准，开展自查自纠，落实有关要求，提升建家水平。加强工会干部的培训力度，在延安举办了一期工会主席培训班，提升了干部党性修养和业务素质。

统筹推进各项工作 积极开展调查研究工作，结合上级要求及工会自身实际，开展了关于进一步健全煤炭产业工会组织体系，发挥产业工会作用的调研、关于国有企业和事业单位撤并工会工作机构情况的调研、全省煤矿工会劳动保护工作情况调研、全省煤炭系统工会办公室暨信息工作调研、全省煤矿工人队伍中党员情况的专题调研等，并撰写了调研报告上交省总工会、中国能源化学地质工会，其中有两篇调研报告获得省总工会优秀奖。开展工会干部教育培训，组织了财务经审、办公室主任、劳动保护等专业培训班，提升工会干部队伍素质。完成工会年鉴、工会大事记等工作。5月8日，省煤矿工会《关于表彰全省煤炭系统工会财务工作先进集体和先进工作者的决定》（鲁煤工〔2018〕11号），决定授予山东能源新汶矿业集团有限责任公司工会等18个单位为"全省煤炭系统工会财务工作先进集体"称号，授予王晓勤等18名同志为"全省煤炭系统工会财务工作先进工作者"。

（姜莎莎）

交通工会

概况 山东省交通工会实行领导直属工会、指导全产业工会、兼管省交通运输厅机关工会"三位一体"的组织领导体制。编制11人，现有工作人员9人，设办公室、组宣部和生产保护部。截至2018年底，直属企事业单位工会共有22个，专职工会干部151人，兼职工会干部756人，会员43327人。

加强工会组织建设 3月，组织召开山东省交通工会四届六次全委会，经审会和女职委会议，总结上年度工作，部署本年度工作任务，交流工作经验。不断深化"职工之家"建设，系统内有2人获得职工最信赖"娘家人"称号并被授予"富民兴鲁劳动奖章"，9个单位获得"山东省模范职工之家""山东省模范职工小家"称号，1人获得"全国优秀工会工作者"称号，6人获得"山东省优秀工会工作者"称号，1人获得"山东省优秀工会积极分子"称号。指导成立山东省交通运输执法监察总队工会委员会、山东水运发展有限公司工会委员会。

开展劳动竞赛 围绕交通运输新旧动能转换目标任务，在重大交通运输基础设施建设、四好农村路建设两个主要领域开展全省交通运输系统新旧动能转换劳动竞赛，竞赛涵盖16个市（单位）91个重点工程项目、89个县市区农村路建设项目。继续联合省总工会开展"当好主力军、聚力新动能、建功新时代"全省交通重点工程建设劳动竞赛。6月，完成了济青高速铁路、济青高速公路改扩建、潍日高速公路3个竞赛项目中期考核，有6个集体和18名个人荣获"富民兴鲁劳动奖状（奖章）"，30个集体荣获山东省"工人先锋号"。

广泛开展职业技能竞赛 6月至10月，省交通工会承办了省交通运输厅、省总工会、省人社厅、团省委、省妇联等5个单位联合在道路运输、港航、公共交通等5个子行业的9个工种共同组织的省级行业职工职业技能竞赛，拨付专项资金8万元，对竞赛项目进行补助，全系统共有4万名职工参加竞赛，有9名职工脱颖而出，被授予"富民兴鲁劳动奖章""山东省技术能手"荣誉称号。选拔的选手在全国交通运输行业道路货物运输驾驶员职业技能竞赛中，勇夺团体比赛冠军，个人比赛亚军和季军的好成绩。组织开展先模创领驱动活动，加强劳模和工匠人才创新工作室创建工作，充分发挥劳模的典型带动作用，定期开展技术交流和课题攻关研讨等活动，打造研究型技能型实践型创新团队。推荐选树省职工优秀技术创新成果1项，省创新型班组1个，省示范性劳模和工匠人才创新工作室1个。

大力弘扬劳模精神 深化"中国梦·劳动美"主题教育，大力弘扬劳模精神和工匠精神，积极争取救助金 8.57 万元开展困难劳模帮扶救助。组织 6 名省部级劳模参加上级工会举办的疗休养活动。12 月，举办"弘扬工匠精神 建设交通强省"第八届全省交通运输系统职工职业道德演讲比赛。认真开展各级先模人物的培养选树工作，全省交通运输系统共有 5 个班组和 5 名个人被全国总工会授予"全国工人先锋号"和"全国五一劳动奖章"荣誉称号。

关爱货车司机群体 大力开展调查研究，重点对道路货运新旧业态融合发展的形势下，货运企业、货车司机队伍现状、货运企业工会建设和货车司机入会情况进行调研分析，为推动"物流货运司机入会集中行动"提供了第一手资料。调研形成的《山东省道路货车司机状况及货运行业、货车司机建会入会状况的调研报告》荣获全省工会省级优秀调研成果一类课题二等奖。积极在全省交通运输系统宣传发动物流货运企业建会及物流货车司机入会工作。配合开展山东省"司机之家"建设试点工作，在高速公路服务区、普通国省干线公路服务区（站）、骨干物流通道货物集散地、货运枢纽（物流园区）等地试点建设"司机之家"，切实解决货车司机工作途中的生活需求和实际困难。2018 年年底试点单位 28 个，建成并投入使用 9 个。到济南、青岛、威海、临沂等 4 个省总工会货运司机入会行动试点市、山东高速集团、齐鲁交通发展集团所辖服务区货车司机之家进行慰问。积极组织"最美货车司机"推选宣传活动，营造关爱货车司机的浓厚氛围。

推动构建和谐劳动关系 认真实施《山东省深化集体协商工作规划（2015—2018年）》，推进集体协商工作提质增效。依法推动行业内企业以合理确定薪酬、规范劳动定额、加强劳动安全卫生、女职工特别保护等为主要内容开展集体协商，签订集体合同。坚持和完善以职代会为基本形式的企事业单位民主管理制度，依法保障广大职工的民主政治权利。进一步规范职代会制度，严格职工代表的选任比例，严格职代会召开的时间和程序。进一步规范厂务公开的内容、形式和时间，凡涉及职工切身利益的重大事项，凡职代会审议、决定、通过的事项，必须按照规定时限予以公开。依法推进公司制企业建立职工董事、职工监事制度。

推进群众性安全生产工作 继续开展"安康杯"竞赛，努力营造"人人讲安全、事事重安全、处处保安全"的良好氛围。在"安康杯"竞赛中多个单位和个人表现突出荣获表彰，其中"全国安康杯竞赛优胜单位"2 个、"全国安康杯竞赛优胜班组"2个、"全省安康杯竞赛优胜单位"6 个、"全省安康杯竞赛优胜班组"4 个、"全省安康杯竞赛先进个人"3 名。组织全省交通运输系统 6798 个班组（船舶）参加中国海员建设工会、交通运输部安全委员会组织的"2018 年全国公路水路行业班组、船舶安全生产竞赛活动"，极大地提升了行业安全操作水平和安全管理能力。深入开展"查身边隐患、保职工安全、促企业发展"活动，推动企业普遍建立群众性隐患排查治理、职工排查隐患奖励、职工安全生产教育培训等群众性安全生产工作制度，提高职工安全生产意识。

抗灾救灾工作 在 2018 年山东省抗灾救灾工作中，全省交通运输系统各级工会组织积极参与抗灾救灾和灾后重建工作，2 个基层工会被评为"全省工会抗灾救灾先进工会组织"，2 名个人被评为"全省工会抗灾救灾优秀工会干部"，3 个企业被评为"全省工会抗灾救灾先进企业"，10 名个人被评为"全省工会抗灾救灾优秀职工"。

开展精准帮扶 充分利用"工会帮扶工作管理系统"平台，对困难职工档案实行动态管理，确保帮扶工作精准化。"两节"送温暖慰问困难职工 50 人，发放专项帮扶资金 15 万元，帮助 41 名困难职工脱困解困。3 月份，以加强生育保护为主题组织开展女职工维权行动月活动，女职工合法权益和特殊利益进一步得到维护。开展"夏送清凉"活动，深入建设工地、收费站、服务区、汽车站等 15 个基层单位慰问一线职工 2300 余人，发放慰问物资 15 万元。8 月，开展"金秋助学"活动，按难职工家庭困难情况及子女教育负担状况确定助学帮扶措施，为 16 名困难职工子女送去助学款 4.8 万元。11 月，成功举办"第六届"交通佳缘单身职工联谊活动，为 120 名职工提供面对面交流互动的平台。

开展群众性文体活动 大力推进"齐鲁文化大道"品牌创建工作，引导企业建设健康文明、昂扬向上的企业文化。4 月，组织各直属工会职工参加"爱泉城 护家园 共享生态文明建设成果"登山健身活动。继续推动全民健身活动深入开展，9 月举办省属交通职工羽毛球比赛，共有 21 支代表队 141 名运动员参加。选拔组队参加省级行业体协越野行走、乒乓球、羽毛球比赛，取得优异

成绩并获得优秀组织奖、精神文明代表队等荣誉称号。

女职工工作 积极选树女职工先进典型，激励广大女职工为交通强省建设贡献力量。系统内共涌现出省"巾帼建功"标兵 2 名、省城乡妇女岗位建功先进集体 1 个，省交通运输系统巾帼文明岗 40 个，省交通运输系统"巾帼建功"先进个人 60 名，省交通运输系统"巾帼建功"先进工作者 30 名。组织动员广大女职工参加全国总工会第六届"书香三八"读书活动与全省"宣讲十九大精神 展示女职工风采"活动，荣获"组织奖"。选树推荐 4 个省级"妈妈小屋"示范点，补助经费 2 万元推动妈妈小屋建设。

加强工会干部队伍建设 积极培养行业专家人才，加强工会人才队伍建设。6 月，举办直属工会财务人员培训班，培训工会财务人员 46 人。9 月，在山东管理学院举办全省交通运输系统工会主席培训班，培训各级工会干部 60 余人。

（毛绪瑄）

教育工会

加强思想政治引领 2018 年，中国教育工会山东省委员会广泛开展了习近平新时代中国特色社会主义思想、党的十九大精神培训、研讨活动，举办专题培训班、研讨会；进行了"中国梦·劳动美—学习宣传贯彻习近平新时代中国特色社会主义思想和党的十九大精神"主题宣传教育活动；加强教职工职业道德教育，继续在九月份组织了师德师风建设教育月活动，不断加强教职工队伍思想道德建设；扎实开展了精神文明创建活动，引导教职工践行社会主义核心价值观，在思想上政治上行动上同以习近平同志为核

心的党中央保持高度一致。

组织教职工建功立业 积极组织劳动技能大赛，举办了全省高校青年教师教学比赛，组织参加全国高校青年教师教学比赛。选派的4名选手分获工科、理科一等奖，文科、思想政治课专项组二等奖；大力弘扬劳模精神、劳动精神、工匠精神，组织了优秀教师暑期休养活动，开展了劳模精神进校园、劳模事迹宣讲活动；加大劳模帮扶力度，共为直属高校13名全国劳模、87名省部级劳模发放专项帮扶资金24.8万元；开展了全省教育系统劳动模范、先进工会工作者推选工作，选树省先进工作者10名；表彰了全省教育系统模范职工之家110个，全省教育系统优秀工会工作者220人。承办了"2018齐鲁最美教师"评选活动，评出年度"齐鲁最美教师"10名，提名奖20名。

开展教职工维权服务工作 坚持和完善以教职工代表大会为基本形式的民主管理制度，修订了《山东省实施〈教职工代表大会规定〉办法》；加大困难教职工帮扶力度，深入开展了"送温暖"活动，筹集专项资金27.4万元，帮扶救助直属高校困难教职工268名；继续与省教育基金会、省学生资助管理中心等单位联合在全省教育系统开展"爱心一日捐"活动；开展了"践行新思想·奋进新时代"助力脱贫攻坚教职工志愿服务活动，与西藏自治区教育工会建立结对帮扶工作长效机制，筹集20万元专项帮扶资金用于日喀则市三所学校困难教师帮扶和教职工之家建设；组织了女教职工维权行动月活动，推动《女职工劳动保护特别规定》落实；组织全省广大女教职工参加了全国第六届"书香三八"读书活动，开展了以"加强生育保护，依法维护女教职工合法权益和特殊利益"为主题的女教职工维权行动月活动；召开了山东省教育工会女教职工委员会

五届二次会议；组织部分直属高校工会开展了女职工心理健康公益巡讲；举办了2018年"校长杯"全省高校教职工乒乓球比赛、第十三届"缘来是你"驻济高校单身教职工、教育厅单身干部职工联谊活动；开展了工会劳动法律监督和法律援助工作。

推进工会理论研究 召开了全省教育系统工会认真贯彻落实党的十九大精神研讨会；开展了2017年度优秀社科成果评选活动以及2018年优秀理论研究和调查研究成果评选活动；开展了新时代下如何发挥教育工会在加强教师队伍建设中作用的调查研究，并形成了调研报告。

抓好自身建设 推进了"互联网+工会"建设，建立并完善了"山东教工"信息化服务平台，在电脑和手机客户端初步实现了移动办公、法律援助、困难救助、资源共享、福利保障、信息宣传等多项功能；加强教育工会干部能力建设，举办了全省教育工会干部、高校工会干部两期培训班，共培训基层工会干部200余人；出台了《关于规范直属高校工会内部机构设置的意见》，要求直属高校工会规范内部机构设置，按照《中华人民共和国工会法》要求，配齐、配强工会干部；注重教育工党支部党建和党风廉政建设，认真开展了"大学习、大调研、大改进"活动，制定了党支部2018年党建工作要点和政治学习计划，狠抓支部党建整改和思想、组织、作风建设等工作；全面贯彻落实省教育厅党组有关文件精神，按照支部工作计划安排，高标准严要求组织了集中学习、"三会一课"、民主评议党员、组织生活会、创先争优等活动，健全完善了党建工作制度和机制，努力推进规范化过硬党支部建设。

（魏志宣）

邮政工会

概况 中国邮政集团工会山东省委员会（以下简称"省邮政工会"）辖 17 市邮政工会，省分公司直属机关工会。省邮政工会机关设：办公室、基层工作部、权益维护部；现有专职工作人员 4 名。2018 年，在省分公司党组和上级工会领导下，全省各级邮政工会坚持以习近平新时代中国特色社会主义思想为指引，牢记为职工群众谋幸福的初心和使命，守住工会基本定位，高举维权服务大旗，做实做强工会主业，努力探索新形势下开展邮政工会工作的新思路，各项工作实现了新的发展。

多措并举，认真学习贯彻习近平新时代中国特色社会主义思想和党的十九大精神 各级邮政工会旗帜鲜明讲政治，不断提高政治站位，强化"四个意识"，坚定"四个自信"，做到"四个服从"和"两个维护"，自觉运用习近平新时代中国特色社会主义思想来对标、审视、校正、提升自身的思想观念、行为方式、工作措施，切实承担起引领职工听党话、跟党走的政治责任，组织动员邮政职工为夺取新时代中国特色社会主义伟大胜利共同奋斗。深入开展"中国梦 劳动美——学习宣传习近平新时代中国特色社会主义思想和党的十九大精神"主题宣传教育活动，扎实推进"不忘初心 牢记使命"系列主题教育，切实用习近平新时代中国特色社会主义思想武装头脑。

推动企业高质量发展做出了新贡献 配合相关部门，先后部署开展了营销创新创业大赛、保险运营"达标争先"、营销创优、营销争先、网运投递、机要通信市际竞赛等各类劳动竞赛，开展了投递员、投递部星级评定工作，各板块也结合实际开展了多种形式劳动竞赛活动，充分调动干部职工参与经营发展的积极性、主动性和创造性，促进了各板块的协同发展。进一步加强了班组建设，在对山东邮政工人先锋号复审的基础上，表彰了 255 个 2017 年度山东邮政工人先锋号。制定下发了《关于开展创建"劳模和工匠人才创新工作室"活动的实施意见》，积极引导和督促各单位落实规划和建设。完成了全国邮政系统先进集体、先进个人评选推荐工作，全省邮政系统有 7 个先进集体、9 名先进个人受到集团公司表彰。在山东省庆祝"五一"国际劳动节暨省劳动模范和先进工作者表彰大会上，7 名职工被授予"山东省劳动模范"称号，劳模先进的引领示范作用进一步彰显。组织开展了 2018 年度全省邮政劳模先进疗休养活动，进一步完善规范了劳模先进管理服务工作。

深化民主管理、职代会建设有了新进展 坚持和规范了职代会制度，召开了省分公司第二次职代会，选举产生了新一届职代会各专门委员会，开展了民主评议企业领导班子和班子成员工作。邮储银行省分行、青岛分行等的职代会建设也扎实推进。省邮政工会对代表提案进行了分办和跟踪落实。在此基础上，下发了《关于进一步规范县级邮政企业职代会工作的通知》，重点开展了职代会运行情况调查。坚持将规范化开好市、县级职代会建设作为做好工会工作的重要抓手，省邮政工会狠抓调查摸底、流程规范、指导督促等工作，选取部分县分公司派员全程参加其职代会。截至 2018 年 8 月底，县级及以上邮政企业全部召开了职代会，基本做到按照规定的人员比例和代表构成选举并及时调整补选职工代表；行政工作报告、涉及职工切身利益的议案、方案、办法等经职代会审议或审议通过后实施；开展了民主评议领导干部工作，领导班子成员在职代会上述职述廉，评议结果报送上级相关部门；组织开展提案征集工作，向职工代表报告提案办理、落实情况；各市邮政工会加强了对县级邮政企业职工代表大会运行情况的指导和监督，职代会作用发挥得到了切实保障。

关爱职工工程扎实深入开展　制定印发了《关于持续深入推进职工小家建设的实施意见》，评选表彰了 1286 个 2017 年度全省邮政星级职工小家，各单位积极探索邮速共建、邮银共建职工小家，各大板块因地制宜加大投入，职工生产生活条件持续改善。冬送温暖、夏送清凉、重大节日走访慰问、金秋助学等普惠性服务已形成机制，困难救助、大灾救助、大病互助等工作继续扎实推进，全年共救助困难职工 61 人，发放救助金 18.8 万元，救助大病职工 13 人，发放救助金 26 万元，切实起到了舒缓困难、帮贫济困的作用，受到了企业行政、职工群众的欢迎和认可。尤其是 2018 年受台风影响较重的潍坊分公司，不等不靠，主动作为，全力投身救灾赈灾，将台风灾害影响降到最低。省邮政工会也及时对因灾致困的职工发放救助资金 9.8 万元。畅通职工诉求表达渠道，接待职工来信来访 件次。为了解掌握全省邮政职工思想动态，省邮政工会赴济南等 4 个市分公司及所属部分县分公司、支局开展实地调研，每个市分公司召开一次 20 余名职工参加的座谈会，到部分县分公司、支局与职工进行座谈和个别访谈。设计了职工思想动态网络调查问卷，参与人数 1.4 万余人，参与率达到了 46.6%，较好反映了基层职工的利益诉求和对企业发展的意见建议，最终形成报告报送集团公司。

职工文体生活更加丰富　组织参加了 2018 年山东省省级行业体协越野行走比赛以及第四届羽毛球比赛、第二届趣味运动会，均取得较好成绩。举办了全省邮政职工乒乓球比赛，参加了集团公司组织的第三届"和谐企业杯"邮政职工乒乓球比赛，在高管、处级、甲组、乙组、混合团体等组别单项中均有所斩获，获得优秀组织奖和最佳人气奖。部署开展了庆祝"改革开放 40 周年"暨山东邮政独立运营 20 周年书画摄影作品征集展览活动，优秀摄影作品已推荐报送集团公司参与评选，优秀书画摄影作品将于明年初在山东邮政网站和省分公司进行线上、线下展览。各板块也开展了内容丰富的职工文体活动。各市分公司逢元旦、春节、劳动节、国庆节等重大节日，根据四季不同时令特点，因地制宜广泛开展了形式多样的足篮乒羽球赛、登山健步走、文艺汇演、职工联欢、主题演讲、采摘等文体活动，部分市分公司还组织开展了庆祝独立运营 20 周年系列活动，丰富了职工文化生活。济南、菏泽、烟台、潍坊、济宁等单位举办了职工运动会，潍坊、烟台、济宁等单位连续多年组织职工消夏晚会。

工会自身建设不断强化　召开了省邮政工会第二次代表大会，完成了新一届委员会、经费审查委员会和女职工委员会的换届工作。因部分单位工会主席岗位调整，召开了省邮政工会二届二次全委会，完成了部分委员的替补事宜。出台了《山东省邮政工会本级经费财务管理办法》《山东省邮政工会主席办公会议事规则》，管理更加规范。完成了省总工会十五大代表和委员的推荐上报工作。组织部署了全省邮政专兼职工会干部远程培训，推进了工会信息化平台建设。济南、菏泽、青岛等单位举办了工会干部培训班，提升了基层工会干部能力水平。

（刘忠波）

原济南军区装备部工会

概况 原济南军区装备部工会（以下简称装备部工会）辖 4 个基层工会，分别是中国人民解放军第七三一三工厂工会委员会、中国人民解放军第七四二三工厂工会委员会、中国人民解放军第六四五五工厂工会委员会、中国人民解放军第七八一一工厂工会委员会（驻青岛市）。现有工会会员 1434 人。基层工会专职干部 11 名，兼职干部 4 名。装备部工会兼职干部 5 名。

强化政治责任，加强职工思想政治引领 12 月份，装备部工会针对学习宣传贯彻习近平重要讲话精神、中国工会十七大精神、山东省第十五次工代会精神召开专题会议集中培训学习，装备部工会以及各工厂工会全体人员参加。各工厂工会开展习近平新时代中国特色社会主义思想和党的十九大精神进企业、进车间、进班组，扎实开展"中国梦·劳动美"主题教育活动，全国第六届"书香三八"读书活动，开展党的十九大精神集中宣讲，把党的意志和主张转化为广大职工的自觉行动。加强职工职业道德建设、职工文化建设，引导广大职工自觉践行社会主义核心价值观。

严格落实职代会制度，深入推进民主管理 2018 年，各工厂民主管理工作开展有序推进。5 月份，七八一一工厂组织召开第十届一次职工暨会员代表大会，选出新一届工厂工会委员会，讨论并审议通过《工厂工作报告》《工厂财务工作报告》《集体合同》，职工代表对中层以上领导干部进行了民主评议。4 月份，七三一三工厂召开第七届九次职工代表大会。会上，厂长对工厂生产经营情况、各项工作的进展情况、工厂 2018 年

工作安排、2017 年度招待费支出情况、职工福利支出情况做了报告。职工代表就工厂生产建设、职工福利、生活社区建设等多个方面提出了多项合理化建议。厂长就职工提出的建议进行了一一答复并安排各有关部门进行积极的调查落实。通过职代会，职工的知情权、参与权、表达权、监督权得以落实，激发了职工参与工厂建设、管理的主人翁的责任感和使命感，调动了广大职工的工作积极性。

积极选树先进典型，大力弘扬劳模精神 2018 年，装备部工会积极开展劳模评选工作，评选先进单位 1 个、先进工会主席 1 名、优秀工会工作者 8 名、财务先进工作者 4 名、女职工建功立业标兵 20 名、装备部工会先进生产（工作）者 23 名。并组织劳动模范疗休养 2 次。七四二三工厂二分厂获得全国安康杯竞赛优胜班组，六四五五工厂七分厂热处理班获山东省安康杯竞赛优胜班组，六四五五工厂一分厂分会获得山东省模范职工小家称号，孙占滨被评为山东省劳动模范，王琼被评为全国先进工会工作者，林巧莲被评为山东省女职工建功立业标兵，陈捷被评为山东省工会积极分子，刘俊德被评为山东省创新能手。六四五五工厂工会全年广泛开展技术创新比武、安全生产竞赛以及评选树优活动，工作富有特色、成效显著。3—6 月份分别在五分厂和八分厂开展岗位明星活动；8—10 月份，开展"大干 100 天，争当金牌职工"活动；6 月份，与设备技安处联合开展了"安全月"知识竞赛；8 月份，组织安全员与班组长共 82 人参加安全与职业健康培训；11 月份，在二分厂、六分厂开展了技术比武活动；12 月份，组织"五小"成果评选活动。

增强帮扶实效，竭诚服务职工 为职工群众服务是工会工作的基本导向。2018 年，

装备部工会深入开展"夏送清凉""两节"送温暖、大病救助、困难职工帮扶、走访慰问等活动，为工厂职工送去组织的关怀和温暖。六四五五工会广泛开展送温暖活动，春节为全厂职工发放花生米、白面、大米和对联，并走访慰问劳模和困难职工；端午节为全厂职工发放粽子、白糖、茶叶、风油精；中秋节为全厂职工发放月饼、石榴；并为即将退休的职工发放纪念品。七三一三工厂在每年为全厂职工查体的同时，3月份还组织刷漆、热处理、装配打磨、整机试验台、检验、电焊6个岗位的22名接触危害因素（如噪音、有害气体氮气、粉尘金属性，有害气体甲苯）的职工在济南市疾控中心进行了职业病查体。

严肃财经纪律，强化财务管理 一是加强财经纪律教育，增强工会干部的法律意识和法治观念。从严格执行财经纪律入手，把财经纪律做成作风建设和反腐倡廉的"高压线"，提高工会干部依法办事的水平和能力，从源头上避免由于对政策不熟悉、不了解而违规等问题的发生。二是深入开展专项经费审计检查工作。8月份，分别对4个工厂2017、2018年度专项资金，尤其是上级工会拨付的劳模专项资金、困难职工帮扶资金管理使用情况进行了审计检查。三是加强财务人员培训，提高财务人员职业道德素质和综合业务素质。12月份，装备部工会在青岛举办了一期工会主席、财务人员培训班，财务人员知识储备得到实时更新，业务能力得到加强。

（魏连秀）

省直机关工会

概况 截至2018年底，省直机关共建立基层工会601个，其中机关工会141个、事业单位工会331个、企业工会129个，共有工会会员10.1299万人。省直机关工会所属基层工会包括省直单位、省国资委驻济企业、中央及有关行业驻鲁的单位。

完成了全国、省工代会代表推选工作 按照全总、省总工会要求和规定程序，在全面考核的基础上，推荐了1名中国工会十七大预备人选候选人。选举5名省十五次工代会代表。

广泛开展"送温暖"和"金秋助学"活动 2018年元旦春节期间，组织了送温暖活动，为51个单位323名困难职工发放救助金78.9万元。积极探索建立常态化关爱困难职工机制，资助了5名困难职工。发放助学金14.5万元，救助省直机关困难职工子女上大学学生40人。对290名工作在高温酷暑一线的职工进行了走访慰问。

弘扬劳模精神和工匠精神，激发工作热情 组织25名全国、省劳模参加全总、省总工会组织的疗休养。发放全国劳模和省级劳模特殊帮扶资金20万元。印发《关于编印2018年劳模风采录的通知》，收集汇总2018年获得"全国五一劳动奖""全国工人先锋号""山东省劳动模范（先进工作者）"称号的单位和个人先进事迹材料。

组织开展健康有益的文体活动 一是开展第四届庆"五一"健步走活动。4月24日，举办了"庆五一低碳环保健步走"活动，任爱荣副省长、工委领导和省直机关136个部门单位2270多名干部职工参加。二是搭建文体活动自选菜单平台，增强机关活力。印发《关于举办2018年省直机关全民健身系列活动的通知》要求，组织了省直机关篮球比赛，共有52支球队、900多名运动员参赛，164场比赛。举办健身气功培训班，56个单位110人参加。举办了三期桥牌（国际象棋）培训班，37个单位108人参加；举办了三期气排球培训班，57个单位110余人参加。举办游泳比赛，51个单位538人参加。与济南市工委联合印发了《关于举办"爱泉城、护家园、共享生态文明建设成果"登山健身活动的通知》。

举办省直机关工会主席培训班 10月13日至19日，在河北劳动关系职业学院举办省直工会干部培训班，2017年以来新任职的省直机关各部门单位工会主席、女工委主任近70人参加培训。省委省直机关工委副书记周杰华同志参加培训班并做动员讲话。

组织技能竞赛 与省气象局、省总工会、省人社厅等省直有关部门联合下发通知，举办了第九届全省气象行业职业技能竞赛。与省环保厅、省总工会、省人社厅、团省委、省妇联等省直有关部门单位联合下发通知，举办了2018年山东省环境应急实兵演练暨环境监管技术比武竞赛。

举办省直机关工会统计调查工作会议 9月27日召开2018年度省直机关工会统计调查工作会议，省直机关各部门各单位的工会主席、负责统计工作的同志参加会议。

组织工会干部赴台湾，澳门、香港交流 5月7—14日，省直机关工会交流团一行14人，在省直机关工会与妇女工委主任邹霞带领下，赴台湾访问交流。

做好先进推报表彰工作 省直机关2个集体获全国工人先锋号、全国五一劳动奖状，2人被授予全国五一劳动奖章，28人获得山东省劳动模范（先进工作者）荣誉称号。组织召开全国工人先锋号、全国"五一劳动奖状"座谈会并举行揭牌仪式，向广大干部职工发出倡议书。山东省煤田地质局第一勘探队钻机机长崔明强获齐鲁工匠并被授予省富民兴鲁劳动奖章、创新工作室；山东

核电有限公司获2016—2017年全国"安康杯"竞赛优胜单位荣誉保留单位；山东核电设备制造有限公司获2016—2017年度全国"安康杯"竞赛优胜单位；中国石油天然气股份有限公司山东销售分公司2016—2017年度全省"安康杯"竞赛优胜单位；山东电建一公司焊接工程公司高压焊工班获2016—2017年度全省"安康杯"竞赛优胜班组；中国邮政集团公司山东省济南邮区中心局2016—2017年度全省"安康杯"竞赛优秀组织单位；国核示范电站被确定为省级示范性重点工程；青岛海关"智慧监管"推进工作组获山东省职工技术创新竞赛创新型班组并获山东省工人先锋号荣誉称号；山东省国土资源厅国土资源信息中心王芳获山东省职工技术创新竞赛创新能手。省社科院机关工会、省国税机关工会获省模范职工之家称号，省特殊教育职业学院工会、省国土测绘院工会获省模范职工小家称号，刘乐泉、许俊美被评为全省优秀工会工作者，刘志、邵丹被命名为省优秀工会积极分子，张士瑞被评为全国优秀工会工作者，杨军被命名为全国优秀工会积极分子。

规范财务管理 举办了工会票据电子化系统专题业务培训，省直机关各部门单位负责票据的同志参加培训，截至12月31日，为省直机关各部门单位下发工会票据1600余份。对2010年以来的工会经费收入专用收据检查清理核销，按照编号排序整理了经费专用收据1000份。

积极推进妇女工作的开展 一是在女职工中开展了"宣讲十九大精神巾帼风采展演"活动。收到参赛作品84件，分别被评为一、二、三等奖，53个节目被评为优秀奖，45个单位200余人参加，其中省人大办公厅诗朗诵《这个时刻》代表省直机关参加了全省展演，获得一等奖。二是举办三八节

纪念活动。三八节前授予省纪委慈海威等 80 个家庭"省直机关文明和谐家庭"荣誉称号。省法院蒋海年家庭被全国妇联授予"全国最美家庭"荣誉称号。组织女职工参加全国第六届"书香三八"—"引领女性阅读·建设文明家庭"读书征文活动，其中 6 个单位的 14 人获奖，其中二等奖 2 人，三等奖 4 人，优秀奖 8 人。三是举行山东省"最美家庭"故事走进省直机关巡讲活动。6 月 15 日，工委和省妇联联合开展了山东省最美家庭故事巡讲暨"家和万事兴"家教家风主题巡展"妈妈启航"家庭教育齐鲁行公益活动走进省直机关活动，工委所有在济领导和省妇联主要领导、分管领导、省直机关 132 个部门单位近 600 人参加。

（刘庆功）

省属大企业工会

胜利石油管理局有限公司工会

概况 2018 年，胜利石油管理局有限公司工会（以下简称：局有限公司工会）下设二级单位工会组织 85 个，三级基层工会组织 1054 个。局有限公司工会机关设：组织建设部、生产劳保部、权益保障部（劳动争议调解办公室、残联办公室）、民主管理部、女工部、群众文化部（文联办公室）。全局专职工会干部 1394 名，工会会员 171048 名。胜利油田各级工会组织和广大工会干部以习近平新时代中国特色社会主义思想和党的十九大精神为指导，按照上级工会、油田党代会、职代会决策部署，扎实开展"不忘初心使命，深化三转三创"主题活动，大力实施"价值提升工程"，着力强化职工教育引领，着力激发职工创新创造活力，着力完善维护服务职工体系，着力加强工会自身建设，组织带领广大职工群众奋发有为、开拓创新，圆满完成了全年的各项任务目标。

教育引领 加强职工队伍教育引领，把学习贯彻习近平新时代中国特色社会主义思想和党的十九大精神作为头等大事来抓，在工会主页开辟"学习贯彻十九大精神""三转三创见行动"专栏，收集学习体会、谈落实举措、讲创新思路 568 条。大力弘扬劳模精神、劳动精神、工匠精神，在工会网页、"胜利职工 e 家"开设"每周一星"专栏，举办"胜利工匠"系列专题片评选展播活动，44 部专题片在胜利电视台、胜利工友展播，开展"劳模工匠进班站、传技艺、解难题"活动 12 场。全年选树中国石化劳动模范 28 名，山东省劳动模范 13 人，中央企业劳动模范 2 人，唐守忠、张春荣分获"齐鲁大工匠""齐鲁工匠"荣誉称号，王涛荣获全国五一劳动奖章；7 个单位被评为中国石化先进集体和中央企业先进集体，孤岛采油厂荣获全国五一劳动奖状，海洋采油厂采油管理四区中心三号平台荣获全国工人先锋号称号。

生产保障 准确把握油田形势，与7个处室联合开展新井运行、效益稳产等9个系统专项劳动竞赛，与部分单位共同开展了"盐222区块整体套管分层压裂"等重点工程（项目）劳动竞赛，紧盯安全生产，持续开展"查身边隐患、保职工安全、促企业发展"活动，开展工程质量监督举报，将年度季度奖励改为月度奖励，提高奖励即时性，年内奖励优秀隐患排查建议393条，发放奖金10.78万元。全年立功竞赛中，有155个集体、783名个人立功授奖；河口采油厂采油管理十区1004站、海洋采油厂采油管理四区中心三号平台的班组竞赛经验在全国能源化学系统宣传推广。制定下发《关于进一步加强班站建设的实施意见》，指导基层做好班站制度建设、"三标"建设、队伍建设及硬件建设等工作。

技术创新 充分发挥职工创新工作室的作用，促进交流共建、资源共享，推动群众性技术创新形成合力。全年有22项成果被评为全国能源化学地质系统优秀职工技术创新成果。完善创新工作室动态管理机制，加强分级管理和动态考核，开展第四批示范工作室申报验收和前三批示范工作室复审工作。圆满完成了全国劳模创新工作室和山东省劳模创新工作室的检查验收工作。孟向明创新工作室被评为山东省"劳模和工匠人才创新工作室"。优选139项优秀创新成果，成功举办油田职工优秀创新成果展示推介会暨创新论坛，解读创新相关扶持政策，交流创新经验，推介重点成果，邀请全总兼职副主席高凤林做了专题讲座。

依法维权 进一步畅通平等协商、厂务公开、厂务质询等民主管理渠道，修订下发厂务公开实施办法，组织厂务公开满意度测评。举办职工代表培训班，同步对油田职代会提案办理情况进行了巡视检查、召开职工代表座谈会，实现了职工代表素质提升、职权落实、研讨难题三位一体高效运行。着力构建和谐稳定劳动关系，加强集体合同履约检查和劳动法律监督，推进劳动关系观察员制度，增强协调劳动关系工作的预见性。开展线上线下政策咨询、法律援助等服务职工，全年共提供法律服务400人次。

服务保障 建立"走基层、访万家"长效机制、健全解决职工群众诉求和关爱职工工作机制，保持了下基层、到班站、进家门不断线。广泛开展"感怀胜利·见证荣光"活动。实施"幸福一线、幸福员工"行动，为部分作业、采油一线职工定制配备适合现场使用的生产生活物品，改善艰苦岗位职工工作条件和环境。依托二级单位建设了10家区域职工服务中心，为职工群众提供就医通道、法律咨询、心灵关爱等服务项目，受到职工家属的欢迎。制定实施困难群体帮扶救助实施办法、档案管理办法，进行分级建档，实施精准帮扶，帮扶救助困难职工群众4.7万人次，发放慰问金和慰问品4199万元、救助金2843万元。广泛开展残疾儿童抢救性康复救助、肢残助行、"慈善康复进万家""走出户外、享受阳光"等扶残助残活动，6198人次受益。搭建起"互助保障计划、医疗救助、安康补充保险"三大平台，推出《安康补充保险（重大疾病）计划》，参保人数达10489人次、保费15389万元，全年为2614人次发放互助保障和医疗救助金1366.4万元。油田工会荣获山东省"困难职工解困脱困工作先进集体"称号。

女工工作 深化文明家庭创建活动，积极推进传承好家风、培养好家训的相关活动，组织评选"油田文明家庭"127户。加大对困难女职工帮扶救助力度，走访慰问困难女职工870户，发放救助金134万元。推进职工心灵关爱行动，加强网络化普惠服务，通过胜利职工 e 家 APP、胜利工友公众号等平台推送在线答疑、读书分享等服务，23 万人次受益。加强教练式工会干部培养，优选出 100 名油田幸福教练学员参加第三期培养计划。全年共产生全国三八红旗集体 1 个，山东省三八红旗集体 1 个、三八红旗手 1 名，女职工岗位建功先进集体 1 个、巾帼建功标兵 1 名，全国最美家庭 1 户，山东省最美家庭 3 户。

职工文化 优化布局，加大基础文化设施投入，全年建设"职工书屋"20 个，精选地点安装"电子职工书屋"70 个，为职工群众方便阅读、提升素质创造便利条件。深入一线，服务基层，用职工喜闻乐见的文化作品涵养职工文化素质，举办"忆胜利征程·从华八井再出发"主题征文、纪念改革开放 40 周年书法长卷、美术、版画、集邮展览，组织开展"劳动之美·胜利之美""快拍·胜利"等活动。在第四届中国石化报告文学大赛中，油田有 14 个作品获奖；在第五届全国职工微影视大赛中，油田获 2 金、2 银、5 铜。推行全民性、普及性活动，用群众文化体育活动吸引职工群众，成功举办第八届运动会。积极参加油田外部赛事，在全国、山东省、中国石化各级竞技比赛中，共获得金牌 4 枚、银牌 5 枚、铜牌 5 枚。

互联网+工会 突出组织动员职工模式创新，推进网上职工之家建设。顺应"互联网+工会"发展新形势，开发上线"胜利职工 e 家"手机 APP，设置法律服务、网上练兵、便民查询等 10 个基础栏目，将政策宣贯、业务解读、制度流程"搬"进手机，有效降低沟通成本，拉近工会与职工的距离。截至 2018 年底，胜利职工 e 家 APP 已有 17.4 万注册用户，日活跃度达到 5000 余人，

上线以来浏览量已超 1000 万人次。加强普惠活动力度，建立普惠服务专项资金预算，利用会员群体优势与商家洽谈团购优惠，采取"商家打折一部分，工会补贴一部分"的形式加大普惠力度，全年投入 300 万元资金，利用"胜利职工 e 家"APP、工会会员卡，在元旦、春节、端午、中秋等节点组织普惠活动 35 次，累计受惠 316 万多人次。

自身建设 着力于破解基层工会存在的短板弱项，全面加强工会组织建设。明确规章制度，梳理完善工会组建步骤及流程，油田召开了一届一次工代会，配备专兼挂领导班子机构；指导基层工会推进标准化建设，年内有 19 家单位召开了工代会，12 家单位召开了工会全委会。夯实基层工会小组建设，加大基层经费倾斜力度，基层工会力量逐步加强。修订完善了工会经费收支等 3 项制度、新制定工会经费报销等 6 项管理办法，组织开展财务检查和工会经费审计，强化监督管理。制定工会加强机关工作的《十项制度》，规范工作程序、严肃工作纪律，确保政令畅通、高效运转，树立良好的机关和工会干部形象。实行重点工作项目化运作体系，推进各项工作稳步实施、扎实推进。严格执行"马上就办"要求，明确运行流程，严格办结时限，督促干部振奋精神、干事创业。举办工会主席培训等 7 场次业务培训班，全面普及工会基本理论、基础业务，提升干部基本素质，深入学习贯彻中国工会十七大精神，组织专题宣讲会、专题培训会，推动了新时代党中央关于工人阶级和工会工作大政方针在基层的贯彻落实。开设工会干部微课堂，采取线上知识竞答的形式提升工会干部的学习实效性、积极性。加强工会工作考核，督促责任落实，及时排名公示，促进了从机关到基层转作风、提效率、增价值，提升了油田各级工会组织和工会干

部的执行力、凝聚力、战斗力。强化工会理论研究，大力开展理论创新和实践创新，全年涌现出 30 个优秀案例和优秀微信作品，30 项优秀调研成果，其中 4 项获得山东省工会优秀调研成果，1 项获得山东省工会优秀成果创新奖，2 项获得中国能源化学地质工会工作优秀项目。

（左　靖）

中国铁路济南局集团有限公司工会

工作综述

概况　集团公司工会下辖所属工会 61 个，文化事业单位 1 个。集团公司工会机关设置办公室、组织部、保障和女工工作部、生产宣传部、财务部。截至 2018 年底，集团公司专职工会干部 228 人，其中所属单位工会专职干部 159 人，集团公司工会机关 22 人，文化宫 47 人，工会会员 87912 人。

走访慰问集团公司劳模先进和困难职工　2 月 7 日，山东省总工会党组成员、经审委主任蒋石宝到集团公司检查调研送温暖工作，先后走访慰问了全国"五一劳动奖章"获得者济南西车辆段职工赵强和部分困难职工家庭，在新春佳节到来之际，为他们送去组织的温暖，送上新春的祝福，对近年来集团公司落实上级工作部署，扎实开展帮扶救助工作，关心关爱职工所取得的成效给予充分肯定，并就服务中心工作、服务基层职工，更好地履行工会职责提出要求。

召开集团公司一届一次职代会　1 月 10 日至 12 日，济南局集团有限公司第一届职工代表大会第一次会议在济南召开，来自全局 298 名正式代表，229 名列席代表汇聚一堂，共商局事。大会听取和审议了王新春总经理受王秋荣董事长委托所作的题为《转观念、讲担当、强基础、增效益，为实现交通强国铁路先行目标任务而努力奋斗》的行政工作报告；听取了工会主席陈连弘所作的集团公司民主管理工作暨一届一次职代会筹备情况报告；审议了财务报告、上次职代会提案落实情况和一届一次职代会提案征集处理情况的报告、2017 年集体合同及工资专项协议履行和 2018 年集体合同及工资专项协议协商情况的报告、2017 年帮扶救助专项资金使用情况的报告、2018 年职工培训计划；审议通过了 2017 年劳动保护措施落实情况和 2018 年劳动保护措施安排报告、建立岗位安全绩效考核工资制度的方案；审议通过并签订了济南局集团公司 2018 年集体合同及工资专项协议；审议决定了 2018 年职工福利费预算安排方案；民主评议了集团公司领导班子及成员；选举产生了济南局集团公司第一届职工董事、第一届职工监事；表彰了集团公司安全生产、经营创效、客货营销、优质服务、工程建设先进个人和"济铁工匠"。集团公司党委书记、董事长王秋荣在闭幕会上作了题为《走进新时代　展示新作为　在交通强国铁路先行的实践中建功立业》的重要讲话。会议期间，开展了丰富多彩的文体活动，举办了中铁文工团《新时代　新征程》慰问文艺演出。

召开一届一次全委（扩大）会议暨工作会议　1 月 23 日，集团公司工会一届一次全委（扩大）会暨工作会议在济南召开，集团公司党委书记、董事长王秋荣出席会议并作重要讲话，集团公司工会全体委员、经审委员，基层单位工会主席，集团公司工会机关干部、济南铁路文化宫党总支书记等同志参加了会议。会议审议通过了陈连弘代表集团公司工会常委会所作的工作报告；审议通过了《2017 年经费审查工作情况和 2018 年经费审查工作意见》；选举了集团公司第一届工会委员会主席，补选了常务委员会委员；替补了委员和经费审查委员会委员。工作会议上对 2017 年度集团公司先进（模范）职工之家、职工小家、优秀工会工作者、工会积极分子和集团公司工会工作品牌、2017 年度创新成果进行了表彰。

开展"新春走基层、文化送一线"活动
集团公司工会组织职工文艺骨干、邀请中铁文工团、济南演艺公司艺术家共同组建 6 支文艺小分队，以"转观念、讲担当、强基础、增效益"为主题，以凝聚广大职工"保安全、保效益，促改革、促发展，当主人、当标兵"攻坚合力为目标，深入春运一线、车间工区、车站列车、铁路社区，慰问干部职工以及家属、旅客。6 支小分队 120 余名演职人员，历时 5 天，深入 23 个站段、4 个社区以及 7053 次慢火车和青荣城际 C6502 次高速动车，行程 2000 多公里，演出 41 场次。此次活动，得到路内外媒体的广泛关注，中央电视台、新华网、《人民铁道》、山东电视台、《齐鲁晚报》等 10 余家中央及省市新闻媒体都在显著位置给予专题报道。

开展"三保五争当"立功竞赛 落实"转讲强增"工作主线，紧扣安全经营改革建设稳定等中心任务，组织开展"两保两促两当"劳动竞赛和"双争当"立功竞赛，团结动员广大职工发挥主力军作用。下半年，聚焦"增运补欠、两线开通"两大战役，组织职工深入开展了"三保五争当"立功竞赛，结合"当好主人翁、建功新时代"三大劳动竞赛丰富竞赛内容，组织开展练功比武、技术攻关、合理化建议等群众生产活动，汇聚攻坚合力。制作宣传展板 1800 套，"送文化到一线"慰问 32 场次，3.5 万名职工参与网上知识竞赛，推送新媒体作品 48 期，采纳应用合理化建议、攻关成果 200 余项，有力地促进了经营建设任务的顺利推进。

深化劳模和工匠人才创新工作室创建
坚持大力弘扬劳模精神、劳动精神、工匠精神和济铁精神，充分发挥劳模先进和生产骨干的辐射带动作用，制定实施《劳模和工匠人才创新工作室激励办法》，培育骨干人才，开展创新实践。2018 年，已建成各层级劳模和工匠人才创建创新工作室 111 个，聚集各类人才 1300 余名，累计形成创新成果 1250 余项，22 项成果获得国家发明专利，86 项成果获得实用新型专利，900 余项成果得到推广应用，2 个被命名为总公司和山东省级创新工作室。青岛动车段刘波、济南西机务段贾乾峰劳模创新工作室被授予全路"火车头劳模和工匠人才创新工作室"。五一前夕，对集团公司 30 名劳动模范、400 名先进生产者进行了隆重表彰，8 人荣获山东省劳动模范称号，18 人荣获全路火车头奖章。

深化创新维护服务保障工作 规范落实厂务公开、集体合同协商、民主议事恳谈会等制度，三级职代会召开率达到 100%。适应公司制运作，修订完善《集团公司民主管理实施办法》，制定《职工董事、职工监事履职管理办法》，健全制度机制。开展职工代表巡视，加强职工代表履职培训和考核，促进作用发挥。精准化开展"送健康服务行动"，推动"五位一体"职工健康保障体系建设，建成使用职工健康屋 398 个、健康角 1000 余个，聘任 90 名健康管理员，建立职工心理咨询师协会，在春运、暑运、集中修等关键时段开展健康巡诊 44 场次，服务职工近 2 万人次。建成 169 处职工工作服洁净室。下拨 8000 余万元开展普惠制慰问和送温暖活动。投入 2730 万元，助医助困助学

48372 人次。结合站区职工生产生活一体化建设，开展"三线"建设，职工生产生活条件得到进一步改善。

深化"四强"职工之家建设 结合新时代新体制新要求，制定实施意见，推广创建经验，强化表彰激励。2018 年以来，17 个职工之家、219 个职工小家得到集团公司表彰，2 个所属单位被评为全国模范职工之家。扎实推进网上职工之家建设，上线运行"济铁惠员 e 家"手机 APP、"济铁工会"微信公众号，实现工会组织在网上有阵地、有组织、有活动、有服务。全年共发布新媒体信息 4900 余条，答复处理职工诉求和意见建议 670 余条。

深入推进女职工工作 3 月 7 日，集团公司工会第一届女职工委员会第一次会议在济南召开。会议听取并审议了任梅芳同志所作题为《凝聚巾帼力量、积极担当作为，团结带领广大女职工在集团公司改革发展中建功立业》的工作报告，对第五届女职工读书活动优秀组织单位、先进个人进行表彰，对 2017 年建成达标的 20 个"铁路爱心屋"进行命名授牌。济南电务段、青岛西车务段、聊城工务段、中铁文化传媒集团等单位做了经验介绍。集团公司工会女工委全体委员、所属单位工会女工委主任和第五届女职工读书优秀组织单位、个人代表参加会议。开展纪念"三．八"国际劳动妇女节系列活动，集团公司工会在济南铁路文化宫举办女职工"巾帼展风采、建功新时代"主题系列活动，集团公司党委副书记李翔鹏、工会主席陈连弘，工会、团委、党委宣传部、组织部（人事处）等部门负责人、济南地区各单位工会主席、女职工代表共同参加了相关活动。主题系列活动以"巾帼展风采、建功新时代"主题故事会为主要内容，济南站王孜慧、日照车辆段牛凤华、青岛西车务段许爱华、济南车辆段张翠云、济铁房建集团周玉姣、青岛客运段赵新华等 6 位最美女工匠、女职工先进代表向广大职工分享她们平凡而感人的成长故事、闪光事迹。集团公司工会微信公众号专门开通在线直播，开展留言互动，点击量突破 6 万余人次，观众留言近 2000 条。专门针对广大女职工对家风家教方面知识的需求，邀请省内知名心理学、家庭教育专家，举办了"心理健康、家庭教育"知识专题讲座。

举办"春季送健康服务行动"健康巡诊活动 3 月 23 日，集团公司"春季送健康服务行动"职工健康巡诊活动在济南车辆段正式启动。集团公司工会陈连弘主席和相关部门负责同志、济南地区部分单位工会主席共同参加了启动活动。集团公司工会、社保处、劳卫处等部门，组织山东省中医药大学第二附属医院等医疗单位的职工特约医生、集团公司疾控所专业人员、兼职职工心理咨询师为济南地区部分单位的干部职工进行了健康咨询、健康宣传和送医送药等服务。此次活动聘请 17 名职工特约医生、兼职职工心理咨询师，历时 6 天，先后深入济南西站等 9 个沿线站区，面对面向一线职工宣讲健康知识、咨询健康问题、解读查体报告、实施心理疏导，开展急救技能传授、配发应急用药和健康指标测试等服务，基本覆盖春运相关单位的一线干部职工。

"最美工匠""春运最美职工"表彰会、第五届"职工读书月"启动和"济铁惠员 e 家"手机 App 启用仪式 4 月 3 日上午，集团公司工会在济南工务机械段举行"济铁最美工匠""春运最美职工"表彰会，举办第五届"职工读书月"启动和"济铁惠员 e 家"手机 App 启用仪式。集团公司工会陈连弘主席、全体常委，济南工务机械段领导，受表彰的"最美工匠""春运最美职工"代表、所属各单位工会主席、副主席、济铁文化宫主任、书记、工会机关人员和各单位网络维护人员、兼职新媒体编辑等参加了活动。集团公司工会陈连弘主席围绕大力弘扬劳模精神、劳动精神、工匠精神、济铁精神，建设"书香济铁"，打造"济铁人共同的网上家园"，不断创新工会工作，助力企业改革发展，发表致辞并提出明确要求。仪式上，陈连弘主席宣布并启动"济铁惠员 e家"手机 App。对"济铁最美工匠""春运最美职工"进行了表彰，颁发奖牌、证书并赠图书。与会同志共同观看了"最美工匠"故事会，现场观摩了济南工务机械段职工文化建设成果。

召开一届一次经费审查委员会全体会议
4月19日，集团公司工会召开一届一次经费审查委员会全体会议。传达学习集团公司工会陈连弘主席关于工会经审工作的批示精神；听取和审议了集团公司工会本级 2017年度财务决算草案和 2018 年度经费预算草案情况的报告、2017 年经审工作情况和 2018 年度经审工作安排的报告；听取了本级经审会对集团公司工会 2017 年经费收支预算执行情况的审计结果报告。集团公司工会一届一次经费审查委员会委员、工会办公室、财务部负责人参加了会议。集团公司工会副主席、经审委主任田文锦同志主持会议

隆重表彰劳模先进 4月26日，集团公司召开劳模先进表彰大会，集团公司党政工团组织对 2017 年度 10 个先进单位、60 个先进集体、200 个先进班组和 30 名劳动模范、400 名先进生产（工作）者进行了隆重表彰。受表彰的劳模、先进代表，集团公司领导班子成员，机关各部门主要负责人，济南地区各单位党政工团主要负责人和部分干部职工在主会场参加了会议。先进单位日照站、全国工人先锋号济南机务段济南动车车

间、劳动模范淄博工务段东风线路车间主任张兆军分别作经验介绍。集团公司党委书记、董事长王秋荣作重要讲话，总经理王新春主持会议，工会主席陈连弘宣读了表彰决定。集团公司党委书记、董事长王秋荣、集团公司总经理王新春、集团公司工会主席陈连弘亲切接见集团公司出席山东省劳模表彰大会的 8 位省劳动模范薛军、刘波、季风运、宿亮、杜英国、董翠萍、许爱华、蔡保刚并同他们进行了座谈交流。代表集团公司党政工团组织向 8 位同志表示热烈的祝贺和衷心的感谢，对今后立足岗位、发挥作用提出了殷切期望。集团公司工会副主席、集团公司办公室（党委办公室）主任、集团公司工会相关部门负责人参加座谈交流。

"双争当·济铁惠保"杯健步走活动 5月5日，集团公司在济南、烟台、淄博、兖州、聊城、临沂、日照等 7 个地区同步举办了以"珍爱健康·共保安全"为主题的"双争当·济铁惠保"杯健步走活动，来自各地区近万名干部职工参加了活动。集团公司工会主席陈连弘同干部职工们一起参加了济南地区的活动。

职工活动异彩纷呈 6月21日至22日，在聊城铁路俱乐部举行集团公司"双争当"杯职工气排球比赛，集团公司工会陈连弘主席参加了开幕式，观摩了现场比赛。本次比赛首次以联队形式组队比赛，各地区各单位共组成 16 支联队，经过近 2 天的紧张激励角逐，济南西机务段和济西地区各单位组成的魅力济西联队、济南客运段和集团公司机关组成的济铁先行联队、济南电务段、济南工务机械段组成的济南志胜联队、临沂地区各单位组成的蒙山沂水梦之队、济铁工程集团和中油华铁公司组成的济南联创联队、淄博地区各单位组成的和智齐家联队，获得前六名。集团公司工会"济铁惠员 e 家"手机

APP平台对比赛开幕式和首场比赛进行了网上直播。6月20日，集团公司工会"济铁梦·劳动美——学习贯彻党的十九大精神和集团公司'两会'精神"职工演讲比赛颁奖仪式暨汇报演出在聊城铁路俱乐部举行。集团公司工会陈连弘主席参加活动，并同聊城地区各单位干部职工一同观看了演出。7名获奖选手与3名来自山东朗诵艺术家协会、中国铁路文工团的艺术家评委共同为现场观众奉献了一场高水平的演讲盛会。集团公司工会领导为获奖选手颁发了证书。"济铁惠员e家"手机APP平台对颁奖和演出活动进行了网上直播。"济铁梦·劳动美——学习贯彻党的十九大精神和集团公司'两会'精神"职工演讲比赛活动自2018年3月起，在广大职工中深入开展。各单位、各级工会认真组织、层层举办，经过初赛、地区选拔赛、决赛，历时3个多月，在300多名参赛职工中，评选产生优秀奖49名，二等奖32名，一等奖14名，受到集团公司工会的命名表彰。选拔4名选手代表集团公司分别参加山东省和铁路总公司学习贯彻十九大精神职工演讲比赛，分获省三等奖、优秀奖和总公司一等奖、二等奖的好成绩。9月26日至28日，集团公司工会在淄博铁路俱乐部举办"中国梦、济铁情、劳动美"小品（情景剧）展演活动，来自集团公司所属29个单位选送的30个优秀作品参加了展演，经过两天三场预选赛，最终选出10个优秀作品进入总决赛。9月28日，集团公司工会主席陈连弘和集团公司工会、党委宣传部负责人、展演作品单位的工会主席、淄博地区部分单位干部职工共同观看了总决赛作品展演。

举办全局工会主席学习贯彻党的十九大精神专题研讨培训班 6月25日至29日，集团公司工会在山东管理学院举办全局工会主席学习贯彻党的十九大精神专题研讨培训班。所属各单位工会主席和集团公司工会机关干部共83人参加了培训。围绕学习贯彻习近平新时代中国特色社会主义思想和党的十九大精神，聚焦加强思想政治建设，提高群众工作能力，坚定理想信念、强化责任担当，落实集团公司"转观念，讲担当，强基础，增效益"工作主线，邀请知名专家教授讲授了《学习贯彻十九大精神做好新时代工会工作》《产业工人队伍建设》等课程，实地观摩了济南第二机床厂、国网电力公司等先进企业的工会工作经验，组织开展了国防教育党性锻炼，围绕落实重点工作开展研讨交流，日照站、淄博工务段、济南机务段、聊城车务段、济南车辆段、青岛西车务段、青岛供电段做了交流发言，济南电务段、济南工务机械段、济南客运段、济南站、济南工务段作了书面交流。集团公司工会陈连弘主席围绕落实"转观念、讲担当、强基础、增效益"工作主线，推动工会工作创新发展，为全局工会干部做了专题辅导报告。

"三保五争当"立功竞赛动员部署暨2018年上半年"双争当"活动表彰会 7月12日，集团公司工会在济西站召开"三保五争当"立功竞赛动员部署暨2018年上半年"双争当"活动表彰会，集团公司工会主席陈连弘出席会议并讲话。集团公司工会、运输处、济西站主要领导，各运输站段和部分所属单位工会主席，工会各部门、文化宫负责人，受表彰的"双争当"先进个人、"最美劳动者"代表等80余人参加了会议。会议对集团公司上半年"双争当"先进个人、最美劳动者进行了命名表彰，集团公司运输处处长李树亭、工会副主席田文锦分别就打好两大战役、推进"三保五争当"立功竞赛介绍有关情况、做出部署安排。济西站、青岛站、青岛西车务段、济南工务机械段、济南电务段工会做了交流发言，集团公司劳动模范张俊礼代表广大劳模先进向广大职工发出倡议。与会人员现场观摩了济西站群众生产活动、劳动保护措施落实和职代会实事项目成果。

关爱职工在行动 开展职工兼职心理咨询师实作技能培训，7月24日至27日，集团公司工会在泰安举办集团公司职工兼职心理咨询师实作技能培训班，聘请省内知名心理学专家、EAP讲师讲授心理咨询专业知识和实践经验，开展团辅活动训练体验，邀请集团公司优秀兼职心理咨询师分享工作经验，研讨下半年各地区协会服务活动计划，明确下一步工作目标。来自集团公司所属各单位的95名兼职心理咨询师参加了培训。会上，对心理咨询师协会和地区分会具体工作进行部署，聘任15名职工兼职心理咨询师，组建百名咨询师队伍，向各分会赠送工具用书。举办了"暑期送健康服务行动"健康巡诊活动，7月27日，集团公司2018年"暑期送健康服务行动"职工健康巡诊活动在济南工务机械段正式启动。省立医院、省中医院、中医药大学第二附属医院等单位的医疗专家、疾控所专业人员、兼职职工心理咨询师为近300名一线干部职工开展了健康咨询、健康宣传和送医送药等服务。集团公司工会、社保处、劳卫处、安监室等相关部门负责同志参加了启动活动。此次活动突出客货营销、安全生产、铁路建设等关键岗位，历时11天深入32个沿线站区，基本覆盖客运、工务、供电、电务、铁路建设等相关单位，面对面向一线职工宣讲健康知识、咨询健康问题、解读查体报告、实施心理疏导，开展急救技能传授、配发应急用药和健康指标测试等服务。

"当好主人翁、建功新时代"劳动竞赛动员部署暨货运系统劳模和工匠人才创新工作室创新成果交流会 9月6日，集团公司工会在日照召开"当好主人翁、建功新时代"劳动竞赛动员部署暨货运系统劳模和工匠人才创新工作室创新成果交流会。集团公司工会主席陈连弘出席会议并讲话。学习贯彻铁路总工会关于开展当好主人翁、建功新时代-我为客运提质作贡献、我为货运增量添光彩、我为复兴号品牌聚合力劳动竞赛活动部署和索河主席讲话精神；观摩交流货运系统劳模创新工作室创新成果；对全局及货运系统劳模和工匠人才创新工作室创建工作进行总结部署。集团公司工会、货运营销处和工会有关部门负责人，货运系统各单位和部分运输站段工会主席、受表彰的劳模和工匠人才创新工作室代表参加了会议。与会人员现场观摩了日照站章伟峰创新工作室创新成果、日照港裕廊公司机器人装车线，观看了日照站创新工作室创建工作专题片。日照站、兖州车务段、青岛西车务段工会、临沂车务段"物之韵"创新工作室、淄博车务段陈斌创新工作室做了交流发言。对18个"集团公司劳模和工匠人才创新工作室"授牌，对20个优秀创新成果和20名先进个人进行了命名表彰。

"四强"职工之家建设工作 9月30日，集团公司党委会专门听取和研究工会"四强"职工之家建设工作，党委书记、董事长王秋荣就工会组织保持和增强政治性、先进性、群众性，全面加强自身建设，提升职工之家建设质效，要求各级工会组织要紧扣企业改革发展实际，加强职工之家建设；要选好配强工会干部，促进作用发挥；要健全完善考核机制，推动工作落实。10月18日、19日，集团公司工会在日照地区召开"四强"职工之家建设现场推进会，深入学习贯彻习近平新时代中国特色社会主义思想和党的十九大精神，落实集团公司党委要求，对全局"四强"职工之家建设工作进行全面总结和部署推进。集团公司工会常委、日照站、日照车辆段、临沂工务段领导，集团公司所属各单位工会主席、铁路文化宫负责人，部分单位工会副主席、车间工会主席和工会机关有关同志参加了会议。现场观摩了日照站、日照车辆段、临沂工务段、日照港职工之家建设情况。日照站党委、日照车辆段和济南机务段、济南车辆段、临沂工务段、烟台车务段、青岛供电段、济南客运段深圳车队工会介绍了工作经验，济南西工务段、聊城工务段、青岛工务段、济西站、工程建设集团公司、青岛动车段、济南电务段济南检修车间、物资工业集团华锐铁路机械制造公司、济南铁路公安局日照派出所等九个单位工会做了书面交流。与会人员围绕深化"四强"职工之家建设工作进行深入研讨。集团公司工会主席陈连弘参加会议并讲话，传达学习了集团公司党委书记、董事长王秋荣对职工之家建设工作的要求，对近年来全局职工之家建设情况进行了回顾总结，对深化创建工作做出全面部署、提出具体要求。

举办集团公司工务、电务、供电系统安全生产运动会暨职业技能竞赛　11月7日至9日，集团公司在兖州地区举办工务、电务、供电系统安全生产运动会暨职业技能竞赛。集团公司工会主席陈连弘、副总经理柴东海，集团公司工会、劳卫处、工务处、电务处、供电处、兖州车务段、兖州工务段主要领导，集团公司工会各部门负责人，相关单位工会主席，全体参赛选手、裁判员、工作人员参加了开幕式，观摩了现场比赛。陈连弘主席致词，柴东海副总经理宣布运动会开幕。来自集团公司工务、电务、供电系统13个单位代表队的156名参赛选手参加了理论竞赛、实作竞赛和时代列车、拔河、集体跳

大绳3个项目的大众体育比赛。经过激励比赛，淄博、临沂、兖州、聊城工务段、青岛电务段、济南供电段获得团体优胜奖，济南、济南西、青岛工务段、济南工务机械段、济南电务段、济南通信段、青岛供电段获得团体优秀奖；尹志海、董信通、刘德祥、郭浙、郭浩、苏群等39名参赛选手分别获得个人一、二、三等奖。

集团公司工会"十百千"书香工程被评为全国工会"职工书屋品牌活动"　11月19日至21日，在全国工会职工书屋品牌建设交流会上，集团公司工会"十百千"书香工程被中华全国总工会评为"职工书屋品牌活动"，并作经验介绍。中华全国总工会、全国工会职工书屋领导小组在全国工会职工书屋建设十周年之际，共同开展了职工书屋建设系列评选表彰活动，全国有10个单位的读书活动被评为全国工会"职工书屋品牌活动"，集团公司工会是全路唯一获此殊荣的单位。

加强企业民主管理　11月27日，集团公司召开民主议事恳谈会，集团公司党委书记、董事长王秋荣、总经理王新春、党委副书记李翔鹏、工会主席陈连弘、副总经理李光林、总会计师郭继明，集团公司工会、办公室、安监室、计统部、劳卫部、财务部、土房部、社保部等部门负责人和来自生产一线的20名职工代表参加了会议。王新春总经理向职工代表通报了集团公司安全经营和机关机构优化改革等工作情况。集团公司领导、各部门负责人围绕企业改革发展、安全、经营以及职工关心关注的热点问题，与职工代表面对面进行了恳谈交流，对职工代表提出的28条意见建议逐条认真答复，对需要研究论证的与职工代表书面提出的其他96个问题一并搞好调研，做好答复解决。王秋荣董事长做讲话，王新春总经理主持会

议，陈连弘主席发言。12月17日，为落实总公司党组关于调整企业年金缴费标准的部署，集团公司组织召开职代会联席会议，以票决形式审议通过了集团公司《关于调整企业年金缴费标准相关事项的方案》。集团公司党委副书记李翔鹏、工会主席陈连弘、总会计师郭继明，集团公司职代会联席会议成员参加会议，社保部、工会有关人员列席会议，就企业年金缴费标准调整事项做出说明、进行讨论，对做好推进落实和政策宣传等工作进行研究部署，提出明确要求。陈连弘主席主持会议。

基层集锦

"星级机械师"立功竞赛 青岛动车段工会聚焦"确保高铁和旅客列车安全万无一失"，以"比标准化作业、比发现处理故障，比应急处置能力、比安全运行里程"为主要内容，面向一线动车组机械师开展"星级机械师"立功竞赛活动。根据机械师作业性质，分车下检修、司机室和随车作业制定不同考核标准，每月度、季度由各动车所依标对机械师进行考核，结果所内公示，提交段考评组复审，并由段评审会评定，分月度、季度、年度进行表彰，分别给予100至3000元不等的奖励。立功竞赛开展以来，全段已表彰"星级机械师"1526人次，奖励81.5万元，调动了一线职工提素质、严标准、除隐患、保安全的工作积极性，防止各类较大故障300多起，确保了动车安全。

职工之家"四联七统一"一体化建设 济南西工务段工会深入贯彻高铁综合维修生产生活一体化总体部署要求，整合各单位资源，推动实施"设备联动、作业联劳、管理联合、活动联办"和工会工作七项统一为主要内容的"四联七统一"高铁职工之家一体化建设，更好服务中心工作、服务一线职工。"七统一"即由各单位共同建立高铁联合工会的基础上，实施工会经费统一保障、送温暖送凉爽活动统一组织、文体活动统一开展、文化资源统一共享、健康普惠服务统一实施、联合攻关创新统一推进、阵地设施统一使用。2018年以来，先行在济西高铁综合维修车间成立联合工会，建设活动室、多功能运动场、健康屋等阵地，联合各单位组建零点半创新工作室，组织开展高铁职工运动会、职工健步行、文化进高铁等26场文体活动，在"共保高铁安全，共建和美家园"中发挥了联合工会的组织作用。

海之情·幸福家园 青岛客运段工会积极践行"旅客利益高于一切，职工权益先于一切，集体利益重于一切"的企业精神，围绕解决职工吃住洗饮问题，改善职工生产生活条件，实施"海之情·幸福家园"工程，取得良好成效。实施饮食工程，改善职工就餐环境，提升饭菜质量；实施住宿工程，为候班室增配家具、空调，为单身宿舍配备洗衣机、热水器，建立租房信息群为单身职工提供信息服务；实施健康工程，加大健康屋、健身馆建管用力度，增配健身、医疗器材设备，开设瑜伽培训课；实施文化工程，建设集文化展示、图书阅览、文化沙龙等多种功能的"海之情文化室"；实施暖心工程，扎实开展送温暖、送凉爽、生日慰问等各项活动，传递企业关爱温暖，让职工充分感受"海之情怀，家之温馨"，增强职工的归属感获得感幸福感，提升企业凝聚力向心力。

民声民意直通车 济南机务段工会适应新时代、新体制、新任务、新要求，积极探索、大胆创新日常民主管理的方式方法，探索建立以职工代表为主体、覆盖全员的职工问题建议日常征集和"六步法"处理为主要内容的民声民意直通车。利用网上征集、

"济铁惠员 e 家"平台、书面征集、会议征集、调研征集等多种形式，及时收集职工反映的有关安全管理、设备质量、劳动保护、运输提效、成本控制、收入分配、队伍建设、后勤服务、职工权益、政策疑问等方面的问题或建议，采取"承接梳理、部门答复、班子研究、公开公示、监督检查、深入分析"六步法进行研究处理，实现了民主管理工作的日常化、规范化。2018 年以来共收到各类问题建议 132 项，大部分已经解决，暂时不能解决的给职工进行了答复。

岗位立功积分追逐赛　青岛供电段工会聚焦安全和质量，组织开展岗位立功积分追逐赛。制定"日月季年"追逐赛赛程赛制，以班组为竞赛单元，每日根据职工作业中发现解决的设备缺陷、安全隐患的类别和数量折算计分，积分每月排序、逐月累积，据累计积分评定月、季、年度冠军，纳入段工会积极分子和安全大奖快奖表彰奖励，并联挂班组"班班清"考核，激励职工积极查隐患、找缺陷、破难题，保安全、保质量、保开通。通过班组民管会集体研究评定、车间指导、段工会督导检查、职工代表评议，多措并举确保活动实效。竞赛活动开展以来，征集职工合理化建议 297 条，攻关课题 23 项，促进设备故障率同比下降 15%，严重故障信息同比下降 60%，杜绝了职工轻伤及以上事故。

"正道"文化　济南工务机械段工会以"正道"文化引领推进知识型技术型创新型职工队伍建设。先后选树大机电气故障的"主治医师"黄召鹏、钢轨是怎样"炼"成的焊轨工艺师陈海田、齐鲁最美青年"海归"工程师戚恒等一批典型模范，引领职工践行"精诚、精微、精准、精良"的工作理念。推进"正道·家文化"建设，精心改造宿营车、餐车、洗浴车，设立悦读区、悦动区、悦享区等职工生活休闲区域，开展"我爱我家"征文、"爱家"感言征集等活动，带动职工建家乐道，营造"流动的车·温馨的家"文化氛围。推进职工文化建设，成立并命名 26 个"正道"文体组织，创作推广 267 个体现"正道"文化特点的全媒体作品，"正道"职工乐队两次登上央视舞台，扩大了职工文化品牌的美誉度和知名度，推进"正道"文化深入人心。

品味家人家事　淄博车务段工会紧紧围绕"家人"——工会专兼职干部、"家事"——工会工作，积极推进"品味家人家事"品牌建设，推动工会工作创新发展。建设文化示范站。培育"家文化"，营造"家氛围"。结合实际创建了"和智齐家"品牌，设计了站区 LOGO 标识，提炼了"超越自我、追求卓越、勇于担当"东风精神，营造温馨、和谐的家园。打造先模示范岗。积极培育宣传集团公司劳模陈斌、寇伟，全路火车头奖章获得者张秀美、李玉华，山东省十大杰出青年孙滢等先进典型事迹。着力打造"陈斌劳模创新工作室""秀美服务台"等创新品牌。总结提炼王建东"情真实"三字工作法、孟祥升服务职工"321"工作法。创建活动示范点。建好用好淄博物流基地职工文体活动站等 5 个示范点，举办货运、行车系统安全生产运动会、客运"一站到底"背规竞赛，连续推出《出彩淄车人》演唱会、演讲等文化套餐。系列做法培育典型、集聚能量，有效推进了"四强"职工之家建设。

"两保两创"立功台　工程建设集团工会紧紧围绕建设现代铁路施工企业目标任务，以"保安全、保质量，创效益、创最美"为主题，以群众性技术创新活动为载体，以选树先进、示范引领为激励，搭建"两保两创"立功台，促进安全经营创效等各项任务完成。广泛发动职工开展"我为安全提个醒，我为开发献一计，我为工程担份责，我为创效出点力""金点子"合理化建议征集，月评选优秀"金点子"、半年评选优秀合理化建议，引领职工聚焦中心破解难题。坚持季度选树安全标兵、创效能手、质量工匠，年度表彰十大最美工程人，拍摄电视专题片《耕耘》，发现培养宣传先进典型，倡导劳动光荣、精益求精的敬业风尚。2018年，工程建设集团安全生产稳定，实现利润1.58亿元，同比翻一番，被铁路总公司工会授予"全路火车头奖杯"荣誉称号。

"十个一"暖心工程　济南车务段工会坚持"发展依靠职工、发展为了职工"工作理念，强化服务保障，实施以家园建设、四百走访、政策解读、生日祝福、专项慰问、关爱青工、关爱女工、帮扶救助、到龄退休、红白理事为内容的"十个一"暖心工程，增强服务效能，提升职工的归属感幸福感获得感。2018年，段工会先后对30多车站实施职工家园建设改造；对336名职工进行入户走访慰问；对经营责任制考核等10个重点政策面向职工宣传解读；助力33名优秀青年职工通过劳动竞赛脱颖而出走上管理岗位；为99名职工送上了生日慰问品；为140名到龄退休职工举办四批集中欢送活动；在11个车站成立红白理事会服务职工家庭，全方位多角度传递组织关爱，汇聚了共促发展的工作合力。

西辆文学社　济南西车辆段"西辆文学社"，始创于1986年，原为"小锤文学社"，2015年更名，共设有13个读书兴趣小组，有会员134人，培养了一批文学骨干和集团公司、省部级作家会员。2018年以来，文学社积极发挥自身作用，推进"书香西辆·职工读书"文化建设，着力打造了图书室、电子书屋和网上多媒体等具有影响力的职工阅读阵地，先后举办5场次的读书培训会、交流笔会，向职工赠书送报1200余册，积极鼓励职工文学爱好者以文学形式赞身边人、写身边事、讲述西辆好故事，会员先后在《当代小说》《海燕》《中国铁路文艺》《时代文学》《齐鲁文学作品年展》《山东诗歌年鉴》等刊物，央视、央视新闻客户端、人民铁道等新媒体平台刊发作品170余部，创作的小品《拨·接》在集团公司举办的庆祝改革开放四十周年小品大赛中荣获一等奖。

（邵　华）

中国石化集团
齐鲁石油化工公司工会

概况　截至2018年12月31日，中国石化集团齐鲁石油化工公司工会（以下简称公司工会）共有直属工会26个，其中直属单位工会23个，代管单位工会3个；工会会员18584人，其中公司直属单位会员17900人，代管、改制单位会员684人；各直属工会所属车间（科室）工会共有291个，其中直属单位车间（科室）工会264个，代管单位车间（科室）工会27个；共有工会小组1212个。群众工作部（工会、团委）内设组织民管科、生产宣教科、权益保障科承担公司工会工作职责。在岗职工15人，其中高级职称6人、中级职称2人。公司及各直属工会机关共有专职工会干部82人，兼职工会干部68人。

2018年，公司工会以党的十九大精神为指针，深入贯彻落实党的群团工作会议和集团公司党建工作会议精神，按照公司党委的统一部署，坚持"融入中心、服务大局、务实有效"工作方针，贯彻服务企业发展、服务职工群众工作原则，持续强化依法维权机制、困难帮扶机制、岗位成才促进机制建设，发挥工会组织的桥梁和纽带作用，认真履职、主动作为，为齐鲁石化公司的改革发展、和谐稳定做出了新贡献。

十二届一次职工代表大会 2018年2月8日，公司召开了第十二届职工代表大会第一次全体会议。参加会议的代表280名，列席代表24名。大会听取和审议了中国石化集团齐鲁石油化工公司总经理韩峰同志代表公司所做的题为《拥抱新时代，展现新作为，在齐鲁石化基业长青新征程上谱写新篇章》的行政工作报告。大会民主评议了公司领导干部，通过了《公司2017年福利费使用情况和2018年福利费预算安排的报告》，审议通过了公司集体合同，选举了公司第十二届职代会五个专门工作委员会委员，推选了参加劳动争议调解委员会的职工代表，通过了大会决议，表彰了2017年度公司劳动模范、先进工作者、先进基层车间、先进基层班组。公司党委书记张绍光同志在大会结束时做重要讲话。公司党委常委、副总经理翟丕沐同志主持大会。

职工代表大会联席会议 十二届一次职代会闭会期间，召开了六次职代会联席会。2018年4月16日，召开十二届一次职代会第一次联席会议，审议通过《齐鲁石化完善人才成长通道建设意见》《齐鲁石化技能操作职位管理办法》《齐鲁石化专业技术职位管理办法》三项制度和公司《接害岗位职工疗休养管理办法》，报告了公司十二届一次职代会民主评议公司领导干部情况。2018年5月3日，召开了十二届一次职代会第二次联席会议，审议通过中国石化劳动模范和先进集体推荐名单。2018年6月21日，召开十二届一次职代会第三次联席会议，审议通过了《齐鲁石化员工离岗安置实施办法》。2018年10月23日，召开十二届一次职代会

第四次联席会议，表决通过《中国石油化工集团有限公司职工处分规定》《中国石油化工股份有限公司职工处分规定》。2018年12月27日，召开十二届一次职代会第五次联席会议，审议通过《齐鲁石化职工处分操作指引》。

职工代表大会提案处理 齐鲁石化公司十二届一次职代会共征集职工代表议案29项。经职代会提案审查委员会分类整理，其中生产经营管理方面13项，占44.8%；人事教育企管方面6项，占20.7%；行政后勤福利方面10项，占34.5%。经公司职工代表大会专门工作委员会审议确定，以正式立案形式提请公司研究解决的提案5项，立案提案落实情况向下次职代会报告。其它提案分别作为建议议案转有关部门研究采纳并处理答复。所有提案回复实行回执制度，反馈提案人，回复率达100%。同时，2018年5月公司工会以齐工发〔2018〕35号文对其他提案处理落实情况行文进行了通报。

职工代表大会民主评议干部 根据上级关于职工代表大会民主评议企业领导干部和《齐鲁石化公司职工代表大会民主评议企业领导干部实施细则》规定，公司职代会民主评议干部工作委员会每年组织与会全体代表对公司领导干部进行民主评议，评议情况及时上报集团公司。在公司十二届一次职代会上对公司领导班子和7名班子成员进行了民主评议，评议结果及时上报集团公司，促进了企业领导班子和干部队伍建设。公司三级职代会分级评议领导干部，均落实了评议监督权。

开展劳动竞赛 紧紧围绕安全生产中心，全面组织开展班组小指标劳动竞赛和全员技术练兵比武活动。针对电气问题多发的实际，组织电气专业技术练兵比武，945名职工参加全员理论考试。通过实操比武，产

生 30 名技术标兵和技术能手，促进了专业素质提高。结合安全管理薄弱环节，开展"安康杯"竞赛和"安全隐患我找错"班组安全竞赛活动，组织诊断建议征集 2770 项，评选优秀建议 592 项。深化"查保促"活动和职工代表安全督查，形成代表督查与专业督查的良性互动。推广应用安全心理学，共培训一线骨干 200 余人，并制作发放影像资料供班组学习。

成立劳模（高技能人才）创新工作室按照公司和公司党委提出的要求，推行"区域联合、行业联动""上下游联动、多专业联合"的新模式，上下游装置互动，化机电仪联合，科研专家团队参与，构建了多维度协作的攻关平台，在稳定生产运行、改善产品质量等方面发挥了突出作用。截至年底，公司共有 2 个省级、6 个公司级和 26 个厂级劳模（工匠人才）创新工作室，创新团队成员共 525 人，2018 年攻关课题立项 282 项，已完成 201 项。公司的做法受到全国能源化学工会领导的高度评价。

职工代表安全督查坚持职工代表深入装置现场开展安全督查，落实每月"突出一个重点，开展一次集中安全督查，进行一次安全督查情况通报，组织一次安全督查问题整改回头看"的"四个一"工作机制，组织广大职工代表围绕"冬季四防""我为安全做诊断""三个三"（三个关键环节、三个重点部位、三个特殊时期）、装置检修、安全生产月、"夏季四防"等不同时期的安全重点，查找安全隐患，提出安全管理意见建议，监督安全隐患的整改落实。共查找安全问题或提出安全管理建议 1995 项，整改落实 1836 项；各单位工会由厂级组织安全代表督查共查找安全问题和提出安全建议 2014 项，车间级组织安全代表督查共查找安全问题和提出安全建议 12401 项，均及时进行了整改落实。

开展"走基层、访万家"活动按照利用两年时间对基层班组、职工家庭"走访"全覆盖工作安排，不断创新走访形式、丰富走访内容，与"工龄生日、离岗欢送"等工作相结合，走访与"邀访"相补充，增加了对职工的个性化关怀和针对性服务。共走访 1142 个基层班组，11162 户职工家庭，走访物品合计 346.42 万元。

推进帮扶救助工作机制修订下发了《齐鲁石化职工探访慰问工作指导意见》，统一标准、明确事项、量入为出、统筹兼顾、分类施策、一体一策，在职工婚丧嫁娶、生育慰问、工龄生日、退休慰问、金秋送学等方面有所突破和创新。实施中秋、春节普惠慰问物资集中采购、职工监督的办法，提高了职工满意度。开通"爱心直通车"，把慰问物资和关怀送进困难职工家门。春节等重大节日，公司领导分别对老领导、劳动模范、困难职工等不同群体进行了走访慰问，收到十余封受助职工的感谢信。困难人员档案动态管理，实现帮扶工作常态化。积极开展"爱心善捐，共建家园"活动，公司职工、党员捐款率 100%，捐款 120.8 万元，进一步营造了"在家爱家、护家兴家"的氛围。公司三级帮扶共发放帮扶慰问金、爱心善款合计 494.41 万元，1221 人次受助；主题探访、日常走访 19480 人次，发放慰问金346.42 万元。

开展 EAP（员工帮助计划）工作制定了两年实施方案，成立了 EAP 志愿者协会，形成了"1+7"网格化工作体系。每周开办专家咨询日、每月 25 日开放心理服务中心，累计为近 500 名职工及其家庭成员提供了心理咨询、心理疏导等服务。举办了 EAP 骨干培训班，全员轮训覆盖面已达 90.8%。成立了专家团队和课题研究项目组，开发培训课题，制作视频材料，提高了 EAP 服务的精准度和受益面。开展了 EAP 应用案例征集活动，其中 23 篇被收录到公司《追梦——员工幸福计划（EAP）巡礼》，4 篇作为优秀案例被中国石化员工帮助计划（EAP）应用案例集——《春风化雨润心田》采用。

开展职工文化体育活动　围绕庆祝改革开放 40 周年，中国石化成立 35 周年、集团公司重组 20 周年，以"中国梦·劳动美"为主题，组织了一系列文化体育活动。组织了劳模学习十九大精神巡回报告会和一线职工座谈会，举办了迎新年环太公湖长跑、第十八届职工运动会篮球、游泳和羽毛球比赛、春节电视晚会、"颂歌献给党"歌咏展演；健全文联、体协组织机构，举办公司"进基层、访一线"文艺志愿者慰问活动，为劳模画像，给装置写生；承办了中国石化职工游泳邀请赛、国画精品提名展和首届美术交流培训班，公司代表队取得游泳团体第一名、羽毛球团体二等奖。宣教工作重点突出，全年培养选树省部级以上先进集体和个人 18 项次（人次）。

抓好自身建设　深入学习贯彻工会十七大、妇女十二大会议精神，学习领会习近平总书记关于工会工作的重要论述。借助公司党委对机关部室的首轮巡察，认真自查自纠，补齐管理短板，夯实管理基础，24 项问题已全部完成整改。公司 2 名代表光荣出席全国工代会和妇代会，3 名代表参加省工代会。女工工作扎实开展，评选表彰了公司"巾帼十杰"，改制企业工会组织关系移交工作顺利实施。党支部"三会一课"等组织生活注重质量、更加规范，领导成员"一岗双责"和廉洁建设得到较好落实。

（刘爱东）

莱芜钢铁集团有限公司工会

概况　莱芜钢铁集团公司工会（以下简称莱钢工会）下属直属单位、子公司工会 8 个，会员 8280 人，专职工会干部 33 人。莱钢工会与团委、武装部合署办公，机关设综合室、生产保护室/组织民管室、权益保障女工室。2018 年，莱钢工会在集团公司党委和省总工会、山钢工会等上级组织的正确领导下，紧紧围绕企业中心工作，按照"全面发力+重点推进"的思路，认真履行"维护职工合法权益，竭诚服务职工群众"基本职责，为企业改革转型发展和生产经营稳定顺行发挥了积极作用。

职工思想政治引领工作取得新成效　组织"学习十九大、工会在行动"主题系列活动，举办"中国梦·劳动美—学习贯彻习近平新时代中国特色社会主义思想和党的十九大精神"职工演讲比赛，引领职工把党的意志和主张转化为职工的自觉行动。加强形势任务教育，组织专题报告会、座谈交流，利用报纸、电视、微信、网站等媒介，广泛学习宣传中国工会十七大、省工会十五大等会议精神，并把会议精神转化为推动工作落实的新动力。开展"最美莱钢人"系列活动，用典型的力量激励人、影响人、感化人。建设公司通过深化企业文化职工文化建设，迅速提升了职工的价值认同感，营造了干事创业的"一家人"情怀。莱钢荣获全省"中国梦　劳动美"职工演讲比赛"最佳代表队"称号，有 1 名选手夺得演讲决赛第 3 名。

竞赛活动蓬勃开展　聚焦中心工作，组织开展主题劳动竞赛、夺五杯竞赛、季度"夺旗争星"竞赛和专项竞赛、即时记功竞赛。全公司表彰先进集体 348 个、先进个人 665 名。设备检修中心开展"聚焦品牌塑造 推动提效做强"竞赛，促进了精益检修管理水平和工作绩效提升；公司机关开展"提质增效求突破 管理创新促发展"竞赛，提高部门的服务质量和管理效能；保卫部开展"抓现行 反盗抢"竞赛，挽回经济损失效果显著。

群众性创新成果丰硕 聚焦创新创效，深入开展群众性创新"双百工程"建设，全公司表彰 483 项职工技术创新成果，有 135 项成果获国家专利。职工提合理化建议 931 条，实施 381 条。扎实推进劳模（工匠、高技能人才）创新工作室建设，命名 5 个公司级创新工作室。有 2 个创新工作室被山钢命名，耿玉栋劳模创新工作室在山钢创新工作室建设推进会上做交流发言。2018 年 12 月 14 日—16 日，莱钢工会代表山东省总工会参加国际创新创业博会并获优秀成果奖。

班组建设取得突破 坚持以"强基础、提素质、促发展"为方向，开展"学习型班组建设强化年"活动，组织 2 次现场督导，开展"莱钢工惠"APP 网上班组建设。采取"评审+帮扶"方式，开展班组验收、提升班建水平。评审命名 10 个 5A 级班组、32 个 4A 级班组、66 个 3A 级班组。1 个班组获"山东省创新型班组"、1 个班组获"全国'安康杯'竞赛优胜班组"称号。

厂务公开民主管理扎实推进 充分发挥职代会民主管理主渠道作用，2018 年 12 月 26 日组织召开十四届二次职代会，扎实推进三级职代会建设。抓好厂务公开、班务公开，利用公开栏、网站、微信等媒体，及时发布职工关心关注的信息。全公司通过接待职工来信来访、组织民主恳谈会、答复职工快线等线上线下方式，帮助解决问题 592

项，职工代表对公司厂务公开满意率达 96.5%。

维权实效不断提高 签订集体合同及 3 个单项协议，并监督检查履行情况，切实维护职工的劳动经济权益。推进《新时期全心全意依靠职工办企业的规定》《新时代职工当好主人行为规范》实施，制定《建设幸福和谐新莱钢实施方案》，夯实职工权益保障基础。坚持以"查促保"活动、"安康杯"竞赛为载体，抓好四级劳动保护现场督查。全公司开展现场督查 785 人次，排查治理安全隐患 557 项。2018 年 9 月 27 日，承办全国钢铁企业工会劳动保护工作联合会第 34 次年会，13 篇劳动保护文章获奖。其中，《新时期工会劳动保护工作的创新与探索》获特等奖，并做发言交流。

帮扶普惠取得实效 发挥"五条保障线"作用，坚持"春牵红线、夏送清凉、金秋助学、冬送温暖"活动，发放帮扶资金 53.7 万元、帮扶 325 人次、助学 38 人、金额 8.6 万元。组织"慈心一日捐"，收到捐款 168 万元。两级工会组织为一线职工送清凉物资 40 余万元。组织 50 名一线职工、先模人物开展疗休养活动。发挥职工服务中心、职工服务站（点）作用，为职工提供咨询服务 220 人次、志愿服务 578 人次，开展健康改善活动 22 场次、参与 8700 人次。

典型选树硕果累累 评选表彰 2016—2017 年度劳模 20 名、2017 年度先进生产（工作）者 257 名。表彰"莱钢十大工匠"。1 人获全国工会优秀工作者、1 人获全国优秀工会之友称号。

素质提升再谱新篇 组织参加网上学习、练兵比武活动，网上闯关达 116.6 万人次，最高积分达 67.5 万分。2018 年 9 月 6 日—7 日举办第十五届职工技能比武，涵盖公司 10 个主要工种（专业），全公司层层开展选拔竞赛，参与 7000 余人次。组队参加省冶金行业技能竞赛装配钳工决赛，获团体第一名、个人第一名。蔺红霞成功当选"齐鲁大工匠"，成为在全省 10 名"齐鲁大工匠"中当选的唯——名女职工。

文体活动异彩纷呈　组织第六届职工文化体育节和健步走、跳绳等群众性活动。举办"春到钢城——莱钢第四届百姓春节联欢晚会"、组织消夏晚会 20 场、消夏电影 10 场。新建 1 个全国职工书屋示范点。莱钢拔河队参加世界室内拔河锦标赛，获男女混合 500 公斤级冠军；参加全国拔河锦标赛，夺得 5 项冠军，包揽草地拔河全部金牌。

女职工工作擦亮新品牌　巾帼岗位再展风采，开展女职工权益保护普法宣传活动，组织婚恋活动 12 场，建立"爱心妈妈小屋" 13 个。组织 5840 人次参与巾帼建功行动。组织参加技能大赛，3 名女职工获"技术状元""莱钢女杰"称号。蔺红霞的先进事迹在全公司学习宣传，并在山东电视台"工会新时空"栏目播出。举办庆"三八"表彰暨第四届"书香莱钢"读书活动启动大会，广泛开展"九进家"特色家庭系列活动、"培育好家风—女职工在行动"主题实践活动和"一封家书"活动。培训中心创新开展"相约三八　绽放芬芳"女职工插花沙龙活动，受到女职工的欢迎。建安公司广泛开展"读书进岗位、进家庭"活动，营造了"学习成长、提素建功"的良好环境。全公司收到读书活动作品 354 件，其中，17 件书香作品在全国获奖，《书香溢莱钢　巾帼展芳华　凝聚企业改革转型发展新动能》获中国钢铁企业女职工工作研究会第 28 届年会一等奖，《以书为伴》作为全国"书香三八"嘉年华成果展压轴作品在北京"水立方"展示，《月亮升起》在全国第六届"书香三八"读书成果颁奖会上演出。公司工会再获全国"书香三八"优秀组织奖。

智慧工会建设焕发活力　自主设计并开发"莱钢工惠"手机 APP，2018 年 10 月 24 日，莱钢工惠手机 APP 正式上线运行。开发新版工会网页，张贴信息 80 多篇；自主设计开发"莱钢工会"微信公众号，推出文章 60 余篇，职工点赞、转发、评论超过 1.5 万人次；开发"莱钢工惠"手机 APP，设置学习型班组、书香莱钢等九大模块，努力构建工会服务"一键申请""一次办好"的新模式。创新课题《一键惠职工》获山东省工会工作创新奖。

组织建设持续加强　制定加强和改进党的群团工作的实施意见，全面贯彻"三转两提一树""大学习、大调研、大改进"活动，扎实开展过硬党支部建设。系统梳理工会各项制度 76 项，通过联系点协调解决问题 18 项。

专项工作再创佳绩　加大对基层单位支持力度，工会经费"收管用"水平进一步提高。全总经审办领导到公司调研，对工会工作给予肯定。公司工会再获"山东省市级工会经费审查工作规范化建设一等奖"，工作事迹在山东电视台《工会新时空》电视栏目播出，并获"山东省模范职工之家红旗单位"称号。

（高　峰）

中铁十四局集团有限公司工会

概况　中铁十四局集团公司工会全称为"中国铁路工会中铁十四局集团有限公司委员会"（以下简称集团公司工会），辖 15 个子公司（第一至五工程有限公司、电气化工程有限公司、隧道工程有限公司、北京中铁房山桥梁有限公司、山东凯华房地产公司、山东铁正工程试验检测中心有限公司、建筑工程有限公司、大盾构工程有限公司、西北工程公司）工会，2个专业分公司（海外工程、市政工程分公司）工会，4个直属单位（物业管理中心、职教培训中心、北京办事处、徐州机械厂留守处）工会；集团公司工会机关设组织权益部（和女工保障部一门两牌）、生产综合部（和火车头体协一门两牌）。至2018年底，全集团有专职工会干部83人，工会会员15480人。承办了中华全国铁路总工会主办的京张高铁、京雄城际"当好主人翁，建功新时代"劳动竞赛启动仪式活动，承办了中国铁建老年体协理事会二届十次会议。集团公司、二公司、三公司、五公司继续保持全国安康杯竞赛优秀组织单位称号，三公司被评为山东省职工创新竞赛示范企业，三公司、四公司、隧道公司分别获得山东省"富民兴鲁劳动奖状"，大盾构公司南京五桥项目获得江苏省"五一劳动奖状"。

召开工会全委会议 4月2日，集团公司工会二届二次全委（扩大）会议在济南集团公司机关召开。集团公司工会在上级工会和集团公司党委的正确领导下，以党的群团工作会议和习总书记系列重要讲话精神为指导，坚持服务职工、服务基层、服务企业的工作思路，努力建设"服务型、创新型、学习型、务实型、活力型"工会，围绕集团公司"项目管理年"活动和企业生产经营中心任务，广大工会干部担当尽责，积极作为，团结引领广大职工为企业提质增效、和谐发展做出了新成绩。会议回顾总结2017年工会工作，研究部署2018年主要工作任务，凝聚力量，攻坚克难，团结动员广大职工在企业改革建设与发展中再做新贡献。会议审议通过了工会主席王子贵所作的《牢记初心使命，强化责任担当，团结凝聚广大职工为建设强优集团幸福企业努力奋斗》的工作报告，审议通过了《2017年工会财务决算和2018年工会财务预算》报告。

重视先模引领作用　凝聚职工奋进力量 积极推动习近平新时代中国特色社会主义思想和党的十九大精神进企业、进班组、到一线，扎实开展"中国梦·劳动美"主题教育。认真贯彻落实尊重劳动、尊重知识、尊重人才、尊重创造的重大方针，大力唱响工人伟大、劳动光荣的时代主旋律。在大盾构公司济南黄河隧道工程EPC项目部召开了集团公司先进模范座谈会，在四公司召开了工会特色工作交流会。集团公司董事长、党委书记吴言坤被表彰为山东省劳动模范，一公司刘朝阳被表彰为中央企业劳动模范，五公司被表彰为中央企业先进集体，老铁道兵代表人物周先民《一个老铁道兵的隧道梦》荣获"中国梦·劳动美"2018年第五届全国职工微影视大赛总结展演活动纪录片单元金奖。

劳动竞赛卓有成效 各级工会组织牢牢把握服务理念，主动融入生产经营，服务发展大局，在集团公司各项重难点工程中，积极动员组织广大职工开展多种形式的劳动竞赛和群众经济技术创新活动，攻坚克难，拼搏奉献，建功立业，展示作为。2018年年初下发了开展劳动竞赛活动的专项通知，重点组织了鲁南高铁、青连铁路、张吉怀铁路、京张高铁等项目部的劳动竞赛活动，指导各单位工会积极开展各类重点工程劳动竞赛活动。二公司"不忘初心，牢记企业使命"劳动竞赛和四公司"领先杯"劳动竞赛都开展得有声有色、富有成效。全年，1个项目部获得股份公司劳动竞赛特色项目，2个项目部获得股份公司重点工程劳动竞赛先进单位，2个项目部获得股份公司劳动竞赛工人先锋号,2人获得股份公司劳动竞赛工人先锋奖章,2人获得股份公司劳动竞赛优秀组织者。

积极推进劳模创新工作室创建 集团公司工会认真贯彻落实股份公司工会要求,将开展职工技术创新、建设劳模(职工)创新工作室、开展"大国工匠"选树等作为围绕中心、服务大局的重要工作加以推进。上半年表彰了18个集团公司职工创新工作室,并为每个创新工作室下拨2万元活动经费。隧道公司表彰了6名"金牌工匠",每人奖励2万元。二公司周大勇创新工作室和隧道公司李克金创新工作室被表彰为股份公司创新工作室,四公司李树敬创新工作室被命名为山东省示范性劳模和工匠人才创新工作室。三公司被评为山东省职工创新竞赛示范企业,1个班组获得山东省经济技术创新班组,1人获得山东省经济技术创新能手。

群众安全生产工作取得新进展 认真贯彻落实新《安全生产法》,下发了《关于落实2018年"安全生产月"活动的通知》,重点部署了七项工作,继续抓好"一法三卡""一网四格"安全工作法的落实,组织一线职工开展"查隐患、保安全、促发展"活动,重点在一线配备兼职安全监督检查员,各单位共选聘各级安全监督检查员700多人,有效发挥了监督预防作用。与安质部一起举办了交通安全与消防知识讲座。集团公司等4个单位获得全国安康杯竞赛优秀组织单位,1人获得全国安康企业家,2个单位获得山东省安康杯竞赛优秀组织单位,1人获得山东省安康杯竞赛优秀组织者。

建家建线水平有新提升 修订完善了集团公司建家建线管理办法,突出了企业文化建设要求,使项目部建家建线工作更加规范,更加切合实际,更加以人为本,基本满足了一线职工群众的生产生活需求。海外分公司在阿富汗项目部设立员工心理疏导室,房地产公司为员工提供法律咨询及援助服务。一公司获得全路模范职工之家,三公司张海燕被评为全国优秀工会工作者,电气化公司陈凤国被评为山东省优秀工会积极分子。

民主管理工作取得新成绩 职代会制度进一步规范,加大了对基层项目部职工大会的指导力度。集团公司组织召开了四届五次职代会,会议听取审议了行政、财务、集体合同履行和提案处理报告,民主评议了集团公司领导干部。集体合同、工资集体协商协议、女职工权益保护专项集体合同得到较好履行,项目企务公开、党政主管会签、"三重一大"事项公开、物资设备集中招标采购等民主管理制度得到较好落实。对部分项目部企务公开工作进行了检查,对各单位集体合同落实和职工工资增长情况进行了检查考核。职工带薪休假、女职工育儿假、产前假等制度得到了更广泛普遍的落实,进一步赢得了广大职工的信任支持。

职工服务中心建设取得新成绩 进一步落实对困难职工的帮扶救助,建立完善困难职工档案和台账,对长期生病负担重、生活困难的职工给予适当救助、精准帮扶,开展经常性慰问困难职工活动,形成主动帮扶慰问困难职工的良好传统。筹集送温暖专项资金410多万元进行慰问,暑期施工期间,开展了夏季"送清凉"等一系列活动,落实"送清凉"专项资金120多万元,督促防暑降温措施及相关费用落实到位,切实维护了一线员工身心健康。开展了《维护职工合法权益,为基层职工做好服务》专题调研,推进建立行政工会协商解决职工诉求机制,了解和掌握职工最关心、最直接、最现实的权益诉求,形成了职工诉求受理、确认、督办、跟踪、反馈等规范有序的工作流程，提高了工会组织服务职工的能力和水平。

职工文体活动开创新局面　组织承办了庆祝改革开放 40 周年暨中国铁建成立 70 周年职工书画展和红歌会活动。职工书画展围绕"不忘初心，牢记使命，传承兵魂，继续前行"的主题开展。各单位广大职工和退休老同志踊跃参加，共收到书画作品 196 幅，展出 153 幅。参展的书画作品充分体现了中国铁建 70 年风雨兼程、排险克难、战无不胜、在新中国历史上铸就丰功伟绩的精神力量，再现了"艰苦奋斗、团结协作、勇争一流、敢打必胜"的铁道兵精神。举办了集团公司泰山杯暨第六届职工篮球赛和第十一届乒乓球比赛。

女职工工作有新作为　女职工工作紧紧围绕企业改革发展稳定大局，把深入开展以和谐为主题的幸福家庭建设活动，作为参与构建和谐企业的切入点，不断创新工作思路，丰富活动内涵，拓展活动载体，使幸福家庭建设焕发出蓬勃生机和活力，成为女职工工作亮点品牌，有力地推动了企业和谐健康发展。举办了集团公司第十届"玫瑰有约"之"缘定重庆"活动，来自各子分公司的 104 名青年员工欢聚山城，最终有 18 对成功牵手。"玫瑰有约"活动已成功举办了十届，有近 800 名未婚青年参加，107 对有缘人成功牵手。

工会财务工作规范有序　工会经费收缴及时，使用合规合法，完成 2017 年集团公司工会财务决算与 2018 年工会财务预算工作，继续保持股份公司工会财务工作竞赛一等奖的荣誉，并获得 2017 年度铁路工会财务工作先进单位的称号。

（胡青山）

中国冶金地质总局
山东局工会

加强民主管理　2018 年 2 月筹备召开了山东局八届四次职代会暨 2018 年工作会议，共有 75 名代表参加了会议。会议审议通过了《推进深化改革　加快转型升级　奋力开创山东局高质量发展新局面》的工作报告，审议通过了《2017 年经济运行基本情况与 2018 年财务预算草案报告》。75 名职工代表队对山东局领导班子成员、局机关副处级以上干部、各单位党政主要负责人共 50 余名领导干部进行了民主评议。加强对二级单位职代会的预审和指导，督导各二级单位按期换届、坚持民主评议干部制度，促进干部队伍转变作风联系群众。

积极参与技能竞赛　积极响应行业转型发展的新要求，组织开展多种形式的劳动技能竞赛，不断扩大竞赛领域和覆盖面，提高职工参与率，全面提升职工技能素质，增强企业竞争力，促进企业经济健康发展。

推动职工队伍素质提升　积极搭建职工网上学习平台，实施职工素质提升，线上线下结合，引导职工积极投身学习培训技能提升，认真组织职工通过"山东省职工网上学习系统"开展网上学习活动，全局共有 1302 名职工注册了网上学习账号。积极做好活动宣传工作，同时通过局网站、职工 QQ 群负责学习督导工作。大力推广职工创新工作室，截至 2018 年底，全局已经创建 16 个创新工作室。其中，局级职工创新工作室 14 个，省级创新工作室 1 个，行业级创新工作室 1 个。获得 26 项创新成果，拥有 13 项国家专利。职工创新工作室的创建工作极大的激发了本系统广大职工的工作热情，特别是高技能人才群体。

关心职工生活 组织开展送温暖活动，2018 年元旦春节期间，向离退休老干部、建国前参加工作的老工人、建国前入党的老党员和享受政府特殊津贴职工以及困难职工 230 人发放补助和困难救助金共计 363200 元（其中省总工会的中央财政补助 15.6 万元）。按照省总工会精准帮扶的工作要求，对录入全总困难职工帮扶系统的 78 名困难职工全部完成入户调研工作，并完善了困难职工电子档案盒原始材料的收集工作。做好大病困难职工的救助工作。对困难职工实施帮扶，经过局工会多方沟通与协调为 2 名大病困难职工争取到省慈善总会的救助金 1 万元，省帮扶中心送温暖基金 9000 元，体现了社会和广大职工的关心关爱。各单位工会关心职工生活，倾听职工心声，积极协助解决职工困难。坚持对困难职工、生病住院职工等进行走访慰问。

开展文体活动 2018 年先后印发《中国冶金地质总局羽毛球协会山东局分会章程》《中国冶金地质总局山东局篮球协会章程》《中国冶金地质总局山东局乒乓球协会章程》，成立了羽毛球、篮球、乒乓球 3 支职工协会定期开展活动，累计招募会员 87 人。组织开展了山东局 2018 年职工篮球友谊赛，从队伍选拔，裁判员认定，活动组织，全部由在职职工参加。来自局属各单位和局机关的 8 支代表队共 96 名选手参加了比赛。本次比赛选拔出 11 名队员代表山东局参加了总局第九届职工篮球友谊赛，并荣获男子组冠军。顺利完成第五届全国地勘行业男子篮球赛（南方赛区）和第五届全国地勘行业男子篮球总决赛的组织训练及参赛服务工作，并荣获两个赛事的冠军。职代会期间举办了"传承地质文化，再创冶金辉煌"主题迎新春文艺联欢会，全局共选拔出 12

个节目，其中歌舞类 9 个，语言类 3 个，共有 48 人参加演出，演员均是来自局驻济单位的一线职工。

做好女职工工作 根据总局工会和省总工会部署安排，3 月至 4 月开展女职工系列活动，局工会在全局开展了"书香三八征文活动"、学习女职工权益保护法律法规答题等活动，全局女职工积极响应，迅速行动，通过开展系列活动，在全局系统内兴起新一轮女职工爱读书、读好书的学习热潮。根据不同岗位上女职工工作特点，采用专题讲座、座谈、网上学习等多种形式的女工学习，让大家掌握更多的知识和技能，拓宽了知识面。

（尹海峰）

中国东方航空股份有限公司山东分公司工会

概况 中国东方航空股份有限公司山东分公司工会（以下简称分公司工会）下辖 9 个基层工会，共有 108 个工会小组，地域分布在青岛、济南两地。分公司工会设在青岛，现有兼职工会主席 1 人，副主席 1 人，其他工会干部 6 名，工会会员 2152 人，其中女职工 706 人。

2018 年，东航山东分公司工会在分公司党委和上级工会的正确领导下，认真学习贯彻习近平新时代中国特色社会主义思想和党的十九大精神，认真学习领会习近平总书记关于工人阶级和工会工作重要论述，全面落实党的群团工作"三性"要求，围绕分公司中心工作和五场硬仗任务，积极作为、真抓实干，勇于担当、锐意进取，团结引领广大员工立足岗位，为公司发展做出了新的贡献。

铸造新时代"三长"铁军 东航山东分公司工会多管齐下，以思想引领、模型落地、对标考核为抓手，推动分公司"三长"（机长、乘务长、班组长）建设向纵深发展。一是强化"三长""三性"教育培训。将学习宣传贯彻习近平新时代中国特色社会主义思想和党的十八大、十九大精神作为政治任务来抓，组织分公司"三长"铁军和工会干部加强"三性（政治性、先进性、群众性）"教育，提升政治站位、加强理论武装，深化学习教育、层层培训宣讲，推动习近平新时代中国特色社会主义思想深入"三长"，进入工会干部和骨干力量的头脑。2018年上半年组织优秀"三长"在青岛市委党校开展了"三长""三性"教育培训，请知名教授结合十九大精神的学习贯彻，学习习近平新时代中国特色社会主义思想。10月15日至19日，以"三性"教育为主题，在中国民航大学举办了优秀"三长"教育培训班。经过两次系统的教育培训，"三长"的"三性"教育培训得到了落实。二是推动"三长"素质能力模型落地。在分公司集中宣贯培训的基础上，分公司工会将"三长"素质能力模型手册及时分发到各基层单位手中，要求各部门各班组组织学习与心得探讨，实现员工对"三长"模型精髓的准确把握。三是制定"三长"人员考核奖励晋升办法。将聘免制度与考评结果相结合，短期激励与长期发展相结合，正向激励与负向激励相结合。建立班组长责、权、利相结合的奖惩机制。进行班组管理工作绩效考核，进行个人工作业绩量化考核，考核评价结果和评优相结合。兑现考核绩效，做好奖金发放和班组长补贴发放。实行班组长岗位末位淘汰机制和班组长岗位年度评聘机制。

幸福东航建设"有体验" 一是分公司党委高度重视。形成了"党委领导、行政主抓、工会主推、各方协同、全员参与"的整体格局，并利用各种会议作动员部署。2018年东航在西安召开分析会后，党委书记专门召开会议，对幸福指数报告作了认真分析，并指出山东分公司幸福东航建设的重点。有关职能部门根据党委的要求，制定了细化的行动方案和具体措施。二是修订完善《东航山东分公司"幸福东航"持续建设方案》。结合幸福指数测评和幸福东航建设工作开展的情况，2017年和2018年分别修订完善了《东航山东分公司"幸福东航"持续建设方案》。山东分公司坚持"整体规划、先易后难、先急后缓"的原则，从宏观上为幸福山东谋篇布局。工会结合工会特点，制定了《东航山东分公司"关爱飞行"主题行动方案》《东航山东分公司"幸福东航、幸福山东"建设EAP实施方案》等。三是党政工团形成合力，共同建设"幸福东航、幸福山东"。除了党委的总体安排和工会的具体实施方案，人力资源部也根据分公司领导的统一部署，制定了员工进岗升级等具体的考核办法和路径。

合理化建议工作"有实效" 2018年度，分公司被东航集团评为2013—2018年度合理化建议"优秀组织奖"。一是加强成果审批，推进成果转化。为深入推进合理化建议发展，深入挖掘优秀建议，分公司合理办在2018年上半年和下半年举办了两次合理化建议年度优秀评选，经过部门推荐、个人自荐和合理办评审三环节，评出优秀合理化建议典型实施奖和优秀实施奖，并进行奖励。2018年11月，组织各基层合理办推选优秀建议参加东航总部2013—2018优秀建议评选活动，通过部门推荐、合理办审核、分公司其他部门联合审批等环节，上报一批优秀建议参加总部评选。二是夯实管理基础，改革运转模式。改革合理化建议奖励发放模式。18年上半年合理化建议将奖励发放模式改为直接发到职工工资卡中，增强了资金发放透明度，进一步增强广大员工的参与热情。改革提案主题，将原有的提案主题升级为重点围绕公司的"三大差距""四大问题""五大难题""七场硬仗"。固化奖励评审制度。将中期和末期两次优秀成果评审以制度的形式固定下来。三是广泛宣传发动，推进持久发展。上半年，对合理化建议进行持续宣贯发动，提高参与度和参与意识。截至到 2018 年 12 月 31 日，分公司员工共提出合理化建议 2076 条，分公司参与率为 94.2%，采纳率为 98.2%，实施率为 98.1%。

员工关爱工作"用真心"　一是重点关爱特困员工、大病员工和一线员工。全年共慰问特困员工 31 人，特别关爱大病员工 7 人，合计发放慰问金、互助金 33.5 万元。生病住院员工的慰问标准由 200 元提高到 400 元，做到了及时慰问生病住院的员工和航班生产中身体不适的飞行人员，及时慰问大病住院的离退休人员。为每个员工下拨 300 元的慰问和活动经费额度，由基层一线单位根据自己的情况及时慰问员工。在此基础上，加大力度做好冬送温暖夏送清凉的工作，仅在暑期旺季生产期间，就发放慰问物品 98 万余元，每周都在一线慰问，是历年来暑期旺季生产慰问人次最多，标准最高的一年。在暑期高温期间，重点对驻外飞行人员给予慰问，分公司领导带队对 7 个驻外站点进行了暑期慰问。二是做好职工福利发放和疗休养工作。充分利用好 1200 元的福利额度，全年为职工发放节假日福利物品，同时为离退休人员发放了节假日福利物品。2018 年还分两次为职工发放了蛋糕票。分公司工会严格按照《中国东方航空股份有限公司职工疗休养暂行办法》，选择昆明、杭州、重庆、厦门、江西宜春，江苏宜兴等疗养院作为疗养地点，有序组织职工前往疗休养，并组织股份公司以上的先进人员进行疗休养。三是开展丰富多彩的文体活动。全年开展的参与单位多，参与员工多的重要文体活动，青岛和济南两地合计 18 次。如迎春跑，健步行，趣味运动会，乒乓球比赛，羽毛球比赛，篮球比赛，书画影比赛等。组织分公司的文体协会，跟青岛和济南机场的驻场单位开展了多元化的乒乓球活动交流。还积极组织参加了幸福东航职工篮球赛山东分赛区的比赛。离退休老同志还积极开展了书画影展，歌咏比赛和钓鱼、观影等活动。开展这些丰富多彩的文体活动，注重保持传统活动的活力和吸引力，受到了员工的广泛好评。2018 年度，分公司工会获得"幸福东航杯"职工篮球赛优秀组织奖，山东分公司代表队获得体育风采奖。

加强民主管理　保障职工权益　1 月 22 日，组织召开了分公司五届四次职代会，大会审议了李贵山总经理所作的题为《新时代　新担当　新征程　新作为　为圆满完成全年工作目标而努力奋斗》的工作报告，审议了《分公司五届四次职代会工作报告》《分公司 2017 年工会经费审查委员会经费审查报告》和《分公司 2017 年业务招待费和培训经费使用情况的报告》。分公司工会在职代会召开前及会议期间共征集职工代表提案 21 条，会后及时做好反馈落实工作。2 月 2 日，分公司工会召开了五届五次工委扩大会，讨论通过了《分公司厂务公开领导小组成员调整的通知》《2018 年东航山东分公司工会经费管理使用规定》《东航山东分公司工会固定资产管理办法》《分公司 2018 年疗休养办法》《分公司 2018 年福利发放办法》《山东分公司"幸福东航、幸福山东"建设 EAP 实施方案》《分公司工会干部及"三长"铁军"三性"教育培训方案》《山东分公司劳模创新工作室创建管理办法》《关于成立分公司经费审查委员会办公室的通知》，对2018年工会工作进行了详细的布置。8月3日，召开了五届六次工委扩大会。会议分别总结了分公司工会、女工委上半年的工作情况，并部署了下半年工作。9月4日，召开了五届七次工委扩大会，宣传贯彻了《中国东方航空集团有限公司国内地区差异补贴管理规定》以及《关于开展"幸福东航"标杆培育"十百"评选活动的通知》，讨论通过先进个人疗养方案、与民航大学合作举办"三长"教育培训方案以及仲秋国庆福利发放方案。9月27日，召开了五届八次工委扩大会，讨论通过"幸福东航"标杆培育"十百"评选活动结果，并再次讨论通过仲秋国庆福利发放套餐方案。

推进劳模创新工作室建设 分公司工会积极贯彻落实东航"劳模创新工作室"研讨会会议要求，迅速召开山东分公司劳模创新工作室创建工作推进会，进一步弘扬劳模精神、劳动精神和工匠精神，总结山东分公司劳模创新工作经验，明确下一步分公司工作思路。截至2018年底，分公司"王慧空中服务创新工作室"和"例会地服创新工作室"共推出"闻香识东航"、《国际航班重要物品交接单》《白金卡沟通无忧》课程等多项成果。

积极开展岗位技能比武 组织开展分公司"安康杯、创二无"劳动竞赛，落实东航十字要求劳动竞赛，组织保卫部岗位技能练兵大比武活动，综合管理部等单位结合自身工作性质在行业内部开展了岗位技能练兵大比武活动。2018年，分公司获得2017年度全国安康杯竞赛优胜单位称号。

全面提升女职工能力 2018年，分公司女工委举办多次活动和培训。在庆祝"三八"国际劳动妇女节活动中，举办了"学习十九大精神 展现女性风采"活动，进行了十九大精神和十九届三中全会精神的宣讲，优秀"三长"代表结合工作分享了自己的学习体会；各基层工会也举办了一系列庆祝活动，有茶艺、插花、口红DIY和烘焙等。10月份在济南地区举办了"开卷有益人生、读书点亮生活"读书分享活动。4月16日，由东航山东分公司工会女工委组织，由济南地区承办，济南地区各大单位26名员工一起来到济南明天康复中心与自闭症儿童开展互动活动。

（李　靖）

山东航空集团工会

持续推进"安康杯"竞赛 以"落实全员安全责任，促进企业安全发展"为主题，以推进安全班组创建和"查保促"为抓手，广泛开展群众性安全生产活动，推进企业安全文化建设，引领广大职工认真落实"三基"要求，坚守"三条底线"，严态度、实作风、练技能、提素质、保安全、促发展。飞行部、客舱部、空保支队参加民航新疆管理局"飞行安保业务技能竞赛"，荣获综合团体第一名。综保部、保卫部举办反恐防暴实战演练，提高安保队伍现场处置突发事件能力。山航集团继续保持民航工会"安康杯"竞赛优胜集体称号。

积极开展劳动技能大赛 各级工会以技能大赛为载体，打造职工建功立业平台，展示职工优秀职业形象，促进了技能人才队伍建设，增强了企业核心竞争力，形成了"比学赶帮超"的良好生产组织氛围，一年来共组织开展多个层面、各类技能和劳动竞赛40余场次，广大一线员工积极参与。营销委组队参加中航集团民航售票员岗位职业技能竞赛，掀起整体练兵、全员提高热潮；信息管理部参加山东省智慧互联网使用技术技能竞赛，其研发的"山航移动门户与移动乘务项目"斩获竞赛特等奖；工程技术公司各基地举办"工匠杯"维修、特车及机务标准化作业技能竞赛，营造精益求精的敬业风气，促进广大职工立足岗位苦练基本功；空保支队济南二中队举办岗位技能大练兵竞赛，展现"地面勤学苦练，空中能打硬仗"队伍风采；太古公司举办涵盖机械、航电、钣金等7个专业的劳动技能竞赛，全面打造高素质技能职工队伍；彩虹汽车服务公司运营部开展交通安全和消防知识竞赛、维修操作规范考试、故障排查及修复组装技能竞赛，进一步夯实安全基础。2018年，共有200名先进工作者、100名岗位能手、10名岗位标兵受到公司表彰奖励。

大力推进班组建设 各级工会紧密围绕本单位实际，结合不同岗位序列、工种特点，不断丰富内容、创新载体，通过制定班组建设实施方案、发布班组长素质模型、对标学习交流、加大班组长教育培训、选树优秀示范班组、实施差异化驱动等方式，不断提升班组管理水平和工作效能，促进企业和职工共同发展进步。工程技术公司开展示范班组争创活动，地服、客舱、营销委、货运开展"厚道山航、追求卓越"班组创建和文化展示活动，"鲁燕班组创新工作室"持续发挥典型示范作用，引领服务创新。集团工会举办清华第三期班组长培训班，来自集团22个基层单位的50名班组长参加。

坚持职代会制度 召开三届四次职工代表大会，听取和审议企业投资采购情况等重要事项报告。采取多种形式，开展职工代表巡视检查工作，推动职代会精神的全面落实，发挥民主管理和监督作用；下发《关于征集山航集团第三届五次职代会提案的通知》，共收到提案7份，经提案审查委员会审议，列为职工意见建议由集团工会协调落实、回复，保障了职工民主管理的权力和主人翁地位的落实。在规范提升职代会、厂务公开等民主管理制度基础上，推动部门建立工会与行政沟通协商机制。

推进集体合同、女职工专项集体合同、劳动卫生专项集体合同实施，有效预防和减少劳动纠纷。完善规章制度，维护职工合法权益，制定《山航集团工会经费收支管理实施细则（试行）》，新《细则》在职工已享有的福利基础上，提高了为职工结婚、生育、退休离岗发放慰问金或慰问品待遇；出台《山东航空集团劳模先进疗休养管理办法（试行）》，进一步规范、明确集团劳模先进疗休养工作。

大力推先树优，充分发挥榜样的示范引领作用 积极组织各类先进的评选、推荐工作。本年度集团共有多个集体和个人获得了上级工会的表彰。其中，股份公司继续保持全国"安康杯"竞赛优胜单位荣誉称号，同时荣获全国"安康杯"竞赛示范单位荣誉称号，飞行部重庆直属中队荣获全国"安康杯"竞赛优胜班组荣誉称号，太古公司ARJ21飞机定检能力项目组荣获"山东省创新型班组"称号；飞行部飞行一大队潘旭东同志荣获"山东省劳动模范"称号，太古公司房斌荣获民航"安康杯"竞赛先进个人荣誉称号，翔宇公司翟安恒荣获"山东省创新能手"称号等等。还组织实施了2018年度山航集团个人、集体荣誉评选、推荐工作。大力弘扬劳模精神。"五一"前夕，集团、股份两级工会举办山航优秀员工先进事迹报告会暨股份公司文明示范家庭表彰会，9位一线职工和12位文明家庭职工分享了他们在山航的奋斗历程和感人故事。

着力服务职工生产生活　继续深入开展"冬送温暖、夏送清凉，节日送关怀"系列活动，加大了对节日期间坚守工作岗位一线职工的慰问力度，并将改善职工生产工作环境、加强劳动保护等项目列入其中。春节前夕，集团工会为分公司、基地、驻外营业部列专项慰问金，用于走访困难职工，召开座谈会、茶话会，开展职工文化活动。做好职工福利保障，组织协调山新传媒与京东、龙大等多个商家，丰富中秋、春节两节职工慰问品发放种类，创新发放模式，实现网上平台选定、快递到家。开展精准扶贫帮困工作，实现困难职工"建档立卡"帮扶，在经济扶助、看病就医、日常生活等方面提供多层次的帮扶，2018年，集团工会及各基层工会共救济患病、困难职工104人次，发放救济金20.7万余元。管好、用好山航员工互助金，2018年，共救助17名患病职工和职工家属，发放救助金26万元。落实民航工会关于职工学历能力"双提升"计划，组织22名职工报名参加由中国民航工会与国家开放大学合作开办，秋季首批招生的"民航职工圆梦大学"，并将对取得毕业证、学位证的职工给予奖学金鼓励。为改善职工文体活动场所状况，2018年，集团工会投资建设山航大厦地下职工健身活动中心，现前期准备工作已就绪，整个项目计划2018年上半年建成并投入使用。同时，集团、股份两级工会到厦门、重庆、烟台、青岛等分公司实地考察健身场所、设施，召开常委会研究改进或建设意见、方案。

关心关爱女职工　开展庆"三八"系列活动，举办女性健康专题知识讲座、插花比赛暨插花艺术展、女职工趣味运动会、先进女职工评选表彰；组织先进女职工疗休养；组织女职工参加全国第六届"书香三八"读书活动；管好用好"爱心妈妈小屋"，为她们提供方便安全卫生环境。18年集团工会共协助4名患病女职工申请民航大病互助金补助6万元。

广泛开展职工文体活动　一是大力开展全民健身运动。组队参加中航集团第二届职工运动会，并成功承办本次运动会济南赛区比赛，最终在30多支代表队中取得团体总分第4名的成绩；组织参加山东省体育总会和《山东商报》社联合主办的2018"活力山东·城市定向系列挑战赛"、省发改委"齐鲁周刊杯"篮球邀请赛及全国民航第四届职工篮球赛，取得较好成绩；举办第十五届"山航杯"职工足球、篮球联赛等，通过这些活动充分展示了山航全民健身运动的丰硕成果和公司员工团结协作、奋勇拼搏的精神风貌。各基层工（分）会和文体协会，根据自身特点广泛开展职工喜闻乐见、精彩纷呈的文体活动，如新老员工文体友谊赛、区域运动会、素质拓展、知识竞赛、球类、棋牌、骑行、健步走、茶艺体验、户外瑜伽主题活动等等，积极开展飞行知识进课堂、爱心助学、爱心募捐、爱心厨房、帮助孤寡老人与儿童等社会公益活动。

打造先进企业文化　集团工会于第23个世界读书日之际，邀请济南新东方创始人张一楠老师，在山航大厦举办"我爱读书"分享会；深耕山航大厦职工图书角和丁博士线上阅读平台管理工作，定期更新补充书籍，提升阅读体验，职工总阅读量达到9.4万余人次；紧扣时代主题，宣传劳动精神，展示职工风采，有效传递正能量，弘扬主旋律；征集书法、绘画、摄影、原创文艺节目参加全国民航职工"砥砺奋飞新时代"主题文化活动，获得优异成绩；组织参加民航工会和中国航协举办的"立足小客舱，服务大世界"民航客舱文化展演活动，展示山航人践行"厚道"服务理念的时代气质和精神风貌。举办庆祝改革开放 40 周年暨迎接公司安全开飞 24 周年职工摄影、书画作品展等文化活动，展现了公司职工深厚的文化底蕴、饱满的创作热情和扎实的艺术功底，讴歌了职工的家国情怀。

积极加强工会自身建设 集团工会召开全委会及时传达贯彻中国工会十七大和山东工会十五大精神，通过多种形式认真学习宣传贯彻习近平总书记关于工人阶级和工会工作系列重要讲话精神，紧密联系实际，进一步理清工作思路、明确目标举措。一年来，工会从经费保障、工作内容、活动方式等方面，更加注重倾斜一线，注重直接服务联系职工，注重激发基层工会活力，最大限度的惠及更多职工；股份工会举办工会业务联络员、财务工作者培训，调整完善工会组织架构，成立乌鲁木齐运营基地分会、吸纳派遣制员工入会，并完善各项制度。

（段学博）

中国移动通信集团工会
山东省委员会

概述 2018 年，是全面贯彻党的十九大精神的开局之年，是公司深化实施"大连接"战略的关键一年，为工会组织发挥作用提供了重大机遇和广阔舞台。工会全面贯彻落实省公司工作会议精神，把促进企业发展和员工对美好生活的向往作为奋斗目标，着力打造"一二三"工程，荣获中国移动书画工作先进单位、中国移动"幸福1+1"优秀单位等称号。

评先树优 树标杆提士气 集团书画展3金、5银、4铜（12 位作者获奖）、5 人荣获集团书画工作先进个人，获奖数量位列全国第二名；6 人获山东省劳动模范；1 人获

集团"会乐杯"会计技能竞赛特等奖；1 个集体获省创新型班组，1 人获省创新能手称号；2 个项目（互联网、云计算）获批省职工行业技能竞赛项目，2 人获省富民兴鲁奖章；1 个项目获集团第四届自主开发大赛铜奖；1 人获"幸福1+1"集团亲子才艺嘉年华活动最佳人气奖，8 人获优秀作品奖；公司获"幸福1+1"集团第二届"咪咕健康行"先锋团队奖；公司荣获中国移动应急技能大比武决赛团体三等奖，1 人获精英个人奖；1 个作品获集团合规护航微视频大赛全国十佳作品；1 人获集团网络安全专业技能竞赛个人优秀奖；1 人获省直机关文明和谐家庭为企业争得了荣誉。

员工关爱 助力打造有爱企业 员工满意度提升：1. 连续 3 年（2016 年—2018年）开展"员工满意工程"。截至三季度，参与调研 17506 人，占比 71.28%，员工满意度 87.91 分，较 2016 年初的 83.76 分，提升了 4.15 个百分点，较 2018 年初提升了0.93 个百分点。2. 扶危救困工作：立项资金 44.4 万元，救助各级困难员工 108 位；组织参加集团劳模疗休养活动，协调兑现劳模补贴政策，营造"劳模光荣"、劳动光荣氛围；陪同集团和省总工会领导看望央企劳模、慰问受灾员工、走访困难劳模，为基层送温暖。3. 落实员工查体：全省和机关体检率达到 95% 以上；邀请省立医院专家现场咨询答疑；长年坚持做好"五必访"；4. 落实员工福利：按时发放春节、中秋节等节日物品。

建设职工小家 践行暖心工程 2018 年来，投入到职工小家建设资金累计约 2233万元，其中资本开支 720 万元，成本费用约1513 万元。截至 2018 年底，全省 160 个区县公司中有 123 个区县分公司达到省级"模范职工小家"标准，占比达 77%。

"幸福1+1"活动 提升员工幸福感
一是在上级文体活动中斩获佳绩。第九届"理士杯"全国通信职工桥牌赛第4名；全国通信职工气排球赛第9名，获体育道德风尚奖；"超级杯"全国气排球联赛分区赛团体三等奖；集团乒乓球赛优秀组织奖；集团咪咕K歌大赛"最佳战队奖"。二是举办"幸福1+1"全省活动。在烟台举办全省乒乓球赛；在青州举办全省书画展；在济南举办全省"咪咕K歌"大赛；举办全省气排球培训班、选拔赛、集训等活动；三是机关活动丰富多彩。举办了元宵节喜乐会、三八节女工活动、泉城公园健步走、趣味运动会、太极拳培训班、春游、秋游等活动；开展羽毛球、乒乓球、篮球、马拉松等俱乐部活动；职工之家活动室长年开放，不断扩大健身锻炼参与面，丰富幸福"1+1"内容。

劳动竞赛 助力企业经营发展 一是围绕"123456+N"工作思路，开展全省业务竞赛活动。设立基金3000万元，开展了10余项竞赛活动；二是开展"安康杯"竞赛活动。1个集体荣获省总工会"安康杯"竞赛优胜班组。

（赵 清）

中国联通集团公司工会
山东省委员会

概述 2018年是贯彻落实党的十九大精神开局之年，也是山东联通深入实施聚焦战略建设"五新"联通的关键一年。一年来，各级工会在党委和上级工会的正确领导下，紧紧围绕企业改革发展目标，牢牢把握服务大局、服务员工的总体要求，强化基层基础，聚焦主责主业，认真履行各项职能，全力提升员工素质，切实维护员工利益，竭诚做好员工服务，各项工作取得了新的进展和新成效，为开创山东联通改革发展新局面做出了积极贡献。

政治引领工作不断加强 举办培训班、读书会、专题辅导等活动，积极推动习近平新时代中国特色社会主义思想和党的十九大精神进基层、进班组。加强理论研讨，组织开展全省联通工运理论调研论文征集和评审活动，征集论文123篇；组织参加了"学习贯彻十九大，凝心聚力促发展"党的十九大知识有奖问答活动，参与率达到98.76%；济南公司还开展"学习贯彻十九大，争做出彩好员工"演讲比赛；通过多种形式的学习教育、理论研讨活动，把党的意志和主张转化为广大员工的自觉行动。

争先树优 省公司出台了《山东联通省公司级及以上劳动模范评选和管理办法》，评选表彰了30名山东联通劳模，另有3人荣获"中国联通劳模"，3人获得"山东省劳模"荣誉称号。组织评选了90名省公司级"中国联通好员工"，有21人获评集团级"中国联通好员工"。各级工会开展劳模事迹报告会、劳模巡回演讲等活动，加大劳模、"好员工"先进事迹宣传力度。

开展"创新在一线"活动 各级工会以"职工创新工作室"为载体，广泛开展岗位创新活动。济宁公司成立"李兆会劳模网络服务青年先锋队"，搭建业务技术交流平台。青岛公司邵长谦创新工作室被省总工会命名为"山东省示范性劳模和工匠人才创新工作室"，济南王一然创新工作室被评为"中国联通集团级示范性职工创新工作室"。威海公司火焰QC小组的"降低IP用户质差率项目"荣获国优，另外山东联通还获得行业一等奖3项，行业优秀奖6项，集团优秀成果8项。

"成才在一线"活动成为展示员工风采

的舞台 2018年山东联通共组织开展了网络安全防护、天宫天梯、大数据创新、互联网电子商务、财务转型学习、前台六岗位业务技能大赛共六项技能比赛。组队参加集团大赛成绩斐然，6人获"中央企业技术能手"，9人获"中国联通技术能手"，大数据创新和天宫天梯专业获得集团四个竞赛项目的两项一等奖，省公司工会被集团授予"最佳竞赛单位"和"优秀组织奖"。通过技能大赛的舞台，有3人荣获山东省"富民兴鲁"劳动奖章，3人获得"山东省技术能手"，66人获得"山东联通技术能手"称号。

"建功在一线"活动唱响了企业发展主旋律 围绕生产场景划小改革，各级工会广泛开展了业务发展、降本增效、终端回收利旧等竞赛活动；根据市场发展需求，组织开展了"农村市场蓝海行动"劳动竞赛，全面打响了农村市场攻坚战。青岛公司组织开展了以"迎峰会·展魅力·作贡献"为主题的服务保障立功竞赛活动。通过一系列劳动竞赛活动，进一步激发了广大员工的积极性，形成了良好的干事创业、活力迸发的浓厚氛围。

重视源头参与，职工代表的作用得到发挥 各级职代会程序更加规范，职代会职权得到进一步落实。特别涉及员工切身利益的重大事项，切实履行了职代会职能，发挥了"稳定器"的作用。全年共召开职代会51次，听取审议议案203件，其中涉及员工切身利益的事项69件。职代会闭会期间，各级工会还充分发挥职工代表作用积极参政议政。青岛公司组织职工代表列席总经理办公会。济南、烟台公司发挥员工奖惩评判委员会作用，做到"大家的事由大家商量着办"。

拓宽公开渠道，企务发布会制度受到员工欢迎。省、市公司普遍建立了企务公开发布会制度。统一把职级调整、员工福利、岗位退出等涉及员工切身利益的事项纳入发布内容，全年共召开企务公开发布会38次，充分保证了员工的知情权，提升了员工的认同度、参与度和支持力。

搭建沟通平台，总经理在线活动全面展开。总经理在线活动得到各级管理层的高度重视和认同，员工的参与面越来越广，积极性越来越高。全年举办总经理在线活动37次，参加员工1.1万人，现场答复925条。各市公司还不断创新沟通形式，青岛公司每月开展领导接待日活动；济宁公司开设职工代表建言献策微信交流群；日照、产业互联网公司组织召开员工代表座谈会；威海公司在内部网站上设立"我有话说"栏目，全天候聆听员工呼声。

紧随改革步伐，建立营服中心内部公开制度。以淄博、济宁公司为试点，探索小CEO及团队建立营服中心内部民主管理和公开制度。省公司、工会制定下发了《山东联通营服中心企务公开实施办法》，并在淄博公司召开了山东联通营服中心基层工会组织建设及民主管理工作推进现场会，推动营服中心内部公开制度向纵深发展。

完善制度建设，促进劳动关系和谐稳定。省、市公司建立完善了工会和行政集体协商机制，全部签订了集体合同。省公司工会成立了劳动关系咨询委员会，市公司设立了劳动争议调解组织机构，努力把劳动争议化解在基层，消除在萌芽状态，促进劳动关系的和谐稳定。

困难员工帮扶机制不断完善。各级工会广泛开展了"走基层、送温暖"活动，努力做到"先建档、后帮扶、实名制"，明确标准、精准识别、分级负责、动态管理，坚决"不落下一个"。2018年元旦春节期间，全省联通走访慰问6150人，其中慰问困难劳模、困难员工790人，发放慰问金、慰问品合计 227 万余元，把企业的关心、关爱送到员工心坎里。省公司已连续两年为全省在职员工购买重大疾病和意外伤害保险；济南、青岛、威海公司还积极参与了地方工会职工互助互济保障计划，为员工生活多了一份保障。全年通过重疾险、员工互助金获得赔付和救助员工 623 人次，金额 461.84 万元。

服务员工更加贴心。各级工会针对员工子女假期间无人照管的实际困难，想方设法，主动担当，通过多种形式开展员工子女暑期托管活动，全省开办托管班 16 个，托管子女 461 人，受到员工的好评。各级工会还积极开展了异地交流任职员工关爱活动，根据不同需求，通过多种形式关怀员工。东营、潍坊、烟台、德州、聊城公司工会到营销维护现场慰问一线员工；菏泽公司为节日坚守岗位的员工送去爱心水饺；日照公司开展"关怀新入职员工"活动；潍坊公司为洪涝灾区送去慰问金、生活用品等，帮助员工解决困难。

职工小家建设扎实有效。各级工会广泛开展"建最美职工小家，做最亲娘家人"活动，淄博公司制定了《乡镇营服中心小食堂、小菜园管理制度》；青岛公司投入 14.2 万元，新建小食堂 8 处；临沂公司对职工小家建设实施"项目人负责制"，对 68 个营服中心小食堂进行完善改造；泰安公司投资 10 多万元更新完善 61 个乡镇营服中心的五小设施；枣庄公司为 33 个营服中心小食堂、小活动室等进行了修缮改造；济宁公司组织开展"清洁庭院，美丽营服"评比，使营服中心旧貌换新颜；全省投入"五小"建设资金 569.3 万元，完成 798 个基层职工小家改建工作，增加了员工的幸福感。

EAP 心理帮扶持续推进 各级工会持续推进 EAP 帮助计划，完善咨询辅导服务平台，加强心理咨询队伍建设。全省通过认证的 EAP 专员和心理辅导员有 13 名，受众人数达 1000 余人。省公司还组织开展了 EAP 心理辅导员培训；泰安公司组织 EAP 沙龙；威海、滨州公司开展心理减压拓展活动，深受员工喜爱。

文体活动丰富多彩 各级工会依托文体协会，广泛开展了多种形式的员工健身娱乐活动；组队参加中国通信体协、集团工会组织的比赛，均取得优异成绩；获全国通信行业职工气排球比赛季军，全国通信行业乒乓球比赛女子单打冠军，联通集团乒乓球比赛男、女单打亚军、季军。各级工会还组织开展了趣味运动会、"春、秋季一日游"等活动。东营公司给基层划拨专项文体活动经费，提高了活动参与率；泰安、莱芜公司通过文体搭台经营唱戏，密切了客户关系，促进了企业发展。

加强女职工工作 组织全省女员工开展"巾帼展风采 扬帆新时代"女职工岗位建功活动。各级女职委组织开展了丰富多彩的"三八"庆祝活动，菏泽公司的"巧手展才艺"，展示了女员工指尖下精湛的技艺和智慧；客服四话中心"妈妈小屋"被授予"山东省爱心'妈妈小屋'示范点"。

工会组织建设稳步推进 以党建带工建，坚持改革改到哪里，工会组织就健全完善到哪里，不让一名员工因改革找不到家。省公司工会制定下发了《关于加强山东联通基层工会组织建设的意见》《关于加强基层工会规范化制度建设的意见》，全省联通建立工会小组 2558 个，其中营服中心工会小组 1338 个，做到工会组织全覆盖。通过与外包公司签订"工会合作协议"，推动业务外包人员入会建家，为他们正常参加工会活动提供了保障。工会经费管理进一步加强，完成集团工会经费专项审计，受到集团工会通报表扬。根据集团工会和省总工会的要求，制定下发了《山东联通工会财务管理办法》，省、市公司做到了工会财务由行政代管，撤销了县一级工会的财务账号，统一收归市公司工会统一管理，降低了工会经费使用风险。

（刘　静）

山东机场有限公司工会

围绕安全开展群众性安全生产活动　一是深入开展"安康杯"竞赛。竞赛以板块、单位、科室、班组为重点，深入开展活动。协助组织民航山东地区机场助航灯光电工技能竞赛，并选拔三名选手参加了民航局在昆明举办的全国民航助航灯光电工技能竞赛，获得团体三等奖、冯相国获得个人三等奖的优异成绩，取得了公司参加全国技能竞赛的历史性突破。评选推荐安检站于成杰为山东省安康杯竞赛活动先进个人。外场中心范涛班组再次荣获全国安康杯竞赛优胜班组。二是深入开展"安全生产标兵"活动。经过板块、单位评选，共推荐60名季度安全标兵，年底通过微信投票、部门推选、集中演讲等评选出10名年度安全标兵。此次活动展示了安全标兵重视安全、敬业奉献的精神风貌，带动广大职工保安全、促生产的积极性和主动性。

积极推进评选树优活动　一是积极先进评选工作。2018年初，评选3个先进单位、19个先进集体、16个先进班组、5个最佳服务示范岗、5个安全生产标准化示范班组、10名安全标兵、10名服务标兵、82名先进工作者并在年度工作会上给予表彰；通过省国资委推荐外场中心特车科彭吉水为山东省劳动模范、通过民航华东地区管理局推荐外场中心特车科为全国工人先锋号。二是宣传

劳模事迹，弘扬劳动光荣，劳动最美主旋律。以"中国梦·劳动美"为主题，通过召开座谈会、板报、办公网、微信、表彰通报等大力宣传山东省劳动模范彭吉水、全国工人先锋号特车科等的先进集体和个人的事迹，组织了两批先进个人和先进集体代表到长清马套进行了休养活动，弘扬劳模精神、工匠精神，营造劳动光荣、劳模光荣的氛围。

做好日常职工关怀工作　完成春节期间送温暖活动。慰问大病、困难职工30人次，发放慰问款6.9万元；慰问军属59人次，发放慰问金1.77万元。新增给患大病但未达到救助标准的员工送温暖，反响强烈。公开、公平地为职工发好端午、中秋两个传统节日期间的职工福利。做好日常职工关怀工作。为职工发放生日蛋糕卡2700多张，慰问生病住院职工12人次，有职工突发疾病住院十分危急，自费药费高，工会救助2000元，王光主席、徐建忠总监亲自到医院看望、了解病情，并嘱咐医生给予精心救治，表达公司领导对普通职工的关爱之情。加强对外包餐厅的民主监督，组织了两次职工代表巡查外包餐厅活动，对职工反映的问题重点督查，保障职工安全卫生可口的餐食。精心组织广大职工春游活动，自2018年5月10日至5月18日，共组织960余名职工到济南市长清区将军山马套村景区春游，极大的丰富了广大职工的生活，激发了职工干事创业的劲头。开展送清凉活动。对一线露天作业岗位的员工多批次送清凉，共计发放茶叶1600多斤、西瓜6.5万斤、碱性矿泉水、多功能饮料、加多宝凉茶45520瓶，手持风扇300个、4万多元的冰糕。同时还为工程一线人员送去冰袖、遮阳帽、小风扇、灭蚊灯等用品。做好"两会"及上合青岛峰会的信访保障工作，坚持零报告制度。妥善处理

好大集体退休人员待遇解释工作，较好地保障了公司和谐稳健发展。

成立职工文体协会　相继成立了羽毛球、篮球、瑜伽、读书、乒乓球等协会，鼓励协会自主组织有益的职工文体活动，瑜伽协会坚持每周一、三、五上课，组织户外瑜伽活动，组织25人参加历城区千人瑜伽大会；篮球协会组织了智障儿童学习爱心活动和有9支男队、5支女队参加的夏季联赛；羽毛球协会坚持每周四的活动日，并组织爱好者参加多次业余联赛。锻炼了队伍，提高了羽毛球技能。

举办济南机场驻场单位新春联谊会　2018年春节前，组织了济南机场驻场单位新春联谊会，公司员工与山东师范大学、山东青年政治学院师生共同演出，既有山东师范大学、山东青年政治学院师生典雅的器乐演奏、精彩舞蹈，还有员工精彩的舞蹈、歌曲表演，背景精美，节目紧凑，整场联谊会节目精彩纷呈，获得了员工的一致好评。

开展首届职工春季运动会　4月26日，共有600多名员工组成22个代表队参加了运动会。按照年龄性别分为男女甲乙丙6个组别，设置长跑、短跑、跳绳、跳远、平板支撑、拔河、4×100接力赛、趣味高尔夫、愤怒的小鸟、百发百中、龟兔赛跑、车轮滚滚、旱地龙舟等42项个人项目、8个集体项目。既有径赛，也有田赛，还有趣味赛。从普通员工，到各级管理人员踊跃参赛。消防安全保卫部、旅客服务部和商务旅行服务中心以整体实力夺得团体总分前三名，安检站、货运中心、场区管理公司、指挥中心、设备动力部、食品公司等六个代表队获得优秀组织奖，机场公安局、信息技术管理部、医疗急救中心、建设指挥部、飞行区管理部、商贸广告部、车辆保障部、投融资发展部、集团机关一分会等九个代表队获得精神

文明奖。

优化职工健身设施设备、丰富职工图书室藏书　2018年，来活动职工中心健身活动的职工达3万人次。根据需求，对职工活动中心部分场地进行了整修，调整了布局，购进40多万元的健身器材，满足职工健身需求。根据消防安全要求，建立了消防安全管理制度，对部分设施进行了改造，达到消防安全的要求。公司图书馆图书存量已达到10480册、持续更新的期刊20余种，被全国总工会授予"示范职工书屋"。新增书架8组、在一线单位增加流动书屋11个；图书借阅2324册次。

加强女工工作　一是组织开展女职工维权活动。在"济南机场职工之家"微信和宣传板报等平台载体持续宣传"女职工权益保护"相关知识，举办心理咨询教育实践活动2次，近300名女职工参加。二是以专题活动为载体，深化女职工提速建功。通过"济南机场职工之家"微信工作号，先后推介"凝聚她力量　爱尚心传递""巾帼花争艳建功新时代""家书范文赏析""书香三八佳作赏析"等巾帼风采主题秀和家庭建设文化传播共12篇；积极参加省总工会组织的竞赛活动3次。共收到作品47件次（节目6个、征文16篇、摄影作品16幅、书画作品9幅作品等），经过组织评选，上报作品23件次。其中在全省"宣讲十九大精神　展示女职工风采"活动中，荣获组织奖。

真心真意做好离退休服务工作　一是党委主要领导和老干部每半年开展一次谈心，通报公司的重大事项。提前征求意见建议。二是为老干部订阅三报、一刊（即《大众日报》《参考消息》和《老年文摘》《老干部之家》），定期走访看望老干部，每逢老干部住院或遭遇变故，离退休管理科工作人员专程探望。做好离退休人员组织建设，增加

了山大路退休党支部，形成了离退休3个党支部，有利于组织学习和组织活动。选举了3名离退休人员代表参加公司第一次党代会。帮助离退休人员报销药费39人次。保障老干部活动室整洁，山大路活动室楼顶维护、整修了离休人员反映的千佛山宿舍道路地面。分别组织了离休人员、退休人员春游活动，联合空管局举办老同志纪念改革开放40周年书画影展。丰富了离退休人员的感情交流和业余生活。

（刘文阁）

中铁十局集团有限公司工会

工作综述

概况　2018年中铁十局集团有限公司工会（以下简称集团公司工会）定员9人，设主席1人、副主席2人、生产宣传部部长1人、权益保障女工部部长1人、工会综合部（体协）部长1人、生产宣传部主管（高级政工师）和权益保障女工部主管（政工师）、工会综合部（体协）主管（高级政工师）各1人。集团公司工会辖10个子公司工会（第一工程有限公司、第二工程有限公司、第三建设有限公司、第五工程有限公司、青岛工程公司、建筑工程有限公司、电务工程有限公司、物资工贸有限公司、投资开发有限公司、西北工程有限公司），6个分公司工会（第四工程公司、第八工程公司、城轨分公司、非洲分公司、拉美分公司、济南勘察设计院）和12个工委（山东指挥部、华东指挥部、华北指挥部、华中指挥部、西北指挥部、西南指挥部、华南指挥部，石济客专项目部，大临铁路项目部，赣深铁路指挥

部，财务共享中心）和集团公司机关工会。至年底，集团公司建有297个项目部工会，专职工会干部36人，共有会员14362名。

2018年，集团公司工会深入学习贯彻党的十九大和集团公司第四次党代会精神，以习近平新时代中国特色社会主义思想为指导，认真落实上级工会和集团公司党委工作部署，紧紧围绕企业新的发展战略和企业年度中心工作，坚持以服务职工为中心，深化凝心聚力工程、建功立业工程、维权服务工程、普惠关爱工程、强基固本工程，突出重点，统筹兼顾，优化品牌，团结动员广大职工在加快建设"股份公司第一方阵"企业进程中展示新作为。

四届二次职代会　中铁十局集团有限公司第四届职工代表大会第二次会议于2018年2月23日至24日在济南召开。会议听取了党委书记、董事长杨兰松同志所作的《加强党的领导　展示全新作为　为开创企业改革发展新局面而努力奋斗》的讲话，总经理李学民同志所作的《踏上新征程　展现新作为　努力开创十局改革发展新局面》的工作报告，党委副书记、纪委书记贺贤栋同志所作的《深化政治责任担当　狠抓监督执纪问责　为开创企业改革发展新局面提供坚强纪律保障》的反腐倡廉工作报告，审议并票决通过了《四届一次职代会提案落实和本次职代会提案征集处理情况报告》《2017年履行〈集体合同〉情况报告》和《2018年员工培训计划》；会议评议了集团公司领导班子和班子成员，听取了民主测评、述廉议廉测评结果的报告；签订了《2018年度集体合同》；会议举行了表彰仪式，表彰了2017年度劳动模范、先进单位、先进集体和先进个人，"夺冠军、争先进"劳动竞赛优胜单位、优胜项目部，明星项目经理、优秀项目经理。会议圆满完成了各项议程，胜利闭幕。

工会三届四次（扩大）全委会 2018年2月25日，中铁十局集团有限公司工会在济南召开了三届四次（扩大）全委会，集团公司工会第三届委员、经审委员以及不是工会委员的各子分公司工会主席等31人参加了会议。全委会增补了田合军、郭长平、高庆银为第三届委员会委员。听取审议了集团公司工会经审委工作报告。会上，各单位汇报了2017年工作和2018年打算，并交流了工会业务工作。

深化员工关爱工程，职工生活保障扎实有效 全面部署企业困难职工帮扶解困工作，摸清困难职工致困原因，制定了《中铁十局打赢困难职工帮扶解困攻坚战工作方案》，细化了解困脱困具体措施，建立了领导干部包保机制。集团公司在册的151名困难职工已解困脱困111名，解困脱困率达到73.5%。全面推进员工健康关爱计划，结合实际制定了《关于推进中铁十局员工健康关爱计划实施意见》，建立项目心灵驿站21个；举办了健康委员培训班，89人取得健康委员证，6人取得股份公司内训师证，3人取得股份公司督导师证，11人取得三级心理咨询师证，2人取得二级心理咨询师证。全面加强"幸福之家"建设，重点帮扶艰苦地区、偏远项目、重点项目的"幸福之家"建设。跟踪督导15个"星级幸福之家"项目部的后期建设工作，进一步提升了一线项目"幸福之家"建设水平。2018年元旦、春节期间，集团公司筹集慰问资金376.36万元，共走访慰问困难职工235户、劳模、离退休职工129人、一线职民工7872人。开展了"送凉爽"工作，坚持将"送凉爽"与"送文化""送培训"相结合，共筹集资金240多万元，为1万多名职民工送上了凉爽。开展了"金秋助学"活动，共资助144人，发放助学款40.92万元。全年，集团公司共支出"三不让"帮扶救助资金268.01万元，帮扶救助困难职工1700多人次。争取地方帮扶资金20.6万元，对79名特重困职工进行了帮扶救助。

深化劳动竞赛活动，职工主力军作用充分发挥 持续开展了"夺冠军、争先进"、创建"工人先锋号""安康杯"竞赛等劳动竞赛活动。评选表彰了2017年度先进单位6个、先进集体26个、劳动模范10名、先进个人48名，以及"夺冠军、争先进"劳动竞赛先进单位和先进集体前三名。围绕城市轨道交通项目工程建设目标任务，开展了以"六比六创"为主要内容的"中铁十局地铁杯"专项劳动竞赛。3月份，在合肥地铁举办了"中铁十局地铁杯"劳动竞赛启动仪式，全面启动了集团公司城轨项目专项劳动竞赛。紧紧围绕年度生产经营目标，开展了"大干90天"劳动竞赛，有力地促进了各项建设任务目标的顺利完成。全年，有1人获山东省劳模，2人获火车头奖章，2人获山东省富民兴鲁劳动奖章，6个集体获省级工人先锋号。

深化群众安全工作，群众保安全工作持续有力 加强了新《安全生产法》的贯彻执行力度，开展了"查身边隐患、保职工安全、促企业发展"、安全生产合理化建议、群安工作"六个一"等群众性安全生产活动。指导拉林铁路、连盐铁路、济南地铁、青岛地铁等重点工程开展了群安工作规范化建设。联合相关部门在潍莱高铁举办了群安员培训班并开展了相互检活动，进一步提升了一线群安员的履职能力。广泛宣传了班组长安全质量责任制，全力配合推动班组长安全质量责任制落实生根。推行了群安员与班组长"双聘"办法，实现了群安工作与班组长安全质量责任制有效衔接、共管共进。各单位通过"全解重聘""个人自荐""组织推荐"等形式加强了群安员队伍，并严格做到培训合格后上岗。全年，全集团有2166名群安员发现和整改事故隐患30516个，发放通知书28719份，发现和消除重大隐患59处，为集团公司安全生产做出了贡献。

深化企业民主管理，职工权益得到有效维护 召开了集团公司四届二次职工代表大会，通过平等协商签订了《集体合同》以及《工资专项协议》和《女职工权益保护专项集体合同》。加强《中铁十局集团有限公司项目部职工（代表）大会实施办法》的督导检查力度，重点检查了拉林铁路、济南地铁、青岛地铁等重点工程项目职工（代表）大会领导班子述廉议廉、民主评议、提案征集处理以及公司派员参加大会等方面。各单位全面实施了项目职工（代表）大会制度，做到了召开职工（代表）大会有请示，有提案，有议程，有工作报告，有述职述廉，有领导人员民主测评，规范了会议召开程序，推动了基层民主管理工作。加大集体合同履约检查力度，对各单位集体合同履行情况，采取"实地走访、听查互补、以查促改"的形式，到重点项目部随机抽查，确保了年度集体合同的履约率和兑现率。

深化职工创新创效，职工队伍素质显著提升 加强《关于进一步深化劳模（专家型职工）创新工作室创建活动的意见》贯彻力度，围绕项目技术改进、工效提升、安全质量、工法探索、节约成本等多项内容征集课题，引领各工作室"整合技术资源、打造优势团队、发挥骨干作用、解决项目疑难"。重点开展了对一公司济南地铁R2线项目部崔淑祥创新工作室等9个"中铁十局劳模（金牌职工）创新工作室"的回头看活动，全面检查了工作室运行情况、经费使用情况以及课题成果推进情况，进一步促进了工作室规范化建设。2018年，有1项成果获股份公司"2016—2017年度职工创新创效优秀成果"称号。分片区举办了"舌尖上的十局"职工厨艺大赛，全公司后勤管理等岗位掀起了岗位技能大提升新高潮。

深化女职工工作，女职工半边天作用充分发挥 开展了纪念"三八"国际劳动妇女节活动，举办了郑州、广州等两大片区"魅力新女性"联谊会。组织参加了全国第五届"书香三八"读书活动，其中3篇被铁总评为优秀文章。开展了"法律护我行—女职工维权知识答卷"活动，18个单位1840名在岗女职工参与了答题活动。继续开展帮扶送教育活动，共资助困难职工子女106人，资助金额140344元，其中，单亲困难女职工家庭子女13人，发放帮扶款15600元，并和单亲困难女职工一对一结对帮扶。召开了集团公司工会女工委三届二次全委（扩大）会暨表彰大会，表彰了第五届"十大杰出女职工"、先进女职工集体等一系列先进。2018年，有1个集体被评为"中国中铁先进女职工集体"，2人被评为"中国中铁先进女职工"，1个女工委被评为"中国中铁先进女职工组织"，1人被评为"中国中铁先进女职工工作者"，1人被评为"山东省优秀工会工作者"。

深化自身建设，工会组织凝聚力持续提升 以建设"八有"工会为目标，广泛开展"双争"活动，加强工会标准化、规范化建设，及时调整、成立了所属单位工会组织4个。开展"两模一优"评选工作，评选表彰了6个工会好班子、9个模范职工之家、21个模范职工小家、25名优秀工会工作者、47名优秀工会积极分子。1个单位被股份公司工会评为"十大最满意的职工之家"，1人被股份公司工会评为"最满意的娘家人"。加强智慧工会建设，举办了智慧工会云平台管理员培训班，进一步提高了工会干部网上工会工作能力。加强财务经审工作，开展了对一公司、四公司、五公司、六公司、八公司、建筑公司等六家单位原工会主席离任审计工作。积极开展群众性文化体育活动，举办了济南、苏州、郑州三大片区"中铁十局杯"职工篮球赛。加强工会信息调研工作。2018年，工会微信公众号编发信息34期，宣传了工会工作。《以"星级职工评选"铺就企业工匠成长之路》调研报告相继在《中国中铁调研专刊》《中铁工运》《中铁党建》等股份公司三大载体全文刊发推广，并被股份公司工会评为特色工作。《健全机制 突出重点 全面筑牢困难职工脱贫防线》经验材料被股份公司确定为典型经验，在股份公司领导干部研讨班上做了交流发言，并在《中铁工运》2018年第三期发表。调研成果《国有企业智慧工会智能一体化云平台实证研究》荣获山东省总工会"2018年度全省优秀调研成果三等奖"，是全省56项成果中，仅有的3项企业成果之一，也是集团公司工会连续三年获得的省部级调研成果荣誉。

（韩志勇）

基层集锦

股份公司纪委书记王士奇看望慰问电务公司劳模沈廷山 1月31日，中国中铁纪委书记、党委常委王士奇，纪委综合办公室主任万明等一行在参加中铁十局领导干部民主生活会期间，看望慰问了电务公司央企先进职工标杆、中国中铁劳动模范、专家型职工沈廷山，送去了股份公司领导的亲切关怀和问候。中铁十局党委书记、董事长杨兰松，工会主席、副总经理崔军等陪同看望。

"中铁十局地铁杯"城市轨道交通项目劳动竞赛暨"百日大干"动员会在合肥地铁召开 3月28日上午，"中铁十局地铁杯"城市轨道交通项目劳动竞赛暨"百日大干"动员会在合肥地铁5号线1标贵阳路站现场召开。集团公司工会主席、副总经理崔军，集团公司副总经理高峰等领导出席会议。上午，集团公司工会主席、副总经理崔军在劳动竞赛启动仪式上，对开展好"中铁十局地铁杯"城市轨道交通项目劳动竞赛提出了要求：一是精心抓好"中铁十局地铁杯"劳动竞赛的组织管理；二是牢牢把握"中铁十局地铁杯"劳动竞赛的核心目标；三是大力开展群众性经济技术创新创效活动；四是进一步加大先进典型培养选树和宣传表彰力度；五是不断深化工程项目"幸福之家十个一工程"建设。下午，集团公司副总经理高峰结合2018年的施工生产和质量安全工作在交流会上提出要求：一是全面开展百日大干活动，确保年度产值目标实现；二是加强重点铁路项目管理，确保重点项目有序推进；三是持续抓好质量安全红线管理，杜绝不良行为；四是强化城市轨道交通工程施工管控，提高企业信誉；五是重视信用评价工作，为企业赢得信誉。

青岛公司工会开展2018年"三送"活动 入夏以来，青岛公司工会按照集团公司工会"送凉爽"工作要求，积极部署"送凉爽"慰问工作，近期在重点工程一线启动了青岛公司2018年"送凉爽（温暖）、送健康、送文化"活动（简称"三送"活动）。公司工会主席何大洋、安全总监王志勇等领导带队先后到青连铁路、董家口疏港铁路和济青高铁胶州北站等重点工程项目施工现场，看望慰问高温下坚守的一线职工及农民工，并送来慰问金和西瓜、绿豆、饮料、夏凉被等防暑降温物品，要求项目部加强暑期有关特殊劳动安全保护，落实防暑降温措施，增强自我防范、自我保护意识，适当调整时间，避开高温作业，做到施工、避暑两不误。

西北公司开展"送培训进项目"活动
10月11日，西北公司工会"送培训进项目"活动在旬凤项目启动。30余名干部职工参加了活动。活动邀请了长安大学经济与管理学院樊根耀教授进行了团队建设与管理创新方面的授课。"送培训进项目"活动是西北公司工会2018年一项重点工作，变以往"请上来培训"为"走下去培训"，旨在为基层职工提供更加贴心、更加便利的培训服务，让基层职工集体"充电"，扩大受众面，提升培训效果。主要培训内容除政策宣讲、业务施训等常态化模块以外，更加关注职工思想引导、结合心灵驿站进行职工心理疏导等方面，为基层职工提供更加全面、生动的培训内容，提升干部职工的工作能力和综合素质。

（韩志勇）

中移铁通
山东分公司工会

建立劳模创新工作室 将集体劳模与信息产品开发分中心有机结合在一起，明确劳模工作室职责分工、细化工作内容，用劳模精神引领创新工作实践再上新台阶，用工会的力量推广省分创新工作。年度表彰了5个先进单位、10个先进集体、5名优秀管理者、40名先进工作者；建立健全了各级劳模台账。继续组织开展劳模标兵疗养活动，确保劳模权益，提供劳模待遇，进一步调动劳模自身潜能和典型引领作用。

关注关切员工生产安全系列工作 下发《技能竞赛管理办法》，细化管理，明确规范竞赛分工、流程、奖励等环节。助力安全条线，积极弘扬工匠精神，配合公司日常安全生产工作，开展安全生产作品征集活动和安全知识竞赛活动，通过以考代训的方式，提升员工业务素质和能力。助力市场条线，开展市场营销服务竞赛、社区服务站一体化运营竞赛活动，服务公司市场重点工作，提升员工技术业务技能，培养高技能人才，掀起公司上下学技练兵的热潮；提高员工参与积极性，对先进集体和先进个人进行表彰。开展合理化建议"金点子"征集活动，动员广大员工为公司开源节流献计献策，共计收集"金点子"96个，初步评选出10个优秀"金点子"，后续进行实际应用。德州分公司平原支撑服务中心被命名为全国安康杯优胜班组。创新研发中心为命名为山东省创新班组。

完善职工代表大会制度 规范下发《职工代表大会制度指导意见》，确保员工对企业重大事项的知情权、参与权、表达权和监督权，切实发挥职工代表大会在履行企业民主管理方面的强大功能。在各级工会完成换届选举的基础上，建立健全职工代表大会制度，确保各基层单位职代会（或职工大会）的建制率继续保持100%。对各基层单位职代会（或职工大会）请示和民主评议结果的报备，严肃职工代表大会的规范性、大会议程的完整性和召开过程的民主性。召开省公司一届二次职代会，按上级要求调整代表比例，指导各基层单位做好调整后的代表替选、补选工作，充分发挥职工代表大会各专门委员会以及联席会议的功能，开展职工代表学习培训工作，提高职工代表充分参政议政水平。收集汇总了各基层单位提出的47条提案进行逐条详细答复，其中3条立案。各基层单位工会相继组织召开了本单位的职代会或者职工大会，履职维权。

推行企务公开和集体协商制度 认真贯

彻执行铁通公司有关文件精神，把职代会或职工大会作为省公司和各基层单位"企务公开"的主要途径，涉及到公司重大决策、生产经营管理、绩效考核分配、党风廉政建设等重大事项及时公开；干部提拔、党员发展、岗级晋升等敏感事项，一律进行公示，扩大了员工对企业事务的知情权。完善集体协商制度，签订集体合同，履行集体协商的原则、程序、内容等，确保集体协商结果的法律性和有效性。

开展女工权益保障工作 实施女工关爱情况调研，成立女工委员会，主任由省公司市场部总经理史伶俐担任，日常工作有工会办公室负责。各基层单位也相应成立了女工委员会。"三八"期间，在女工委的直接领导下，山东分公司工会组织针对女员工的生理和心理特点，有针对性地开展切实有效的女员工关爱慰问工作，把对女员工的关爱落到实处、落到细处，扩大关爱面。青岛、潍坊、东营等分公司工会为女员工开展健康养生讲座，邀请中医专家为女员工义诊。省市各级工会组织开展了丰富多彩的女工健身健步、巾帼建功、趣味运动会、红色教育、社会公益等多种活动，活跃了女工工作生活。积极开展女子才艺秀活动，展现女工风采，共计征集才艺秀作品 28 件，有 6 个作品受到总部的表彰。关爱女工健康，对女工接种宫颈癌疫苗进行统计，有 152 名女工自愿接种。"三八"期间，省公司表彰巾帼文明岗 18 个、巾帼建功标兵 24 名，选树了一批优秀女员工先进集体和先进个人，有 1 个集体和 3 名个人受到了铁通总部的表彰。

继续开展暖心工程"五小"建设 重点解决"不平衡、不充分、不管理"三个问题，不"撒胡椒面"，有计划的建设重点项目、重点工程。为规范项目建设，省公司工会主席亲自抓，先后下发了"五小"建设标准和管理办法，建立了领导小组和推进办公室，明确了管理分工和项目评审会等审批流程。经过办公室成员和各基层单位的共同努力，历经前期多次摸底、层层申报、逐级审批、反复修改，总部终于批复了山东分公司 20 个基层单位申报合并而成的暖心工程项目建议书；智能产品分公司划归山东分公司管理后，暖心工程建设费用较初期有了一定变化。下发《"五小"项目管理办法》《"五小"项目建设标准》，将暖心工程向一线经营部倾斜，按月进行项目推进，及时掌握工程进度，征集工程实施过程中的前后对照比较图文、视频，做好相关资料的存储工作；明确"五小"使用管理标准，让暖心工程真正温暖员工之心。截至 2018 年底，铁通公司批复山东分公司资本类开支额度为 244.3 万元，资本开支实际完成 235.75 万元，资本开支完成率 96.6%，转资额度 235.75 万元，转资率 100%；成本费用批复额度 277.3 万元，成本费用实际使用 275.81 万元，完成率 99.5%。山东分公司新建成五小项目 393 个，基本全部投入使用，员工满意度 100%。

持续开展"三不让"救助工作 开展困难员工情况调研，实施特重困员工精准帮扶，加强对"三不让"资金的管理，下发《员工互助金管理办法》，按时收缴互助金，完善困难员工档案，用真心、想办法、全方位帮扶困难员工，多举措帮助困难员工，从资金和精神上进行帮扶救助，让困难员工有自信、有信心。2018 年 10 月，对 2018—2019 年度新助困、助学申请进行专题审批通过，确定对 61 名特重困员工进行困难救助，对其 43 名子女进行助学帮扶。截至 11 月末，共计下拨"三不让"帮扶资金 113.78 万元；其中，对 11 名大病员工进行救助，下拨资金 17.4 万元。升级常规关爱活动，坚持开展节日送祝福、夏季送清凉、冬季送温暖、日常送关怀的"四送"活动，下拨春节困补费 46.68 万元，送清凉活动经费 17.94 万元，按季度下拨工会活动经费，在加强企业人文关怀，推动实现员工舒心工作、全面发展。

开展全员性文体活动　省公司工会开展了幸福 1+1 羽毛球比赛、咪咕善跑（阅读、K 歌等）趣系列活动、亲子才艺秀活动、员工书画作品征集活动等，组队参加总部气排球比赛、羽毛球比赛，积极开展赛前集训，获得羽毛球女双第四名、混双第十名、优秀组织奖。开展"快乐工作、享受生活"心理学课程培训，关注员工心理健康，实施阳光心理引导。为员工团购健身卡、购置公园年票、组织观影活动，开展"幸福 1+1"园博园健步拓展活动，丰富了员工生活、促进了员工身心健康。参加山东移动乒乓球比赛，获得优秀组织奖。联合组织开展职代会文艺汇演，为职工代表呈现出一场别开生面的铁通特色艺术展现，凝聚了人心，鼓舞了士气。

树立工会新形象　一是举办工会工作培训班，各基层单位工会主席、工会工作人员共 42 人参加培训。省公司工会主席杜纪涛、资深副总经理吕文明出席培训班并做重要讲话，特邀山东管理学院纪委书记房克乐、理论研究院院长武玉芳授课。授课内容包括《新形势下的基层工作工作》《加强工会组织建设　激发基层工会活力》《工会财务管理》以及总部工会工作会议精神，年度重点工作安排等，有效提升了工会工作人员的履职能力。二是配合公司重点工作，开展工会条线嵌入式廉洁风险防控机制建设，制定下发了《工会分册》，将省市两级分公司工会纳入风险点嵌入到制度中。各基层单位按照省公司工会分册执行，根据分册四项内容五个风险点逐一对照落实责任，做到定岗定责，责任到人，措施到位，对照风险点逐个开展自查，落实是否存在风险隐患，管控是否到位，责任是否到人，制度是否完善，管控是否全覆盖等，边查边改边规范。截至年底，省市两级分公司工会领域初步建立了廉洁风险防控体系，共梳理出涉及工会物资采购及暖心工程建设费用规划使用方面廉洁风险点 101 个，同步建立了《嵌入式防控机制运行记录台账模板》和《嵌入式廉洁风险防控责任清单》，对使用过程进行运行台账记录，实现风险点及时嵌入、及时管控。规范工会基础工作下发《工会财务管理办法》《工会经费使用管理办法》《工会印制管理办法》《突发事件过工会慰问管理办法》，进一步细化管理方法，规范日常管理行为。针对部分基层单位人员变动，及时做好工会组织委员增补和选举工作。继续开展工会工作先进评选工作，选树了一批职工之家、职工小家，以及工会工作者、工会优秀积极分子。配合上级工会组织开展工会各类统计工作，完成工会年报、工会人员基本情况调查、工会基础数据统计等工作。开展"工会新作为"征文活动，报总部 3 篇，其中 2 篇受到表彰。

（陈　晨）

中国石化青岛炼化公司工会

概述　2018 年，中国石化青岛炼油化工有限责任公司工会（以下简称公司工会）辖 19 个基层工会，专（兼）职工会干部 22 人，职工总数 663 人，工会会员 663 人。年内，在集团公司工会工委和山东省总工会的正确领导下，青岛炼化公司工会坚持正确政治方向，发挥工会联系职工群众的桥梁纽带作用。构建和谐劳动关系，促进企业发展，维护职工权益，团结动员广大职工群众在生产经营建设中发挥了主力军作用，为建设"让人民满意的、高度负责任、高度受尊敬"的世界一流能源化工公司做出了积极贡献。

加强民主管理　拓宽沟通渠道　一是坚持以职代会为主要形式的民主管理制度。2018年2月召开了第二届职工代表大会暨工会会员代表大会，进行了换届选举，成立了公司第二届工会委员会和工会经费审查委员会。审议通过了《年度工作报告》《2018年六项重点费用使用情况的报告》等重大事项，并按照"德能勤绩"四个方面民主评议公司领导干部和中层干部。征集提案16项，立案6项。职代会闭会期间召开了3次职工代表团（组）长联席会，分别就《青岛炼化企业年金管理办法》《青岛炼化激励性年金管理细则》《职工处分规定》等涉及职工切身利益的重大事项提交职代会联席会进行审议，保障了职工民主管理和民主监督的权利。二是坚持厂务公开。在坚持职代会主渠道的同时，发挥好各种会议、电视、报纸和宣传栏的作用，尤其发挥好局域网、微信等媒体优势，将企业改革发展重大事项、涉及职工切身利益的事项进行公开。对职工群众比较关心的食堂、交通等热点、难点以及薪酬、福利问题，及时了解情况，定期反馈信息。保证了职工的知情权。

围绕企业发展　搭建实践平台　一是开展"当好主力军、奉献在岗、建功十三五"劳动竞赛。2018年6月，公司工会制定并下发了《当好主力军　奉献在岗位　建功十三五劳动竞赛方案》。各有关专业职能管理部门和各分会不断丰富竞赛的形式和内涵，开展了"红旗泵群""红旗机组""红旗变电站""红旗机柜间""工人先锋号班组"等挂牌评比活动；开展了以"安康、效益、质

量、节能"为主题的班组建设和班组成本核算专项劳动竞赛活动。全面落实"让班组职工当主角、挑大梁"的工作要求，引导广大职工学技术、练绝活、当能手、创效益，为建设一支有技术、会创新，能担当、善作为的队伍提供了坚实保障。二是开展全流程操作技能竞赛活动。全流程操作技能竞赛由生产技术处负责组织实施，工会全程参与。采用考试答辩的形式进行。既考察选手对装置技能操作的基础理论和专业知识的掌握程度，又考验选手分析解决装置生产问题的能力水平。经过选拔比拼，涌现出一批专业技术能力强、思想作风过硬的先进个人。技能竞赛活动增强了职工分析解决装置生产问题的能力水平，提高了理论和实战等各方面能力。三是开展"全员安全诊断"活动。公司工会联合HSE管理部，以"全员安全诊断"为抓手，促进安全管理上水平。截至11月底，公司员工和维保单位员工共708人参与了安全诊断活动。参与率100%。共提出安全诊断建议11661条，采纳11413条，整改11369条，整改率99.61%。共避免事故83起，奖励123人，发放事故奖励91300元。四是开展劳模创新工作室创建活动。2018年4月，在公司工会的支持下，生产技术处成立了以公司劳模命名的"简建超劳模创新工作室"，以劳模精神为引领，团结带领广大职工学习新技术、新工艺，结合装置生产运行过程中的热点、难点及瓶颈问题开展技术攻关，优化生产方案，实现装置的平稳优化运行。开展师带徒工作，实现共同提高。工作室已申请国家实用新型专利1项，国家发明专利1项（实审公开阶段），获得集团公司管理现代化创新成果三等奖1项。

关心职工生活　维护职工合法权益　一是建立"走基层访万家"长效机制。根据集团公司统一部署，2018年5月公司工会制定

并下发了《关于建立密切联系职工群众长效机制的通知》。各级工会干部结合"夏送清凉""冬送温暖"和节假日探访慰问，定期深入基层班组、走进职工家庭，摸清职工所思所盼所想，为职工排忧解难，把"走访"活动打造成"接地气、得民心、受欢迎"的服务工作。截至到11月底，共走访14个班组，占全部班组总数的38%，征集班组意见、建议37条，解决实际困难13个，投入经费1.6万元；共走访117户职工家庭，占全部职工家庭总数的18.3%，在走访中发现职工困难19个，解决困难11个，投入走访经费1.75万元；帮扶救助困难职工6人次，投入帮扶救助金1.2万元。

协调稳定劳动关系　2018年2月，在第二届职代会上，签订了集体合同和女职工权益保护专项集体合同。明确了职工的劳动报酬、休息休假、保险福利、劳动安全与职业卫生等方面的权利和义务。对女职工的特殊利益保护也进一步加强。为建立规范有序、公正合理、互利共赢、和谐稳定的劳动关系，切实维护职工的合法权益提供了保障。

广泛开展职工文化体育活动　贯彻《全民健身计划》，设立健康有益的活动项目，提高文体活动的参与率，营造幸福和谐的良好氛围。举办了元宵晚会、庆祝"三八"妇女节活动、唐岛湾健走比赛、羽毛球比赛、篮球比赛、够级比赛等活动，并支持成立各类文体协会，组织摄影采风、征文比赛及参加中国石化文联、体协等上级组织举办的文化体育活动，展示了公司职工团结向上的精神风貌。

强化自身建设　一是进一步规范和健全工会组织体系。2018年2月办理了工会法人资格登记证书，建立了独立的财务账号。进一步推进了公司依法建会、依法管会、依法履职和依法维权。2018年2—6月，配合公司"三定"工作，公司工会指导各基层分会根据机构设置情况组建好基层分会，规范基层选举，选好配强基层分会负责人。二是加强工会干部队伍建设，不断提高工会干部的理论素养和业务能力。结合新的形势任务和工作要求，公司工会举办了专兼职工会干部培训班，从工会法律法规、民主管理、EAP知识、工会财务管理等方面进行授课，提高各级工会干部的工作能力和水平。中国工会十七大胜利闭幕后，及时组织传达会议精神，并就深入学习十七大精神做了安排部署。通过报纸、微信等媒体，对会议精神开始了广泛宣传。三是收好、管好、用好工会经费。根据山东省总工会下发的《基层工会经费收支管理实施细则》的规定，修订了《青岛炼化工会经费管理办法》，并提交党委会研究通过。新修订的工会经费管理办法进一步明确了工会经费管理的权责归属和工作程序，细化了工会经费收支管理的范围和标准，推进了工会财务的规范化管理，使工会工作再上新水平。

（杜红雁）

中国电信
山东分公司工会

加强党建工作　深入学习党的十九大精神和习近平新时代中国特色社会主义思想，学习习近平在党的群团工作会议及国企党建会议上的重要讲话，按照省公司党委"五个结合"的要求，坚定不移把"一切为了基层员工服务"作为工会工作的根本出发点，把员工的满意度作为衡量工会工作优劣的唯一标准，把对十九大精神的学习领会真正转变成服务基层员工的动力和热情。努力做好"三个坚持"：坚持带头履行党支部负责人的职责；坚持规范的做好党建工作；坚持发挥好支部书记的作用。扎实开展"两学一做"学习教育活动，把思想政治建设作为首要任务，坚定工会工作正确的政治方向，增强工会工作的政治性、先进性、群众性；抓好工会党支部的"一部一品"建设，推动党支部标准化建设。把"岗位创新"作为工会支部的品牌，开展岗位创新评选活动，较好的推动了员工工作效率的提高，减少了员工工作压力，调动了员工的积极性。

改进工作作风 不断增强党风廉政建设的责任意识，坚持把执行党的政治纪律、政治规矩放在首位，旗帜鲜明的反对"四风"，坚持党风廉政建设与工会工作同部署、同落实、同检查、同考核；认真学习《中国共产党廉洁自律准则》《中国共产党纪律处分条例》《关于新形势下党内政治生活的若干准则》《中国共产党党内监督条例》等规定，认真落实党风廉政建设各项要求。根据"一谈二学三签四讲"活动要求，结合开展"一岗双责"主题活动，支部书记与部门员工进行了廉政谈话，使支部每个党员廉洁自律，保持了共产党员本色；严格按照"四讲四有"的标准要求去做，做到了"四个合格"。

深入推进员工诉求机制建设 精准把握员工思想动态变化，强化员工思想的正向引导。深入推进《中国电信山东分公司员工诉求解决闭环机制实施细则》的落实和应用，不断丰富员工诉求闭环机制的内涵，确保"员工诉求闭环机制"成为掌握员工思想状况和正向引导员工思想的有力工具。形成员工诉求分类统计制度应用和分析的长效机制，增强运用"员工诉求闭环机制"解决员工诉求的导向性；重视员工思想动态调查的组织和员工诉求解决优秀案例的总结，提高调查报告和优秀案例对员工诉求解决的指导作用。2018年全省员工诉求反馈率达100%，

员工合理诉求解决率达92%。

扎实开展"四小"建设巩固提升活动 精准把握员工关爱着力点，丰富"四小"建设内涵。积极推进"自有小食堂"建设的规范化、标准化；重视一线员工工作环境的改善，积极推进"爱心妈咪小屋"向区县公司的全面延伸，确保孕期、哺乳期女员工的良好休息环境；重视一线员工的走访慰问工作，继续推进各级党委班子成员参与"冬送温暖，夏送清凉"活动制度化运作，并积极组织好节日促销时省公司中层对一线员工的现场慰问；重视对员工家庭的关心关爱，全面建立，抓好"五必访五必贺"内容的充实和延伸；高度重视大病及困难职工的关注和帮扶工作，采取"行政拿一些、员工筹一些"的方式，建立大病及特困职工帮扶基金155万元；抓好即将退休职工开欢送会制度的落实，抓好"为小CEO办实事"活动。2018年实现区县公司小食堂正常运营率100%，小食堂运营补贴到位率100%，员工满意度达83%。

做好全省劳动竞赛、技能竞赛的组织开展工作 大力弘扬劳模精神和工匠精神，积极围绕提升收入、提升效能、提升质量、降低成本开展劳动竞赛和技能竞赛活动，积极围绕移动和光网质量双提升开展技能竞赛，围绕五项重点业务开展创优杯劳动竞赛，促进经营生产任务完成和员工队伍技能水平提升。同时，会同相关部门开展各类知识竞赛、员工业务推广竞赛，承接好集团各类竞赛活动。坚持"低门槛、全覆盖"的原则，深入开展"我的岗位我创新"主题活动，努力塑造鼓励员工岗位创新的激励氛围，持续开展员工岗位创新培训，创新成果评选，优秀创新成果分享活动。2018年在劳动技能竞赛员工参与率达86%，员工岗位创新参与率达68%。

深入推进职工关爱行动 围绕 2018 年收入突破 81 亿，移动用户规模突破 1000 万、宽带用户突破 500 万的中心任务，努力营造全省上下奋勇争先的团队氛围，发动全体员工凝神聚力、激情拼搏，争做业务发展能手。组织开展节日（五一、十一、元旦）促销和中层管理人员现场慰问活动，给一线员工加油鼓劲，保持营销队伍士气旺盛。

配合市场做好用户发展争当先锋活动，在鼓励员工积极参与各类竞赛创先争优的基础上，选树了一批业务发展标兵（能手）。组织优秀小 CEO 学习交流活动，让优秀小 CEO 在相互交流中获得充电和提高。

丰富基层职工业余文化生活 积极组织指导各基层工会开展丰富多彩的文体活动，增强员工的责任感和集体荣誉感。组织开展大型综合性的文体活动，积极开展专业性的文体赛事和日常性的健身活动，尤其鼓励基层员工兴趣小组开展了各类小型文体活动，营造团结协作、积极向上的工作氛围。各级工会积极组织员工参与各类文体活动，使员工文体活动参与率达 91%。

完善工会自身建设 重视各级工会干部的责任意识和红线意识的培养，严格按照工会经费审批流程办事，依法合规用好工会经费；重视职代会提案的征集和提案质量的提升，充分发挥各级职工代表对提案落实效果的监督作用，塑造民主管理氛围；重视对基层工会干部科学的评价和激励，完善《市级分公司工会评价考核办法》，组织模范职工之家、优秀工会工作者的评选表彰，激发了工会专兼职人员为员工服务的荣誉感和责任感。员工对工会工作的满意度达 87%。

（金效伟）

中泰证券股份有限公司工会委员会

全面加强工会自身建设 自觉接受公司党委的领导，把党组织的关怀传达给广大职工。工会定期向公司党委报告工作，及时研究党委领导下的职工工作，从公司职工的切身利益出发，尽量满足职工的合理诉求，争取在组织上、思想上、物质上给予广大职工更多关怀，使广大职工充分感受到来自公司党政、工会组织的温暖。提高工会委员会、女工委员会、职工代表的政治理论水平，通过专题会议和自学等方式，在公司工会全体成员中传达十九大会议精神，深入学习贯彻习近平总书记系列重要讲话精神和治国理政新理念、新思想、新战略，特别是关于工人阶级、工会工作、妇女工作的重要指示精。规范基层工会组织建设，加强工会会员管理工作。指导基层工会做好选举、改选工作，特别是做好对鲁证创投、中泰创投、鲁证期货下属单位的工会成立相关程序的指导工作；广泛宣传、大力发展工会会员，新员工入会率达到 98%，较年初增加会员 1000 余人，规范和加强工会会员的入会、离职等会籍管理工作；加强工会干部的培训工作，选送专人参加山东省总工会组织的不同内容的工会干部培训班，进一步提升工会工作水平。挖掘群体智慧，增强职工参与工会工作、公司工作的积极性和热情。不定期组织职工代表召开座谈会，对如何做好工会工作、公司经营工作的思路、方法和措施进行有益探讨，听取广大职工关于下一步工作的意见和建议，激发职工共同参与公司发展的积极性。

举办大型文体活动 一是举办员工文艺

汇演和春节晚会，凝心聚力。1月16日，举办主题为"幸福是奋斗出来的"第二届员工文艺汇演，公司各部室、分公司、子公司等35个单位的230余位员工参与演出，自编自导自演58个节目，积极宣传和贯彻党的十九大精神，弘扬社会主义主旋律，讴歌奋斗和奉献精神，倡导公司"中允行健明德安泰"企业文化理念。2月10日，举办"2018年度中泰证券春节联欢晚会"，晚会分为"初心·使命""奉献·担当""梦想·荣光"三大篇章，来自各部室、分公司、子公司等33个单位的260余位演职人员参与表演20个节目，获得广泛好评。10—12月按2019年公司春节晚会导演组的要求对节目进行预选编排、调整，全力做好春晚筹备工作。二是打造"中泰之约"品牌，加强员工文化交流。分别于5月27日和11月3日，联合经管委举办两期"中泰之约——文化大讲堂"活动，先后邀请"百家讲坛"嘉宾、著名学者纪连海先生和鲍鹏山先生，为公司客户和员工带来了一场主题讲座和一场小型文化沙龙。三是持续开展公司传统项目。9月8日，选拔600名员工组成"中泰证券代表队"参加"2018中国·济南第三届国际山地持杖徒步大会"，顺利完成全程组15公里和迷你组5公里的比赛，其中广东分公司李广良发挥稳定蝉联全程组冠军。10月13日，举办以"扬帆新时代·健康中泰行"为主题第五届金秋健步走活动。公司总部各部室、41家分公司、285家证券营业部、7000多名员工，在全国各大城市重要景点、同一时间响应并参与了本届健步走活动，参与率达到90%。

丰富职工文化生活 一是在全公司范围内组织成立了健步走、篮球、足球、羽毛球、乒乓球、跳绳、游泳等16个员工文体协会，推选会长及干事，做好会员入会工作

和全年活动规划工作。全年各文体协会共组织现场或视频培训50余次，组织公司内部比赛及参加省羽毛球协会、体育协会等比赛30余场，并取得骄人成绩。二是持续做好"员工之家"油画、书法、瑜伽等培训班的常规开课工作，全年每周至少组织一到两次活动，接受培训约3000人次。三是面向全公司员工和客户组织开展第五届员工书法、绘画、摄影比赛，共有130余幅书法绘画作品、380余幅摄影作品参赛；经过展览和专家组评选，最终评出各项目客户组和员工组一、二、三等奖。

组织劳动竞赛　选树模范 一是协调相关部室采集2017年劳动竞赛各项数据，经过民主推荐、精确计算、民主评议，授予北京苏州桥证券营业部等16个单位2017年度"工人先锋号"荣誉称号；授予李雪飞等42人2017年度"业务标兵"荣誉称号；授予赵鹏等14人2017年度"服务标兵"荣誉称号。二是根据《中泰证券股份有限公司劳动模范管理办法》有关规定和公司经营管理实际，评选钱伟、何波、翟淑琦、黄红瑜、郑韩胤、王金泽、王洪刊7人为劳动模范，王晓燕等67人为五一劳动奖章获得者。三是11月组织举办劳模、五一劳动奖章运动康养活动，激励受表彰的先进个人继续发挥聪明才智和模范带头作用。号召公司广大员工要以劳动模范和五一劳动奖章获得者为榜样，努力开拓进取，为公司改革发展做出新的更大的贡献。

维护广大员工切身利益 一是进行"员工之家"健身器械招标及更换事宜，完成健身房地板铺装、器械更新、员工之家各活动室、阅览室配置安全检查工作及相应配套设施更新工作。二是全公司开展纪念"三八"国际劳动妇女节活动。组织公司全体女员工开展第四届书香三八读书月活动及维权月活

动；公司总部结合深入学习贯彻习近平新时代中国特色社会主义思想和党的十九大精神，组织开展了一场别开生面的网上知识竞赛活动；各分支机构结合本地女职工需求，开展了讲座、手工、插花等不同形式的纪念活动。三是完善困难员工帮扶系统平台，切实将公司的关怀温暖传递到困难员工身上。在传统节日、春节期间走访慰问公司困难员工、分发省财政帮扶金合计 10.6 万元；依照《员工互助基金管理办法》救助 6 名患大病员工，救助金额 27.9 万元；依照《员工困难补助和慰问暂行规定》，对员工结婚、生育、直系亲属去世进行慰问，共计 360 人次，发放慰问金 67.7 万元。四是做好育龄妇女生育管理工作，严格按照省、市计划生育工作要求，以高度的责任心，按质保量地做好计生档案、生育登记、员工子女落户等工作。2018 年，累计办理生育证 52 个，离职计生关系转出 132 个。获得市中区颁发的"计划生育工作先进单位"的荣誉称号。五是持续做好员工生日慰问相关事宜。

加强民主监督、民主管理 进一步做好工会会员、互助基金会员管理工作，倡导全员入会，做好会员入会、离会、救助金申请核查等相关手续。在公司蜂巢系统设立员工信箱，畅通员工诉求渠道，维护员工合法权益、解决员工后顾之忧、构建和谐劳动关系。2018 年度收到和督促办理员工诉求 5 项。全年共召开职代会 8 次，审议通过《公司员工离（转）岗管理办法（修订稿）》《公司内部休养及退休人员服务管理办法》《2018 年度绩效考核管理办法》《2018 年度经营计划和全面预算》《公司核心员工专项激励基金管理办法》《中泰证券股份有限公司理财经理管理指导意见》《中泰证券股份有限公司机构业务经理管理指导意见》《员工团购金汇·瀚玉城 A2 地块住房实施方案》

等涉及公司员工切身利益的制度和办法。

（王德凤）

华能山东发电有限公司工会

概况 2018 年，华能山东发电有限公司工会（以下简称：公司工会）下辖 20 个境内基层企业工会组织。至年底，全公司共有专兼职工会干部 352 人，工会会员 14870 人。年内，山东公司各级工会深入学习贯彻习近平新时代中国特色社会主义思想和党的十九大精神，认真落实中国工会十七大精神和山东省第十五次工会代表大会精神，紧紧围绕山东公司工作大局，牢固树立"为职工群众服务、为企业发展添力"的理念，履职尽责、担当作为，突出重点、改革创新，各项工作取得了新的进展。

深入学习习近平新时代中国特色社会主义思想 组织开展"迈入新时代·谱写新篇章"文体系列活动，举办"庆祝改革开放四十周年"职工书画、摄影、征文比赛和作品展。山东公司加强职工思想文化建设，以"和谐家园 美丽华能"文化建设品牌为引领，举办"书香华能"全员阅读和"书香三八"女职工读书活动，连续三年获得全国征文比赛一等奖，连续四年获得华能集团公司优秀组织奖。开展社会主义核心价值观和以职业道德为重点的"四德"教育，开展对标楷模争做张黎明式好职工学习活动，组织开展"齐鲁工匠""最美劳动者""最美华能女职工"评选推荐工作，积极开展无偿献血活动，荣获山东省无偿献血先进单位。

深入开展"当好主人翁 三创建新功"劳动竞赛活动 组织管理各单位工会以"三创"（即创无违章班组、创无障碍设备、创无泄漏现场）为目标，结合"安全生产争三创、党员示范当先锋"主题实践活动、安康杯竞赛和"查保促""工人先锋号"创建等工作为抓手，组织职工投身安全生产"三创"活动，提高了"三创"活动效果。深入开展提质增效厂际竞赛，进行问题诊断和综合对标，优化机组运行措施，为山东公司经济效益的提升起到关键作用。德州、日照、威海电厂荣获 2017 年度华能集团公司"提质增效"厂际竞赛综合标杆电厂称号，运河、临沂、嘉祥电厂荣获单项标杆电厂称号。德州、威海、辛店、黄台、莱芜、临沂、运河、烟台、嘉祥电厂持续获得全国安康杯优胜单位称号，辛店电厂运行成值二单元、众泰电厂燃料部煤管班获全国安康杯竞赛优胜班组称号。

广泛开展技能竞赛和岗位练兵 举办运行集控值班员、风电、电气一次、热工、辅机诊断与维修等 5 项技能竞赛，表彰奖励公司技术能手、技能选手 80 人。深化竞赛管理，努力将竞赛办成"大众赛""普及赛"，山东公司系统全年共举办各级专业技术技能竞赛 114 场次，参加职工 5000 多人次；以赛促学、以赛促能，组织优秀技能选手参加上级组织的技能竞赛和交流活动，通过竞赛选树和培养人才，畅通技术工人上升渠道。2018 年，公司职工厉广获得"全国技术能手"称号，徐海获得"齐鲁大工匠"称号，程平获得"齐鲁工匠"称号，11 人获得电力行业、中央企业技术能手称号，13 人获得华能集团公司技术能手称号。

评先树优 发挥示范引领作用 8 名同志被授予"2018 年山东省劳动模范"荣誉称号。管理各单位有 16 人获得地市级劳模先进称号。充分发挥优秀技能人才引领带头作用，推进创新工作室建设，搭建职工创新平台，山东公司各单位广泛开展"岗位建功

创一流"职工经济技术创新竞赛活动，积极推进职工创新成果推广转化。山东公司系统建立职工创新工作室 27 个，其中山东省总工会命名 1 个，地市级命名 7 个，企业命名 19 个。2018 年，产生创新成果 55 项，创造价值 2175 万元；采纳合理化建议 1222 条，创造价值 1077 万元。莱芜电厂《百万二次再热机组一次调频控制优化与性能提升》荣获华能集团公司职工技术创新一等奖，德州电厂等 4 个项目获得二等奖，白杨河电厂等 5 个项目成果获得三等奖，还有 5 个项目获得优秀奖，山东公司荣获优秀组织奖。辛店电厂获得电力行业金桥奖先进集体奖，黄台电厂荣获"山东省职工技术创新竞赛示范企业"称号，莱芜电厂检修部热控一班、黄台电厂电热队计仪班荣获"山东省创新型班组"称号，莱芜电厂苏永宁、运河电厂陈亮荣获"山东省创新能手"称号。开展山东公司先进企业、先进集体和先进个人的推荐评比活动，表彰先进企业 7 个、先进集体 20 个、先进个人 50 名；有 8 个集体获得华能股份公司先进集体称号，15 名个人获得华能股份公司先进个人荣誉称号；巴基斯坦公司又荣获巴基斯坦政府颁发的中巴经济走廊第一个实现商业运营项目奖等十二项国家级荣誉，宋太纪等六位同志荣获巴基斯坦国家杰出贡献奖。在《华能山东公司报》、办公信息网、基层单位有线电视台、微信等媒体开辟专栏或公众号，宣传展示劳模先进风采。五一前夕，《华能山东公司报》专门编发了劳模专刊，5 月 12 日《山东工人报》专版刊发了公司 8 名山东省劳模的先进事迹。关心关爱劳模先进，公司系统共有 220 名劳模先进参加了各级组织的疗休养活动。组织对见义勇为英雄运河电厂汪涛事迹的宣传，山东省电视台、中央电视台分别进行了报道。

加强职代会规范化建设 坚持把职代会

作为民主管理的主要载体，进一步规范各级职代会建设，严格执行职代会情况报告制度，开展专项巡视检查，推动职代会按法律建制、按职权落实、按程序开会、按制度议事、按意愿表决，实现职代会规范建设和有效运行。健全完善职代会相关制度和工作流程，修订公司《职工代表大会实施细则》《职工代表管理办法》《职工代表大会专门委员会工作细则》等制度，新制订《职工代表大会联席会议办法（试行）》，并在华能山东公司三届一次职代会上通过审议后正式印发。高度重视提案工作，三届一次职代会上通报反馈了二届五次职代会 5 项提案的办理情况，"完善和改进营销管理办法，鼓励实行全员营销战略"等 3 项合并提案进行立案，将其余 28 件提案列为建议，提升了职工代表参与企业发展决策的热情。加强对立案提案工作的跟踪和督办，促进了职代会职权的落实到位。

深化厂务公开民主管理　认真贯彻落实华能集团公司《厂务公开民主管理办法》和《关于建立和完善基层企业厂务公开事项清单制度的实施意见》，全面推动基层单位厂务公开制度清单的落实，切实落实职工的知情权、参与权、表达权和监督权。研究制订了山东公司《厂务公开民主管理实施办法》和《关于完善厂务公开清单制度的实施意见》，按照要明确公开的具体事项、责任主体、公开形式、公开范围、公开时间及时限的要求，完善并严格执行厂务公开清单 49 项。华能山东公司系统境内基层企业厂务公开建制率、厂务公开清单建制率达到了100%。运河电厂荣获"全国厂务公开民主管理先进单位"称号。

全面深化职工之家建设　研究下发《关于深化职工之家建设工作的通知》和《关于深化职工之家建设的意见》，牢固树立"建家就是建企业、建家就是建队伍、建家就是促发展"意识，通过建家兴企、建家育人、建家强会、建家使职工恋家爱家。加强对建家工作的指导，明确建家标准，消除建家是"花架子"的思想误区，促进了活动的有效开展。划拨专项经费，用于支持基层工会建家活动。通过"5+N"模式，使建家与企业实际相结合、将职工之家做"实"，以人为本、将职工之家做"细"。建立了分级表彰激励机制，开展山东公司模范职工之家评选活动，有 16 家单位申报了山东公司模范职工之家，向华能集团公司推荐 6 个模范职工之家和 10 个模范职工小家。通过职工之家建设，全面推进职工之家设施实体化、职责明晰化、制度规范化、体制科学化水平，努力把各级工会建设成为"组织健全、维权到位、工作规范、作用明显、职工信赖"的职工之家，把广大基层工会干部锻炼成为听党话、跟党走、职工群众信赖的"娘家人"

做强"四季服务"工作品牌　以改善迎峰度夏期间一线职工生产生活条件为重点，7—8 月份，积极组织各管理单位深入开展"关爱职工，夏送清凉"活动，山东公司工会专门拨款 47.3 万元补充活动费用。期间，山东公司各单位共慰问职工 14344 人次；发放防暑降温用品 139.06 万元；为职工提供健康体检活动 6548 人次；举办文化消暑晚会 5 场；开展安全培训 9384 人次，保障了职工身体健康和"迎峰度夏"期间的安全生产。

下大气力做好困难职工帮扶工作　制定公司困难职工帮扶救助管理办法，建立健全困难职工帮扶救助工作组织机构，做好困难职工救助申报和动态管理，积极争取政策，多方落实救助资金，拓宽救助渠道，做到精准帮扶。两节期间慰问困难职工家庭 464户，发放救助慰问金和物品总计折合 326.59

万元。山东公司工会贯彻华能集团公司脱贫攻坚会议精神，落实《精准脱贫攻坚战红色行动计划》和华能集团公司《困难职工帮扶救助管理办法》，千方百计采取措施，精准扶贫帮困，取得积极成效，公司各单位有 50 户贫困职工脱贫。

举办各具特色的职工文化活动 活跃职工精神文化生活，全年组织体育文化活动 169 场次，参加职工 13000 多人，增强了工会的凝聚力和企业的向心力。举办了华能山东公司乒乓球比赛、机关健步走比赛；参加了 2018 年山东省越野行走比赛，获得团队优秀组织奖；组织全员阅读活动，开展了"书香三八"女职工读书征文活动，共征集作品 400 多件，在全国比赛中辛店电厂魏雨静荣获家书作品一等奖，济宁电厂王燕、莱芜电厂张宁荣获征文作品三等奖，济宁电厂郭瑞琼、古琪琳分别获得摄影、书画三等奖，威海电厂祁红梅等 4 名女职工作品分别获得家书、摄影和征文优秀奖。参加华能集团公司乒乓球比赛，获得男子团体第二名、女子团体第八名的历史最好成绩；山东公司选手代表华能集团公司参加全国电力行业羽毛球比赛获得了团体第四名的好成绩；举办了山东公司"三创杯"篮球比赛片区赛和总决赛；征集职工书画、摄影作品 140 余幅，参加华能集团公司"庆祝改革开放 40 周年绽放新时代风采"职工书画摄影微电影大赛，山东公司 30 件作品获奖，其中有 5 件获得一等奖。

推进女职工工作 优化女职工成长成才环境，实施女职工提素建功工程，做好女工专项权益保护落实工作，制定了山东公司《女职工权益保护规定》。推动女职工专项合同规范化建设，签订履行《女职工专项集体合同》，基层单位合同签订率达到 100%。组织动员女职工积极参加"当好主人翁、建功新时代"巾帼建功活动，以争当"三八红旗手"，争创"巾帼文明岗"为载体，建立健全活动激励机制，调动广大女职工岗位建功积极性。开展三八红旗手评选和推荐工作，黄台电厂王敏荣获华能集团公司三八红旗手称号，有 15 名女职工获得华能山东公司三八红旗手称号。

工会自身建设得到新加强 召开工会 2018 年工作会议，制定下发 2018 年工会要点，全年安排重点 57 项。对现有制度进行全面梳理，修订《工会经费使用管理办法》《表彰奖励管理办法》《工会工作规则》等制度，进一步规范了工作流程。开展两级工会经费管理自查，促进了工会经费的进一步规范管理。配齐配强工会专职干部队伍，山东公司系统有专职工会干部 45 人，同比增长 3 人。积极组织专、兼职工会干部参加上级工会组织的培训交流活动和企业工会干部培训，充分运用网上学习培训平台，采取多种渠道形式做好工会干部的业务培训。深化"党工共建"机制，主动把工会各项工作融入党建工作中，开展对系统各单位工会工作责任制考评；修订完善考核体系和标准，由半年检查考核升级为月度考核，考核结果与经济责任制挂钩，促进了工会各项工作的落实。

（边 江）

大唐山东发电有限公司
工会委员会

围绕中心工作彰显"新作为" 以"当好主人翁，建功新时代，冲刺年度目标实现两确保""建功立业十三五，提质增效争先锋"为主题，广泛开展"大唐杯"劳动竞赛、东营百万工程施工劳动竞赛等活动，大唐山东公司有 2 家单位荣获集团公司"大唐杯"劳动竞赛先进单位。深入开展技能竞赛，组织参加集团公司专业知识和技能竞赛，3 名职工荣获"中国大唐优秀技能选手"。大力开展"安康杯"竞赛活动，竞赛工作成效显著。2018 年荣获和保持全国"安康杯"竞赛优胜企业、优胜班组、宣传工作先进单位等集体荣誉称号 8 个。依托生产技术骨干和劳模先进，持续推进职工技术创新工作室建设工作。2018 年，临清公司成功创建"山东省示范性劳模和工匠人才创新工作室"。大唐山东公司已累计创建 7 个集团公司级职工技术创新工作室，3 个山东省级劳模创新工作室，创新工作室全年共取得省部级以上创新成果 12 项。开展"大唐工人先锋号"创建活动，规范大唐山东公司班组创建标准，编制大唐山东公司"大唐工人先锋号"考评细则，指导系统各单位提升班组建设水平。

维权服务工作采取"新举措" 2018年初，组织召开二届五次职工（会员）代表大会，征集代表提案 31 项并立案 9 项，已全部完成，并向提案代表进行了书面报告反馈。落实职工代表提出的意见与建议，对职代会分组讨论时，职工代表提出的 22 个方面 98 条意见与建议，落实责任部门，逐项反馈评价，全部办结并予以公示。完成《大唐山东公司集体合同》《女职工专项保护集体合同》《工资专项集体合同》的签订工作。开展"凝心聚力 实现两确保"维护职工合法权益专项调研工作，制定《维护职工合法权益专项调研内容清单》，涉及 15 个单位 79 项内容，制定专项整改计划逐一落实解决。落实厂务公开，坚持以"党委领导，行政实施，纪检、工会监督，职工评议"的组织体制和工作机制，利用多种途径，及时公开发布企业发展的重点事项。开展"查保促"群众性安全生产活动，大唐山东公司组织职工代表参与安全巡视 405 人次，检查发现问题 172 项，全部纳入督促整改。加强"大唐山东法律咨询服务中心"建设，发挥企业法律顾问和常年法律顾问单位的法律咨询服务作用，2018 年大唐山东公司开展职工法律咨询服务 103 次，有 2 家单位荣获"山东省工会职工维权法律服务示范单位"。

服务职工群众取得"新成效" 加强民生工程"六最"项目建设。2018 年，大唐山东公司立项并解决民生工程"六最"项目 49 项。扎实开展"春送祝福""夏送清凉""秋送助学""冬送温暖"等"四季送"慰问活动，有计划地部署"生日送祝福""读书观影"、传统节日慰问等工作。2018 年组织大唐山东公司开展职工慰问、送温暖、困难帮扶等活动累计 2053 人次，投入资金共计 69.8 万元；为职工办理互助医疗费用申请共 623 人次，解决职工医疗费用共计 29.6 万元。加强"为民中心"服务体系建设，2018 年大唐山东公司开展为民服务 234 次。丰富职工文化生活，大唐山东公司建成启用"大唐山东公司机关职工文体活动中心"，先后组织开展集团公司"文化进基层、送福进万家"、第一届"迎新春"职工书画展、第三届"庆新春清洁能源杯"拔河友谊赛、"庆元旦 迎新年"职工才艺大比拼等 141 次活动。

弘扬劳模精神设立"新模式" 创新设立"敬劳模""学劳模""爱劳模""尊劳模"四个活动周"新模式"。敬劳模活动周"讲宣传"。大唐山东公司开设"敬劳模"专题网页，集中宣传劳模先进事迹；组织"大唐齐鲁 劳模风采"H5 劳模作品展播，线上展示劳模先进风采；征集"我身边的劳模先进"职工作品，从不同角度撰写劳模，展现劳模形象。学劳模活动周"讲学习"。

大唐山东公司组织"劳模先进重回课堂"活动,搭建劳模先进素质提升的平台。爱劳模活动周"讲关爱"。大唐山东公司发起以"弘扬大唐精神 展现劳模风采"为主题的"朵朵鲜花送劳模"关爱行动,青年志愿者组成"送花使者",为劳模先进送去鲜花和祝福。尊劳模活动周"讲交流"。大唐山东公司联合大唐陕西公司开展"不忘初心跟党走 劳模共建两确保"主题活动,增进了集团公司系统二级单位间的劳模共建交流;组织大唐山东公司 17 名劳模赴贵州疗休养。"劳模精神宣传月"期间,大唐山东公司共开展劳模主题活动 32 次。

工会自身建设取得"新突破" 深入学习贯彻党的十九大精神。开展"中国梦·劳动美——学习宣传贯彻习近平新时代中国特色社会主义思想和党的十九大精神"主题宣传教育活动,推进大唐山东公司工会工作创新发展。认真落实中国工会十七大精神。制定学习宣传贯彻方案,部署系统各单位迅速贯彻落实,营造学习贯彻工会十七大精神浓厚氛围。大力创建"模范职工之家",2018年,检修公司和烟台公司等 2 家单位荣获"全国模范职工之家"荣誉称号。加强"网上工会"建设。开设"荣誉展厅"网站专栏,集中展示大唐山东公司取得的荣誉,展现职工良好的精神风貌。

(孙 晓)

山东能源集团
有限公司工会

概况 山东能源集团工会于 2012 年 6 月正式成立。有主席 1 名、副主席 1 名,常委 5 名(驻会 3 人),专职工作人员 6 名,兼职工作人员 6 名,下设组织民管部、生产保护部、宣教文体部、女工保障部和办公室四部一室。整个能源集团的基层工会组织健全完善,下辖 17 个二级单位工会和总部机关工会。三级工会 198 个,车间工会 2291 个,专职工会干部 516 人,兼职工会干部 1252 人,共有在职工会会员 16.2 万余人,入会率达到 100%。

职工思想政治引领工作不断加强 按照能源集团党委和省总工会的部署,能源集团工会先后制定下发了关于深入学习宣传贯彻习近平总书记同全总新一届领导班子成员集体谈话时的重要讲话精神、中国工会十七大精神、省总工会十五大精神的通知,组织召开了一届九次全委(扩大)会议,专题集中学习系列精神,并就深入学习贯彻进行安排部署。各级工会组织开展了形式多样的宣贯活动,推动系列精神进家入户、入脑入心,切实承担起引领职工听党话、跟党走的政治责任。

形势任务主题教育持续强化 广泛开展"新时代、新征程、新作为"形势任务主题教育,通过报告会、演讲会、大讨论、深度会谈、"班前形势开讲十分钟"等途径、方式,引导全体职工既看到能源产业结构调整蕴含的难得机遇,又认清煤炭产业发展趋势带来的严峻考验;既看到能源集团良好的发展态势,又正视企业深化改革面临的压力挑战,进一步增强了广大职工立足本职、建功立业的责任感和压力感。

职工文化建设统筹推进 紧紧围绕能源集团的中心工作,把集团全年工作思路的核心作为职工文化的主题,立足职工对于美好精神文化生活的需求,坚持以职工为中心,让职工唱主角,用职工群众感兴趣、听得懂、易接受的方式方法,广泛开展经常化、小型化、多样化的职工文体活动,教育引导职工爱岗敬业、担当作为。承办了全国煤矿第八届"乌金杯"嗒嗒球比赛，新矿集团分获男、女团体比赛第二名，肥矿集团分获男、女团体比赛第四名，并被授予优秀组织奖。盛鲁公司工会拍摄的微视频《回家的路——我为家乡点亮一盏灯》获得中国能源化学地质工会首届"京能杯"微视频微电影创作大赛一等奖。新矿集团在山东省健美健身锦标赛中，获得3个单项冠军、2个亚军，展示了企业形象。各级工会结合企业实际，立足职工需求，突出活动的持续性、群众性、广泛性，组织开展了大型文体活动107场次，37000多名职工参与，陶冶了职工情操、提升了职工素养。

2018年7月山东能源承办了全国煤矿第八届"嗒嗒球"比赛，图为颁奖现场

劳动竞赛活动展示新作为 以推动能源集团高质量发展为目标，以"工人先锋号"创建活动为载体，以"十强化、十创效"为主要内容，广泛开展各种形式的劳动竞赛，引导职工勇担推进企业高质量发展的主力军。能源集团工会统一组队参加了山东省第六届职工职业技能大赛，取得钳工比赛团体成绩第二名，网络信息安全员比赛团体成绩第10名的优异成绩，钳工选手张军荣获个人第三名的优异成绩，被省总工会授予"山东省富民兴鲁劳动奖章"。各单位全年开展劳动竞赛活动877场次，3万多名职工踊跃参加，1070名职工晋升为高一级职业资格。集团7名职工荣获2018年"山东省劳动模

范"称号，新矿集团翟镇煤矿运转工区自动化班组被全总授予"全国工人先锋号"。

职工技能素质获得新提升 以评选"金牌员工""创新能手""山能工匠"为抓手，以创建"劳模（高技能人才）创新工作室"为平台，大力开展"五小五提"群众性创新竞赛活动，激发了职工的劳动热情、创造潜能，涌现了一大批技术能手、优秀人才。命名表彰了第五批16个"劳模（高技能人才）创新工作室"，经能源集团工会验收命名的工作室已达92个，累计发放奖励经费276万元，全年完成创新成果24138项，其中71项获得市级以上表彰，25项获得省级以上技术专利。组织开展了第三届职工"五小"创新创效优秀成果征集申报工作，征集群众性"五小"创新成果261项，命名表彰220项。

群众安全工作得到新加强 深入贯彻能源集团安全生产专题会议精神，全面落实党委书记、董事长李位民提出的抓好安全生产工作"十个始终坚持、十个严禁"和"十个排查、十个一律"要求，扎实深入开展争创"十个十佳"群众安全竞赛活动，提高了广大职工安全意识和安全素质，形成了推进企业安全发展的强大合力。各级群监组织全年共查处"三违"人员7800多人次，查出安全隐患1.3万余条，整改率达到100%。开展了"勇夺优秀群监会、争创优胜群监组、争当优秀群监员"活动，筑牢了第二道安全防线。

民主管理工作规范发展 严格执行职代会制度，成功组织召开了能源集团一届三次职工代表大会，审议通过了各项工作报告、决议，调整补选了五个专门工作委员会成员，坚持企业领导人员向职代会述职述廉，民主评议了能源集团领导班子及成员。大力开展"厂务公开民主管理示范单位"创建活动，严格执行职工代表巡视制度，层层组织

开展巡视活动，各级工会开展巡视活动 585 次，解决问题 2433 条，有效保障了职工的知情权、参与权和监督权。

职工合法权益有效维护 为全面实现好、维护好、发展好广大职工根本利益，切实增强广大干部职工在共建共享发展中的获得感，在能源集团一届三次职工代表大会上，提出了办好实惠及民生的"十件实事"。能源集团工会制定下发了《关于全面办好 2018 年惠及民生十件实事的实施意见》，明确了每件实事分管领导和牵头部室、配合部门，坚持一季一调度，扎实推进"十件实事"落实落地。职工疗休养工作 7 月份启动，共组织职工疗休养 236 期 11680 人，其中能源集团层面组织开展了 9 期，共 792 人参加；职工满意度达 100%。

帮扶救助工作精准到位 成立了困难职工帮扶救助基金会，制定了基金会章程，组建了困难职工帮扶救助基金会理事会、监督审计委员会，明确了管理机构和人员，界定了救助对象和标准，规范了帮扶救助程序，建立了 10 个帮扶救助基金分会，145 个帮扶救助工作站（中心），形成了横到边、纵到底的帮扶救助工作体系和网络。突出"四大帮扶"重点，持续开展"春送岗位、夏送清凉、金秋助学、冬送温暖"活动，累计为 1828 户、2587 名困难职工及时办理了"城镇低保"，发放低保金 944 万元；走访慰问救助困难职工 9293 人次，发放慰问救助金 1082 万元；为 1058 名困难职工子女发放助学金 278 万元；为 787 名大病特困职工发放救助款 467 万元。

统筹推进女工工作 一是积极推进"巾帼创新工作室"创建工作，组织开展具有女性特色、以女职工为主体的"巾帼擂台赛""女工大比武""成果交流会"等活动，为"巾帼创新工作室"的成果展示和转化搭建平台。各级女工组织建成了 37 个"巾帼创新工作室"，开展岗位练兵、技术比武等活动 363 场次，8434 人次参加了活动，582 人提升了学历，709 人晋升了技术等级。二是提升女职工的素质。各级女工组织依托"周末学校""流动课堂""今天我主讲"等品牌工程，重点组织女工学习相关法律法规，以及优生优育、母乳喂养、孕期保健、瑜伽、面点师、养老护理、插花等内容。开展了"优雅女性、美丽课堂""和谐家庭、魅力女性"健康心理培训讲座等活动。举办了各类培训班、专题讲座、"流动课堂"656 期，2.2 万人次参加，提升了女职工的业务水平和职业素养。三是有效实施女职工的特殊关爱。全面落实《女职工特殊劳动保护条例》，坚持将女职工权益保护专项集体合同与企业集体合同同步签订，签订率达到了 100%。全年帮扶单亲困难女职工 4490 人，发放救助金 112 万元。新矿集团借助工会"互联网+"平台，实施"微爱帮扶"工程，开展"大病水滴筹"行动；淄矿集团利用"开心玫瑰"QQ 群和玫瑰园微信群，及时了解女职工的心声和困难，及时给予精准帮扶；肥矿集团争取泰安市新旧动能转换困难企业职工培训经费 10 万元，举办养老护理员培训班，免费培训转岗分流女职工 130 名。

持续推进自身建设 一是基层工会组织建设不断强化。山能国贸、山能置业等单位成立了工会组织，基层工会建制率达到 100%。深入贯彻落实能源集团党委《关于加强和改进党的群团工作的实施意见》，持续深化"五型工会"创建工作，有 3 个单位被评为"全国模范职工之家"，9 个单位被评为"市级模范职工之家"。二是工会干部队伍素质明显提升。不断完善培训机制，加大培训力度，丰富培训内容，活跃培训形式，努力打造懂生产、晓经营、通法律、会协调、善维权的工会干部队伍。各单位结合工作实际，通过理论研讨、专题讲座、经验交流等多种方式，着力提升工会干部业务能力。三是财务管理工作持续加强。认真贯彻落实省总工会《关于抓好财务管理制度贯彻落实的通知》和《预算支出绩效评价办法（试行）》的有关规定，进一步严肃财经纪律，充分发挥工会经费审查委员会的审查和监督作用，指导各级工会不断规范工会财务工作。能源集团工会组织召开了财务工作座谈会，举办了工会财务账表展评活动，推进了工会财务规范化建设。

（孙卓龙）

山东中烟工业
有限责任公司工会

概况 山东中烟工业有限责任公司（以下简称"公司"）工会现有工会会员 8547 人，专兼职工会干部 270 余人。辖直属机关工会，济南卷烟厂工会（含将军集团）、青岛卷烟厂工会、颐中集团工会、青州卷烟厂工会（含潍坊实业）、滕州卷烟厂工会（含滕州实业）等 6 个基层工会委员会及 75 个工会分会。山东中烟工会第二届委员会有 23 人，常务委员 9 人，经费审查委员会 5 人，女职工委员会 3 人，工会主席 1 人，副主席 2 人。2018 年，山东中烟公司工会深入学习贯彻习近平新时代中国特色社会主义思想和党的十九大精神，贯彻落实中国工会十七大和省总工会第十五次工代会精神，围绕"泰山"品牌转型升级提质增效目标任务，牢固树立"为职工群众维权，为改革发展添力"的理念，落实群团工作"123456"工作思路，强化思想引领，助力企业发展，加强维权服务，夯实基层基础，工会组织的吸引力影响力显著增强，推动公司持续稳定健康发展。

聚焦理论武装　做好职工思想政治引领 在全系统深入开展"一学一建"主题学习教育活动，安排部署各级群团组织深入学习宣传贯彻党的十九大精神。4月份公司召开推进"一学一建"主题学习教育活动推进交流会，交流各单位活动经验，将学习教育活动进一步引向深入。举办以"学十九大精神，展女职工风采"为主题的阅读分享会，传递美好向上的正能量。运用公司网站、"泰山职工之家"微信公众号和S365等电子平台，开设十九大学习专栏，开展十九大精神"每日一答"活动，以贴近广大职工生产生活和喜闻乐见的形式大力加强党的十九大精神的学习宣传贯彻，推动党的十九大精神进部室、进车间、进区域、进班组，进机台。组织全系统干部职工分批次观看纪录片《厉害了，我的国》，引导职工进一步增强"四个自信"，牢固树立"四个意识"，立足本职、团结进取、敢于担当、拼搏奋斗，在新时代展现新作为。学习宣传贯彻习近平总书记重要讲话精神，贯彻落实中国工会十七大精神。召开公司工会委员会（扩大）会议和机关工会委员会（扩大）会议，认真传达学习习近平总书记在同全总新一届领导班子成员集体谈话时的重要讲话精神，传达贯彻中国工会十七大精神和省总工会会议精神。各级工会组织迅速把学习宣传贯彻工作落到实处，努力做到"四个到位"（组织领导到位，学习培训到位，宣传宣讲到位，贯彻落实到位），将学习宣传习近平总书记重要讲话精神、工会十七大精神与学习贯彻落实党的十九大精神结合起来，与公司"打好攻坚战，建功新时代"建功立业竞赛和"撸起袖子加油干、争做泰山好工匠"活动结合起来，进一步统一思想、明确目标、细化举措、做出成效。

聚焦建功立业 彰显职工队伍主力军作用 一是开展"打好攻坚战，建功新时代"建功立业竞赛活动。根据任务分工确定劳动竞赛的牵头部门，组成科技创新、质量创新、品牌培育、精益管理、物资保障、规范管理等8个竞赛专业委员会，结合自身工作特点制订竞赛实施分方案和实施细则。年底评选出在竞赛活动涌现出的先进集体41个、优秀个人63名。二是加强劳模管理工作。召开全系统庆"五一"劳模座谈会。组织来自生产、营销、技术、采购、管理等一线岗位的劳模、工匠代表现场讲述成长经历与工作体会，号召广大职工发挥好工人阶级主力军作用，学习劳模、尊重劳模、岗位建功。根据上级工会要求，开展2018年度省部级劳动模范状态核实及电子档案整理工作，进一步规范公司劳模管理工作，落实保障劳模待遇。三是扎实开展"安康杯"竞赛和"查保促"活动。按照省总工会和公司党组关于安全生产工作的部署要求，持续开展"安康杯"竞赛和"查保促"活动，联合安全生产管理部门共同督导，严查安全隐患，堵塞管理漏洞。通过举办安全知识答卷、救火实战演练、应急预案演练等，全面增强职工安全意识，强化企业安全管理。2018年，共组织7004人次参加"安康杯"竞赛和"查保促"活动，班组参赛率100%，各级安全生产培训263次，查出安全隐患949项，挂牌督办54项，整改完成949项，整改率100%，有效防范和避免生产安全事故发生，确保企业安全生产形势持续稳定。

聚焦技能提升 加大技能人才队伍建设力度 一是开展"撸起袖子加油干，争做泰山好工匠"活动。印发《关于在全系统开展"撸起袖子加油干、争做泰山好工匠"活动的实施意见》，以泰山品牌提质增效转型升级为主线，以培养知识型、技能型、创新型高技能人才队伍为目标，以推荐选拔、培育激励、宣传引导为手段，大力实施"泰山工匠"培养计划和工匠精神引领，职工技能提升，职工技术创新，劳模（工匠）创新工作室创建四大行动。通过层层发动，全员参与，细化标准，综合评定，"十三五"内，力争培养选树不少于5名公司级"泰山工匠"，厂级（企业级）工匠10名左右，加大高级专业技术人才、技师（含）以上高技能人才培养力度，带动全系统一线职工实现技能技艺整体提升。二是大力弘扬工匠精神。开展工匠故事、工匠绝活微视频征集活动，在全系统范围内征集14个工匠故事、7个工匠绝活微视频作品，评选出一、二、三等奖，并将优秀作品在泰山微视上进行展播，讲好"泰山故事"，叫响"鲁烟制造"，打造泰山卷烟独具匠心、匠心精品的品牌形象。进一步完善工匠人才的培养、评价、使用、激励机制，做好泰山工匠精神的宣传与推广，努力推进工匠待遇的提高，在劳模评选、发展党员和职工休养工作中更多的向工匠式人物倾斜，使劳模和工匠群体"政治上有荣誉、经济上得实惠、发展上受重用，企业中有地位"，在全系统营造出劳动光荣的企业风尚和精益求精的敬业风气。三是深化职工技术创新竞赛活动。继续深化群众性技术创新活动，提升公司群众性技术创新工作水平，组织开展全系统创新能手、创新型班组和劳模（高技能人才）创新工作室评选，2018年全系统共评选出4名创新能手、4个创新型班组和2个劳模（高技能人才）创新工作室，并向山东省总工会推荐申报省级劳模创新工作室等。持续推进劳模（高技能人才）创新工作室创建工作，加大经费投入力度，规范考核标准，探索建立覆盖行业主要工种的工匠（劳模）创新工作室，充分发挥工匠（劳模）创新工作室的带动引领作用。持续开展职工技能竞赛、技术比武及技艺展示活动。将技术比武、岗位练兵与劳动竞赛有机结合，为职工搭建学习、展示、进步的平台，激励引导广大职工不断学习新知识，钻研新技术，掌握新技能，创造新成果。2018年，山东中烟烟机设备维修电工职业技能竞赛申报纳入山东省行业性职工职业技能竞赛项目，竞赛成绩第一名选手被授予山东省"富民兴鲁"劳动奖章。各基层单位结合实际，开展各具特色的岗位练兵和技能竞赛活动，有效提升了职工队伍整体技术技能水平。

聚焦维权服务　促进企业发展和谐稳定　一是开展"走基层、访一线"活动。在全系统工会组织中开展"走基层、访一线"活动。活动自2018年启动，力争用2年左右的时间，发动全系统各级专兼职工会干部，以基层班组（营销区域）和市级（含）以上先模人物、营销中心长期驻外人员、困难职工为重点，走遍全系统所有基层一线班组和营销区域，走进部分一线职工家中。各级工会干部坚持以职工群众为中心的工作理念，按照分级负责、属地管理、务求实效、自愿受访原则，走进职工家中，拉家常、摸家情、听呼声、增感情，宣传党的方针政策和企业发展成果，开展职工思想动态、基层班组建设等专题调研，建立志愿者服务队，推动解决职工实际困难，进一步改进工会干部队伍作风建设，促进和谐企业建设。二是保障职工民主权益，推进精准帮扶。发挥工会在劳动关系协调、职工合法权益维护等方面作用，监督各级工会组织按时召开职工代表大会和代表团长联席会议，积极推进工会与行政沟通协商机制建设，扎实做好工资集体协议、集体合同、女职工特殊权益保护专项集体合同的签订和履约工作。持续推进精准帮扶工作，健全困难职工帮扶机制，制定《机关工会走访慰问及困难帮扶管理办法（试行）》，建立困难职工档案，实施动态管理，因困施策，精准帮扶。2018年，全系统共走访慰问困难职工及劳动模范家庭635户，为困难职工家庭筹集发放救济金和慰问品。各基层工会积极参与"职工医疗互助保障计划"，为在职（退养）职工投入互助保障金，有效减轻职工医疗负担。三是认真做好普惠服务工作。广泛开展"夏送清凉""金秋助学""冬送温暖""生日送祝福"等活动，关怀慰问奋战在企业生产一线、营销火线上的普通职工，增强职工对企业的认同感与归属感。根据上级有关规定，组织各级工会组织规范开展劳模和一线职工疗休养。继续做好职工定期健康体检、落实职工福利等工作。济南卷烟厂和青岛卷烟厂建立"爱心妈妈小屋"，解除女职工的后顾之忧。组织参加行业"中华杯"职工书画大赛，1人获书法类一等奖，1人获中国画二等奖，1人获书法类优秀奖。落实全民健身要求，开展"迈进新时代、开启新征程"职工健步行活动，强健职工体魄，丰富职工文体生活。

聚焦自身建设　规范完善工会组织　加强工会组织建设。不断完善各级基层工会组织和工作机构，按期组织工会换届选举工作，做好山东省第十五次工代会代表推选工作。7月召开公司工会第二届会员代表大会，按照规定程序选举产生公司工会第二届委员会、经费审查委员会和女职工委员会。8月组织召开公司机关工会第三届会员代表大会，选举产生机关工会第三届委员会、经费审查委员会和女职工委员会。截至2018年底，全系统共有6个基层工会、75个基层分会、443个工会小组、8547名会员，专职工会干部25人，兼职工会干部251人，做到了工会组织在系统内有效覆盖。加强工会经费管理监督。不断加强工会经费管理，严格遵守各项法律法规制度，坚持"属地为主、双重管理"原则，及时、足额申报缴纳工会经费，组织工会财务大检查，通过省总工会年度经费审计。按照2018年6月下发的《山东省基层工会经费收支管理细则（试行）》，细化基层工会经费收支管理办法，贯彻"统筹兼顾、保证重点、量入为出、收支平衡"原则，保证工会各项工作顺利开展。

（向　东　张　辽）

山东钢铁集团
有限公司工会

概况　山东钢铁集团有限公司工会（以下简称山钢集团工会）2017年11月正式成立，与共青团山东钢铁集团有限公司委员会合署办公，主要职能为：负责组织建设、民主管理工作、生产保护工作、职工权益保障工作、职工教育、职工文化建设、先模选树、女工及慈善工作站等工作。截至2018年，共有职工7人，其中，教授级高级政工师1人，高级经济师1人，高级政工师3人，政工师2人；研究生4人，大学本科3人。山钢集团工会下属基层工会18个，会员5.6万人。

深入开展主题劳动竞赛　成立劳动竞赛委员会，建立了"党委领导、行政主导、工会主抓、部门协同、全员参与"的运行体制机制。制定下发《关于开展"加快动能转换，建功魅力山钢"主题劳动竞赛方案》，组织各单位对照方案内容进一步完善本单位劳动竞赛内容，并通过编发劳动竞赛简报、中期督导调研、召开竞赛推进现场会等形式，切实抓好劳动竞赛的过程管控工作，确保了劳动竞赛活动更加聚焦新旧动能转换，更好融入改革转型发展大局。自劳动竞赛开展以来，权属单位采取年度专题竞赛、季度夺杯竞赛、短期专项竞赛、即时记功竞赛等形式，使劳动竞赛有效聚焦核心指标、聚焦关键项目、聚焦安全环保、聚焦技能提升、聚焦科技创新、聚焦管理提效，极大调动了广大职工岗位建功、创优创效的积极性，为山钢集团实现归母利润为正发挥了积极推动作用。强化劳模（工匠/高技能人才）创新工作室建设工作，开辟服务中心工作新平台。下发《关于创建"劳模（工匠/高技能人才）创新工作室"的指导意见》，评比表彰山钢集团劳模（工匠/高技能人才）创新工作室10个，专项发放劳模创新工作室建设资金10万元，有力聚焦山钢集团高技能人才队伍建设和自主创新能力提升，为助力集团新旧动能转换提供了有力工作抓手。发挥组织优势，先后3次组织召开职工新旧动能转换座谈会，征集职工意见建议75条，整理下发会议纪要，反馈至各职能部门，并加强工作调度，切实保证被采纳的职工意见建议得到落实。

"幸福和谐新山钢"建设　践行山钢集团"为民情怀、职工福祉"的执政理念，认真落实第一次党代会决策部署，全面启动建设"幸福和谐新山钢"工作。经山钢集团第59次党委常委会议、党委一届二次全体会议审议通过《建设"幸福和谐新山钢"行动方案》，建立幸福和谐新山钢领导组织机构，确定建设原则和基本目标，按照两步走的建设路径，确定首批幸福和谐企业试点单位，实现幸福和谐新山钢建设的平稳起步。

强化民主管理厂务公开工作　成立厂务公开工作领导小组和厂务公开工作监督小组，制定下发《厂务公开实施办法》《关于推进厂务公开建立公开事项清单制度的通知》，明确厂务公开工作原则、形式、程序及公开事项等内容，夯实厂务公开工作责任，为加强各级民主建设、确保职工民主管理、民主监督权利，充分调动和保护职工的积极性、主动性、创造性，提供了有力保障。组织召开厂务公开、民主管理座谈会，倾听基层声音，交流工作经验，观摩示范材料，有力促进厂务公开、民主管理工作整体水平的提升。

加强工会组织建设　中国工会第十七次全国代表大会于 10 月 22 日至 26 日召开，卢彤书同志当选为中国工会第十七次全国代表大会代表参加会议。山东省工会第十五次代表大会于 12 月 9 日至 12 月 12 日召开，山钢集团共有 9 名正式代表、2 名特约代表参加。集团公司党委委员、工会主席卢彤书，莱钢集团党委副书记、工会主席李茂岭在山东省工会第十五次代表大会上，当选为山东省总工会第十五届委员会委员；山钢股份莱芜分公司党委副书记、工会主席孙成玉当选为经费审查委员会委员。在同日召开的山东省总工会第十五届委员会第一次全体会议上，卢彤书当选为常委。以筹建山钢集团工会为契机，进一步梳理基层工会组织建设，指导未组建工会单位按照山钢集团建会标准建会，对已建会但组织建设尚不完善的单位严格按民主程序、规范基层组织建设。截至 2018 年 11 月 25 日，18 个权属单位全部建立健全工会组织。

落实职工维权帮扶工作　完善职工帮扶救助体系，全集团工会系统为 2000 余名困难职工建立了帮扶档案。深入开展春节期间"送温暖"活动。面对夏季安全生产工作要求，在全集团开展"送清凉、保健康、保安全"活动，先后赴日照公司、济钢集团、山东耐材、永锋淄博、淄博张钢、莱钢集团、莱芜分公司等单位开展"岗位送清凉"走访慰问工作。突出精准帮扶，围绕供给侧改革中的职工维权，争取支持，集团拨付专项资金，加大专项救助力度，山钢集团党政主要领导到济钢走访困难职工。围绕困难企业帮扶，对耐材公司困难职工进行救助。按照上级有关文件要求，指导各单位落实节日期间职工集体福利发放和困难职工走访相关工作。面向一线，分三批次组织 200 名 6 级以下岗位职工开展职工疗休养工作。根据省管企业分会工作要求，山钢集团慈善工作站按照"依法组织、公开透明、广泛发动、坚持自愿、鼓励奉献"的捐赠原则，认真遵循"扶危济困、安老救孤、赈灾助医、兴善助学"慈善宗旨，积极组织开展"慈心一日捐"活动，财务公司、国贸公司、山钢地产、山信软件、山钢矿业总部及集团总部各部门共计 18 个单位部门的 2216 名职工捐款 142220 元，全部上交省慈善总会。

提升工会自身水平　协助山钢集团党委策划召开第一次党的群团工作会议。山钢集团第 47 次党委常委会审议通过《关于进一步加强和改进党的群团工作的实施意见》，并对群团工作提出了具体要求。深入开展"大学习、大调研、大改进"，不断强化基层调研频次和力度，实现工会工作"群众的事情群众办，大家的事情商量着办"。活用互联网、视频会议等新型工作手段，视频召开了工会一届三次全委会和部分单位落实职代会精神座谈会，提高了工作效率。积极推进"互联网+群团"平台建设，实现上线运行。举办首期工会干部、女工干部培训班，邀请省总相关部门领导和省内著名专家学者为全集团 100 余名工会、女工干部授课。强化职工之家建设，指导各单位工会持续强化建家工作。建立了集团总部各单位职工之家，设立了职工图书室、心理咨询室、健康服务室,图书室通过社会资助、各单位工会联合购买、会员捐赠等方式汇集图书3200余册。

扎实开展女职工工作 充分发挥"半边天"作用。健全完善女工委组织,推选女工委委员。组织开展"巾帼心向党,建功新时代"主题教育活动,引领广大女职工坚定不移听党话、跟党走;组织开展第一届"书香三八,魅力女工"读书活动,举办"庆'三八'暨女职工读书成果展示"活动;两项表演作品荣获一等奖并在北京进行全国女职工读书成果现场展示,山钢集团工会、莱钢集团工会、莱芜分公司工会荣获全国第六届"书香三八"读书活动优秀组织单位,38件女职工读书作品在全国获奖。扎实开展女职工维权行动月活动,女职工维权工作更加规范,女职工法律意识和维权意识不断增强。

(孙 霞)

市 总 工 会

济南市总工会

工作综述

概况 2018年,济南市总工会辖10个区县总工会以及高新技术产业开发区总会、南部山区总工会、国际医学中心总工会,16个局(委)工会和16个大企业工会、1个产业工会。全市有基层工会组织17463家,涵盖法人单位91880家。建会单位职工2208211人,其中,女职工807785人;工会会员2180357人,其中,女会员799580人。工会专职工作人员13652人,兼职工作人员31869人。市总工会机关内设10个部室,总编制56人,下属4个事业单位。

打造"事业谋福"工程 助力经济社会发展 一是深入开展建功立业竞赛。全市各级工会组织共开展竞赛活动1万多项,参赛职工100多万人。中央商务区、轨道交通、二环快速路三个重点工程列入全省示范性重点工程劳动竞赛项目,15个先进单位、50个先进集体和27名先进个人,获得省富民兴鲁劳动奖状、工人先锋号和省富民兴鲁劳动奖章。省委常委、市委书记王忠林同志作出了批示,予以充分肯定。二是弘扬劳模精神培育"济南工匠"。聚焦先进制造业、现代服务业、战略性新兴产业和传统手工业中优秀技艺传承者,评选出30名"济南工匠"。开展"百万职工大练兵"主题活动,组织多种形式的职工技能竞赛。三是积极开展促进就业和扶持创业工作。会同政府部门组织开展"春风行动""民营企业招聘周"。深化"工字号"创业工程,对10家4A级"工字号"创业基地进行了检查验收和命名,各级工会共培植"工字号"创业基地365家。四是积极推进"智慧工会"建设。"泉城工惠"APP上线运行,工会组织和会员信息数据库建设有序推进。"济南智慧工会内网办公系统"有效运行，"泉城工会"微信公众号作用显著，成为工会系统宣传工作、引导职工、树立形象、凝聚力量的重要平台和窗口。五是夯实工会工作基层基础。组建全省首家市级物流产业工会，启动全省货运司机入会集中行动。济南市家庭服务业、饮食业联合工会组建工作稳步推进，着力推进联系引导劳动关系领域社会组织工作，指导县区工会实现破题。

4月23日，济南市庆祝"五一"国际劳动节暨五一劳动奖状（章）工人先锋号命名大会在龙奥大厦隆重召开。

打造"薪酬添福"工程　共享改革发展成果　一是推动集体协商深化发展。提高要约的针对性和实效性，重点做好行业性工资集体协商要约和区域性工资集体协商要约工作。提请市人大对全市贯彻执行《山东省企业工资集体协商条例》情况进行了执法检查；完成第三期济南市总工会专职集体协商指导员聘用工作。二是扎实做好农民工维权服务工作。积极指导督促企业与农民工签订劳动合同，协同政府部门开展农民工工资支付专项检查行动，参与修改《济南市保障农民工工资支付工作考核办法》。三是落实职工基本福利待遇。落实《山东省基层工会经费收支管理实施细则（试行）》，结合济南市实际出台实施意见，进一步明确了工会经费收入范围、支出范围及标准等内容，加强工会收支管理，保障职工基本福利待遇。

打造"权益保福"工程　维护职工合法权益　一是提升职工法律援助工作实效。与市法律援助中心签订合作协议，办理职工法律援助案件179件，援助202人。二是加强法律援助机构建设。设立了13个县级及乡镇（街道）工会法律援助工作站，加强法治宣传，创新法律援助渠道。三是发挥职代会民主管理作用。坚持企业改制方案提交职代会审议，职工裁减和安置方案提交职代会审议通过。国有及国有控股企业、事业单位已实现厂务公开全覆盖，已建会非公企业动态建制率达到95%。四是扎实做好职工队伍稳定工作。以迎接和服务"两会"、青岛上合峰会为主线，切实做好职工队伍稳定工作。处理职工信访案件近200件，结服率100%。

打造"爱心送福"工程　精准施策扶危助困　一是参与乡村振兴，突出服务农民工。制定实施参与乡村振兴服务农民工十项行动方案，推动将农民工纳入职工大病互助保障项目，为农民工送心理健康公益巡讲20多场次，安排从事苦、脏、累、险工作岗位的一线农民工参加疗休养。扶持有创业意愿和能力的农民工实现返乡自主创业。扶贫与扶智相结合，市总工会及部分区总工会向对口扶贫单位湘西州工会捐赠价值百余万元的书籍，支援建设"泉湘职工书屋"。二是做好困难职工解困脱困工作。健全完善全市建档困难职工精准帮扶平台、专项资金使用管理办法和档案管理办法，加大帮扶力度，使特困职工数由4600户下降到1440户。三是推动"四季服务"常态化、长效化、社会化。深入开展四季服务活动，全市两节送温暖活动救助困难职工、困难农民工、困难劳模，救助特困职工子女金秋入学等活动成效显著。开展走访慰问活动600多次，慰问职工 10 万多人，受到社会好评。

打造"健康祝福"工程　提升普惠服务水平　一是保障职工"政治健康"。引导广大职工深入学习贯彻习近平新时代中国特色社会主义思想，组织党的十九大精神劳模宣讲（济南站）活动，深入企业、车间、班组，与一线职工群众"零距离"互动学习交流。举办全市职工"争做出彩好职工，建功泉城新时代"主题演讲比赛，推荐优秀选手参加全省职工演讲比赛，包揽前两名，济南市职工代表在全国职工演讲比赛中夺得第一。二是保障职工"身体健康"。持续深化"查保促"群众性安全生产活动，全市开展"查保促"活动企事业单位 1.9 万家，参与职工 85 万人，查出安全隐患 2.9 万项，整改完成 2.7 万项。深入推进职工大病互助保障项目，1207 家单位的 26 万名职工加入职工互助互济，发放大病互助保障救助金 433.5 万元，救助患病职工 1540 人，形成了济南模式。三是保障职工"心理健康"。在全省率先行动，把重点工作一线、承担急难险重任务的干部纳入疗休养范围，组织 3017 名一线干部职工和农民工参加疗休养活动。全市共建立 20 个职工心理健康服务站（点），组织 116 场职工心理健康讲座。

（侯　羚）

6 月 1 日，全市职工"争做出彩好职工，建功泉城新时代"演讲比赛决赛在龙奥大厦举行，全市干部职工 500 余人现场观看了比赛。

市直荟萃

大力开展职工创新工作室创建　2018 年，围绕济钢转型发展，济钢工会积极创新职工创新工作室的管理方式，紧贴市场，突出价值，大力推动职工创新工作室的创建及创新成果的市场化推广。一是开展职工创新工作室调研，从近年来工作室承担的攻关课题数量、科研成果数量、管理成果、专利情况、培养人才情况等 8 个方面深入了解职工创新工作室运行的实际情况，探索创新工作室的市场化运作模式；二是整合优势资源，创建职工创新工作室，形成了从厂级到公司级、市级、省级、国家级梯次晋升结构，济钢集团现有职工创新工作室 15 个，其中国家级 1 个、市级 3 个、公司级 7 个、分厂级 4 个；三是加大资金扶持力度，制定《创新工作室成果市场化推广激励方案（试行）》；四是积极梳理职工创新工作室现有原创性成果，根据成熟程度和市场价值进行推广。随着创新成果市场化推广工作的开展，济钢集团与铁雄集团、石横特钢、盛阳焦化等单位达成合作意向，部分创新产品已在多家单位试用或推广，职工创新工作室取得显著成效。

（济钢集团工会）

加大困难职工帮扶救助力度　市民政局慈善工作站履行扶贫济困、赈灾助医、兴善助学的慈善宗旨，广泛动员组织干部职工募集慈善资金，对局系统困难家庭和困难职工进行帮扶救助。一是健全工作制度，科学规范管理。制定了《济南市民政局慈善工作站管理暂行规定》《济南市民政局慈善工作站管理制度》，严格遵照有关规章制度，规范慈善救助行为，严格资金管理，提高慈善救助效率，体现公开、公正、透明的原则，确保工作站发挥积极作用。二是实施慈善救助档案化管理，打造诚信救助。做好困难职工建档工作，制定《济南市民政局慈善工作站救助审批表》统一制式，通过运用档案管理的方法，及时记录慈善救助工作进行整理归档达到实施精准救助帮扶的目的。三是深入开展送温暖活动。春节前夕开展专项救助行动，对局系统各部门、各单位因遭受各类灾害、重大意外事故、身患重大疾病造成生活困难且公示无异议的 55 名困难职工，发放救助金 7.4 万元。

（市民政局工会）

县区撷英

"智慧工会"引领工会工作创新　历下区总工会创新工作手段，立足好用、实用、管用，实施智慧工会平台建设。通过平台实现工会各项工作的"数字化"，区、街、居、企业四级联动；实现对职工需求、基层需要的智慧响应，更加高效便捷地服务职工群众，为工会服务领域的建设探出一条新路，年底前智慧工会平台项目完成建设进入试运行阶段。平台面向广大工会会员，全面体现"在线工会""网上工会""移动工会""互动工会"的现代信息服务云理念，通过线上线下相结合的方式，建成汇集主管部门、会员于一体、服务内容丰富的工会服务平台，综合运用云平台、大数据分析等先进技术形成工会服务平台的整体架构，开发特色的工会服务系统，为工会服务领域的建设探出一条新路。系统在建设过程中，以规范化数据为基础，以标准化数据为核心，通过信息资源规划，制定数据标准，建立数据模型，实现了数据环境的统一规划、统一设计，达到所有业务统一管控的目的。以"一个体系、两个入口、三套平台"为架构，即：搭建一

个基于积分的智能考核体系，把所有工会业务纳入信息化平台，有力的为工会服务工作的规范化、效能化、科学化提供强有力的支撑；形成内部管理入口和对外服务入口两个入口，供历下区总工会内部管理与对外服务使用；并打造综合管理平台、会员服务平台与基层管理平台，平台以管理为核心，以相关单位和会员为服务主体，下沉直到基层工会，区总工会与街道总工会业务既相互关联也独立运行。该项目的建设，有利于充分利用历下区工会资源，全面了解基层工会组织及会员信息，利用信息化手段统一管理高效快捷的办理工会业务，更好的为职工群众服务。

（历下区总工会）

做优做强"五送"品牌　2018 年，商河县总工会创新举措，搭建平台，做优做强"五送"品牌，着力在推动农业全面升级、农村全面进步、农民全面发展中彰显工会新作为。一是送岗到乡村。通过镇（街道）总工会定期组织区域内重点企业工会开展农民工就业招聘活动，在摸清用工需求同时，协同人社部门发布招工信息，积极吸纳农村剩余劳力务工就业，帮扶返乡创业的农民工在"三来一加"、高效农业发展中实现创业，并以土地流转、对口扶持等方式帮助农民增收致富。二是送技到田头。依托县工会技能培训基地，联合农业部门定期开展农技知识培训、农作物病虫害综合防治等，组建劳模志愿团，有效组织农业专家和农民劳模深入田间地头，及时传授科技本领，帮助农民增产增收，优先在挂钩帮扶的龙桑寺镇东高村推进工作实施。三是送书到"书屋"。以"农家书屋""职工书屋"为阵地，县总工会购买十九大精神读本和各类知识材料，免费供农民群众阅读运用，助其不断丰富创业兴业知识、提升农民精神风貌。精心打造的刘集

村"农民书屋"收到来访的各级领导的肯定和赞许。四是送法到农户。以县职工法律援助中心为依托，联合司法局广泛宣传国家法律法规和党的惠民政策，倡导依法经营，按章办事。充分发挥基层工会作用，推进企业厂务公开和民主协商制度建设。五是送暖到家庭。深入农民工家庭，摸清家庭状况及其子女入学就读情况，结合工会系统"送温暖""夏送清凉""金秋助学"活动，对特困农民工家庭及子女就学难问题给予资助，助其子女顺利完成学业。

（商河县总工会）

青岛市总工会

概况 2018年，青岛市总工会辖市南区、市北区、李沧区、崂山区、城阳区、西海岸新区、即墨区7个区总工会，胶州市、平度市、莱西市3个市总工会，红岛经济区、前湾保税港区2个功能区总工会；152个局、公司、集团和直属基层工会。按工会统计口径，全市共建立基层工会组织16540个，涵盖法人单位58489个。建立工会组织的单位共有职工213万余人，其中女职工83万余人；工会会员208万余人，其中女会员82万余人。全市各级工会组织有专职工会工作人员8695人，兼职工会工作人员52200人。2018年，市总工会在市委和上级工会的领导下，坚持以习近平新时代中国特色社会主义思想为指导，坚定不移走中国特色社会主义工会发展道路，尤其是新一届工会领导班子到任后，围绕中心、服务大局，强化主责、忠诚履职，为全市改革发展稳定做出了积极贡献。

市工会第十四次代表大会 12月16日至18日，青岛市工会第十四次代表大会在市级机关会议中心召开。省委常委、市委书记张江汀出席开幕式并讲话，市委副书记、市长孟凡利，市人大常委会主任宋远方，市政协主席杨军等市领导出席大会开幕式。省总工会党组书记、常务副主席刘贵堂在开幕式上讲话，共青团青岛市委书记张海军代表人民团体致贺词。市人大常委会副主任、市总工会主席刘圣珍代表青岛市总工会第十三届委员会作了题为《把握时代主题 竭诚服务职工 团结动员广大职工为推动青岛在社会主义现代化建设新征程中率先走在前列而奋斗》的工作报告。来自全市各行各业的429名工会代表参加大会。

19日上午，青岛市总工会第十四届委员会第一次全体会议选举产生了市总工会第十四届委员会主席、常务副主席、副主席、常委，刘圣珍当选为青岛市总工会第十四届委员会主席，彭建国当选为常务副主席，周新国、李明、李丽、王尧（兼职）、傅强（兼职）、皮进军（兼职）、孙更新（挂职）当选为副主席。青岛市总工会第十四届经费审查委员会第一次全体会议选举产生了市总工会第十四届经审委主任、副主任。逢京林当选为青岛市总工会第十四届经审委主任。

圆满完成上合峰会相关工作任务 一是主动承接峰会接待保障工作，投资3000余万元对湛山花园酒店和职工之家宾馆进行了升级改造，高标准高质量承办了上合组织国家协调员会议、海关总署与有关国家海关代表的双边会谈；接待103名公安武警人员的住宿和就餐。二是动员全市职工开展了"迎峰会·展魅力·作贡献"主题竞赛活动，开展劳动服务竞赛活动，为峰会举办保驾护航。三是积极发挥工会职能优势，履行维权和维稳"双维护"职能，确保峰会期间未发生一起职工非正常上访事件；同时主动为公安系统、医护人员、驾乘人员、一线职工开展服务峰会心理健康活动，服务干部职工 1 万余人。

在峰会服务保障工作中，市总工会先后选派 96 名机关事业单位党员干部，其中 5 名局级干部，分别参与峰会楼区管控、地铁志愿服务、社区平安志愿服务和社会面巡逻管控工作，顺利完成了各项分配任务，没有出现任何纰漏和不稳定因素。阮丁、王爱民等八位同志分别受到省委省政府和市委市政府通报表扬，湛山疗养院被市委市政府授予峰会服务保障工作先进集体等。市委副书记牛俊宪同志专门作出批示。

深入开展解放思想大讨论活动 按照市委统一部署，深入开展解放思想大讨论和"大学习、大调研、大改进"，制定工作方案，加强组织领导，及时动员部署，做到挂图作战、有力推进。按照市委"六个对照"要求和全市重点工作会议指出的"十个问题"，以及市委巡察反馈重点问题，坚持刀刃向内、自我革命，查改了工会自身存在的三个方面 22 个问题，找准工会服务大局切入点和结合点，先后出台了工会干部新时代新担当新作为的意见、工会参与全市优化营商环境助力新旧动能转换推进高质量发展的意见、放大峰会效应推动工会工作率先走在前列的意见等，着力破除工会组织存在的机关化、行政化、贵族化、娱乐化问题。市总工会党组在全市解放思想大讨论交流会上作典型发言。

持续强化思想政治引领 深化"中国梦·劳动美"主题教育实践活动，精心组织党的十九大精神系列宣讲活动进企业、进车间、进班组、进网络，切实承担起团结带领职工听党话跟党走的政治责任。加强以职工职业道德为重点的"四德"教育活动，为基层工会配发职工美德修养读本，评选表彰职业道德标兵，引导职工群众增强新时代工人阶级的自豪感和使命感，引领广大职工深入践行社会主义核心价值观。持续开展"职工书屋"建设活动，累计建成 766 家，辐射职工 200 万人以上。

切实管好意识形态阵地 认真落实意识形态工作责任制，组织"知识就是力量——每周一讲"累计 1480 讲，加强工会舆论新闻宣传阵地管理，加强网上网下舆论引导。实施"劳动者风采展示系列工程"，首次与青岛广播电视台合办 28 期《劳动者》专题；与青岛日报社合办《劳动者之窗》专栏，打造劳动广场、"劳动者风采一条街"，进一步在全社会唱响工人伟大、劳动光荣主旋律。举办首届职工文化艺术节，开展"劳动者之歌——共同的家园"送演出 100 余场次，免费开放文体设施场地，推进职工文化进一步繁荣发展。加强工会新闻宣传工作，全年在市级以上媒体刊发稿件 400 余件次，营造了良好的舆论氛围。

开展劳动和技能竞赛 广泛开展以"当好主力军、建功新时代、助力七大行动"为主题的劳动和技能竞赛，在地铁、新机场、上合组织青岛峰会场馆建设等 79 项重大工程、重要项目、重点产业中开展了不同形式的劳动竞赛。举办各类劳动和技能竞赛 50 余项次、参赛职工百余万人次。选树表彰各级劳模 698 名，涌现出"工人先锋号" 193 个。表彰全市职工优秀技术创新成果 20 项、职工节能减排合理化建议"金点子" 30 个、科技创新型班组 30 个。青岛市职工在全省钳工等 5 个工种大赛中获得两项团体第一，两人获得第六届全国职工职业技能大赛第二名，被授予全国技术能手。一人的创新成果被授予第五届全国职工优秀技术创新成果二等奖。

推进产业工人队伍建设改革 印发了《新时期产业工人队伍建设改革方案》，出台了劳动竞赛意见和管理办法等一系列配套文件，确保全市广大产业工人提升素质有通道、技术创新有动力。积极推动探索"互联网+产业工人素质提升"新模式，借助省总工会职工素质提升网络平台，组织12万名职工参加学习。与市交通委等10家单位联合，举办轨道交通列车司机等53个工种的行业性职工职业技能比武。开展劳模创新工作室创建活动，累计创建市级以上劳模创新工作室135家，省级劳模创新工作室9家。

深化群众性安全生产活动 继续开展全市群众性安全生产"查保促"集中行动，持续开展"安康杯"竞赛活动，举办了第八届全市职工"安全健康伴我行"知识培训和电视大赛，参与职工突破150万人，评选表彰100个安全标准化班组。各级工会立足岗位结合实际开展快递员交通安全教育、"安全生产随手拍""安全建议你提我办"等活动，职工安全意识进一步增强。

维权力度持续加大 开展"真情协商 和谐共赢"品牌创建活动，推动落实基层民主管理。成立青岛市工会法律服务律师团，聘任律师202名，覆盖全市市级机关、企事业单位及区市所属镇街，初步实现了维权全覆盖的目标。开展"尊法守法·携手筑梦"法治宣传活动，引导职工合理表达诉求。设立青岛市法律援助中心职工维权分中心，为职工提供法律法规政策咨询服务，推进多元化解信访矛盾，积极发挥工会法律援助岗作用，最大限度降低职工法律援助门槛，实现应援尽援。全年直接为职工提供法律援助615件次，提供法律咨询3200人次，涉及职工4170人次，为职工挽回经济损失2100余万元，为全市劳动关系和谐稳定做出了积极贡献。

"四季服务"更加广泛 "春送岗位"活动，全市工会组织专场招聘会30余场，提供约20000余个工作岗位；"夏送清凉"活动，筹集发放慰问金1280余万元，走访慰问职工33万人；"金秋助学"活动，筹集发放资金17.76万元，资助困难职工子女和农民工子女390人；"冬送温暖"活动，实现对困难职工全覆盖，筹集发放送温暖资金2100万元，利用元旦、春节重大节日走访慰问困难企业2469家、困难职工8251户、困难劳模1543人、农民工4.3万人。

普惠服务更加贴心 实施职工心理健康EAP普惠项目。出资400余万元购买专业服务，培训402名心理援助师和100名危机干预专员，为23400名职工提供心理健康服务。该项目得到全总肯定，人民日报予以报道并提供高层领导参阅，省委、市委领导给予批示。继续开展"关爱健康 崇尚劳动"职工免费疗休养和体检活动，投入900万元免费为2000名职工疗休养、20000名职工体检。建立"爱心妈妈小屋"82家。举办"缘系一线"单身职工联谊活动297场次。继续实施新型职工医疗互助保障计划，累计参保人数60万人次，为广大职工筑起第二条"医疗保障线"。

工会改革扎实有序 召开了市工会第十四次代表大会，全国总工会专门发来了贺电，省总工会党组书记、常务副主席刘贵堂同志到会讲话。按照"强三性、去四化"要求推进工会组织改革，进一步改进了工会领导人员构成，在工会副主席、常委、委员的安排上，提高了劳模和一线职工比例。进一步优化了市总工会机关组织架构，减少了业务职能交叉重复，机关工作效率和工作质量明显提升。进一步密切了机关干部与职工联系，修订完善了机关干部基层联系点制度，向全市非公企业派驻工会指导员92名，为更好实现工会组织和工会干部零距离服务，直接指导和帮助非公企业工会组织发挥作用奠定了基础。

基层组建扩面提质 大力组建工会和发展会员，健全完善党工共建统筹工作机制抓好两新组织建会，突出区位优势、行业特点，通过细化工作措施、召开观摩会积极推进八大群体入会工作。开展基层工会规范化建设达标活动，推进"会、站、家"一体化建设，全市选树了 10 家规范化建设标兵单位、100 家规范化建设示范单位，评选出一大批模范职工之家、职工小家和优秀工会工作者、优秀工会积极分子。

对口帮扶、乡村振兴工作扎实有效 市总工会主席和党组书记分别带队到安顺和陇南，考察帮扶项目，拨付 300 万元帮扶资金；签订《对口帮扶工作协议书》；举办甘肃陇南生态旅游推介暨名优农产品展卖周、贵州安顺名优特产青岛年货大集，成交额400 余万元。推动工会参与乡村振兴措施落地落实，制定工会参与乡村振兴十条措施，出资 200 余万元用于"第一书记"帮扶村庄和乡村振兴工作队联系村的基础设施改造。被市对口支援扶贫协作领导小组评为青岛市扶贫攻坚先进集体。

（关　静）

市直荟萃

围绕中心开展特色活动　发挥工会组织凝聚力、向心力 一是开展"服务重大活动 展现青岛魅力"活动，切实做好上合组织青岛峰会的交通服务保障、交通环境提升和城市公共交通运行等相关工作。二是举办交通职工"宣贯党的十九大精神"演讲比赛，讲述广大交通干部职工对十九大精神的理解和感悟，对党和国家发展事业的美好期望，凸显青岛交通人的良好精神风貌。三是举办全市交通职工"庆祝改革开放四十周年诗歌朗诵比赛"，歌颂党、歌颂祖国、歌颂青岛市交通事业的发展。四是连续 4 年开展"交通职工体验交通·我为交通献良策"活动，并评选、表彰 1000 多条"金点子"反馈相关部门。五是举办"交遇缘分·通向爱情"首届交通职工单身青年联谊活动，委直各单位共计 112 名单身青年参加，现场共有 10 对男女表白成功，搭建起青年职工之间互动交流平台。六是举办交通职工第二届"引航杯"健步行比赛，全委 700 余名干部职工一起参加，营造了以"快乐工作、健康生活"为主题的绿色健康氛围。

（青岛市交通运输委员会工会）

广泛开展职工技术创新活动 一是联合市总工会、团市委、市妇联，开展青岛市第六届"健康杯"技能竞赛活动。2018 年 4月至 11 月，先后举办了卫生应急保障、护士长五项全能、卫生应急检验监测、会计技能、临床输血、中药技能、基层卫生技能等七个项目的比赛。二是多种方式打造医界工匠。开展"医界工匠健康行——医学达人走基层"系列活动，组织部分首届传统医学达人实施义诊活动；举办医界工匠能力提升培训班，对市卫生计生委历届"健康杯"技能大赛状元及岗位技术标兵共 50 人进行优秀团队有关知识培训；参加青岛广播电台、青岛电台访谈节目，16 位传统医学达人分批走进广播电台直播间进行访谈；印制发放 5000册医学达人宣传册，在社会上引起较大反响；组织传统医学达人和技能大赛状元实施线上、线下技能培训，深受职工欢迎。三是为做好上合青岛峰会保障工作，在全市卫生计生系统中开展了安全隐患排查有奖征集"安全生产合理化建议金点子""安全隐患随手拍""最佳整改方案"等活动。

（青岛市医务工会）

建立"天使妈妈训练营" 与市总工

会、市妇联联合主办"天使妈妈训练营"，通过推荐、遴选，组建一支由在女性健康、生活、成长、发展领域具有较高造诣的专家组成的"天使妈妈讲师团"，为训练营活动的扎实开展打下了坚实的基础。经过前期调研，广泛征求意见，推出"天使妈妈健康管理""天使妈妈技能提升""天使妈妈素能提升"等三个服务包，相继举办天使妈妈素能提升女子手工才艺素能陶艺、剪纸、丝网花培训班、推拿技能培训班、钢笔画培训班、小儿推拿培训班，以满足不同层次女职工的需要，3000余名女职工参加培训。在保留传统线下授课的基础上，还创造性地依托"千聊平台"，开设微信直播课堂，通过邀请专家线上授课的方式，为广大医务女工，尤其是准妈妈、新手妈妈在线传授育儿知识，解答疑难困惑。先后邀请全国知名产科专家张战红、市心理咨询师协会会长王冠军、市妇儿医院心理卫生科主任匡桂芳等专家进行授课，为岛城广大女职工提供了一个与知名专家在线交流的机会，在一定程度上突破了时间和空间的限制，满足了不同受众的需要。直播课堂自开播以来，受到广大女性朋友的追捧与好评，累计举办15期，线上听课10300余人次。

（青岛市医务工会）

率先实施企业年金，职工共享企业发展成果 6月25日，青岛市政空间开发集团有限责任公司召开第一届第二次职工代表大会，78名职工代表表决通过《青岛市政空间开发集团有限责任公司企业年金方案》。7月，集团企业年金方案顺利通过人社局批复，成为自《企业年金办法》新版颁布以来，青岛市第一家落地实施的市直企业。此方案根据《企业年金办法》（人力资源和社会保障部令第36号）、人力资源社会保障办公厅《关于进一步做好企业年金方案备案工作的意见》（人社厅发〔2014〕60号）等相关文件精神制定，符合法律法规要求，是公司结合人力资源管理战略向员工提供的一种养老保障，是企业员工薪酬福利体系的重要组成部分。企业年金的实施，一方面有利于保障和提高职工退休后基本生活水平，另一方面也是集团与职工共享企业发展成果的实事之一，对于激发广大干部职工的工作热情起到积极激励作用。

（青岛市政空间开发集团公司工会）

许振超荣获改革开放40周年全国百名"改革先锋"荣誉称号 12月18日，青岛前湾集装箱码头有限责任公司固机高级经理、中华全国总工会原副主席（兼职）许振超，作为践行"工匠精神"的优秀代表，在庆祝改革开放40周年大会上，被中共中央国务院授予改革先锋称号，并被颁授改革先锋奖章。许振超表示：习总书记在改革开放40周年大会上的讲话让他深受鼓舞。40年来，青岛港从一个默默无闻的支线小港，成长为世界第七大港；从只能靠泊万吨船舶，发展成40万吨大矿船的母港，青岛港的发展本身就是国家改革开放成就的一个缩影。受益于改革开放，一代又一代海港职工的命运被改变，自身价值得以实现。正是有了改革开放，才有了今天职工的幸福美好生活。许振超表示要深入学习领会习近平总书记的重要讲话，激励更多的海港工人为加快建设世界一流的海洋港口、为中国改革开放事业努力奋斗。

（青岛港（集团）有限公司工会）

搭建中哈友谊之桥 4月25日，中国石油天然气第七建设有限公司（简称：中油七建公司）为哈萨克PKOP炼油厂的哈方员工建造的足球场正式完工启用。哈萨克斯坦PKOP炼油厂现代化改造工程是国家"一带一路"重点工程，该项目建成将成为哈萨克斯坦规模最大、技术最先进的现代化炼油厂。中油七建公司在哈萨克施工期间，尊重哈方员工的宗教信仰和生活习惯，为他们建立了食堂、排球场、足球场和多项健身设施。多年来，中油七建公司与当地雇员建立了和谐的劳动关系，中油七建员工与哈方员工之间也结下了深厚的友谊，为推动"一带一路"建设和更好地发展中哈两国的合作关系架起了更顺畅的沟通桥梁。

（中国石油天然气第七建设公司工会）

开展"质量、效率、速度"三大主题劳动竞赛　2018年，中车青岛四方车辆研究所有限公司工会围绕技术创新、产品开发、质量管理、交付进度、智能制造、精益生产、降本增效以及职工队伍建设等关键环节，开展了以"质量、效率、速度"三大主题的劳动竞赛。一是通过以科技"五小"、合理化建议和先进操作法等竞赛形式推动工作创新，针对各自岗位的工作重点、难点、焦点等关键问题，开动脑筋想办法找原因，克服一个个难关，共涌现出"五小"创新项目165项，先进操作法30项，合理化建议77项。二是开展质量"万万千"竞赛活动，电气事业部月平均错误率由原先最高4.7‰下降为1.2‰；电子事业部产品月平均故障率下降了0.6%；其他各部门的产品质量也取得不同程度的提升。三是"高特重"项目竞赛取得新经验。在竞赛中根据研发团队、生产团队、市场团队各自任务的不同，将竞赛分为了7个分项竞赛（研发攻坚、技术创新、质量安全、练兵比武、精益管理、效益效率、品牌形象等），并对每个竞赛制定了详细的竞赛内容、打分标准和分值的占比权重。通过开展竞赛，充分激发了技术研发人员的创新活力，提升产品品质、提高工作效率和持续创新创效，在技术探索、技术攻坚、重大项目开发、保安全等方面取得新成

效，全面完成了竞赛项目的目标任务，也为高特重项目的劳动竞赛进行了有益的探索。

（青岛四方车辆研究所有限公司工会）

深化省、市级示范性重点工程劳动竞赛活动，构建全员竞赛大平台　2018年，集团工会以地铁1、2、4、8、13号线等5条线路全部纳入省、市级重点工程劳动竞赛项目，承办省交通厅、省总工会，市交通委、市总工会"城市轨道交通列车司机、行车值班员技能竞赛"为契机和抓手，按照三个层级，全面统筹集团劳动竞赛活动。一是市级劳动竞赛。与市总工会联合开展了"岗位技能比武"暨质量创新成果展示、"安全与应急技能竞赛"活动、"促建设、保运营"劳动竞赛等共5项市级劳动竞赛。二是集团级劳动竞赛。根据《青岛地铁2018年劳动竞赛总体方案》全面开展"安康杯""百日安全无事故""BIM技术应用评选""促合规、强质效"招标采购等9项集团级劳动竞赛项目；三是各部门、分（子）公司级劳动竞赛。共有94项部门及分（子）公司级劳动竞赛、技能比武项目。这些活动的开展既提高了工作质量优良率和员工的技术水平、文化素养，也增加了职工的认同感、获得感和荣誉感。

（青岛地铁集团有限公司工会）

开展岗位建功，加强职工队伍建设　2018年，中建八局公司工会进一步推进全员技能竞赛系列活动，一是在青岛国信金融中心项目开展以"争当创新能手，争做技能标兵"为主题的全员技能竞赛。与公司商务、安全、工程等业务系统联合组织实施技能比武，先后开展了技能竞赛12次，参与培训200余人次，培育业务标兵和岗位能手72人，推动技能竞赛全系统、全岗位覆盖，有力提升了职工的技能素质。二是分别在青岛海天中心、青岛国信金融中心、上海中金

所、山东黄金时代广场等重点项目开展劳模工作室创建工作，特别是与青岛海天中心项目业主共建"劳模创新工作室"，收到很好的效果。已建立劳模创新工作室 20 个，新建 8 个。先后形成 24 个科技立项，申请专利 68 项，获得国家专利 49 项，国家级技术革新 4 项，发表论文 400 余篇，为创新型人才培养奠定了基础，为公司发展、人才培养产生了积极作用。三是先后在海天中心、黄金时代广场、国信金融中心等 12 个重点工程开展立功竞赛活动，制定了竞赛方案考核办法，举行了启动仪式，国信金融中心项目更是承办了青岛市总工会立功竞赛交流会。重点工程劳动竞赛活动的开展，为项目工期，施工质量地提高发挥了积极作用。

（中建八局有限公司青岛分公司工会）

区市撷英

全面建成社区工会联合会 2018 年，市南区总工会将社区工会联合会组建工作作为年度重点工作，开展调研分析，摸清社区现状，准确把握社区特点，强基层，补短板，将 7 月作为社区工会联合会的"组建月"，全区 50 个社区在规定时间内有计划有步骤地完成了组建工作。社区工会联合会作为企业体制外职工汇入的"蓄水池"，直接吸纳"新领域、新业态、新组织"职工入会。以小微企业、农民工、劳务派遣工及新兴社会群体为重点对象，最大限度的把职工组织到工会中来，实现组织覆盖的最大化和组建形式的多样化。

（市南区总工会）

积极构建和谐劳动关系 2018 年，市北区总工会充实区工会法律顾问团，聘请 4 名律师担任工会专职法律顾问；开展职工法律咨询和维权诉求，受理法律咨询 150 余次。

妥善调处某外资大型超市辽阳西路店 80 余名职工解合补偿纠纷；开展工资集体协商集中要约行动，全区企业工资集体协商签订率达 90％，五百强企业建制率达到 100％，中小企业覆盖率达到 90％。

（市北区总工会）

健全工会帮扶机制 2018 年，李沧区总工会以"服务基层、服务企业、服务职工"为宗旨，健全帮扶机制，完善帮扶体系。一是加大困难职工帮扶力度，完善了《李沧区困难职工临时医疗救助办法》《李沧区困难职工临时生活救助办法》。二是大力实施职工医疗互助保障计划，制定了《李沧区总工会关于实施职工医疗互助保障计划的意见（暂行）》，在市总工会减免的基础上，为参保职工每人再减免 20 元。全区参保职工已达到 1 万余人，为 1600 余名职工赔付医疗费 178 余万元。三是积极开展"送清凉"和"送温暖"活动。筹集资金 129 万元对全区 625 名困难职工、15 户困难劳模、3000 名环卫职工、550 余名交通秩序维护者等进行救助和走访慰问。峰会期间，筹集资金近 30 万元，为一线职工及制高点稳控人员送去防汛防雨物品及矿泉水方便面等。端午节期间又为全区 3000 名环卫职工送去粽子与工会的问候。

（李沧区总工会）

多措并举增强基层工会活力 崂山区总工会一是加强组织领导，夯实基层工会规范化建设基础。制发《关于加强基层工会组织规范化建设工作的意见》，制定基层组织建设五年工作规划（2018—2022）。二是成立 5 个基层工会规范化建设组，每组包联 30 家基层工会，整合所有工会业务，对基层进行规范指导。三是举办全区工会规范化建设学习培训班和基层工会主席培训班，采取"理论学习+观摩先进+讨论交流"的方式，对来自全区各行各业的基层工会主席等 140 余人进行培训。四是以扩大工会覆盖面为抓手，开展区直工会带动所辖基层工会规范化建设集中行动，实现层级规范化建设新模式。五是培养选树基层工会规范化建设示范点，指导创建区级先进职工书屋和职工之家，分别给予1万元和2万元工作经费补助奖励。创建验收"爱心妈妈小屋"，对推荐评选为市级荣誉的给予相应额度的扶持奖励。

（崂山区总工会）

抓实工会组织建设 2018年，城阳区总工会侧重新领域新业态组织建会，推进城市社区等非公有制经济组织和社会组织建立工会组织，积极组织物流货运司机、保洁员、快递员等群体入会。全区新建基层工会组织75家，发展会员6800人。督促全区9家区直工会、150家基层工会及时按要求进行换届和人员调整。探索建立非公企业工会干部岗位考核激励机制，对经考核达标的50名工会干部发放岗位津贴，调动工会干部工作积极性。全区有两家单位分别荣获"全国模范职工之家"和"山东省模范职工小家"。城阳区工会组建工作经验先后被《工人日报》《山东工人报》等媒体刊发，全市工会组建工作现场会到城阳区观摩。

（城阳区总工会）

深入开展普惠式心理健康服务 2018年，城阳区总工会制定了《青岛市城阳区关于进一步深化职工心理健康服务工作的意见（2018—2020）》，在全区开展职工普惠式心理健康服务，全年服务职工41313人次、惠及单位216个、开展351场次，新建职工阳光心灵驿站5处。中国社会科学院经济研究所党委书记王立胜带队来区调研职工心理健康服务工作；全国工会社会组织工作研讨会现场观摩了城阳区职工心理健康服务基地工作开展情况；省委常委、市委书记张江汀对城阳区开展心理健康服务工作作出批示；城阳区总工会在全国心理健康服务现场交流会上作了典型发言。2018年，埠外23个单位320人次先后来区考察学习职工心理健康服务工作。《人民日报》、人民网、山东省委党校《咨政参考》、山东电视台先后刊发了城阳区心理健康工作经验。

（城阳区总工会）

探索工会组建新模式，创建基层管理新典范 2018年，西海岸新区总工会创新性成立了由西海岸新区灵山卫街道办事处学院路社区工会和青岛万达东方影视投资有限公司组成的"商圈"联合工会，吸纳周围3700多名职工（农民工）入会。党组织书记与工会主席交叉任职，社区党委书记选为商圈工会主席，东方影都等大的商贸企业主管选为副主席。按照"资源共享、活动共享、场地共享"三原则，在党群服务中心设立"商圈"工会联合会办公场所，建立了职工信访维权、法律援助、困难救助、职业介绍、教育培训、娱乐休闲等服务功能于一体的职工公共服务中心，整合了劳动争议联合调解工作站、职工文化活动中心、职工培训基地等功能平台，完善了"商圈"工会工作者培训制度；组建了若干个特色专门工会工作小组，吸纳商圈内各类社会组织的职工，通过企业职工"自我管理、自我服务"的方式，进一步激活了商圈工会活力。以董家口港区工会、中德生态园园区工会为模板，积极推进西海岸现代农业示范区、古镇口军民融合示范区工会的建立，"授权型"工会组织建设取得新突破，园区型工会组织建设取得新进展。依托区餐饮协会成立了餐饮业工会联合会，解决了中、小型企业和私营企业建会难的问题，在卫计局集中开展了非公立医疗机构建会工作，实现了全区非公医疗机构工会组织有效覆盖。

（西海岸新区总工会）

推进工会联系引导劳动关系领域社会组织工作 2018 年，即墨区总工会坚持一手抓社会组织建会，一手抓社会组织孵化，推动工会联系引导劳动关系领域社会组织工作率先走在前列。在区室内装饰与装饰材料行业协会、家庭服务业协会、餐饮食品行业协会和即墨国际商贸城总商会 4 家社会组织建立了工会联合会，覆盖职工 2.7 万人；建立健全劳动关系领域社会组织孵化工作机制，投入 20 余万元，成立即墨区总工会社会组织孵化基地，培育孵化工会直接领导或指导的劳动关系领域社会组织。10 月 11 日，全国工会社会组织工作研讨会与会人员到即墨区观摩了工会联系引导劳动关系领域社会组织工作。

（即墨区总工会）

拓展建会范围，动员全市职工积极投身胶州建设 2018 年，胶州市总工会突出非公有制企业和农民工重点，着力抓好物流业工会组建和大货司机入会工作。推进组建青岛传化公路港物流业联合工会，省总工会副主席王星海出席成立大会。成立了青岛果然鲜果蔬专业合作社工会，使胶州市第一家农村专业合作社加入工会组织。指导 120 家单位进行了工会成立或换届，发展会员 5870 人，其中农民工会员 3763 人。引导职工学习业务，钻研技术，开展岗位练兵，技术比武，带动广大职工增强创新意识和创新能力；在新机场项目、青岛幼儿师范建设项目等全市重点工程中开展劳动竞赛活动；与市建设局、市卫生和计划生育局联合举办急救护理、木工、钢筋工等 6 个项目职工技能大赛，参赛职工达 10000 多人次。

（胶州市总工会）

推进"八大群体"建会入会 平度市总工会一是走访摸底先行，掌握团队规模。分头接触各行业网络管理平台，了解从业人员分布，一一做好登记整理。优中选大，培养龙头。在每个行业里都根据规模和社会信誉初选出 2 至 3 个管理平台作为行业龙头，重点论证。二是拓宽联络渠道，宣传务实并重。通过广泛、深入、细致的通联工作，解决职工建立工会能不能增加经济负担和工作负担及有什么好处的疑问。三是典型引领到位，产生示范效应。选择一个人数较多的龙头公司或平台先行单独组建，迅速进行规范化配套建设、组织开展职工活动，让职工得到实惠，从而激发职工入会意愿。四是对八大群体建会后的规范化建设制定明确的时间表、路线图和任务书，即利用挂职工会工作指导员分别进驻不同行业的有利时机，科学布局和规划建设行业性职工服务阵地和文体活动阵地，强化阵地的服务和活动功能。平度市"八大群体"都已完成行会工会联合会的组建，并安排工会干部挂职指导，着手进行规范化建设。

（平度市总工会）

倾心打造规范化职工服务中心 平度市职工服务中心建筑面积 2000 多平方米，设"一厅六室"。即服务大厅和劳动争议调解室、图书阅览室，职工活动室、健康自测室、EAP 工作室和技能培训室，2017 年底投入运行。一是实行"6+X"服务模式，满足职工多层次需求。6 为 6 个窗口，分别为综合服务、困难帮扶、医疗互助、法律援助、技能培训、信访接待等；X 为特色服务项目，2018 年主要开展"6+4"服务，除 6 个窗口"常规动作"外，延伸开展了健康咨询讲座、职工健康自测小屋、对职工进行技能、业余爱好等培训、打造 EAP 心灵驿站等 4 项"自选动作"。二是完善相关制度和工作流程。建立了《平度市困难职工帮扶工作制度》《平度市困难职工帮扶资金使用管理办法》等多项制度和管理办法，并上墙公示，实现了维权帮扶工作经常化、规范化、制度化。同时，完善办事流程和工作制度，做到制度上不留死角，无缝对接。三是配备专业工作人员、统一服务标准。通过购买法律、心理咨询等社会服务方式，聘请律师、心理咨询师若干人，约定时间进驻窗口提供服务。对窗口工作人员实行岗位 AB 角制、首问责任制、服时办结制、服务承诺制。全体窗口人员上班期间统一着装，统一讲普通话，统一文明用语，统一礼仪规范。

（平度市总工会）

进一步拓展职工法律信息服务中心平台 2018 年，莱西市总工会按照"三为一促"（为职工维权、为政府分忧、为发展助力、促社会和谐）的宗旨，全力打造"情系职工、发送温暖"品牌，进一步打造职工法律维权"莱西模式"。为各镇街、开发区总工会配备 12 名专职律师，每周到所在乡镇开展法律服务，到企业开展普法宣讲。与市信访局建立信访信息互通机制，与人社局建立职工法律援助、职工信访预防机制。依托莱西市总工会职工法律信息服务中心，建立"部门联动机制"和"源头预防机制"，确保服务无门槛，实现应援尽援，全年共为职工提供法律咨询 3160 人次，办理法律援助案件 445 件，帮助职工追讨工资、经济补偿金、工伤待遇 1700 余万元，在依法疏导引导职工诉求，维护社会稳定上发挥工会的积极作用。

（莱西市总工会）

多维度推进工会规范化建设 2018 年，红岛经济区总工会以争创山东省"模范职工之家"为抓手，大力推进"建家、强家、暖家"工作，多维度推进创建规范化示范单位。深化基层工会"会、站、家"一体化建设，积极推进八大领域建会和八大群体入会工作，充分发挥好组织、引导、服务职工和维护职工合法权益的重要作用，努力把工会组织建成深受职工群众信赖的"职工之家"。多措并举加强基层工会规范化建设，积极探索组织建设"网格化"，将建家、入会、维权、帮扶、服务、推优等各项工作均纳入"网格"中，形成以区总工会为"纲"，辖区街道为"网"，片区、35 个社区和企业为"点"，横向到边，纵向到底的五级工会管理模式，累计组建工会 253 家，覆盖率达到99%，发展会员 24300 余人，基本实现工会组织应建尽建。建立市区两级工会规范化建设示范点 29 家，夯实基层基础工作，加快智慧工会建设，深化工会改革和队伍建设。微信公众号关注人数近 10000 人，会员关注率达到 74.6%；职工互助保障计划累计参保突破 10000 人，参保率近 50%，经费收缴突破 1300 万元，增长 20% 以上。

（红岛经济区总工会）

淄博市总工会

工作综述

概况 淄博市总工会（以下简称市总工会）辖五区三县及高新技术产业开发区总工会、文昌湖旅游度假区总工会、淄博经济开发区总工会，26 个产业（行业）、系统工会，2 个大企业工会，11 个直属工会；市总工会机关设办公室、政策研究室、组织部、宣传教育部、生产保护部、权益保障部、基层工作部、网络工作部、女职工部、财务部、经费审查委员会办公室 11 个部室，所属 5 个事业单位：淄博市劳动人民文化宫、淄博市职工服务中心、市冶金机电工会服务中心、市建陶轻纺工会服务中心、市能源化工医药工会服务中心。截至 2018 年底，全市基层工会组织达 6280 家，覆盖法人单位 12038 个，职工 684109 人，其中女职工 269087 人；工会会员 667568 人。专职工会工作人员 5267 人，兼职工会工作人员 11788 人。全市签订劳动合同的基层工会 4725 个，覆盖企业 9213 家、职工 51.7 万人。

推进职工思想政治引领 "政治引领"：推进习近平新时代中国特色社会主义思想和党的十九大精神进企业、进车间、进班组，组织全市广大职工和工会干部深入学习贯彻中国工会十七大、山东省工会十五大精神，开展党的十九大、新旧动能转换、"新时代、新理念、新担当"、庆祝改革开放 40 周年、中国工会十七大知识等网上答题活动，参与者达 8 万余人次；"价值引领"：举办"不忘初心·致敬榜样——2018 淄博市'庆五一'颁奖盛典"，与淄博市文明办、市档案局、鲁中晨报社联合发起"与城市共荣耀·致敬淄博工业筑梦人"活动，宣传各级工匠和先模人物 60 余人次；"文化引领"：举办"中国梦·劳动美"全市职工演讲比赛，参与职工 36 万余人次，推进职工书屋建设，新建职工书屋、书角 710 余个，开展"尊法守法·携手筑梦"农民工普法宣传、普法 365 职工学法答题、"12.4"国家宪法宣传日活动，参与职工 20 万人次。

健全工会组织体系 制定下发《关于开展"新领域、新业态、新组织建会入会集中行动"的实施意见》，推动"两新"组织、各类园区、特色小镇、创业平台、楼宇商圈、专业市场、货运物流、合作经济组织等八大领域建会和包括农民工在内的货运驾驶员、物流快递员、护工护理员、家政服务员、商场信息员、网约送餐员、房产中介员、保安保洁员等八大群体入会，自 2018 年 9 月开始，通过单独组建、区域联建、行业统建、党群共建等模式，至 2018 年 12 月底，实现"八大领域"建会 626 家、"八大群体"入会 5.02 万人。指导乡镇（街道）、开发区（工业园区）规范建立工会组织，全市 87 个乡镇（街道）中，建立总工会 86 家，建立工会工作委员会 1 家；开发区（工业园区）共建立总工会 6 家，工会联合会 4 家，工会工作委员会 1 家，工会委员会 5 家。

升级"爱工惠"平台建设 开展"万名会员生日汇"、会员"优惠观影""温馨年味儿"摄影大赛等特色鲜明、会员欢迎的惠员专享活动，发展了淄博齐纳影城、"沐心·双马山"风景区等优质会员服务基地，推进"爱工惠"积分商城全新升级上线；本着"代理运营、集体对价、为民谋利"的原则，引进平台运营和专业服务商，与网易严选签订入驻协议，为会员提供网易严选全品类 5000 余种商品的购物优惠；2018 年 9 月份，联合第一书记开展了猕猴桃惠购助农活动，仅 4 天时间就为博山的果农销售猕猴桃 1956 箱；举办"市民开放日"活动，收到意见建议 590 余条，及时对"爱工惠"进行更新、升级。"爱工惠"平台建设经验在 2018 年开展的全市 2017 年 20 项创新改革经验推广推介情况第三方评估中排名第一。

劳模引领铸"匠"行动 市总工会联合市委组织部、市人力资源和社会保障局开展了"当好主力军、聚力新动能、建功新时代"劳模（工匠）引领劳动竞赛活动，组织了 17 个行业系统 55 个项目的市级一类职工职业技能大赛和重点工程建设立功竞赛，共有 8200 余个企业、2.1 万余个车间班组、61.7 万余名职工参加到劳动和技能竞赛活动中来，有 2 名个人、1 个集体获得全国总工会表彰，有 54 人被省委、省政府授予省劳动模范（先进工作者）称号，华光陶瓷的何岩被省人才领导小组办公室评为"齐鲁大工匠"，山东国瓷陶艺中心的王一君、山东唐骏欧铃汽车制造公司的王明先被评为"齐鲁工匠"。

构建和谐劳动关系　开展工会与行政沟通协商机制"提质增效年"活动，推进"建会、建家、建制"三同步行动，截至 2018 年底，建立沟通协商机制的已建会、职工 100 人以上企事业单位达 90% 以上，企事业单位职代会和厂务公开建制率均达 95% 以上。举办 2018 年构建和谐劳动关系论坛，对 200 家企业进行劳动关系和谐企业（园区）测评，2900 余家企业签订"1+3"集体合同，150 余家企业获得劳动关系和谐企业（园区）。开展工资集体协商"集中要约"行动，全市各级工会共发出要约书 16551 份，应约 16319 份，应约率达 98.6%，全市共有工资集体协商专职指导员 28 人、兼职指导员 1643 人。召开全市工会法律维权工作座谈会，建立劳动争议矛盾预防化解"四方联动"机制，推进市、区县两级职工服务中心法律援助专门窗口建设，协调 23 家律师事务所派出律师到"维权窗口"进行值班和服务。

帮扶救助服务职工　开展"四季服务"："冬送温暖"累计筹集资金 1166.4 万元，走访慰问困难职工家庭 6500 余户；"春送岗位"先后开展了"春风行动""就业援助月"等活动，举办招聘会 84 场，参与企业 4943 家，提供就业岗位 7.9 万个，达成就业意向 2.5 万人次；"夏送清凉"突出户外劳动者、一线职工等重点群体，走访企业和工地 913 家，累计发放防暑降温用品 710 万元，提供健康体检服务 3.9 万人；"金秋助学"资助困难职工子女 546 人，发放资金 255 万元。选树示范性"职工爱心互助基金" 20 个，全市已建立爱心基金 1700 余家，筹集资金 8400 余万元，累计发放救助款物

1246 余万元。

推进全面从严治党　做好中央巡视组巡视山东、省委第二巡视组关于巡视淄博市的反馈意见整改及市委巡查整改和习近平总书记视察山东重要讲话、重要指示批示精神贯彻落实情况开展"回头看"工作，先后 6 次接受现场查询，圆满完成整改任务，分别于 9 月 5 日、9 月 30 日召开了中央巡视、省委巡视整改专题民主生活会。健全党风廉政责任制和谈心谈话制度，制订出台《市总工会机关关于加强工作纪律的管理办法》，请市纪委派驻组孙启新书记作了廉政辅导报告。4 月 27 日，组织党员干部到黑铁山革命教育基地接受革命传统教育，开展职业道德主题实践活动；6 月 21 日，赴莱芜战役纪念馆组织"主题党日"活动。

设立"爱工惠"平台开放日　为进一步提高"爱工惠"平台开放透明度、增强会员互动性、扩大平台影响力，确定每月 25 日为"爱工惠"平台开放日，每次针对不同群体开设不同主题，主要通过参观平台、参加座谈、问卷调查、参与抽奖等活动形式，邀请会员走进和了解工会工作，带动更多会员关注和支持工会工作。11 月 25 日，首次开展"市民开放日"活动，邀请部分人大代表、政协委员以及会员代表走进平台、参加座谈，会前通过平台征集到会员意见建议 590 余条。12 月份开放日活动，在线上发布惠工生日蛋糕供应商征集遴选活动，邀请了部分会员服务基地商家参观平台，协助做好抽奖活动各项准备和布置工作，见证抽奖全过程，保证公平公开公正。

举办全市职工演讲比赛　2018 年 4 月至 6 月，市总工会联合市委讲师团、省演讲学会共同举办了"中国梦·劳动美"全市职工演讲比赛，各区县总工会、各产业（行业）、系统工会、大企业集团和各直属工会先后开

展了 170 余场不同规模的演讲比赛，共有近三万名职工参与到活动中来。同时，将部分演讲选手的作品在"爱工惠"平台上进行了展示和网络投票，访问次数达 36 万余次，累计投票 9 万 7 千余票。经过层层选拔，有 28 名优秀选手脱颖而出，晋级决赛，经过激烈角逐，最终决出金奖 2 名、银奖 3 名、铜奖 5 名、优秀奖 18 名，评选出优秀组织奖 10 个。

组织"庆五一"颁奖盛典 2018 年 4 月 25 日，淄博市总工会与市电视台《小语访谈》栏目组、山东理工大学联合组织了"不忘初心·致敬劳模——2018 淄博市庆五一颁奖盛典"活动，为各级五一劳动奖状、五一劳动奖章和工人先锋号的获奖单位和个人代表，以及荣获山东省劳动模范荣誉称号、"淄博工匠"和十佳名师高徒奖的个人代表进行了颁奖，现场采访了 4 位劳动模范及 2 位名师高徒代表，邀请了 5 位劳模分享他们奋斗的人生感悟。此次颁奖盛典采取线上线下同步直播的方式，网上直播点击量达到 17.4 万人次，进一步扩大了工会组织的影响。

4 月 25 日，举办"不忘初心·致敬劳模——2018 淄博市庆五一颁奖盛典"

"爱工惠"职工讲习所 2018 年 4 月 3 日，市总工会下发《关于开展"爱工惠"职工讲习所公益课活动的通知》，旨在通过"你办班我补贴""你学习我送课""你进步我点赞"的公益课形式，积极引导工会干部和广大职工深入学习领会习近平新时代中国特色社会主义思想和十九大精神，切实增强"办事依法、遇事找法、解决问题用法、化解矛盾靠法"的法治意识和法治能力，大力弘扬社会主义核心价值观，努力塑造奋发有为、锐意进取、乐观向上的奋斗精神和阳光心态，扎实推进学习型工会、知识型职工队伍建设，打造淄博市职工文化新品牌。市总工会从市委讲师团、市委党校、市"七五"普法讲师团、山东理工大学、公益人士等组织和人员中选定了部分公益课主讲人员，建立起了一支公益送课人才队伍。4 月 26 日，市委常委、宣传部部长毕荣青，市人大常委会副主任、市总工会主席王树槐共同启动"爱工惠"职工讲习所公益课活动。5 月 8 日，"爱工惠"职工讲习所市总工会机关《宪法》学习课开讲。年内，五区三县、高新技术产业开发区、淄博经济开发区、文昌湖省级旅游度假区及 6 个系统、3 个产业工会积极组织开展"爱工惠"职工讲习所，累计送课 215 场，投入资金 18 万余元，邀请省级以上专家开讲 42 场，市级开讲 173 场。

成立冶金机电产业职工技术创新联盟 为深入推进"大众创业、万众创新"，进一步弘扬劳模精神、劳动精神和工匠精神，激发广大职工参与技术创新、技术创造的主动性和积极性，成立了淄博市冶金机电产业职工技术创新联盟。该联盟的主旨是：主动适应经济发展新常态，围绕供给侧结构性改革新要求，以推动职工技术创新、促进企业技术进步为重点，充分挖掘和培养高技能职工人才，引导广大职工深入开展技术创新与发明创造、技术研发与攻关、技术协作与咨询、技术交流与服务等活动，增强技术互补，解决技术关键，突破技术瓶颈，弥补技术短板。全市冶金、机械、电子、发电企业，凡具有专技专长、掌握高超（或独有）技能、体现行业或本企业领军作用的在职优秀职工，均可成为联盟成员。截至 2018 年底，按行业属性和职业工种分类成立了 16 个专业技术组织，根据企业需求有组织地开展技术创新与革新攻关，共享职工创新成果，已加盟成员 286 人，开展活动 42 场次，节创价值 6800 余万元。

（马洪增）

市直荟萃

发挥职代会民主管理基本载体作用　淄矿集团公司工会围绕企业高质量发展、民生改善和和谐企业建设，认真贯彻落实《山东省企业职工代表大会条例》，充分发挥职代会民主管理基本载体作用，先后制定下发了《淄矿集团职工代表大会实施细则》《淄矿集团职工代表管理办法》和《淄矿集团职工代表巡视制度》。集团公司及所属单位职代会建制率达到了 100%，集团公司两级工会每年组织召开一次职代会民主评议领导班子、领导干部和职工董事、职工监事，审议行政、财务、劳动安全卫生、业务招待费、集体合同、工资集体协商协议履行情况等报告以及改革改制职工安置方案和薪酬改革、员工奖惩等方案，集团公司形成了党委会前置把关、董事会经营决策、监事会依法监督、职代会民主管理、经理层执行落实的"四会一层"管理机制，推动了各项职责任务落地见效，实现了员工幸福指数和企业发展指数的同步提升。

（王绍军）

全市中小学教师教学基本功大赛　2018年 6 月 24 日，由淄博市教育局联合市总工会、团市委、市妇联、人社局举办了以"教育教学板书设计"为主要内容的全市中小学教师教学基本功大赛。各区县、各市属学校和幼儿园通过组织初赛选拔，共 87 名选手参加决赛。大赛分为高中、初中、小学（含幼儿园）三个组，经组织评审，30 人获得一等奖、30 人获得二等奖、27 人获得三等奖。其中有 3 人荣获"振兴淄博"劳动奖章和"淄博市技术能手"称号，16 人获"市青年岗位能手"称号，23 人获"市巾帼技能标兵"称号。

（徐　芳）

区县撷英

推进工会组织建设　2018 年，张店区总工会对全区"两新"组织、创业平台、楼宇商圈等八大领域进行了拉网式排查，重点破解货车司机、快递员、网约送餐员等"八大群体"入会难问题，本着成熟一个、组建一个、规范一个的原则，依托"物流特色小镇"成立了张店区物流与货运行业工会联合会，依托淄博千禧现代家政服务有限公司等龙头企业成立了家政服务行业工会联合会，依托张店公安分局工会和张店保安公司等龙头企业成立了保安行业工会联合会，涵盖企业 44 家、职工近 1.5 万人，让更多行业的职工找到"娘家人"。

（耿光岳）

规范企事业民主管理　2018 年，淄川区总工会与人社局、区企业家协会、区工商业联合会联合制定下发了《关于健全劳动关系三方机制的通知》，在全市第一家制定下发《关于构建企事业民主管理制度体系、推进企事业民主管理工作的意见》，在规范制度机制建设的基础上进一步强化奖惩激励，把企事业民主管理工作水平评价为 A、B、C

三类，评价结果作为评先树优的重要条件，对工作突出的优先推荐申报劳模、奖状（章）等荣誉称号，同时作为对镇街、开发区职工权益保障指标得分的依据，促进该区民主管理工作更上一层楼。

（刘 博）

劳模工匠引领工程 2018 年五一前夕，博山区总工会召开劳模事迹报告会，各行各业有代表性的 5 名劳模作事迹报告，联合《博山报》专版刊发劳模和先进工作者事迹，协调区电视台对部分劳模进行了宣传；启动第二届博山大工匠比武选拔赛，在陶瓷、琉璃、烹饪、中医诊疗技术、纺织、机械装配、数控车工、数控铣工、焊工、电工 10 个行业（职业）基层一线、操作岗位工人中挖掘选树具有良好职业精神、高超技能技艺、突出领军作用和作出突出贡献的能工巧匠，大力弘扬劳模精神、劳动精神和工匠精神。

（蒋晨辰）

加强职工文化建设 周村区总工会科学规划，合理布局，精心设计，加快建设职工文化中心，增设和完善了职工文化、体育活动场所和设施，逐步把职工文化中心打造成服务职工文化生活、综合功能齐全的工会品牌工程，现有书画、瑜伽、太极拳、舞蹈、乐团等 9 个文化、体育团体陆续入驻中心并正常开展活动，工会会员凭会员卡免费使用各类文体设施，享受文化生活；在全市首创全区职工才艺大赛，全区 30 余家单位46 个节目参加了比赛，充分挖掘了广大职工的才艺特点，展示了全区职工的良好形象，提升广大职工精神生活，促进企业文化发展。

（任园园）

推进"八大群体"入会 2018 年，临淄区总工会聚焦推进"八大群体"入会，将

"新领域、新业态、新组织建会入会集中行动"明确为"一把手"工程。成立以主席为组长、分管副主席为副组长的工作领导小组，建全分工包靠制度，由 4 名班子成员分别挂包 12 个镇街，分工负责，靠上督导。坚持以党建带工建，与区委组织部、区民政局对接，摸清"两新组织"名单，排查出培训学校、敬老院等民办非企业单位存在少数农民工的情况，及时指导其依法按程序组建工会组织，全年全区八大领域建会率达到87.5%，八大群体入会率达到 91.8%。

（李志伟）

新时代文明实践活动暨职工健康行动2018 年，桓台县被确定为全国新时代文明实践中心试点建设县，为充分发挥工会维护职工权益这一重要职能，进一步落实一线职工健康保障，防范企业职工因病致贫、因病致困风险，在"职工健康护航""女职工两癌筛查"活动基础上，县总工会联合县妇幼保健院共同开展新时代文明实践活动暨职工健康行动，为县内工会工作开展较突出的企业优秀一线职工开展免费健康查体，并建立职工健康档案。县总工会出资 12.75 万元印制三册《健康手册》共计 15000 册，免费向企业及一线职工发放，引导职工树立健康生活观念，提高自我保健意识。

（徐书岭）

激励职工技术创新 2018 年，高青县总工会将职工技术创新工作作为团结带领广大职工建功立业的重要平台，组织广大职工针对企业生产经营难点和关键环节，着眼增强企业自主创新能力，开展了群众性小发明、小创造、小革新、小设计、小建议"五小"创新活动和学习型、安全型、创新型、清洁型、节约型、和谐型"六型班组"创建活动。对全县在重大工程重大项目重大工作第一线涌现出的 36 名创新创业标兵予以表彰，

联合县人社局举办了高青县"双创园杯"第一届职业技能竞赛，增强了职工创新意识和创新能力，形成了"人人想创新、人人能创新"的浓厚氛围。

（闫新月）

"查保促"为职工安全护航 2018 年，沂源县总工会以维护职工生命健康权益为出发点，组织了安全生产"金点子"评选，表彰安全生产"金点子"优秀组织单位 7 个，"金点子" 12 条；扎实开展"查身边隐患，保职工安全，促企业发展"活动，评选产生了 10 家"查保促"活动示范企业；广泛开展读一本安全生产的书、一条安全生产建议、做一次安全事故研判分析、看一场安全生产录像或电影、接受一次安全生产培训、当一天安全检查员、结一个安全帮教对子、开展一次班组安全互查、组织一次安全文艺活动、开展一次安全生产签名宣誓活动安全"十个一"活动，引导职工牢固树立安全理念、切实提高安全能力。

（王文元）

构建工会外联内合系统化大维权工作格局 高新区总工会针对职工缺乏法律咨询渠道的困境，以购买法律服务的形式，联合山东小又小律师事务所成立"职工争议律师免费咨询室"，由专职律师为辖区职工提供免费法律咨询服务，构建了"律师免费咨询、无偿法律援助"的快速维权服务机制，充分发挥了职工维权法律服务示范引领作用，打响了"工会职工法律服务，构建和谐劳动关系"工作品牌，实现了主动维权、即时维权和科学维权。咨询室成立以来，累计接待职工法律咨询 6800 余人次，受到职工普遍好评。

（赵　晋）

枣庄市总工会

工作综述

概况 2018 年，枣庄市总工会（以下简称市总工会）辖薛城区、山亭区、市中区、峄城区、台儿庄区、高新技术产业开发区 6 个区总工会和滕州市总工会 1 个县级市总工会，15 个市级产业行业工会，45 个中央、省属驻枣大企业工会，15 个市总工会直属基层工会。全市基层工会发展到 10821 个，涵盖法人单位 12439 个，建会单位职工总数 97 万人，工会会员 94.6 万人。市总工会机关设：办公室、组织部、生产部、保障部、宣教部、财务部 5 部 1 室；工人文化宫、职工技协办公室、经审委办公室、中国职工保险互助会枣庄办事处、职工服务中心 5 个直属事业单位。年内，市总工会通过省文明委复查，连续 10 年保持了"省级文明单位"称号。

加强理论武装，保持正确方向 各级工会按照学懂弄通做实的要求，分专题学习研讨，分层次教育培训，引导广大工会干部加强对习近平新时代中国特色社会主义思想的学习运用，加强对习近平总书记关于工人阶级和工会工作重要论述的学习转化，用最新理论指导实践，增强"四个意识"，坚定"四个自信"，做到"两个维护"，保持正确的政治方向。

筑牢思想之魂，汇聚奋斗伟力 各级组织劳模、工会干部，举办党的十九大精神宣讲会、报告会、交流会 1200 余场次，覆盖职工 63 万人次，通过讲创新理论，讲身边故事，推动习近平新时代中国特色社会主义思想和党的十九大精神走进基层、深入人心,引导广大职工群众坚定理想信念,矢志不渝听党话、跟党走。深化"中国梦·劳动美"主题教育,成功举办全市职工演讲比赛、庆祝改革开放40周年摄影展,联合开展"四为五型"文化班组创建,加快工人文化宫功能回归,扩大"职工书屋"覆盖面。开辟"工会在身边"电视栏目,开展"弘扬工匠精神,助推动能转换"系列报道,唱响了"劳动光荣,创造伟大"的时代主旋律,引领广大职工筑梦新时代、奋斗新征程。

强化时代担当,助力高质量发展 向全市广大职工发出了《弘扬工匠精神,岗位建功立业,争当助推新旧动能转换时代先锋倡议书》,聚力重点产业、重点工程、重点项目,广泛开展"当好主力军、聚力新动能、建功新时代"劳动竞赛,广泛开展"工人先锋号"创建活动,积极推进企业"五小"竞赛、"安康杯"竞赛、"查保促"活动。评选表彰了一批全国和省、市级先进集体、先进个人和"工人先锋号",汇聚服务市委、市政府中心任务的合力。成功举办涵盖49个工种的全市第八届职工职业技能大赛,选派5支代表队参加了全省总决赛,带动50万职工技能练兵、比学赶超。启动技能人才建设工程,评选了首届10名"鲁班工匠",选树了2名"齐鲁工匠",创建了13家全国、省、市级劳模和工匠人才创新工作室,评选了一批创新示范企业、班组和个人,带动创新创效,服务加快新旧动能转换。精准施策助力乡村振兴,落实助力乡村振兴十项措施,实施返乡农民工创业行动,组织城乡、村企工会结对共建,强化技能培训、创业扶持、典型示范。推荐表彰省级优秀农民工、农业劳模10名,发挥先模作用,引领创办产业合作社,全市工会助力农村产业振兴形成热潮。

强化主业担当,突出维权服务 维护权益更加用心。实施"集中要约行动",全市新签订工资专项集体合同147份,覆盖289家企业、2.4万职工,"1+3"合同的签订率、履约率持续提升。开展"工会与行政沟通协商机制提质增效年"活动,积极参与新旧动能转换和"去产能"过程中职工权益维护工作,持续推动职代会、厂务公开民主管理规范化建设。成立职工法律维权服务站,开展"送法进企业"活动,开办"法律援助在线"节目,办结来信来访210件,办理法律援助58起,126人次享受到法律援助服务,广大职工进一步感受到法律的公正和温情。服务职工更加用情。筹集帮扶资金1048万元,走访困难职工家庭6940户,救助345名大病职工,资助1372名困难职工子女,慰问10135名高温作业职工,提供下岗失业职工就业岗位3240个,"四季服务"增强了职工的获得感。举办心理健康公益巡讲,组织702名一线职工疗休养,为3712名职工和劳模健康体检,互助保障惠及1.6万名职工,普惠服务增强了职工的归属感。省级开发区职工服务中心全部通过检查验收,12家示范性"妈妈小屋"为女职工提供便利,职工服务阵地全面提档升级,职工之家增强了职工的幸福感。脱贫解困更加用力。坚持精准识别、精准建档,整合力量、分类施策,9210户困难职工家庭脱贫解困,对267名存量困难职工实行动态管理、跟踪帮扶。筹集资金38万元,为峄城区峨山镇呼庄村、底阁镇大晁村修建了村委会、便民服务中心和道路。援助丰都县5万元,用于职工服务中心建设,助力打赢脱贫攻坚战。

强化改革担当,夯实基层基础 内外改革协同推进。改革市总工会内部机构。按照"三定"方案要求,整合了部室职能,优化了事业单位设置,理顺了机关与事业之间的关系,有效调整配置了人力资源。改革工作运行机制。建立了服务职工机制和工作评价机制，6项机制建设完成了2项。落实配备兼职、挂职副主席的改革要求，市和区（市）完成候选人推荐或任职工作。启动"智慧工会"建设工程，完成了3家新媒体宣传平台集成融合，筹备"齐鲁工惠"APP上线运行，实名制录入工会会员近30万人，初步搭建起服务职工新平台、新载体。内培外训提升能力。各级选拔50名优秀工会干部到非公企业挂职，强化实践锻炼，推动基层工作。举办和参加各类培训班696次，9358名工会干部接受了党建工作、工会工作和相关专业培训，政治素质、工作能力和业务水平实现新提升。基层基础底色渐浓。实施"新领域、新业态、新组织建会入会"集中行动，扩大八大领域建会覆盖面，新增会员8149人。资源配置倾向基层，全年对镇街工会规范化建设、职工之家建设、社会化工作者队伍建设等资金补助322.5万元。积极推进税务代收、财政划拨，经费收入稳定增长，夯实了工会事业发展的物质基础。强化经审监督，促进经费管理使用效能不断提升。

强化责任担当，从严管党治会 持续加强党的建设。召开党建工作会议、党风廉政建设会议，认真落实管党治党主体责任，全面完成巡察整改任务。从严落实八项规定，进一步规范办公用房，严格公车使用、差旅费报销和会议、接待管理，"三公经费"支出同比下降60%。探索推行工会系统"工人先锋号"党建品牌，推动党建向基层延伸，全覆盖拓展。市总工会在市直机关党建工作会议上作经验交流。深入转变工作作风。落实市委"九项行动"部署要求，持续深化"守纪律、转作风，提效能、促发展"作风建设年活动，开展"四不四再"作风整饬行动，专项治理"好人主义、圈子文化、码头

文化"，集中整治"庸懒散拖"问题，落实工会干部调查研究、信访接待、联系基层、服务职工工作制度，扎实推动"两学一做"常态化制度化，风清气正的政治生态逐步形成，干事创业的氛围更加浓厚。

（李淑丽）

市直荟萃

服务职工日益强化，文体竞赛展示公安风采 2月份举办了300人参加的民警春季趣味运动会；4月13日，枣庄市第八届全民健身运动会登山比赛在山亭区抱犊崮风景区举行。文化活动加强警营文化建设。1月24日至2月8日，市局精心组织各级获奖的民警组成文化下基层小分队，深入到八个分（市）局辖区内的乡村、社区、工矿，开展"送'福'进万家"等活动为广大人民群众书写春联、书法作品。3月6日，举办机关女民警庆"三八节"猜谜、心理健康服务活动。慰问特困民警群众暖心爱民。1月31日至2月8日，市局党委委员、政治部主任张鹏翔带领市局政治部、工会及各分（市）局负责同志到各分（市）局，通过走访慰问、扶贫济困、精神关怀等多种方式，进行重点帮扶、集中帮扶，把市局党委的关怀和温暖送到了困难民警的手中。

（枣庄市公安局工会）

助力机构融合，发挥工会作用 2018年，原枣庄市市区国家税务局与原枣庄市地方税务局市中分局合并成立枣庄市市中区税务局，机构合并后干部职工总人数达到400余人。市中区税务局工会面对新形势、新挑战采取多项措施，充分发挥工会作用，助力机构融合。搞好后勤工作，为税务会员办实事。每逢重大节日都严格按照规定及时组织好节日工会会员福利发放，为大家搞好后勤

服务，解决职工的后顾之忧。关心离退休老干部的生活，助力工会正能量。平时认真听取老干部的意见，并尽可能地采纳他们的建议，使他们感到老有所依、老有所乐。定期邀请老干部召开座谈会，充分听取他们的意见。文体活动，丰富职工文化生活。春训期间，工会组织开展了全员参与的趣味运动会，活跃了全局文化生活，有效了助力机构融合。

（枣庄市市中区税务局工会）

"6+X"模式催生十电高技能人才辈出
"6+X"职工技能大赛人才培养模式内涵："以六个'注重'打基础、强基本功；企业工会牵头组织多个职能部室全程督导、服务大赛参赛职工。"华电国际十里泉发电厂已连续举办5届职工技能大赛，积极运作以"6+1"模式为特色的职工技能大赛机制，总结提炼出《职工技能大赛实践与探索》工作成果，为企业培养出一大批高技能人才。2018年，在中国华电集团有限公司火电环保监督技能大赛上，职工马悦欣取得个人成绩第一，被授予"华电集团有限公司技术能手"，同时被推荐为国务院国资委"中央企业技术能手"；在中国华电集团有限公司火电集控运行技能大赛上，职工高飞和周明辉分别荣获一等奖和二等奖，同时被授予"华电集团有限公司技术能手"，高飞被推荐为国务院国资委"中央企业技术能手"；在第十一届全国电力行业职业技能竞赛（集控值班员）上，高飞取得个人第四名，被授予"电力行业技术能手"；周明辉被授予"电力行业优秀技能选手"；在华电山东公司党建工作技能大赛上，企业荣获团体赛二等奖，职工戈长城被授予"山东公司技术能手"称号。

（华电国际十里泉发电厂工会）

"五心一化"，凝心聚力促发展 枣庄移动公司打造"五心一化"工程，兄弟同心其利断金，凝心聚力促发展。"正心"工程，激发团队正能量，发挥党建思想引领作用；"暖心"工程，深化员工关爱、困难时刻探望互助等"暖心"工程计划；"戒心"工程，发挥纪检监察保驾护航作用，抓教育、抓执纪，强化不敢腐的震慑。"安心"工程，加强队伍建设，完善正向激励的考核体系，让干部员工"安心乐业"；"顺心"工程，作风建设一抓到底，切实提高支撑协同效率；"文化"工程，以文化人，以文育人，在理念、方向、行为、创新、环境等方面加强企业文化建设，凝聚团队合力。

（枣庄移动公司工会）

区市撷英

"双创"成果展点燃职工创新热情 为弘扬墨子创新思想和鲁班工匠精神，滕州市总工会举办了职工创新创造优秀技术成果展。300余名领导和省内外专家学者，以及30000名职工群众参观了展览。此次展览是近年来滕州市举办的参展规模最大、范围最广、内容最丰富的一次职工技术成果展。展区占地1万余平方米，分别展出了职工在工业、农业、城市建设、科教文卫等领域和"非物质文化遗产"、工艺品制作方面的550余项创新创造成果。市总工会会同市委宣传部、市科技局等部门，广泛宣传发动，精心筛选项目，科学设计布展，并在电视台、报社、党政办公网开辟专栏跟踪报道，使本次展览实现了职工参与广、技术水平高、创新亮点多、展出形式活、社会影响大，跃居一流大型展会行列。

（滕州市总工会）

深化和谐企业创建 市中区总工会会同区人社局、工商联、经信局联合开展2018年"集中要约"行动，组织企业开展和谐企业创建活动,山东泰和水处理科技有限公司申报了全国和谐企业。积极开展法律进企业活动,邀请枣庄市总工会法律顾问到枣庄中联进行法律讲座,推动企业工会依法开展活动。配合市中区人社局、发改局等12部门联合开展农民工工资支付情况专项检查,维护职工合法权益。市中区山东明公律师事务所荣获省工会职工维权法律服务示范单位称号。

(市中区总工会)

积极引领职工发挥主力军作用 薛城区总工会以"工人先锋号"创建活动为引领,带动职工岗位建功创一流。评选表彰了区"五一劳动奖章"20名、"工人先锋号"8家,为广大职工树立了学习榜样。创建全国和省、市级职工教育示范点、职工书屋,推荐省级"职工书屋"自建点12家,省级"职工书屋"示范点2家,市级"职工书屋"12家,市级"职工书屋"示范点3家。深化"中国梦·劳动美"主题活动,举办了全区职工演讲比赛,组织10多个单位、18名选手参赛,组队参加了全市职工演讲比赛总决赛;举办了第七届"工运杯"职工乒乓球比赛,丰富了职工业余生活。通过弘扬劳模精神、推进职工的宣传教育、广泛开展职工文体活动等,激发了广大职工的积极性和创造性,为实现薛城区"五城"同创工作目标添砖加瓦、加油助力。

(薛城区总工会)

夯实服务阵地,提升服务水平 山亭区总工会积极推动山亭经济开发区总工会的成立,有效扩大工会组织体系的覆盖范围,切实增强基层活力。成立了省级开发区职工服务中心,完善工会服务职工体系,提升了服务职工能力和水平。深化"四季服务",举办了2018年春送岗位暨"春风行动"就业招聘会;结合全区创卫工作,开展了"关爱职工、夏送清凉"慰问活动,并在农贸市场等创卫工作点设立服务站;广泛开展了困难职工子女"帮扶送教育"活动、"金秋助学"活动和元旦春节送温暖活动,提升了职工群众的获得感和幸福感。

(山亭区总工会)

"查保促" 安全生产活动持续开展 加强营造氛围,增强职工安全意识。峄城区总工会联合峄城区安监局开展"查保促"安全生产活动推进会议,组织各镇(街)、开发区总工会、大企业工会,现场观摩了"查保促"集中督导活动中的7家样板企业,宣传和推广了"安全生产随手拍""隐患排查奖励"、安全生产文化活动等经验做法进行了,进一步夯实了"查保促"活动的基础。加强督导,维护职工人身安全。4月份,联合峄城区安监局印发了"查身边隐患、保职工安全、促企业发展"活动2018年行动方案,并开展了集中督导活动,监督企业建立"查保促"工作台账,定期进行自查。活动多样化,推动"查保促"的不断深化。6月份,在福兴集团举办了全市煤炭系统安全知识竞赛,促进了煤炭企业安全生产水平不断提升。

(峄城区总工会)

"夏送清凉"受到职工一片赞扬 7月20日,台儿庄区总工会举办了"夏送清凉"慰问一线环卫职工活动启动仪式,枣庄市总工会和台儿庄区委、区政府主要领导出席活动仪式并讲话,标志着"夏送清凉"活动全面展开。活动期间,共为一线环卫职工送出了夏日清凉包531份,让他们感受到烈日酷暑下的一片清凉。市、区领导对广大环卫职工给予期望,就做好职工权益保障和关爱服务工作提出要求。希望广大环卫工人继续发扬艰苦奋斗、连续作战的精神,努力为宜居宜业台儿庄做出更大的贡献。环卫部门要始终把环卫工人的冷暖放在心上,着力改善工

· 228 ·

作条件和生活待遇，确保环卫职工的健康和安全。环卫工人们表示，市、区总工会用真诚的行动，使他们感受到了党和政府、工会组织的关怀，他们将继续再创佳绩，为美丽台儿庄再立新功。

（台儿庄区总工会）

以筑梦新时代，启航新征程 为深入贯彻落实习近平新时代中国特色社会主义思想，发挥工会组织的聚合作用，进一步提高职工精神文化水平，满足职工日益增长的精神文化需求，丰富职工业余文化生活，缓解工作压力，高新区总工会开展以筑梦新时代，启航新征程为主题的首届职工文化节启动仪式，共 400 余人参与，其中的节目都是机关、企事业单位一线干部职工自编自导自演。活动用艺术的形式弘扬民族优秀文化和中华民族传统美德，唱响时代主旋律，展现高新区广大职工爱岗敬业、无私奉献的精神风貌。通过活动的参与，广大职工树立了共同的荣誉感，归属感，形成了强大的凝聚力、向心力，从而展现高新区人砥砺奋进，精诚团结，挑战自我，力争上游的良好精神风貌。

（高新区总工会）

东营市总工会

工作综述

概况 东营市总工会（以下简称市总工会）辖东营、河口、垦利 3 个区总工会，广饶、利津 2 个县总工会，东营经济技术开发区、东营港经济开发区 2 个工会工作委员会，13 个直属产业（系统）工会和 25 个直管基层工会。市总工会机关设办公室、组织部（宣传教育部）、基层工作部（保障工作部）、生产保护部（女职工部）、财务部等 5 个参公部室和经费审查委员会办公室、调查研究中心、困难职工帮扶中心、职工技术协作中心及职工文化活动中心等 5 个事业单位。2018 年，市总工会获全国"安康杯"竞赛安全文化宣传工作先进单位、全国工会系统市级工会财务工作先进单位、"中国梦·劳动美"学习贯彻习近平新时代中国特色社会主义思想和党的十九大精神全省职工演讲比赛优秀组织单位、山东省第六届职工职业技能大赛数控加工中心操作工和钳工决赛团体优胜奖、东营市 2018 年"安全生产月"活动优秀组织单位等多项荣誉。

开展宣传教育活动 在学习贯彻习近平新时代中国特色社会主义思想和党的十九大精神的基础上，积极开展宣传教育活动，弘扬时代精神，提升职工队伍素质。一是开展主题宣传活动。以"中国梦·劳动美——学习贯彻党的十九大精神"为主题，推进新时代党的精神进企业、进车间、进班组。自 3 月份始历时两个多月，举办了全市职工演讲比赛将学习宣传活动推向高潮，并以组织评选第三届"东营最美职工"深化活动内容，增强宣传效果。二是弘扬劳模时代精神。择优推荐山东省劳动模范和先进工作者及全国五一劳动奖，组织召开东营市庆"五一"国际劳动节大会，评选表彰东营市五一劳动奖。

4 月 26 日，在东营宾馆召开全市庆祝"五一"国际劳动节大会

五一期间集中一个月时间，在东营各大新闻媒体开辟工会专栏，宣传劳模精神、劳动精神、工匠精神，以先进思想教育职工、引领职工。三是丰富职工文化生活。以实现企业、职工双赢发展为基础，打造"齐鲁文化大道"工作品牌，推进企业文化、职工文化建设。以规范建立职工书屋，夯实企业文化阵地，不断满足职工文化需求。同时，还组织开展了全市职工乒乓球、象棋比赛；组稿参加了"中国梦·劳动美"第五届全国职工书画、摄影展；进企业开展"送万福、进万家"书法志愿服务活动，以形式多样的文体娱乐活动凝聚职工思想、丰富职工生活。

提供法律维权服务　在制定下发《东营市总工会维权工作十条意见工作方案》的基础上，创新机制，搭建平台，全方位提供法律援助服务，切实维护职工群众的合法权益。一是创新开展工会组织"法人资格登记"，赋予基层工会合法权益，落实工会主席法人资格制度，依法开展工作。二是与东营市司法局、东营市律师协会联合成立工会法律援助工作站，聘请18名律师轮流值班，提供法律服务。三是依托市总工会法律服务律师团在东营广播电视台《民生说法》和《法律帮帮团》等栏目讲法、释法，宣传法律知识。四是针对法律意识相对淡薄的农民工群体，在建筑工地、劳务市场等相对集中的场所组织开展"送法进企业"和"尊法守法·携手筑梦"行动24场次，宣传法律法规，现场提供服务。

推进工资集体协商　在深入调研做好基础性工作的前提下，先行先试，发挥典型引路作用，推进工作全面铺开。一是洽谈签约4个律师事务所、12名工资集体协商指导员，为开展工作保驾护航，2018年共接待法律咨询120余人次，化解劳资矛盾15起。二是协商制定《签约律师事务所工资集体协

商工作专项管理考核办法（试行）》，建立督导机制，划分责任片，保障工作落实。三是制定了《关于进一步深化行业性工资集体协商工作的实施意见》，重点突破行业内工资集体协商工作，选树垦利区郝家镇汽车行业等2家行业协商和河口区黄河口创业园等3家区域协商作典型，不断总结经验，推进工作。2018年，在"集中要约"行动中，共发出要约1073份，企业全部应约，有1050家国有、集体及规模以上非公有制企业签订《工资集体协商协议书》。

保障职工安全生产　以引导职工参与"查身边隐患、保职工安全、促企业发展"群众性安全生产活动为抓手，保障生产安全。一是营造安全生产氛围。启动安全生产月专项行动，发动职工开展"安全隐患随手拍"，组织"生命至上安全发展"演讲比赛等，广泛征集"安全生产合理化建议"，积极营造安全生产氛围。搭乘"安康杯"竞赛活动，订购《全国职工劳动安全卫生防护与自救逃生知识》等图书，开展安全知识问答，提高职工安全生产意识和安全防范能力。同时，参与组织了文明出行"礼让斑马线"专项行动，营造全员珍视生命健康、参与安全活动氛围。二是完善安全生产制度。修订完善了《东营市总工会职工排查安全生产事故隐患奖励办法（试行）》和《东营市总工会安全生产事故隐患举报管理办法（试行）》，坚持"全员查改、四级联动、按标分类、分层奖励"原则，发放9.7万元奖励资金。将"查保促"群众性安全生产活动纳入对基层工会组织的综合考核，督促工作落实。三是深化安全提质增效。制定了2018年全市"查保促"群众性安全生产活动实施方案，确定以"落实全员安全责任，促进企业安全发展"为主题，采取以会代训的形式，组织安全培训，提升工作能力，指

导企业落实安全员制度，推进职工安全生产。至 2018 年底，全市有 1916 家企业开展了"查保促"群众性安全生产活动，参与职工 13.1 万人次，查出安全隐患 3338 项，完成整改 3109 项。

激励职工创新创造 围绕全市新旧动能转换重大工程建设，大力开展劳动技能竞赛，激励职工创新创造，助推经济发展。一是开展了以"当好主力军、聚力新动能、建功新时代"为主题的劳动竞赛月活动。修订完善《全市行业性职工职业技能竞赛计划管理暂行办法》，指导全市 35 个行业系统开展了 79 个工种的技能竞赛，参赛职工达 10 万余人次，为职工岗位成才搭建平台。二是组织开展了第十三届职工职业技能竞赛，围绕石油装备、有色金属和石油化工等重点行业，设置了车工、钳工、维修电工等 7 个工种的比赛，经 8 支代表队的 247 名选手竞技，评选出优秀等次，并对各工种获得第一名的选手授予东营市五一劳动奖章。三是组织开展了以技术创新、服务创新和管理创新为主要内容的职工创新竞赛，评选市级创新能手 7 名，创新成果 41 项，选树劳模和工匠人才创新工作室 6 个。四是在调查研究的基础上，修订完善《"东营金牌工匠"选树

10 月 18—19 日，第十三届职工职业技能竞赛比赛现场

管理办法（暂行）》，对选树程序进行细化，增加对全过程的监督管理，确定了基层推荐、资格审核、公众投票、专家评审、社会公示和命名通报等六个环节，使选树工作更加科学合理。2018 年，选树命名"东营金牌工匠"10 名。同时，还组建"东营市金牌工匠"宣讲团下基层巡回宣讲，弘扬工匠精神，传播技能知识，发挥示范带动作用，以身边人、身边事感召职工群众。

做好女职工工作 一是提升女职工素质。发挥工会女职工培训示范学校的辐带动作用，举办形式多样的培训班、讲座、流动课堂 938 期次，提升女职工技能素质。启动实施"女职工幸福工程"，选聘 6 名优秀讲师，在全市举办讲座 89 场次，做实做细"女职工幸福大讲堂"活动。二是保障女职工权益。在组织女职工维权宣传月活动的基础上，整理编发《东营市总工会女职工专项集体合同资料汇编》，修订国有企业、规模以上非公有制企业、外商投资企业等 7 个经济组织的合同范本，规范签订程序，强化履约监督。指导签订女职工专项集体合同 787 份，涵盖职工 54465 人。三是关爱女职工生活。授牌命名 2017 年度 32 家"妈妈小屋"和 5 家"示范妈妈小屋"，发放奖励资金 12.4 万元。新建"妈妈小屋"42 家。组织开展了"安全幸福家书"征集活动，评选出 30 篇优秀家书结集出版，并在东营广播电台连续播放。评选了 23 个职工和谐幸福家庭。同时，积极开展帮扶送教育活动，为 69 名困难女职工子女每人发放 2000 元助学金。

实施困难职工救助 一是做好困难职工解困脱困基础工作。参照全国工会帮扶工作管理系统数据，对在档的 968 名困难职工分区划片，依托"惠工益"平台建立联系人制度，进行家访，摸准实情，制定帮扶措施。争取省总工会拨付中央帮扶资金 376.8 万

元，省财政帮扶资金 61 万元和省总工会帮扶经费 10.8 万元，市财政配套资金 74 万元，为开展帮扶救助奠定基础。二是做好困难职工日常帮扶工作。适时开展了春送岗位、夏送清凉、金秋助学和冬送温暖"四季服务"活动，全覆盖救助困难职工。2018年，全市各级工会累计走访企业、工地 193家，慰问职工 1.12 万人次，救助困难职工1149 户，同时组织工会招聘会 17 场次，为3.38 万人次提供就业创业服务。另外，协调供电系统为了困难职工每月免费发放 15 度电量款，减轻困难职工家庭负担。三是做好对广大职工的普惠服务工作。探索推行以工会牵头主导，合作银行协助东营便民服务有限公司洽谈签约优惠商家的运作模式，深化实施工会惠员工程，开发"汇员惠"APP 平台，新推广发放惠员服务卡 2 万余张，建立工会会员服务基地 270 家，多措施满足职工多元化需求。

（张梦华）

市直荟萃

创建服务型工会组织 2018 年，东营市医务工会在深入调研的基础上，确定了"走进基层、服务职工"的工作方向，广泛听取意见建议，以满足职工需求为目的开展活动，创建服务型组织。一是以"引领时代风尚"为目的，举办了"弘扬雷锋精神 护佑百姓健康——东营卫生计生志愿服务在行动"系列活动，在 3 月份里，共组织开展健康宣传、免费义诊、街头医生等服务活动 12次，有 20 个医院的 64 名医务工作者积极参加。二是以"提升技能素质"为目的，联合开展了职工技能竞赛，分五期设置了 11 个专业的比赛，参赛职工达 7500 人次，大力营造尊重知识、尊重人才的良好氛围。三是

以"关注身心健康"为目的，举办了卫生计生系统第二届职工运动会，有 14 支代表队的 1168 名运动员参加了包括足球、乒乓球、篮球、羽毛球、田径等 10 个大项和 27 个小项的角逐，增进感情交流，活跃职工身心。

（许光明）

开展"换动能、提质量、促升级"劳动竞赛 为贯彻落实工会工作适应新旧动能转换的总体要求，服务经济发展，东营交通运输集团公司工会联系实际，实施了"换动能、提质量、促升级"劳动竞赛。以组织开展"赛学习、赛技能、赛安全、赛创新"等系列活动，促使职工转变思想，提高政治觉悟、提升业务水平，保障安全生产。2018年，组织教育培训 40 余场次，取得技能资格证书的职工达公司职工总数的 50% 以上，企业安全行驶 3976.11 万车公里无较大责任事故，被全国总工会、应急管理部授予"安康杯"竞赛优胜单位。中标成为市政府公务用车服务单位，承担起东营区政府全部公务用车服务。

（王子明）

多形式开展文体活动 2018 年，东营市自来水公司工会依据职工需求，不断健全硬件设施，多形式开展文体娱乐活动，丰富职工文化生活。一是健全基础设施。购置图书3000 余册建立了职工书屋，完善借阅制度，方便职工学习。购置多种健身娱乐器材，充实完善了乒乓球室、台球室、棋牌室及篮球场等活动场所，满足职工业余文体活动需求。二是开展文体活动。围绕"增强体质、展示风采、鼓舞士气、共建和谐"的主题，组织女职工开展了"我健康、我快乐"庆三八健步行活动；举办了公司第八届职工趣味运动会，有 140 余人次参加拔河、跳绳、乒乓球等 7 个项目的比赛；聘请专家开展了职工健康讲座；组队参加"2018 黄河口国际

马拉松赛"等活动，引导职工健康成长、快乐工作。

（刘　毅）

县区撷英

加强基层工会规范化建设　东营区总工会以开展"基层工会组织规范化建设落实年"活动为突破，不断夯实工会基础，提升工作质量。一是组织"八大群体"建会入会集中行动，采取"党委统一领导、部门齐抓共管、工会认真落实、职工积极参与"的工作措施，以点带面，推广经验。二是精选12名工会工作指导员到非公有制经济组织和社会组织挂职，指导工会工作。三是广泛开展"会员评家"活动，征集职工建议100余条，推动"六有""四双"工会组织建设。四是指导工会组织按时换届，规范建设。至2018年底，新建工会组织36个，发展会员5240余人，其中"八大群体"建会26家，发展会员1768人。

（朱　鹏）

建立"职工之家·法律驿站"　为做好法律服务工作，推动企业劳动合同签定和工资集体协商，维护职工合法权益，河口区总工会依托经济开发区职工服务网络，建立了4个"职工之家·法律驿站"，将维权工作重心前移，主动抓维护、搞服务，推进工作落实。一是广泛宣传法律知识。通过下基层进企业，与职工面对面交流，宣传法律法规，讲解法律条文。二是与企业建立联动机制。为争取工作主动，与园区内近百家企业建立联动配套机制，完善法律服务档案，开展按需服务，真正让企业、职工找到"家"感觉。2018年，下基层开展法律宣传14场次，处理职工来信来访21件次，接待法律咨询6场次，服务职工218人，办结1起法律仲裁案件，帮助追讨欠薪15万元。

（韩学花）

打造"四点半学校"　为打造关爱职工、服务职工工作品牌，垦利区总工会针对小学阶段的企业职工子女放学时间与职工下班时间不对接的情况，投资17万元，在新落成的垦利区工人文化宫建立了"四点半学校"，帮助接送代管放学后的职工子女，为他们提供规范秩序的学习环境，解决后顾之忧。"四点半学校"重点面向上小学的双职工子女，对年龄与身体健康状况作严格要求，符合条件的学生应收尽收。采取有偿公益服务的形式，要求每名学生每月交纳1元钱，用于购买图书。在日常管理中健全完善了"家校衔接制度、二维码签到制度、志愿服务制度和安全防护制度"，以制度规范运营。"四点半学校"不仅照看孩子，同时还帮助辅导作业、开设兴趣课堂等，让学生在安全、舒适的环境里快乐学习、快乐成长。

（车纯敏）

做实做细职工维权工作　2018年，广饶县总工会抓住职工维权本质，从基础入手，做实做细职工合法权益维护工作。一是开展工资集体协商。在组织全县工会干部工资集体协商工作培训班的基础上，以工会与行政沟通协商机制建设层级管理为抓手，开展工资集体协商集中要约行动。签约山东高格律师事处所和山东广胜律师事务所，协助指导企业开展工资集体协商工作。二是推行职工董事（职工监事）制度。分片包干，落实责任，狠抓100人以上的非公有制企业工作，确保建制率达到了100%。三是宣传法律，提供法律服务。发挥工会法律援助和服务律师团的作用，下基层宣传法律17场次，提供法律服务21件次。四是组织心理健康服务活动。以疏导职工心理为目的，开展了20场次心理服务报告会，服务职工1470余次。

五是总结经验，扩大影响。在总结工作经验的基础上，拍摄以劳动关系协商协调为主要内容的微电影《商量》，积极推荐参加全国第三届平安中国微电影比赛。

（张玉增）

实施女职工素质提升工程　利津县总工会在提升女职工素质工作方面出真招、抓落实，一是在全县范围内多形式举办"女职工幸福大讲堂"。首先，是在充分调研的基础上，搜集整理问题，以问题为导向选择讲授内容，满足女职工需求，提升整体素质；其次，是深入企业车间、生产一线代企业培训，开展专题业务讲座，帮助提升技能素质。二是依托"妈妈小屋"创建营造关爱女职工氛围。积极督促车站、旅游景点、大企业及幼儿园等建立"妈妈小屋"，并切实管好用好。2018 年，新建 5 家"妈妈小屋"，小屋数量达到 13 家。三是举办特色活动。组织了以"引领女性阅读·建设文明家庭"为主题的"书香三八"读书征文活动，征集作品 65 篇，评选了 20 篇优秀作品编印成册。开展了"安全幸福家书"诵读活动，有全县 26 个基层组织的 32 名选手参加比赛。四是协助市总工会筹备在利津县召开"全市工会女职工重点工作现场推进会"，并作典型发言。

（李金娜）

烟台市总工会

工作综述

概况　烟台市总工会辖 6 区、7 市、1 县，共 14 个县市区总工会和昆嵛山保护区、保税港区 2 个工会工作委员会，5 个市直产业工会（交通海员工会、医务工会、私营企业工会、建设工会、供销社工会），21 个市直系统工会，65 个市直属单位和中央、省属驻烟单位工会。机关内设机构有办公室、组织部、宣传教育部、生产保护部、权益保障部、基层工作部、财务资产监督管理部、私营企业工会委员会。直属事业单位有烟台市总工会经费审查委员会办公室、烟台市职工技术协作委员会办公室、烟台市职工服务中心、烟台国际海员俱乐部、烟台市工人文化宫、烟台市工人疗养院。截至 2018 年底，全市基层工会组织 1.7 万个，涵盖单位 4.3 万家，职工人数约 169 万人，工会会员 164 万人。2018 年，烟台市总工会以深化"建功烟台·工会在行动"品牌工作为主线，全面履行工会职能，各项工作取得新成效。工会助力乡村振兴等工作在全省会议上作典型发言；财务工作荣获全国、全省"工会财务工作先进单位"；经审工作荣获全省"工会经审规范化建设特等奖"，市总工会荣获"山东省工会工作创新奖"，被市委市政府授予"市直先进集体""制造业强市建设先进集体"等称号，机关继续保持省级文明单位称号。

突出"四个强化"助力振兴乡村　认真落实省总工会参与乡村振兴十项措施，发挥烟台农业大市、海洋大市、水果之乡优势，创新思路举措，坚持四个强化，在乡村振兴中彰显工会新担当。强化示范引领，汇聚振兴乡村新能量。向全市 2514 名农业劳模和全体劳动者发出倡议，号召他们坚定理想信念、自觉听党话跟党走，开展双招双引、建设富饶家园，践行新发展理念、建设美丽家园，倡树文明新风、建设和谐家园。建起农业劳模微信群，既能沟通学习，又能推广展示，有 50 多个村到先进村庄参观取经。借助工会资源优势，在 10 个美丽乡村建立劳模疗休养基地，既拓展了劳模疗休养阵地、增加村集体收入，又为劳模互通有无、资源互补搭建平台。精心选择由农业劳模领衔打造的全国十大最美乡村、中国"樱花小镇"——莱阳濯村，中国最有魅力休闲乡村——蓬莱马家沟等 50 处全国全省美丽乡村作为工会乡村振兴示范基地，为其他村庄树立标杆，拓展思路。2018 年 9 月 6 日，在蓬莱召开助力乡村振兴劳模座谈会，与会农业劳模实地观摩了丘山山谷民俗庭院、葡萄酒庄等，大家畅所欲言、集思广益，共同为乡村振兴建言献策。利用日报、电视、电台、网站和工会微信公众号，大力宣传农业劳模事迹，并围绕乡村振兴主题，组织职工艺术团到农民工聚集的芝罘区幸福街道慰问演出，为乡村振兴营造氛围。强化劳动竞赛，展现振兴乡村新作为。在旧村改造工地开展"五比一创"竞赛。福山区门楼镇仉村周村 4 万平方米的棚户区改造项目 2018 年 10 月份开始动工，确保 2019 年底 424 户居民顺利回迁。联合公路、水利、供电等部门，在参建企业中开展"当好主力军、聚力新动能、建功新时代"劳动竞赛，在返乡就业创业农民工中开展"五小"竞赛，50 多家企业、万名农民工踊跃参与。广大农业劳模积极发挥各自特长和优势，招商引资和招才引智竞赛在广袤的农庄和渔村如火如荼地展开，仅莱阳濯村和光山村招商打造的田园文旅小镇、装配式产业园的投资额就达 160 亿元。在各级工会外派第一书记中开展党建工建、村容村貌、基础设施建设竞赛，争取和引进扶贫资金 600 多万元。引导鲁花、龙大等企业工会主动与乡村"联姻"，拉长产业链条、带富一方百姓。发动供销社、东方电子等工会开展测土配方施肥、节水灌溉等技术推广。强化维权服务，彰显振兴乡村新担当。依托工会培训机构和农民夜校，有计划地培训近万人次返乡农民工。依托各级工友

创业园、工友实训基地等平台，扶持有创业意愿和能力的农民工实现创业。全市 24 个工友创业园和实训基地帮助 2000 多名农民工创业，带动 5 万农民工就业。扎实开展"尊法守法·携手筑梦"法治宣传、"向日葵"心理关爱、"职工驿站"建设等活动，共为农民工开展法律讲座 11 场次，培训 2000 多人次，提供法律咨询 580 人次，追讨欠薪 80 多万元，新建职工驿站 68 个，举办心理知识讲座 50 多场次，服务农民工 2000 人次。强化组织保障，夯实振兴乡村新阵地。与市委组织部联合出台《关于深化"党建带工建、党工共建"，大力加强基层工会组织建设的意见》，以党建示范区建设为契机，推动工会组织向乡村延伸，实现基层党组织和工会组织阵地、队伍、活动和资源共建共享。

召开市总工会十八届四次全委会　2018 年 2 月 28 日，烟台市总工会召开第十八届委员会第四次全体会议。会议认真学习贯彻习近平新时代中国特色社会主义思想和党的十九大精神，贯彻落实市委、省总工会一系列决策部署，总结了 2017 年的工作，表扬先进，部署了 2018 年的任务。烟台市委副书记王继东出席会议并讲话。烟台市人大常委会副主任、市总工会党组书记、主席刘洪波向大会作工作报告。王继东强调，各级工会组织和广大工会干部要坚持正确政治方向，自觉用习近平新时代中国特色社会主义思想统领工会工作。要聚焦服务中心大局，在投身新旧动能转换重大工程中建功立业。要牢固树立宗旨意识，不断满足职工群众日益增长的美好生活需要。要全面抓好自身建设，着力增强工会组织政治性、先进性、群众性。报告要求，要统一思想、提高站位，坚持用习近平新时代中国特色社会主义思想和党的十九大精神来统领工会工作。聚焦中

心、建功立业，深化推进"重点工程立功行动""烟台工匠孵化行动""职工技术创新竞赛深化行动""争当创新创业先锋行动"，在加快新旧动能转换、打造先进制造业强市中勇立新功。突出维权、竭诚服务，推进工资集体协商提质增效，深化企业工会与行政沟通协商机制建设，扎实做好职工普惠性服务工作，进一步做实叫响"职工之家"和"娘家人"的称号。深化改革、夯实基层、激发动力，不断推进工会企事业健康发展，切实提升工会的社会影响力。蓬莱市总工会、莱阳市总工会、牟平区总工会、龙口市总工会、上海通用东岳基地工会和龙矿集团工会作了交流发言。

一张"工会卡"普惠百万职工 2018年，烟台市总工会创新推出了"工会卡·惠职工"服务职工群众新模式，以"工会会员优惠服务卡"（简称"惠员卡"）为载体，集会员身份识别和帮扶救助、补充住院医疗保险、职工维权法律服务、线上购物优惠、线下便利生活服务等多种功能为一体，为全市工会会员提供普惠服务。特别是赠送"补充住院医疗保险"，真正让职工群众感受到实实在在的获得感。凡是按规定缴纳基本医疗保险的持卡在职工会会员，开卡后连续6个月卡内日均资产达到1000元的，在保险期内符合城镇职工基本医疗保险统筹支付范围内的医疗费用，扣除住院起付线后，达到0.8万元即给予理赔，每人每年最高可享受5万元的赔偿，带病职工也可参保，且无等待期，保险生效次日住院就可理赔，多次累加达标后也可理赔。截至2018年底，发放工会会员优惠服务卡20多万张，为1642名工会会员报销医疗费用345.8万元，有效缓解了部分职工家庭"因病致贫、因病返贫"问题，经验做法在烟台市委《决策参考》刊登。

吹响建功新旧动能转换重大工程"进军号" 2018年4月25日，烟台市召开庆祝"五一"国际劳动节暨建功新旧动能转换重大工程动员大会，传达学习落实省委、市委和省总工会关于全面展开新旧动能转换重大工程的一系列部署要求，表扬先进集体和先进个人，动员全市各级工会组织和广大职工进一步统一思想、迅速行动，积极唱响"建功烟台·工会在行动"的主旋律，在加快推进新旧动能转换重大工程建设中充分发挥工人阶级主力军作用。市委副书记王继东出席会议并讲话，市人大常委会副主任、市总工会党组书记、主席刘洪波主持大会。大会表扬了2017年度烟台市五一劳动奖章（状）、首批烟台工匠、工人先锋号和创新型班组等先进单位和先进个人，并为2018年6个重点工程立功竞赛项目部授旗。万华实业集团工会和上汽通用东岳动力总成设备管理组负责人作了表态发言，首批"烟台工匠"代表于建友宣读了《烟台工匠建功新旧动能转换倡议书》。受表扬的烟台市五一劳动奖状、五一劳动奖章和工人先锋号代表，首批"烟台工匠"，劳动模范代表，重点工程立功竞赛赛区代表，创新示范企业、创新能手、创新型班组代表，职工优秀技术创新成果获奖者代表，县市区和市直单位工会干部及部分职工代表参加会议。

实施"烟台工匠孵化行动" 2018年4月28日，烟台市总工会与市经信委、科技局、财政局、国资委、知识产权局、工商业联合会印发了《关于实施"烟台工匠孵化行动"的意见》。着力强化"一个建设"，搭建"四个平台"，即强化思想政治建设，搭建技能培训、成长成才、创新实践和带徒传艺四个平台。开展订单式技能培训和职工职业技能大赛，每年选拔产生200名烟台市首席工人和各级创新能手，评选10名"烟台工匠"，给予一次性奖励一万元，授予"烟台市五一劳动奖章"。每年遴选100名师傅与学徒签订《师徒结对协议书》，进行重点关注和跟踪服务。《意见》配套下发"烟台工匠"选树管理办法（试行）、烟台市工匠孵化基地管理办法（试行）、烟台市"劳模创新工作室"和"工匠孵化工作室"管理办法（试行），设立专项资助资金，用于扶持各类工作室活动经费。2018年7月11日，市总工会举行"烟台工匠孵化基地"授牌仪式座谈会，并为首批10家"烟台工匠孵化基地"单位授牌。截至2018年底，经过各级工会精心打造，县市区和市直大企业共挂牌成立50多家工匠孵化基地，李红新荣获"齐鲁大工匠"称号，孙志辉、史彩言、金晓3名职工荣获"齐鲁工匠"称号。培育10名"烟台工匠"，全市创建各类工匠创新工作室、工匠孵化工作室1530多个。

打造职工维权律师团队 2018年5月17日，烟台市总工会、市司法局、市律师协会召开烟台市职工法律服务工作座谈会，命名首批"烟台十佳职工维权律师"。市人大常委会副主任、市总工会党组书记、主席刘洪波，市司法局党委书记、局长时光，市律师协会会长王建平等出席座谈会。座谈会上，命名通报了首届烟台市"十佳职工维权律师"，并授予10个律师事务所"烟台市职工法律服务站"。受到法律援助的农民工代表和职工代表讲述了市总工会职工服务中心和职工维权律师，帮助他们追讨工资和伤残补偿的经历，表达对工会组织、司法部门及职工维权律师的感激之情。"十佳职工维权律师"、山东三和德通律师事务所律师邹秀圆向全市律师发出倡议。"烟台市职工法律服务站"、山东星河泰律师事务所王立云作了交流发言。各县市区总工会的分管主席、保障部长，司法局的分管局长、律师管理科

长，"十佳职工维权律师"获得者及部分律师事务所律师代表参加了座谈会。2018年，市职工律师服务团队共化解劳资纠纷369件，开展"尊法守法·携手筑梦"法律讲座100余场次，为农民工讨薪204万元。

开展安全生产月系列活动 2018年6月1日至30日，市总工会在全市范围内集中开展安全生产系列活动。组织开展"百万职工网上学安全""我最喜爱的安全生产宣传标语"活动，职工网上学安全达到40万人次。组织开展"安康杯"竞赛"回头看"活动。对各级各单位工作开展情况进行抽查，全面查漏补缺。组织开展群众性劳动保护"合理化"建议征集活动。设立职工查保促及合理化建议专项奖励资金20万元，对查保促活动和职工提出的涉及劳动保护合理化建议进行奖励，发动1.8万家企业参与查保促，为全市安全生产保驾护航。建立查保促专家人才库，定期不定期组织人才库专家到全市化工、建筑、交通等高危行业进行专题讲座，指导企业全面梳理安全生产法律法规和标准，对企业安全生产进行督促检查，从源头减少安全事故的发生。

召开市总工会十八届五次全体会议 2018年7月26日，烟台市总工会第十八届委员会第五次全体会议召开。会议传达学习习近平总书记视察山东、视察烟台重要讲话精神和省委十一届五次全体会议、市委十三届五次全体会议、省总工会十四届十次全体会议精神。大会审议通过了《关于深入学习贯彻习近平总书记视察山东视察烟台重要讲话精神 团结带领广大职工奋力推动烟台高质量发展的决议》。市人大常委会副主任、市总工会党组书记、主席刘洪波对深入学习贯彻习近平总书记视察山东、视察烟台重要讲话精神，全面落实省市委和省总工会系列部署，圆满完成全年目标任务进行了部署。

芝罘区总工会、烟台经济开发区总工会、莱阳市总工会、蓬莱市总工会、烟台冰轮集团工会、烟台交运集团工会等18个单位围绕"建功烟台·工会在行动"品牌创建工作分别作了典型交流。会议要求，要筑牢根基、勇于创新，不断把工会组织建设得更加坚强有力、更加充满活力。树立大局意识贴紧党政中心，抓好顶层设计，为党政分忧、为发展建功、为职工谋利。深化建功行动，大力开展"当好主力军、聚力新动能、建功新时代"劳动竞赛，实施"烟台工匠"建设工程，参与乡村振兴战略，开展"创新创业大赛"、安全生产"查保促"和"我与企业共兴荣"活动，为烟台高质量发展贡献工会智慧和方案。

"党工共建"激发基层活力　2018年，市总工会以"筑根基、强基层、增活力"为目标，探索"党工一体"工作模式，进一步健全落实党建带工建、工建促党建工作机制。在组织指导上，市委组织部与市总工会联合出台了《关于深化"党建带工建、党工共建"，大力加强基层工会组织建设的意见》。通过市"党建带工建、党工共建"工作联席会议、签订党建责任书，实现非公企业党建工建同部署、同检查、同考核。在资源整合上，指导企业普遍实行职工文体场所与党员活动场所一体化，设施和经费共享，做到优势互补、联动发展。党组织和工会领导班子实行"双向进入、交叉兼职"，实现领导资源优化配置。在活动统筹上，把党组织"一规范两保证"与工会模范"职工之家"建设有机结合，搭建"党员示范岗"、工匠孵化室等创先争优平台，组织开展群众性劳动竞赛和科技创新活动。打造以"工会会员服务卡"为依托的普惠化服务品牌，完善四季服务、法律援助、法律监督、集体协商和民主管理维权工作体系。2018年，共打造市级党工共建示范点22家，辐射带动基层企事业单位深入开展党工共建，使党组织在职工群众中的政治核心地位日益凸显，工会组织成为企业发展的好帮手和职工贴心的"娘家人"。

"五大转变"彰显烟台工会新作为　2018年，市总工会坚持解放思想，转变作风，推动工会工作"五大转变"。目标定位由"自满自足"向"主动对标"转变。通过组织到宁波集中培训、参观中集莱福士"蓝鲸一号"、观看爱国影片、学习郑德荣等7位同志先进事迹等，激发干部对标先进、勇争一流的干事创业激情。工作方式由"闭门造车"向"开门办会"转变。与市人社局、市科技局联合举办烟台市第六届职工职业技能大赛，在全市40个行业开展了1000多场次的技术比武和技能竞赛。与经信、科技、财政、知识产权等部门联合下发《关于实施"烟台工匠孵化行动"的意见》，联合市司法局、市律师协会命名烟台市"十佳职工维权律师"。服务理念由"自弹自唱"向"普惠职工"转变。举办为期3个月的40多场次广场系列文化活动。加快工人文化宫拆迁改造步伐，拆除违章建筑6000多平方米，同时加紧新文化宫内部装修和运营筹备工作。职工参与由"行政命令"向"互联网+"转变。通过"答题抢红包""参与得话费"等灵活形式，吸引40多万职工参与"百万职工网上学安全"、合理化建议征集、安全宣传标语评选，发动70万职工踊跃参与"查保促"活动。组织建设由"牌子工会"向"活力工会"转变。与市委组织部联合出台《关于深化"党建带工建、党工共建"，大力加强基层工会组织建设的意见》，促进基层党组织和工会组织阵地共建、队伍共抓、活动共办、资源共享。

命名首批"最美一线职工"　为深入贯

彻落实习近平新时代中国特色社会主义思想和党的十九大精神，弘扬劳模精神、劳动精神和工匠精神，营造劳动光荣、创造伟大的社会风尚和精益求精、埋头苦干的敬业风气，市总工会制定下发了《关于开展"寻找最美一线职工"活动的意见》。活动开展以来，全市各级工会组织高度重视、精心组织，严格审核、认真筛选，经过层层选拔，共推荐了57名事迹突出的一线职工。经市总工会初选，共产生了25名候选人。经网络投票和评委会评审，最终命名李强、范继阳、薛念启、杨德将、曲立琳、王媛、于晓东、刘文亮、吴庆辉、邱瑞松为烟台市"最美一线职工"，并授予"烟台市五一劳动奖章"。

王俊堂入选十大"全国最美职工"

2018年4月28日，中央宣传部、全国总工会在中国文明网向全社会公开发布一批"最美职工"先进事迹。山东华源莱动内燃机有限公司钳工王俊堂成功入选十大"全国最美职工"，他从一名普通钳工逐渐成长为山东省首席技师，并先后获得烟台市"五一"劳动奖章、省"富民兴鲁劳动奖章"和全国技术能手（享受国务院特殊津贴）。他领衔的创新工作室先后获得"山东省工人先锋号""山东省示范性劳模和工匠人才创新工作室"等各类荣誉。王俊堂成为"全国最美职工"是烟台市大力实施"劳模示范引领行动"和"烟台工匠孵化行动"结出的丰硕成果，充分展现了烟台市各行各业广大职工投身建功烟台主战场的创新激情和创业豪情。

建立首个海上"红色书屋"

2018年4月19日，烟台国际海员俱乐部联合有关部门在"京韩快航"号货轮上建立了烟台首个海上"红色书屋"，进一步丰富"建功烟台·工会在行动"品牌创建内涵，充分发挥了服务海员的职能作用。烟台国际海员俱乐部针对海员常年漂泊在海上，信息不通、知识不足的现实问题，联合烟台边防检查站、中国烟台外轮代理有限公司等单位积极建设海上"红色书屋"，设立专人管理，为海员建立党建知识学习园地，定期组织海员集体学习党的路线、方针、政策，教育引导广大海员坚定不移听党话、跟党走。

（邱春波　邢成刚）

市直荟萃

五措并举助力职工成才企业腾飞　万华实业集团工会时刻牢记习总书记提出的"国企要创新，不能抱残守缺"的重大嘱托，把创新融入企业生产经营管理各个环节。万华各级工会组织围绕助力企业创新驱动，全方位循环推进创新人才工程和平台建设。一是全面开展创新人才工程。通过创新人才工程，万华研发团队吸引150多名精英人才加盟，总人数达到2000人，成功研发3项高新技术，打破国外技术垄断，全年申请专利443件，并获得了第二十届中国专利奖优秀奖、2018年度石油和化工行业专利奖金奖；二是实施制度创新和机制创新。在建立了工匠技能人才的双序列机制的基础上，推行了班组标准化，畅通工匠发展的通道。三是全面开展职工创新、工匠孵化的培养和建设。选取了10个工匠创新团队，以工匠创新工作室为载体，以创新项目为纽带，在工艺、研发之间建立跨生产装置、跨工艺流程、跨运营项目的职工创新联盟，激发强劲的创新活力。四是搭建工匠比武平台。全年组织开展了100多场次技术比武竞赛，覆盖工业园60多套装置11000多人，带动营造了"比学赶帮超"的浓厚氛围。五是注重文化导向和主题宣传。通过企业内刊、微信公众号等进行广泛宣传报道劳模精神、工匠精神，掀起了争当劳模工匠的热潮。

（杨广宁）

大力推进和谐文化建设　2018年，烟台港集团公司工会大力创建"企业和谐文化建设"品牌，在创新中出实招、引导上见成效。完善服务机制，建立关心职工访谈制度，新入职职工必谈、职工生病住院必访、职工直系亲属亡故必访、职工家庭发生重大意外事件必访、困难职工必访、职工到龄退休必谈、职工工作受委屈必谈，真正在思想上重视职工、感情上亲近职工、行动上关爱职工。全年共走访调研基层174次，召开座谈会、恳谈会116人，访谈职工4100余人次。搭建文化平台。充分发挥各文体协会组织作用，自2018年2月，先后举办了扑克、网球、乒乓球系列比赛，举办了烟台港第三十一届职工运动会，全港各单位32支代表队2000余人参加了比赛，共有3人打破港运会纪录；积极参加市总工会"建功新时代·工会在行动"文化演出、"放歌新时代—烟台市纪念改革开放四十周年合唱展演"活动、市职工声乐、戏曲大赛等，多项节目获奖。全年共开展文体活动260场次，参与职工7000余人。提升服务能力。开展"清凉度夏·安康万家"活动，编印了《群众性劳动保护手册—防暑篇》，会同海港医院走进西港区开展"建设幸福烟台港·工会在行动—清凉度夏·安康万家"义诊咨询活动，发放了劳动保护手册和防暑药品。2018年，烟台港集团工会被授予"建功烟台·工会在行动"品牌建设工作红旗单位。

（蔡 恽）

多措并举推进职工技术创新　2018年，国网烟台供电公司把提升职工创新技术摆到重要位置来抓，取得明显成效。一是夯实创新根基。按照"三到位、四结合"（即创新质量工艺把关要到位、创新过程安全措施要到位、创新成果标准制定要到位；创新工作的实施与QC小组活动、六小活动和合理化建议紧密结合，与公司技能竞赛、实训比武紧密结合，与"班组大讲堂"活动紧密结合，与"金种子"人才培养工程紧密结合），积极组织职工参加技术创新竞赛和技能大赛，引导职工立足岗位勇于创新。二是拓展创新广度。通过优秀人才的知识传授、创新产品演示、创新创意大赛、职工技能竞赛和创新工作室建设等多种形式，使每个岗位成为创新的载体和主角。推出"金种子"新员工和"金种子"青年员工成长成才培养计划，实施量化积分评价考核，加快青年职工成长成才。三是强化创新引领。把职工技术纳入公司统一管理，规范奖惩标准，激发职工技术创新活力。会同烟台市总工会组建"烟台职工科技创新网"和"烟台市工匠联盟"网站，打造沟通交流和技术研究信息平台。精心做好先模群体和个人的选树，2018年公司带电作业室李红新作为烟台市唯一人选、山东电力唯一人选，荣获"齐鲁大工匠"称号。开展"十大创新团队""公司工匠"评选工作，有12个工作室荣获"A级"创新工作室示范点称号，"四级四类"人才拥有量达到300余人，实现"能手身边再出能手、劳模身边再出劳模"的目标。四是促进成果转化。坚持改进创新与产品创新并重，坚持解决问题与创造价值并重，注重创新成果从评审申报向推广应用的转变，注重职工创新成果的优化整合，通过开展多种形式的成果交流、发布会，促进创新思路、创新成果的快速转化，年内在国家级、省部级和地市级成果发布会上，有80余项创新成果获奖或评为推广应用项目。

（焉 华）

让工会工作更有温度　2018年，龙矿集团工会在企业改革发展稳定大局中积极发作用,大力实施"工会工作有温度、有人情味"品牌创建工作,着力提升职工满意度,促进企业和谐稳定。着力做好困难职工帮扶救助。成立了山东能源集团困难员工帮扶救助基金会龙矿集团分会及19个矿处级救助中心,全年对646户困难职工家庭发放救助金及物品52.7万元,对27名困难员工子女发放助学金6万元,春节期间对12户大病困难员工家庭发放救助金近20万元。积极组织职工疗休养。全年共组织15批次647名先模人物和生产一线骨干分赴内蒙、贵州、海南等进行疗休养,为286名劳动模范进行健康查体,完成了5000名职工意外伤害补充保险续保工作。扎实做好职工权益维护工作。在矿井"去产能"员工分流安置、社区"三供一业"社会职能分离移交过程中,主动盯上靠上,通过实地调研、参加专题会议、处理员工来信来访等,有效保障了近4600名员工转岗不下岗、创业不失业、生活有保障。深化劳动关系和谐企业创建,围绕职工关注的困难职工帮扶、职工劳动保护、社保未及时缴纳、"两堂一舍"管理等重点,组织各基层单位扎实开展职工代表巡视活动,有力地促进职工代表提案落实,保障职工合法权益得到有效维护。

(战 鹏)

区市县撷英

"党工共建"激发楼宇工会活力 2018年,芝罘区总工会积极探索符合区域实际的基层工会组织建设新理念、新模式、新路径,大力推进楼宇工会党工共建。突出党建引领,优化工会组织架构及职工之家建设。开创"工会E大家"服务品牌,将街道窗口科室职能搬到楼宇,让企业、职工"少跑腿"。新建"妈妈小屋""职工书屋""向日葵关爱服务站"等活动阵地,增强工会服务吸引职工的"磁场效应"。突出服务职能,创新实施"e会五家三联促"工作模式。通过线上线下整合工会元素,开展了文艺沙龙、心理减压、婚恋交友、社团培训、职工维权、工资集体协商等一系列丰富多彩的服务项目,构建了"和谐之家""民主之家""学习之家""温暖之家""活力之家",提升了工会组织凝聚力、服务力。采取"条块结合"工作法,打破建制、统筹调配,让工会工作者参与电子商务产业园典型打造中去,为各街道"一街一品"工程积累经验。经过不断探索总结,芝罘区在楼宇工会建设方面形成了党工共建、资源共享、阵地共用、工作联动的经验做法,较好地解决了楼宇内企业数量多、规模小、人员流动性大、职工维权难等问题。烟台电子商务产业园作为烟台市9个基层工会组织建设观摩点之一。

(丛方圆)

积极推行"工会会员优惠服务卡" 2018年,福山区总工会大力推广"工会会员优惠服务卡",让职工得到实实在在的优惠服务。一是率先对全区机关事业单位工会开展动员。福山区委书记祁小青带头办理工会会员优惠服务卡,随后人大、组织部、宣传部等50多家机关单位跟进办理,极大地支持了"工会会员优惠服务卡"的推广。各基层企事业单位也积极响应,工会主席亲自主抓,率先办理工会会员服务卡,并召开会议宣传发动。二是分区划片进行推广。利用大走访、大调研契机,先后赴高新区福山园、福新街道、清洋街道等7个镇街,帮助指导解决工作推进中遇到的问题。三是做好结合文章。在夏季"送清凉"活动期间,携带3000多份工会会员优惠服务卡宣传手册、保险明白纸走访了48家规模企业,向企业宣传服务卡优惠政策和服务功能。建立了各镇街"工会会员优惠服务卡"工作群和"惠员卡保险咨询群",将在册联系的企业全部纳入其中,方便职工和企业咨询答疑。同时,协调烟台银行为每一个镇街和每一家企业做好后续对接和办理工作。四是完善惠员卡功能。积极与本地商户沟通,推出了一系列具有本地特色的优惠项目。福山万像国际微影院、金字塔影城、雷曼洗车、钰鑫源洗车、三联家电电器优惠购、张格庄大樱桃采摘项目等。加大网络宣传力度,在烟台银行APP中开设工会优惠活动专栏,让广大职工及时便捷了解优惠活动信息,第一时间享受到"娘家人"带来的实惠。

(杨 超)

深化协商机制建设 2018年,莱山区总工会通过职代会的形式,广泛推进工资集体协商,完善职工工资与企业效益同步增长机制,全面推进工资集体协商工作,辖区内95%以上的企业已建立工资集体协商制度。以落实职工的知情权、参与权、表达权、监督权为重点,深入推进企事业单位以职工代表大会为基本形式的民主管理制度,通过典型示范、现场观摩等形式,抓好非公企业民主管理品牌创建工作。继续深化企业工会与行政沟通协商机制建设,督促已建制企业进一步充实完善沟通协商制度资料档案,建立动态工作视频库,切实发挥其作用。组织编写了规范化操作流程,下发到基层企业工会,并跟踪抓好工作落实,确保沟通协商工作保质保量完成。全区100人以上的50家企事业单位已全部实现建制。工资集体协商机制、企业工会与行政沟通协商机制建设的有序开展,进一步促进职工政治和经济权益的落实,得到广大职工的一致认可。

(姜言良)

实施"三大行动"提升服务水平 2018年,牟平区总工会紧紧围绕"建功烟台·工会在行动"和区委区政府"六大战略"工作部署,大力推进"三大行动"彰显工会担当作为。一是大力推进"牟平工匠孵化行动"。围绕新旧动能转换和实施制造业强区战略,举办了4期牟平工匠讲堂;创建区级"工匠孵化基地"2个,建成各级"工匠工作室"18个、"工匠孵化工作室"70余个;评选表彰牟平工匠5名、牟平工匠提名奖5名和牟平校园小工匠10名;恒邦职工栾会光被烟台市总工会命名"烟台工匠";开展"小技改·大创新"活动,在全社会营造了弘扬工匠精神、争当各级工匠的浓厚氛围。二是大力推进"一线职工大走访行动"。建立工会干部联系企业制度,每名机关干部联系3-5个企业,每月深入企业一线进行走访调研,加强对职工心理关爱,帮助企业和职工解决一些实际问题,丰富工作思路,为进一步做好工会服务职工、服务企业等工作奠定了基础,明确了方向。三是大力推进"网上工会建设行动"。积极推进"一卡一计划"工作,为职工提供更多的优惠服务项目。共签约特约商户19家,优惠服务项目10余个,录入办卡单位204家,会员1.8万余人。开展全区工会会员实名制信息采集工作,结合"一卡一计划",整合微信公众号、EXCEL网上电子台账等工会网络资源,健全完善全区工会组织和职工会员的电子信息档案,为广大职工提供更加精准的服务。

(雷德江)

工资集体协商提质增效 2018年,海阳市总工会牢固树立和落实"以职工为本,主动依法科学维权"的工会维权观,扎实推进工资集体协商工作提质增效,取得了一定成效。加强工资集体协商指导员队伍建设,按照"每年培训不少于60人次"的规定,加强对从事集体协商工作的工会干部、职工方首席协商代表和集体协商指导员的业务培训。制定了《工资集体协商工作问答》供专（兼）职指导员学习使用，海阳市委党校也将相关内容纳入培训课程，促使更多党政部门领导干部了解集体协商工作的重要性。召开了全市工资集体协商专兼职指导员及企业工会主席的工资集体协商知识培训班。及时总结带有普遍性和规范性的经验做法，利用座谈会、现场观摩会等形式进行推广宣传，深入镇街、企业进行督查，重点看"协商机制是否完善、协商主体是否明确、协商程序是否规范、协商内容是否落实、协议履约是否到位"，多管齐下，推进落实。以凤城街道毛衫行业开展工资集体协商工作为示范点，加大规范化推进力度，培育出了碧城区、开发区、毛衫行业、针织行业、鑫泰矿业公司、方圆集团等一大批典型镇区和优秀企业。海阳毛衫行业工资协商的经验在全省工资协商会议上作了行业性典型发言。截至年底，单独签订规模以上的企业136家，工资协议覆盖企业有586家，覆盖职工达6.7万余人，已建立工会组织的企业开展工资协商动态保持在90%以上。

（孙海燕 姜 诚 李 娜）

全面实施"工匠孵化行动" 2018年，莱阳市总工会以深化"建功莱阳·工会在行动"品牌创建为目标，以"工匠孵化行动"为助推新旧动能转换的切入点，狠抓工作落实，取得明显成效。一是精心谋划设计。制定《"莱阳工匠"选树管理办法（试行）》等文件，明确莱阳工匠评选标准和条件。与有关部门联合出台《关于"莱阳工匠孵化行动"的实施意见》，加大资金扶持，提高工匠的政治待遇和社会地位。年初，在盛华科技创业园举行了"莱阳工匠孵化基地和职工创新创业孵化基地"启动仪式，同时在烟台机电工业学校、华源莱动设立了莱阳工匠孵化基地和职工创新创业孵化基地，并以这三个基地为典型，向周边企业辐射。二是坚持链条运作。抓好孵化环节，在技工院校，通过教育培训、技能比武等形式，评选出了10名"校园小工匠"。抓好成长环节，以华源莱动为引领，通过以师带徒、车间大比武等形式，提高职工技能素质。全市涌现出了"全国五一劳动奖章""全国最美职工""烟台工匠"王俊堂，建立各级劳模和工匠人才创新工作室60个，工匠孵化工作室、工匠工作室80个。抓好选树环节，开展了"莱阳工匠"选树活动，评选出20名"莱阳工匠"。三是注重系统推进。与弘扬劳模和工匠精神结合起来，通过媒体、网站等阵地，依托"工会讲堂"和报告团深入宣讲劳模和工匠事迹。与开展立功竞赛结合起来，在重点项目建设中，组织开展"五比一创"立功竞赛活动，彰显劳模工匠本色。

（邓朕丹）

搭建"四大平台"激发职工创新创造活力 2018年，栖霞市总工会搭建"四大平台"激发职工创新创造活力，为企业转型升级和持续健康发展注入新动力。搭建职工学技讲台。依托烟台风能电力学校建立了"工匠孵化基地""职工职业技能实训基地"，推进学、练、赛一体化。联合人社、经信等部门开展了车工、焊工、钳工、电工等10个工种职业技能大赛，并分行业组织开展商贸、机械、纺织等技能大赛。全市涌现出金牌工人34名、首席技师63名、专业工种带头人67名。搭建创新献技舞台。发挥同兴实业公司冯庸、核晶陶瓷公司谢炎、供电公司梁兆林、山水水泥公司王丛林、东源热电公司姜陆舰等领军人物、技术骨干的"传帮带"作用，引导参创企业开展"名师带高徒""一带一""一带多"活动。全市参与创建职工（劳模）创新工作室25家，结成师徒对子 268 对，提合理化建议、小技、小革 680 多条，增创效益 1600 多万元。搭建班组竞技擂台。把班组建设与劳动竞赛、职工技术创新有机结合起来，以创新创效为主题，深入开展"五型班组"创建活动。全市 120 个非公企业班组开展"班组对标赛"，打造 20 个"创新型、效益型、管理型、同心型"班组，创建 10 个模范班组，涌现出 12 个市级以上"工人先锋号"。搭建考核评技奖台。对竞赛优胜职工，授予荣誉称号、给予物质奖励，在工资晋级、劳模评选、职称评聘、培训深造等方面优先推荐；对特殊技术人才，推荐纳入地方政府人才库管理。全市 120 多家企业建立了职工资格等级晋升机制、技能与工资挂钩机制、技能竞赛和五小成果评选机制。

（郝向阳）

把工会组织建在希望的田野上　2018年，蓬莱市总工会着眼推动乡村振兴，以"党工共建"为抓手，在丘山山谷建立村级工会联合会。一是党建带工建，"一融两划"定格局。借助蓬莱市委打造乡村振兴样板和丘山山谷党建示范区的有利契机，开展"党工共建"，成立了丘山山谷工会联合会，让800 多名农民工有了真正的家。在工作模式上，做到党工组织高度融合、阵地建设同谋划、工作举措同推进。二是小家汇大家，当好片区娘家人。联合会成立后，建立了"山谷人家"工会干部微信群，在山谷中心三岔路口设置了为山谷农民工避雨小憩的爱心驿站；开展了田间地头送清凉，仲夏之夜送文化活动；邀请律师事务所常年向山谷派驻法律顾问，为职工宣讲法律知识，帮助他们解决法律纠纷等。三是头雁领群雁，助力振翅兴山谷。在党建工作引领下，山谷工会联合会先后开展党工共建座谈会、企业与村庄工会联谊会等活动，引导党员和工会干部助力

山谷新旧动能转换，推动乡村振兴。在 2018年 7 月份烟台市基层工会组织建设会议上，工会联合会迎接了烟台市观摩，《工人日报》二版头条、《山东工人报》头版头条也分别报道了丘山山谷工会联合会的工作经验。工人日报社、省总工会领导也专程到蓬莱调研指导联合会工作。先后迎接外地市及兄弟县市区前来观摩 20 多次。

（王　丽）

做优做强普惠项目　2018 年，长岛县总工会不断深化"建功试验区·工会在行动"工作品牌，努力构建服务职工工作体系，扩大服务职工覆盖面。一是大力推进职工疗休养工作。开展首批一线职工疗休养活动，组织劳模、工匠、一线职工等 40 余人到威海红色教育基地进行为期四天的疗休养活动。二是加快推广工会会员优惠服务卡。充分挖掘社会服务资源，与 2 家长岛商户签约享受特约专属优惠；利用县电视台、微信公众平台等媒体，加大宣传推广力度，动员广大商户积极参与，切实把服务职工的各项措施落到实处。三是开展慰问重点工程、项目一线职工专项活动。深入长岛港交警执勤现场和月牙湾景区等地，看望、慰问节日期间坚守岗位的职工，为他们带去了节日的问候，并送去了牛奶、矿泉水、方便面等慰问品。四是加强职工服务设施建设。在人流量大、客流量多的地方设立了 4 处职工驿站、2 处妈妈小屋、1 处"向日葵"职工关爱服务站，打通联系服务职工最后一公里。五是开展丰富多彩的文体活动。组织开展第六届"书香三八"读书活动、迎新年棋牌类比赛、"送万福、进万家"书法志愿服务、庆"三八"女职工系列活动、庆五一"五个一"系列活动、"环保酵素保护海洋生态"厨余垃圾酵素制作实践活动、书画摄影展、"讲故事展职工风采　建三区三岛"活动、"美丽长

岛 环岛骑行"等各类活动 10 余场次，参与职工 2000 余人，极大丰富了职工文化生活。

（吴慧洁）

推进"向日葵"关爱行动 2018 年，龙口市总工会深入实施"向日葵"职工关爱行动，大力推进关爱服务站建设，为更多职工提供心理健康服务。制定下发了《在全市开展"向日葵"关爱行动的通知》，并督促各级工会组织多渠道、多形式地深入企事业单位进行广泛调研，了解和掌握影响职工心理健康的因素、心理咨询的需求及心理承受度等问题。投入 22 万元经费建立 1 处龙口市级"向日葵"职工心理关爱服务中心，培养龙口港集团有限公司、龙口市公交公司、玉龙纸业有限公司、道恩集团有限公司等 4 家基层职工心理关爱服务站。聘请 24 名国家二级、三级心理咨询师成立职工心理咨询专家队伍。派出 30 名同志到省内心理学科单位进行学习考察，开阔思路、增长见识，充实职工心理咨询师的师资力量。先后在东莱街道、玉龙纸业有限公司、龙口市公交公司、南山智尚有限公司、恒通物流股份有限公司等单位开展心理辅导培训 38 场次，受益职工 8000 人次。2018 年 11 月 22 日，召开全市"向日葵"职工心理关爱观摩现场会，178 名企事业单位工会干部和职工代表参加了观摩会。会议中，表扬了 10 名有突出成绩的心理咨询师，并授予聘书。公交公司、道恩集团、玉龙纸业等 3 家单位做了典型工作交流，进一步推动职工心理关爱行动向纵深发展。

（柳经林）

四大举措服务一线职工 2018 年，招远市总工会充分发挥工会自身优势，采取四大举措，竭诚服务一线职工。一是精心打造环卫工人"职工驿站"。针对环卫工人吃上热

饭难，缺少休息场所等困难，出资 1 万多元在魁星路垃圾中转站启动了环卫职工"职工驿站"试点工作。配备了休息桌椅、微波炉、饮水机、应急药箱、书刊等物资。之后，在环卫工人集中的区域建起了 3 个"职工驿站"，让环卫职工切身感受到了工会组织的关怀和温暖。二是下大力气开展了创建"妈妈小屋"活动。在女职工较多的单位开展创建"妈妈小屋"活动，每建成一处"妈妈小屋"给予补助 2 万元。2018 年全市创建"妈妈小屋"12 家，金亭岭金矿创建的"妈妈小屋"被山东省总工会命名为省级示范妈妈小屋，3 家基层工会的"妈妈小屋"被烟台市总工会命名为烟台市级"妈妈小屋"。三是倾力打造"向日葵"关爱职工服务站。在职工较多的矿山、建筑等企业开展"向日葵"关爱职工服务站创建活动。先后投资 10 万元，在玲珑集团、夏店金矿等单位建立了 2 个"向日葵"关爱职工服务站，为职工提供多层次、多方位的关爱服务。四是扎实开展"平安度夏送清凉"活动。投资 6 万元购置矿泉水、茶叶、毛巾等防暑降温用品，先后慰问建筑工地、公安干警等 8 个不同行业和企业的一线职工 1000 多人。

（张建军）

多措并举提升职工幸福感 2018 年，莱州市总工会坚持以职工为中心工作导向，全面推进普惠服务，提升职工幸福感。大力实施精准脱困。积极参与社会化扶贫工作，举办开展"劳模先锋助力扶贫联盟行动"座谈会，发挥劳模先锋扶贫作用，深入朱桥镇辖区开展联系烟台市级贫困村帮扶工作，动员全市各级劳动模范和广大企业，通过推销农产品、捐助帮扶资金、走访慰问、下乡义诊、就业指导、技能培训等有效措施，助力全市脱贫攻坚工作。积极开展就业创业脱困公益活动，先后为 320 名职工进行了 CAD、

办公自动化等免费技能培训。多元拓展深化普惠服务。积极鼓励公共场所和女工较多的企业建设"妈妈小屋"，提升女职工幸福指数，对已建成的分别给予8000元至10000元资金补助，人民医院、弘宇公司等9家"妈妈小屋"通过烟台市总工会验收。加快"职工驿站"建设，在车站、公园、广场等公共场所建立"职工驿站"23个，烟台市级职工驿站2处。深化"四季服务"活动。开展"夏送清凉"活动，为市重点工程、重点项目的一线职工送去了10余万元防暑降温物品。开展送温暖活动，共救助困难职工353名，发放救助金78.15万元。开展工会惠员工程，扩大"工会会员服务卡"发放范围，拓展惠员卡功能和作用，为近2万名职工办理了工会会员优惠服务卡，职工住院补充医疗保险赔付79笔，赔付金额19.19万元。

（王巧琴）

全方位打造技能技术人才交流提升平台　2018年，烟台经济技术开发区总工会着力打造技能技术人才交流提升平台，取得良好的实效。一是整合资源，探索建立完善的技能人才队伍建设保障机制。总工会牵头制定职工技能大赛方案及激励办法，联合科技知识产权局制定职工技术创新激励政策；人社局、教体局牵头制定职工技能培训、技能资格认定激励政策；人社局、总工会联合制定职工晋级（增薪）鼓励办法。二是加大经费资金保障力度。设立"业达工匠孵化基金"，每年出资50万元，用于一线优秀技术工人技能提升教育培训、工匠孵化基地奖励补助和"业达小工匠"奖励。同时，鼓励引导具备条件的基层工会设立职工素质提升基金。建立和完善孵化政策。当选年度"业达工匠"的职工，给予1万元奖励；当选年度"业达小工匠"的，给予1000元奖励；在区

内企业就业满两年后仍在区内企业工作，再给予2000元奖励。每年拨付工匠孵化基地扶持资金5万元，用于技师（高级工）培养，所培养技师（高级工）与区内企业签订劳动合同并工作满两年后认证仍在开发区工作的奖励2000元。三是建立"业达工匠孵化基地"。依托烟台船舶工业学校、烟台工程职业技术学院以及各职工（劳模）创新工作室设立"业达工匠孵化基地"，打造职工技能培训、技师（高级工）培训、"小工匠"培训实习基地。四是打造创新实践平台。组织电焊、电工、数控加工等技能精英赛项目，引导带动行业企业开展岗位大练兵、技能大比拼活动27场次，参与职工18025人。注重打造"劳模精神弘扬基地、职工技能提升基地、创新成果孵化基地、优秀人才成长基地"四大功能合一的综合体；持续完善经费补助机制、第三方审核机制、退出机制，每年拨付职工（劳模）创新工作室经费补助5000~10000元。2018年累计拨付补助经费12万元。

（韩　强）

搭建建功平台服务林区发展　2018年，昆嵛山保护区工会结合保护区特点，不断增强工会组织活力，在服务大局中找准位置，在推动发展上有所作为。一是搭建劳动竞赛平台。自2018年3月份开始动员组织全区广大干部职工开展了"身着迷彩服，臂戴红袖章，手提垃圾袋"劳动竞赛，大力响应工会"我出行，我文明"主题实践活动的号召。各参赛队伍累计堵截"驴友"1314人次，净化美化村庄36个，拣拾垃圾4093袋，清扫公路841.4公里，清洁土地3379亩，为全区森林防火安全实现"零火情"目标保驾护航，以实际行动助力建设"践行习近平生态文明思想示范区"。二是搭建创业创新平台。保护区鼓励乡村振兴和创业创新

行动，发展了以军石为代表的乡村振兴示范村，保护区还将继续加大力度、鼓励带动部分村庄发展特色生态农业，实现以点带线进而带面的发展模式，为更多青年、妇女提供创业平台。三是搭建寓教于乐的文体平台。防火戒严期内，每周二、四下午组织全区干部职工自愿开展登山体能训练，不定期组织职工进行体能比赛，大大提高职工的身体素质，为防火工作打下坚实基础。先后开展了"三八趣味小活动""讲昆嵛故事"征文比赛、"又唱山歌给党听"庆七一文艺汇演等活动；组织全区职工报名参加烟台市职工运动会，获得"烟台市第七届职工运动会职工方队优秀展示单位"和"烟台市第七届职工运动会优秀组织奖单位"；昆嵛山林场二分场护林员李强被市总工会授予"最美一线职工"称号。

（蒋银秋）

潍坊市总工会

工作综述

概况　潍坊市总工会辖奎文、潍城、坊子、寒亭4个区总工会，青州、诸城、安丘、寿光、高密、昌邑6个市总工会，临朐、昌乐2个县总工会，高新、滨海、峡山、经济4个开发区总工会；直属1个开发区工会，28个产业、委局（公司）工会，42个基层工会；潍坊市总工会机关设办公室、组织部、宣教网络部、生产保护部、权益保障部、财务部（事业发展部）、女职工部；直属工人文化宫、职工服务中心（困难职工帮扶中心）、经费审查委员会办公室3个事业单位。

2018年，在市委和省总工会的正确领导下，全市各级工会坚持以习近平新时代中国特色社会主义思想为指导，认真贯彻落实市委市政府和上级工会工作要求，紧紧围绕助推新旧动能转换和乡村振兴战略，勇于担当作为，大胆创新突破，各项工作都取得了新的进展和成效。全市工会工作先后受到全总领导李玉赋及省总工会、市委市政府领导的多次批示肯定。市总工会先后被表彰为"全国工会系统先进集体""全国市级工会财务工作先进集体""山东省就业工作先进单位""困难职工解困脱困工作先进集体"。市总工会机关连续12年保持"省级文明单位"称号。

思想政治引领工作不断深入　始终把深入学习贯彻习近平新时代中国特色社会主义思想和党的十九大精神作为重大政治任务，认真贯彻落实中国工会十七大和山东省工会十五大部署要求，坚定不移走中国特色社会主义工会发展道路，积极培育和践行社会主义核心价值观，开展"中国梦·劳动美"主题教育，举办"学习贯彻习近平新时代中国特色社会主义思想"全市职工演讲比赛、第九届职工职业道德建设评选等活动，切实肩负起工会组织团结引导职工听党话、跟党走的政治责任。

群众性建功立业活动广泛开展　牢牢把握工人运动时代主题，全面开展"当好主力军、聚力新动能、建功新时代"主题劳动和技能竞赛，圆满完成66个市级项目的全市第八届职工职业技能大赛。承办山东省第六届职工职业技能大赛开幕式及两个工种的省级决赛，全国工会劳动和技能竞赛工作理论研讨现场会在潍坊召开。成功举办"美晨杯"第三届全市职工创新创业大赛。持续推广企业支持职工创业"四种模式"，培育选树5家市级工友创业示范园、10名工友创业优秀个人。总结的豪迈集团全员创新经验做法得到全总副主席、党组书记、书记处第一书记李玉赋批示肯定。

劳模精神、劳动精神、工匠精神深入人心 编纂出版《工匠精神 劳模风范——潍坊劳模影像志》，举办"不忘初心、牢记使命，争当新旧动能转换和'四个城市'建设的领跑者——潍坊劳模工匠风采摄影展"，用图文并茂的方式讲述劳模故事、弘扬劳模精神。劳模影像志编纂工作获评山东省工会工作创新奖。扎实做好劳模工匠评选管理服务工作，组织召开全市庆祝"五一"国际劳动节大会，77名劳动者荣获"山东省劳动模范和先进工作者"称号，140个集体、个人荣获全国和市"五一劳动奖"。大力实施"潍坊工匠"建设工程，举办"大国工匠潍坊行"活动。潍柴控股集团有限公司首席技师王树军荣获"齐鲁大工匠"荣誉称号。

维权工作水平持续提升 厂务公开民主管理工作成效显著，全总基层工作部领导专程来潍坊调研并给予高度评价。工资集体协商"集中要约"行动持续深化，覆盖面不断扩大。开展"尊法守法·携手筑梦"农民工公益法律服务行动53场次，共为8700余名农民工提供法律咨询和援助。持续加强劳动关系矛盾预防化解工作，成立维权工作委员会，建立"四方联动"机制，12351职工热线和各级劳动争议调解组织作用发挥明显。开展"安康杯"竞赛和"查保促"群众性安全生产活动，促进全市安全生产形势持续向好。积极维护女职工特殊权益，建设"妈妈小屋"239处，11处获评"省级示范小屋"。市总工会在"全国工会推动解决女职工生育后顾之忧工作现场推进会"上作典型发言。

帮扶救助工作扎实有效 落实《山东工会困难职工档案管理办法》，精准识别、精准施策、精准帮扶，困难职工档案管理及其运用进一步规范。持续打造"四季服务"品牌，全市发放中央、省、市财政和工会帮扶资金700余万元，帮扶困难职工10354人，提供用工岗位7500余个，资助55名困难职工子女上学，为1356户在档困难职工发放免费电量款14余万元。积极参与抗灾救灾工作。在抗击洪涝灾害过程中，市总工会第一时间下发工会抗洪减灾动员令，第一时间到受灾现场察看实情、看望职工，第一时间送去救灾款和救灾物资，第一时间向上级工会报告并争取支持，第一时间开展职工心理关爱活动。全国、省、市三级工会向重灾区拨付抗灾救灾帮扶款（物）总计769万元。全市各级工会组织和工会干部职工踊跃参与抗灾救灾工作，涌现出的18个优秀工会组织、16名优秀工会干部、16家优秀企业和26名优秀职工受到省总工会通报表扬。

服务职工能力明显增强 强化职工服务中心（站）、企事业单位"职工之家"等实体服务阵地建设，各项服务功能日益增强。深化"乐业潍坊"服务职工工作品牌，举办各类培训班57期、职工心理健康公益巡讲50场。组织174名全国、省、市劳模工匠和1500名一线职工参加疗休养活动。贯彻市委《关于进一步激励干部新时代新担当新作为意见》的要求，推动机关事业单位工会会员福利政策落实。职工互助保险覆盖面不断扩大，全面实现网银直赔，全年共为1.1万人（次）给付互助金796万元，为446名困难会员发放"二次救助金"69.5万元，会员受益率持续提升。

职工文化建设生动出新 加强社会主义核心价值观教育和意识形态工作，在各级媒体大力宣传潍坊工会工作，亮出工会旗帜、发出工会声音。组织"倡导职工阅读·建设书香潍坊"读书系列活动，推荐全国职工书屋示范点5个。举办2018年全市职工迎新春文艺晚会、庆祝改革开放 40 周年文艺晚会、群众风筝万人放飞、公益电影周展映、职工羽毛球比赛、职工书画摄影展等文体活动。在广大女职工中开展"美丽健康·创新创业"讲堂活动 40 场，受益女职工 8000 余人。

基层组织建设持续加强 全市新建基层工会组织 260 家，新发展工会会员 72903 人。开展"八大领域、八大群体"建会入会工作，12 个县市区全部成立了物流货运企业工会组织，全市八大群体职工入会率达 35% 以上。扎实推动基层工会主席直接选举工作落实，全市推行直接选举的单位达到 266 家。全国高新工会工作理事会在潍坊高新区召开。在市、县、镇三级机关事业单位开展"增强会员意识·激励干事创业"主题活动。选派 80 名工会机关干部到"两新"组织挂职工会工作指导员。在 3 个县市区探索试点非公有制企业工会主席岗位津贴制度。注重典型引领，推进"职工之家"建设，218 个单位和个人受到全总、省总工会和市总工会的表彰。组织本市 7 名代表参加中国工会十七大、74 名代表参加山东省工会十五大。

推进工会改革和产业工人队伍建设改革认真贯彻落实《潍坊市群团改革方案》精神和要求，有序有效推进工会改革工作，指导 12 个县市区基本完成改革任务。按照政治上保证、制度上落实、素质上提高、权益上维护的总体思路，推动市委市政府出台《潍坊市新时期产业工人队伍建设改革实施方案》，确保中央和省委关于加强产业工人队伍建设改革精神，在本市得到有力有效贯彻落实。

机关党建工作全面加强 认真落实新时代党的建设总要求，切实履行工会党组织全面从严治党主体责任。严抓党风廉政建设和反腐败工作，认真接受市委巡察组集中监督检查，严肃查找问题，深入剖析原因，扎实抓好整改。扎实推进"两学一做"学习教育常态化制度化，持之以恒纠正"四风"，开展"作风建设年"和"大学习、大调研、大改进"活动，完善联系点制度，组织党员干部与第一书记派驻村贫困户结对帮扶，取得明显成效。

（李世鹏）

市直荟萃

技能竞赛促提升，民生关爱保稳定 山东海化集团工会把开展职业技能竞赛和困难帮扶作为工作重点来抓，充分调动工会干部和广大职工的工作积极性和创造性，提升职工素质，稳定职工队伍，构建了和谐劳动关系，为企业改革发展保驾护航。

开展职业技能竞赛，促进职工队伍素质提升。为落实公司"人才兴企"发展战略，加快技能人才队伍建设，全面提升广大职工职业素质和技能水平，努力搭建展示优秀技能水平的平台。集团工会制定了《山东海化集团 2018 年职工职业技能竞赛实施意见》，开展了变配电值班员、化学分析工、会计和炊工四个工种的技术竞赛活动，共有 22 个单位，230 多名选手参加。对在竞赛中取得优异成绩的选手公司颁发证书及奖金，本届竞赛共奖励优秀选手 64 名，发放奖金 29850 元。基层单位热电分公司工会、羊口盐场工会分别举办了"海化职工保障杯维修电工、电焊工"、卤水分析工等技术比武活动。集团工会还选拔优秀选手参加了 2018 年中国技能竞赛——第八届海油集团公司职业技能竞赛催化裂化装置操作工和维修电工两个工种的竞赛。参加了潍坊市第八届职工职业技能大赛暨首届"福田汽车杯"汽车驾驶技能比赛。通过积极开展职工职业技能竞赛，激发了广大职工学习技能、钻研业务、岗位成才的热情和动力，形成了学技术、比本领的良好氛围，对建设高技能人才队伍，增强企业核心竞争力起到了积极地推动作用。

心系职工冷暖，促进企业和谐稳定。海化集团高度重视职工民生，困难帮扶工作，本着"精准扶贫、分类救助"原则，积极开展职工"扶贫济困"工作，合力打造"民心工程"，增强企业凝聚力和向心力。一是发挥职工互助互济基金会作用。努力拓宽救助范围和救助力度，全年帮扶救助患病职工及其亲属797人次，发放救助金额134.39万元。二是维护运行好两个"系统"，加大帮扶解困力度。分别建立了全国总工会和海油系统困难职工档案，"春节送温暖"共救助困难职工168人次，发放救助金45.41万元。三是依托三个"平台"，构建职工防护网。依托潍坊互助保障会平台，支出22.64万元，为职工办理了团体意外伤害保险，全年报送意外伤害42起，发放赔付金7.5万元；依托海油扶贫济困平台，有效利用扶贫济困专项资金，开展"春节送温暖"、残疾人、大病医疗、重疾意外等救助，全年共救助困难职工407人次，发放救助金290.41万元；依托省、市总工会大病救助平台，为患大病在职职工年度医疗费用较高的，实施二次救助，全年大病救助9人，发放救助金12.97万元。

（孙 志）

县市区撷英

开展普惠服务，职工群众获得感显著提升 奎文区总工会大力推进职工普惠服务工作，积极拓展职工服务中心的各项功能，全年免费为会员发放电影票2000张，与眼科医院、金色童年、银座商城等单位联合，为职工提供摄影套餐、免费视力诊疗、公益救助等服务，保障职工共享经济社会发展成果。发挥"四季服务"品牌效用，春送岗位组织334家用人单位参加5场次招聘会，提供6000余个用人岗位，帮助2200余人实现就业；夏送清凉为建筑工地、服装等高温一线作业人员送去价值11.15万元的防暑降温用品，受益职工1600余名；金秋助学帮扶困难职工子女14人，送去慰问金2.86万元。深化职工志愿者"四季关爱"特色活动，走访各类模范代表和困难职工共227人，慰问金额7.3万余元，在山东工人报头版刊发了"情系鸢都扬正气，创新服务显真情"的专题报道，为奎文区工会工作增添了新亮点。发挥职工互助保障抵御风险的作用，全年共有261家单位的15610人投保职工互助保险，投保金额达101.8万余元，理赔607人次，理赔金49万余元，有效提高了职工群众抵御大病的能力。

（庞 东）

加强工会组织建设，着力夯实基层基础 潍城区总工会始终把基层工会组织建设作为一项基础性、重点性工作常抓不懈，始终坚持以习近平新时代中国特色社会主义思想为指导，深刻把握新时代工运工作的新形势新特点，加强基层工会组织建设。一是加强基层建会工作。开展了"增强会员意识·激励干事创业"主题活动，在64家区、街两级机关事业单位开展建会行动。通过召开政府与工会联席会议，对全区32家规模以上市场实行集中建会行动。在摸清"八大领域、八大群体"的底数的基础上积极建会，已经完成总任务量的60%，全区新建基层工会102家、新发展会员6000余人。新建会的单位全部推行工会主席公推直选，85%以上的基层工会达到规范化要求。二是厂务公开民主管理工作取得新成效。将企业与行政沟通协商工作作为重点工作来抓，以提高建制企业工会干部的思想认识、工作水平入手，开展实地调查，摸清建制企业的具体情况，注重规范运作，加强督导检查，成效显著。全区100人以上建会非公企业沟通协商建制率达到100%，促进了厂务公开民主管理工作上档升级，助推了劳动关系和谐企业健康发展。三是扎实开展"党建带工建，党工共建"活动。先后打造了曹家巷社区、长胜社区、新纪元建材市场、瑞福油脂有限公司等党工共建示范点。同时，以打造企业党工共建示范点为契机，联合打造以劳动共决机制建设为重点的和谐劳动关系创建工作，并根据实际，确定大洋泊车股份有限公司等四家单位先行示范。党工组织建设做到互促双赢，基层党工共建工作取得新成效。

（王桂森）

开展八大领域、八大群体建会入会集中行动 坊子区总工会高度重视八大领域、八大群体建会入会工作，在发展八大群体职工入会工作中，重点抓好货车司机入会和两新组织建会，区总工会及时组织召开全区动员会议进行安排部署，各街道（发展区）总工会对辖区内物流货运司机入会工作进行深入调查摸底，并开展建会工作，为全面完成建会工作打下基础。区总工会在坊子区交运物流园组织召开了"八大群体"代表座谈会，进一步摸清这些行业职工工作生活特点和入会现状，明确工作目标，制订实施方案，有力有序推进入会工作，实现发展会员"精准定位"、服务职工"按需施策"，以有效服务促进有效入会。截至2018年底，坊子区已成立了潍坊交运物流园联合基层委员会、坊城街道翠坊街物流企业联合基层委员会、坊城街道八马路物流企业联合基层委员会、潍坊市坊子区坊城街道货运司机行业工会联合会等工会组织，八大领域建会率达到79%，

八大群体入会率77%。区总工会通过开展八大领域、八大群体建会入会活动，有效扩大了全区工会组织的覆盖面。

（王泽宇）

共决劳动规章制度推动沟通协商机制规范化运行 寒亭区总工会采取"两书一评""劳动规章评估八步工作法"等具体措施，全力推行共决劳动规章机制工作，建立起了企业工会与行政沟通协商的良性机制，使企业工会与行政沟通协商成为工作常态，确保企业工会与行政沟通机制工作的制度化、规范化。一是深入调研，抓好试行。组织在全区范围内进行调研，经过多次分析研究，在潍坊市总工会的指导下，探索试行了"共决劳动规章制度推动沟通协商机制规范化运行"的工作做法，将维护关口前置，把可能出现的劳资纠纷有效规避于"种子状态"。二是强力推进，注重实效。召开了政府与工会联席会议，专题研究关于建立企事业单位共决劳动规章制度的有关事宜。审议通过了《关于规范用人单位劳动规章制度促进基层民主管理工作的指导意见》和《关于建立用人单位劳动规章制度法律效力评估服务制度的通知》。联合成立法律效力评估小组，负责对企事业单位劳动规章制度的条款、民主程序审核，用人单位宣传引导等工作。三是加强指导，规范运行。建立了区、街道、社区三级服务指导体系，以购买法律服务的形式，成立律师指导团对用人单位制定劳动规章制度提供具体的法律指导，参与劳动规章制度草案的审核把关工作等。组织骨干力量，进行了业务指导，集中编写了《职工代表大会操作指南》《规范劳动规章制度评估法律效力工作指导手册》《闭会期间企业行政与企业工会沟通协商机制运行手册》等工具用书。在此基础上，许多企业借年末岁初的有利时机，通过召开职代会，推动共决劳

动规章制度工作的有序进行。四是示范引领，全面推进。重点打造潍坊三建、亚康药业、山东中凯、永和药业、天元盈康等区级示范点。利用报纸、微信、电视、网络等媒体广泛宣传，形成了文化引领、法律护航，共决劳动规章制度的民主管理工作体系。在示范单位的带动下，各街道层层动员部署，共决劳动规章制度建设工作全面推开。领导小组办公室定期组织督导检查，建立"两书一评"督导落实机制。

（于丽华）

精心打造优质职工疗休养基地　2018年，青州市总工会以打造全域旅游城市为契机，挖掘青州优势旅游资源，精心打造职工疗休养精品旅游线路，建立健全疗休养基地管理制度，规范疗休养活动内容，加强疗休养基地的监督管理，青州九龙峪省级职工疗休养基地于2018年6月正式挂牌启用，是潍坊首家省级职工疗休养基地。在基地创建过程中，青州市总工会结合自身的工作职能从"升级硬件、打造线路、健全制度、考查餐饮点、规范内容、提升服务"等方面努力推动疗休养基地提升服务。升级硬件。利用潍坊市总工会拨付的专线资金，升级酒店硬件设施，在酒店内部、外部设立文化、娱乐、体育等场所。打造线路。整合周边优势旅游资源，经过多次实地考察，精心打造多条一线职工疗休养线路。健全制度。成立专门的领导班子和工作机构，明确责任分工，落实专人负责，同时建立健全疗休养基地监督管理制度。考查餐饮点。职工疗休养基地各餐饮店签订《定点餐饮点合作协议》，并制定了《定点餐饮点管理办法》，保障提供安全、舒适的就餐环境和优质服务。规范内容。严格按照省总工会关于"促进职工身心健康的理念"，安排统一的"一会三课一查"项目，聘请经验丰富的专业老师进行授课，

并紧密结合工会工作的要求，不断创新形式、丰富内容。提升服务。本着"为疗休养职工提供最优质服务"的原则，对基地管理人员定期培训，实行每批次疗休养活动专人负责制，对疗休养进行民主测评和电话回访，及时改进疗休养职工反映的问题，确保疗休养职工满意率达到100%。基地自启用以来，先后接待了潍坊市直、诸城市、高新区、奎文区、潍城区、寒亭区、昌乐、寿光等县市区共1500余名一线职工前来疗休养，细心周到的服务让疗休养职工有宾至如归的感觉，赢得了疗休养职工的一致好评。

（韦立国）

发挥劳模作用　助力乡村振兴　诸城市总工会按照《山东工会参与乡村振兴战略实施十项措施》的要求，积极参与、主动作为，选准"发挥劳模作用，助力乡村振兴"这一切入点，制定了《劳模助力乡村振兴战略五年规划（2018—2022年）》和《关于组织引导劳模发挥示范引领作用助力乡村振兴战略实施意见》，通过聚力劳模精神弘扬，强化价值引领；聚力劳模特长发挥，强化精准服务；聚力劳模典型带动，强化农企联合的"三聚力三强化"措施，充分激发出劳模在乡村振兴工作中的示范、带动作用，引领广大职工群众积极参与乡村振兴。截至2018年底，全市的22名农业产业大户劳模、23名农业技术劳模、36名社区党组织书记劳模、8名企业家劳模已全面参与到乡村振兴战略中，带动周边1.2万户农民致富，户均增收0.8万元。2018年11月2日至7日在中国劳动关系学院、山西长治等地举办的全市劳动模范培训班，不仅是诸城市第一次举办劳模培训班也是中国劳动关系学院承接的首期劳动模范培训班。山东省总工会党组书记、常务副主席刘贵堂和诸城

市委书记桑福岭分别对该项工作作出批示，诸城市总工会先后两次在省总工会组织的工会参与实施乡村振兴战略现场推进会议上做典型发言。

（刘纪红）

党建引领抓住牛鼻子　部门协同巧解入会难　寿光市总工会在全省率先提出在党组织领导下依法推进八大领域和群体建会入会工作，取得明显成效。一是拉网普查摸底子，做到"五清一明"。从 2018 年 3 月开始，依托 15 个镇（街区）、市直 12 大系统，按区域分行业进行了拉网式排查，做到了"五清一明"，即未建会企业单位数量清、企业单位法人思想动态清、职工人数清、所处区域和位置清、未建会原因清，建会方向和思路明。二是按图索骥拉单子，制定"四张清单"。坚持从源头抓起，采取"倒排法"，对应普查出来的群体和领域一一明确隶属关系，制定了行业部门清单、属地管理单位清单、未建会单位和未入会职工清单、责任清单"四张清单"。三是党建引领牵"鼻子"，推动形成齐抓共管大格局。以寿光市委办文件印发了《关于在党组织领导下依法推进"两新"组织等八大领域建立工会组织和货运驾驶员等八大群体加入工会组织工作方案》，成立了由市交通运输局、住建局、商务局、邮政管理局等 15 个部门单位党委（党组）和各镇（街区）党（工）委组成的领导小组，细化责任分工，明确工作职责，形成了"党委领导、工会牵头、部门协同、上下联动"的工作格局。四是精准施策定法子，推行建会入会"四种模式"。组织举办了全市"八大领域、八大群体"集中建会入会启动仪式，现场观摩了物流交通行业工会成立大会，累计发放了《关于在党组织领导下依法推进"八大领域"和"八大群体"建会入会宣传提纲》10000 余份。坚持分类指导，明确了单独组建、区域联建、行业统建、挂靠组建"四种模式"，在全市吹响了建会入会冲锋号。五是狠抓猛促迈步子，确保建会入会工作效果。划片包靠指导，并从每个成员单位分别确定了 1 名分管领导和 1 名联络员，将联系方式在全市公布，真正将责任落实到人。建立了定期调度通报机制，周调度、月通报，并在主流媒体开设专版专栏，宣传跟进建会入会动态，有效提升了基层建会入会的积极性。截至 2018 年底，寿光市八大领域共建立工会联合会 52 家、联合基层工会 35 家，职工入会 2.1 万人。2018 年 8 月 14 日，潍坊市"八大群体"建会入会工作现场观摩推进会议在寿光召开，寿光市总工会作为唯一代表在会上做典型发言。2018 年 8 月 22 日，《工人日报》在头版刊发了这一做法。2018 年 10 月 29 日，全总《推进货车司机等群体入会工作动态》以《山东寿光打造八大群体入会"样本工程"》为题，刊发了寿光做法。

（张世全）

开展"一提两争"活动　提升职工技能素质　按照安丘市委办公室、市人民政府办公室印发的《关于开展"提升技能素质、争做能工巧匠、争当金牌职工"活动的实施意见》，安丘市总工会以培养技能型创新型人才为重点，以开展创建"工人先锋号""劳模（高技能人才）创新工作室"等活动为载体，多层次多渠道开展教育培训、岗位练兵和技能竞赛，不断提高企业和职工的技术水平和创新能力。通过加强与职业中专和金蓝领培训学校等机构合作，以联合办学、设立专业短训班、班前班后会、手指口述、师带徒等方式，结合技术改造、设备引进等实际，定向开展订单式技能培训，帮助 2000 名职工提升了技术等级，将其中培训工作优秀的 4 家单位命名为职工教育培训示范点，表彰了 6 家劳模工作室。组织开展了第五届职工职业技能竞赛，在各项评选中优先推荐在职工职业技能大赛中表现优异的选手，2018 年在"五一"大会上选树表彰了 200 名"能工巧匠"和"金牌职工"。开展"五小"创新和合理化建议征集活动，引导职工学习新知识、钻研新技术、使用新方法，帮助广大职工提升技能素质，提高企业和职工创新创造能力。2018 年 11 月全总在潍坊（安丘市齐鲁酒地）召开了全国工会劳动和技能竞赛工作理论研讨现场会议，"一提两争"活动获得全总好评。在做好传统培训工作的同时，安丘市总工会通过工会网站、职工之家微信平台等新媒体平台，加强推进传统职工教育资源向线上转化，使"互联网+职工教育培训"成为职工素质工程建设的新常态。

（张泽建）

工资集体协商特色鲜明 昌邑市总工会发挥昌邑市石化医药工会联合会及行业协会的优势，通过以石化医药工会联合会为载体开展工资集体协商工作，实现了工会联合会涵盖的石化医药企业工资集体协商二次覆盖。一是整合资源，合力推进。市总工会、人社局、企业联合会、工商联联合下发"集中要约"行动，组成工资集体协商工作检查指导组，对石化医药企业工资集体协商实行常态化"巡航"。发挥工资集体协商专职指导员和企业"大三级""小三级"劳动关系协调员网络队伍作用，通过组织学习、外出交流等多种形式，提升他们协商的能力和水平。二是依托行业协会，借势进行协商。在制溴业、晒盐业、医药中间体、染料中间体等行业中，每一个行业都建立一套体现行业特色的工资集体协商标准，增强了工资集体协商工作的可信度和可操作性。有 6 个行业签订行业工资集体协议，90 家企业单独签订工资集体协议，覆盖职工人数超过 1 万人。

（徐延波）

推行职工绿色"菜篮子"工程 助力乡村产业振兴 临朐县总工会以维护和服务职工健康、办职工满意食堂为切入点，以引导工商资本下乡、建设职工"菜篮子"工程为着力点，以助力乡村产业振兴为落脚点，实现了"竭诚服务职工"与"助力乡村振兴"的双赢，其经验做法，得到了上级工会的一致好评，《工人日报》《山东工人报》《潍坊日报》等新闻媒体先后进行了报道。一是加强组织领导。为推进企业职工"菜篮子"建设，引导工商资本下乡，助力乡村产业振兴，专门成立了由县总工会、市场监督管理局、商务局、农业局、畜牧局等部门负责人组成的工作领导小组，并制定出台《关于建设"办职工满意食堂，引工商资本下乡，助乡村产业振兴"工程的实施方案》，为工程实施提供组织保障。二是坚持典型引路。针对山东华建铝业集团有限公司为建设"职工满意食堂"，公司流转 300 亩土地，建立无公害蔬菜基地这一民心工程，县总工会及时总结并推广这一典型，在典型引领下，全县企业采取不同方式建设"菜篮子"基地（农场）。2018 年，全县已建立"菜篮子"基地 46 处，发展优质农产品、畜牧产品 6700 亩，引资下乡 9600 多万元，近 6000 名"职业农民"实现了家门口就业，年人均收入达 5 万元。三是强化管理监督。县总工会建立评估机制，对企业职工食堂每半年组织成员单位进行一次现场监督检查，开展职工满意度测评，经企业 90% 以上职工评议为"满意"并通过评估小组验收的，由县总工会授牌"职工满意食堂"。对授牌的"职工菜篮子基地"，组织相关部门对其提供的产品每季度进行一次抽验。通过一系列经常化、精细化的监督管理措施，确保了所实施工程项目的高质量推进。

（李兴华）

"三个着力"提升服务维权水平 2018年，昌乐县总工会一是在权益维护上着力，让职工有安全感。推进企业工会与行政沟通协商制度，健全县、镇、企三级厂务公开工作网络，探索实施"一测评一评估"，在昌乐百人以上单位开展"完善闭环程序、共决协商事项"活动，倒逼企业建立民主管理制度，源头维护职工的合法权益。全县共有131家企事业单位建立了沟通协商机制。开展工资集体协商"集中要约行动"，发挥工资集体协商专职指导员作用，完善全程参与、定期通报、"月汇报、季督导、年考核"制度，指导基层企业协商22家。二是在共享发展上着力，让职工有获得感。加快推进镇街、企业职工服务站、职工之家建设，全面完成各镇（街区）职工服务站建设。"春送岗位"组织79家单位参加，提供就业岗位5000余个，进场求职者1.2万人，总体意向率达到67.5%。围绕实施乡村振兴战略，及时成立了职业农民孵化基地行业工会联合会，加快了农民工入会步伐。同时，在县电视台和昌乐报开设工会工作专栏，与潍坊电视台合作，全面宣传本县工会创新做法，取得良好效果。2018年6月8日，县总工会联合潍坊眼科医院到潍焦集团为广大职工开展眼部健康知识专题讲座、为职工及家属开展眼部健康义诊服务、为职工子女开展爱眼防近视实践活动等。扎实开展职工互助保障工作。全县共有172个单位参保，会员28857人次，新增会员单位77个，会员4602人，保费超额完成任务指标195.04%，共赔付702人次，支付赔付金42.7万元。2018年5月份，县总工会荣获"全国职工互助保障工作考核优秀"称号。三是在文化引领上着力，让职工有成就感。加强企业文化建设，总结挖掘比德文"文化二十事"、龙海民爆安全文化等不同类型先进企业文化典型，积极引导企业劳资双方构建共同价值观、构建和谐劳动关系。加强"职工书屋"示范点和职工教育培训示范点建设，潍焦集团被评为全国工会职工书屋示范点，上级工会奖励价值3万元的图书。代表全县参加第35届潍坊国际风筝会风筝大赛，荣获县市区组团体一等奖第一名和最佳巨型风筝奖；组织参加"中国梦·劳动美——学习贯彻习近平新时代中国特色社会主义思想和党的十九大精神"潍坊市职工演讲比赛，荣获全市团体二等奖；组织参加潍坊"庆祝改革开放40周年全市职工羽毛球比赛"，荣获优秀组织奖、团体第六名和男子单打第四名。

（李胜利）

济宁市总工会

工作综述

概况 济宁市总工会辖4区（任城、兖州、济宁高新区、太白湖新区），2市（曲阜、邹城），7县（泗水、微山、鱼台、金乡、嘉祥、汶上、梁山）总工会；16个市属局委办（行业）工会工作委员会；68个直属企事业工会。市总工会内设办公室、组织部、宣传教育部、生产保护部、保障工作部、民主管理部、法律工作部、女职工部、财务部、经费审查委员会办公室；直属济宁市工人文化宫、济宁市职工技术交流站、济宁市困难职工帮扶中心3个事业单位。

2018年，市总工会在市委和省总工会的正确领导下，深入学习宣传贯彻习近平新时代中国特色社会主义思想和党的十九大精神，全面落实市委市政府系列重大部署，围绕中心、服务大局，突出重点、注重创新，各项工作取得了新进展，受到全总、省总工会等表彰 10 项，市委、市政府表彰 2 项，继续保持了省级文明单位。

强化政治引领，以更高站位在凝聚思想共识中提升新境界 深入学习宣传贯彻习近平新时代中国特色社会主义思想和党的十九大精神及中国工会十七大精神，通过举办全市职工演讲比赛等方式实现学习宣传全覆盖。认真落实新时代全面从严治党新要求和"三会一课"制度，严格遵守政治纪律和政治规矩。落实意识形态工作责任制，牢牢把握正确舆论导向，发挥工会组织优势，加强网上正面宣传引导，积极引导职工群众树立中国特色社会主义共同理想。组织开展"大学习、大调研、大改进"，针对梳理出的问题，开展纪律作风大整治等活动，形成 3 项调研成果。充分发挥省级文明单位示范带头作用，圆满完成承担的网格牵头、"路长制"巡查值班、包保博古庄社区各项创城工作任务。扎实做好驻村联建工作，筹措资金（物质）70 余万元，为群众办实事好事。圆满完成承担的各项重点工作，完成脱贫攻坚各项目标任务，工会法人资格登记等实现了"一次办好"，做好全国"两会"和青岛上合峰会期间安保维稳工作及扫黑除恶专项斗争各项工作，圆满完成市领导元旦春节走访慰问困难职工、困难劳模工作。从严从实、不折不扣抓好巡察整改工作，按照时间节点完成巡察整改任务。

突出服务大局，以更大力度在建功"两个全面"中创造新业绩 组织开展以"当好主人翁 建功新时代"为主题的示范性重点工程劳动竞赛、全市第七届职工职业技能大赛，参赛职工 10 万余人。联合市科学技术局等八部门评选命名 32 项"济宁市职工优秀技术创新成果"。开展选树并命名了 10 个"济宁市职工技术创新竞赛示范企业"，10 名"济宁市职工技术创新能手"，10 个"济宁市创新型班组"。大力弘扬"工匠精神"，深入实施"155"工程，广泛开展"撸起袖子加油干 争做时代好工匠"和济宁市劳模（工匠）人才创新工作室评选活动。加强职工技能培训，3.5 万余人次参加基层以上工会开展的技术培训。做好先模推荐评选工作，推荐评选全国"五一劳动奖章"2 名、全国"工人先锋号"2 个，山东省劳动模范、先进工作者 65 名。召开济宁市庆祝"五一"国际劳动节暨劳模座谈会，制作劳模事迹宣传系列专题片，在济宁日报等开办《劳模风采》专栏，大力弘扬劳模精神。组织开展纪念改革开放 40 周年全市职工书画摄影作品展、职工大合唱比赛活动。召开全市工会深化"善行义举"进企业活动暨职工职业道德建设现场推进会，命名一批职工职业道德建设标兵单位和个人。组织女职工开展全国第六届"书香三八"读书征文活动，16 人次获得各类奖项。

坚持职工为本，以更实举措在满足职工需求中回应新期待 开展"四季服务"系列活动，筹集发放送温暖资金 1100 余万元、救助困难职工 6.3 万余人，举办 27 场就业援助专场招聘会、提供免费就业服务 5.1 万余人次，筹集发放送清凉资金 221 万余元，筹集发放助学资金 328 万元、救助困难大学生 700 余名。全市各级工会累计培训困难职工 500 余人次，为部分困难职工提供生活救助、发放免费电量款和取暖补贴、提供医疗救助等，累计救助资金 200 余万元。开展帮扶送教育活动，筹集发放助学资金 68.51 万元，救助困难中小学生 1302 名。组织 1547 名一线职工和 184 名各级劳模进行疗休养。关心关注职工心理健康，举办公益讲座 40 余场次，惠及职工 5600 余人次。大力推进

"爱心妈妈小屋"建设，举办第三届"运河之恋"职工交友专场活动和全市女职工全健排舞大赛。开展心系女性健康关爱课堂进基层公益活动，开办"智慧女性·公益沙龙"心理热点谈话节目。积极配合市人社局等部门对农民工工资支付情况进行专项督导检查。深化创新厂务公开民主管理工作，积极推进工会与行政沟通协商机制建设。推动企业依法开展工资集体协商，推动工资集体协商提质增效。畅通"12351"职工热线等职工利益诉求渠道，促进了企业和职工队伍和谐稳定。广泛开展"查保促"活动和"安康杯"竞赛活动，维护职工生命健康权益。

深化改革创新，以更高要求在工会自身建设中注入新活力　严格程序、层层推荐，做好中国工会、山东省工会代表及委员推荐选举工作。坚持"党建带工建、党工共建"，加强乡镇（街道）总工会规范化建设。成立市总工会新时代职工之家建设委员会，选派60名工会干部挂职"两新组织"指导员，推进"两新"组织工会规范化建设。加大工会干部培训力度，努力建设高素质工会干部队伍。启动济宁"智慧工会"建设，组织开展工会组织及工会会员网上登记及新媒体宣传。召开了2018年度济宁市工会工作创新奖评审委员会全体会议，评选命名了11个济宁市工会工作创新奖项目。

（郭　珊）

市直荟萃

推动企业改革发展　济宁市教育局工会引导职工拥护支持改革、参与推动改革，开展多种形式的劳动竞赛活动，深化技术攻关、发明创造等群众性技术创新活动。加强班组建设，实施职工素质建设工程，加大职工职业技能培训力度，培养造就知识型、技术型、创新型的高素质职工队伍。

（韩　敏）

强化劳动关系和谐企业创建活动　济宁市交通运输局工会以"双亮、双争、双述、双评"活动为载体，加强基层工会组织建设，组织开展了"职工之家"等创建活动，指导督促市直交通基层工会严格落实《山东省企业职工代表大会条例》《山东省厂务公开条例》，推动平等协商集体合同制度提质增效，指导基层工会开展劳动关系和谐企业创建活动，提升了职工民主管理工作水平。

（陈晓红）

加强职工精神文明建设　济宁市卫计委工会成功举办市直卫生计生系统首届职工运动会，共有19支代表队，486名运动员参加各项比赛。展示了全市卫生计生系统的广大干部职工良好的精神风貌，取得运动成绩和精神文明双丰收，进一步激发了干部职工干事创业的热情和动力。

（司　强）

完善职工代表作用发挥机制，民主管理工作稳步推进　兖矿集团有限公司工会组织召开平等协商会等专项会议，坚持重大事项提交职代会审议制度，深化职工代表民主评价，修订《基层民主评价考核办法》，建立首席劳动争议调解员制度，充分发挥职工法律援助维权律师团作用，积极推动建立来访接待、心理疏导、劳动调解、法律援助"四位一体"维权维稳工作机制。

（赵　健）

大力弘扬劳模精神和工匠精神，营造精益求精的敬业风气　济宁能源发展集团有限公司工会深入开展创新型企业、创新型班组、创新型能手选树活动，深化劳模和工匠人才创新工作室创建工作。健全完善"济宁工匠"培养和激励机制，全方位、多角度宣传先进典型，发挥劳模和工匠的示范引领作用，积极营造劳动光荣的社会风尚和精益求精的敬业风气，引导广大职工立足本职、爱岗敬业，通过辛勤劳动、诚实劳动、科学劳动创造更加美好生活。

（康利民）

组织开展形式多样的文体活动，丰富职工业余文化生活　山东鲁抗医药集团工会先后组织开展 2018 年度员工乒乓球、篮球等项目的比赛，组织举办环蓼沟河"千人健步"活动。组织员工作品参加济宁市工会、省石化工会举办的"庆祝改革开放 40 周年"职工书画篆刻摄影展，刘磊书法获参展作品金奖。公司工会获省石化工会系统工会理论论文优秀组织奖和个人三等奖、优秀奖。组织举办职工书法美术班培训。为公司 52 周年书画篆刻展奠定了基础。

（付　丽）

积极搭建平台，持续增强职工队伍素质　国网济宁供电公司工会大力开展劳动技能竞赛，营造出浓厚的"比学赶超"氛围。深入推进职工创新创效，组织开展职工技术创新成果转化推广，班组创新成效指标实现"零失分"，1 个创新工作室荣获"山东省示范性劳模和工匠人才创新工作室"。

（耿书波）

积极构建和谐劳动关系　华能济宁高新区热电有限公司工会加强集体劳动合同签订工作，推行职工代表巡视制度，畅通职工诉求渠道。坚持每季开展职工思想动态综合分析和报告制度，及时了解化解职工群众困惑疑虑。制定《女职工权益保护实施细则》，签订《女职工特殊权益保护专项集体合同》，女职工合法权益和特殊利益进一步得到维护。

（李长印）

市县区撷英

创新工会组建形式，开展"十+工会"建会集中行动　任城区总工会研究制定了《关于增强基层工会组织活力发挥基层工会作用的实施意见》，积极推进区域性、行业性工会组织建设，实施了"十+工会"建会集中行动，采取"党组织+工会"等十种建会模式，最大限度地把职工、农民工、灵活就业人员等职工群众组织到工会中来。选派了 22 名工会干部到工会工作薄弱的"两新"组织挂职第一主席，推进"两新"组织工会规范化建设。

（杨　帆）

积极开展扫黑除恶专项斗争　兖州区总工会高度重视，召开扫黑除恶专项斗争动员会，举办扫黑除恶专项斗争应知应会知识测试，先后开展扫黑除恶宣讲进农村、进社区、进企业活动，发动职工群众积极提供黑恶势力性质违法犯罪活动线索。报送的《兖州区：扫黑除恶宣传进企业》被《山东工人报》《中工网》采用、《区总工会扫黑除恶宣传全覆盖》被《今日兖州》采用。

（王公民）

推动工资集体协商工作提质增效　曲阜市总工会两次召集工资集体协商专职指导员，召开座谈会、调研推进会，总结经验和方法，分析不同镇街、不同区域、不同行业、不同企业的实际情况及协商工作中的问题和困难，查找原因，围绕 2018 年的计划，明确工作任务。

（李明军）

倡树文明新风，争做新时代文明职工　泗水县总工会大力倡导移风易俗，不断加强文明职工队伍建设，发放倡议书 5000 余份，举办"移风易俗进企业"志愿文艺演出活动、深入企业、社区演出；先后举办职工健康骑行活动、青年职工"传承红色基因、争做时代新人"知识竞赛、职工徒步登凤仙山游步道活动、庆祝改革开放四十周年职工书画摄影展等职工群众喜闻乐见的文体活动。

(李 力)

大力弘扬劳模精神、工匠精神 邹城市总工会评选命名全市第二批共 15 个劳模（高技能人才）创新工作室。劳模陈长青同志受邀加入济宁市劳模事迹宣讲团，宣讲本市创建全国食用菌强市的做法和涌现出的感人事迹。开展"先模在身边"宣传活动，2018 年 5 至 7 月份，15 位劳模做客 FM96.1 专栏，与全市职工谈心交流，在全社会形成了尊重劳模、学习劳模、关爱劳模的比学赶超良好氛围。

(任培超)

开展职工技术创新竞赛活动 微山县总工会围绕全县新旧动能转换重点发展的"十大产业"，引导各基层工会以技能提升为抓手，进一步发挥职工在推进新旧动能转换征程中的生力军作用，加快建设知识型、技能型、创新型劳动者大军。2018 年，县卫健局、县人行等各基层工会先后成功组织各类劳动竞赛和技能比武、岗位练兵等活动 80余场次，累计有 1.7 万人（次）职工参加。

(关 琳)

提升职工思想政治工作的针对性 鱼台县总工会充分发挥微信公众号等阵地的作用，大力宣传习近平新时代中国特色社会主义思想和党的十九大精神，推动习近平新时代中国特色社会主义思想宣讲活动进企业、进车间、进班组。牢牢把握意识形态工作主动权，不断加强和改进工会意识形态工作。

(何镇亚)

积极为企业搭建创业创新平台 金乡县总工会推动"劳模（高技能人才）创新工作

室"实现规范化、标准化、制度化发展，通过名师带徒等活动，努力把技术创新人才个体优势转化为群体优势，推动职工技术创新水平的全面提升。积极组队参加济宁市第七届职工职业技能大赛和山东省第四届创业大赛，金乡县追根溯缘工作室荣获山东省工友赛区二等奖。

(梁 孟)

深化和谐劳动关系建设工作 嘉祥县总工会联合人社局开展劳动关系和谐企业命名表彰，畅通"12351"职工热线等诉求渠道，扎实做好职工法律援助服务和劳动争议调解工作，维护了职工队伍和社会和谐稳定。

(梁之斌)

强化职工安全生产督导，健全群众性安全排查治理长效机制 汶上县总工会持续深入开展"查保促"活动，广泛组织开展"安全隐患随手拍"征集等活动，推动企业健全完善职工安全生产教育培训、群众性隐患排查治理和职工排查事故隐患奖励等相关制度，引导广大职工积极主动地排查安全隐患和职业危害，不断增强自我保护意识和能力。汶上县总工会获全市"安康杯"竞赛优秀组织单位；济宁中银电化有限公司、汶上如意技术纺织有限公司获全市"安康杯"竞赛优胜单位。

(陈 迪)

突出服务职工，精准扶贫工作有新提高 梁山县总工会完成梁山县职工服务中心建设，设置服务大厅等六个工作平台，实现服务职工实体化、项目化、普惠化。对 240 余名困难职工进行资金救助，组织就业援助专场招聘会两场，提供免费就业服务人数 1200人次，帮助 850 名下岗失业人员重新就业，帮助 340 名农民工走上技术工人岗位，促进自主创业 300 人次，为 50 名困难职工家庭子女发放助学金。深化女职工"关爱行动"

和"帮扶送教育"活动,建起"爱心妈妈小屋"8处。同时,开展了惠民门诊、便民超市、爱心药房等活动。

(陈 昌)

全面推进工资集体协商,切实维护职工民主权益 高新区总工会推动完善协商协调机制,主动参与涉及职工利益的法律法规政策制定修改。推动完善企业工资决定、正常增长和支付保障机制。推动构建多层次社会保障体系,加强职工医疗互助。依法维护农民工合法权益,推动解决拖欠农民工工资和社保转移接续等问题。完善工会劳动保护监督机制,保障职工生命健康权益。切实维护女职工合法权益和特殊利益。

(郭 菡)

提高干部职工综合素质 太白湖新区总工会结合"两学一做"活动,认真组织干部职工加强了政治理论及法律法规的学习。进一步引导工会干部和广大职工全面理解中央、省、市委加强工会工作、推进工会改革的决策部署,牢牢把握工会工作正确政治方向,进一步坚定党员干部理想信念,增强政治意识、服务大局意识,提高工作能动性。

(陈建社)

泰安市总工会

工作综述

概况 泰安市总工会辖泰山区、岱岳区、新泰市、肥城市、宁阳县、东平县六个县市区总工会,新汶、肥城两个矿业集团公司工会,泰安高新区总工会,市属49个产业(局、公司)工会。市总工会设:办公室、组织部(宣传教育部)、生产保护部、保障工作部(女职工部)、民主管理部、法律工作部、财务部、市直企事业工会工作委员会,直属泰安市职工服务中心、泰安市总工会经费审查委员会办公室、泰安市工人文化宫3个事业单位。2018年,在市委和省总工会的坚强领导下,全市各级工会围绕中心、服务大局,全面履行工会职能,不断开创工会工作新局面,在全市工作大局中发挥了积极作用。2018年,市总工会荣获省级文明单位、全省工会工作创新奖、全省困难职工解困脱困工作先进集体、全省内部审计工作先进单位、全省市级工会经审工作规范化建设考核特等奖、全市"五型"机关建设示范单位、全市机关党建规范化建设先进单位、市直机关十佳党建品牌称号。

坚定正确政治方向,加强了职工思想政治引领 一是全面加强党对工会工作的领导,推进"两学一做"学习教育常态化制度化,引导广大工会干部切实增强"四个意识",牢固树立"四个自信",坚决维护习近平总书记党中央的核心、全党的核心地位,坚定不移走中国特色社会主义工会发展道路。二是积极推动习近平新时代中国特色社会主义思想和党的十九大精神进企业、进车间、进班组。通过党组理论中心组学习、"三会一课"、专题研学和劳模宣讲等多种形式,不断加强工会意识形态工作,加大工人阶级宣传力度,不断把学习宣传党的十九大精神推向深入。三是扎实开展"中国梦·劳动美"主题教育,举办了"中国梦·劳动美——学习贯彻习近平新时代中国特色社会主义思想和党的十九大精神"全市职工演讲比赛。组织召开"五一"表彰大会,在泰安电视台、泰山晚报开辟专栏,对先模人物进行了集中宣传,组队参加了全省职工演讲比赛,并获得二等奖。发挥好工人文化宫主阵地作用,先后举办庆新春职工文化活动周、庆"五一"、国庆文艺演出等活动,不断凝聚职工正能量。

坚持服务科学发展，发挥了工人阶级主力军作用 一是扎实开展"树双百、带双千、促双创"行动，依托 10 个职工实训基地，举办各类技能培训班 105 期、培养高技能人才 1128 名、技能提升培训 11245 人。创新开展劳模工匠精神进校园的"引航工程"、学历提升的"圆梦工程"、技能提升的"金钥匙工程"，帮助职工提升岗位技能。新修改制定《泰安市劳模和工匠人才创新工作室管理办法》，确定创新工作室主要任务，深入实施"泰山工匠"培养计划，每年选树 10 名泰山工匠，推动各级工会每年培养选树 100 名以上本地或本行业工匠，培养储备 1000 名高技能工匠型人才，为推动本市新旧动能转换、产业结构优化升级，实现"走在前列、位次前移"的目标，提供强有力的人才支撑和技术支持。二是搭建职工技能提升平台。广泛开展"师徒结对"的传承行动。按照"以老带新，以熟带生"的原则，突出劳模、工匠的"名师"效应，为青年"高徒"在岗位中熟练、在实践中提升、在工作中成长打通快速通道。在全市把"工人先锋号"的创建和班组建设与泰山"挑山工"和劳模工匠精神的培养结合起来，开展"八小八大"班组竞赛活动，引领全市广大职工养成不畏艰辛、埋头苦干、精益求精、严谨专注、迎难而上、奋勇超越的劳模和工匠精神，勇做新时代泰山"挑山工"和"泰山工匠"的产业工人。三是大力弘扬劳模精神。完成了全国五一劳动奖状、奖章、工人先锋号和省富民兴鲁劳动奖状、奖章、工人先锋号的集中推荐评选和表彰工作，召开了"五一"先模人物表彰大会，为全国劳模安排免费体检，组织市级以上劳模参加疗休养。四是持续深化"查保促"活动。以"完善制度、巩固提升"为主题，以强化培训、激

励、督导和宣传为手段，推动"查保促"活动深化发展。实施了为期半年的全市化工行业"查保促"专项行动。全市各级工会干部深入企业、车间、班组督导 8139 人次，组织职工查出并整改安全隐患 3.5 万项，有效避免安全事故 850 余起。"安康杯"竞赛活动参加单位 2580 家，参赛班组 3.1 万个，参赛职工 81 万人，规模企业参赛率达到 96%以上。

切实维护职工权益，促进了劳动关系和谐稳定 一是推动构建和谐稳定劳动关系。依托协调劳动关系三方机制、政府与工会联席会议制度，深化劳动关系和谐企业创建活动。制定下发了《关于进一步加强职工法律援助工作的意见》，主动与司法行政部门、劳动人事仲裁机构对接职工法律援助案件，对职工劳动报酬、社会保险方面的合法维权诉求提供"零门槛"的法律援助，共办结法律援助案件 5 起。与市司法局法律援助中心沟通，联合出台了《关于建立六部门协作机制设立"工、青、妇、老、残"法律援助工作站的意见》，进一步明确了全市职工法律援助工作的流程和操作办法，确保全市职工法律援助工作都能纳入工会服务范围。扎实开展职工心理健康服务进企业活动，通过购买社会服务，由心理咨询机构委派专业的心理咨询辅导专家深入企业给职工进行心理压力疏导，组织开展心理健康服务讲座 40 场，4000 名职工直接受益。二是加强厂务公开民主管理工作。全市建立职代会、厂务公开制度的企事业单位分别达到 1.4 万家和 1.3 万家，覆盖职工 89 万和 88 万人。推动建立企业工会与行政沟通协商机制，进一步畅通职工诉求常态化解决渠道。通过召开工作推进会、举办观摩培训班，指导各单位制定实施意见、操作规范，不断加大工作推进力度。全市 100 人以上的建会非公企业建制率达到

92%，国有、集体及其控股企业和事业单位建制率达到100%。三是加大集体协商工作力度。在全市范围内开展了"工资集体协商集中要约行动"活动，对尚未开展工资集体协商和协商程序不规范的企业"集中要约"。对全市18名工资集体协商专职指导员每月增加了500元工作补贴。开展"尊法守法、携手筑梦"农民工法律服务活动，借助12.4活动、岁末年初农民工集中返乡等节点，深入基层、深入农民工工作生活一线，为农民工开展相关的法律服务工作。印制农民工服务手册3000本，宣传普及法律知识。全市签订工资集体协商专项合同7420份，建会企业工资集体协商建制率达到91%，覆盖企业1.51万家、职工92万人；女职工权益保护专项集体合同覆盖企业8104家、女职工46.2万人。

努力提升服务实效，增强了职工获得感幸福感 一是大力实施工会"惠员工程"。为115人补贴补助金140万元，对"泰山情·守护光明"活动的程序进行修订，使职工的报销更方便快捷，年内为38人补贴5.32万元，联合爱尔医院在公安景区分局开展了"守护光明"眼健康检查活动，组织1750名一线职工开展一线职工疗休养活动。二是结合《泰安市总工会关于开展"回归公益 搭建平台，创新丰富服务体系建设新内涵"活动的实施意见》，依托"惠职工流动服务站"继续开展好三进活动。坚持常态化、长效化、社会化方向，创新工作载体，整合社会资源，叫响做强"四季服务"工作品牌。同时，创新服务农民工工作，积极参与涉及农民工有关政策制定和督导落实，努力促进农民工同工同酬同权、均等享受公共服务。三是持续深化女职工心灵关爱行动。开展了"十百千"结对帮扶工作，帮扶1058户特困女职工，帮扶资金72.39万元。定期举办

"幸福1+1"职工沙龙、幸福密码、"家长大学"公益沙龙等活动。创新"缘结泰山"活动品牌模式，与社会专业机构进行共同策划，每月举办一场落地活动。成功举办"弘扬优秀家风，助力文明创建—泰安市女职工'我爱我家'"演讲比赛。推进建设"妈妈小屋"287个，为孕期、哺乳期女职工提供贴心服务。

扎实夯实基层基础，提升了工会组织吸引力凝聚力 一是大力开展八大群体、八大领域建会集中行动。将新泰市作为试点单位，全力推动八大群体入会工作。截至2018年底，全市共新增涉及八大群体的行业企业20家，工会组建率达到48%，新增入会职工4431人，职工入会率达到52%。试点单位新泰市已探索建立了房产中介员、货运司机工会联合会，分别吸收工会会员60人、3000人。扎实开展工会机关干部到企业单位担任工会指导员工作，从市、县（市、区）、乡镇（街道）三级工会中，选派50名工会干部到未建立工会组织或工会工作薄弱的"两新"组织挂职第一主席，涉及货车司机等八大群体未建会企业优先选派。市总工会选派了四名年轻干部到新兴群体中抓好工会组建工作，分别是物流、家政、快递和房产中介行业。扎实开展工会干部培训工作，分两期组织200余名专职工会干部到浙江省工会干部学校进行培训。二是抓规范促提升，基层工会规范化建设水平不断提高。创新开展"四分类四升级"活动，把分类定级标准作为重要前提，区分工会组织的行业性、领域性，按照百分制制定分类定级标准体系。活动开展以来，全市5798个基层工会组织中开展"四分类四升级"活动的各类基层工会组织达到5276个，开展面达到91%。其中一类工会组织由年初的1100个上升为1477个，增加了367个，占28%；二类工会

组织共 1688 个，占 32%；三类工会组织由 2955 个下降为 2478 个，减少了 477 个。活动信息在《山东工人报》2018 年 5 月 14 日的头版头条进行了报道。三是抓党建带工建，"两新"工会组建工作打开新局面。联合市委两新组织党工委转发了省委两新组织党工委、省总工会《关于进一步加强非公有制经济组织和社会组织"党建带工建、党工共建"工作的通知》，把加强"两新"组织党组织制度建设与建设职工信赖的"职工之家"结合起来，实现"三会一课"、民主生活会、民主评议党员、党务公开等制度与职代会制度、厂务公开民主管理制度、会员评家制度、平等协商签订集体合同制度等有机衔接，做到制度建设同研究、同安排、同落实、同检查。

（吴长龙）

市直荟萃

开展"一号九岗"竞赛，助推企业创新创效 新矿集团工会围绕"创新、创效、创业、创优"目标，以"一号九岗"竞赛为载体，以提升能力、发挥作用为核心，以考核评价、导向激励为手段，充分发挥"工人先锋号"的示范、引领和激励作用，激发职工群众创业热情，实现了职工提升与企业发展相融共进。"一号"是指工人先锋号，"九岗"是指不同类型的九类岗位：安全岗、质量岗、节约岗、创新岗、技能岗、服务岗、创效岗、环保岗、和谐岗。"一号九岗"竞赛针对专业岗位特点，在岗位层面，与精品工程创建有机融合，区队、班组、岗位层层宣传工作标准和精品意识，引领和推动矿井安全生产标准化水平整体提高。在班组层面开展"安全诚信"竞赛，举办班组论坛、技能讲堂，搭建班组对标提升平台。在区队层面开展"夺旗争星"劳动竞赛，设立安全工作、生产组织、增盈创效流动红旗，每月为竞赛第一单位授旗，劳动热情空前提高。为确保活动实效，竞赛活动实行定期检查、现场推动、督导提升，一月一检查一通报、半年一评选奖励，强力推进每个阶段、每个环节的重点工作，实现以岗带号、以号促岗，岗号共赢，总体推进。

（新汶矿业集团有限责任公司工会）

立足创新提升，精心组织员工技能大赛 肥矿集团工会坚持高起点谋划、高标准组织，创新管理模式，改进竞赛组织方式方法，提升员工技能水平。一是组织全员学习，员工参与度实现新突破。4662 名一线员工进行赛前学习，1300 多名员工参与选拔比赛。二是组织专业培训，裁判员水平有了新提升。首次选派裁判员参加中煤协会培训班，并对全体裁判员进行了集中专业培训。三是创新考试模式，实现线上线下有效融合。组织专业人员编写了 2400 余道试题的理论考试题库，理论考试首次实现线上测试；操作比赛则搬到工作现场、操作岗点，更加贴近员工、贴近实际。四是拍摄技能大赛电视专题片，以图文形式对各单位参赛情况直观展现。经过层层选拔，各单位推选出 120 名优秀员工，参加了集团公司 7 个专业、9 个工种的比赛，60 名选手受到集团公司表彰，进一步调动了员工群众学业务、练技能，比学赶帮的积极性和主动性，营造了上岗就是比武，天天都在练兵的浓厚氛围。

（肥城矿业集团有限责任公司工会）

区市县撷英

积极开展"妈妈小屋"建设 泰山区总工会立足实际，在女职工人数较多、条件较成熟的企事业单位和公共场所中普遍设立妈妈小屋，为孕期、哺乳期女职工体面度过特殊生理阶段提供人性化服务，使工会组织对女职工的各种关爱措施真正落到了实处。工作中，按照"舒适型""标准型"和"简约型"妈妈小屋建设标准，在全区企事业单位和公共场所，建成各类妈妈小屋48家，市区总工会补贴建设资金20.15万元。各类妈妈小屋利用率达到100%。财源街道社区卫生服务中心"妈妈小屋"、泰安第六中学"妈妈小屋"被命名为省级妈妈小屋示范点，泰安启程车轮制造有限公司"妈妈小屋"被命名为市级妈妈小屋示范点，并获相应的补贴奖励资金。

(彭志祥)

困难职工帮扶和解困取得新成效 岱岳区总工会坚持职工为本，打造服务亮点品牌，在帮扶救助工作中发挥新作用，深化职工大病医疗互助工程，2018年度在档困难职工全部脱困。岱岳区2018年共有29名在档困难职工纳入中央财政和省财政救助，共争取中央财政救助资金50万元，省财政资金10万元，共计60万元。其中：医疗救助25人，使用资金27.52万元；生活救助27.98万元；助学救助8人，使用资金4.5万元。积极开展"四季服务"，开展春送岗位行动。广泛收集企业用工信息，与人社部门联合协助企业举办专场招聘会、洽谈会等活动，搭建高校毕业生就业服务平台，共帮助落实对困难职工家庭高校毕业生的就业扶持政策128人次。开展夏送清凉活动，共筹资两万余元购置防暑降温用品，走访慰问380余名奋战在创城一线的环卫工人。开展金秋助学活动，2018年，区总工会为21名考上大学的困难职工和农民工家庭子女分别发放了3000元助学金，动员两名省市劳模救助两名大学生，每生每年5000元，连续帮扶4年，帮助完成学业。开展送温暖活动，共确定147名送温暖活动对象，共发放送温暖资金14.16万元，其中生活救助129名，每人800元，医疗救助18人，每人2000元。

(张 杰)

责任担当，权益维护取得新成效 新泰市总工会以劳模创业带动困难职工就业，以劳模创新培育困难职工发展潜力和自我造血能力，架起了一座劳模与困难职工的连心桥。一是建立健全了政府与工会联席会议制度，召开了市政府与总工会联席会议，开辟了一条政府联系职工群众的重要渠道，为工会维护职工合法权益提供了有效途径。二是着力完善政府、工会、企业共同参与的协商协调机制。健全以职代会为基本形式的民主管理制度，加快推进企业工会与行政沟通协商机制建设，120余家企事业单位建立了企业工会与行政沟通协商机制。三是深化工资集体协商工作。年初在全市广泛开展了"集中要约"行动月活动，推动工作常态化。四是积极开展职工维权法律服务工作。强化市行政审批服务局工会窗口职能，对职工来电、来信、来访，实行登记制度，方便职工诉求办理和跟踪问效。提高基层工会组织法律维权工作能力，争取泰安法律部两次进企业举办"心灵关爱"辅导班。2018年荣获"山东省职工维权法律服务示范单位"。

(杨茂民)

倾力探索"党建+"服务新模式 肥城市总工会以党建标准化和党建品牌建设为抓手，着力提高党建质量，不断创新工作机制，打造职工的温馨之家。党建+思想引领。抓好十九大精神学习宣传，大力弘扬劳动精神、劳模精神，"工匠梦·和谐情"首届桃都工匠·和谐家庭颁奖典礼、致敬劳动者庆祝"五一"国际劳动节颁奖典礼隆重举办，党员劳模先锋活力在各行各业竞相迸发。党建+权益维护。签约律师事务所，实施舆情监测，编发《舆情专报》，探索维权新路径，泰安市企业工会与行政沟通协商机制现场观摩培训班在新泰举办。党建+助力企业。深化"五比一创"劳动竞赛，聚焦新旧动能转换重大工程，在重点项目上搞竞赛，在重大工程上练技能，最大激发职工创新创造活力；提炼企业文化，凝聚发展合力，夯实产业工人队伍素质提升根基，鲁泰、傲饰、众成企业文化荣登《山东工人报》头条。党建+职工服务。错峰服务、延时服务、"暖心菜单式"流动服务成为常态，服务职工最后一公里问题有效解决，EAP项目成功落地并举办多次走基层活动。

（陈　超）

组织开展"四大行动"，夯实基层工会组织建设　宁阳县总工会深化实施"双覆盖"工程，完善工会组织，增强基层工会活力。制定了《关于实施"四大行动"，全面提升基层工会组织建设工作水平的意见》，将"四大行动"作为总抓手，明确了基层工会组织建设的目标要求、推进措施和保障机制。一、以"品牌打造、典型推送"行动为抓手，推动一类基层工会组织上水平。按照"常规工作抓规范，重点工作创品牌"的思路，组织一类基层工会组织，争创县内领先、市内一流、省内知名的工会工作品牌。二、以"短板补缺、对标超越"行动为抓手，推动二类基层工会组织上台阶。组织二类基层工会组织深入查找存在问题、工作短板、薄弱环节，有针对性地制定"补缺"工作方案，明确解决措施、责任人员、完成时限等，着力加强薄弱环节，解决突出问题，推动工会工作提质增效、工会组织晋位升级。三、以"包保帮带、专项提升"行动为抓手，推动三类基层工会组织换面貌。从县总工会机关选派6名副局级以上领导干部为基层工会的工作指导员，帮助规范组织建

设、实施建功立业、服务职工群众、推进民主管理。从乡镇（街道）、园区总工会、工委中，选派工会干部包保帮带工作薄弱的基层工会，实现组织建设规范化、工会工作制度化、服务职工常态化的转化目标。四、以"摸底排查、集中建会"行动为抓手，推动四类法人组织快建会。将八大领域、八大群体、行业工会作为重点，组织开展"新领域、新业态、新组织建会入会集中行动"，制订行动计划，明确责任主体，强力推进工会组织组建工作。

（张晓晓）

开展厨艺创新竞赛，激发职工创新热情　为服务东平旅游经济发展，鼓励引导全县餐饮企业、职工开拓创新，不断开发新产品，为广大游客提供独具特色的东平美食，丰富东平餐饮文化内涵，东平县总工会举办了东平县首届"工会杯"厨师厨艺烹饪大赛。本次餐饮厨艺大赛共有来自全县70余家餐饮企业200余人参加了比赛活动。本次厨艺创新竞赛共设置团体赛和个人赛两大类别。团体赛设一、二、三等奖各1名。个人赛设一等奖6名，二等奖10名，三等奖20名，特等奖1名。为保证本次大赛的专业性，东平县总工会还特邀请泰安市美食专家訾胜军等5名餐饮界专家前来担任评委。厨师厨艺烹饪大赛贴近东平旅游经济，为东平群众和广大游客提供了美食美味，在社会上引起了较大的反响，受到了广泛好评。这次比赛是东平县总工会引导企业、职工开展技术创新的新拓展，也是一次创新职工技术比赛内容的新尝试，不仅为广大餐饮服务行业职工更好地切磋技艺提供了更好的平台，深化和拓展了全县职工技术创新竞赛活动内容，促进了新时期产业工人队伍建设；也弘扬了东平地方特色饮食文化，为东平县文化旅游产业健康发展起到积极推动作用；更充分调动了广

大职工的创新热情，为服务全县大发展格局，推动全县经济创新创业大发展注入了创新活力。

（徐广三）

威海市总工会

工作综述

概况 2018 年，威海市总工会辖 2 区（环翠区、文登区）、2 市（荣成市、乳山市）、3 个国家级开发区（威海高技术产业开发区、威海经济技术开发区、威海临港经济技术开发区）总工会。市总工会机关设办公室、组织宣教部、生产保障部、基层工作部、财务资产管理部；下设职工服务中心、劳动关系协调中心、经费审查委员会办公室3 个事业单位，筹建网络信息中心。全市有基层工会组织 4534 个，会员 52 万人。年内，推荐表彰省劳模 40 名、全国五一劳动奖章 1 名、全国工人先锋号 2 个，以市政府名义评选表彰"威海工匠" 10 名，以工会名义评选表彰"威海市优秀职工" 500 名，"最美一线职工" 20 名，进一步壮大先模群体。新建市级创新工作室 267 家，总数达到382 家，省级创新工作室达到 9 家，参与职工人数达到 6.1 万名，完成创新项目 15700多项。不断深化群众性安全生产"查保促"活动，全年累计排查整改安全隐患 18750起。全市事业、国有、集体及其控股企业、规模以上非公企业的职代会和厂务公开建制率均达到 100%；全市共签订各类工资专项集体合同 2087 份，覆盖建会企业 3655 家，建制率达到 96%，女职工专项集体合同签订率达到 100%。进一步强化"推进协商民主、强化社会责任"品牌创建工作，百人以上非

公企业建制率达到 90% 以上，国有企业和事业单位建制率达到了 100%。共筹措发放资金 920 余万元，其中，"春风送岗"活动共组织 600 家企业进场招聘，提供就业岗位25000 多个；"夏送清凉"活动共投入 320余万元，走访慰问了 240 家企业的 6 万多名职工；"金秋助学"发放助学金 36 万元，资助困难职工子女 62 名。启动了第九期工会爱心互助保险工程，住院医疗项目共有 30.7万名职工参保，住院津贴项目共有 14.5 万名职工参保，互助金规模达到 2400 多万元。全市已建成并投入使用"妈妈小屋" 178家，"户外职工爱心驿站" 27 家。"实施职工创新工程，激发企业发展活力"项目获得全省工会工作创新奖，该奖项每年评选 10个项目，这是该奖项首次评选以来，威海市总工会连续第五次获奖。

召开威海市总工会第十六届六次全委（扩大）会议 2018 年 1 月 26 日，威海市总工会第十六届六次全委（扩大）会议召开，市总工会常务副主席刘德柏作工作报告，市人大常委会副主任、市总工会主席张竞讲话。会议传达了全总十六届七次执委会议和省总工会十四届九次全委会议精神，审议通过了威海市总工会第十六届委员会工作报告，威海市总工会第十六届经费审查委员会工作报告和关于召开威海市工会第十七次代表大会的决议。市总工会第十六届委员会委员，第十六届经费审查委员会委员；市总工会机关工作人员和市直产业工会主席，市直部分单位（非两委委员单位）工会主席等共计 200 余人参加了会议。

召开威海市庆祝"五一"国际劳动节暨表彰大会 2018 年 4 月 26 日，威海市庆祝"五一"国际劳动节暨表彰大会举行，隆重表彰了 10 名威海工匠、10 名威海市职工创新明星、10 名威海市带徒名师、10 个威海

· 266 ·

市示范劳模工匠创新工作室，动员和激励全社会尊重劳动、尊重技能、尊重创造，积极投身创新创业，共同推进现代化幸福威海建设。会前，市委举行欢送全国五一劳动奖获得者、山东省劳动模范和先进工作者座谈会。市领导张海波、侯世超、刘运、张竞、任慧春等出席座谈会。

召开威海市工会第十七次代表大会
2018年5月28—30日，威海市工会第十七次代表大会在威海东山宾馆召开。市委副书记、市长张海波，市人大常委会主任王学文，市政协主席高旭光，省总工会党组成员、经审会主任蒋石宝，市委常委、组织部部长刘运出席了大会开幕式。张海波在讲话中充分肯定了威海市工会第十六次代表大会以来取得的成绩，要求全市各级工会组织要以增强政治性、先进性、群众性为主线，深化改革创新，切实维护广大职工合法权益，使工会组织更加充满活力、坚强有力。全市259名代表参加了大会选举。大会审议批准了由市人大常委会副主任、市总工会主席张竞代表市总工会第十六届委员会所作的工作报告，审议通过了财务报告和经费审查报告，选举产生了市总工会第十七届委员会，随后召开了市总工会十七届一次全委会，市委常委、组织部部长刘运出席会议并讲话。

举办"中国梦·劳动美"职工演讲比赛
为推动习近平新时代中国特色社会主义思想和党的十九大精神进企业、进车间、进班组，引领广大职工坚定不移听党话、跟党走，助力全省新旧动能转换，威海市总工会从2018年2月份开始举办"中国梦·劳动美——学习贯彻习近平新时代中国特色社会主义思想和党的十九大精神"威海市职工演讲比赛。经过前期层层选拔，2018年6月13日，10名优秀选手参加了决赛。比赛最终评选出金奖2名，银奖4名，铜奖4名，

环翠区总工会等25家单位获得优秀组织奖。

开展2018年"夏送清凉"活动　2018年6月28日，威海市总工会正式启动了2018年"夏送清凉"活动，威海市人大常委会副主任、市总工会主席张竞带队，先后来到S201威东线田和至温泉段改建工程施工现场、海滨北路旅游码头岗、威海经区管委东体育场、威海港集团码头等处，慰问了烈日下坚守岗位的修路工人、公安干警、环卫工人和码头工人。一个月的时间内，市区两级工会组成数十个慰问小组，共投入320余万元，深入基层一线走访慰问了240家企业的6万多名职工。

开展"乡村振兴、党员先行"志愿服务月活动　2018年7月，根据威海市"乡村振兴党旗红"工作部署，市总工会在对口帮扶村——荣成市夏庄镇马安埠村开展了一系列以"乡村振兴、党员先行"为主题的志愿服务活动。一是走访帮扶困难群众。2018年7月25日，市总工会全体党员干部前往荣成市夏庄镇马安埠村，走访慰问困难群众，并为他们送去了大米、牛奶等生活物品。二是开展集体学习活动。2018年7月1日，组织村全体党员学习，增强基层党组织的凝聚力和战斗力。2018年7月20日，组织村两委委员及党员和村民代表学习乡村振兴战略。三是组织党员义务劳动。2018年7月1日，组织党员进行义务劳动，对村内环境进行了集中整治。2018年7月31日，组织党员义务清理村内小广告。四是丰富农村文化生活。2018年7月26日，举办了"壮阔东方潮，奋进新时代"文化惠民演出，丰富了广大群众的文化生活。

举办"威海职工好声音"歌手大赛　举办了首届"威海职工好声音"歌手大赛，由建会单位工会统一组织职工参赛，参赛作品以"新时代　新威海　新梦想　新力量"为

主题，按照海选-复赛-决赛的程序进行。广大职工积极参与，部分单位还就此进行了专题海选，丰富单位职工的精神文化生活。全市共提交了 300 多件各行业职工歌唱作品，通过专家评审组进行初步审听，102 名职工选手的作品进入网上投票环节，有 11 万人次的职工参加投票，30 名选手参加复赛。2018 年 8 月 22 日组织了决赛，共 16 名选手参加，电视台进行了现场录播。

赴南方五市开展对标学习　为贯彻落实全市"打造对外开放新高地、争当走在前列排头兵"动员大会精神，学习借鉴先进地区经验，推动本市工会工作创新发展，2018 年 10 月 14—20 日，市总工会常务副主席刘德柏带领市总工会和环翠区、乳山市、临港区总工会一行 10 人，赴苏州、常州、嘉兴、宁波、杭州等地，通过座谈交流、实地考察等形式，学习工会工作经验。

职工技能大赛工作取得优异成绩　确定每年 7、8、9 三个月为全市职工职业技能竞赛月，组织各级工会共举办劳动技术竞赛 1700 多场次，涵盖 82 个工种，直接参与职工达 14 万人次，共表彰"金牌职工"42 名、"技术能手"4 名，1300 多名职工通过竞赛晋升了技术等级。选拔优秀选手参加全省第六届职工技能大赛 5 个工种的比赛，取得个人冠军 1 名、亚军 1 名、第 5 名 1 名，各工种团体第 1 名、第 5 名、第 6 名、第 9 名、第 10 名的优异成绩；选拔 3 名选手参加了全国第六届职工技能大赛数控机床维修工种的比赛，3 人分别获得第 7、第 14、第 20 名的好成绩。这些成绩均实现历史性重大突破，创造了本市参加全省、全国职工职业技能大赛以来的最好成绩。2018 年 7 月 30 日，市总工会召开"强化技能创新导向、助推职工成长发展"信息通报会，对参加山东省第六届职工职业技能大赛的获奖选手及指导老师进行隆重表彰。2018 年 12 月 3 日，市总工会在省委召开的山东省参加第六届全国职工职业技能大赛总结大会上，作为唯一地市代表做了典型经验交流。

开展"活力基层工会"创建活动　为推动基层工会"建起来、转起来、活起来"，2018 年 4 月份下发了《关于开展"活力基层工会"星级创建活动的实施意见》，以单建企业工会和区域（行业）工会为对象，按照"组织建设好、队伍建设好、工作载体好、制度建设好、经费管理好和工作绩效好"的"六好"标准，设置了五个星级，进行百分考核。力争用 3 年时间，到 2020 年底，全市 70% 以上的基层工会达到"活力基层工会"三星级标准，25% 以上达到四星级标准，10% 以上达到五星级标准。通过创建活动，使基层工会服务职工的能力明显增强，工作绩效满意度明显提升。全市建会企业对照"活力工会"标准条件，积极开展工会活动，提升组织活力，增强吸引力和凝聚力。利用"威海工会在线"微信平台，每周推出一期"活力工会"宣传信息，宣传基层工会开展的各项工会活动，年内已经推出 18 期，总结宣传了 70 多家基层工会的"活力"活动。2018 年，市区两级工会分别组织工作人员，对各申报单位进行考评验收，达到合格标准的五星级 50 家，四星级 73 家，三星级 65 家。"活力基层工会"创建进一步提升了基层工会规范化建设水平，激发了基层工会活力，促进了基层工会作用发挥。

（郎济民）

市区撷英

工会参与文明创建持续扩面　荣成市总工会结合工作实际，扎实推进文明创建工作，有力发挥了工人阶级主力军作用，提升了职工群众获得感、归属感、幸福感。一是成立职工志愿者协会。2018 年 6 月,成立了荣成市职工志愿者协会,在镇街、主要企业设立 50 余支分队。成立以来,不断探索职工志愿服务常态化、制度化新模式,已累计开展困难帮扶、扶老助残、法律援助、政策宣传等大型志愿服务活动 20 余场次,直接参与职工 1000 余人次。二是开展"文明厂区"创建活动。在荣成市委支持下,在全市企业范围内开展了"文明厂区"创建活动,引导企业从优化厂区环境、强化安全生产、积极参与社会共建等方面入手,进一步提升全市企业厂区总体文明程度,加强职工文化休闲等软环境建设。活动采取星级制,每年一评,2018 年,按照标准共选树出四星级、五星级"文明厂区"56 家,有效推动了全国文明城市创建成果惠及更多企业职工。三是打造文明实践"工会样板"。以荣成市被列入全国新时代文明实践中心建设试点市为契机,扎实推进新时代文明实践工作,成立了情系职工文明实践队。截至 2018 年底,累计组织开展爱心帮扶、心理咨询、法律援助等新时代文明实践活动 10 余场,促进了新时代文明实践在职工群众中落地生根。

(宋彦贵)

积极引领职工开展技术创新 乳山市总工会围绕中心服务发展大局,积极引领职工开展技术创新。开展了第二届"乳山工匠"评选,以市委、市政府名义评选表彰了 10 名"乳山工匠",给予每名工匠 8000 元奖励,广泛宣传先进事迹,"学习工匠精神、争当先模人物"在全市蔚然成风。充分发挥工匠、高技能人才的引领带头作用,深入开展职工岗位技术创新活动,广泛开展劳模(工匠人才)创新工作室建设,助力企业快速发展,助推全市新旧动能转换重大工程实施。年内培育"齐鲁工匠"1 名,威海市带徒名师 1 名;创建齐鲁工匠创新工作室 1 家,威海市示范劳模工匠创新工作室 1 家,威海市劳模(工匠人才)创新工作室 11 家。

(于倩文)

开展推进全民阅读活动 环翠区总工会切实保障职工群众的文化权益,积极为职工搭建学习平台。经过调研,考虑到广大职工下班后缺少学习活动场所的实际情况,在 8 小时之外职工人员相对密集的威海市 12349 积分养老服务中心,打造了全国职工书屋示范点,为广大职工创造了优良舒适的学习环境,引导职工逐渐养成"爱读书,读好书"的习惯。职工书屋占地面积 130 余平方米,总藏书量 4800 余册,配备联网电脑、多媒体设备及专职管理人员。注重加强制度建设,建立了职工书屋管理制度、管理人员制度、图书借阅制度、损坏、丢失赔偿制度等。同时采用线上线下相结合的方式,积极打造网上图书馆,职工只要关注"环翠总工会在线"微信公众号,查看"咪咕阅读",就可免费阅读电子图书 10 万册,进一步丰富了阅读内容,拓展了职工阅读范围,为职工群众提供了质量更高、内容更丰富的精神文化产品。

(鞠传淇)

产业工会建设取得新突破 文登区总工会顺应产业发展趋势,聚焦聚力破解货车司机、家政服务员等以流动人员为主体人群入会难的问题,结合实际和行业特点,按照先易后难、分步实施的原则,以区域性行业集群为重点,依托行业协会,建立区域产业特色鲜明的行业性工会联合会,把产业工会工作触角延伸到基层。分别于 2018 年 10 月 15 日和 2018 年 12 月 20 日,成立了文登区道路货运行业工会联合会和文登区汽修行业工会联合会。两家联合会的成立,标志着 500 余名职工有了保障权益的组织依靠,60 家中小企业有了凝聚人心、促发展的组织力量，有力地推动了全区道路货运、汽修业的蓬勃发展。

（丛婧）

"三个到位"增强"明白纸"实效 威海高技术产业开发区总工会把各项工会工作设计成工会明白纸或工会工作流程图，推出的"一张小小明白纸，开启工会工作新征程"创新成果荣获全国高新区工会工作一等奖。一是设计到位。"明白纸"从内容、排版到呈现样式都是由区工会工作人员群策群力集体完成，把企业和职工关心问题结合漫画设计成宣传彩页，用通俗易懂的语言把工会工作讲的清晰透彻，更加简单明了地把工会工作普及给企业及职工。二是宣传到位。在工会干部培训中，印制1万份《活力基层工会创建明白纸》供工会干部学习；与区安监处联合开展了安全生产月宣传咨询活动，发放了《查保促明白纸》《工会工作明白纸手册》3000份；开展送法进企业、学校、工地活动中，印制并发放明白纸2万份，广泛向职工、学生、工人宣传工会工作。三是更新到位。设计、更新、改版"明白纸"宣传彩页20多套，内容涵盖组织建设、基层工会换届选举、女职工特别保护、查保促、工资集体协商、困难职工申请救助等20项业务工作，全年共印制2万多份；工会明白纸手册涵盖内容更新到20项，全年共印制1万多册。

（孙玮）

着力打造活力工会建设品牌 威海经济技术开发区总工会以创建"六有"工会为标准，着力打造活力工会建设品牌。一是创新基层组织建设工作模式。探索"先服务职工，再发展会员；先活动覆盖，再组织覆盖；先体制外入会，再单独建会"的"三先三再"和"党工共建、带促互动"工作法，

打造"党建带工建、党工一体化推进"的新格局。在全区2个园区、6个镇街和近百家企业开展了创建争星活动，5家企业获得威海市五星级活力基层工会称号。二是实施企业兼职工会主席履职津贴制度。在全市率先破题将工会主席业绩与待遇挂钩，给工作成绩突出的5名非公企业兼职工会主席每月300元工作补贴，给14名优秀工会主席各发放了1000元奖金，让想干事、能干事、干成事、不出事工会主席有面子、有地位、有待遇，激励工会主席的责任意识。三是开展企业工会结对共建活动。按照"地域相近、行业相近、产业相近"原则，指导5对基层工会结对共建，使之互相学习、资源共享、活动互融、信息互通，共同促进自身建设再上新水平。

（谭丽芳）

充分发挥产业工会"试验田"作用 威海临港经济技术开发区总工会依托化工产业和现代农业两个产业工会，实施服务企业安全生产和助推职工建功立业两项工程。全总、省总工会领导先后分别到两个产业工会进行调研指导，要求在全省、全市范围内推广复制。针对行业发展中的安全环保难题，化工行业工会联合会以安全生产"三个一"活动为重要抓手，服务企业生产"安全网"更严更密。深入开展"查保促"一个专项活动，查出隐患196条，并全部整改落实到位，切实消除事故隐患。积极组织"安康杯"竞赛、"安全生产合理化建议征集""安全隐患随手拍"等一系列竞赛活动，46个班组、881名职工参加。积极开展氯气泄漏事故应急演练、安全消防演练、500m³罐法兰泄漏火灾应急演练等一系列演练活动，进一步强化红线意识和底线思维。依托现代农业联合工会这一平台，严抓职工职业技能培训，推动就业创业。以农业实用技术为核

心，重点打造葡萄种植、草莓栽培、生禽养殖等六大实训基地，真正把农业工人"培养"起来、"提升"起来，引导其大力发展种植、养殖、加工、农家乐等特色产业，实现自主创业项目；重点开展"订单式"培训，加强与农业院校合作聘请专家讲师团，针对符合园区（镇域）用工就业需求，每季度组织一次高质量的培训，实现"培训—输送—就业"精准对接，培训转移就业率达到85%以上。

（刘红燕）

日照市总工会

工作综述

概况　2018年，日照市总工会辖2区（东港区、岚山区）、2县（莒县、五莲县）和高新技术开发区、经济技术开发区、山海天旅游度假区7个区县级总工会。市总工会机关设：办公室（挂财务部牌子）、基层工作部、权益保障部（挂女职工部牌子）、服务发展部，直属经费审查中心、职工技协办公室（挂困难职工帮扶中心牌子）和工人文化宫3个事业单位。按年内工会统计数据，2018年，全市拥有工会组织4404家（涵盖法人单位4875家），工会会员42.48万人（其中，农民工会员11.88万人），专职工会干部1740人，兼职工会干部12338人。全市3917家基层工会所在单位建立职工大会或职代会制度，涵盖企事业单位4350个。年内，市总工会被表彰为全市经济社会发展综合考核先进单位、全市先进基层党组织、全市"双包一联"工作先进单位、全市就业和农民工工作先进集体、全国工会财务工作先进单位、全国"安康杯"竞赛优秀组织单位、职工劳动安全卫生防护自救逃生知识普及竞赛活动优秀组织单位和省级文明单位。

切实履行政治责任，团结带领广大职工听党话跟党走　一是开展系列宣讲活动。组织了全市职工"学习十九大、建功新时代"主题演讲，成立巡回宣讲团，深入企业、班组宣讲十九大报告，调动了广大职工学习热情，提高了党的十九大精神学习宣传效果。二是开展"中国梦·劳动美"系列主题教育活动。广泛开展"唱响劳动之歌·讲好身边故事"主题活动，组织开展了庆"五一"全市职工合唱展演；组织劳模、工匠宣讲团，进企业、进学校、进社区开展宣讲35场次；开展了身边故事征集评选活动，编辑出版了《榜样在身边》一书，展示了职工新时代风采和精神风貌；深入开展"文化五进"活动，新建成职工书屋52处；依托基层工会建立文体活动小组，广泛开展各类文体活动。

围绕中心服务大局，动员广大职工在落实"五大战略"中建功立业　紧紧围绕市委市政府重大决策部署，组织职工建功立业活动。一是开展劳动竞赛和职工技能大赛。围绕实施新旧动能转换重大工程、助推高质量发展，组织实施10个项目的市级示范性重点建设工程劳动竞赛，联合有关单位推动实施了51项137工种的职工技能大赛；二是大力推动职工技术创新。评选表彰职工优秀创新成果奖77项，表彰命名创新示范企业4家、创新班组7个、创新能手8人；三是大力弘扬劳模精神、工匠精神。围绕全市重点工程和重大领域，突出基层单位和一线职工，评选推荐省劳动模范和先进工作者26名，首次以市委、市政府名义评选表彰日照市劳动模范和先进工作者100名，"五一"前夕进行了隆重表彰。扎实开展了首届"日照工匠"评选工作，评选出10名"日照工匠"，日照港徐玉金、双港活塞李为刚分别被评为"齐鲁大工匠""齐鲁工匠"，并命名了8个市级劳模创新工作室。四是推动产业工人队伍建设。牵头制定《日照市产业工人队伍建设改革方案》，作为重要改革事项，经市委常委会研究后印发实施，并协调推进改革任务的落实。五是积极开展群众性安全生产工作。广泛开展以"查保促"为主要内容的"安康杯"竞赛活动，组织2万多名职工参加劳动安全卫生防护与自救逃生知识答题活动，对34项职工查改安全事故隐患合理化建议进行通报表扬。四是积极参与乡村振兴战略、创城、"三招三引"等系列攻坚活动。制定出台了助力乡村振兴战略6个10工程行动方案，开设"农民工学堂"。积极开展创城、"三招三引"等工作，被委市政府授予创城先进单位和突破园区、聚力招引先进单位。

扎实做好维权服务工作，当好职工群众的"娘家人" 积极创新维权服务职工方式，用心用情当好职工"娘家人"。一是维护职工合法权益，构建和谐劳动关系。建立健全职代会、民主管理1+3+X工作模式，深入开展工资集体协商，强化对职工法律援助服务，为职工群众提供法律援助和法律服务136项。二是加大困难职工帮扶救助力度。年内帮扶救助困难职工1766户、463.7万元。扎实开展"四季服务"，各级工会开展"夏送清凉"活动，慰问职工21.4万人次；开展"金秋助学"活动，发放助学金93.05万元。三是实施为职工办实事工程。从2017年开始，每年公开为职工群众办10件实事。按照本市城市建设"四度"要求，在市区建设了50处户外"职工爱心驿站"和53处女职工"妈妈小屋"，为户外劳动者和女职工提供了休憩、哺乳场所；组织了1000名一线职工疗休养，开展了"爱在日

照"单身职工交友联谊活动，建立了职工心理健康咨询专家库，开展心理健康咨询活动60余场。联合市邮政公司制作发行了8万张工会会员卡，为广大职工提供普惠服务等，通过这些为职工办实事项目，让广大职工实实在在地感受到工会组织带来的获得感幸福感和安全感。四是做好促进创业和再就业工作。推荐命名市级"工友创业园"5个，并给予表彰奖励。联合市人社局等部门开展了"春风行动"和"就业援助月"等活动，举办专场招聘会6场，提供免费就业服务3184人次，组织参加技能培训人数1553人。

坚持党建引领，全面加强工会自身建设和改革创新 聚焦党建主业，扛起使命担当，充分发挥联系党和群众的桥梁纽带作用。一是全面加强工会系统党的建设。牢固树立抓好党建是最大政绩理念，认真落实市委党建工作部署，扎实推进党风廉政建设和反腐败工作。认真开展"大学习、大调研、大改进"，持续纠正"四风"，深入开展"当先锋·爱职工"党建品牌创建工作，积极配合支持派驻纪检组工作，不断将工会系统全面从严治党引向深入。二是全面加强基层组织建设。联合市委组织部出台了党建带工建、党工共建实施意见，开展基层工会组织"双创双争"活动，组织30名工会干部到非公有制经济组织和社会组织担任工会工作指导员，指导基层组织建设、开展工会工作。三是扎实推进工会工作改革创新。认真落实《日照市总工会改革实施方案》，围绕强"三性"，去"四化"，建立了工会干部联系服务职工群众机制，开展"工会在身边"工作品牌创建，建立职工需求和满意度调查制度，实施为职工办实事工程，采取联系社会组织和购买服务方式，增强了工会工作力量。

（郑利泽）

市直荟萃

搭建职工创新创效平台 2018年，日照港集团工会整合职工创新管理有关机制，制定了职工创新成果奖管理办法，合理化建议奖励办法、日照港工匠评选表彰办法、劳模创新工作室管理办法等制度，提高奖金额度。职工创新成果奖每项奖励5万元，合理化建议一等奖奖励3000元，推广应用后根据实际效益，再按比例奖励。以劳模创新工作室作为职工创新创效平台，职工依托平台，在劳模和工匠人才的带领下，积极开展"五小"革新，技术创新，技术发明等活动，各级工会给予创新资金支持，鼓励创新创效。截至2018年底，全港已创建27个劳模创新工作室。2018年有2个获得省级命名，11个获得市级命名。日照港评选了10名日照港工匠，计划到2021年评选50名日照港工匠，其中，田振东获得日照市首届日照工匠，徐玉金获得齐鲁大工匠。在这些工匠的带领下，以创新工作室为平台，2018年日照港从82项职工创新成果中评选出集团级成果10项，推荐市级成新成果7项，省级创新成果1项，获得技术专利12项，科技论文22篇，研究先进操作法和施工工法12项，利用操作法新创生产记录72项。创新成果推广转化应用实现效益600多万元。

（厉志强）

积极组织各类劳动竞赛活动 2018年，日照市住建局工会广泛开展"岗位大练兵、技术大比武、技能大提高"活动，先后举办了市级一类大赛1个，二类大赛5个，其中第二届全市建筑业职业技能大赛为一类大赛，大赛设置了测量放线、电气设备安装、镶贴、砌筑、钢筋、木工六个工种比赛项目，全市共有27个代表队、127名优秀选手参加了比赛，组织近千名各类建筑安装施工企业有关人员观摩了比赛，大赛取得了良好效果；举办了第二届全市环卫机械清扫作业技能大赛，全市环卫系统4个大类86名机扫作业选手参加了比赛；举办了首届全市建筑创意设计大赛，共有80多名工程设计人员参加了比赛，并选拔了5名优秀设计人员参加了全省建筑创意设计大赛；举办了130人参加的第二届全市工程造价职业技能大赛，并参加了全省工程造价职业技能大赛，获全省团体奖；组织参加了全省装配式建筑施工技能大赛，均取得了好成绩；开展了"安康杯"竞赛活动，全市91个建筑、安装、燃气等行业的施工单位参加了比赛；组织开展了"保障性安居工程建设劳动竞赛""查保促"和"安康杯"竞赛等一系列竞赛活动。先后获得"日照市工会工作先进单位""全市妇女儿童工作先进单位"等荣誉称号。

（于海波）

大力开展群众性创新活动 2018年，日照供电公司工会依托"创新平台+成果孵化+专家带动"三个抓手，深化大讲堂创新+实训模式，打好技能培训和人才培养"组合拳"，升级36个创新实训工作室功能。全年注册职工创新、QC小组活动、五小活动等课题275项，58项创新成果获市级及以上表彰，全年获行业、省公司、市优秀成果5个一等奖，累计获得授权专利198项（发明专利58项）。代表省公司参加国网公司纪念改革开放40周年成果展，组织1个工作室和13项职工成果参加首届全市职工创新成果展览。高质量推进班组建设，公司7个班组分获全国安全标准示范化班组、全国优秀质量管理小组等称号，2个班组分获"山东省创新型班组""日照市创新型班组"。

（李思同）

区县撷英

着力打造东港工会活力综合体 2018年，东港区总工会按照"3+5"工作布局，制定实施《关于加强产业行业工会联合会建设的意见》《关于加强商务楼宇工会组织建设的意见》和《关于进一步推进社区工会联合会建设的实施意见》三个《意见》，聚力推进重点园区、行业、社区、市场、楼宇五个关键领域的工会组织建设。推动工作重心、服务窗口前移，着力完善日照商圈、石臼商圈工会工作站。突出创新驱动，创新建设了集职工服务中心、劳模精神工匠精神孵化中心、劳模先锋党支部、老城区工作站、蒲公英"五位一体"驿站（爱心驿站、法律驿站、心理健康驿站、志愿服务驿站）等7项功能的"东港工会活力综合体"。启动工会组织和工会会员实名制、信息化管理。开展新型就业群体入会工作，扩大工会组织有效覆盖面。围绕服务中央活力区，探索启动了15710工会活力孵化系统；围绕推进楼宇工会联合会，在城建花园建设了"初心驿站"党工共建示范点。结合"一次办好"改革，推进"1+3s"工作法，对各项服务职能进行整合。持续抓好职代会、厂务公开"两个条例"的贯彻落实，本着突出特色、注重实效的原则，着力打造中盛幸福集团协商民主品牌。创新工资集体协商、女职工权益保障联动机制，发挥2处"山东省工会职工维权法律服务示范点"作用，建立示范企业5家。

（焦光军）

提升工会规范建设，致力服务职工发展 2018年，岚山区总工会以"工会建设规范提升年"为主题，围绕"素质提升""技能提升""服务提升"三方面，精准发力，促进职工全面发展。素质提升。成功举办第一届职工运动会，承办职工庆十一文艺大赛与庆祝新中国成立69周年暨改革开放40周年职工文艺演出，开展"建功新时代·争当排头兵"主题学习活动，举办心理健康知识讲座3期。技能提升。相继出台《岚山区职工技术创新成果奖励办法》《新时期产业工人队伍建设改革实施方案》《"岚山工匠"评选表彰管理办法》；成功举办第二届职工职业技能大赛，其中消防员被列入全市技能之星项目，焊工、砌筑工被列入市级一类大赛，为广大职工技术创新、技能提升搭建平台。10项创新成果获得2018年度日照市职工技术创新成果奖。黄金海岸公司成文当选"日照工匠"。服务提升。区总工会相继出台《关于对离退休劳动模范实行荣誉津贴的通知》《岚山区劳模评选管理办法》《日照市岚山区劳动模范考核办法》，加强劳模动态服务管理，推荐评选省级劳模3名、市级劳模15名、区五一劳动奖章30名、先进集体15个。制定《岚山区工会送温暖资金使用管理办法》，进一步完善工会困难职工帮扶救助工作。建设户外劳动者爱心驿站2处，标准化"妈妈小屋"21家。推进新领域建会，扩大工会服务面，建立日照市首家道路货运司机联合工会，成立高兴镇五金加工行业工会联合会。进一步规范工会财务工作，举办工会财务培训班，印发《工会经费收支管理相关文件汇编》，提升工会服务职工质量。

（梁启凯）

做实做细会员普惠工程 2018年，莒县总工会积极探索服务职工路径，在精准服务中彰显工会工作活力。一是将普惠服务工作列入年度重点工作。由责任部室人员成立普惠服务工作专业小组，全面负责会员普惠工作。组建特约商户包联队伍，通过建立特约商户微信群等方式，及时实现信息有效对接。通过微信公众号、媒体报道、报刊等宣传商户信息56条，在线阅读量2.5万人次，印制宣传手册3万本。二是建立特约商户奖惩机制。实行末位淘汰和头名重奖机制，在特约商户公示栏注明县总工会举报电话，通过发放调查问卷、会员投诉记录情况等形式，对特约商户进行考核评议，对特约商户不履约、考核评议名次靠后的商户，实行末位淘汰。对于会员评议好、满意度高的商户，给予表彰奖励。召开了2018年度特惠商户表彰奖励会，表彰了27家商户，其中特别贡献奖1名，奖励1万元现金；先进奖12名、优秀奖14名，共奖励价值2万元的奖品。三是开展特色鲜明的会员主题活动。其中"普惠服务进基层""重大传统节日送福利""会员专享特卖"等主题活动在广大职工中取得了较好反响。积极协调邮政银行、中石化等单位，到基层单位上门服务，打通特惠服务最后一米。借助重大传统节日，开展了一系列"送福利"活动。2018年，全县共签约特惠商户46家，发放工会会员服务卡3.8万张，召开各类推进会、说明会、座谈会、调度会12场次。

（李　源）

创新工会经费管理使用　2018年，五莲县总工会把创新工会经费管理使用作为激活基层活力的突破口，根据《工会会计制度》和《中国工会章程》等有关规定，在松柏镇、于里镇总工会先后试点建设了工会经费结算中心，实行了非公有制企业工会经费委托镇总工会代管服务，取得了较好成效。一是民主决议，确保经费代管权责明确。出台《实行非公有制企业工会经费代管服务的办法》和委托代管服务协议书，召开基层工会主席会议，讲清委托代管的必要性、原则及办法，企业行政、企业工会、代管中心"三

方"签订委托代管服务协议。二是严格程序，确保经费使用全程可控。企业工会经费按规定经费比例，划拨到代管服务中心账户上，由中心分设若干个基层工会科目记账，使各基层工会"名下有费、心中有数"。经费开支时，实行预审制、积分制，把岗位履职、活动开展、作用发挥等进行积分量化，并按比例兑现奖补。三是加强经审，确保经费代管公开透明。县、镇两级总工会定期对结算中心代管经费情况进行审计，切实做到"三个严禁"的规定，即严禁超比例截留基层工会经费、严禁挪用属于基层工会的费用、严禁以任何借口向基层工会分摊经费。

（赵　磊）

推进"工会爱心驿站"建设　2018年，日照经济技术开发区总工会聚力开展"爱心驿站"建设工作。为保障和改善区户外劳动者的生产生活条件，让更多的户外劳动者感受到工会组织的关怀和温暖。开发区工会坚持工会主导、整合资源、规范管理、温馨服务的建设思路，在全区积极推进"工会爱心驿站"建设，配备了桌椅、饮水机、电视、空调、微波炉、手机充电器、应急医药箱、电水壶、洗手盆、一次性水杯、电暖气以及各种书籍和报刊等，重点解决环卫职工、快递员等户外劳动者在就餐、饮水、如厕、休息等方面存在的实际困难，使广大户外工作者有一个歇息、热饭、喝水的去处。同时，广泛运用各种宣传手段，提高"爱心驿站"在户外劳动者群体中的知名度，切实提升驿站使用率，用实际行动温暖工作在一线的"城市美容师"们，让他们充分感受到工会给予的关怀以及社会大家庭的温暖。

（赵　敬）

莱芜市总工会

工作综述

概况 截至2018年底,莱芜市总工会辖2个区(莱城区、钢城区)总工会,4个功能区(高新区、雪野旅游区、经济开发区、农高区)工会工作委员会,11个产业(部门)工会工作委员会和1个派出工会工作委员会。市总工会机关设办公室、组宣女工部、经济法律保障部、财务部。直属事业单位有:市工贸工会、市工人文化宫、职工服务中心(挂职工法律服务处牌子)、经审办公室等。

实施"十百千万"莱芜工匠培育工程 围绕加快建设知识型、技能型、创新性劳动者大军,助推新旧动能转换重大工程,全面实施"十百千万"莱芜工匠培育工程,在全市培育打造"十个工匠团队、百个工匠班组(劳模和工匠人才创新工作室)、千名市区级工匠、万名能工巧匠"。召开全市工匠培育工程推进会议,印发《关于在全市实施工匠培育工程助推经济高质量发展的实施方案》和《关于开展2018年度工匠培育选树活动的通知》,组织各区(功能区)各行业系统主管部门开展工匠带头人和能工巧匠培育选树活动。对全市5处工匠人才培育基地进行了集中授牌,在市工匠培育基地举办首批工匠人才培训班,对全市28家企业45名"莱芜工匠"候选人进行了"传承工匠精神、助力动能转换"专题培训。

开展职工创新创业和技能竞赛 积极培育劳模和工匠人才创新工作室,促进创新驱动发展。全市已创建4家省级劳模和工匠人才创新工作室、33家市级劳模和工匠人才创新工作室。举办了"当好主力军、聚力新动能、建功新时代"劳模和工匠人才创新工作室观摩暨第四届全市职工技术创新成果展,对50多名优秀职工的近百项创新成果和实物进行了集中展示。与市人社局等单位联合举办莱芜市职业技能大赛。举办了100余场专业技能大赛,评选出各类技术能手216名。围绕全市"三重"项目建设,在大汶河治理工程、西外环拓宽整治和山东能源高端装备制造项目等重点工程中组织开展了劳动竞赛,与卫生系统联合举办中药传统技能竞赛等六项竞赛,与市食药监局联合举办食品药品检验检测技能竞赛,与住建局、交通局、财政局、机关事务管理局等单位和行业开展了职工职业技能竞赛。

深化基层一线干部职工疗休养活动 认真贯彻落实市委市政府关于激励干部担当作为干事创业的文件要求,联合市委组织部、市财政局、市人社局制定了《关于莱芜市干部职工疗休养工作的意见(试行)》,在900名劳模、一线干部职工疗休养人员中,新增了100名机关事业单位基层一线干部,激发了广大干部职工担当作为、干事创业的积极性和主动性。

参与脱贫攻坚 积极推动市扶贫开发领导小组印发《关于开展困难职工解困脱困工作的实施意见》,将困难职工解困脱困纳入全市精准扶贫大盘子。在解困脱困措施上,联合市直17个部门推出九项措施,包括就业解困脱困、创业解困脱困、社保政策解困脱困、医疗政策解困脱困、助学政策解困脱困、"水电暖气"帮扶解困脱困、安居工程解困脱困、兜底保障解困脱困、多元化服务解困脱困。推进落实"工会助力·成就事业"——"1553"就业培训工程,使每人学成一项技能,每年完成500人的培训任务,促成500人实现就业,完成300户精准脱贫任务。市总工会与 3 家培训基地签订培训协议，举办 10 期精准扶贫职业技能培训班，培训困难职工、下岗失业职工、困难农民工 500 多人，使 320 户困难职工和农民工解困脱困。

开展"基层工会组织建设提升行动"

按照"抓重点、补短板、强弱项"的要求，以"一清六有五好"为标准，开展"基层工会组织建设提升行动"。从 5 月份开始，用两个月的时间集中开展基层组织调查，发放各类统计表格 1 万余份，全面掌握全市各级机关、企事业法人单位建会、职工入会、工会工作开展的基本状况。各区（功能区），各镇（街道），市总工会直属各工会组织对辖区所有法人单位进行全面实地排查、建立档案，摸清工会组织和会员发展底数。加强职工之家阵地建设，规范提升镇（街道）工会，制定《莱芜市总工会重点工作督查方案》，为配备专职工会主任的功能区和市直系统工会工作委员会按照上缴市总 25% 的比例预算补助经费。

完善职工服务体系

积极对上争取，对工人文化宫和职工服务中心进行重新设计装修，打造面向全体职工的一站式、全方位、多元化服务平台，设立专门职工法律维权窗口。

2018 年 4 月 28 日，莱芜市工人文化宫暨市职工服务中心启用仪式举行。

在各级服务中心与司法法律援助中心、劳动人事争议仲裁机构联合设立了职工法律援助站（点），成立了职工维权律师团，律师团成员定期到服务中心值班，市总工会职工法律服务工作纳入市级公共法律服务平台统一管理。做好女职工服务工作，召开市总工会庆祝"三八"妇女节暨全市女职工工作会议，建设"妈妈小屋"20 个，开展了女工心理辅导和业务培训，组织全市女职工参加全国第六届"书香三八"读书活动，开展女职工维权行动月活动。市总工会组织新建 15 个集就餐、饮水、观看电视、阅读报刊、文体娱乐于一体的"职工爱心驿站"，统一挂牌工会设计标识，全市"职工爱心驿站"达到 32 个，为环卫工人、交警、出租车司机、城管人员等户外劳动者提供了必要服务和休息条件。

（运敏敏）

临沂市总工会

工作综述

概况　临沂市总工会辖 3 区（兰山、罗庄、河东）、9 县（沂南、郯城、沂水、兰陵、费县、平邑、莒南、蒙阴、临沭）和临沂高新技术产业开发区、经济技术开发区、临港经济开发区、蒙山旅游度假区、临沂矿业集团公司共 17 个县区级工会，直属 90 余个行业（系统）、企事业单位工会。市总工会机关设办公室（政策研究室）、组织和基层工作部、宣传教育部、生产保护部、权益保障部（法律工作部）、女职工部、财务部（资产监督管理部）、经费审查委员会办公室、机关党委。直属企事业单位主要有困难职工帮扶中心、职工服务中心、沂州宾馆

（工人文化宫）、职工消费合作社等。至2018年底，全市共建立工会组织14289个、发展会员125万人，共有专兼职工会干部40314名。

2018年，临沂市总工会深入贯彻落实习近平新时代中国特色社会主义思想和党的十九大精神，认真学习领会习近平总书记关于工人阶级和工会工作的重要论述，紧紧围绕全市工作大局，积极履职、主动作为，改革创新、狠抓落实，各项工作取得了新的发展和突破，为推动全市经济转型升级、促进社会和谐稳定作出了积极贡献。

加强思想政治引领　召开高规格的庆"五一"大会，对全国、省、市劳动模范（模范集体）、劳动奖状（章）、工人先锋号等62个先进集体和351名先进个人进行隆重表彰；召开庆"三八"表彰会，命名表彰女职工建功立业标兵岗70个、标兵70人；创新宣传教育方式，探索实施"五微"工程，在临沂电视台、临沂日报开辟"劳模风采""沂蒙工匠"专栏，大力宣传模范先进的感人事迹。先后举办"劳动者之歌"文艺晚会，全市职工书画展、摄影展，"庆元旦·迎新春"文艺汇演等系列文体活动，丰富了职工群众的业余文化生活。

2018年4月26日，临沂市庆五一"劳动者之歌"暨"十大沂蒙工匠"颁奖晚会举行

组织职工建功立业　制定出台《关于助推全市新旧动能转换重大工程的实施意见》《关于在全市开展"当好主力军、聚力新动能、建功新时代"主题劳动和技能竞赛工程的实施意见》等指导性文件。联合市人社局等单位组织开展了80多个工种的劳动技能竞赛活动，覆盖职工30余万人次；围绕鲁南高铁等经济社会发展重点工程举办了立功竞赛；层层部署开展了省第六届职工职业技能竞赛选拔赛并组队参加省级决赛，获得了3个团体亚军、1项个人冠军、1项个人亚军的优异成绩。牵头制定《临沂市新时期产业工人队伍建设改革实施方案》，出台了《关于实施"沂蒙工匠"建设工程的意见》，为职工素质提升、技能进阶提供了政策保障；深化"工惠乐学"项目，累计开办20余门课程，免费培训职工3000余人次。

积极助推乡村振兴　制定印发《临沂工会参与乡村振兴战略实施十项措施》，组织发动各级工会助推乡村振兴，全省工会参与实施乡村振兴战略现场推进会在临沂召开，该项工作被评为全省工会工作创新奖第一名。加快推进集中建会行动，建立村级工会1309个、涉农经济组织工会376家。在城区零工市场成立工会联合会，发展3000余名农民工加入工会。通过"五微"工程、劳模宣讲等形式，开展各类培训6000余次，受益农民工20余万人。引导创新创业，组织发动3000余名劳模开展产业扶持、结对帮扶等活动；深化"工友创业"行动，帮助返乡农民工创业。主动跟进服务，深入开展"情系农民工、爱心传万家"活动，帮助农民工解决劳动争议问题150余件次、挽回损失1000余万元。

深化工会帮扶服务　扎实开展"四季服务"活动，全市工会筹集款物1800余万元，走访慰问困难企业400余家、困难职工7000

多户。组织发动 126 个市直部门与特困职工家庭结成帮扶对子，投入款物达 150 余万元。深入开展"帮扶送教育"活动，资助困难职工子女 979 人。不断深化普惠服务，发放工会惠员卡 38 万余张，发展加盟商户近 400 家，建立服务网点 1000 余个；推动建设 63 家省、市级"妈妈小屋"，在近 400 台公交车上设立"妈妈专座"；继续举办"浪漫相约·情定沂蒙"职工相亲交友活动，累计帮助 600 余对单身职工成功牵手。积极推进 EAP 工程建设，举办培训班 50 余场次，为职工开展心理疏导服务 5000 余人次。

加大职工维权力度 研究出台《关于加强工会维权工作的十条意见》，联合市人社局、司法局、法院建立四方联动机制，维权力度更大，效果更好。畅通职工诉求表达渠道，利用 12351 维权热线、工会领导干部轮流接访等方式，受理各类来电来访 1200 余件次，全部得到妥善处置。组织专职律师"送法到基层"、轮流到职工服务中心坐班，帮助职工开展仲裁和诉讼 150 余件次、挽回损失 1000 余万元。通过召开会议、联合检查、选派指导员等形式，推动工资集体协商深入开展，全市建会企业建制率达 91%；女职工专项集体合同签订率达 98% 以上。积极参与全市新旧动能转换和"去产能"过程中职工权益维护工作，持续推动职代会、厂务公开民主管理规范化建设。

召开市第十五次工代会 成功召开临沂市工会第十五次代表大会，全面总结过去五年的工作成绩，明确提出今后五年的目标任务，审议批准了市总工会第十四届委员会报告、财务工作报告和市总工会第十四届经费审查委员会工作报告，选举产生了市总工会第十五届委员会和市总工会第十五届经费审查委员会，为全市工运事业持续健康发展奠定了坚实基础。

加强新时代职工之家建设 制定出台《关于新时代职工之家建设的十条意见》，以"党工共建"为依托，加强基层工会组织建设，最大限度地吸纳广大职工入会进家；大力实施"新领域、新业态、新组织建会集中行动"，积极推进"八大领域""八大群体"建会入会。坚持"专兼挂"相结合，建设专业化、职业化的工会干部队伍，市总工会增设挂职副主席 1 名、兼职副主席 3 名。持续深化"六型"职工之家创建活动，选派 100 名工会工作指导员到"两新组织"挂职，帮助推进规范化建设，提高工会工作水平。

（邱军安　段志浩）

市直荟萃

固根基、搭载体、激活力，推动机关工会工作不断创新发展 2018 年，市直机关工会在市总工会和市直机关工委的领导下，夯实基础，搭建载体，激发活力，工作形成了机关工会"亦文亦武，文有技能大赛，武有体育比赛"的格局。一是组织开展"历练强本领 建功新时代"系列比武活动，发动各部门单位开展了以业务技能、公文写作、计算机技术等为内容的比武活动，掀起了大练兵大比武的热潮；在市直面上举办了公文写作专题辅导报告会，市直 500 余名干部职工参加了报告会；举办了市直机关公文写作大赛，市直机关 140 多名青年干部参加了比赛，印发了优秀作品集。二是联合市总工会等单位成功举办市直机关第五届运动会，来自全市机关 101 个部门单位的 2000 余名运动员顺利完成了乒乓球、羽毛球、中国象棋、田径和趣味运动 5 大类 58 个项目的比赛，提振了干部职工的精气神，凝聚了干事创业的正能量，在市直机关引起较大反响。三是继续加大力度突破应建未建问题，主动靠上对接，实现了机关工会组织全覆盖；帮助指导做好建会工作，新建机关工会6个，按期换届机关工会13个。四是大力开展评先树优活动，集中表扬工会工作先进单位60个、优秀工会工作者80名、优秀工会积极分子82名。

（苏娟娟）

开展丰富多彩的文体活动　市水利局春节前举办了迎新春文艺演出，全场节目由干部职工自编、自导、自演，有独唱、合唱、诗朗诵、舞蹈、三句半等，丰富了干部职工的文化生活，营造了浓厚的节日氛围。5月份，举办了职工运动会，共设6个比赛项目，全局263人次参加了运动会。端午节、中秋节前，分别举办了中华经典诵读等活动，引导广大干部职工感受了优秀中华传统文化的魅力。

（赵继卫）

举办职工技能竞赛活动　市公路事业发展中心与市总工会、市人力资源和社会保障局等部门联合举办了临沂市第十一届"劳动之星"暨全市公路系统第十四届职工技能竞赛活动，将职工的技能竞赛活动由行业行为上升为政府行为，并在全市公路系统掀起了学习培训、岗位练兵的热潮。通过层层选拔，共有5个专业，145名职工参加了决赛，有5名职工荣获竞赛一等奖，11名职工荣获二等奖，20名职工荣获三等奖。

（王宏）

大力开展"双提双促"劳动竞赛　山东天元建设集团工会坚持"以赛促干、以赛促练"的原则，组织开展了20场不同形式的技能竞赛，参赛职工达5000余人，是近几年开展规模最大、参赛人数最多的一年，进一步提升了职工的技能水平，营造了"比学赶帮超"的浓厚氛围。在此基础上，参加了第六届全国、省、市三级职工职业技能大赛，并全部获得奖项。在全国大赛中，1名选手获得个人第十二名，团体获得第二名；在省赛中，集团3名选手代表临沂市参赛，1名选手夺得冠军，1名选手获得第八名，团体获得第二名；在市赛中，集团3名选手一举包揽前三名，团体荣获第一名。

（沈长征）

县区撷英

全力推进集体协商集中要约暨"1+3"集体合同集中签订工作　兰山区总工会成立了由工会主席任组长的工资集体协商工作推进领导小组，各镇街工会、区直有关部门分管同志任领导小组成员。根据形势变化编印了《工资集体协商操作指南》《工资集体协商优秀案例选编》各5000册，组织开展了100余场次专题培训，对全区200名工资集体协商指导员，按区域、行业分10个班次进行了业务培训，引导企业依照政策法规、规范流程开展工资集体协商工作。因企制宜，针对不同类型的企业有所侧重，实行分类指导，推动企业建立健全职工工资协商共决机制、正常增长机制和支付保障机制。采取"以点带面"的工作方法，按照企业、行业、区域等不同类型指导全区建会企业开展集体协商集中要约暨"1+3"集体合同集中签订工作，建会企业工资集体协商签订率达到93.7%。

（娄延鹏）

深化工会联盟创新　罗庄区总工会持续推进工会联盟创新，依托工会联盟强有力组织平台，吸引中小微企业加入，新成立工会39家，吸收工会会员1500余人。依托工会联盟平台，广泛开展职工服务活动，激发基层工会活力。开展工会联盟技能竞赛，1.8万名技能人才参加人力资源、电气焊、机械加工等 16 项技能竞赛；开展职工"免费送电影"活动，组织职工免费看电影 30 场，观看人数 4000 余人次；先后组织开展乒乓球比赛、读书征文、职工书画展等文体活动，丰富了职工文化生活；开展关爱职工健康服务，举办心理健康知识讲座 6 场、孕产知识讲座 2 场，惠及职工 1800 余名。

（李 珉）

优化职工服务中心 河东区总工会职工服务中心累计入住农民工 351202 人次；用工登记 8280 家，涉及用工岗位万余个；求职登记 22073 人，成功推荐就业 19640 人，就业服务推荐成功率 89%，得到了农民工和用工企业的一致肯定；提供法律维权服务 350 人次；发放农民工维权宣传材料 20460 份；实施免费技能培训登记 2200 人；发放便民服务卡 27000 张，充分发挥了服务农民工的优势与价值，为河东区民生工程建设贡献了力量，提高了河东区农民工的幸福指数。

（王乐通）

大力弘扬劳模精神劳动精神 郯城县总工会五一前夕成功举办庆"五一"暨劳动模范评选表彰大会，评选表彰过去五年来全县各行各业涌现出的 50 名县劳动模范并拍摄专题片进行宣传，进一步弘扬劳模精神劳动精神，营造全县对标先进、争当先进的热烈氛围，激发了全县各条战线劳动者干事创业、奋发有为的热情。开展劳动模范和一线职工培训暨疗休养活动。筹措资金 18 万余元，组织 100 余名一线职工疗休养。组织近 50 名劳模开展疗休养活动，花费资金 8 万余元。筹措资金 12 万余元，为劳动模范免费健康查体，维护他们的身心健康，调动他们的工作积极性，充分体现工会"娘家人"的关爱。

（刘建伟）

积极探索工会组织参与乡村振兴新路径 兰陵县总工会紧紧围绕工会参与乡村振兴战略实施十项措施，因地制宜、注重实效，把工会工作与乡村振兴结合起来，将工会组织向乡村延伸，工会服务向乡村覆盖，为工会组织参与乡村振兴探索了新路径。9 月 18 日，成立了全省第一家村级总工会——兰陵县卞庄街道代村总工会。9 月 21 日，市委常委、兰陵县委书记任刚，市人大常委会副主任、市总工会主席刘淑秀为代村总工会揭牌。9 月 25 日至 26 日，全省工会参与实施乡村振兴战略现场推进会议在兰陵县成功召开。会议现场观摩了代村总工会服务职工阵地建设现场，为"王传喜劳模创新工作室"进行了揭牌。

（张子超）

扎实推进工人文化宫清改工作 沂水县总工会将工人文化宫清改工作列入工会改革的重要议程，依法依规、积极稳妥地完成了清退、改造、盘活三大任务，实现了工人文化宫回归公益、聚焦主业、依章监管的目标。在清改过程中，研究解决了合同解除、纠纷调解、幼儿园学生分流安置等棘手问题，严格执行政府采购、公开招标等规定程序，申请重新明确了工人文化宫职责、确认法人资格，健全完善决策、用人、分配、核算、管理、监督制约等六大工作机制，扎实推进工人文化宫清改工作。

（武 阳）

大力推进田园综合体工会组织建设 沂南县总工会积极选派 1 名工会干部到朱家林田园综合体挂职工会指导员，成立朱家林田园综合体工会联合会，覆盖朱家林乡建发展有限公司等 5 个基层工会，吸纳创意农业区莓林苑、布拉格香草集市等 25 个农村合作社，吸收农民工会员 205 人。打造沂蒙泉乡田园综合体工会组织建设，覆盖职工 780

人，其中农民工560人。

（王元鹏）

加强基层组织建设　平邑县总工会以各大工业园区、经济开发区的产业工会及镇村级工会、工会联合会建设为突破口，努力构筑工会"小五级"网络的建设。3月，以县电子商务与物流园为试点，建立电子商务与物流、快递产业、大货车司机等产业、行业工会联合会7家，吸纳新入会会员3600人。2018年11月，以武台镇天韵家庭农场为样板，打造全县首家田园工会，建立相应的劳模创新工作室、新农人大讲堂，实现会、站、家及工友创业实训基地一体化建设，一次性带动当地606家葡萄、黄桃、蓝莓等专业户和560多名从业人员加入工会组织。

（陈　斌）

防控安全风险源，守住职工生命线　费县总工会坚持"抓源头、抓过程"，从提升一线职工风险源辨识能力入手，用"教育"宣传安全之重，用"排查"构建安全之网，用"整改"消除安全之祸，用"幸福"牵动安全之弦，开展一线职工风险源辨识活动。有效帮助职工识别在生产活动中的危险有害因素，评价各种危害的风险程度，制定有效的风险控制措施，最大限度地降低风险级别，预防事故的发生，保护员工的生命健康安全。在试点企业共举办20期培训班，共排查出800余个风险源，实现了2018年度零伤害、零事故的安全目标

（穆　红）

扎实开展职工安全培训　蒙阴县总工会为充分对全县各乡镇街区、53家重点企业启动职工安全生产培训督查活动，内容包括企业开展职工安全知识培训工作的企业落实主体责任、建立职工培训档案、抓好职工岗前培训、突出重点行业领域、创新培训形式方法、推进班组安全建设、培训弘扬安全文化、发挥工会监督职能等八个方面，通过听、看、查、问、访对培训督查情况进行考评打分，对发现的问题进行集中整改，共对13927名职工进行了安全知识培训。

（李祥峰）

开展十大"劳动之星"评选活动　为激励全县广大职工紧紧围绕建设新时代幸福美好新莒南充分发挥主力军作用，莒南县总工会开展了莒南县十大"劳动之星"评选活动。3月初，经过基层推荐，层层把关，评选小组集中审核等环节，从60余名候选人选拔产生了10名"劳动之星"，授予"振兴莒南劳动奖章"。4月上旬，对评选出的莒南县十大"劳动之星"制作专题片，在莒南电视台开辟专栏进行宣传。4月26日，中共莒南县委宣传部、县总工会、县文明办、县广播电视台联合举办"中国梦·劳动美·建新功"2018年莒南县庆"五一"十大"劳动之星"颁奖典礼。五一期间，集中宣传十大"劳动之星"的先进事迹，在全社会形成尊重劳模、学习劳模、争当劳模的良好氛围。

（朱　艳）

开展"强基础、补短板、增活力"集中活动，加强基层工会组织建设　做实基础工作。坚持采取组建与规范化建设相结合的方法，大力加强基层工会联合会或联合工会的建设，截至2018年底，全县新建工会组织42家、新发展会员2447人，已建立工会组织1029家、会员81556人，注销工会组织257家、会员15504人。做亮品牌工作。深化县职工服务中心职能作用，逐步推行信访接待、帮扶救助、权益维护、工友创业、劳动争议调处和综合服务六大平台服务功能，坚持"帮扶—维护—服务"三位一体的工作格局。做精创新工作。全力推进"会、家、卡"工程，普惠全体工会会员，实现工会、

单位和职工个人"三位一体、利益共享"的目标。

（杨翠翠）

打造活力工会 高新技术产业开发区总工会举办区机关工会首届职工运动会，20余支代表队近300名职工参赛，激发了广大职工干事创业的活力。创刊《高新工会》季报，开辟职工文化阵地，搭建职工精神文化交流平台。开展"情牵幼教"活动。2018年11月，举办了高新区幼教工会联合会换届暨首届"情牵幼教"学前质量论坛活动。

（李　文）

扎实组织开展建功立业活动 经济技术开发区总工会出台了全区工会系统助推新旧动能转换重大工程的实施意见，组织企业开展"当好主力军、聚力新动能、建功新时代"劳动竞赛150余场，涉及工种20余个，参赛职工3万余人。结合建区十五周年，在山东临工举办了全区职工职业技能大赛，500余名职工参赛。山重建机、联塑科技、中化肥业、三友重工、池田电装等企业相继开展了多工种的职工技能竞赛。开展深入开展"安康杯"竞赛、"查保促"活动，累计培训职工3万余人次，查处并整改安全隐患8000余项。举办全区化工行业职工安全生产知识竞赛，参赛职工1000余人次。

（王宗甲）

创新服务方式，打造服务品牌 临港经济开发区职工服务中心于2014年进行升级改造，设置了职工心理健康服务站、"职工之家"、职工活动室等职工服务场所。为深入摸清困难职工底数，临港区总工会对基层工会上报的困难职工进行入户调查、逐人落实，对上级下拨的帮扶资金实行专款专用、专户储蓄，明确各类帮扶资金的来源、去向和工作程序，健全职工帮扶工作机制，困难职工帮扶形式、帮扶面、帮扶措施等方面都

有新的突破，由过去元旦、春节集中救助发展成为结对帮扶、"金秋助学"、困难单亲女职工献爱心帮扶、节日走访慰问等全方位、广覆盖、多形式的帮扶活动，受到广大职工群众的好评。2018年12月，区职工服务中心顺利通过了省级职工服务中心验收，争取上级建设补助资金10万元。

（仕文君）

加强基层工会组织建设 蒙山旅游度假区工会通过多渠道进一步托清全区企业底数，摸清企业实有人数，根据企业人数确定建会目标，职工人数在25人以上的企业要全部建立工会组织。统一制作工会组建模版，安排专人靠前指导，实行一站式跟踪服务，避免企业来回跑路，提高企业建会效率；率先在全市建立以镇（办事处）工会——企业工会——社区工会为龙头的"小三级"工会组织网络体系。辖区内有49个行政村确定了工会负责人，积极吸纳农民工入会。"小三级"工会组织网络体系建设基本成形。

（孟晓旭）

德州市总工会

工作综述

强化政治引领，坚定不移引导职工听党话、跟党走 牢牢把握工会组织的政治责任，进一步加强职工思想政治引领，推动习近平新时代中国特色社会主义思想进基层一线、进工会干部和广大职工头脑。德州市总工会班子成员深入企业一线开展宣讲报告会11场。开设"学习十九大精神　展德州工会风采"专栏；组织"中国梦·劳动美——学习贯彻习近平新时代中国特色社会主义思

想和党的十九大精神"全市职工演讲比赛，各级工会组织比赛 120 场，登台演讲职工超 1500 人。联合团市委、市妇联举办"学十九大精神　看新时代德州"微信有奖竞赛，4.3 万人参与答题，活动页面访问量超 280 万次。牢牢掌握意识形态工作主动权，筑牢宣传阵地，全市工会系统在山东工人报发布新闻稿件 163 篇，市、县微信公众号全部入驻省总工会新媒体平台；"德州工会在线"全年推送信息 260 次 1010 篇，手机报推送信息 51 期。

主动服务大局，围绕党政中心工作彰显新作为　围绕实施乡村振兴战略，印发《德州工会组织实施助力乡村振兴七项行动的意见》，动员各级工会组织、劳动模范、工会干部与乡镇工会、乡村企业"手拉手"结对帮扶，送技术、送管理、送法律、送健康、送文化，德州的典型做法被山东新闻联播报道。围绕重点企业"三航"培植计划战略，持续在"三航"企业、金融单位开展"'五比五赛'助'三航'企业发展竞赛活动"，5 人获评市劳模，54 个单位（班组）、64 名个人被授予市五一劳动奖状（章）、工人先锋号。助力新旧动能转换，组织开展"当好主力军、聚力新动能、建功新时代"劳动竞赛，持续深化职工创新竞赛、职工职业技能竞赛。建立职工职业技能竞赛培训基地 27 个、职工技术创新竞赛基地 23 个。联合市人社局举办第四届职工职业技能大赛，设立一类竞赛项目 46 项，二类竞赛项目 6 项，4 万余名职工参加大赛，1890 名职工参与市级决赛。围绕服务安全生产大局，深化"两学两练""一查三反四熟"活动，设立"查保促"活动专项奖励资金，广泛开展"安全生产合理化建议征集""安全生产技能竞赛""安全隐患随手拍"活动，推进"查保促"活动和"安康杯"竞赛常态化、长效化。

弘扬工匠精神，改进劳模服务管理　严格评选推荐程序，高质量做好全国、省、市荣誉称号的推荐评选表彰工作。推荐表彰全国五一劳动奖章 2 人、全国工人先锋号 2 个、山东省劳动模范 47 人、"齐鲁工匠" 2 人；以市委市政府名义评选表彰德州市劳动模范 118 人；评选表彰德州市五一劳动奖状 21 个、德州市五一劳动奖章 125 人、德州市工人先锋号 74 个。注重劳模作用发挥，深化劳模工作室创建，"中国梦·劳动美"全国商业劳模服务品牌演示交流活动在德州举办。加强劳模管理服务，做好省部级劳模状态核实和电子档案整理及动态管理。抓好困难劳模精准帮扶，为 185 名市级以上困难劳模发放帮扶金 139 万余元。

坚持重心下移，夯实工会基层基础　坚持抓基层、强基础，成立新时代职工之家建设委员会，推进基层工会组织争创职工依赖的职工之家，工会干部争做职工信赖的娘家人。加强市直机关单位工会组织规范化建设，印发《关于进一步完善市直机关工会组织体系的意见》，理顺完善市直机关单位的工会组织体系；严格财务制度管理，举办市直机关单位工会培训班，指导市直机关各单位开设工会独立账户，规范使用工会经费。积极探索新领域新阶层新群体的建会入会模式，印发《德州市总工会推进物流货运企业建会及物流货运司机等群体入会工作方案》，推进"八大领域""八大群体"建会入会，选派 50 名工会工作指导员联系 50 个"两新"组织，全市八大领域 450 家企业成立工会组织，覆盖职工 7.1 万人。为 497 家基层工会新办、变更工会法人资格证书。全市 4 家单位被授予全国模范职工之家和模范职工小家，3 名工会干部被全总授予全国优秀工会工作者和优秀工会积极分子称号。

强化履职担当，增强维权实效　深化普法宣传，组织开展学习宪法专题宣传，引导全市工会干部、劳模和职工认真学习宪法、遵守宪法、维护宪法，争做宪法的忠实崇尚者、自觉遵守者和坚定捍卫者。邀请律师、高校教师等专业力量参与，组织开展宪法专题宣讲、"送法进企""尊法守法·携手筑梦"服务农民工法治宣讲等一系列专题法治宣传活动80多场，1.5万名职工参与，发放资料1.5万份。强化《山东省企业工资集体协商条例》宣传贯彻落实，组织33名工资集体协商指导员深入500多家企业开展工作，全市共签订工资专项集体合同2419份，覆盖职工44.4万人。强化职工法律援助，为法律援助工作列出专门预算，积极开展职工法律援助试点，全年共办理劳动争议案件62件，受援职工209人，市县工会全部建立法律援助机构，全市设立法律援助机构17个，工会法律援助志愿者116人。市总工会专职指导员工作和社会组织工作均在全省会议上作典型发言，夏津县总工会等4家单位获评山东省工会法律维权示范单位。倾情关爱女职工，开展"女职工维权月"宣传活动，女职工帮扶救助和关爱活动，持续推进爱心"妈妈小屋"建设。持续打造"推行协商民主，强化社会责任"工作品牌，命名德州市"推行协商民主强化社会责任"先进（示范）单位40个、优秀（标兵）个人37名。打造沟通协商机制建设情况被山东电视台《工会新时空》栏目宣传推广。

坚持精准发力，竭诚服务职工群众 坚持职工利益无小事，从职工群众最关心最直接最现实的利益问题入手，竭诚做好服务职工工作。深化"一次办好"服务，明确市总工会"一次办好"政务服务事项16项，统一规范县级工会"一次办好"政务服务事项8项，颗粒化分解为208项办事单元，做到"一次办好，职工满意"。深入开展元旦春节送温暖活动，全市各级工会共筹集发放资金522.86万元，救助困难职工1868人次。深化"工友创业"行动，积极开展工会"就业援助月"活动，市县工会共联合组织招聘专场38期，为5万多名职工免费提供就业服务。高温季节，走访企业、工地297家，发放防暑降温用品96.21万元，慰问一线职工22584人次。"金秋助学"期间，筹集发放助学金21.67万元，资助49名困难职工子女完成学业。持续推进工会户外劳动者服务站点建设，全市共建成103个工会"爱心驿站"。依托工友创业实训基地和困难职工培训基地，为1391名职工实用技能培训费用进行减免。持续关注职工心理健康，遴选15名专家组建德州市职工心理健康服务专家团，全年共开展心理健康宣讲和咨询服务70多场，服务职工1.2万人次，心理健康服务巡讲实现"市、县、乡镇、村"全覆盖。

（吴天琦）

市直荟萃

开展技能竞赛，弘扬工匠精神 为提高水利工程技能水平和加快高技能人才建设，强化高技能人才在水利工程建设中的重要作用，在全市水利系统形成重视技能、尊重技能人才的良好氛围。2018年初，在全市水利系统范围内向广大职工征集了适合水利行业参加的，技术含量高，通用性广，具有比赛可行性的竞赛项目。针对水利行业技术特点，德州市水利工会与德州市总工会联合先后开展了小型汽车驾驶、工程测绘、工程设计、财务法规竞赛四项技能比武，参赛人数达到170余人，通过开展各项技能比武活动，有效提高职工素质、促进了广大职工科技创新的积极性。通过技能竞赛有4人被授予"德州市五一劳动奖章"荣誉称号；为弘扬工匠精神、厚植工匠文化，培养了一批高素质、高精尖型人才，同时德州市水利系统还成立了"大禹工匠"评审委员会，深入挖掘水利系统内的工匠人才，选树典型，2018年度在全市水利系统内共评选出"大禹工匠"5名、"大禹工匠"提名奖5名。形成了爱岗敬业、精益求精、创新作为的工匠精神。

（杨玉涛）

关爱职工，切实维权，把工会办成职工之家 维护权益，进一步推进和谐校园建设。德州职业技术学院工会在发挥教代会民主管理、民主监督的主渠道作用的同时，认真履行自身职能，积极参与有关学校改革、发展以及与教职工切身利益相关的人事、福利等政策、办法的制定和审议；听取、收集和表达教职工的意愿和诉求。以送温暖活动为载体，关爱职工，增强职工凝聚力。德州职业技术学院工会全心全意为教职工办好事、办实事，使教职工感受到学校大集体的温暖。及时探望患重病住院职工15人次。为14名患大病职工申请"情暖万家扶贫助医活动"救助金60000元，为14名困难职工发放帮扶救助金35000元。协助基层处理教职工红、白事件，为职工排忧解难。组织教职工进行健康查体，为工会会员发放中国传统节日用品和职工群众必需的生活用品，保障了教职工享有福利的权利。

（姜立文）

维护职工权益 促进企业发展 2018年公司更名后，组织召开了市政集团工会第一次会员大会，选举了新一届工会委员会和经费审查委员会。修订了《集体合同》《工资协议》，代表职工监督有关部门在劳动用工、职工休息、休假、福利安全生产等方面权益的落实。评选表彰了群众性经济技术创新成果215项；在重点项目开展劳动竞赛9次，技能比赛5次。筹备"送清凉"资金30万元，慰问了一线员工；元旦春节期间，对150户公司在职、退休的困难职工实施救助，发放救助金近100万元；筹措资金400余万元，为9000余名在职及退休职工续保了团体补充医疗保险，基本解决了看病难问题。举办了庆祝改革开放四十周年征文和职工文艺汇演，展现了企业文化和职工良好的精神风貌。

（马建军）

加强职工素质 建设增强企业转型动能 山东德百集团工会把提高职工素质建设放在首位，完善以差异培训深化全员教育主旨的培训机制，坚持分层次开展专题专项培训，建立了威海培训基地、夏津德百温泉培训拓展中心，每年组织千余名优秀员工赴基地、中心进行职业拓展培训；组织百余名中高层管理人员、后备力量去天津商业大学、浙江大学、清华大学"进修充电"；去日本、韩国、加拿大等商务考察学习；去北京、上海、广州等地商场进行对口学习参观，构建了长期稳定的培训机制。依托富有特色的企业文化，坚持办好德百网站、《德百人报》、德百内刊、德百职工艺术团，开通《德百党群天地》微信公共交流学习平台，开展"元旦文艺晚会""文化下乡大拜年""万人健步行""红花送冠军""喜报送到家""亲属招待宴会""功勋员工宴请""员工亲属温泉一日游"等活动，不断培养职工对企业的忠诚、激发职工对事业的热爱，实现了职工素质在技能和精神上的全面提升，建设了一支有理想、有道德、有文化、有纪律、讲团结、讲奉献的高素质职工队伍，为企业发展凝聚起了干事创业的正能量。

（任　芳）

市县区撷英

助推新旧动能转换　在服务大局中建功立业　为展现女劳模的新时代风采，"三八"妇女节当天，德城区总工会举行"助推新旧动能转换女劳模座谈会"，邀请30余名来自各行各业的女劳模、女工会干部参加，座谈会就如何做好新旧动能转换工作，助力德城区建设协同发展创新典范区建设开展互动交流，女劳模不仅仅是技术技能、创新创业的领军人，更是大爱无疆、勇担社会责任的急先锋，会议中，女劳模们纷纷认为应当发挥好标杆示范引领作用，大力弘扬劳模精神和工匠精神，激励广大女性职工在技术创新、服务创新、新旧动能转换、产业转型升级中发挥积极引领作用，推进精益求精的精湛技术不断升华，在新旧动能转换重大工程中贡献巾帼力量，为提升女劳模们的幸福指数，座谈会后并举行女性养生专题讲座以及茶艺、插花等活动，激发出了她们更大的工作热情。在2018年3月8日当天，德城区总工会联合德州市立医院走进德州银座为女性职工朋友送关爱、送健康、送法律，受到广泛好评。

（李震龙）

推进改革创新　自身建设更具活力　为努力开创新时代德城区工会工作的新局面，德城区总工会立足德城实际，紧密结合山东省总工会"三大工程""三个十条"，实施组织建设品牌创建。按照"抓重点、补短板、强弱项"的要求，大力推动"组织建设品牌创建"工作，实施"新领域、新业态、新组织建会入会集中行动"，万达商业、永兴物流等一批企业先后成立工会组织，极大地加快我区招商引资企业的建会步伐。2018年10月，全市首家家庭服务行业工会联合会在德城区挂牌成立，将近万名家庭护理员、家政保洁员纳入到了工会组织，以工会为纽带将广大家庭服务行业职工团结在党的周围，使职工共享国家改革发展成果，家庭服务行业工会不仅强化了已有的职工服务机制，还加强了行业研究，以职工现实需求为导向，为广大职工办好事、办实事，不断增强工会的凝聚力和吸引力，让广大职工真正感受到了工会是"职工之家"。这是2018年继"全市眼镜行业工会联合会""新街口文化产业园工会联合会"成立之后第三个市级行业工会联合会在德城区挂牌成立。

（李震龙）

保障救助工作持续深入开展　2018年，根据各有关单位上报及调查摸底情况，陵城区总工会对本区内的12名困难职工进行救助，发放救助金19000元。2018年2月8日，陵城区政协副主席、总工会主席李治勇带领陵城区总工会干部到恒丰集团，看望为子女做肾脏移植手术的困难职工并送去救助金5000元；积极争取中央和省专项资金帮扶困难职工。按照德州市总工会要求严格审核困难职工情况，将17名困难职工纳入救助范围，发放救助金42.19万元，其中，生活救助11.34万元，医疗救助28.15万元，子女助学2.7万元。

（吴玉娜）

民主管理和工资协商有新提升　山东省总工会同山东管理学院把禹王集团等企业作为现场教学点以来，先后有十批次累计1026名省内外工会干部来禹王集团等企业现场观摩学习；大力推行工资集体协商制度，派出工资集体协商专职指导员深入企业全程指导，2018年共签订工资集体合同206份；工资集体协商指导员孙进在全省协调劳动关系三方集体协商模拟比赛中获一等奖；开展"送法进企业、进社区"活动8场次，邀请山东省总工会职工心理健康服务专家库成员开展公益讲座 3 次。

（窦筱筱）

规范民主管理　2018 年，乐陵市总工会印发了《乐陵市职工代表大会操作指南》《乐陵市企业工会与行政沟通协商机制一本通》《乐陵市工资集体协商操作指南》等指导性文本，指导规范企业民主管理行为，扎实推进职代会、厂务公开、沟通协商机制、工资集体协商等制度建设，确定了工资集体协商工作的"五个步骤、十六个规范动作"，开展了工资集体协商"集中要约行动"。2018 年，全市推行厂务公开率和职代会建制率均达到了 93% 以上，沟通协商机制建制率 80%，工资集体协商率达到 90% 以上。先后有龙口市总工会、德城区总工会、宁津县总工会等多家工会分别到乐陵市交流学习企业民主管理工作。共培育工会与行政沟通协商机制典型企业 16 家。该做法在 2018 年 11 月 17 日《工人日报》刊发。

（李飞超）

弘扬工匠精神　积极开展劳动竞赛　2018 年 8 月 31 日，由宁津县总工会主办的首届宁津县烹饪技能大赛在华府国际酒店举行。本次比赛共有来自宁津县 22 个餐饮单位的 55 名选手参加。分为主题宴席、热菜、冷菜、面点、雕刻 5 项进行比拼，邀请德州市餐饮行业专家从食用性、公认性、技术性、文化艺术性、创新型等方面进行现场打分。比赛中，选手们共制作了 90 道菜，包括了鲁菜、川菜、粤菜等全国几大菜系，融合了中西餐精美菜品、果蔬雕刻等，参赛作品栩栩如生、惟妙惟肖，热菜烹调创新独特、技法新颖。长官包子、大柳面、保店驴肉等宁津名小吃也在比赛中亮相。最终来自宁津县金帝酒店、宁津县华府迎新和宁津县文刚大柳面的选手获得了本次比赛的一等奖。

（李文娟）

"三个着力"助力乡村振兴　着力加强工会基层组织覆盖。齐河县成立了德州市首家现代农业产业工会联合会，覆盖全县 49 家现代农业企业，首批吸收 3000 余名农民工加入工会组织；在胡官屯村、沙张村、得春种植合作社、和乐果蔬专业合作社等具备建会条件的村、社区、合作社陆续建立了工会组织。着力实施"四个一"培育乡村振兴主力军工程。每周至少一堂"点单式"培训课、每月一特色主题活动、每季度一交流联谊、每年一考核表彰。2018 年共开展各类联谊交流、劳动竞赛等活动 20 余场次，参与农民工 5000 余人。着力发挥劳模示范带动作用。组织开展了"劳模助力乡村振兴"交流联谊活动，引领农业劳模在乡村振兴战略中发挥"头雁"引领示范和带动作用。组建劳模引领服务团，孙京梅、曹光庆、袁本广、甄德春等省、市、县各级劳模积极参与，用他们的先进事迹鼓舞和带动农民工诚实劳动，用自己的双手去创造幸福生活。10 月 28 日《山东新闻联播》对县劳模曹光庆带领村民发展休闲观光农业，发挥劳模示范作用进行了报道。《山东工人报》头版头条对齐河县工会助力乡村振兴工作进行了报道。9 月 4 日，山东省总工会副主席魏丽来德州市调研工会参与乡村振兴工作，对齐河县工会工作给予充分肯定。9 月 26 日，在山东省工会参与实施乡村振兴战略临沂现场推进会上，齐河县作了典型发言。

（甄　贞）

进一步健全完善工作机制　"四步走"着力维护职工合法权益　一是推行工资集体协商制度。将工资集体协商工作纳入乡镇（街道）综合考核，3 名工资集体协商指导员直接参与企业、行业（区域）工资集体协商，以工资集体协商为重点的集体合同覆盖率明显提高。二是大力实施法律援助。不断发挥临邑县总工会职工法律援助中心作用，2018 年以来，共受理职工维权案件 35 件，其中群体事件 4 起，59 人，现已办理普通案件 23 件，群体性案件 2 起，帮助职工讨薪 30 余万元，争取各类赔偿金 200 余万元，职工法律援助中心被评为山东省工会职工维权法律服务示范单位。三是开展"尊法守法·携手筑梦"农民工法制宣讲活动。组织工会干部、法律专家深入企业、劳务市场开展公益法律服务活动 8 场，惠及农民工 900 余人。四是开展职工心理健康服务公益活动。先后举办心理健康知识讲座 12 场，受益人数达 2000 余人；开展一对一咨询服务达 200 小时，通过咨询，改善夫妻关系、帮助辍学儿童、青少年 36 例；有效帮助职工、农民工解决情绪和人际关系问题 20 余例。

（刘　虎）

职工素质工程　2018 年 5 月 4 日，平原县总工会开展了"中国梦·劳动美——学习贯彻习近平新时代中国特色社会主义思想和党的十九大精神"全县职工演讲比赛。全县各级工会干部，机关企业事业单位一线职工共计 100 余人参加活动。5 月 31 日，平原县总工会组织 3 名经过选拔的优秀选手参加"中国梦·劳动美——学习贯彻习近平新时代中国特色社会主义思想和党的十九大精神"德州市县区演讲比赛，并取得优异成绩。平原三名选手中王瑶获得三等奖，王贞和任春艳获得优秀奖。

（孟庆利　陈萌萌）

多部门共同发力"五招"治愈农民工欠薪"顽疾"　武城县总工会用"五招"创新之举，从源头上治理拖欠农民工工资难题，切实维护农民工合法权益。预警机制守住底线。武城县总工会联合人社局等部门探索实施农民工工资专用账户管理办法，督促城区所有新建和在建项目设立农民工工资专

用账户，开发企业在申请监管资金的同时，将一定款额划入农民工工资专用账户，作为企业预存保证金。帮办有力服务有方。成立了讨薪帮办服务组，深入企业了解情况，帮助解决问题，还建立"治理农民工欠薪"微信工作群，在微信群上晒帮办措施、政策依据、帮办进度和帮办成果，畅通农民工诉求渠道。分档监管把控重点。武城县总工会联合相关部门重点监管不达标施工单位，约谈开发和施工单位负责人 14 余人次，督促及时化解欠薪问题。多方联动帮助追讨。建立农民工工资支付保障联席会议制度，推行多部门维权联动机制，对每个具体案例进行动态分析、合力解决。联手应对依法打击。针对恶意拖欠工资的行为，武城县总工会与信访、人社、公安等部门联手应对、依法打击，做到及时立案、快速查处。

（祁春梅）

积极探索困难女职工就业服务新举措　依托夏津天泽母婴职业学校等家政培训组织工会，对其培训机构进行经费支持，让更多的困难女职工通过学习，学得一技之长，走向富裕。学校充分发挥工会组织的作用，已让夏津县 1200 余名女职工学得了一技之长，带起 80% 的困难或无业女职工通过当月嫂、保育员、美容师走向了富裕。其中，月嫂行业每个月人均收入 4000 多元，最多的月收入达到 12000 多元，月嫂就业遍及北京、上海、天津等 20 多个大中城市。

（左新语）

维权机制建设不断增强　工资集体协商数量质量不断提高　以非公中小企业为重点，加大区域性、行业性集体合同签订力度。2018 年，庆云县总工会在 56 家企业开展了工资集体协商工作。女职工合法权益维护更加全面。加大女职工专项集体合同签订工作的宣传力度，在 34 家非公企业签订了

女职工特殊权益保护专项集体合同，覆盖女职工 800 多人。

（赵小强）

创新文体，种植企业文化 经济开发区工会引导职工走向舞台，参与其中、升华自我，邀请全国总工会文工团的演员们为表彰大会锦上添花。为"种植"企业文化，经济技术开发区工会邀请全总文工团小分队来到景津环保设备公司、中元科技创新创业园、皇明集团进行慰问演出，将德州经济技术开发区作为创作基地，组织编创演职人员定期来此体验生活，开展职工特色文艺创作。国家级队伍的经常性参与，激发了职工的演出热情，提高了演出水平，帮助工会组织实现了从"送文化"到"种文化"的转变。

（刘涵瑜）

聊城市总工会

工作综述

概况 聊城市总工会下辖东昌府区、临清市、阳谷县、高唐县、东阿县、冠县、茌平县、莘县等 8 个县（市、区）总工会和经济技术开发区、高新产业开发区、江北水城旅游度假区等 3 个市属开发区总工会，136 个乡（镇、街道）总工会，5 个市直产业工会，15 个市直系统工会，334 个市直基层单位工会。市总工会设办公室、组织部、宣传教育部、法律工作部、生产保障部、女职工部、财务部、机关党总支、经费审查委员会办公室 9 个部室。截至 2018 年 12 月，全市建立基层工会委员会 3691 家，职工 514324 人，工会会员 493177 人。

2018 年，在市委、省总工会的领导下，全市各级工会深入学习贯彻习近平新时代中国特色社会主义思想和党的十九大精神，学习贯彻习近平总书记关于工人阶级和工会工作的重要论述，紧紧围绕全市工作大局，强化思想政治引领，突出工会主责主业，不断夯实基层基础，深入推进工会改革，大力加强党的建设，全市工会各项工作取得新的成效。获得"全国市级工会财务工作先进单位""省级文明单位""2018 年度全市经济社会发展综合考核一等奖"等荣誉称号，受到全国总工会、省总工会和市委、市政府的表彰奖励。

强化政治引领，工会职能作用进一步彰显 一是切实肩负起思想政治引领责任。把学习贯彻习近平新时代中国特色社会主义思想和党的十九大精神作为首要政治任务，各地各单位结合实际举办报告会、培训班、宣讲、送教上门等，推动学习宣传活动进企业、进基层、进班组，引领广大职工坚定不移听党话、跟党走。组织开展"中国梦·劳动美——学习贯彻习近平新时代中国特色社会主义思想和党的十九大精神"全市职工演讲比赛，选拔 40 名优秀选手参加决赛。二是团结带领职工投身建功立业活动。以争当"水城工匠"为载体，全面动员各级工会组织和全市职工广泛开展劳动技能竞赛活动。联合市委宣传部等单位，选树了 10 名"水城工匠"，由市委、市政府命名表彰。2 名职工被省总工会评选为 2018 年度"齐鲁工匠"。联合交通、住建等部门举办近 20 个工种的职工职业技能大赛。弘扬劳模精神、劳动精神、工匠精神，联合聊城广播电视台继续开设《水城工会》栏目，采访劳模和一线职工 30 多人，播出 48 期。三是积极建设职工群众先进文化。组织举办"中国梦·劳动美"全市职工迎国庆暨庆祝改革开放 40 周年书画展，共展出书画作品 120 余幅。在全市职工中开展工间操活动，既丰富了职工的业余生活，又增进了健康体魄。推动开展职工心理健康巡讲活动，招募心理健康服务专家40余人，开展"心系职工·惠享健康"职工心理健康服务巡讲37场。发挥省级文明单位和市创城小组成员单位作用，组织全市职工志愿服务队伍开展关爱困难职工、文明交通服务、城市环境美化、公共场所志愿服务等一系列职工志愿服务工作，助力创建全国文明城市。

注重依法维权，全市劳动关系进一步稳定 一是积极构建和谐劳动关系。与市人社局等单位联合组织开展工资集体协商集中要约行动，全市工资集体协商工作稳步开展。县级工资集体协商指导员作用发挥显著，深入企业开展对工资集体协商工作的业务指导，集体协商要约和专项合同签订率明显提高。进一步规范女职工专项集体合同签订工作。中通汽车工业集团、聊城交运集团等8家企业被省总工会命名为全省女职工权益保护专项集体合同规范化建设达标企业。二是加强工会劳动保护工作。组织全市各级工会广泛开展以"落实全员安全责任，促进企业安全发展"为主题的"查保促"工作，3名职工被省总工会评选为"群众性安全生产竞赛优秀职工"。组织全市各类企事业和机关单位开展"安康杯"竞赛活动，多家单位和个人获得全总、省总工会的通报表扬。三是精心做实工会法律服务。与市委宣传部、市司法局等单位联合组织企业职工广泛参与全省法律知识竞赛。在全市工会组织开展以"尊崇宪法、学习宪法、遵守宪法、维护宪法、运用宪法"为主题的宪法宣传周活动，并在《水城工会》栏目设立宪法宣传专题，广泛宣传《宪法》《工会法》等法律法规。开展女职工维权行动月活动，共组织大型普法咨询活动20余场次，发放宣传册8000余份。

推进精准帮扶，服务职工水平进一步提升 一是做优工会服务品牌。联合市人社局等单位开展2018年度"春风行动"，举办大型招聘会，50多人与企业达成就业意向。开展"送清凉"慰问活动，给高温下坚守在一线的职工送去了生活用品和防暑保健药品。组织开展"帮扶送教育"和"金秋助学"活动，不断推动活动向纵深发展，为困难家庭学生铺平求学之路。开展"送温暖"活动，共筹集专项帮扶资金140余万元，把党和政府的关心关怀送到困难职工的心坎里。二是精准帮扶成效明显。对全市的困难职工档案进行动态管理，组织入户调查，确保档案信息的真实性、完整性和资金的专款专用。扎实做好劳模专项帮扶资金的申报和发放，严格按照申报程序，对申报材料进行逐级核实、公示和上报，资金按照各县（市、区）总工会和市直系统工会的申报情况进行分配。三是普惠服务水平不断提升。开展"工会就业援助月"活动，提供就业岗位、困难帮扶等服务。举办困难职工就业技能培训班，帮助200多名困难职工提升了就业创业技能。开展一线职工疗休养活动，组织700名职工参加了疗休养活动。"妈妈小屋"实现一屋多用，逐步建设成为工会关爱女职工的立体化新型公益平台，全市已建成"妈妈小屋"100所。四是新时代职工之家建设不断加强。深入贯彻落实《山东省工会关于新时代模范职工之家建设的十条意见》，推进职工之家建设。从市、县、乡三级工会中选派了50名优秀的工会干部，到基础和力量比较薄弱的非公有制企业担任工会派驻指导员，指导推动新时代职工之家建设。去年，2个单位被授予"全国模范职工之家"，4个单位被授予"山东省模范职工之家"；2名同志被授予"全国优秀工会工作者"，4名同志被授予"山东省优秀工会工作者"，1

名同志被授予"山东省职工最信赖的娘家人"称号。

加强自身建设，工会工作实效进一步增强 一是深入实施工会改革举措。为进一步贯彻落实市委"1+4"群团改革方案的要求，努力推动工会改革目标任务的落地落实，多次与党委组织编制部门进行联系沟通、协商协调。为推动县级工会实现改革的目标，召开了县（市、区）工会改革专题座谈会，就相关问题向市委提交了专项报告，市委主要领导给予了批示，为下步工会改革的顺利实施奠定了良好基础。二是着力加强工会组建和规范化建设。深入开展"新领域、新业态、新组织建会入会集中行动"，以"两新组织"、货运物流企业、家政服务企业等八大业态为重点领域，以货车司机、物流快递员、家政服务员、保洁保安员等八大群体为重点群体，最大限度地推进新领域、新业态、新组织的建会入会工作。依托市快递行业协会，成立了聊城市快递行业工会联合会，涵盖快递企业50家，发展快递员会员1900多人。截至2018年底，全市新建八大群体工会组织80家，发展会员8768人。在全市开展了工会组织和工会会员实名制信息采集工作，已采集工会组织信息3286家，工会会员信息324521人，信息采集工作取得阶段性成效。切实加强基层工会规范建设，先后印发了《关于新形势下加强基层工会规范化建设的工作意见》《基层工会按时换届制度》等文件，对基层工会规范化建设提出新要求，着力解决了基层工会底数不清、不按规定程序建会、工会届满不换届等突出问题。三是强化工会干部管理培训。按照工会干部实行双重管理的要求，履行好工会协管职责，完成协管干部的报备登记工作。进一步加强工会干部的教育培训力度，市总工会全年举办各类培训班10期，培训

各级工会干部1100多人次。组织并做好了中国工会十七大和省工会十五大代表的推荐、参会等工作，展示了聊城代表团良好形象。四是大力加强工会组织党的建设。认真落实全面从严治党主体责任，狠抓机关党的建设，严格落实"三会一课"等制度，推动"1+1"好支部共建行动开展。利用"灯塔-党建在线""学习强国"等平台，扎实推进"两学一做"学习教育常态化制度化。持续深化制度建设和作风建设，从严从实做好市委巡察整改工作。加强党风廉政建设，深入贯彻中央八项规定精神，严格落实省、市有关实施细则，按派驻纪检组要求开展廉政风险排查，主动接受监督。坚决纠治新"四风"，工会组织党风廉政建设和反腐败工作取得新进步。五是统筹做好其他工作。平稳推进工会经费收缴工作，加强财务管理规范化，强化预算约束，优化工会经费支出结构。逐步提高经费审查监督和资产审查审计水平，加大同级审查和对下审计力度，全面提升审查监督工作能力。强化工会资产监督管理，确保工会资产保值增值。

（宋鹏飞 魏玲云）

市直荟萃

做好职工群众贴心人 开辟工会工作新局面 2018年，中通集团工会服务公司改革改制发展，充分发挥工会凝聚效能作用。提升工会系统政治素质，共组织开展工会干部集中学习12次。学习贯彻工会十七大、山东省工会十五大会议精神。推动精神进车间、进班组，开展集中宣讲6次。广泛组织文体活动，下拨品牌建设活动专项资金475920元。开展徒步比赛、乒乓球比赛、羽毛球邀请赛等活动，共有320余人参加比赛；举行3次演讲比赛；春节期间联合市书

画研究院开展新春艺企联谊活动，为职工写对联、送福字200余幅。组织凝心聚力文化及志愿服务活动8场；先后组织3次无偿献血活动，献血173人次，献血量达69200毫升。为庆祝建企60周年，组织开展了"不忘初心六十载 牢记使命中通梦"祝福视频征集活动，近500人参与其中；开展首届女职工"阅读悦美"读书活动、女性健康知识讲座、心理健康知识讲座、安全班组培训、眼部健康培训等9场，累计参加职工200余人次。鼓励自主管理，助力降本增效。汇总、落实、推行2017年征集合理化建议82项，共评选表彰59项，发放奖励金额13200元，全部项目累计创效增效约102万元。组织2018年合理化建议征集106项，评比，共挖掘选取42个项目，发放奖励金7200元。累计创效增效约60余万元。

（刘 文）

做好十件好事，关怀职工，凝聚企业合力 2018年，市邮储银行工会紧紧围绕全行中心工作，强化服务意识，提升工作要求，以"十件好事"为工作主线，为企业转型发展提供了有效支撑和保障。一是深入推进职工小家建设，在市分行新办公楼修建了职工食堂、活动室、母婴室、阅览室、更衣室和洗浴室等配套设施，为员工创造一个温馨舒适和凝心聚力之家。二是开展"夏送清凉、冬送温暖、金秋助学"活动；共发放慰问金和防暑降温用品约5万元。三是修建了车棚和电动车充电设备，并解决职工停车难问题；四是为员工发放节假日福利、生日蛋糕并解决工装干洗问题；五是组织职工查体和健康讲座，提升员工健康意识和健康水平；六是开展了全市2018年综合运动会，展现了员工昂扬向上的精神面貌，提升了企业的凝聚力；七是参加了市人民银行组织的利率市场化改革暨金融服务实体经济技能劳动竞赛，开展了首届个人信贷业务知识竞赛和市分行机关ETC体验劳动竞赛，提升了员工的职业技能水平；八是开展春季姜堤乐园、秋季东昌上林苑亲子游、户外拓展训练活动，舒缓了员工工作压力，促进了团队信任与融合；九是举办了聊城市分行表彰大会暨文艺汇演，激发了全行员工干事创业的热情；十是开展了读书活动了，发放了《货币商人》《银行与未来》《大思维》等书籍，充分发挥工会的教育职能。

（袁 辰）

建设好属于"快递小哥"的"职工之家" 聊城市快递行业工会联合会在市总工会的大力指导及广大会员的积极努力下，于2018年8月29日选举产生了第一届工会联合委员会，工会联合会涵盖EMS、中通、韵达、圆通、百世、申通、顺丰、德邦等11家快递品牌共50家快递企业单位，覆盖面广、代表性强。工会联合会以微信、QQ等媒体为载体，不断推送与行业发展相关的各种信息、工会基本理论《工会法》《劳动法》等法律知识，提高快递小哥的思想素质。围绕行业从业者精神文化建设，开展了一系列丰富多彩的文体活动，充分调动广大职工的积极性和参与性。2018年9月，工会联合会组织选举出5名羽毛球爱好者赴潍坊参加山东省快递行业羽毛球联谊赛并获得体育风尚奖。推荐贺书建等十余名同志参加全省"最美快递员""优秀快递员"评选活动。经评选，贺书建获得全省"最美快递员"荣誉称号；胡泽玺同志、郭长城同志获得全省"优秀快递员"荣誉称号。通过评选活动，工会联合会挖掘、树立、宣传一批行业先进代表人物，用典型的力量激励和带动全行业扬正气、促和谐，立足岗位作奉献、于细微处显真情，打造新时期"诚信、服务、规范、共享"的快递服务核心价值理念，凝聚行业力量，树立行业文明新风，为聊城市的美好明天作出应有的贡献。

（孙圆垒）

劳模工匠作报告，文艺汇演到基层，干事创业增信心　为深入学习贯彻习近平新时代中国特色社会主义思想和党的十九大精神，大力弘扬劳模精神工匠精神，聊城交运集团工会于2018年8月至10月成功举办劳模先进事迹巡回报告会暨慰问基层演出活动。集团工会牵头有关部门及基层单位，精心组织，周密安排，研究制定实操方案，组建了54名同志组成的创作演职团队，其中包括山东省劳动模范、"水城工匠"闫新华和十三届省人大代表，"水城工匠"、集团劳动模范朱振军2名劳模工匠，2名职业道德演讲选手，50名演职人员。活动内容包括劳模宣讲、选手演讲和文艺演出三部分，通过组织劳模工匠代表叙述自己的成长历程，职工读书演讲优秀选手讲述身边先进典型的感人故事，紧密贴近经营业务特点的文艺节目，令广大一线职工倍感亲切备受鼓舞，彰显了交运独特的企业文化与文艺风格，激励着新时代聊城交运人，在企业不断前进的道路上，始终发扬劳模精神、劳动精神、工匠精神，立足本职，奋发努力，以奋斗追求幸福，以奉献完满人生，以创新推动转型，以担当履行使命，披荆斩棘再创企业辉煌，以实际行动喜迎建企70周年，全力打造百年交运。

（武德秀）

县区撷英

切实加强企（事）业工会与行政沟通协商机制建设　东昌府区总工会以满足职工需求为导向，以促进企业持续健康发展为着力点，以切实做好职代会闭会期间企业的民主管理工作为目标，通过建立工会与行政沟通协商机制，落细、落小、落实职工群众最关心、最直接、最现实的合理诉求，维护职工合法权益，努力构建和谐劳动关系，促进企业健康发展。精心安排部署，制定实施意见。召开工会与行政沟通协商推进会议，对工会与行政沟通协商机制工作进行安排部署，镇街、园区、直属单位、骨干企业工会主席39人参加了会议。会上，下发了《关于在企业中建立工会与行政沟通协商机制的实施意见》，明确了建立沟通协商机制的指导思想、基本原则、协商内容和工作流程。同时，为便于企事业单位操作掌握，专门制定下发了《东昌府区企事业单位建立工会与行政沟通协商机制具体实施过程中需要把握的几个关键》，对实施过程中的工作流程和工作要点进行了详细说明。引导各企业利用集体协商会、工会与劳资部门联席会，积极与企业定期沟通，协商解决涉及企事业单位发展和职工权益方面的重大问题。突出典型引路，力求工作实效。在各镇、街道、园区及区直属单位中确定了百货大楼、中通钢构、农商银行、妇幼保健院、东方双语小学、暖频道6家企事业单位作为试点单位。加大力度，着力培养，坚持因企制宜、讲求实效的原则，与贯彻市总工会、区委部署、完善企业决策机制、健全民主管理制度体系相结合，建立工会与行政协商制度和闭环的工作机制，达到职工、工会、行政方三方共赢，实现以点带面，推动整体的目标。

（孟庆欣）

展示职工形象　丰富职工生活　为进一步激发全市广大干部职工的干事创业热情，提振精神、鼓足干劲，临清市总工会与市委宣传部和市体育局联合举办了两项活动，2018年4月底，在运河文化广场举行了"庆五一"临清市职工群众徒步走活动，来自全市各级机关企事业的 2300 余人参加了本次活动。2018 年 9 月 14 日至 29 日举行了纪念改革开放四十周年暨"迎国庆"首届职工运动会。此次运动会共设羽毛球、乒乓球、篮球、拔河、跳绳、象棋、够级和长跑 8 个项目，来自全市企业、镇（街道）、机关事业单位及驻临单位的 150 支代表队、3200 余人参加了本次运动会。为搞好这次运动会，事前组委会动员全市职工踊跃报名，制定下发实施方案和竞赛规程规则，协调有关职能部门做好配合工作，充分发挥新闻媒体的宣传舆论作用。运动员们认真备战，齐心协力，为取得胜利挥洒汗水，组委会工作人员、教练员、裁判员们不怕苦累，克服困难，圆满完成了各项任务。这两次活动切实达到了磨炼意志、提振精神，展示形象，凝聚力量的目的。

（白　洁）

冠县举办首届职工运动会　2018 年 10 月 22 日—27 日，冠县总工会联合县委宣传部、县体育局成功举办庆祝改革开放四十周年暨全县首届职工运动会。来自全县各乡（镇、街道）、县经济开发区总工会，县直各单位（系统）工会的 81 支代表队、1000 余名干部职工参赛。运动会以"新冠县　新起点　新辉煌"为主题，以"磨炼意志　提振精神　展示形象　凝聚力量"为目的，共设跳绳、踢毽子、够级、象棋、羽毛球、乒乓球、两人三足往返跑、4 * 100 米混合接力 8 个比赛项目。分设县直、乡镇和企业 3 个竞赛组别，每个比赛项目以组别为单位，按照比赛团体成绩奖励前 6 名。经过连续 5 天赛程，冠县庆祝改革开放四十周年暨全县首届职工运动会圆满完成了预定的各项赛程，并于 10 月 27 日，召开了全县首届职工运动会闭幕式暨颁奖仪式，向运动会中取得优异成绩的单位颁奖，同时向 17 个参赛单位颁发优秀组织奖，5 个参赛单位颁发特别贡献奖，28 个参赛单位颁发精神文明奖。此次运动会是深入贯彻党的十九大精神，纪念改革开放 40 周年，进一步推进全民健身国家战略的一项重要举措，也是冠县近年来规模最大的干部职工体育活动，开创了成功举办大型综合性运动会的先河，展现出了全县广大干部职工健康、积极、向上、团结的良好精神风貌，增强了职工队伍的凝聚力、向心力和战斗力，实现了运动成绩和精神文明的双丰收，为全县职工文化和全民健身事业写下浓墨重彩的一页。

（李广磊）

聚焦职工福利　规范工会经费　在新形势下，为保障职工福利的规范正常发放，莘县总工会积极采取行动，2018 年 3 月份通过召开与莘县人民政府联席会议确定了在全县机关事业单位中将工会经费纳入县财政预算，通过与莘县财政局结合每年各单位的工会经费由县财政统一划拨。工会经费纳入县财政预算工作极大的促进了莘县工会工作的开展，对督促基层工会组织按期换届、引导基层工会组织法人登记起到了十分重要的作用。莘县 24 个镇（街）总工会已全部完成换届工作，县直单位工会换届工作也已基本完成，在已成立的机关事业单位中基本完成了法人登记工作。工会经费纳入县财政预算真正保障了职工福利的规范正常发放。在全面从严治党的新形势下，有些基层工会对工会经费的收缴使用概念模糊，容易触碰红线、逾越底线，工会经费由县财政的统一划拨，极大的为基层工会开展工会工作充入了干事创业的底气，活跃了职工干事创业的氛围，为莘县发展增添了一份力量。

（王宪朝　何汝宾）

加强产业工人党员队伍建设　阳谷县共

有个体私营企业个数 5750 个，从业人员 77446 人，规模以上企业数 309 个。其中，全县企业中有党组织数 124 个（涵盖企业 280 个），其中有 50 人以下的党组织有 67 家，50 人以上的党组织 57 家，100 人以上的党组织 23 家。

阳谷县内企业特别是小微企业的党员身份认同感较强，党员作用发挥比较充分。阳谷县实行了"双向培养"机制：即把生产技术骨干培养成党员，把党员生产经营骨干培养成管理人员，尤其重视从技术能手、优秀产业工人中发展党员，提高工人党员比例。党员责任区，党员示范岗作用发挥比较明显，全面推行了党员承诺、践诺、评诺等制度，激发党员的积极性、创造性。县总工会建立了企业党建指导员队伍。全县共选聘了 161 名党建指导员，详细规定了党建指导员的工作职责、工作制度、工作方法、目标要求和考核奖惩，明确要求党建指导员每月到非公企业工作不少于 2 天，并将党建指导员工作列入单位年度考核。部分企业党组织创新性的开展工作，比如阳谷光电线缆产业所辖的 31 家电缆企业，他们都统一建立党建微信联系群，定期发布最新的党政知识，积极参与"灯塔在线学习"，认真参与考试，在考试评比中名列前茅。有条件的企业加大党建自身投入，切实发挥好作用。比如山东阳谷祥隆服饰有限公司高标准建设了党群活动中心、党建展厅等活动场所。

（王肖光）

着眼人文关怀，当好职工"娘家人"
为贯彻落实《女职工劳动保护特别规定》，加强女职工"四期"保护，维护女职工的特殊权益，东阿县总工会狠抓工作落实，全力推进"爱心妈妈小屋"建设，实施爱心工程，打造爱心品牌，为处于孕期、哺乳期的女职工提供人性化的温馨服务，帮助女职工

有尊严、体面地度过特殊时期。截至 2018 年底全县共建 40 间"妈妈小屋"。县第五中学、御龙金湾小学、第三实验小学、水务局、人民医院"妈妈小屋"在聊城市庆祝"五一"国际劳动节暨劳动模范表扬大会上命名为聊城市"妈妈小屋"示范点。御龙金湾小学妈妈小屋被山东省总工会命名为山东省总工会"妈妈小屋"示范点。为完善提升"妈妈小屋"示范点内部设施，县总工会多次检查督导示范点建设情况，教育系统与工会惠员单位安恩贝国际月子会所协商，对妈妈小屋一对一的进行全面提升，为怀孕、哺乳期的女职工提供更贴心服务。水利局为使"妈妈"们能在"小屋"里体会到舒适、温馨的个性化服务，配备了电视机、饮水机、小冰箱、乳腺电疗仪及用于理疗的辅助医药用品。县医院结合实际情况，购买婴儿床、书架、玩具等，让女职工在舒适、干净的环境中倍感温馨。"爱心妈妈小屋"建好是保障，管好用好是关键。东阿县总工会将加大"妈妈小屋"建设力度，发挥省市级"妈妈小屋"示范点带动作用，倡导一屋多用，将"妈妈小屋"打造成为基层工会落实女职工特殊保护的重要阵地和工会服务女职工的综合平台。

（殷际哲）

适应女职工美好生活需要　积极推进"妈妈小屋"建设　为更好地满足生育期女职工的需求，维护女职工的特殊权益，县总工会将"妈妈小屋"建设作为全年工作重点之一，进一步扩大"妈妈小屋"覆盖面，把"妈妈小屋"致力打造成为全县切实维护女职工特殊权益的特色品牌。按照上级要求，县总工会印发了《关于加快推进"妈妈小屋"建设工作的意见》，明确了建设标准，并召开专题会议进行安排部署，要求各级女职工组织要积极作为，为女职工排忧解难，

做好事实事。2018 年，县总工会多次到大企业特别是女职工较多的企业，进行现场督导，针对出现的问题及时解决，加快了建设步伐，得到了社会的广泛关注。县总工会从已建成的"妈妈小屋"中按照设施配置齐全、档案管理规范、制度图版设置规范、维护保养制度化的要求，推荐茌平县汽车站候车大厅妈妈小屋、茌平县实验中学妈妈小屋、茌平县政务服务中心管理办公室妈妈小屋为聊城市"妈妈小屋"示范点，在此基础上推荐茌平县实验中学妈妈小屋为省级"妈妈小屋"示范点，并于 2018 年 11 月在此召开茌平县"妈妈小屋"建设推进会，共有 28 所学校的工会主席参加会议并进行了现场交流。本着一屋多用的原则，县总工会充分利用"妈妈小屋"空间资源，将其作为开展女职工健康知识交流、心理咨询、亲子教育和职工子女托育服务的场所，以及工会女职工干部履行职责的工作阵地，不断拓展"妈妈小屋"的服务内容和服务对象，让小屋真正成为女职工欢迎的温馨"驿站"。2018年，共建设"妈妈小屋"16 家，其中公共场所 5 家，用人单位 11 家。"妈妈小屋"的建设，为孕期、哺乳期女职工提供一个私密、安全、卫生的休息、哺乳场所，使其成为女职工"关爱行动"的一个载体，为广大女职工提供实实在在的服务。

（吕晓霞 李洁）

强化主责主业 竭诚为职工服务 2018年，高唐县总工会牢固树立人民为中心，突出服务职工群众，广泛开展困难职工走访慰问、劳模服务管理和职工服务阵地建设，不断提升职工满意度，满足职工对美好生活的向往。据统计，2018 年春节前集中走访慰问困难职工 20 户，春节后在金城广场启动"春送岗位"行动，组织全县 36 家企业提供岗位 1000 多个，签订劳动意向 600 多个。

加强劳模服务管理，组织全县 402 名劳模做好健康查体工作。做好职工普惠性服务工作，组织了首届工会会员节活动。以县汽车站、中医院等人员较为集中的区域为重点，扎实推进"妈妈小屋"建设。关注女职工权益保护，持续开展"女职工关爱行动"和"帮扶送教育"活动，救助不断提高女职工获得感和幸福感。六一期间，筹资 2.14 万元，帮扶资助困难女职工、单亲家庭 28 户。10 月份，组织企业一线职工 40 余名赴职工疗休养基地进行疗休养。

（孙连芝）

滨州市总工会

工作综述

概况 滨州市总工会辖滨城区、沾化区、邹平市、惠民、阳信、无棣、博兴 2 区 1 市 4 县总工会，滨州经济技术开发区、高新技术产业开发区、北海经济开发区 3 个工委，市直机关工委、经信委、教育局、卫生局、水利局、文广新局、粮食局、公安局、民政局、人力资源和社会保障局、住建局、供销社、国资委、审计局、交通运输局、林业局、商务局、卫计委等 26 个局工委（产业工会）。机关机构设置为 6 部 1 室，即办公室、组织民管部、宣传教育部、法律保障部、生产保护部、女职工部、财务部，人员编制 15 名。直属事业单位：市总工会经费审查委员会办公室、市工人文化宫、市总工会困难职工帮扶中心。市总工会困难职工帮扶中心于 2 月 13 日整建制划入市工人文化宫，11 月 6 日，被准予注销登记。共有基层工会 3214 家，涵盖法人单位 5067 家，职工471393 人，工会会员 456411 人。8 月 15 日，滨州市总工会在全省工会困难职工解困脱困工作推进会议上作典型经验交流发言。10月23日，全总权益保障部帮扶工作会议在广西南宁召开，滨州市困难职工解困脱困工作代表山东省在会上作经验交流。市工人文化宫荣获"山东省模范职工之家"荣誉称号。市总工会机关党总支被中共滨州市委市直机关工委评为"先进基层党组织"。

劳动竞赛如火如荼 围绕市委确定的5大千亿级产业集群及教育、供电、住建等22个系统开展技术比武和技能竞赛。与市人社局、市科技局、市经信委和市住建局等四部门联合举办全市第四届职工职业技能大赛。共设焊工、钳工、数控加工中心操作工、砌筑工、化工总控工、化学检验工、细纱接头、织布打结等八个项目，全市共79支代表队237名选手参加总决赛。经过3个多月的激烈角逐，共产生个人一等奖9名、二等奖17名、三等奖33名。

评选、关爱劳模 4月28日，滨州市委、市政府召开庆"五一"劳动模范表彰大会，滨州市委书记、市人大常委会主任张光峰，市政协主席张兆宏，市委常委、常务副市长赵庆平，市人大常委会党组副书记、副主任、秘书长王文禄，市人大常委会副主任、市总工会主席王立勇出席会议并为152个先进集体和个人颁奖。2018年春节，全市共走访慰问劳动模范149名，发放慰问金212万元。6月，完成了省级困难劳模申报工作。5月14—16日及5月28—30日分两批在市人民医院及滨医附院组织市直单位市以上劳动模范400余人进行免费健康查体。5月至11月，组织6批市劳模共计190余人分赴德州、青岛、杭州、临沂、黄山等劳模疗休养基地疗休养，组织省劳模20人参与疗休养。

普法维权筑牢防线 充分发挥"滨州工会信访维稳微信群"作用，建立《领导干部接访台账》，市总副县级以上干部每周工作日轮流值班接访。各县区工会都建立困难职工帮扶中心信访服务窗口，构筑起覆盖全市的四级维权服务网络。市职工服务中心共接待职工来访和职工来电156件次，涉及职工人数700余人，办结率达98.6%以上，回复率100%。协调有关部门解决职工拖欠工资170万余元。

精准帮扶扎实推进 春节期间，共走访慰问困难职工家庭3074户，共发放款物619.5万元。"夏送清凉"活动共发放496.31万元的防暑用品及防暑降温补贴，走访慰问一线职工26275人次；"金秋助学"活动共申报子女助学类102人。完善特困职工标准，对103名特困职工实行重点救助，发放救助金95万元。通过省温暖工程基金会为3名特困职工争取救助金1.75万元。开展就业创业服务月活动，组织专场招聘会27次，

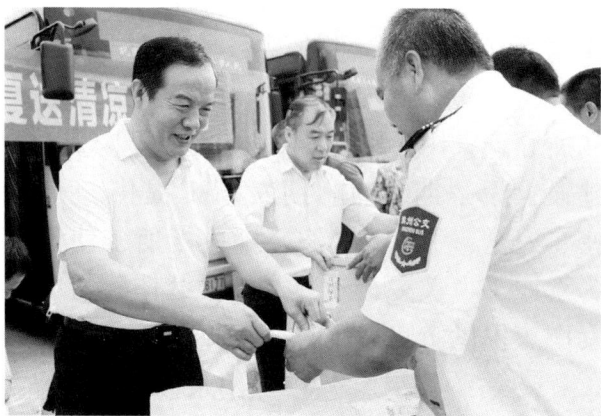

2018年7月18日，滨州市总工会"夏送清凉"系列活动在市公交公司正式启动

为26421人提供就业创业服务，为550人提供劳动维权服务和法律援助。开通职工心理健康咨询热线电话，组织举办"相约心灵深处"心理公益沙龙活动12期。"帮扶送教育"活动为市直单位11名单亲困难女职工每人发放3000元资助金。全市共资助困难

女职工（农民工）子女 63 人，资助金额 10.7 万元。滨州市工人文化宫职工救助科科长左丽华被省扶贫开发领导小组通报表彰为"2018 年全省脱贫攻坚先进个人"。

医疗互助保障暖心 2018 年，全市入会单位共计 1728 个，入会职工共计 151717 人。互助金申领单位共计 1614 个，互助金申领职工共计 34899 人次，共领取互助金 47834210 元。其中，2018 年以来新领取互助金单位 1368 个，申领职工共计 12409 人次，领取互助金 16675540 元。中国职工保险互助会滨州办事处对 2018 年以来因基本住院医疗、患重大疾病或遭遇意外伤害等原因，自负医药费数额较大，造成家庭生活困难的会员及会员家庭成员集中开展"医疗互助·情暖会员"二次救助活动。12 月下旬，对符合二次救助条件的全市 310 名困难会员发放生活救助金共计 62 万元。

女工工作展现风采 签订女职工权益保护专项集体合同 990 份，执行女职工在经期、孕期、产期、哺乳期享有特殊待遇的有关规定的基层工会 2006 个，涵盖企业 3778 个，受益女职工 115331 人；执行女职工禁忌从事劳动的有关规定的基层工会 1939 个，涵盖企业 3713 个，受益女职工 111205 人，综合受益率 98%以上。全市"妈妈小屋"建成并投入使用共计 111 家。滨州学院的周新颜荣获全国第六届"书香三八"读书征文一等奖。

基层基础扎实推进 50 名挂职工会干部集中赴派驻单位开展工作。为 55 家乡镇（街道、开发区）总工会和 6 家县级以上产业工会配备社会化工会工作者。博兴县总工会满学锋荣获"全国工会系统先进个人"荣誉称号，享受省劳模待遇。121 家百人以上非公企业和 60 家市人大代表（政协委员）任主要负责人的企业依法规范组建工会组

织。组建"八大群体"相关的行业工会 18 家，单独建会行业企业 133 家、由各级行业工会涵盖的企业 276 家，建会率为 58.85%；"八大群体"综合入会率为 55.54%。组建市交通行业工会，7 个县市区已组建县级交通（物流）行业工会。惠民县组建县货车司机行业工会和快递员行业工会，滨城区组建馨湖农庄农业专业合作社工会，沾化区组建区建筑企业工会联合会，阳信县组建肉牛养殖产业和建筑行业工会，无棣县组建网具、棉纺和苇帘行业工会，博兴县组建大棚蔬菜业、淡水养殖、快递和草柳编行业工会。

培训交流素质提升 组织举办培训班 19 个、4055 人次。5 月中旬，在山东管理学院举办"学习贯彻党的十九大精神 加快新旧动能转换"培训班，各级工会干部 45 人参加。10 月下旬，第二期培训班在上海财经大学举办，56 人参加。

宣教阵地有为有位 组织省工会劳模宣讲团分别到滨化集团、华纺股份、京博控股、益丰生化宣讲党的十九大精神。开展"中国梦·劳动美—学习贯彻习近平新时代中国特色社会主义思想和党的十九大精神"全市职工演讲活动。开展"十百千"劳模宣

2018 年 8 月 17 日，由滨州市总工会主办，市工人文化宫协办的"奋进新时代 筑梦新滨州"——"纪念改革开放 40 周年"滨州市职工文艺汇演在市政广场上演

传活动，《山东工人报》《职工天地》《滨州日报》《鲁北晚报》以及市总工会微信公众号设立专栏对20余名先模人物事迹进行宣传。山东电视台、《山东工人报》《职工天地》杂志社等媒体分别到惠民县、渤海活塞集中采访省劳模吴元元、马学军。市工人文化宫举办职工公益20个培训项目，28个培训班次，增开普通话、形体礼仪、京胡、水兵舞培训班。市直220多家机关企事业单位1400名职工参加文艺培训活动。11月22日成功举办培训班学员书画摄影作品展及文艺汇报演出。职工文体协会8个专业委员会举办定向运动培训、文学征文、太极拳、书法、摄影讲座、摄影采风等活动。8月17日，举办"奋进新时代　筑梦新滨州"纪念改革开放四十周年职工文艺演出，200多名演员参加演出，9000多人观看直播。10月23日，举办滨州市职工男子篮球比赛，市直单位和县区28支代表队320名运动员参加比赛。办理活动卡1400多张，参加活动职工达8000多人次。

职工书屋提升品牌　新建12家市级"职工书屋"示范点。与全国电子职工书屋运营公司签订协议，市总工会微信公众号电子职工书屋由6000册扩展到2万册。山东铁雄冶金科技有限公司、山东万事达建筑钢品股份有限公司、山东滨化滨阳燃化有限公司被命名为全国工会"职工书屋"示范点。

工运研究尽职尽责　撰写《滨州市总工会关于推进改革强化职能的自查报告》，完成《滨州年鉴》《山东工会年鉴》《滨州组织年鉴》2018卷撰写工作。编印《滨州工人》6期，《滨州工会：劳动竞赛助力新动能》在《中国工运》第6期发表，市委副书记张凯，市人大常委会副主任、市总工会主席王立勇分别作出批示。与大众网联合评选金牌职工的做法被《全总信息》第40期点

名表扬。魏书旗撰写的新闻《滨州市总工会构建大服务格局打造维权服务品牌》荣获第27届全国工会好信息优秀奖。王恩东、孙战洪、左丽华、周立强、朱晓晨撰写的调研论文《关于做好城市困难职工解困脱困工作的调查研究》荣获省工会优秀调研成果三等奖，翟承军、郭家水、孙磊撰写的调研论文《关于强化基层基础、增强基层工会活力的研究和思考》、李花英撰写的调研论文《关于推进企业文化建设助推新旧动能转换工作的调查研究》荣获省工会优秀调研成果优秀奖。

全市职工文学大奖赛　市总工会、市职工作家协会联合举办全市职工文学大奖赛活动，活动从2月份启动，到5月30日截稿止，共收到小说、散文、诗歌等文学作品600余篇，通过严格程序，对600余篇作品进行初评，从中选出70多篇进入终评。评出金奖4篇，银奖8篇，铜奖16篇，优秀奖47篇。

（李花英）

市直荟萃

职工职业技能大赛结硕果　2018年，滨州渤海活塞有限公司工会派出46人次参加国家级、省级、市级、北汽海纳川等职工技能大赛，2位职工代表山东省参加"第六届全国职工职业技能大赛"；3位职工代表滨州市参加第二届全国智能制造应用技术技能大赛获得职工组二等奖，首次实现公司参加国赛奖项"零"的突破；2位职工荣获山东省第六届职工职业技能大赛数控加工中心工种"第一名和第三名"，两人同时被授予"山东省富民兴鲁劳动奖章"、第一名又被授予"山东省技术能手"。3位职工包揽"滨州市第四届职工职业技能大赛"数控加工中心工种前三名，2位职工荣获钳工第一名和

第三名，两位市级第一名被授予"滨州市五一劳动奖章"。3人荣获"海纳川杯"北京汽车零部件行业第四届职业技能大赛一等奖，2人被授予"海纳川首席技师"。公司被授予省市级职工技能大赛优秀组织奖。

（李　萍）

第四届职工运动会暨第三届老年体协运动会隆重举行　2018年9月16日，滨州交运集团第四届职工运动会暨第三届老年体协运动会隆重举行。本届运动会共设置36个竞赛项目，有32个职工代表队和8个老年体协队；共计694名运动员参加，裁判员、领队及其他工作人员百余人。本届运动会的竞赛项目在前三届的基础上进行分组优化，并增加4*100米混合接力赛、快乐毛毛虫等几项趣味性较强的项目，提升了职工的参与热情。

（封　滨）

华纺职工技术攻关不断突破　2018年，华纺股份有限公司工会开展CQI项目37个，实现收益970.7万元，发放奖金35.8万元；完成面料设计847个，花型设计748个，款式工艺设计1054个；完成技术成果转化13项，新产品开发1842块，市场确认样894次；围绕降低生产成本和提升产品质量的新化学品开发264支，新样品制作20项（件）。在此基础上，2018年申请专利8项，其中发明专利6项，授权发明专利2项；截至年底，公司共有授权专利40项，其中发明专利36项。微晶纤维素项目实现纤维素纤维类纺织品的高值回收利用，获得滨州市工业设计大赛一等奖。公司职工席亚伟、戚芳等自主设计的"蝴蝶""Strange Camouflage"面料，在全国面料设计大赛中荣获一等奖，"灵动情影"面料荣获二等奖；"霓裳羽衣"面料产品，荣登"中国印染行业优秀面料"榜单。公司全年完成印染布3.38亿米，服装350万

件，分别比上年提高3.68%、54.4%。

（郑安江）

"两会"期间舆情安全可控　两会期间，大唐鲁北公司成立舆情专项领导小组，设置舆情工作办公室、部门舆情管理员，负责对本部门的舆情工作进行专项监控，并每日汇报舆情工作，形成上下联动、协调推进的舆情监控工作局面。同时，详细梳理舆情风险点，针对生态环境保护、安全生产、外包工程施工等重点舆情监控工作，明确责任人，细化责任分工，并由思政部制定4项舆情管控措施。详细制定"两会"期间舆情管理方案，对全厂11个工作QQ群、36个微信群进行统计，制定《QQ群、微信群管理办法》，严禁转发或者评论危害社会稳定、违反相关规定的负面信息。

（马海建）

开发搭建"合理化建议管控"平台　滨化集团不断增强"互联网+工会"建设，着力构建线上受理、线下办理、一键通达的全方位、全时段服务体系。从3月份开始整理合理化建议网上审批需求方案，通过与厂家多次交流沟通和多次细节优化后，组织进行了合理化建议网上审批流程的培训，于6月27日正式上线试运行。截至年底，共收集合理化建议1506项，其中同意实施的建议935项，年度创经济效益和节约资金530多万元。合理化建议网上提报审批工作的运行，确保建议的及时落实。

（刘剑侠）

市县区撷英

滨城区第一家农民工工会成立　6月9日上午，滨城区第一家农民工工会，滨州市滨城区馨湖生态农业专业合作社工会在三河湖镇成立，三河湖镇总工会主席刘玉芳主持

了会议，滨城区总工会副主席尚建军等参加了会议。大众日报农村版第 10964 期以《落实乡村振兴战略　推进农民工建会》为题做了专题报道。此项成果入选全区 2018 年优秀学用成果。

第四次滨城区工会代表大会胜利召开
11 月 22 日，滨城区总工会在创业大厦召开第四次全区工会代表大会，全区各级工会 120 多名代表参加会议。会上做了滨城区总工会第三届领导班子的工作报告、财务工作报告和经费审查工作报告，依法依规选举出滨城区总工会第四届工会委员会和经费审查委员会。

（王鸣凤）

开展"跨越发展做先锋"活动　3 月，沾化区总工会联合区教育局举办教师授课、板书等技能竞赛，73 名教师参加比赛；在区卫生系统开展护理技能竞赛，全区各医疗单位层层选拔 51 名医护人员参加竞赛；开展消防安全大比武，全区 32 家企业 90 名职工参加比赛。搭建起了职工成长成才的广阔平台，引导职工自觉改进服务、提升效能，用实际行动助推沾化经济社会发展。

为困难职工进行免费健康查体　5 月，沾化区总工会联合沾化区中医院对全区在档在册困难职工进行免费健康查体，查体共分为外科检查、内科检查、影像及特殊检查、化验检查等 4 部分，共为全区 150 余名职工进行健康查体。

（张宝海）

扎实开展职工精准帮扶工作　2018 年元旦、春节期间开展送温暖活动，邹平各级工会组织共筹集资金 80 余万元，走访慰问困难职工家庭 800 余户，涉及职工 2000 余人，其中向困难劳模发放慰问金 12 万余元。开展全县在档困难职工入户调查活动，对符合标准的困难职工进行档案整理，完善纸质档

案与电子档案一致，保证困难职工信息正确、更新及时。

（李如意）

困难职工解困脱困工作颇有成效　惠民县总工会把"精准"贯穿困难职工解困脱困工作全过程，明确工作目标，突出工作重点，抓住关键环节，精准聚焦。2018 年元旦、春节期间，开展"送温暖"活动，帮扶救助困难职工 175 人，发放中央专项帮扶资金 31.5 万元；开展特困职工救助活动，共摸底在档特困职工 51 名，发放救助金 25.5 万元；2018 年 8 月资助 6 名困难职工家庭子女上大学，每人 3000 元，发放助学金 1.8 万元；2018 年 12 月"医疗互助，情暖会员"二次救助活动救助会员 25 人，每人 2000 元，共计 5 万元。以上资金共计 63.8 万元。

（王陶丽）

深化开展医疗互助活动　2018 年，阳信县总工会入会单位共计 170 个，入会职工共计 11140 人。互助金申领单位 158 个，互助金申领职工 2966 人，领取互助金 4368934 元。其中，2018 年以来新领取互助金单位 130 个，申领职工共计 958 人，领取互助金 1364039 元。入会率及互助金利用率均在全市范围内名列前茅。2018 年 5 月被中华全国总工会授予"全国基层职工互助保障考核成绩优秀单位"，李国庆同志被授予"中国职工保险互助会职工互助保障工作先进工作者"。

（冯书峰）

职工服务中心提档　无棣县总工会积极争取县委县政府在县城人口密集路段提供场所，占地 800 余平、投资 81 万余元进行改造的无棣县总工会新职工服务中心于 2018 年 11 月份正式投入使用。职工服务中心集职工服务大厅、职工驿站、开放式阅览室、

职工医疗互助办公室、亲子关爱室（妈妈小屋）、综合办公室、信访接待室、金桥创业办公室、劳动争议调解办公室、职工培训室、健身房、瑜伽房等多功能于一体。借助新场地，再创新成绩。

（赵　进）

精准帮扶暖人心　博兴县总工会实施"3+3+3"工作法，深入困难职工家庭"认门认脸"调查摸底，精准确定帮扶困难职工，指定帮扶负责人，制定帮扶措施，在全省工会困难职工解困脱困工作推进会议上，县总工会作《织密精准帮扶联系网　打造服务职工新品牌》典型发言，交流博兴县精准帮扶的经验做法；春节期间，县委书记李守江等县领导分组走访慰问22名劳模和13名困难职工，为他们送上慰问金、鲜花和新春祝福；举办第五届"牵手困难女职工"活动，组织26名女干部、女劳模与26名特别困难的女职工结成爱心对子"一对一"帮扶，为困难女职工每人发放3000元救助金；开展"六一"帮扶送教育活动，从困难职工数据库中已确认的困难职工（农民工）的子女中，进行严格筛选，最终确定10名特别困难职工子女为"帮扶送教育"的资助对象，进行走访慰问每人资助3000元。

（张甜甜）

职工权益得到保障　组织一线职工进行疗养，滨州经济开发区总工会分两批次共组织6名一线职工到惠民、泰安等地进行疗养。2018年，职工医疗保险互助集中入会单位45个2202人，全区131人次接受职工医疗保险救助，救助资金169351元。开展贫困妇女、青少年职工救助活动，年内共救助困难妇女、青少年职工（家庭）68人，救助资金10万元。

（丁佳佳）

多措并举，全力构建和谐劳动关系　高

新区工会通过新闻媒体、微信群、QQ群，组织相关部门的人员去街头宣传和政策咨询活动等各种形式的宣传方式，散发宣传资料2000余份，现场咨询100余人次。在主要街道悬挂横幅2幅，张贴宣传标语20幅，营造依法维护农民工合法权益的良好社会氛围。

（王英奎）

突出开展"关爱帮扶"服务女工活动　北海区工会启动"妈妈小屋"建设，举办"缘定北海、牵手未来""游北海湿地公园、订人生姻缘大事"两场大型相亲会。注重女职工特殊权益的有效维护。提供组织保障，新建企业工会中，女职工超过10人的全部建立了女工委员会，不足10人的设立了专职女工委员，组建率达到100%。

（商晓龙）

菏泽市总工会

工作综述

概况　菏泽市总工会辖3区（牡丹区、定陶区、高新区），7县（曹县、成武县、单县、巨野县、郓城县、鄄城县、东明县）总工会和市经济开发区工会工作委员会。市总工会机关设办公室、组织部、宣传教育部、生产保障部、财务部等五个职能部室和市直工会（副处级）。直属菏泽市职工服务中心、菏泽工人报社编辑部2个事业单位。截至2018年底，全市共建立工会组织9630家，其中独立基层工会9450家，联合基层工会180家，涵盖单位15171家，有工会会员1661764人，其中农民工会员943830人。

2018年以来，菏泽市总工会先后荣获全国市级工会财务工作先进单位，山东省工会

工作创新奖，山东省第一届工会财务人员业务技能竞赛优秀组织奖，山东省"安康杯"竞赛优秀组织单位，山东省职工演讲比赛组织奖，山东省市级工会财务会计工作竞赛一等奖，菏泽市招商引资先进单位，全市先进县级党委（党组）理论学习中心组等荣誉。

扎实推进工会"两大改革" 一是扎实推进产业工人队伍建设改革。4月初，市总工会形成了《新时期产业工人建设改革实施方案（初稿）》。先后征求并吸收市委组织部等21个市直部门和9个产业工会意见建议20余条。4月23日，市委全面深化改革领导小组第三十九次会议审议通过，市委市政府以菏发〔2018〕12号文件印发。二是扩大县区工会改革试点成效。以定陶区总工会为试点，积极探索县区改革经验。在定陶区委大力支持下，改革后，定陶区总工会机关增加行政编制3个，增设副科级一类事业单位1个，并明确乡镇总工会主席由镇（街道）党委副书记兼任，另配1名专职副主席主持工作。5月9日，召开全市县区工会改革推进会议，传达了市委领导关于县区工会改革批示精神。截至年底，菏泽七县两区工会全部完成改革实施方案印发工作，有5个县区总工会印发机关"三定方案"。《山东工运信息》（第44期）以《菏泽市总工会推进改革中明确"强县"标准》为题刊登。

认真组织实施菏泽市总工会换届工作 按照市委和省总工会关于工会改革"去四化"（行政化、机关化、贵族化、娱乐化），"强三性"（政治性、先进性、群众性）的要求，与市委组织部共同选配了挂职副主席一名，从一线选配兼职副主席两名。从基层和一线职工中推选了菏泽市工会第八次代表大会代表316名。并于7月11日至13日，在市委党校召开了菏泽市工会第八次代表大会，市委书记、市人大常委会主任孙爱军，市委副书记、市长陈平，省总工会副主席王星海等省市领导出席会议并讲话，市人大常委会副主任、党组副书记，市总工会主席丁志刚同志代表市总工会第七届工会委员会向大会做工作报告，总结第七次工代会以来的工作，部署今后五年以来的全市工会工作目标任务，并选举产生了菏泽市第八届工会领导班子，和出席省总工会第十五次代表大会代表。首次选举产生挂职副主席1名，兼职副主席2名。

广泛开展"当好主力军、聚力新动能、建功新时代"劳动竞赛 大力开展重点工程立功竞赛活动。先后开展公路建设、坚强智能电网、机井通电及中心村电网改造升级、保障性安居工程等四大重点工程立功竞赛。广泛开展"查保促"集中行动，排查整改各类隐患8536条。广泛开展"科学赶超"职工技术创新竞赛活动以及职工职业技能大赛。联合市经信委、市人社局举办一级技能大赛10项，联合团市委、市妇联举办二级大赛18项。

积极推进"智慧工会"建设工程 认真落实省总工会关于"智慧工会"建设工程的实施意见，进一步丰富开拓现有工会网络资源功能，积极实现工会各项工作的"数字化"。截至2018年底，菏泽工会网、菏泽市总工会微信平台、菏泽市总工会工会会员卡微信平台都有专人负责，基本上做到及时更新，及时发布最新政策信息和职工关心关注的重要问题，实现职工维权网上受理，职工服务网上办理。

大力推进"菏泽工匠"建设工程 菏泽市劳动竞赛委员会印发《关于实施"菏泽工匠"建设工程的意见》，规范了"菏泽工匠"选树条件、程序，并成立了由市总工会、市人社局、市经信委、市科技局、市知识产权局、团市委、市妇联组成"菏泽工匠"评选委员会,提高了奖励级别,对选树的"菏泽工匠",符合条件的由市总工会授予菏泽市五一劳动奖章;对"菏泽工匠"提名奖获得者,由团市委、市妇联授予菏泽市青年岗位能手、市巾帼建功立业标兵称号。

积极参与乡村振兴脱贫攻坚 5月,市总工会研究制定了参与脱贫攻坚的六大举措。先后出台《菏泽市总工会关于贯彻落实乡村振兴战略十项措施的实施意见》《〈菏泽市总工会乡村振兴战略十项措施的实施意见〉落实工作方案》,明确工作分工,责任到部室。一是聚焦扶志扶智,开展免费创业就业培训,激发乡村振兴内生动力。积极拓展"双百一万"工程精准扶贫范围,对困难群众、进城务工人员(农民工)及其子女进行就业免费培训。二是组织动员全市各级劳模、先进工作者和劳动奖状获得企业积极投身脱贫攻坚。三是紧盯"黄河滩",联合市公路局、供电公司、住建局等单位持续开展公路、坚强智能电网、机井通电和小城镇(中心村)电网升级改造、黄河滩区脱贫迁建电网配套工程、棚户区改造等基础设施建设、民生工程建设重点工程立功竞赛活动,全面优化全市贫困村道路交通、电力供应、住房等基础设施条件,为脱贫攻坚提供坚实基础保障。四是锁定"老病残",充分发挥工会系统第一书记和驻村工作队作用,市总工会选派四名干部驻村开展工作,走访贫困户,摸清底子,有针对性的争取扶贫项目和资金,落实各项扶贫政策,同时市工会拿出专项资金23.9万元,争取财政资金80万元,投资扶贫项目,为贫困户送温暖,较好的履行扶贫工作职责。五是积极推进非公企业工会组织建设,通过选派工会干部到非公企业挂职第一主席和发挥先模企业家示范引领作用,促进了非公有制企业工会组织规范化建设,提升了维护职工权益水平,打通服

务职工的最后一公里。六是继续做好困难职工脱贫救助工作。2018年全市共发放送温暖资金546.55万元,救助困难职工6168人次;发放送清凉物资价值73.764万元,慰问一线职工8903人;发放金秋助学救助金120.47万元,资助困难职工和困难农民工子女335人。认真检查梳理困难职工档案,对新发生的贫困职工及时入档,对已脱困的职工进行了清理脱困。开展职工互助保障计划,全年共76个单位6000多名职工参加职工互助保障计划。

认真落实关于加强工会维权工作的十条意见 与司法部门联合,构建了以市职工法律维权中心为龙头,以县区职工法律维权中心为支撑,以乡镇(街道)工会法律维权中心为站点,以基层工会为网点的全市工会四级维权网络平台。建立健全工会法律援助和服务律师团,继续做好中彩金法律援助项目申请工作。向中彩基金申报案件20件,结案案件中农民工法律援助案件9件,残疾人法律援助案件3件,老年人法律援助案件7件,共帮助6位受援人挽回经济损失390941元。为律师申请办案补贴36800元。加强工会法律工作者、公职律师、法律志愿者队伍建设,逐步建立工会法律工作专家库,为工会维权工作提供法律专业人才支持,不断加强劳动争议调解组织网络建设。成立职工信访、职工热线工作领导小组,共接待职工来电来访165个,涉及拖欠工资、工伤、签订劳动合同等问题,截至2018年底,职工所反映问题都已办理完毕,并为其中20位受援人提供了法律援助。

大力加强新时代"职工之家"建设 一是全力推动八大群体建会工作。针对菏泽市八大群体从业特点,制发《菏泽市总工会关于推进物流货运企业建会及物流货运司机等八大群体入会工作实施方案》,每个县区打

造 3 个八大群体建会示范点，发挥典型带动作用，力争八大群体入会率在 2018 年底达到 50%。二是推进非公企业建会，打造第一主席品牌。2018 年，省总工会在全省推广菏泽工会干部到非公企业工会挂职第一主席工作经验，从省、市、县、乡镇四级工会中选派 1000 名干部，到当地未建立工会或工会工作薄弱的非公企业挂职"第一主席"，分配给菏泽 60 个名额，市总工会 6 名领导班子成员，全面选派到八大群众企业挂职第一主席，每个县区至少选派两名领导班子成员到八大群体企业挂职第一主席，每个县区打造 3 个新的第一主席示范点，全面促进建会工作。三是加强阵地建设，开展职工喜闻乐见、丰富多彩的活动，满足职工对美好生活的多元化、个性化需求。开展"中国梦·劳动美"文艺下基层慰问活动；主办第六届"中国梦·牡丹行"公益演唱会；积极组织职工 1000 余人参加菏泽国际半程马拉松赛迷你马拉松项目；联合举办 2018 "微笑菏泽"大型城市公益活动、"菏泽市第二届全民够级争霸赛"活动；举行"中国梦·劳动美——学习贯彻习近平新时代中国特色社会主义思想和党的十九大精神"全市职工演讲比赛决赛；举办主题为"引领女性阅读·建设文明家庭"的第二届"书香三八"读书活动，征集 920 件作品，其中 22 份作品在全国第六届"书香三八"主题读书活动中获奖。大力开展"百万职工大培训"活动，全面提升职工职业精神和技术技能素质。截至 2018 年底，菏泽市总工会累计建设全国职工教育培训优秀示范点 4 家，全国示范"职工书屋"37 家。邀请省心理咨询专家来菏开展心理健康讲座，全年共组织省级心理讲座 10 场，参与职工 2600 余名。

开启全市先模企业家建会建家建功新时代 动员各级企业人大代表、政协委员、劳动模范弘扬优秀企业家精神，发挥示范引领作用，为菏泽"决胜全面小康、实现后来居上"建功立业。与市人大、市政协三家联合下发《关于组织动员全市企业法人中的各级人大代表、政协委员、劳动模范发挥示范引领作用，为菏泽"决胜全面小康 实现后来居上"建功立业的实施意见》（菏会〔2018〕68 号）。9 月 30 日，召开全市先模企业家建功立业动员会议，各县区在一周内分别召开了动员会议，656 名先模企业家参加会议，30 多名先模代表在会上做典型交流发言。活动启动以来，市县领导小组深入企业联系督导 1560 人次，督促先模企业家建会 67 家，规范建会 147 家；申报认定市级劳动关系和谐企业 279 家；先模企业认领贫困村 257 个，认领贫困户 4346 户，实施产业扶贫项目 74 个，建设扶贫车间 141 个，带动困难群众就业 5951 人；围绕菏泽市新旧动能转换"十大工程"，开工建设项目 99 个，总投资 472 亿元。

（王立武　陈陆陆）

市直荟萃

做好"五家"建设，营造"家"文化氛围 富士康菏泽园区工会在上级工会的指导下，工会工作稳步推进。公司现有员工 664 人，菏泽籍员工占 90%，自建会以来，坚持员工所急、所需、所想开展工作，围绕着建好组织，让员工"有家"；切实维权，让员工"想家"；提升素质，让员工"固家"；普惠服务，让员工"爱家"；人文关怀，让员工"恋家"的"五家"建设，积极营造"家"文化氛围。

2018 年在做好组织建设、维权保障、素质提升、普惠服务的同时，强化人文关怀，让员工"恋家"，增强员工的认同感、归属感。一是在员工出行方面，开展"平安上班路"活动，为上下班骑单车、电动车员工免费发放反光马甲，提高上下班途中的安全系数，累计发放近 1000 份，为员工节约费用 2.5 万余元。为解决员工上班时间无法办理电动车车牌问题，园区工会积极协调辖区交通部门，由工会统一印制办证所需信息表，发放给员工提前填写信息，再由工会统一提交资料，集中办理车牌，累计办理 600 余张。积极推动市总工会会员卡、中石油优惠（0.45 元/升）加油卡办理，累计办理 500 余张（0.45 元/升），极大地节约了员工的生活开支。二是关爱员工家庭成员方面，开展"爱要陪伴"六一儿童节礼物派送，让有子女的员工给孩子带回节日礼物，为员工节约费用 2.6 万余元。开展关爱老年人，健康义诊活动，为员工家人争取眼科免费检查名额 120 份，为员工节约检查费用 2.4 万余元。开展困难员工直系亲属患病慰问活动，慰问员工家属 6 人，慰问金 2 万余元。三是特殊关爱，开展困难员工救助、住院慰问、节日祝福、生日祝福、新婚祝福等，累计慰问祝福员工 2000 余人次，祝福慰问金近 20 万元。积极协调公司附近教育资源，协助员工适龄子女入学，协调学位 11 个。关爱"三期"女工，建设"爱心妈妈小屋"，购置冰箱、休息椅等。四是在员工文化娱乐方面。硬件支持，投入资金 5 万余元，添置图书、健身设备、舞蹈室音响设备等，满足员工学习、运动、娱乐的需求。软件支持，开展丰富的文体活动，举办庆生会、三八游园会、读书会、趣味运动会、篮球赛等活动，累计开展近 30 余项 1800 余人次参与，营造了轻松愉快的工作环境。

园区工会希望能够为员工提供全方位、多元化的服务，真正把工会组织引领、帮助、服务员工的行动付诸于实际，提升员工的认同感、归属感。

2018 年 9 月 30 日，菏泽市召开先模企业家建功立业动员会。

（李三宏）

县区撷英

搞好工资集体协商　维护职工切身利益

2018 年，牡丹区总工会把工资集体协商作为一项重点工作来抓，切实解决好职工普遍关心的、最直接的问题。一年来，全区已签订行业性工资集体协商合同 6 家、区域性合同 9 家、集体合同 180 家，合同签订率达 91% 以上，职工的满意率达 94% 以上。这项工作提高了职工干劲，稳定了职工队伍，也受到全区企业的普遍欢迎。

牡丹区总工会高度重视这项工作，一是制定了《2018 年牡丹区工资集体协商工作活动方案》，全面规范指导协商工作。二是取得牡丹区委区政府的大力支持，并与区人社局、经信局、工商联密切配合建立了"三方四家"联动机制，还在全区集中开展了工资集体协商邀约活动。三是加强协商队伍建设，聘任了专职协商指导员 3 名、兼职指导员 19 名，开展区级业务培训 2 场次，培训人员 180 余人次。四是充分利用新闻媒体搞好宣传，并印制发放宣传手册 6000 余份，还亲自送到 100 余家业负责人手中。五是严格督导合同执行情况，积极巩固协商成果，经检查牡丹区多数企业职工工资都有了不同程度的增长。

（晁　静）

开拓创新抓公开　锐意进取促管理

2018 年，曹县总工会围绕新旧动能转换，狠抓和谐劳动关系、职代会建制率和工资集体协商机制建设，持续不断地推进厂务公开民主管理制度规范化和法制化。一是抓领导，夯实组织基础。曹县总工会结合全县实际，及时调整领导机构，积极争取县委县政府支持，下发《中共曹县县委办公室关于调整曹县厂务公开民主管理领导小组组成人员的通知》（曹办字〔2018〕17 号）。充分利用《曹城时报》推出系列报道，在县电台开辟民主管理专题栏目，不断提高企事业单位领导对厂务公开民主管理的思想认识。二是抓制度，构建长效机制。从强化制度入手，促进此项工作制度化、规范化、程序化。下发了《2018 年厂务公开民主管理工作实施意见》《关于开展"职工大培训"活动的实施方案》《关于推进全县企事业单位工会与行政沟通协商机制建设成立职工诉求中心的通知》等文件，明确了厂务公开内容、形式、程序、范围、时间等。三是抓载体，搭建公开平台。将职代会作为厂务公开的重要载体平台，把厂务公开内容纳入职代会职权中，同时大力提高职工代表素质。5 月 9 日组织举办全县厂务公开民主管理工作培训班，各乡镇（办事处）工会主席、县直企事业单位工会主席和厂务公开民主管理工作专兼职工作者，共计 180 人参加培训，增强职工代表的参政议政能力和整体素质。四是抓考核，确保目标完成。推动厂务公开民主管理纳入曹县科学发展综合考核体系，由中共曹县县委、曹县人民政府下发的《关于 2018 年全县党风廉政建设和反腐败工作任务分工意见通知》（曹发〔2018〕8 号）中对厂务公开民主管理廉政建设和反腐败工作进行明确的任务分工。2018 年 1 月由县委组织部和县委县直机关工委联合发文中明确提出了"将民主管理工作纳入党建考核"，有效推进了厂务公开民主管理工作的开展。曹县 20 家国有、集体及其控股企业，96 家事业单位，全部建立了职代会，建制率达到 100%；全部实行了厂务公开制度，建制率达到 100%。全县 992 家已建工会的非公企业，其中 982 家建立了职代会制度，建制率达到 99%；其中 973 家建立了厂务公开制度，建制率达到 98%，有力地促进了社会和谐稳定。

（崔　振）

加强工会组织建设　提高服务水平

2018 年，定陶区总工会为全面推进工会改革工作进度，进一步增强工会组织建设，提高服务水平召开六届二次全委会，按照程序，选举一名挂职副主席和两名兼职副主席；积极争取区委的大力支持，为区直各部门配齐了工会主席。明确镇街总工会作为一级地方工会组织，履行地方工会领导职责，总工会主席由镇街党委副书记兼任，另配备专职副主席 1 名。深入学习贯彻习近平新时代中国特色社会主义思想、党的十九大精神和全总十七大会议精神、工会业务知识，11 月 20 日—21 日举办为期两天的全区工会干部培训班，来自全区各部门、各企事业单位的 120 余名工会干部参加了培训学习，提高自身的思想觉悟和业务水平。区总工会坚持把第一主席挂职工作作为一项政治任务来抓，列入重要议事日程，加强组织领导，成立了由常务副主席为组长的工作领导小组。2018 年新增 4 名的第一主席迅速进入工作角色，深入基层、深入企业一线车间，帮助企业职工解决热点、难点问题 26 个，得到职工群众的一致好评。

（刘大用　马　召）

开启先模企业家建功立业活动　促进企业劳动关系和谐发展　2018年，成武县总工会开启先模企业家建功立业活动。一是加强组织领导，积极动员部署。认真贯彻落实菏泽市先模企业家建功立业动员会议精神，立即行动，迅速部署。制定下发活动实施意见，成立工作领导小组，形成人大、政协、工会共同参与的工作合力。10月13日，隆重召开全县先模企业家建功立业动员会议，县委副书记韩耀辉发表讲话，对各先模企业家积极参与建功立业活动作出了具体要求和重要指示。同时，建立先模企业家履职档案制度，加强活动开展的检查和督促。二是建立联系制度，因企制宜开展宣传和指导。建立领导小组成员分级联系先模企业家制度，县8名领导成员分别联系了24家先模企业，每月至少下企2次，通过文件解读、开展座谈、典型引领等方式，大力宣传活动开展的重要意义，督促先模企业家们积极发扬优秀企业家精神，引导他们遵守宪法和法律，围绕中心工作，积极履行社会责任，参与扶贫攻坚，创建和谐劳动关系。同时，通过实地调研查看，针对每家联系企业的实际情况，在工会组织建设、和谐劳动关系企业建设、职工之家建设、开展扶贫解困等方面给予了中肯建议和指导。此外，通过电视台报道、工会微信公众号、QQ群等方式，对典型事例进行大力宣传，营造先模企业家积极建功立业的浓厚氛围。三是围绕和谐企业创建"六个"方面要求，推动和谐劳动关系建设深入开展。通过广泛发动和积极宣传，各级先模企业家充分认识到建立工会的重要性，大力支持工会组建工作，新建工会组织的企业数量逐步增加，职工之家、工会组织规范化建设逐步加强。赛诺医疗器械、利生面业等企业相继召开职工代表大会，建立完善工会组织，12月份，山东越兴化工有限公司工会获得"全国模范职工之家"荣誉称号。各级先模企业家认真贯彻落实劳动法、工会法等法律法规，依法为职工缴纳基本养老、基本医疗和工伤、失业、生育等社会保险，积极开展集体合同、工资集体协议的签订，保障了职工的各项合法权益，依法足额计提拨缴工会经费，确保企业工会活动的顺利开展。劳动模范、中远化工有限公司副总经理周友法每年给员工免费体检，制定员工晚餐补贴制度，在农忙季尽可能地协调员工请休假并向他们提出科学合理安排时间的建议，而非一味的克扣工人工资等，这些实实在在的举动和措施，彰显了一名企业家的优秀品质，让职工们肯为企业发展出力奉献。各级先模企业家健全以职工代表大会为基本形式的民主管理制度，推进厂务公开民主管理，落实职工群众知情权、参与权、表达权、监督权，充分调动工人阶级的积极性、主动性、创造性。通过活动的深入开展，全县企业劳动关系融洽和谐，助推了企业健康持续发展，职工满意度、幸福感逐步增强。

（李　静）

工建促党建·党建工建共同发展　近年来，面对日益发展的新形势和新局面，单县总工会开展以工建促党建创新工作思路，积极探索中小企业党工共建的有效途径，着力营造"党工共建，良性互动，整体推进"的良好局面，充分发挥了党组织的战斗堡垒和工会组织的桥梁纽带作用，深入推进了中小企业创先争优活动的开展，有力促进了中小企业党建工作和工会工作的健康发展。一是选择合适的企业做典型。首先经过调查研究后选择了党建基础薄弱的小型企业龙宇生物科技有限公司和单县恒舜电器有限公司作为典型，这两家公司党员人数少都不足三人，大多数都属于农民工，没有成立党支部。二是加强工会组织建设。单县总工会深入企业，了解企业情况，根据企业情况积极帮助指导他们筹建工会，规范建会材料，成立了工会委员会办公室。三是加强领导，夯实工建促党建的组织基础。单县总工会领导对以工建促党建这个创新工作高度重视，始终要求把以工建促党建作为一项重要的工作来抓，强化领导，精心组织，成立了以工建促党建领导小组，针对以工建促党建工作中的薄弱环节，明确工作重点，研究制定相应的措施，推动重点难点工作取得突破，实现了党工组织领导一体化。四是把"创先争优"活动作为推动工建促党建工作开展的有力抓手。以开展"创先争优"活动为契机，双向推动"创先争优"活动和"工建促党建"工作的开展，以"创先争优"活动促进工建促党建工作、以工建促党建工作促进"创先争优"活动，始终坚持以"工"促"建"，不断提升全县工会组织创先争优的整体水平。五是充分发挥工建服务党建的能动作用和党工共建的互动作用，始终注重发挥中小企业党组织的战斗堡垒作用和共产党员的先锋模范作用及工会的教育、引导、组织等职能作用，积极开展基层工会组织建设，不断深化"创先争优"活动和"兴业先锋"活动，团结和动员广大职工积极开展"同舟共济保增长，建功立业促发展"活动，积极实现党建和工建互促共进的新局面。六是创新载体、完善服务，突出以工建促党建的内在活力。通过召开座谈会、征求意见等形式，实现领导、党员、职工三者的对话，即明确党组织观点又确保职工权益，在两个企业分别设立了公开栏、意见箱，让职工的建议和困难得到了有效采纳和解决。企业党工组织依靠法律、政策手段积极为职工争取利益，规范企业行为。在签订劳动合同、按时足额发放工资、安全生产、劳动保护、上缴社会保险等方面逐项落实，让广大职工感受到党和工会组织实实在在地维护职工合法权益，促进劳动关系的和谐，实现利益双赢。

（吴翠娟）

以实际行动助力乡村振兴 2018年，巨野县总工会按照全省工会参与乡村振兴战略活动要求，发挥工会组织优势，采取多种有效措施，助力乡村振兴战略的实施。一是加强农村工会组织建设，推动工会工作向农村延伸。坚持党建引领，采取依托主管部门、行业协会、专业合作社等方式，持续深化农民工集中入会行动，最广泛地把农民工吸收到工会中来。全县建立区域、行业、产业工会38个，村级（社区）工会246个，发展农民工会员近8万人。二是开展劳动技能竞赛，激发涉农产业创新创造活力。围绕全县现代农业、书画产业、古村旅游乡村振兴发展战略，联合有关部门举办农民绘画、农机维修、旅游服务技能大赛，参赛农民工4300人。5项涉农成果获评市级"职工技术成果"，激励广大职工为乡村振兴建功立业。三是活跃乡村文化生活，促进乡村文化振兴。结合乡村民俗节庆活动，在镇区驻地举办10场次秧歌、广场舞文艺展演活动。以职工大讲堂为载体，先后在陶庙镇前店子村、水寺张村等农村文化礼堂，组织开展亲子教育、健康、安全生产等系列讲座，提高乡村社会文明程度。同时开展建设农民工书屋、送报刊、送法律汇编到村等活动。四是弘扬劳模工匠精神，实施典型带动。选树挖掘为乡村振兴作出突出贡献的劳动模范、能工巧匠、技能人才等先进典型，通过推荐省劳动模范评选表彰、菏泽市五一劳动奖章评选等活动，选树农村致富带头人、农业技术推广工作者等先进典型4人，在《新巨野》

报、县广播电视台等平台进行事迹展播，发挥先进典型在实施乡村振兴战略中的正向激励和引领带动作用。五是选派"第一书记"，为村民办实事。县总工会选派 2 名科级干部到陶庙镇前店子、水寺张村挂任第一书记。派驻第一书记立足农村工作实际，竭尽全力为村民办实事、办好事。争取资金 3 万元，帮助帮包村加强基础设施建设，推动道路硬化，村容美化。走访慰问贫困户 30 户，资助 10 名困难农民工子女上大学。

（魏　群）

实施"四个带动"战略，全面激发基层工会组织活力　2018 年以来，郓城县总工会坚持从夯实基础和改革创新入手，不断强化基层工会组织建设，深入实施"四个带动"战略，全面激发基层工会组织新活力，努力开创新时代工会工作新局面。一是以"履职尽责"带动先模企业建功。为大力弘扬优秀企业家精神，充分发挥各级先模企业家示范引领作用，县总工会根据市总工会的部署要求，组织发动全县 117 家先模企业，主动参与新旧动能转换重大工程和乡村振兴扶贫攻坚，积极履行社会责任，打造新时代职工之家，争创劳动关系和谐企业，为菏泽"决胜全面小康、实现后来居上"建功立业。二是以"第一主席"带动八大群体建会。针对八大群体分布广、人员多、小微企业占大多数、缺少监管部门、企业建会难等实际问题，郓城县总工会以挂职第一主席工作为契机，选派了两名业务扎实、经验丰富的工会干部，到货运物流和家政服务企业进行挂职，帮助挂职企业组建工会。建成之后，再以两家企业为示范，以点带面，带动其他企业规范建会，逐步将广大职工吸引到工会组织中来。三是以"八有标准"带动规范企业建家。县总工会立足新时代新要求，积极开展争创"职工之家"和"职工小家"活动，

按照建设"职工之家"的"八有"标准，严格要求，突出特色，督促机关事业单位抓紧开设经费独立账户，规范工会经费收支管理办法，强基层、补短板、增活力，进一步加强基层工会规范化建设，夯实基层工会组织基础。四是以"劳动竞赛"带动职工技能提升。聚焦产业结构调整、供给侧结构性改革和新旧动能转换重大工程，广泛开展"践行新理念，建功十三五"等主题劳动竞赛，在全县教育、卫生等系统中开展了职工技术能手竞赛活动，职工的积极性、主动性和创造性得到了极大发挥，发动全县广大企业，立足实际，开展了"查身边隐患、保职工安全、促企业发展"和安康杯竞赛等活动，进一步深化群众性科技创新活动，大力弘扬劳模精神、工匠精神，组织动员广大职工为推动企业发展贡献力量。

（王　青）

服务大局　建功新时代　2018 年，郓城县总工会服务发展大局，助推新旧动能转换，弘扬"工匠精神""劳模精神"，大力开展"当好主力军、聚力新动能、建功新时代"劳动竞赛和职工技术创新活动。一是开展以"创优质量、创高效益、创新技术、创低能耗"为主要内容的劳动竞赛。全县积极开展化工、人发、教育、卫生、供电、银行、"两新组织"、基础设施建设项目的劳动技能竞赛共计 80 余次，参与职工 15000 余人次。在郓城县经济开发区建立完善多领域、全覆盖的劳动竞赛组织体系。落实《菏泽市劳模（高技能人才）创新工作室管理办法》，全年新建郓城县劳模（高技能人才）创新工作室 4 个。二是弘扬劳模精神，评先树优，发挥先模带头示范作用。4 月份，推荐省先进工作者 1 名、省劳动模范 3 名。评选表彰了全县各行业涌现出的劳动模范 30 名；12 月份，对全县 20 个工会工作先进单

位、11 个全县先进基层工会、20 名全县先进工会工作者、15 名全县优秀工会会员，进行了表彰。组织省级以上劳模疗养 3 人次、市级及以上劳模疗养 7 人次。三是牢固树立安全发展理念，保障职工安全。深入开展"查保促"活动。为保障职工安全，促进企业发展，牢固树立"安全第一、生命至上"理念，鄄城县总工会立足"人人动手查隐患、群策群力保安全、一心一意促发展"，健全完善群众性安全隐患排查治理长效机制，实现"查保促"活动全员化、常态化、长效化。开展"查保促"活动，参与单位 124 家，职工 5253 人，动员全体职工查隐患 657 件。县总工会领导班子成员和分管部室负责人到乡镇（街道）和所属企业督导检查每月不少于 2 次；各乡镇（街道）工会普遍实施了工会干部督导企业制度，每月至少 1 次深入企业车间和施工现场督导检查。与安监部门建立联合机制，制定督导方案，协同对辖区企业进行督导检查。在中小企业开展职工安全培训、安全应急演练、隐患排查治理等方面形成工作合力。加强安全生产知识培训，全县工会系统单独或与相关部门联合举办各类安全生产知识培训班 52 期，培训职工 5800 多人次；企业负责人培训班 10 期，培训企业负责人 523 人次。

（于海亭　田东亮）

找准助推乡村振兴发力点　东明县总工会注重发挥工会组织优势，把工会工作与乡村振兴结合起来，找准工作发力点，全方位助推乡村振兴发展。大力推动组织振兴，工会工作向农村延伸。东明县总工会扎实开展"党工共建""挂职第一主席""农民工集中入会"等活动，进一步加强村级工会组织建设，并把职工之家、文化广场、农民工书屋等工会阵地建到农村基层。同时，依法推动"八大群体"普遍建立工会组织，把从事农工商贸业的新型农民吸收为工会会员。全县 15 个乡镇（街道办、开发区）全部建立了总工会，建立村级工会 252 家，发展农民工会员 7 万余人，为振兴乡村经济提供了有力组织保障。大力推动人才振兴，发挥示范引领作用。东明县总工会注重加强农民工人才培养、培训，加强"万名职工大培训体系""工友创业园""工友创业实习基地"建设。开展大练兵、大比武、大培训活动，联合有关部门为农民工举办烹饪、电焊、种植、养殖等方面的培训班 50 余场次达 3000 余人。针对女农民工群体，举办家政、月嫂、保姆、育儿等培训班 6 期近 200 余人。组织开展"全县职工（农民工）职业技能大赛"活动，参与职工 5000 余人次。大力推动文化振兴，倡导乡村文明新风。东明县总工会为村级工会组织配置健身、文艺器材等，组建了村级秧歌队，举办广场舞、水兵舞、健骨操培训班，培训乡村文艺骨干 500 余人。2018 年，还举办了 15 场次"2018 消夏之夜文艺晚会"，活跃了乡村文化生活。组织开展了送戏曲下乡、建设"农民工书屋"、送报刊到村等活动。为解决农村单身青年择偶难，破除高额彩礼的旧风俗，倡导移风易俗新风尚，2018 年举办了第九届"七夕相亲大会"，特设了单身农民专区。大力推动产业振兴，促进农村经济发展。东明县总工会充分发挥示范带动、劳模引领作用，带动农村经济发展。省劳动模范、玉皇新村党支部书记关志洁的田园综合体项目，省劳模、麦丰合作社理事长马国兴的富硒农业推广基地，省劳模、种植大户李保祥的冬暖式蔬菜大棚试验区，县劳模、养殖大户郭安军的鲁西黄牛养殖加工区、青山羊繁殖综合区等多个实体基地，直接受益群众达万余户，有效带动了全县农村经济的快速发展。

（姚国臣）

扎实推进构建和谐劳动关系，做好新时期工会工作 2018 年，开发区工会扎实推进构建和谐劳动关系，一是抓教育，促稳定，做职工的贴心人。开展"创建学习型企业，争做知识型职工"活动，并利用座谈会议、活动、谈心和交流等方式，开展多种形式的职工学习宣传教育活动，积极引导职工以"创先争优"活动为动力，以增强工会创业、创新的活动为主体，维护了职工队伍和谐稳定。二是抓学习，增强民主意识，以科学发展观指导工作。工会充分利用各种活动为契机，不失时机地向职工宣传《工会法》《劳动合同法》，健全完善职工法律服务体系，提高职工的法律意识，发挥依法维权的作用，先后组织职工参加全市职工法律维权等知识竞赛，开展工会工作调研活动。通过学习贯彻上级文件精神，使职工了解自己的权利和义务，增强他们的民主管理意识，提高职工的政治思想素质。三是依照《工会法》《劳动法》等法律法规和党的方针政策，充分发挥工会组织在维权方面的重要作用。坚持"预防为主、基层为主"的方针，以促进劳动关系的稳定和谐，发挥劳动争议调解组织在协调劳动关系中的作用，健全完善职工法律服务体系，提高职工的法律意识，发挥依法维权的作用。为 206 名职工办理了高额无忧医疗保险，在社保报销之后的剩余部分再报销 50%、60%、70% 的比例。开展了女职工防癌妇科病普查活动，参检率达 100%。在非公企业受行业危机影响经济比较困难的条件下，企业负责人坚持以人为本，想方设法让职工享受各种劳动权益，使职工倍受鼓舞。如：职工的降温费、女职工的卫生费、独生子女费等都能按时拨给，维护了职工的劳动权益。四是做好帮助和解决职工的实际问题，努力为困难职工排忧解难。一年来，为生活困难职工 23 户建立了档案。送温暖活动向非公企业困难职工发放物资和帮扶金 12.3 万元；送清凉活动向非公企业职工送去价值 1.1 万元的清凉消暑物资；金秋助学活动向非公企业困难职工 12 名子女发放助学金 5.6 万元；区工会自筹资金 5.6 万为非公企业职工免费征订"四报一刊"，订阅了《工人日报》《山东工人报》《华夏女工》等报刊和杂志；向非公企业一线优秀职工开展疗休养活动，长期从事苦、脏、累、险工作的一线职工共计 47 人，为期 5 天，到日照疗养院进行疗休养活动。

（顿海建）

关爱职工强服务　凝聚人心促发展 在新时代，广大职工群众对日益增长的美好生活有了新的需求，劳动关系产生了新的变化，对工会工作提出了新要求。2018 年，高新区总工会适应新时代新形势，以创建国家级高新区为契机，树立了"关爱职工强服务 凝聚人心促发展"的工作理念，通过普惠性、精准性"发力"，紧紧围绕劳动就业、收入分配、社会保障等职工群众最关心最直接最现实的利益问题，采取联欢会、送温暖等形式向文化体育、生活后勤等方面拓展延伸，实现物质帮扶与精神服务相结合，提升了广大职工群众的幸福指数，促使职工群众以饱满的热情投入工作，有力的推动了经济发展。一是情系困难职工群众增强幸福感。总工会联合相关单位到企业、行政村、敬老院走访慰问，为 50 余名贫困生发放了学习用品，为两个特困家庭资助 2000 元助学金，为 40 余名困难职工群众送去慰问品，鼓励他们坚定信心，克服困难，进一步增强主动学习、感恩社会的意识。为敬老院 20 余名老人打扫卫生、整理内务、送去慰问品，使他们充分感受到了党和政府对职工群众的关怀和爱护。二是开展职工疗休养活动拓展普惠性。为扩大职工普惠性服务覆盖面，将会员普惠制服务从劳模拓展到一线职工，分别于6月、9月组织辖区20名劳模和50名一线职工进行了疗休养，使他们切实感受到党和政府对基层优秀职工的重视，更加坚定了他们为高新区发展贡献力量的信心和决心，以更加饱满的精神投入到今后的工作中去。三是举办各类活动提升凝聚力。开展了"魅力高新·巾帼之声"歌咏比赛，有9支参赛队伍100余名选手参加。举办了"新时代、新动能、新高新"第三届职工运动会，有36个单位634名职工参加了比赛。联合承办了"'放飞梦想　创新未来'——携手助力创建国家级高新区"新年晚会，共有64个节目参加了海选，有近600人参与。通过各类活动的有序进行，广大职工群众不仅展示了精神文明的风采，更提升了凝聚力，把"更高、更快、更强"的精神融入到实际工作中，用不懈的努力和更高的追求来铸就新的辉煌。

（王　鹏）

调查研究

综 合 调 研

整合内外资源 做强主责主业 努力构建"四方联动" "五位一体"系统化维权工作格局

——关于构建工会"外联内合"系统化
维权工作格局的可行性研究报告

魏 丽、李 颖、姚海岩
孙海涛、刘光庆、姜良芝、邱军安

维护职工合法权益是工会的基本职责。习近平总书记指出,工会必须始终高举维护职工权益的旗帜,在维护职工合法权益上更加有为,推动发展和谐劳动关系。为切实强化工会维权主责主业,破解当前我省工会维权工作中存在的突出问题,根据省总工会统一部署,3月7日至3月23日,我们先后深入辽宁、上海、淄博、菏泽、胜利油田等省市、企业,通过与不同层级工会同仁座谈交流、与一线职工代表个别访谈、到基层维权服务站点实地考察等形式,就"构建工会'外联内合'系统化维权工作格局"开展专题调研,初步提出了构建工会"外联内合"系统化维权工作格局的基本思路,形成如下可行性研究报告。

一、省内外工会维权工作的发展现状

(一)上海市工会维权工作主要做法。

上海市总工会加强协调劳动关系体系建设,初步构建起了法律援助、法律监督、集体协商、民主管理"四位一体",工会、法院、人社、司法等"四方联动"的维权工作格局。重点包括两个方面:一是突出政策文件规范,"四位一体"系统推进。2016年以来,上海市总工会围绕构建法律援助、法律监督、集体协商、民主管理"四位一体"工作机制,制定出台了一系列政策措施,实现机制整合、系统推进。包括《上海市总工会关于突出维护职能加强工会协调劳动关系体系建设的指导意见》《上海市总工会关于开展工会定向劳动法律监督的实施办法》《关于印发〈加强上海工会职工法律援助工作实施方案〉的通知》,以及联合市委组织部、宣传部、国有资产监督委员会、经济和信息化工作委员会、城乡和交通工作委员会和社会工作委员会出台《关于进一步深化本市厂务公开民主管理加强和谐劳动关系建设的实施意见》等。在推进协调劳动关系体系建设过程中,根据不同情况采取"正向推进"和"反向倒逼"相结合的方法,充分发挥工会组织维护职能。同时,加大工会法律援助工作力度,对职工合法劳动经济权益诉求提供"零门槛"援助服务,实现应援尽援。据介绍,前些年上海市劳动争议案件一般是每年3000-3500件,自建立法律援助站点、实行

"零门槛"援助后,案件数量大幅攀升,2017年达2.9万余件。这充分说明,只要工会维权工作"一竿子插到底",广大职工的维权诉求就一定会得到充分释放。二是突出劳动纠纷调处,"四方联动"协同发力。2017年,上海市总工会联合市高级人民法院、人社局和司法局出台了《关于共同加强本市劳动关系矛盾预防化解工作的意见》,明确合作内涵、强化职责分工、注重协调沟通、加强阵地建设,通过"四方联动"共同推进劳动关系矛盾的有效预防化解。此外,上海市正在试点建设市、区县、镇街、村居四级劳动关系矛盾预防化解工作体系,强化责任分工,并依托人社部门劳动保障所向社区延伸,打造"一公里"劳动关系调处圈。试点工作已取得初步成功,拟于今明两年在全市推广,并向基层延伸。

(二)辽宁省工会维权工作主要做法。

辽宁省总工会注重加强维权机制建设,着力构建"党委领导、政府支持、工会运作、职工参与、社会协同"的维权工作格局。主要是强化了"四个保障":一是强化政策保障。近几年,辽宁省总工会先后推动省人大出台了《辽宁省职工劳动权益保障条例》《辽宁省企业工资协商条例》两部地方性法规,制定了《辽宁省总工会关于推进工会工作法治化的实施意见》《辽宁省工会职工法律援助暂行办法》《辽宁省工会律师团管理办法(试行)》等系列文件,为工会开展维权工作提供了法律支撑和政策遵循。二是强化组织保障。坚持民主管理工作省级领导小组"高配不降格",成员单位"管用不减少",市级以下机构"做实不空位"。厂务公开民主管理领导小组坚持省委副书记担任组长,省委常委、省总工会主席和省政府负责联系工会工作的副省长担任副组长,落实地方党委领导厂务公开的主体责任。三是强

化机制保障。健全完善了六项工作机制,包括源头参与机制、劳动关系协调机制、民主管理机制、劳动法律监督机制、劳动关系矛盾调处机制、激励约束机制等,坚持全会"一盘棋",确保各项工作机制合力推进。四是强化资源保障。积极提请人大、政协开展执法检查和视察,促进劳动法律法规贯彻落实;加强与工商联、企业联合会等企业代表组织的联系,引导企业执行劳动法律法规、自觉履行社会责任;借助司法、人社、国资、安监等部门力量,合力推进维权工作;强化与综治、司法、人社、信访和法院等有关部门的协调配合,省总工会联合省法院、人社厅出台了《关于开展劳动争议诉调对接工作的意见》,逐步形成了全面覆盖、分级负责、上下联动、区域协作的职工法律援助联动工作格局。

此外,调研组同志还通过查阅相关资料,进一步了解掌握其他省份在职工维权方面的先进做法。如,在民主管理工作方面,浙江杭州、宁波等地通过推进"3+X"民主管理模式,推动中小微非公企业实行厂务公开民主管理,实现未建职代会的建会小企业职工大会和区域性职代会"双重覆盖"。在劳动法律监督方面,江苏、江西、福建等六个省份推动省人大出台了《工会劳动法律监督条例》,为工会劳动法律监督工作提供了硬抓手。在工资集体协商方面,江苏省总工会把推进行业性协商作为主攻方向,把建立集体协商综合评价体系作为重要任务,积极争取党政支持,建立工作责任制和考评机制,纳入党政全局部署,各区市成立由地方党委、政府分管领导担任组长的推进集体协商集体合同工作领导小组,取得显著成效。

纵观兄弟省市特别是上海、辽宁工会的经验做法,调研组同志普遍在以下三个方面感受颇深。其一,抢抓改革机遇,他们走在

了前面。在全面深化改革过程中，辽宁、上海都具有较强的开拓创新精神、敢想敢干，特别是他们抓住工会改革契机，整合工会内部职能，从内设机构设置上强化了主责主业，夯实了维权基础。上海市总工会成立劳动关系工作部，承担原法工部全部职能和基层部、保障部部分维权职能，将法律监督、法律援助、集体协商和民主管理等有机整合，形成了工作合力。辽宁省总工会成立权益保障部，承担原保障工作部、法律工作部和劳动保护部职能，编制 9 人，一定程度上解决了内部维权职能分散问题。从目前运行来看，两个省份的改革效果都比较明显。其二，整合内外资源，他们先行了一步。从工作实践中看出，上海和辽宁都具有较强的开门开放意识，基本构建起了"外联内合"系统化维权工作格局。上海市以协调劳动关系为抓手，初步构建起了"四位一体"和"四方联动"的维权工作格局。辽宁省总工会强化与综治、司法、人社、信访和法院等有关部门的协调配合，开展劳动争议诉调对接工作，逐步形成了全面覆盖、分级负责、上下联动、区域协作的职工法律援助联动工作格局。其三，提升干部素质，他们落在了实处。两省市工会都十分注重提升工会干部法律素养和依法维权能力，工会法律专业人才队伍建设都取得了实质性进展。上海市总工会有 7 名机关干部取得公职律师执业证书，全市工会有 170 余人通过全国劳动关系协调员（师）国家资格考试并获得专业资格，成立了 83 名律师组成的律师团。辽宁省各级工会共有 12 名工会干部取得公职律师执业证书，全省工会有 450 余名劳动关系协调员（师），聘用社会律师 586 人，工会法律援助志愿者 3806 人。

（三）我省维权工作基本情况。

近年来，我省各级工会在维权方面也做了大量工作，进行了许多有益探索。主要包括以下几个方面：一是工会源头参与取得丰硕成果。省总工会高度重视源头立法参与，自 2005 年推动出台《山东省企业职工代表大会条例》后，又分别于 2012 年、2016 年推动出台了《山东省厂务公开条例》《山东省企业工资集体协商条例》两部地方性法规；同时，积极参与我省《关于加强和改进党的群团工作的意见》《关于构建和谐劳动关系的意见》等涉及职工权益的重要规范性文件，为工会维权等各项工作开展打下了坚实基础。二是民主管理工作步入崭新阶段。近年来，我省工会在坚持和发展以职代会为基本形式的厂务公开民主管理工作的基础上，着眼于解决职工群众最关心最直接最现实的合理诉求，强力推进职代会闭会期间的工会与行政沟通协商机制建设，取得显著成效，得到党政、企业和职工多方认可。目前，全省 100 人以上建会非公企业建制率达到 88.5%，国有、集体及其控股企业和 100 人以上建会事业单位建制率达到 100%。三是和谐劳动关系构建工作成效显著。联合有关部门出台了《山东省深化集体协商工作规划（2015—2018 年）》《关于进一步推进女职工权益保护专项集体合同工作的意见》《山东省深化工资集体协商工作实施意见（2015—2018 年）》，立起了集体协商工作的"四梁八柱"；抓住《山东省企业工资集体协商条例》颁布实施契机，推动工资集体协商提质增效。加强工会法律援助工作，省总工会设立了律师办案补贴专项经费，省和 17 市总工会全部建立了工会法律援助律师团。积极参与我省钢铁、煤炭等"去产能"重点行业职工分流安置工作，实施职工培训促进分流安置专项行动，省总工会拨出 500 万元专项经费，培训转岗职工 2800 人。实施职工成长计划（EAP），积极为职工提供心理健康服务。四是困难职工帮扶工作稳步推进。各级工会在做好工会日常帮扶救助工作的同时，紧紧围绕服务全省脱贫攻坚大局，突出抓好困难职工解困脱困工作。省总工会制定了《关于开展困难职工解困脱困工作的意见》，印发了《政策选编》，与民政厅建立工作协同、数据交换和信息共享机制，开发建设全省困难职工精准帮扶工作平台，因困施策、精准发力，全省已帮助16.5万户困难职工家庭实现解困脱困。五是职工普惠服务工作提质扩面。在继续做细做实"四季服务"工作品牌的基础上，大力实施以"一卡一计划"为主要内容的"惠员工程"，目前全省17个市普遍推行"工会会员卡"，共发放卡片511.7万张，建立会员服务基地6367家，协议优惠服务网点1.44万个；"职工医疗互助保障计划"参保职工236万人，近60万名职工获得医疗补助6700余万元。职工疗休养工作纳入制度化轨道，2017年全省4万余名职工进行了疗休养。"妈妈小屋"建设全面铺开，全省总数达2520个，为孕期、哺乳期女职工提供了贴心服务。此外，淄博市总工会依托"爱工惠"会员服务平台，开设法律咨询、法律援助、我有话说等功能模块，畅通了职工会员利益诉求通道。菏泽市总工会选派114名工会干部到民营企业挂职第一工会主席，在企业的职工餐厅、宿舍等职工聚集地方设立工会主席服务窗口或职工诉求中心，第一时间了解职工诉求、维护职工权益。

对标先进省份，审视我省工作，我们深刻感受到山东工会维权工作基础仍然比较薄弱，还存在一些亟需破解的问题。一是在争取党政支持、联合外部资源协同维权方面还存在不小差距。长期形成的"单打独斗"习惯比较顽固，不愁吃、不愁喝的舒服日子过惯了，不愿求人。有些在省级层面已经建立的工作机制，比如，党委群团工作联席会议制度、政府与工会联席会议制度、协调劳动关系三方机制等，也由于种种原因，在推动落实上用力不够、效果也不理想。二是在整合工会内部维权职能、形成工作合力方面还有较长的路要走。省总工会没有抓住工会改革契机，将分散在多个部室的维权职能加以整合，致使目前各部室在谋划维权项目时依旧各自为政、形不成合力，发挥不出整体效能。三是依法维权的工作理念、干部队伍的法律素养还不能适应形势发展的需要。一定程度上对行政化手段还比较依赖，运用法治思维、法治方式、法治手段开展维权工作的能力还不强；各级工会法律人才队伍建设比较滞后，与全面依法治国背景下的职工维权工作需要不相适应。四是重服务、轻维权，工作中以服务代替维权的现象还比较突出。总体来看，我省工会维权工作大多和服务工作混在了一起，工作项目多以帮扶救助、困难慰问为主；对职工劳动纠纷、集体争议等日常关注不多、主动参与较少。五是重传统、轻创新，运用市场方式、网络手段、社会力量开展维权工作的实践还不多。这些都是工会运行机制改革的重点内容，下一步，应伴随各项改革任务的落实逐步加以改进完善。

二、构建"外联内合"系统化维权格局的必要性、可行性

（一）维护职工合法权益是工会的基本职责，不干不行、干不好也不行。

其一，维权是党政的要求。中国工会是党领导下的工会，工会工作是党的群众工作的一部分。党有召唤，工会必须有行动，党有要求，工会必须有落实。习近平总书记强调，"服务群众、维护群众权益的大旗要牢牢掌握在我们手中，哪里的群众合法权益受到侵害，哪里的群团组织就要站出来说话。"

"群团组织不论职能如何拓展，基本定位要守住不放，不要种了别人的地、荒了自己的田。"可见，在维护职工权益问题上，党对工会一直寄予厚望与重托。各级工会组织一定牢记总书记嘱托，无论时代如何发展，无论改革如何推进，无论职能如何拓展，必须始终牢牢抓住维护职工合法权益基本职责，久久为功、持续发力，切实把维权工作做实、做好、做出成效。其二，维权是职工的期待。客观地讲，劳动关系双方既有相互依赖的一面，也有对立矛盾的一面。工会组织可以主动协调劳动关系，尽最大努力化解双方矛盾纠纷。但是工会作为职工方代表，在利益攸关时刻必须鲜明站稳立场。特别是在供给侧结构性改革大背景下，经济社会转型正在加剧，劳动关系矛盾进入凸显期、多发期，职工的维权需求日益突出。比如，"去产能"涉及到大量职工分流安置，企业改革改制涉及到职工利益调整，农村转移劳动力进城务工带来工资拖欠、同工不同酬问题，工作节奏加快带来80、90后新生代职工压力加大、心理焦虑问题，等等，这些职工对自身权益都有大量的诉求，迫切需要工会发挥作用、展现作为。其三，维权是工会的天职。工会是劳动关系矛盾的产物，从诞生之日起，就把"保护工人利益"写在自己的旗帜上。《工会法》和《中国工会章程》都明确规定，维护职工合法权益是工会的基本职责。作为职工利益的代表者和维护者，维护好职工合法权益是工会的职责所在、价值所系。因此，工会组织必须找准自身定位，始终把代表和维护职工合法权益作为工会一切工作的出发点、落脚点，牢牢握紧维权服务的大旗，为职工发声、替职工说话。如果在维护职工权益问题上缺位、失声，工会组织也就失去了存在的价值和前提。应特别引起重视的是，如果我们党领导的工会组织在维权问题上长期发挥不出应有作用，职工被压抑的维权诉求一定会通过其他途径发泄，小则发生劳动关系纠纷，大则发生停工、罢工等群体性事件，甚至会导致非党领导的"第二工会"出现，给境外敌对势力留下可乘之机。

（二）整合内外资源、形成维权合力已经迫在眉睫、势在必行。

其一，这是基层工会的呼声。长期以来，工会系统客观存在着"上热下冷""上紧下松"的问题，上边抓得很紧，部署的任务很多，而越往下走，力量越弱，难以承担应有的重任。前些年，省总工会着力破解这种困境，每年确定4项左右的全会重点工作，但是从实际情况看，各业务部室在全会重点工作之外，大多都安排了本部室的重点工作，到了基层依然是疲于应付、难以落地。我们必须承认，各项工作平均用力甚至层层加码的现象，是有悖"实事求是"原则的，是没有充分考虑基层工作实际的。本次调研所到的淄博、菏泽、胜利油田等地，都认为我们调研组构建"外联内合"系统化维权格局这一调研课题非常必要。其二，这是破解问题的需要。从我省实际情况来看，依然存在职工有诉求，找不到地方说，职工有困难，找不到人来帮。究其根源，还是工会维权工作不到位，存在两大亟需破解的现实问题：一个是工会"单打独斗"问题，一个是"各自为政"问题。要破解这两大问题，必须联合外部资源、整合内部职能，内外同时发力。在外部，要敢于、善于向外部借势借力，联合外部一切可以联合的维权资源和手段；在内部，要打破部门的职责界限，心往一处想、劲往一处使，拧成一根绳，合成一股劲，唱出最强音。其三，这是群团改革的要求。习近平总书记在中央党的群团工作会议上，对群团组织提出了增强"三性"、去除"四化"的明确要求，并强调，"群团机关要改革和改进机构设置、管理方式、运行机制，减少中间层次、不要叠床架屋，要更好适应基层工作和群众工作需要。"这些重要指示，为群团改革指明了方向、提供了遵循。我省在工会改革实施方案中明确提出，"坚持重心下移、面向职工，调整优化内设机构，着力突出服务基层、维护职工合法权益和网上服务等方面的职能，努力形成职责明确、运转高效、面向基层、服务便捷的机关机构新格局。"可见，整合维权资源手段、更好维护职工权益，与总书记重要指示完全契合，与群团改革精神完全相符，是贯彻落实群团改革、工会改革任务的现实要求和迫切需要。

（三）构建"外联内合"系统化维权格局符合时代潮流、切实可行。

一方面，时代发展为工会提供了有利契机。学习贯彻习近平新时代中国特色社会主义思想和党的十九大精神，是工会系统当前和今后一个时期的重要政治任务。这就要求我们必须坚持以人民为中心发展思想，必须落实新发展理念，必须推动高质量发展。"以人民为中心""新发展理念""高质量发展"的内涵，必然包括：新时代的发展不再是单纯的追求 GDP，而是全面协调可持续的高质量发展；新时代的发展不再允许以忽视部分群体利益为代价，而是国家、集体、个人的同步发展，包括职工在内的人民群众都要共建共享发展成果。对于工会来说，构建"外联内合"系统化维权格局，就是坚持了以职工需求为导向的工作理念，坚持了满足职工对美好生活的向往这一奋斗目标，这与"以人民为中心"发展思想一脉相承，与新发展理念高度契合，是工会组织贯彻落实党中央要求的生动实践。另一方面，工会拥有得天独厚的体制优势。中国工会是党联系职

工群众的桥梁和纽带，是国家政权的重要社会支柱，在国家政治经济社会生活中具有比较重要的地位。其一，工会的体制内属性，决定了其在争取党政支持、协调相关事项时具有先天的优势。比如，工会能够源头参与涉及职工利益政策法规的立改废释，能够联合执法机关惩治劳动违法行为，能够比较顺畅地向党政反映诉求、争取资源、提供保障。其二，工会经费独立的特点，使其在联合外部资源手段时显得比较洒脱。比如，为职工购买法律援助服务、心理咨询服务等，虽然都需要大量的资金投入，但工会在这方面的顾虑和压力比较小。综上可见，工会有如此好的工作基础和外部环境，构建"外联内合"系统化维权工作格局，是完全可行的。

三、构建"外联内合"系统化维权格局的基本思路

着眼于落实"五个强化""四性一度"要求，着眼于破解我省工会维权工作中的突出问题，着眼于将"外联内合"系统化维权格局落到实处，我们在充分考虑山东工会维权工作实际、充分吸收辽宁和上海经验做法的基础上，提出构建"四方联动""五位一体"系统化维权工作格局的初步设想，具体介绍如下：

（一）破解"外联"难题，建立"四方联动"工作机制

所谓"外联"，就是把工会外部的维权资源和手段联合起来，协调联动、共同发力。破解"外联"难题，关键是要搞清楚联什么、怎么联的问题。主要方式就是向党委政府、职能部门、社会力量借势借力，具体包括以下几种途径：

一是参与政策法规制定争取新手段。源头参与是维护职工合法权益的重要途径。我省在这方面的步子不慢，先后推动出台了职

代会、厂务公开、工资协商三部地方性法规，主动参与起草、修订多份涉及职工利益和劳动关系领域的规范性文件。但和先进省份相比，仍有较大上升空间。比如，上海、江苏、浙江、广东、福建、云南等多个省份及部分较大市都已出台《工会劳动法律监督条例》，全国总工会在今年两会上，也提交了加快国家层面《工会劳动法律监督条例》立法的提案和建议。我省也应积极推动省人大加快出台我省工会劳动法律监督方面的地方性法规，为工会维权工作争取新手段、提供新依据。

二是推动现有制度落地发挥实作用。多年来，我省工会积极争取党政支持，建立了一些好的制度机制，关键是没有落实到位。最重要的就是以下三项制度：其一，党委群团工作联席会议制度。这项制度在中央、省委印发的关于加强和改进党的群团工作的意见和实施意见中都有明确要求，迄今尚未落到实处，工会等群团组织都应积极争取党委支持，推动制度落实。其二，政府与工会联席会议制度。这是政府与工会加强联系沟通的重要渠道，是工会反映职工意见、协调劳动关系的有效形式，也是地方政府坚持走群众路线、听取职工意见的重要途径。但自2005年至今，省总工会已连续13年没有召开，严重弱化了工会开门开放工作，也错失了许多协调解决职工利益问题的有利时机。其三，协调劳动关系三方机制。这是国际、国内通行做法，通过政府方代表（人社部门）、职工方代表（工会）、企业方代表（企联、工商联）建立协调劳动关系三方机制，推动构建和谐劳动关系。近年来，省总工会在这方面做了一些工作，但由于三方机制比较松散，没有形成常态化工作机制。建议积极推动在省级层面将三方协调机制升格，成立协调劳动关系三方委员会，更好发

挥三方在协调解决劳动关系重大问题上的积极作用。

三是争取职能部门支持实现真维权。工会虽然承担维护职工合法权益的职责，但并不具备刚性执法手段，只有联合执法部门共同推进，才能形成维权合力。重点应从维权工作的事前、事中、事后三个节点把握。事前维权：争取各级人大、政协、政府支持，定期对涉及职工权益的法律法规执行情况开展联合执法检查、视察和监察，及时发现侵害职工权益的违法行为，促使其尽快整改落实。事中维权：积极争取人社（仲裁院）、法院支持和配合，第一时间介入劳动争议纠纷案件，参与基层调解、裁前调解、诉前调解全过程，最大限度将劳动关系纠纷在调解阶段化解消除、息事宁人。事后维权：对于调解不成功，进入仲裁、诉讼程序的，工会应积极争取人社（仲裁院）、法院、司法行政部门支持，最大限度为权益受到侵害的职工提供帮助（比如，可以通过切实履行劳动争议仲裁委员会工会方代表的作用，争取将工会界人士纳入法院陪审员范围，推动在各基层仲裁院、法院、司法所设立工会法律援助站点，争取在基层法院设立劳动法庭等多种方式，为职工提供维权服务）。

四是借助社会力量、网络手段拓展新资源。一方面，应运用市场化手段，通过购买服务方式拓展维权资源和手段。比如，可以购买专业律师、心理咨询师的服务，为职工提供法律援助和心理咨询，将专业的事情交给专业的人员和机构去干。另一方面，应适应互联网时代需求，大力发展"互联网+工会维权"。互联网时代的到来，把我们所有人、所有工作都卷入其中。做好工会维权工作，必须依靠互联网技术来支撑。发展"互联网+工会维权"工作，就是要借助网络载体和手段，畅通职工诉求表达渠道，推动维

权工作网上网下融合发展，为职工提供全天候、全方位维权服务，打通服务职工群众最后"一公里"。省外的上海、辽宁等大多数兄弟省（区、市）工会以及省内的淄博工会等，都在这方面迈出了坚实步伐，取得了良好工作成效。

由于工会"外联"涉及到人大、政协、人社、法院、司法、企联、工商联等多个职能部门，主体多元、分散而且动态变化。因此，我们必须抓住主要矛盾和矛盾的主要方面，从工会维权基本职责出发，从维权工作实际需求出发，找到与职工维权联系最密切、最重要的工会、人社、法院、司法行政这四方。因此，我们认为，破解"外联"难题的关键，就是建立"四方联动"（工会、人社、法院、司法）工作机制，实现事前维权、事中维权、事后维权全过程联动、全方位发力。

"四方联动"的内容体现为以下六项工作联动机制（具体内涵不再详述）：一是建立健全劳动关系矛盾信息排查、预警预报机制；二是建立健全企业内部自主调处、和谐创建机制；三是建立健全劳动争议多元化解、共同调处机制；四是建立健全职工法律援助服务对接、应援尽援机制；五是建立健全群体性劳动关系矛盾快速处置、应急联动机制；六是建立健全劳动关系矛盾后续跟踪、督促整改机制。

（二）解决"内合"困扰，构建"五位一体"工作布局

所谓"内合"，即整合工会内部的维权职能和资源，加强工作协同，激发最大效能。解决"内合"困扰，关键是要搞清楚合什么、怎么合的问题。具体来讲，应从机构设置、人员配备、工作安排三个层面来分析：

关于机构设置：以省总工会为例，工会维权职能分散到权益保障部、法律工作部、基层工作部、生产保护部、女职工部、职工帮扶中心等6个业务部室（单位），涉及4个分管领导，职能资源比较分散，发挥不出整体效能。

关于人员配备：上述6个部室（单位）的人员总数并不少，但由于分散在不同部室（单位），同样形不成整体协同效应，激发不出最大工作潜能。

关于工作安排：各部室从自身职能出发，单打独斗、各自为战，提出的举措大多只是涉及维权工作的一个方面、一个环节，缺乏系统性、整体性、协同性，维权的实效性自然不强。

可见，"内合"势在必行，重点应把握以下两点。

一方面，顶层设计要理顺。我省省级工会改革已经完成，重新调整机关部室及职能设置已不现实，为了最大限度激发工会自身维权效能，建议借鉴党中央设立议事协调机构（中央全面深化改革委员会、中央全面依法治国委员会等）的做法，在省总工会设立维权工作委员会，由常务副主席或一名副主席担任主任，统筹协调推进工会维权相关事项，对涉及维权工作的部室（单位）统筹支配、人员统筹调用、资源统筹配置、工作统筹整合，破除维权工作"九龙治水"、系统性不足的问题，进而提升工会维权工作整体效能、放大工会维权工作集成优势。

另一方面，具体工作要整合。维权工作是一项系统性工作，必须站在全局的高度整体谋划、一体推进。着眼于使工会维权各项工作有效衔接、协同优化，形成综合效益，我们建议整合工会现有主要维权项目，构建集体协商、民主管理、争议调解、法律监督、法律援助"五位一体"工作布局。下面，对"五位一体"具体工作的内涵和要求

作一简要介绍。

——集体协商。一般指工资集体协商，目前多指包含工资、女职工权益保护、劳动安全卫生等在内的综合性集体协商，通过开展平等协商并签订集体合同，从整体上维护职工权益。应重点抓好三个关口：一是要约关，着力解决企业行政方不想协商、不愿协商的问题；二是协商关，着力解决工会干部不敢协商、不会协商的问题，杜绝"走过场""花架子"现象；三是履行关，着力解决"写在纸上""挂在墙上"问题，推动集体合同履约生效。

——民主管理。主要包括职代会（职工大会）、厂务公开、职工董事职工监事三项制度，以职代会为基本形式，目的是保障职工的知情权、参与权、表达权、监督权。做好民主管理工作的关键是，确保职代会、厂务公开、职工董事职工监事制度的法定程序和关键环节落到实处。主要包括职代会、厂务公开的内容程序是否规范合法，职工代表、职工董事职工监事的产生程序是否规范合法，职工代表、职工董事职工监事是否能真正代表职工利益等。

——争议调解。主动参与劳动关系纠纷调解，是工会维权的重要环节。应加大工会参与劳动争议纠纷调处力度，加强与人社、法院等单位的劳动争议诉裁调对接工作，提升工会参与劳动争议调解能力。建立省市县三级劳动争议联动调处机制，推动工会调解、仲裁调解、司法调解联动工作体系建设，实现与人社、司法、法院、企联、工商联等信息共享、联动化解、共同调处。可借鉴上海虹桥镇经验，将工会、人社、法院、司法四家服务场所整合，一并设立争议调解室、劳动仲裁庭、劳动法庭，使劳动关系三方都能参与劳动争议调解、仲裁、诉讼的全过程，形成联动效应。

——法律监督。工会劳动法律监督是法律赋予工会的一项职能，也是工会维护职工权益的重要手段。要着重把握以下四个方面：一是通过联合人大、政府、政协等搞执法检查，直接参与纠正和查处劳动违法行为；二是通过推行工会劳动法律监督意见书和建议书制度，倒逼违法企业整改、督促职能部门执法；三是借助新闻媒体平台进行舆论监督，对重大典型劳动违法案件曝光和公开谴责，形成威慑力。四是利用政府信用信息平台进行约束，建立劳动违法失信行为的惩戒机制，限制参加各类综合性评先树优活动，加大企业劳动违法成本。

——法律援助。法律援助是工会维权的兜底措施。应抓住以下几个关键：一是扩大援助范围。进一步降低法律援助门槛，努力做到应援尽援。上海"零门槛"法律援助经验，值得学习借鉴。二是增加便利程度。积极争取党政支持，将工会法律援助纳入社会公共法律服务体系；科学布局职工法律援助服务站（点），努力实现"一公里"范围内服务场所全覆盖；积极借助工会网上工作平台体系实现全天候法律援助无死角。三是加强队伍建设。不断扩大工会法律援助团队规模，增加工会法律援助吸引力。

（三）细化"外联内合"实现路径，用好十六字工作方针

综上所述，我们从外联、内合两个层面详细阐述了"四方联动""五位一体"的内涵外延，搭建起了"外联内合"系统化维权格局的总体架构。这里，再就"外联内合"系统化维权的具体实现路径做一简要注解，概括起来就是"依法推动、以上代下、分类推进、重点突破"十六字工作方针。

——依法推动。全面依法治国大背景下，工会维权工作也要纳入法治化轨道。一是维权的边界要依法而定。维护职工合法权

益是工会的法定职责，也有法定边界。现实中，职工的诉求多种多样，作为职工合法权益的代表者维护者，各级工会要增强法治意识，牢牢把握住法律的底线和边界，在法定权限范围内，依照法定程序开展维权工作。二是维权的手段要依法而来。虽然我们具有体制内优势，能够争取到党政重视支持，但真正落到维权的具体行动、具体个案，特别是在代表职工直接面对强大的企业行政方时，靠行政手段是行不通的，一切必须依据法律说话。三是维权的队伍要靠法律武装。建立工会法律人才队伍是工会依法维权的重要保障。全总、省总工会都就工会法律人才队伍建设出台了三年规划（2014—2016年），提出了明确的时间、数量要求，但是，目前我省进展不大，而上海、辽宁两地都有了实质性突破，对比之下，我省差距很大。下步，应重点抓好三个层面的法律人才队伍建设：其一，在省市县三级地方工会和产业工会，应联合人社、司法等部门举办工会干部法律专题培训班，鼓励帮助工会机关干部考取公职律师、劳动关系协调师等资格，培养引导各级工会干部熟练掌握涉及职工切身利益的法律知识，使其成为善于运用法律手段解决劳动关系问题的行家里手。其二，在基层企事业单位工会，应加大法律知识培训力度，提升基层工会干部法律素养，并着力整合工资集体协商指导员、工会劳动法律监督员、工会劳动保护监督检查员这三支队伍，合力打造专业化的基层维权队伍，指导其将法律知识运用于维权实践。其三，在工会外部，应加大购买服务力度，建立并规范工会法律顾问、工会维权律师团、法律服务志愿者相关制度，使专业化的社会法律资源为我所用，为工会维权事业保驾护航。

——以上代下。目前，我们处于这样一个尴尬境地，工会内部忙忙碌碌，党政部门、社会各界和职工群众却并不认可，究其原因，就是该干的事情没干好，不该干的揽了一大堆。破解这种困局，必须坚持有所为、有所不为。可借鉴上海顾村镇经验，建立"以上代下"维权机制。包含两层内涵：其一，"上提"。将基层企事业单位的维权职能上提至省、市、县、镇街、产业工会。这是"以上代下"最核心的内涵。对基层企事业单位工会和各上级工会职责进行合理划分，明确"基层工会在服务中实现维权，上级工会在维权中实现服务"的工作定位（基层工会主要职责是发展会员、服务职工、协商协调、沟通报告四项，维权职责上提到上级工会），通过将维权职能上提，上级工会的主责主业将更加突出，基层企事业单位工会也能实现"瘦身"减负。其二，"下放"。将省、市、县、镇街、产业等上级工会的部分服务职能下放，交给基层工会、社会力量来承接。既然维权职能"上提"了，那么上级工会就应该将一些原本工会不擅长、不专业的工作，一些离主责主业较远的服务项目适当下放，交给社会上的专业服务机构来做，发动起十几万乃至几十万基层工会来做。省、市、县级工会应当在履行好维权职能的同时，将更多精力放在争取资源、出台政策、做好规划、加强指导、搞好督查上。

——分类推进。开展工会维权工作，必须坚持实事求是、因企制宜、因地制宜，不能一个"模子"扣到底，搞"一刀切"。建议借鉴上海做法，针对不同企业实际情况，采取"正向推进"和"反向倒逼"相结合的方式分类推进。针对工会工作基础较好的国有和规模以上企业、单位，以"正向推进"为主，按照劳动关系建立、运行、监督、调处的规律，正向推进"五位一体"维权工作布局，即正面指导和推进企业加强劳动合同、集体协商、职代会厂务公开、劳动争议调处等制度建设，通过建立完善制度机制有效预防和维护职工权益，促进企业和职工共建共享发展成果，构建和谐劳动关系。在这些企业、单位，主要是维护职工发展权益，通过进一步完善机制、规范工作、总结经验、打造典型，不断满足职工对美好生活的向往。同时，以这些企业为标杆，实现对小微非公企业的示范带动，形成"大带小""点带面""优带劣"的良好工作局面。针对工会工作基础薄弱或未建会的非公小微企业和单位，以"反向倒逼"为主，由于这个群体数量庞大、很难做到工作全面覆盖，必须坚持问题导向，聚焦发生劳动关系矛盾又无视职工合法权益的企业，反向推进"五位一体"维权工作布局。基本流程可这样来把握：首先，以最大诚意和努力调解争议、化解纠纷；其次，对无法调解成功且无视职工合法权益的，工会提供法律援助，依法维权；同时，工会以解决纠纷为突破口，对劳动违法企业开展定向劳动法律监督，督促相关企业加快组建工会、建立完善工作制度、规范开展集体协商和民主管理等工作，实现工会各项工作相互衔接、一体推进。

——重点突破。维权工作涉及面广量大，但受工会的人力财力物力所限，不能"眉毛胡子一把抓"，平均用力"撒芝麻盐"，必须突出重点、集中突破。在维权内容上，应突出职工的劳动经济权益这个重点，特别是职工最关心的劳动报酬、社会保险、休息休假等权益。在维权对象上，应突出三个重点群体，即一线职工、农民工和困难职工群体，特别是权益受到侵害的职工、困难农民工、"四期"女职工等。在维权领域上，应突出三个重点领域，即企业、职工集聚的开发区（工业园区），侵权现象比较集中的中小微企业和非公企业，外来务工人员比较集中的餐饮、建筑等劳动密集型和苦累脏险工种密集型企业。

四、构建"四方联动""五位一体"系统化维权工作格局的预期效果

基于上述理论分析，结合我省实际和先进省份经验，我们从定性分析的角度对构建"四方联动""五位一体"系统化维权工作格局的预期效果作一展望和评价。

从工作运行层面评价，将会有以下三个方面的显著变化。

一是维权实效性将会显著增强。通过"外联内合"，构建"四方联动""五位一体"系统化维权工作格局，工会维权工作的集中度将会突出出来，加之外部力量介入，维权就会有刚性、有韧劲儿、有准头儿，维权实效性也自然会显著增强。

二是工作顺畅度将会显著改善。通过建立维权工作委员会把繁琐复杂的维权事项有序整合，统筹配置资源和力量，一定会有效提升工作的系统性、协同性，工作顺畅度也自然会显著改善。

三是工作压力将得以显著缓解。一方面，维权工作加以整合后，相对分散的维权工作项目将会"五位一体"推进，势必节省工作资源、减少重复劳动；另一方面，我们提出"以上代下"维权模式，适当将维权职能上提、服务职能下放，上级工会职能会更加聚焦，基层工会的负担也会减轻，各层级工会工作压力都将得以显著缓解。

从社会效果上评价，将会有以下三个方面的显著变化。

一是党政满意度将会显著提高。正如上面所提，构建"四方联动""五位一体"系统化维权工作格局，工会维权工作的实效性显著增强，这也就落实了总书记的指示要求，守住了工会的基本定位，也做出了工会对党政全局工作的最大贡献，党委政府对工会工作自然会比较认可，满意度也会显著提

高。

二是职工获得感将会显著增强。工会维权工作的实效性增强了，职工在面对强势"资方"力量时有了靠山，在面对劳动违法行为时有了"主心骨"，在最无助的时刻有人"雪中送炭"，他们的获得感、幸福感、安全感必然会显著增强。

三是工会的形象将会显著提升。只要工会在维护职工权益方面做出了实际成效，只要工会维权工会得到党政的认可、得到职工的信赖，工会组织的存在感自然就不再模糊，再也不是无足轻重的"摆设"，工会的社会形象和地位自然会得到显著提升。

关于进一步提升工会服务农民工工作水平的调查研究报告

庞嘉萍、辛宝英、王小攀

一、问题的提出和研究的意义

（一）问题的提出

随着我国改革开放的进一步发展和建设有中国特色的社会主义国家的发展要求，国家在工业化和城镇化建设中表现出对劳动力的大量需求、农村劳动力的富余以及农民对城市生活的向往，导致部分农民放弃农作，通过进城打工获得收入为生，从而成为了工人队伍的新生力量和产业工人的主体。从2012年开始，农民工的人数逐渐增加，截至2017年，全国农民工总量为2.87亿人。全国户籍人口城镇化率从2012年的35.3%增加到2017年的42.35%，8000多万农业转移人口成为城镇居民。这一数量巨大的人口转移，一方面加快了工业化和现代化建设的进程，助推了经济的高速发展；另一方面农民工在城镇化建设中也面临着众多的现实问题，主要表现在：农民工对法律知识知之甚

少，且维权意识不强；社会保障制度不完善，截至到2017年，虽然农民工参加职工基本养老、医疗、工伤、失业的比例已经有很大程度的提升，但是从总体来讲仍不足50%甚至更低；农民工进城务工的住房问题以及子女教育问题；农民工学历层次和技能水平较低，限制了就业行业和自身发展；工会组织化程度偏低，而且，农民工对工会组织的特点和性质缺乏认识，工会在自身的宣传方面主动性不强，导致农民工入会难，进而使农民工的各项权利和义务得不到保证。

基于上述问题的出现，导致农民工在工作中以及权益保障、社会融入方面还存在着很大的阻力，这就需要引起政府职能部门甚至是民间组织的高度重视，主动承担责任寻求解决措施，只有在政府和社会的共同努力下，农民工问题才能逐步并有效得到解决。

（二）国内外研究的现状

1. 国外的研究

尽管农民工是中国特色社会主义经济发展过程中出现的一个特殊的群体，但是国外专家的一些理论和实践经验对中国工会提高农民工服务质量还是有很大的参考价值。

经济学家阿瑟·刘易斯认为，在社会经济发展的过程中对劳动力的需求量不断增加，同时农村劳动力人口出现剩余，城市务工工资水平较高的优势也吸引着农村劳动力人口向城市转移。因此，农民工成为城市化建设过程中最重要的劳动力供给。根据马斯洛提出的需求层次理论发现，伴随着经济发展水平的提高，农民也不断向往更好的生活，城市便是他们当前最好的选择。英国学者苏珊·米尔纳认为，工会是维护工人权益，协调各阶层社会关系，维护国家安定、经济稳定的重要组织。综上所述，国外专家学者认为农民进城务工是社会经济发展的必然结果，也是农民追求高品质生活的一种途

径，作为政府和工会组织应该主动承担维护农民工的合法权益，为他们创造良好的社会氛围，帮助农民工更快更好地融入到城市中来，与其他社会成员共同享受辛勤劳动创造的美好生活。

2. 国内研究

首先，从农民工劳动权益的角度进行分析。谢杜建（2009）在《中国农民工权利保障》一书中提出农民工的核心问题是权利保障。农民进入城市务工所面对的工资被拖欠问题、医疗、工伤问题、子女入学等问题归根结底都是权利保障的问题。杨聪敏（2010）在《农民工权利平等与社会融合》一书中提出合法权益得不到有效保障，是农民工融入城市社会所面临的巨大障碍。由于合法权益得不到有效保障，导致这样一个弱势群体很难在城市中立足，参与城市化建设却无法真正融入城市生活是农民工权益受损导致的。吴亚平（2006）认为，"如何提高农民工对工会特点、性质和作用的认识是吸引农民工加入工会组织要解决的首要问题。此外，针对民营、私营及中小微企业等能否对工会组织发挥的重要作用高度重视也是需要进一步研究的重难点问题"。赵大程（2010）指出，"司法部门应该为农民工权利保障工作打下坚实的基础，做好为农民工服务的坚实后盾。工会是维护工人阶层正当权利的主要权威机构，在保障工人权益方面发挥着无法替代的作用"。徐谷明在《中国农民工NGO的生存环境》中指出，"我国农民工民间组织的发展仍处于萌芽阶段，依靠亲朋好友的力量维护农民工的合法权益效果并不显著，无法达到预期的目的和效果，反而会使农民工维权更加艰难"。最后，从工会创新社会管理的角度进行分析。王祥兵（2013）指出，从我国当前的社会管理机制来看，各级政府机关单一的行使行政职责已

不能完全满足社会发展的需要。而农民工已然成为社会管理中的重要组成部分，工会作为广大工人阶级的权利代表，便理所当然的成为了社会管理和权益的维护者，在辅助政府行政管理和为农民工服务的部分职能上发挥着积极而重要的作用。

（三）研究的意义

近几年来，随着中国经济的快速发展，社会化建设中农民工的数量越来越多。新生代农民工为我国的城镇化建设作出了巨大的贡献，成为国家发展过程中不可缺少的重要力量。但受城乡二元结构、传统户籍制度等因素的影响，农民工在社会生活中往往处于弱势地位，面临着种种困难和问题。农民工问题得到党中央、国务院的高度重视，农民工工作已经成为我国经济社会发展进入新的历史阶段的一项重要战略任务。习近平总书记在十九大报告中指出，中国特色社会主义进入了新时代，提出了新时代的新任务，即决胜全面建成小康社会，开启全面建设社会主义现代化国家新征程。工会作为党领导的工人阶级群众组织，协助党委和政府推动农民工问题的解决，进而团结带领广大农民工争当决胜全面建成小康社会的生力军，这是工会不可推卸的重要任。

本选题就如何进一步提升工会服务农民工的工作水平，旨在针对农民工所面对的社会问题，明确工会自身的定位，寻求从制度建设到政策落实的新举措、新路径，切实有效的提高工会服务农民工的工作水平，真正成为农民工可以信任和依靠的组织。

（四）研究的方法和思路

本文采取案例研究方式，以山东省部分地区工会和农民工群体作为调研基础，首先梳理了国内外相关文献，界定了本文的核心概念，阐述了本文研究的理论基础。其次，结合我国工会组织的实际情况，重点分析工

会组织服务农民工工作水平的现状，并通过问卷调查的方式分析当前存在的问题，主要表现在工会对社会政策监督乏力、农民工权益维护形势严峻、利益关系协调缺乏话语权、提供公共服务效率不高等。在此基础上，本文提出了工会组织加强服务农民工工作水平的相关对策和建议，包括营造良好外部社会环境、保障弱势农民工群体利益、创新维权帮扶工作手段、协同提高高效公共服务等，并从明确角色定位和加强自身建设两方面提出保障措施。

二、解决农民工问题的理论基础

（一）新公共管理理论

自20世纪80年代以来，以英、美为代表的西方国家进行了一场规模空前的行政管理的改革。这次改革打破了传统的政府管理机制，管理主体也不再仅仅是政府，社会团体、非政府组织、私营企业、民间组织、公民等都可以参与到管理当中来，同时私人管理部门成功的管理经验和工作方法也会被参考和借鉴。这次行政改革在于打破单向的等级指挥关系，反而追求公共管理者的服务质量和被管理者的满意程度，将传统的上下级管理与被管理的关系转变为地位平等的服务与被服务的关系，政府也不再是发号施令的官方机构，由自上而下的控制转向争取成员的认同和争取对组织使命和工作绩效的认同。

新公共管理理论是以服务对象的需求为导向，为满足服务对象的需求而提供行政性服务，坚持服务导向的管理机制。工会服务农民工也应当从农民工的需求出发。

（二）社会治理与善治理论

20世纪90年代以来，西方国家逐渐提出了治理和善治的理论，关于治理的定义，联合国全球治理委员会是这样表述的：机构和个人（或公或私）对相同的事务进行管理

的各种方式的总和即为治理。这一理论提倡管理主体的多元化，除了政府，私人部门、民间组织乃至公民都可以参与、协助管理。这一理论的提出是对传统的社会管理模式的一次挑战，主张社会自治和参与式的治理。在传统的社会管理模式下，社会成员是作为被管理者和被服务的对象。但是，社会治理强调社会成员主动做需求的表达者和服务的提供者。虽然从表面上看这是一种角色的转变，但是实际上这是一种管理观念和管理模式的转变。社会治理的根本目的是满足社会需求，促进社会和谐与可持续发展。社会善治是政府和公民之间的一种新型合作关系，是国家权力向社会回归、还政于民的过程，提倡社会公平和公正，讲究效率，特别重视社会弱势群体的利益，寻求的是一种良好和理想的社会治理形态。要实现从社会管理向社会治理和社会善治的转变需要社会管理体制的改革和推动。社会管理体制的改革的关键在于解决制度公平问题，全面关怀社会弱势群体，重点关注农民工向市民化转变过程中的问题和困难等。因此，作为社会组织重要成员的工会组织，理应响应国家管理体制的改革，积极引导工会成员主动表达诉求，维护工会会员的合法权益，不断推进体制的改革和完善，尽快实现社会治理和社会善治。这一过程有利于社会管理模式的转变，为具有中国特色社会主义治理体系的构建提供重要的参考和借鉴。

三、工会组织服务农民工工作水平的现状分析

（一）多措并举，大力推进农民工入会工作

为切实保障农民工群体的合法权益，让农民工群体积极参与民主管理，各省（区、市）工会均成立了农民工工作领导小组，积极推进农民工入会工作，将农民工入会和服

务工作列入年度工作考核评价指标中，把更大精力和更多资源向农民工工作倾斜。陕西省镇安县通过党建带工建，工建党建一起抓，让农民工入会得实惠，将农民工全部纳入工会组织，通过帮助返乡农民工创业就业并给予相应的补贴，建设职工活动室、图书馆，组织女工体检以及举办丰富多彩的工会活动，提高了当地农民工的归属感和幸福感，并积极加入到工会组织中。江苏阜宁县总工会通过广泛宣传，造浓工作氛围、摸底调查，建好基础台账、有的放矢，确定工作任务、突出"三新"，把握工作重点、督查指导，保证工作成效"五部曲"使农民工入会工作实现了新的突破。青岛城阳区为维护建筑行业农民工权益，在建大项目工地探索成立工会组织，积极组织和吸引农民工加入工会组织。江西乐安县总工会多措并举做好农民工入会工作，一是加强农民工入会宣传工作，二是落实农民工待遇，三是建立农民工务工档案，四是做好社区、乡镇小企业工会组建工作。合肥龙岗开发区工会精心组织，加强协调联动，各相关部门与各社区之间进行信息互通，互相配合形成合力，深入摸排，广泛宣传动员，通过线上线下等多种宣传渠道，真正让农民工感受到入会的好处，充分调动农民工入会的积极性。江西安福搭建农民工微信入会平台，让"互联网+社区服务"理念融入社区，搭建起上连党政部门、下接社区组织的门户平台。兰州弥补农民工入会"时间短板"，让农民工"一次入会、终身受益"，力推组建、规范、服务"三同步"，使得农民工入会进家一步到位，实现入会数量和服务质量双提升。

（二）扎实推进帮扶解困工作，切实为农民工解难事、办实事

各级工会组织扎实做好农民工帮扶解困工作，拓展农民工帮扶中心和站点功能，以农民工需求为导向，精准帮扶农民工群体。2006 年 12 月，沈阳市总工会成立了全国首家农民工维权中心，对农民工多方面开展"春送岗位、夏送清凉、秋送助学、冬送温暖"等服务。永胜县总工会发挥工会职能，结合部门职能和自身优势，通过组织各类培训，帮助困难农民工提升就业能力，积极推进贫困乡镇基层工会组织建设，深化"六有"工会建设，加强对贫困乡镇的技术指导和技术帮扶，2018 年 1 月至 8 月，县总工会用于帮扶困难职工的资金累计达 72.38 万元，其中帮扶困难农民工 158 人。四川达州、山西运城两地工会"接力"维权，农民工成功跨省讨薪 200 余万元。天津市总工会联合市人力社保局等八部门联合开展农民工工资支付情况专项检查。四川工会系统在帮助农民工追讨工资方面主动靠前，与人社、司法等部门紧密合作，跨省为农民工维权，启动省际间工会联动维护农民工权益机制，协调案发地工会，参与案件的调处，对川籍农民工帮扶慰问。

（三）搭建沟通平台，帮助农民工实现感情融入

工会组织自 1992 年启动"全国工会送温暖"活动，工会帮扶工作实现了经常化、制度化、社会化。青海省总工会举办送文化进企业农民工专场文艺演出，以丰富广大职工群众文化生活，满足职工群众和文化需求为目的，把文化送到基层一线。云南省总工会为农民工群体举办"建设者之歌—云南省第三届农民工文化节"，全省 16 个州市积极参与，在文化节期间切实开展了文艺演出进工地、农民工才艺大赛、"共圆中国梦"农民工美术书法摄影大赛、农民工法律知识讲座、农民工子女艺术培训、农民工实用知识培训等系列活动，涌现出了《打工行》等一批优秀的农民工文艺作品，农民工文化节活

动丰富了农民工的精神文化生活，为农民工提供展示才艺的平台，有效提升了农民工实用知识水平和文化素养，让广大农民工切实感受到党和政府的关心和关爱，感受到城市生活的温暖。同时，农民工文化节广泛调动了农民工的积极性和创造性，进一步树立农民工的正面形象，讴歌农民工在社会建设中做出的巨大贡献，有利于在全社会营造尊重农民工、关爱农民工、帮助农民工的良好氛围，促进农民工更好融入社会；有利于激发农民工融入城市、热爱城市、建设城市的进取精神和干事热情。

（四）多项举措助力农民工技能素质提升

全面提升农民工素质，是一项长期的战略性工程。各级工会组织牢牢把握市场规律和人才成长规律，进一步更新观念、完善制度、创新机制，努力为农民工提供更加优质、灵活的教育培训服务，为他们融入城市提供更多支撑。大连市总工会为全面提高农民工队伍素质和职业技能开设了"农民工流动课堂""关爱职工大讲堂"，在农民工集中的工地创建"流动书屋"等；在劳动模范评选中，逐年扩大农民工参加劳动模范、五一劳动奖章评选的比例，激励农民工立足岗位成才；为农民工送清凉、送体检、送文化、送图书、送温暖和助农民工平安返乡等活动业已形成机制；市总工会每年都拿出100万元资助优秀农民工上大学，目前1200余名农民工通过学习获得了大学专科学历证书。海南省总工会在建设农民工书屋上给予了大力支持，赠送了图书和电脑，海南省人大代表黄桂提亲自赠书4050册，那大镇党委、镇政府、海航地产为农民工书屋的建设提供了板房。各级总工会农民工以及农村转移劳动力开展多层次、多渠道、多形式的技能培训，不仅提高了广大农民工职业技能和就业

创业能力，也为国家现代农业综合配套改革和新农村建设提供了人才保障和人力资源支撑。

四、工会组织服务农民工工作水平的实证分析

为对我国工会组织服务农民工工作水平有一个更为清晰的了解，本课题组设计制作了"工会组织服务农民工工作水平满意度调查"问卷，于2018年7月进行了抽样调查和数据采集工作，共计发放400份，收回312份，有效问卷308份。此外，为了更直观深入的了解我国工会组织服务农民工的现状、存在的问题，本课题组于2018年6月至8月走访了山东省部分地区的工会组织和农民工全体，并对分管部门领导进行了访谈。

（一）山东省农民工参加工会组织的总体状况

从山东省组建基层工会及农民工参加基层工会组织情况来看，主要呈现以下几个特点：

第一，农民工群体参加基层工会的组织保障有力。经调查发现，近几年山东省部分地区基层工会增长较快，与之对应的是已建工会单位农民工群体人数的增长。

第二，山东省各地市基层工会组织在农民工群体中支持度较高。早在2005年，山东部分地级市总工会就启动了企业农民工入会工作，当年吸收农民工近7万名。接下来的几年中，山东部分地级市总工会通过成立村级工会联合会，并在有一定工业基础、劳务输出100人以上的重点村发展村级工会和吸收农民工入会。

（二）工会组织服务农民工工作水平的实证分析

为了进一步了解农民工参加工会组织的相关情况，我们在对农民工进行调查时设置

了相关问题，并尝试就农民工参加工会组织情况与相关变量进行交叉分析，得出以下结果：

第一，从农民工所在企业工会组织建立情况来看，有超过七成的企业建立的工会组织，情况比较理想。接受调查的农民工中，有73.8%的人明确表示自己所工作的企业已经建立了工会组织，有19.8%的人表示不知道企业是否已建立工会，有7.2%的人表示所在企业没有建立工会组织。

第二，参加工会组织、参加过工会组织的活动以及得到过工会帮助的农民工比重，几乎都在50%左右，说明工会参与农民工工作的提升空间很大。其中，超过一半的农民工参加了工会组织，接受调查的农民中，有54%的人明确表示自己已经参加了工会组织，有46%的人表示满意参加工会组织；月半数农民工参与过工会组织的活动，接受调查的农民工中，有52.7%的人明确表示自己参与过工会组织的活动，有47.3%的人表示没有参与过工会组织的活动，近半数农民工得到过工会的帮助；接受调查的农民工中，有48.5%的人明确表示得到过工会的帮助，有51.5%的人表示没有得到过工会的帮助。

调查问题	是	否
已经加入工会	54.0	46.0
参加过工会的活动	52.7	47.3
得到过工会帮助	48.5	51.0

表为农民工加入工会组织相关情况调查结果

第三，从参与工会组织的意愿来看，大部分农民工希望参加工会，说明工会服务农民工工作有良好的基础，但近有三成农民工没有充分认识到工会的作用。接受调查的农民工中，有56.9%的人明确表示希望加入工

会组织，有7.2%的人表示不希望加入，有35.9%的人表示没有考虑过是否希望加入工会。

由于当前农民工最关注的问题多与劳动就业和劳动关系有关，如劳动收入、劳动保护、就业质量等，因而可以用就业满意度来综合反映农民工对于自身就业状况的感受。本课题意在研究工会对于农民工就业满意度的影响，以此来反映工会服务农民工的工作水平。对于农民工就业满意度的衡量，本文采用的问卷设计中设置了五个层次的回答，分别是"非常满意""比较满意""一般""不太满意""非常不满意"，五个层次对于就业的满意程度逐级递减。而对于工会作用，本文选取"是否得到过工会的帮助"这一问题作为指标体系，答案为"是"和"否"两类。

将就业满意度与是否得到过工会帮助两变量进行交叉分析（见下表）。由表可见：在得到过工会帮助的人中，就业满意度为"一般"者占比最高达到57.7%；其次是"比较满意"和"不太满意"，分别占23.6%和13.2%，前者高于后者10.4个百分点；"非常满意"和"非常不满意"比重相近。而在未得到过工会帮助的人中，就业满意度为"一般"者占比仍然最高，也达到约54.5%；"比较满意"者占比低于"不太满意者"17.2个百分点，"非常不满意"者占比也高于"非常满意者"9.3个百分点。此外，从交叉分析的Pearson Chi-Squae指标来看，数值达到29.6。数据表明，总体而言，得到过工会帮助的农民工对就业满意度要高于没有得到过工会帮助的农民工，也即是否得到过工会帮助与农民工个人的主观就业满意度有较显著的关系。

农民工就业满意度与是否得到过工会帮助交叉分析结果

	就业满意度					合计
	非常满意	比较满意	一般	不太满意	非常不满意	
在得到过工会帮助的人中	4.20%	23.6%	57.7%	13.2%	1.30%	100%
在未得到过工会帮助的人中	2.20%	7.30%	54.5%	24.5%	11.5%	100%
在所有人中	3.80%	16.0%	53.00%	25.0%	2.20%	100%

综合以上调研与实证分析，我们可以得出目前工会组织在服务农民工群体工作方面呈现逐步完善、逐年变好的趋势，但仍存在一些问题：在制度设计和政策制定方面，顶层设计略显不足，无法为农民工搭建满足多元化需求的服务平台；在服务机制方面，缺乏一定的灵活性和创新性，导致服务农民工效率较低，成效较慢；在服务对象和服务领域方面，对采取灵活就业的农民工群体缺乏关注，对农民工多元化的利益诉求和需求缺乏调研等。

五、工会创新和完善服务农民工工作的策略

工会组织是农民工群体的利益代表，面对当前农民工群体的多种需求，如完善的劳动保障、稳定的就业环境、和谐的劳动关系等，工会组织应积极发挥本身的职责和功能，首先维护好广大农民工群体的各项合法权益，搭建平台，创新机制，积极发挥工会力量，创新和完善服务农民工工作。

（一）搭建服务平台，提供良好外部环境

工会组织具有参与制度设计和政策制定的职能，为把服务农民工工作做深做实，工会组织应注重顶层设计，源头参与，积极创造良好的制度环境和政策环境，搭建满足农民工各项需求的服务平台，为做好服务农民工工作提供高效便捷的保障支持。在制度设计和政策制定方面，考虑到影响农民工群体在进城务工和城市融入过程中的困难和问题，源头发现是户籍管理制度制约着农民工身份的改变、社会保障的享受和子女入学教育。传统的户籍制度如不进行变革，就很难真正解决农民工各项权益问题和融入城市问题。因此，工会组织应加强调查研究，从制度设计的顶层方面，提出合理变革传统户籍制度建议，推动政府有序改革户籍制度，为广大农民工群体扩大公共服务范围，逐步有序变革传统户籍制度。在关注顶层设计的同时，应积极建设高效便捷的服务平台，结合农民工群体的最大诉求，在基本生活困难、就业服务、技能提升、劳动关系等方面搭建综合服务平台，借助于互联网，实现帮扶救助、就业培训、维权服务、综合网上服务一站式服务平台，一是建立以各级工会帮扶中心为支撑，各帮扶站点为基础的农民工帮扶救助平台，二是以各级工会就业培训基地和职业院校为依托，形成农民工技能提升平台，三是以各级工会法律援助团队为依托，并在工业园区、建筑园区、大型企业等农民工群体较为密集的地方建立维权服务平台，四是依托互联网技术，以各地市门户网站为依托，建设集生活服务、学习培训、就业保障托为依托的综合服务平台，为农民工群体提供全面高效的服务。

（二）健全创新服务机制

机制是确保各部门、制度和规则之间有效运行的必要保障。工会要想提升服务农民工群体工作水平，需要不断健全和创新服务机制，从而为农民工做好服务工作提供强有力的保障。具体可从以下几点开展：一是健全和创新农民工入会机制。在建会模式和入会方式方面积极进行创新性的探索，可试行农民工灵活入会方式，与户籍所在地进行入会联系，农民工入会与工会经费拨款相挂钩，激发从组织到农民工入会工作的新热情，推动农民工入会。二是深化农民工帮扶机制。重点关注困难农民工，将其纳入困难职工帮扶救助系统，通过精准建档和帮扶救助，进一步规范有关帮扶救助的各项体制机制，实现困难农民工的精准帮扶和救助。三是健全农民工维权机制。工会组织由于其固有资源的限制，在能力发挥方面有限，导致农民工群体对工会维权职能认可度低，信任度低，不能很好地为农民工群体维护其合法权益。工会组织应向党和政府争取更多的资源，提高工会组织的影响力和作用力，通过更多的监督权力和手段，保障农民工群体的合法权益，在农民工维权较多的问题方面，如工资支付结算、工资增长制度、劳动保障等方面，进行立法监督。在侵犯农民工全体权益方面，重点关注侵权行为常发的行业和区域，集中建立维权中心和工会法律服务站，强化调解和仲裁工作，建立覆盖最广泛的农民工全体维权网络。四是完善农民工培创机制。联合社会多方力量，例如政府、企业、培训机构和职业院校等，制定多种形式的技能提升培训和农民工精神文化培养。创新农民工技能培训模式，建立培训就业一条龙服务，从技能知识的掌握，到专业职业技能机构鉴定的认可，再到输送到相应需求的

企业，工会组织应建立相应模式机制，保证农民工群体学有所成、学有所用。丰富和拓展农民工精神文化层次，使其物质文明和精神文明协调发展，工会组织可联合各级图书馆、职业院校等，开展丰富多彩的文化周、文化论坛等，并逐渐形成相应体制机制。

（三）坚持需求导向，拓展服务领域

随着改革开放的不断深入和市场经济的不断发展，农民工群体的不断发展壮大，呈现出许多新的特点。在农民工群体不断发展变化的过程中，随着时代和经济的发展，其利益诉求点和需求也在不断发生着变化。在我国城市化和城镇化建设进程初期，农民工群体的利益诉求和需求更多的体现在寻求公平合理的用工机会和用工报酬，希望能和城市工作人口享受同等的劳动保障以及能妥善解决跟随子女入学教育等。而现在新生代农民工群体的利益诉求和需求呈现多元化趋势，他们希望工会组织能提供多元化的服务来满足他们的需求。例如新生代农民工群体在心理方面的诉求作为显性因素体现出来，他们不仅关注于工作报酬和劳动关系的改善，更注重城市融入的条件和心理的适应性，以及由于进城务工所造成的子女留守问题和教育问题，使得新生代农民工群体在心理方面的诉求更加明显；随着信息技术和网络的发展，新生代农民工群体在信息、金融、知识探索、娱乐等方面的诉求尤其突出。工会组织应顺应时代的发展变化，及时转变服务农民工群体的工作思路，定期开展调查研究，实地调研和座谈访谈相结合，准确探测到农民工群体需求的新变化，将其作为工会组织服务农民工群体工作的创新点和着力点。工会组织可以突破原来在维权、培训、教育等方面的工作范畴，结合新生代农民工需求的新变化，着力培养农民工计算机网络知识、开展金融知识服务，以地方金融

机构或银行为支撑，开展农民工金融知识和防诈骗知识的学习，增加休闲娱乐场地和项目，让新生代农民工群体更加有城市融入感和归属感。

（四）扩大服务对象，探索入会新模式

工会组织原来对农民工群体的界定多集中于进城务工的在工业园区、建筑园区以及劳务派遣企业中的农民。但随着经济时代的变化，许多农民工多采用灵活就业的方式，顺应现代经济市场中出现的新行业，例如物流快递行业、专业合作组织、零售业、餐饮业、家政服务业等中从业。但经调查发现，工会组织服务农民工群体的范围还未完全覆盖到此类农民身上。针对这一实际情况，全国各级工会组织应采取更加广泛的建会活动，探索更为灵活的入会方式，精准发力，创新工作，让更多的农民工群体加入到工会组织中来。工会组织可先进行重点区域入会情况摸底，明确农民工数量、需求情况、入会情况等，在宣传发动、推进方式上要因地制宜，整合资源，推动形成合力推进的格局。针对新生代农民工，要充分利用微博、微信、QQ群等平台，吸引他们入会。创新组织形式，借鉴"双措并举，二次覆盖"经验，建立区域或行业工会联合会。创新入会方式，积极推进"劳务市场入会"，设立专门入会窗口，现场直接发展入会。加强会籍管理，积极探索建立会员会籍网络管理机制，方便农民工入会和接转会籍。总之，在以农民工现实需求为导向的基础上，努力增强工会组织对农民工的吸引力和凝聚力。

（五）细化服务内容，实现精准服务

长期以来，各级工会组织积极开展各项活动，吸引了广大农民工群体的加入，维护了广大农民工群体的利益。工会组织在入会工作、维权工作、文化工作、培训工作等方面开展了丰富多彩，有口皆碑的活动，比如入会方面开展"农民工入会集中行动"，建立目标考核机制推进农民工入会等；维权方面，寻求公益律师为农民工讨回血汗钱，两地工会联手为农民工维权；文化工作方面，积极开展农民工专场文艺演出，举办"农民工文化节"，农民工合唱比赛暨电影专场进工地等活动；教育培训方面，实行农民工上大学，工会出学费政策，进村开夜校助农民工就业等活动。但这些活动内容已不能满足新生代农民工多元化的需求，工会组织应及时发现新生代农民工群体多样化的需求，积极进行工作内容调整。比如在教育培训方面，新生代农民工群体受到互联网经济的影响，纷纷选择自主创业。工会组织在进行教育培训工作时，应适时安排相关创业知识、自主创业风险和技巧、线上线下营销技巧等方面内容的培训，而不拘泥于传统的劳动关系知识的培训教育。

专 题 研 究

山东"智慧工会"的研究报告

魏　勇、张崇华
孙利斌、徐福松

最近几年，我国的互联网技术飞速发展，移动通信、大数据、人工智能等技术广泛应用，互联网技术在改变百姓生活的同时，也在改变各级政府、社会组织服务群众的方式和手段。多年来，我省各级工会在网络信息化建设方面进行了积极的探索，取得了一定的成绩，网上服务职工内容逐渐丰富，受到了广大职工的欢迎，有力支持了工会事业发展。与此同时，我省工会网上工作仍存在地区发展不平衡、网络覆盖职工数量少、服务手段不足、工会工作与互联网、新技术融合不足等问题，与职工群众的期盼和工会改革发展的内在要求还有很大的差距。

今年以来，山东省总工会提出了建设山东"智慧工会"的构想，"智慧工会"如何理解？为什么要实施山东"智慧工会"建设工程？如何建立山东"智慧工会"？未来的山东"智慧工会"将如何运作？针对以上问题，本文将重点予以介绍和阐述。

一、关于"智慧工会"的背景和理解

2008 年 IBM 提出"智慧地球"的概念。2012 年国家公布了首批 90 个"智慧城市"试点名单，探索运用信息和通信技术手段感测、分析、整合城市运行核心系统的各项关键信息，从而对包括民生、环保、公共安全、城市服务、工商业活动在内的各种需求做出智能响应。截至 2016 年底，我国包括支付宝/微信城市服务，政府微信公众号、网站、微博、手机端应用等在内的在线政务服务用户规模达到 2.39 亿人，占总体网民的 32.7%；基于大数据应用、数据整合共享等条件，全国 500 余个城市开展了"智慧城市"的探索实践，极大简化了行政管理，提高了工作效率，全面提升了人民群众的获得感和幸福感。随着智能技术广泛应用到生活的各个方面，越来越多的行业加入到"智慧"建设的大潮之中，如智慧医疗、智慧交通、智慧电力、智慧食品、智慧民政、智慧国土、智慧农业等在全国各地不断涌现。

近年来，全国许多地方的工会组织，比如上海、贵州、湖北、安徽、杭州、南京等在"互联网+工会"工作中进行了有益的探索和尝试，纷纷提出了建设"智慧工会"的构想。综合各地的实践和主要做法，"智慧工会"主要是利用大数据、物联网、云计算、移动互联网等新一代信息技术，实现工会各项工作的"数字化"，做到对职工诉求的智能响应，促进工会组织体制、运行机制和活动方式的变革和创新，一方面要实现工会数据信息的整合共享做好大数据的利用，实现工会大数据的可视化、精准化，为科学决策、精准服务提供数据支撑；另一方面要建立服务广大职工、基层工会的网上工作平台，打通服务职工"最后一公里"，展示工会的新形象新作为。

二、为什么要建设山东"智慧工会"

以习近平同志为核心的党中央高度重视网络安全和信息化工作，提出建设网络强国战略目标；《中共中央关于加强和改进党的群团工作的意见》明确提出，"打造网上网下相互促进、有机融合的群团工作新格局"。国务院制定"互联网+"行动计划和国家大数据战略，加快推动互联网和实体经济深度融合，拓展经济发展新空间，促进社会治理模式转变。全总提出要大力推进"互联网+工会"普惠性服务工作，努力做到哪里有职工，哪里就有工会组织的热忱服务。由于种种原因，山东工会系统在网络建设工作方面欠账较多，已落后于许多兄弟省（市）。省级层面除山东工会网、PC端自动化办公系统以外，其他手段没有涉及；地市、县区层面，除淄博、济宁任城等地方有所探索取得了一些成绩外，大部分市还在等待省总工会能够拿出一个全省的工会网上工作平台。全省广大职工队伍希望能在"指间"与工会组织进行沟通交流，找到网上的职工之家；各市、县的工会组织、工会干部迫切希望能够建设一个上下贯通、便捷高效的"智慧工会"平台。

为贯彻党中央、全总的工作部署，满足基层工会、职工群众的热切期盼，顺应工会改革的时代要求，山东省总工会提出了建设山东"智慧工会"的构想。为此，省总工会组织调研组进行了深入的调研，坚持走下去，通过召开全省网上工会建设工作座谈会，了解17市总工会对全省网上工会建设工作的意见建议；坚持走上去，两次赴全总汇报工作，全总网络部对山东工会网络建设的思路给予了充分肯定；坚持走出去，先后赴北京、江苏、南京等地和我省浪潮集团、山东互联网传媒集团、"灯塔-党建在线"进行了学习考察，掌握了全国网上工会建设工

作的现状和云计算、大数据的典型应用和发展趋势，经过反复论证，形成了成熟的山东"智慧工会"建设工程整体方案。力争通过山东"智慧工会"的建设，实现更好服务职工、服务基层的目的。

（一）建设服务职工新园地，丰富工会工作的方法和手段。在信息化时代，工会工作要转型升级，传统的运行机制和活动方式面临一系列新的课题、新的挑战，一些传统的工作手段不再适应当下的现实，许多工会工作者产生了"本领恐慌"的忧虑。山东"智慧工会"建设工程，将进一步提升全省工会系统的信息化水平，为广大工会干部提供新的工作手段和方法。通过网站和手机APP版搭建的我省各级工会组织服务广大职工的网上平台，将通过惠工咨询、惠工活动、心理咨询、在线学习、职工书屋等功能模块更加方便快捷的服务职工，让职工轻点鼠标将工会组织的各项服务拉到身边。全省各地可以根据自身实际，整合资源通过平台开展生日送蛋糕、抢券、抽奖、投票、问卷等一系列职工喜闻乐见的线上普惠活动，让广大工会会员充分享受到工会组织给大家提供的优惠，极大提升工会会员对工会组织的凝聚力和向心力，拉近工会与职工之间的距离；通过在线学习和职工书屋，广大会员可以在线培训、教育答题、在线考试，轻松阅读海量正版书籍，足不出户学习到自己想学的知识和技能，充分利用课余的时间提升个人综合素质。山东"智慧工会"可以让广大职工体会到作为一名工会会员的福利和优惠，极大提升工会会员的获得感、幸福感，吸引更多的职工加入到工会组织当中来。

（二）建立联系职工新渠道，拉近工会组织与职工的距离。随着互联网技术的快速发展，职工的生活越来越密切的和手机、网络捆绑在一起，透过小小的屏幕，建立起联

系职工、维护职工权益、回应职工疑惑的新渠道，应是工会改革发展的题中之义。山东"智慧工会"的建设就是要通过网上入会转会、帮扶救助、法律援助、12351维权、志愿服务等模块的建立，努力把网上职工之家建在职工身边，搭建起全省各级工会面对面联系、服务职工的桥梁，让职工加入工会组织更加快捷、工会组织了解职工心声诉求更加直接。比如网上入会转会功能，将给即将开展的"新领域、新业态、新组织建会入会集中行动"提供有力的支持。职工通过手机轻轻一点"我要入会"即可实现信息的上报，如果单位尚未建会，该职工可临时挂靠到镇街工会，将来建会后由镇街工会将其转入所在单位工会，真正实现让信息多跑路，让职工少跑腿，最大限度地把职工组织到工会中来。

（三）构建工会宣传新阵地，做好职工的网上舆论引导。习近平总书记指出，工会、共青团、妇联要下大力气开展网上工会，亮出群团组织的旗帜，发出我们的声音。在互联网这个意识形态斗争的主战场上，工会组织可以也必须发出自己的声音。山东"智慧工会"建设工程将构建一个全省工会宣传的媒体矩阵，全省各级工会组织的网站、微信、微博、APP等平台相互支撑、数据互通，打造一个全方位、立体的网上工会宣传阵地，广大职工可以更加方便快捷的听到工会组织的声音。通过开发建设的新媒体管理平台，实现微博、微信、头条号等主流自媒体的全支持，同时通过接口协议实现网站、报纸、新闻客户端、短视频平台、直播平台、音频平台等相关第三方平台的接入，实现各级工会组织稿件在多个新媒体平台的一键发布。山东省总工会通过系统发布的内容可以下发到17地市及县（市、区）的新媒体稿库，实现统一发布；17地市及县

（市、区）总工会发布的优秀稿件内容可以报送到省、市总工会的新媒体稿库，供省、市总工会发稿采用。全省各级工会组织的新媒体实现资源共享、共同发声，将会产生引领工人阶级跟党走、维护职工队伍稳定的强大正能量。

（四）搭建工作交流新平台，促进基层优秀成果的百花齐放。新时代需要新手段，在互联网时代的背景下，在原有基层优秀成果、经验展示交流渠道的基础上，全省各级工会组织亟需依托网络建立新的交流平台，使工作展示更加便捷，学习借鉴更加直接。山东"智慧工会"将通过普惠服务职工平台、新媒体宣传平台、自动化办公平台为各级工会组织更好的工作交流提供新的舞台，基层工会组织可以利用网站、APP、微信等渠道将自身工作在更大的范围内进行展示，方便大家的学习交流；新媒体宣传平台可以将更多基层的好经验、好做法总结提炼出来，运用图文并茂、甚至是视频、动画的形式在更大的范围内进行推广；自动化办公平台将为各级工会干部提供更加便捷的工作和交流方式。

（五）创造信息收集新方式，掌握更加准确的工会信息。"智慧工会"建设工程将彻底改变工会系统原有的信息收集方式，只要是其它信息渠道可以获取的数据，比如通过全省的数据共享交换平台进行数据共享交换；对职工行为数据（浏览工会的信息、参加工会组织的活动、学习工会提供的课程、寻求工会提供帮扶救助）的获取；工会基础数据的加工、分析、完善都将是信息收集的渠道，将不再需要基层工会、职工进行填报和逐级上报。工会信息来源的多样化、精准化，将使全省各级工会组织掌握的信息更加准确。

（六）运用数据分析新手段，为工运事

业发展提供数据支撑。有了准确的数据，关键是用好、发挥好大数据的作用，山东"智慧工会"计划建设的数据整合实施平台将建立山东工会信息化标准规范体系，使工会信息化工作有章可循；做好工会数据的加工整理，实现工会数据的资产化、标准化、服务化；实现各业务应用系统的门户统一集成展现，建立全省各级工会工作人员统一的信息获取渠道；做到工会海量数据的统计分析、深度挖掘，从关联的数据信息中进行舆情分析、发现问题、判断趋势，为领导决策提供参考依据。项目建成后，全省各级工会组织"用数据说话、用数据决策、用数据管理、用数据创新"的管理新机制将初步建立，将为全省工会事业的更好发展，提供有力的数据服务和技术支撑。

三、如何建设山东"智慧工会"

"智慧工会"建设工程是一个庞大而且复杂的系统工程，不是一个部门或几个部门能够完成的需要全省各级工会组织的群策群力；"智慧工会"建设工程不会一蹴而就，不可能通过一次建设一劳永逸，需要在已有的基础上随着工会事业发展、技术进步不断的完善提高、迭代升级，需要借鉴、总结基层的创新思维、亮点经验不断充实"智慧工会"的内涵和实现形式。为把山东"智慧工会"建设工程的基础打牢，我们在工程的规划设计过程中始终坚持高起点、高标准、严要求，希望能够体现技术的发展趋势，符合省委、省政府、全总的工作要求，也能适应山东工会系统的工作实际。

（一）山东"智慧工会"建设工程把握的几个主要原则。

1. 坚持定位超前。山东"智慧工会"建设工程在调研、谋划、设计等环节中借鉴先进省市在推进"互联网+工会"工作中的先进经验，始终瞄准全国、全省信息化建设的先进技术和全国工会系统的领先水平，即坚持在技术、功能、设计上具有一定的先进性、前瞻性，也充分考虑我省工会系统的实际，得到了全总网络部相关领导和技术专家的肯定。

2. 坚持理念超前。我们始终坚持要将山东"智慧工会"的普惠服务职工平台建成我省"网上服务第一品牌"，按照这一理念，山东"智慧工会"从整体规划到模块设置等各个方面都进行了仔细的设计，让广大职工能在山东"智慧工会"享受真诚的服务、得到真正的实惠、找到持续关注的动力。坚持积极融入全省政务信息整合共享大局当中，整个"智慧工会"建设工程全部部署到省政务云平台上，可以共享开放的数据全部实现共享开放，为全省大数据战略的实施贡献力量。

3. 坚持共建共享。山东"智慧工会"从设计之初就坚持全省各级工会组织共建共享的理念，省总工会将统一建设并在17市推广应用，各市总工会可在省总工会基础平台上进行个性化的定制和开发，力争在全省工会系统形成以山东"智慧工会"为主导，系统上下联动、门户分级维护、数据资源授权共享的"互联网+工会"工作格局。下步，省总工会将加大对全省工会信息化平台的统筹和整合力度，各地新建、改建信息化建设项目都要在山东"智慧工会"工程的基础上进行开发，充分利用已有资源和系统，避免重复投资；实现标准统一、接口统一、资源共享，避免形成数据孤岛。

4. 坚持党工共建。山东"智慧工会"设计之初我们就到省委组织部"灯塔–党建在线"进行了学习考察，并达成了下一步合作的意向。山东"智慧工会"将积极对接"灯塔–党建在线"，实现"党网"有工会的位置、工会媒体传播党的声音，努力建设党联系群众、服务群众的重要阵地。

（二）山东"智慧工会"建设工程的主要内容。

1. "齐鲁工惠"普惠服务职工平台建设。"齐鲁工惠"普惠服务职工平台将通过网站和手机 APP 版搭建起我省各级工会组织服务广大职工的网上平台，一是作为直接服务职工的软件，是工会系统网上服务职工的前端展示和核心应用；二是会员数据库的重要信息来源，在职工通过普惠平台获取服务的同时，平台完成对职工行为数据的抓取，从而获得实时、准确的会员基础信息。这也将是"智慧工会"建成后全省各级工会组织在工作理念和工作方式上的重大变革之一，职工行为数据的采集也是保持全省工会组织数据库、工会会员数据库实时更新的重要手段之一。"齐鲁工惠"普惠服务职工平台将部署在省政务云的互联网区域，面向全省广大职工提供服务，通过网站、APP 的形式对外展现，采用模块化的方式进行开发，APP 将是一个多城市版手机应用，由省总工会和各市地工会频道组成一个普惠服务职工平台矩阵。省总工会将根据各部室（单位）服务职工的职能开发入会转会、惠工咨询、惠工活动、心理咨询、在线学习、职工书屋等基础模块，各市总工会、产业工会、大企业工会在运行使用时，可根据自身实际添加如婚恋交友、投票问卷、抽奖抢券等具有本地特色的个性化模块。广大职工在使用"齐鲁工惠"软件时，既能方便快捷的点击维权帮扶、在线学习等模块获取工会组织的服务，又能通过各级工会组织的活动，享受到生日送蛋糕、优惠观影、团购等实实在在的优惠。形成全省工会系统风格统一、数据融合、基础功能一致，各市总工会、产业工会、大企业工会有各具特色、有高度粘性的网上普惠服务职工平台矩阵。

2. 新媒体宣传平台建设。主要是开发面向全省职工的微信、微博等主流网络新媒体。整合《山东工人报》《职工天地》杂志社资源、人力，建设我省工会系统网上信息采编的专业团队。计划开发的融媒体管理平台可以将山东省工会系统各级工会组织的微信、微博等新媒体资源整合到一个平台上，实现统一管理、统一编审、统一发布，解决了多平台难于管理、重复劳动导致工作效率低、无编审机制导致传播安全隐患等问题；通过系统，各级工会组织的稿件可直通当地权威主流媒体总编室后台，扩大信息公开和服务力度；各级工会组织的微信、微博的传播效果可以实时排行，以利找出差距不断改进。新媒体平台建成后，山东工会通过系统发布的内容可以下发到 17 市及县（市、区）的新媒体稿库，实现统一发布；17 市及县（市、区）总工会发布的优秀稿件内容可以报送到省、市总工会的新媒体平台稿库，供省、市总工会发布稿件采用，从而互动互推，形成矩阵效应。

3. 自动化办公平台建设。实现对省总工会自动化办公系统进行升级改造，同步开发移动办公系统，实现省总工会机关收发文件、公文交换、信息报送、移动审批、会议管理、邮件查阅、文件共享、实时沟通、移动办公等业务网上快速流转、无纸化办公。

4. 数据整合实施平台建设。该平台由数据整合实施建设、决策分析系统、集成门户系统组成，是整个"智慧工会"的数据支撑系统，也就是平时所说的大数据系统。这个平台联通"智慧工会"其他所有平台和软件，是打通各平台间数据通道、实现数据整合共享的中心枢纽，同时是基层组织数据库、工会会员数据库等核心数据库的"管家"。数据整合实施平台将对接省政务信息共享交换平台，对工商、税务、人社等相关外部厅局共享的数据进行加工利用和比对分析；使用目前最主流的大数据计算工具，实现对各类数据的抓取、清洗、整合、计算、分析，实现数据的资产化、标准化、服务化，为加强工会会员管理、精准服务、政务协同、宏观决策提供技术和数据支撑；通过平台即可以从关联的数据信息中进行舆情分析、发现问题、判断趋势，又可以针对各项工作进行实时排名、量化考核、实时调取各维度的工作数据。数据整合实施平台建成后，全省各级工会组织将实现"人在干、数在转、云在算"，"用数据说话、用数据决策、用数据管理、用数据创新"的管理新机制将初步建立，将为全省工会事业的更好发展，提供有力的数据服务和技术支撑。除业务功能外，数据整合实施平台还将为"智慧工会"建设工程提供的政务云、软件、硬件等多方面的信息安全保障，确保工会数据的安全可靠。

在四个平台的基础上，省总工会还将开发全省财务、经审管理系统，实现工会经费的网上监管和信息提取；原部署在莱钢集团的山东省职工网上学习系统，将迁移到省政务云；省总工会各部门现有业务应用系统将在完善、升级的基础上逐步嵌入山东"智慧工会"工程相应工作平台当中。

四、山东"智慧工会"建设工作中需要注意的问题

山东"智慧工会"建设是一项打基础、利长远的基础性工作，对今后我省工会事业的发展都将具有十分重要的作用。按照省总工会党组的工作要求，山东"智慧工会"建成后要在全国工会系统走在前列，为全国工会系统的"互联网+工会"工作做出山东的贡献。对照省总党组的工作要求，山东"智慧工会"建设工作在许多方面还存在不容忽视的问题和不足，总结起来主要有以下几点：

（一）全省工会系统在信息化建设方面基础薄弱。

通过调研发现，全省各级工会系统的信息化工作基础普遍比较薄弱，存在机构不健全问题，没有明确的机构负责信息化建设工作，各市总工会将该项工作有的放在宣教部、有的放在办公室、有的放在政研室、有的放在帮扶中心不一而足；存在职责不清问题，各地工会组织对信息化建设的内涵和外延界定不清晰，相关职能分布在不同的部室，工作容易交叉，很难形成合力；存在人员素质不高问题，工会系统普遍缺乏信息化方面的专业人才，基层工会组织人员年龄结构偏大，许多工会干部对信息化工作认识不到位，越到基层这个问题越突出。

（二）全省工会系统普遍缺少信息化工程的运营维护经验。

做好软硬件建设只是山东"智慧工会"建设工程迈出的第一步，要想真正把山东"智慧工会"的功效发挥到最大，做好软件系统的运营维护必不可少。好的运营维护除保证系统安全、平稳运行以外，还需要对新媒体的运行规律有一定的把握，和职工同频共振，用好网络语言，讲职工愿听的咨询和信息；还需要用有吸引力的服务和活动把广大职工黏在网上，使广大职工愿意使用工会组织提供的网上服务；还需要充分整合工会系统的媒体资源，形成工作的合力实现，一个声音对外，让广大职工记住工会的品牌和服务。当前我省各级工会系统除少数地市以外，普遍缺少运营维护的经验，还需要在今后的工作中进一步的学习、摸索。

（三）"智慧工会"建设工程如何实现与全省工会系统各项重点工作的对接融合还需进一步研究。

"智慧工会"建设工程在山东工会系统

是一个新鲜事物，没有惯例可寻，各项工作的进展有赖于领导的重视支持、相关部门的通力配合。如何实现工会工作的数字化、网络化；如何实现与现有重点工作的对接融合；如何实现各个部门信息化软件的整合和数据共享；如何做好全省工会系统信息化工作的考核监督等问题都需要摸着石头过河，在工作中不断的探索和总结，闯出一条适合我省工会系统信息化建设实际的康庄大道。

五、做好山东"智慧工会"建设工作的几点建议

做好山东"智慧工会"建设工作，需要各级工会组织要心往一处想、劲往一处使，共同做好平台建设、内容建设、应用管理、线上线下互动互促等工作，促进"智慧工会"建设工程的落地。

（一）统分结合，各负其责。

充分调动省、市、县三级工会组织的积极性，努力形成省总工会统一开发、各市总工会运维管理、县（市、区）总工会积极参与的工作格局。各市要高度重视山东"智慧工会"建设工程的推进工作，将其作为"一把手"工程，尽快成立领导小组，由主要负责同志担任组长，亲自谋划，统筹做好网上建设项目的协调、推进、运维等工作；分管领导要靠上抓，及时协调解决工作中的困难和问题；要成立网络工作部门或明确专门机构负责推进"智慧工会"建设工程，把各项工作任务抓实抓好落到实处。省产业工会、省直机关工会、大企业工会、省总工会各部门要明确专人负责"智慧工会"工作，及时做好建设需求的对接和后期网上工作模块的管理工作。

（二）信息整合，资源共享。

网络的本质在于互联，信息的价值在于互通，2017年以来，我省就开始推动政务信息系统的整合共享工作，打破"信息孤岛"，破除"数据烟囱"，已经是今后信息化建设的必然要求。今年，省政府把省总工会纳入信息化建设工作审批的范围当中，今后省总工会的信息化项目建设都要经过省政府办公厅的审核和批复，不再允许建设一些和整合共享精神相冲突的信息化项目，新建信息化项目必须符合整合共享的要求，必须基于省级政务云平台实施建设部署，数据资源统一纳入省政务数据资源体系统一管理，并按照统一要求共享、开放。作为工会系统来说，必须按照省政府的要求开展工作，做好全省工会系统网络平台的统筹规划和资源整合，实现对全省工会组织和广大会员的"一网覆盖"和工会系统数据的整合利用，实现工会数据的标准化、资产化、服务化，真正实现工会数据与政府各部门数据的共享。各市总工会、省总工会各部门已经开发建设的APP及其他信息化软件等，今后都要整合到"智慧工会"上来，实现风格统一、标准统一、接口统一、资源共享，避免形成数据孤岛；各地新建、改建信息化建设项目都要在山东"智慧工会"工程的基础上进行开发，充分利用已有资源和系统，避免重复投资。力争在全省工会系统形成以山东"智慧工会"为主导，系统上下联动、门户分级维护、数据资源授权共享的"互联网+工会"工作格局。

（三）共建共用、创新发展。

"智慧工会"建设工程作为全省工会系统的一项重要基础性工程，打个比方就像建盖一座楼，省总工会把房子盖好，建好必要的水电暖等基础设施，在户型设计、盖楼时要充分吸收市地、基层的意见建议，各项基础资源互联互通；市总工会要根据自身情况对房屋进行装修，配备必要的家电、家具，装修既要考虑当地的实际又要满足用户的需求；基层工会和广大职工就是房间的主人，既要利用上级工会提供的基础设施和服务充

分感受作为工会一份子的温暖和幸福，也要真正把日子过起来，用好平台和服务真正做好网上服务职工的工作，创造各具特色、生动鲜活的工作案例和工作经验。建好"智慧工会"这栋建筑，需要全省工会系统上下一心、共同努力，各市、省产业和大企业工会在用足用好全省大平台的同时，要在工作理念、工作方法、服务内容、工作载体、运行机制、组织形态等方面进行积极探索、大胆创新，围绕服务基层、服务职工开展更多丰富多彩、形式各样的活动，开发更多功能实用、职工喜闻乐见的功能模块，进一步丰富山东工会工作平台的内容和形式，不断完善广大基层工会的工作手段和工作方式，更好服务职工的生产生活，实现"智慧工会"在全省各地的落地生根、茁壮成长、满园花香、硕果累累，省总工会要及时总结各单位的优秀创新成果并在全省推广。

（四）做好培训、加强考核。

推动将"智慧工会"课程列入全省工会干部教育培训体系的必修科目，组织开展定期培训；各级工会组织要充分利用会议、讲座、网上视频等多种多样的形式加强对工会干部的日常培训，加强大家对"智慧工会"涉及的技术开发、运营维护、推广应用、数据统计等方面知识的了解和掌握，引导各级工会干部树立互联网思维，提高运用"智慧工会"开展工作的能力和水平。建议将"智慧工会"建设工程开展情况将列入省总工会重点督查的内容，定期组织专项督导。建立健全"智慧工会"工作的考核评价机制，制定量化考核指标，接受广大职工和社会各界的监督；利用网络资源，加强第三方评估督查与绩效评价，保障网上工会服务质量；依托智能数据库，建设工作绩效平台，形成网上工会工作业务绩效考核指标体系；建立工作通报机制，定期通报各级工会网上工作进展情况，确保各项任务落到实处。

六、山东"智慧工会"的远期构想

随着相关工作的深入开展，山东"智慧工会"四个主要工作平台的功能将不断完善，工会网上工作平台和基础数据库的建成，将实现职工入会服务和工会管理网络化，网上网下深度融合，通过各级政府的信息共享平台，实时共享、全面准确掌握各级工会组织和会员信息，工会各项工作进展可实时通过图形、列表进行展示，领导决策更加精准，工会工作成效更加明显；网上职工普惠服务平台通过实实在在的优质服务把包括农民工、灵活就业人员在内的广大职工最大限度地组织到工会中来，更好地维护职工权益，为职工提供全天候全覆盖的普惠性服务，把工会网络打造成培育和弘扬劳模精神、劳动精神、工匠精神，推进产业工人队伍建设改革的重要支撑；工会系统网上办公平台的建成，各级工会上下贯通、信息互联、资源共享，实现各级工会组织高效运转、精准服务、科学决策；工会系统新媒体矩阵的建成将产生强大的社会影响力，工会网上评论员队伍将发出工会组织的声音，实现网上涉工舆情的及时跟踪、准确测报和正确引导，弘扬积极健康、向上向善的网络文化。

伴随着"智慧工会"的建设和发展，各级工会在组织体制、运行机制和活动方式等方面必将产生深远的变革和创新，"智慧工会"将成为新形势下工会工作新的发动机，各项工作线上和线下同步展开，彼此相辅相成、相得益彰；开展工作服务职工将更加精准、便捷；"网上职工之家"让职工触手可及；网上引领汇聚强大正能量，工会组织的旗帜将在网络空间高高飘扬，不断引领广大职工永远听党话、跟党走，为夯实党的执政基础做出工会组织更大的贡献。

山东省企业民主管理调查报告

洪　芳、张慧琳、梁　霞

企业民主管理又有职工民主管理、职工民主参与、经济民主、产业民主等不同的称谓。新中国建立以来历届国家领导人都非常重视企业民主管理制度建设，这项工作也被高频次地写进党代会报告和政府工作报告。有学者指出中国经济的发展有其自身的逻辑和奥秘，其中一条就是大力发展基层民主，实行民主管理。[1] 在当前我国推进供给侧结构性改革的背景下，经济下行压力较大，更加需要企业管理层与员工凝心聚力共同发展。但在实践中企业民主管理制度的运行还存在诸多障碍。

为了解我国企业民主管理制度的实施情况，破解制度运行障碍，课题组以山东省为主要调查范围，通过文献检索、发放问卷和座谈访谈的方式进行调查。文献以《中国劳动统计年鉴》（以下简称《劳动年鉴》）和《第八次中国职工状况调查》（以下简称《职工调查》）数据为主。问卷包括企业问卷和职工问卷。本次调查共发放企业问卷100份，职工问卷300份。回收有效企业问卷89份，职工问卷275份。其中国有企业51家，占57.3%；集体企业2家，占2.25%；民营企业25家，占28.09%；外商投资企业3家，占3.37%；混合所有制企业4家，占4.49%；其他类型企业4家，占4.49%。89家企业中同时建立了职工代表大会（以下简称职代会）制度和厂务公开制度的企业有77家，占被调查企业的86.52%，有2家企业只建立了职代会制度。在公司制企业中，工会主席或副主席以职工代表身份进入董事会的企业占建制企业的39%，工会主席或副主

席以职工代表身份进入监事会的企业占建制企业的44%。

一、山东省企业民主管理制度的运行情况及存在的问题

（一）企业民主管理制度有了快速发展，但依然有很大建设空间

职代会制度、厂务公开制度和职工董事监事制度得到快速发展，在协调劳动关系，保障职工合法权益，促进企业发展等方面发挥了重要作用，但依然有很大建设空间。据山东省工商局2018年4月数据显示：全省共有企业236.5万户，其中内资企业约233.5万户，私营企业220.3万户，外商投资企业2.9万户。[3] 而《统计年鉴》数据显示：全省建立职工（代表）大会制度的企事业单位44.3万家，84.4%的单位在本年度召开了职工（代表）大会。比较企业总量和已经建立了职工（代表）大会制度的企业数量，职工（代表）大会制度建设依然有很大空间。而建立了职工（代表）大会制度的企业也有部分没有坚持召开会议。这说明职工（代表）大会并没有成为企业治理结构中不缺少的一部分。此外，全省职工代表199.9万人，其中女职工代表54.2万人，仅占职工代表总数的27.1%，远远低于女职工的比例。这说明男女平等的理念在职工代表的选举中并没有得到很好得贯彻。

关于职代会的作用，《职工调查》数据显示：山东省参与调查的3254名职工，认为作用发挥很好的占55.6%，较好的占23.5%，一般的占14.9%，较差的占0.8%，很差的占1%，说不清的占4.3%。如按照企业的所有制形式进行统计，从全国情况来看，回答很好和较好的比例较高，其中国有企业占68.8%，集体企业占71.1%，私营企业占71.6%，港澳台企业占66.7%，外商投资企业占68.2%。多数职工对职代会的作用

持肯定态度。职代会的作用在不同所有制企业中的表现差异不大。

从笔者收集的企业问卷来看，34.7%的企业认为作用很大；50%的企业认为作用一般；9.2%的企业认为没有什么作用，不清楚的占6.1%。这可以看出职代会制度对满足职工和企业的需求存在一定差异。因而职代会制度的建设和作用发挥还存在很大提升空间。

企业厂务公开制度建设也依然有很大空间。特别是即使建立了厂务公开制度，其公开的事项也往往少于法律规定的范围。职工董事制度在民营企业和外商投资企业受到抵制，很难落到实处。

（二）企业民主管理在劳动关系协调方面日益发挥重要作用，但依然有很大提升空间

企业民主管理、集体协商和劳动合同三项制度作为企业劳动关系的协调机制，在企业劳动关系调整中发挥着基础作用。实践证明凡是职工民主管理搞得好的企业，其集体协商也必然推进得好，企业劳动关系也相对更和谐。但从目前的情况来看，我国企业民主管理在劳动关系协调方面还依然存在着较大的提升空间。

1. 近四成企业在规章制度制定时没有贯彻民主程序

根据《劳动合同法》第四条的规定，用人单位在制定、修改或者决定直接涉及劳动者切身利益的规章制度或者重大事项时，应当经职工（代表）大会或者全体职工讨论，提出方案和意见，与工会或者职工代表平等协商确定。该规定没有区分企业的所有制性质，即所有企业在制定与职工利益密切相关的内部制度时必须通过职工（代表）大会讨论。笔者就职工（代表）大会的讨论议题情况进行了调查（见下表），调查结果显示：

职代会和职工大会讨论的议题

讨论事项	单位数（个）	比例（%）
发展规划和计划	44	49.44
工资奖金调整方案	46	51.69
劳动安全和女职工劳动保护措施	47	52.81
集体合同草案	45	50.56
单位规章制度	44	49.44
职工生活福利	44	49.44
评议领导	36	40.45
职工培训计划	30	33.71
以上都没有	13	14.61
有效填写企业数	89	89

关于企业的发展规划和计划虽不属于与职工利益密切相关事项，但属于满足职工知情权的事项，有约半数企业提交职工（代表）大会讨论。与职工直接利益密切相关的事项如工资奖金调整方案、劳动安全卫生和女职工劳动保护措施、集体合同草案、单位规章制度、职工生活福利等事项讨论的比例都略微超过或接近半数。职工培训计划也属于与职工利益密切相关的事项，但提交讨论的比例只有33.71%。有40.45%的企业将评议领导人作为职代会职权，这些企业全部为国有企业，占被调查国有企业70.59%，即有约三成的国有企业没有将评议领导人作为职代会的职权。这说明《劳动合同法》关于规章制度制定时的民主程序、劳资共决的立法规定有近四成企业并没有得到落实。关于职代会职权的法律规定在实践中也没有被严格贯彻实施。企业是否将某一事项提交职代会讨论，主要依据是企业行政领导的偏好或企业发展的需要，而非单纯基于法律的规定。

2. 缺乏职工民主参与成为影响企业内部劳动关系和谐的重要因素

虽然影响企业劳动关系和谐的因素很多，但有两个因素最为关键：一是企业规章制度，这涉及到企业的管理方式和员工的自我价值实现；二是企业内部的人际关系，尤其是职工与管理层的关系。

企业规章制度是企业进行内部管理的重要手段。企业规章制度的制定程序和执行效果有着密切的联系。笔者调查了解到那些由企业行政单方面制定，没有经过职工讨论的规章制度，其执行往往依靠企业罚款、扣工资等强制形式，职工怨言较多，劳资关系较为紧张。而那些经过职工充分讨论并发表意见的规章制度，被执行得较好，劳资关系也较为和谐。在笔者调查的89家企业中，有28家企业的规章制度经过全体职工讨论，这些企业的职工认为执行"很好"和"较好"的比例高达96.4%，只有1家公司认为执行得并不太好。因而，虽然企业规章制度的执行情况受多种因素影响，但是职工的民主参与对执行效果影响显著。

关于职工与企业管理层的关系，《职工调查》数据显示：高达79.4%的职工选择了融洽和比较融洽。这反映了企业劳动关系从总体而言是较为和谐的。在分析不融洽的原因方面，占首位的是职工收入低，占60.8%；其次是管理决策缺乏职工参与沟通，占50.9%；接下来依次是收入和福利待遇差距大（36.3%）；经营者不尊重职工（20.9%）；经常加班、工作太累（18%）；职工不好管（16.2%）；劳动争议没有及时解决（11.5%）；社会保险落实不到位（10.4%）；经常克扣拖欠工资（9.1%）；工作环境恶劣（5.7%）等。其中管理决策缺乏职工参与沟通、收入和福利待遇差距大、经营者不尊重职工、经常加班、工作太累等

因素都反映出企业没有建立起有效的内部沟通协商机制及时化解内部矛盾。

（三）职代会制度有力地推进了集体协商的进行，但在建立平等的对话机制上尚有很大努力空间

企业民主管理制度特别是职工（代表）大会制度的运行情况直接影响集体协商在劳动关系协调中的重要作用发挥。关于集体合同的签订和实施，从笔者回收的275份有效职工问卷的情况来看，在是否签订了集体合同的问题上，31.8%的职工回答签订了，17.6%的职工表示没签订，50.6%的职工表示不知道。

关于企业是否开展工资集体协商，《职工调查》数据显示：除国有企业外，其他所有企业在工资集体协商方面差异不大，而国有企业最低（见下表）。笔者进一步访谈了解到国有企业工资总额由上级主管部门确定，其工资可以协商的空间较小，因而开展工资集体协商比例较低。从总体而言，企业开展工资集体协商的比例只有三成多，工资集体协商推进的空间很大。

企业开展工资集体协商情况（%）

	开展了	没有	不知道
国有	22.6	52.2	25.2
集体	35.7	39.8	24.5
私营	33.6	37.8	28.6
港澳台	30.9	39	30.1
外商	32.7	38.9	28.4

关于工会在集体协商中的表现，84.1%的职工认为工会尽力为职工争取利益；认为工会没有尽到自己责任、应付上级要求的只占2.7%；不懂协商技巧的占2.5%；不清楚

的占 10.7%。这可以看出一方面工会对于推进集体协商发挥了重要作用，另一方面企业劳动关系状况对工会推进集体协商有一定影响。笔者在访谈中了解到，多种因素影响着工会参与协商的积极性。如外商投资企业在开展工资集体协商时民族主义情绪往往推动着工会在协商中更多地维护中国职工利益，而私营企业劳动者权益保护水平相对较差，激发了工会干部通过协商维护职工合法权益的愿望。

关于集体合同的作用，笔者回收的调查问卷显示：56%的职工认为集体合同对改善劳动条件和提高劳动报酬有促进作用，14.3%的职工认为没有什么作用，29.7%的职工则表示不清楚。对于该问题，约占50%的工会主席表示作用很大，28.1%的工会主席认为有一点作用，认为没有作用的占21.9%。由此可见，集体合同在维护职工合法权益方面尚有很大的努力空间。特别是很多职工根本不知道自己单位是否有集体合同。而不清楚的原因，主要在于很多企业的集体合同没有经职工（代表）大会讨论。有一位工会主席表示，即使经过讨论，因为有老板在场，讨论也流于形式，没有多大意义。由此可见，多数企业根本没有建立起地位平等、权利义务对等的集体协商机制，在工会对企业行政有着明显依附性的条件下开展集体协商，依然取决于企业行政领导的开明和上级的压力。也正是由于集体合同的作用有限，员工才表现得不够积极。而工会干部作为职工代表之所以不敢谈也依然在于其地位的依附性，究其本质在于没有通过职代会等制度建立起平等对话机制[4]。

（四）厂务公开和职工董事监事制度覆盖率日益提高，但对职工权益保障影响甚微

截至 2017 年底，全国已建工会的企事业单位中，单独建立厂务公开制度的非公有

制企业 398.7 万家，建制率 89.4%。据全国工商联发布的 2018 中国民营企业 500 强分析报告显示，有 435 家企业推行了厂务公开民主管理等制度。《职工调查》数据显示：在山东省被调查职工 4965 人中，其所在单位实行了厂务公开的占 61.2%，没有实行的占 9.2%，表示不知道的占 29.6%。厂务公开的目的在于满足职工的知情权和监督权。厂务公开的主要形式是职工代表大会，因而职工代表大会制度的落实情况直接影响厂务公开的效果。在非公有制企业，厂务公开虽然在一定程度上为企业所接受，但公开的事项受到质疑。

职工董事监事的制度设计初衷，首先是维护公司的利益，而维护职工合法权益不过是其次要目标。这从非国有投资主体投资的公司，其职工董事不是必设的职位就可见一斑。职工董事制度也只局限于公司制国有企业，其在公司制非国有企业根本无法贯彻。由于我国监事制度的设置是并行的双层委员会制，监事制度的监督作用本来就弱，而且职工监事只占监事的三分之一，其监督作用就进一步被弱化。职工董事监事制度只能在一定范围内起到维护职工合法权益的作用。

（五）职工参与管理的意识逐渐增强，但受制于参与机会等因素

《职工调查》数据显示：在"是否愿意担任职工代表大会代表"的调查中（以下简称"参与意愿"），表示愿意的占 83.2%，不愿意的占 7.7%，说不清的占 9.1%。职工担任职工代表的意愿与企业职工代表大会的组织建设情况基本一致，即职代会组织得越好，职工的参与意愿越强，反之亦然。这表明实际参与可能对提高参与意愿有促进作用。同时职工的参与意愿受性别、户籍、年龄、文化程度、政治面貌、收入水平、是否工会会员、就业身份等多种因素影响（见表

3）。从性别来看，男性的参与意愿要略强于女性。职工年龄越大参与管理的意识越强。非农户籍人员的参与意识要强于农业户籍职工。文化程度越高参与意愿越强。收入水平与参与意愿呈正相关关系。按就业身份分，管理岗位的职工其参与意愿高于非管理人员，管理层级越高，参与意愿越强。专业技术人员的参与意愿高于普通职工，专业等级越高参与意愿越强。工会会员的参与意愿要远高于非会员。

但上述因素为显性因素，是上述因素影响了职工的参与意愿还是上述人员的参与机会不同导致了参与意愿的差异，则还需要进一步分析。

关于职工是否有机会对工作单位的经营管理和自身权益发表意见或反映愿望（以下简称"参与机会"），同样选取性别、年龄、户籍、文化程度、政治面貌、收入状况、就业身份、是否工会会员等指标会发现，职工在参与机会上和参与意愿上几乎呈现相同的表现，即这些指标同时也影响了职工的参与机会。（见表）但是参与机会是否影响参与意愿这一问题从调查问卷中尚无法得到证实。通过访谈发现，参与机会越多的职工其参与意愿越强烈，而参与机会较少甚至没有参与机会的职工其参与意愿相对较弱。从总体而言，越来越多的企业倾向于提供多种反映和表达意见的渠道，激发职工的创造性。对于职工参与管理的看法，80.9%的职工选择是职工应当享有的权利，78.8%的职工认为有利于促进单位的发展，83.2%的职工认为有利于维护职工合法权益，4.6%的职工认为是少数人的事情，14.3%的职工认为实际作用不大多是走形式，4.5%的职工认为会增加单位成本，10.9%的职工认为单位领导不太可能真正让职工参与管理，认为没有必要参与管理的职工只有4.5%。

职工担任职工代表的意愿和参与企业管理的机会

单位：%

调查指标		参与意愿	参与机会
性别	男	80	60.1
	女	76.6	55.3
年龄	≤35 岁	74.3	54.7
	36-50 岁	80.8	59.8
	>50 岁	82.4	62
户籍	本地非农	80.1	60.3
	外地农业	74.4	53.2
学历层次	小学及以下	69.5	45.3
	初中	74.9	51
	高中	78.1	54
	中专	75	54.5
	大专	77.8	58.5
	本科	81.2	63.2
	研究生	81.6	67
政治面貌	中共党员	85.6	67.1
	无党派	74.6	53.9
收入状况	2300 及以下	73.7	48.4
	2301-3000	76.3	53.1
	3001-3500	77.5	59.4
	3501-4500	81.3	64.3
	4501 以上	83.9	71.4
就业身份	普通职工	74.2	51.1
	专业技术人员	81.8	64.9
	一般管理人员	81.9	63.6
	中层管理人员	88	79.3
	高层管理人员	94.6	84.5
技术等级	无技术	72.8	50.1
	初级工	75.2	51.2
	中级工	77	55.7
	高级工	79.6	53.6
	技师	79	55.5
	高级技师	81.9	64

调查指标		参与意愿	参与机会
是否工会会员	工会关系在单位	82.2	65.3
	单位没有工会	70.6	50

（六）职工参与管理的依据由企业主人翁理论向利益共同体理念转变

1. 企业主人翁的身份认同逐渐退出市场

笔者在回收的 275 份职工问卷中，当问到："您认为您在企业的身份是？"除两位职工回答是企业主人翁之外，其余职工全部回答是企业的职工。笔者在访谈时，有部分国有企业的老职工认为应当为企业的主人翁，但同时又承认实际上只是企业的员工，无法成为主人。这表明，主人翁的身份认同已经逐渐退出市场。

但越来越多的职工认为其与企业的利益是密切相关的，是同一个利益共同体，绝大多数职工都非常关心企业的发展。关于职工是否关心单位的发展，56.8%的职工选择非常关心，30.7%的职工选择比较关心，一般的占 10.2%，不怎么关心的只占 1.7%，完全不关心的仅占 0.6%。

2. 职业稳定性和工作职责影响着职工对企业的关心程度

一般而言，职工的职业任期越长，越关注企业的长远发展。从调查情况来看，我国企业签订无固定期限的劳动合同比例从总体而言不高，远远低于 OECD 各国的比例。合同期限较短，职业任期不长，职工往往只关注短期利益，而无法将企业的发展与其个人成长结合起来。

从表面来看户籍、学历层次、婚姻状况、职工身份影响着职工对企业长远发展的关注，实则职业任期、生活压力、工作职责才是影响职工对企业长远发展关注的主要因素，即职业任期越长，职工越关心企业的长远发展，生活压力越大职工越珍惜工作机会越关注企业的发展。而管理人员相较普通职工更加关注企业的发展，管理层级越高对企业发展的关注度越高，这一方面源于管理人员职业任期相对较长，企业的发展与个人的发展息息相关，另一方面企业的发展本身就是其工作内容。这很好地解释了那些实施全员参与创新的企业，获得巨大成功的原因。那就是因为企业的发展就是自己的工作内容，这极大地调动了职工工作的积极性和创造性。

3. 企业越来越重视人力资本所带来的投资回报，关注职工的利益和成长

随着科技进步，人力资本投资所带来的回报越来越大于物质资本，企业也越来越注重将企业发展和职工个人发展结合起来，稳定劳动关系，形成核心竞争力。从总体而言，半数以上的企业对职工个人利益和个人成长非常关心和比较关心。企业对不同职工的关心程度存在较大差异，一般而言收入水平越高往往代表着其对企业的贡献越大，企业越关注其个人利益和个人成长。《职工调查》数据显示：月工资 4500 元以上的职工选择企业关心其个人利益的占 68.2%，而月工资在 2300 元以下的职工只有 56.7%。高技能的专业技术人员相较技术水平低、无技术等级人员所获得的关注度更高。高层管理者相较普通职工获得了企业更多的关心。高达 81.7%高层管理者选择了企业非常关心其个人利益，而普通职工这一选项只有 59.8%。这源于不同人力资源的投资回报不同，这影响着企业的人力资源投资行为。工会会员相较非会员可以获得更多的关心，这一方面源于工会将更多的职工愿望向企业行政反映从而获得企业的回应；另一方面很多企业的工会也被整合进行政部门，工会对会员的关心本身也是企业对职工关心的一部分。

总之，利益共同体意识在管理层和职工之间已经成为一种共识，职工关心企业的发展，企业也根据投资回报率给予职工不同程度的关心。

二、影响企业民主管理制度运行的因素

影响企业民主管理运行的力量来自企业内部的拉力即企业内部管理的需要和企业外部的推力，即政策、法律和工会的大力推动。

（一）影响企业民主管理的内部因素

1. 企业管理理念

企业管理理念对于企业民主管理制度的建立和运行具有至关重要的作用。企业管理理念体现在多个方面，但在影响企业民主管理制度的落实问题上，主要体现到企业领导如何看待员工，是将员工作为企业发展之本，还是认为企业养活了员工。这两种不同的理念，在企业的内部制度设置和企业文化上都表现出鲜明的差异。随着外商投资企业入驻中国，以及现代企业管理理念进入中国企业，传统家族式的企业管理理念受到冲击。民主理念和重视"人"的作用开始成为企业管理中着重考虑的因素。而企业管理理念对于职工参与管理的广度、深度有着深刻的影响。

一般而言领导的作风能在很大程度上体现企业的管理理念，对职工民主参与的影响较大。在笔者所调查的89家企业中，认为领导非常民主的企业里，91.3%的企业建立了职代会制度，47.83%的企业建立了民主恳谈会制度，47.83%的企业建立职工监事制度，43.48%的企业建立了职工董事制度，78.26%的企业建立了合理化建议制度，建立了党政工联席会议制度的企业占73.91%，47.83%的企业设立了领导接待日制度，设置意见箱的企业占73.91%，而什么民主制度都没有的企业只有21.74%。笔者通过进

一步访谈发现，对于没有建立上述制度的企业一般规模较小，企业老板对员工极为熟悉，沟通交流渠道很多。而那些领导作风较为专制的企业其对企业民主管理制度推行有较大抵触。

对于员工参与管理是企业领导人的负担还是帮助，不同的领导人有着不同的理解。在被调查企业中，多数企业非常关注员工对经营方面的参与，被调查企业中对员工提出的合理化建议给予奖励的占74.16%，部分企业甚至只要员工提出合理化建议就奖励，凡是合理化建议被采纳的就重奖。这些企业往往在错误上给予员工更多的包容，企业民主氛围较为浓厚，职工创造性较强。

企业文化是对一个企业灵魂的诠释，对于企业管理具有不可低估的作用。企业文化宣示着企业的经营理念，企业文化所营造的文化氛围对员工的发展有着重要的联系，近些年来职工越来越关注精神上的需求，企业文化不兼容成为员工离职的原因之一。笔者所调查的89家企业的企业文化，主要体现客户利益至上的有31家企业，体现企业利益至上的有12家，体现职工和企业共同成长的34家，其他的5家，没有企业文化的7家。访谈了解到，凡是企业文化体现职工和企业共同成长的企业，职工参与企业管理的广度和深度都较高，企业民主管理对于的企业的发展也起到了非常明显的促进作用，员工流动率低，劳动关系和谐，很多企业的企业文化部门甚至与工会合署办公，有些工会主席就是企业文化的负责人。

笔者在禹王集团进行访谈时发现，禹王集团作为一家民营企业，在企业文化上以"成就禹王人"的文化理念，将员工的发展融入企业的发展，在企业制度上建立了9大沟通渠道的沟通协商机制，充分发挥员工的集体智慧，设立合理化建议奖，鼓励员工提

出改进意见，集团全员创新参与率达到100%，职代会员工提案总数逐年上升，仅2016年职工创新创造的总利润就达3971.5万元。

而那些忽视员工的创造性，不关注员工发展，追求短期利益的企业主一般更为专制，给予员工参与的空间也较少，他们对建立企业民主管理制度也较为抵制。

2. 企业的所有制形式和企业的发展阶段

在涉及职工参与管理方面，很多企业都依照法律规定或者按照企业管理需要设置了职工参与管理制度。调查显示，企业民主管理制度的运行不仅在不同所有制企业有不同表现。企业的发展阶段和企业规模也对职工民主管理有明显的影响。如在国有企业和集体企业职代会和厂务公开制度建立比较完善。而在民营企业和外商投资企业，职工参与民主管理的空间和渠道存在很大差异。外商投资企业普遍较为重视职工参与管理，如合理化建议制度和民主恳谈会制度的设置较为普遍。民营企业差异较大，部分民营企业非常重视将企业的发展和职工个人的成长结合起来，重视通过民主管理调动职工的积极性、创造性。部分民营企业则存在缺乏长远规划，不懂得加强企业人力资源管理，将"人"转变为企业的资本，对企业民主管理较为抵制。另一方面，企业规模与民主管理呈现出正相关关系，一般企业规模越大，员工越多，其在人力资源管理上的投入越大，在员工参与上给予更多机会。大多数民营企业在初创时往往采用家族式的经营方式，通过企业主的凝聚力和号召力进行管理，企业缺乏完善的制度，但是随着企业规模的不断扩大，家族式的管理逐渐无法适应企业管理的需要，企业就会慢慢转变管理方式，开始运用现代企业管理手段，对于合理化建议等员工参与制度也逐渐从抵制到接纳甚至鼓

励。因而企业民主管理的实施与企业的规模和发展阶段密切相关。

（二）影响企业民主管理的外部因素

影响企业民主管理的外部因素主要是国家政策、立法以及工会的推力。

1. 国家政策

新中国建立以来历届国家领导人都非常重视贯彻实施以职工代表大会制度为主要形式的企业民主管理制度。但在不同发展阶段企业民主管理制度承载的功能有所不同。改革开放后我国实施的企业民主管理制度源于1978年以后推进的中国企业民主化，其主要原因首先来自于企业内权力集中现象，即政治原因。同时，职工参与是提高生产积极性和达成经济现代化的有效手段。张允美指出："1978年以后推进的中国企业民主化，其主要原因首先来自于企业内权力集中现象，即政治原因……中国共产党需要形成把工人阶级参与形式的合法化，引导工人阶级支持党的政策。"[5] "职工民主管理的身份源于职工是国家的主人翁这一身份，进而推导出职工也是企业的主人翁这一结论。职工民主管理的作用在于辅助行政，监督企业经营管理，以增强国家渗透基层管理的力量。"

但是随着市场经济的深入发展，劳动关系领域中的矛盾日益突出，加强劳动关系协调，及时化解劳资冲突极为重要。20世纪90年代工会大力推行职工代表大会、厂务公开和职工董事监事制度，旨在加强沟通，化解纠纷。但是，无论是理论界还是实务界关于职工参与企业管理的性质和功能却一直存在认识上的困惑。关于职工参与企业管理的性质，在国家政策层面至少有三种说法：基层民主、协商民主和劳动关系协调机制。在国家政策和工会政策上的不同说法容易带来理论上的困惑，即职工参与企业管理是一种什么性质的权利？职工参与企业管理的权利

往往表述为职工的知情权、表达权和监督权。但是在权利家族中，他们属于什么性质的权利却极少有人探讨。再者在市场经济时期企业民主管理制度的功能与计划经济时期是否应有所不同？正是由于理论上的不清，导致非公有制企业要不要实行企业民主管理一直存在争论。这些争论至少涉及以下几个问题：一是职工参与管理的身份；二是职工代表大会的性质和功能是什么？职工代表大会是一种什么样的组织机构，是否属于公司治理的一部分？三是职工参与企业管理的广度和深度如何确定？四是厂务公开的范围在不同所有制企业是否应有所不同，确定的标准是什么？五是职工董事职工监事制度维护的是职工的利益还是公司的利益？

2. 立法

上述理论上的困惑在立法中也有着明显的体现。特别是立法体系内部的矛盾影响着企业民主管理制度的运行。

规范我国企业民主管理的立法依据主要包括《宪法》《工会法》《全民所有制工业企业法》《全民所有制工业企业职工代表大会条例》《集体所有制企业法》《公司法》《劳动法》《劳动合同法》《企业民主管理规定》《厂务公开条例》以及国务院及其部委颁布的行政法规、规章以及地方立法。现行立法既有颁布于计划经济时期的法律法规，也有近期颁布的规章和地方性法规。立法体系内部存在着较多的冲突，一方面反映了我国关于企业民主管理的理论争议，另一方面也严重影响了法律法规在实践中的实施。

一方面，计划经济时期《全民所有制工业企业法》和《全民所有制工业企业职工代表大会条例》将职工代表大会作为企业的权力机关并赋予其较多的决策参与权。但是随着《公司法》的出台公有制企业原职工代表大会制度的职权多数被股东会（大）所取代。原党政工"老三会"被股东会、董事会和监事会等"新三会"所代替。职工代表大会制度如何运行面临着困惑，法律的冲突导致实践中的困惑。目前全国有 28 个省（区/市）制定了 35 部民主管理方面的地方法规和规章。但是地方立法对于企业民主管理的理解也存在着较大差异。2012 年由中央纪委、中央组织部、国务院国资委、监察部、全国总工会、全国工商联联合下发了《企业民主管理规定》，采用区分所有制企业的方式规定了企业民主管理的规则。对非公企业的职工代表大会的组织和职权也作出了规定。这是对在非公有制企业实行职工代表大会制度立法的有益探索。但其立法主体的特殊性决定了其对我国职工代表大会制度的定位依然没有超越其目的的政治性和功能的监督性，立法内容和立法主体传达的信息呈现出的错位给实践带来困惑。

3. 工会的大力推动

工会是企业民主管理制度的大力推动者，是贯彻国家基层民主制度和企业民主管理立法的主要外部推力。工会"民主管理部"的内部机构设置说明工会将推动企业建立民主管理制度作为一项重要工作来做。从《职工调查》数据显示，山东省在企业民主管理制度建设上走在全国前列，这与山东省各级工会的大力推动是分不开的。

三、健全企业民主管理制度，保障职工民主权利的建议

基于影响企业民主管理制度建设和运行的内外双重因素，健全和完善企业民主管理制度，保障职工民主权利也必须双管齐下，从内外两个方面努力。

（一）澄清理论上的争议，明确企业民主管理的理论依据

关于企业民主管理研究的视角包括工会视角和管理学视角。工会的视角往往关注职

工的表达权、参与权，以保障职工的话语权进而提高集体协商的效果。而管理学的视角则主要从企业人力资源管理和组织行为学的角度，从经营者的需要出发研究，通过民主将职工个人目标与企业的发展目标相结合，即"个人积极地投入并参与组织的事务，在组织中每个人都享有选举权，共同目标使大家紧密地团结在一起"。

关于职工参与管理的身份，主人翁的身份学说在国内工会研究领域占主流地位，至今依然有相当一部分学者持主人翁的观点。并基于社会主义国家人民当家做主的理论依据，主张职工在非公有制企业也应当享有参与管理的权利。而管理学的研究视角则基于职工是企业员工的身份探讨员工参与管理的影响。

关于职工参与企业民主管理的理论依据，国内外主要有企业社会责任说、利益相关者说、人力资本说和经济民主理论等四种学说。笔者认为从职工和企业管理者对职工参与管理的身份定位来看，利益共同体理论才是我国企业职工参与管理的理论基础。职工参与的身份在于其利益相关者的职工身份。利益相关性是确定职工参与广度和深度的主要依据。与职工利益密切相关的事项，职工应享有参与决策权，与职工的利益间接相关时则享有知情权和监督权。

（二）从政策和立法层面准确定位企业民主管理制度的功能

长期以来，特别是在计划经济时期，我国企业民主管理制度的功能定位主要在政治层面上探讨，主要具有以下功能：其一，监督功能，防止权力过度集中和权力腐败所带来的国有资产和集体资产流失；其二，教育功能，即职工通过参与管理企业事务获取经历，培养职工参与管理国家事务、管理社会事务的能力；其三，沟通协调功能，即上情

下达，满足职工的知情权，下情上达，反映职工诉求。笔者认为，在市场经济时期，我国企业民主管理制度在具有上述功能之外，不能忽略的是其劳动关系协调功能。企业民主管理制度对于建立平等对话机制，协调劳资矛盾，构建和谐劳动关系，促进企业和职工共同成长具有重要作用。

有学者认为，劳资关系的目标是效率、公平和参与。[7]笔者则认为资本追逐效率，工会追求公平，参与并不是双方追求的目标，参与是劳资双方实现自身目标的手段。资方借助参与提高效率，工会借助参与实现公平。公平和效率并不必然地存在矛盾。公平这一价值目标，包含机会的公平和结果的公平两个方面。按劳分配属于机会的公平，但却很难说是结果的公平。机会的公平恰恰有利于促进效率提高。从长远来看，追求机会的公平与企业的目标并不相违背。但作为工会的公平目标而言，其关注的还包括结果的公平，即对劳动者进行底线保护。从投资者的角度出发，投资者往往并不反对机会的公平，而结果的公平往往被看成是对能力低下者的怜悯。笔者认为工会推动的职工参与，一方面应通过参与保障职工可以获得机会的公平，这本身也是劳资双方所能达成共识的结合点，紧紧抓住这一结合点将建立企业民主管理制度的外部推力转化为企业内部提高效率的内生需求；另一方面也不能放弃那些职业竞争力差的职工，让他们也可以获得基本的结果公平。因而，在劳动关系协调方面，企业民主管理具有促进效率，实现公平，降低冲突，促进发展的功能。这一功能在我国劳动争议案件逐年上升的背景下应得到国家政策和立法的确认。协调劳动关系应成为企业民主管理制度的首要功能。

（三）完善企业民主管理立法，适当加强企业民主管理立法的刚性

基于我国企业民主管理立法体系内部存在的冲突，理论依据存在的争议，应加快推进完善企业民主管理立法。同时应加强立法的刚性。现行立法，要么缺乏法律责任的规定，要么虽然有相应的法律责任规定，但缺乏实质性的救济性措施。立法缺乏刚性的规定会导致法律只是字面上的法律，成为宣示性条款，从而缺乏实效性。违反企业民主管理的法律行为包括应当设立企业民主管理制度而不设立，或虽然设立但不予执行或执行有瑕疵等。立法应明确职工民主权利受到侵犯时的救济措施。建立相关决议瑕疵制度、民主管理责任制度与民主管理权纠纷解决制度，共同对职工民主管理权进行救济。

（四）引导企业将员工个人的发展和企业发展相结合

在企业内部，影响企业采用民主管理的因素在于企业管理者对民主管理的认识和职工参与管理的积极性两个方面。一般企业管理者对于职工参与管理持有较为谨慎的态度，甚至对职工参与持抵制态度。理由一般包括：一是职工缺乏管理的知识和经验，可能导致决策质量下降；二是职工参与决策并不需要承担决策失误的责任从而影响决策质量；三是职工参与决策会将矛盾和冲突加以暴露甚至激化，影响决策的效率等。笔者认为我国是社会主义国家，实现人民共同富裕是国家发展的目标，关注"人"的发展，以"人"为本是社会主义国家的本质特征。我国有着悠久的职工参与管理传统，实践也证

明了职工参与管理对于调动职工的生产积极性、协调劳动关系、构建和谐稳定的劳动关系，实现企业和职工共同发展具有重要作用。因而，整个社会应当营造一种民主的氛围，让参与民主成为一种企业文化。政府和企业协会应引导企业实行企业民主管理。工会要成为企业开展民主管理的工作机构和主要推动者。工会要从劳动关系协调的需要出发，推动将企业民主管理制度作为企业内部劳资平等对话的协调机制，推动将参与转化为效率，以获取企业的认同，将外部推力转化为企业的内生需求。

结论

山东省企业民主管理制度正朝着规范化、制度化和法治化的发展方向迈进，在山东省总工会和各级工会的大力推动下，企业民主管理制度的覆盖面逐渐扩大，在调动职工生产积极性，维护职工合法权益，促进企业发展，构建和谐劳动关系方面发挥了重要作用，但制度推进和运行效果还受制于企业的内部拉力和外部推力，在制度运行中依然存在很大提升空间。应澄清理论上的争议，明确企业民主管理的理论依据，准确定位企业民主管理制度功能，完善企业民主管理立法，适当强化立法刚性，建立可操作性的权利救济机制，引导企业转变管理理念，树立企业和职工的利益共同体理念，推进企业民主管理制度健康运行，促进企业和职工共同发展。

理 论 探 讨

获 奖 论 文

关于 2018 年度全省工会优秀调研成果的通报

鲁会〔2018〕102 号

各市总工会，省产业工会，省直机关工会，大企业工会，省总工会机关各部室、各直属单位：

2018 年，全省各级工会坚持以习近平新时代中国特色社会主义思想为指导，深入学习贯彻党的十九大精神，习近平总书记关于工人阶级和工会工作的重要论述，按照习近平总书记关于大兴调查研究之风的重要指示，结合省委部署开展的"大学习、大调研、大改进"，紧紧围绕落实省第十一次党代会和中国工会十七大部署要求，围绕破解"四性一度"问题、实现工会工作"五个强化"，围绕谋划好今后一个时期全省工会工作思路和重点，坚持问题导向，深入开展调研，形成了一批有价值的调查研究成果。根据新修订的《山东省工会优秀调研成果评选办法》，在初评基础上，邀请全总研究室、省总工会有关领导同志，省工人运动研究会部分常务理事、理事，有关高校的专家担任评委，分类进行评选，共评出优秀调研成果一等奖 12 篇、二等奖 18 篇、三等奖 26 篇、优秀奖 38 篇。

希望获奖单位和个人发扬成绩，再接再厉，进一步加强和改进调查研究工作，不断提高工会理论政策研究工作水平。各级工会要切实加强调研统筹，进一步提高调研质量，力争多出成果、出好成果；要更加注重优秀调研成果的转化应用，以理论创新助推我省工会工作改革创新，为完成好省第十五次工代会确定的目标任务、奋力开创新时代工会工作新局面作出积极贡献。

附件：2018 年度全省工会优秀调研成果获奖名单

山 东 省 总 工 会
山东省工人运动研究会
2018 年 12 月 29 日

附件

2018 年度全省工会优秀调研成果获奖名单

一 等 奖

（一）一类课题

整合内外资源 做强主责主业 努力构建"四方联动""五位一体"系统化维权工作格局

——省总工会 魏 丽 李 颖 孙海涛
刘光庆 姜良芝
威海市总工会 姚海岩

临沂市总工会 邱军安

山东"智慧工会"的研究报告

——省总工会 魏 勇 张崇华

孙利斌 徐福松

（二）二类课题省级层次

关于进一步提升工会服务农民工工作水平的调查研究报告

——山东管理学院 庞嘉萍

辛宝英 王小攀

山东省高素质产业工人队伍建设的路径探索

——山东管理学院 洪 芳 张慧琳

建设"有温度"的企业课题研究报告

——省电力工会 杜 军

刘玉树 陈学民

山东省机械装备制造业职工技能提升、技术创新、职业发展状况的调查研究

——省总工会 魏 勇

省国防机械电子工会 葛永胜

王志坚 潘晓晖

（三）二类课题省以下层次

职工集体协商与威海现代化经济体系建设

——威海市总工会 于福万 高 凡

孙筱楠 刘雪菁

日照市产业工人队伍需求需要情况报告

——日照市总工会 李登来 张晓琼

任 民 赵全会

关于全市社会化工会工作者队伍建设情况的调研报告

——潍坊市总工会 于守君

范新利 薛 辉

关于工会参与实施乡村振兴战略的实践与思考

——临沂市总工会 刘淑秀 高立国

张雪峰 邱军安

日照市产业工人队伍基本构成情况及特征分析

——日照市总工会 李登来 张晓琼

任 民 赵全会

关于加强智慧工会建设的探索和思考

——淄博市总工会 宋海杰

二 等 奖

（一）一类课题

山东省企业民主管理调查报告

——山东管理学院 洪 芳

张慧琳 梁 霞

山东省道路货车司机状况及货运行业、货车司机建会入会调研报告

——省交通工会 丁昶国 唐 鑫

王 伟 张晓钟

关于打造"五福工程"，建设"温馨家园"的调查研究

——济南市总工会 傅金峰 戚淑斌

杨 风 卢召民 王 斌 张 斌

周 延 董 雪 侯 羚

关于深化工会改革的几点思考

——省总工会 王 政 刘光庆

匙 涛 李兴龙 李 义

（二）二类课题省级层次

工会促进女农民工城市融入对策的调查研究

——山东管理学院 杜婷婷 洪 芳

韩 晶 张慧琳 房亚玥

山东高校基层工会建设情况调查研究报告

——山东大学工会 曲 波 周金龙

李 达 于德宁 徐博伦

信息技术推动下劳动关系的新发展

——山东管理学院 孙 亮

新时代高校青年教师职业道德现状调查与研究

——曲阜师范大学工会 王万民

唐爱民　孙金玲

关于金融系统职工权益实现情况的调查研究与思考

——省财贸金融工会　孙文强

薛胜利　续　端

（三）二类课题省以下层次

开门纳新　开放实践　多措并举激发工会组织活力

——东营市总工会　巩天兵　张梦华

项　莉　杨　洁

发挥政治引领作用　团结带领广大职工积极投身现代泉城建设

——济南市总工会　戚淑斌

王继全　张昭力　刘　超

淄博市职工心理压力及应对方式调查报告

——淄博市总工会　宋海杰

王　群　王宗谟

关于理顺工会组织双重领导关系　强化对下领导职能的调查研究

——菏泽市总工会　刘守文

王立武　陈陆陆

强化主责主业　充分彰显工会组织地位和作用

——菏泽市总工会　王运传

姜　静　李瑞营

全面二孩政策下女职工权益保护工作调研报告

——潍坊市总工会　吕梅贞

彭莉芳

关于推进新时期产业工人队伍建设的调查研究

——烟台市总工会　李维广

邱春波　邢成刚

关于加强新时期产业工人队伍建设的调查报告

——泰安市总工会　陈长举

张志云　王　蕾

王志文　付金伟

关于新时代背景下困难职工解困脱困工作的调查研究

——新矿集团公司工会　刘真伦

任立民　裴洪涛

三　等　奖

（一）一类课题

新时代职工对工会新需求的调查

——山东管理学院　梁　霞　洪　芳

关于深入开展"当好主力军、聚力新动能、建功新时代"主题劳动竞赛的调查研究

——省总工会"当聚建"劳动竞赛工程课题组

深入实施"齐鲁工匠"建设工程的探索与实践

——省总工会"齐鲁工匠"建设工程课题组

关于发挥集体合同作用维护职工合法权益有关问题的研究

——省总工会　办公室　权益保障部

关于山东省国防电子产业职工队伍技能素质状况的调查研究

——省国防机械电子工会　魏　勇

葛永胜　倪道余　尹向群　陈　明

关于强化基层基础增强基层工会活力的调研报告

——省医务工会　许洪昌　张晶卉

王宏然　赵法训　袁玉伟

秦冬梅　杨　蕾　李红梅

韩杰涛　张召辉　代　兵

（二）二类课题省级层次

"互联网+"背景下关于加强高校智慧工会建设的调查研究

——中国海洋大学工会　毛万磊　翟　耀

王　震　王　亮　于　鑫　赵巍华

关于企业性别平等机制建设的调研报告

　　——省总工会　魏　丽　李　颖　姜良芝

关于乡镇（街道）、开发区（工业园区）工会组织建设情况的调研报告

　　　　——省总工会　姜卫红　王安伟　孟　冉

关于省总工会驻青三家疗养院发展情况的调研报告

　　　　　　——省总工会　魏　勇　姜德庆

　　　　　　　　　吴玉川　沙　江　周　翠

关于我省家政服务业职工队伍素质状况的调研报告

　　　　　　　　——省财贸金融工会　孙文强

　　　　　　　　　　　　黄吉军　李　义

当前我省集团企业职工代表大会制度建设情况的调研报告

　　　　　　　　　　——省总工会　杨宝光

关于新旧动能转换中发挥产业工会作用的调查研究

　　　——省轻工纺织工会　袁宗贵　李　瑶

（三）二类课题省以下层次

关于德州市职工文化建设的调查研究

　　　　　　——德州市总工会　刘俊勇

国有企业智慧工会智能一体化云平台实证研究

　　　　——中铁十局工会　崔　军　杜钟海

　　　　　　汤德明　王叶松　韩志勇

关于加强和改进新时期产业工人队伍思想政治工作的研究

　　　——胜利石油管理局孤东采油厂工会

　　　　　　　　朱绪凤　王伯成

　　　　　　　　郭明俊　杨建平

莱钢集团工会"一网通"建设的实践与思考

　　　——莱钢集团公司工会　李茂岭　张崇坤

　　　　　郭晓霞　葛文京　高　峰　宋　雪

关于建立健全劳动和技能竞赛组织、评估、激励机制引领职工群众建功新旧动能转

换、服务实体经济振兴的实践与思考

　　　　　　——淄博市总工会　刘　蓬

建设智慧工会　服务职工群众　打造具有胜利特色的工会服务新模式

　　　——胜利石油管理局有限公司工会

　　　　国　梁　尉双跃　朱绪凤

　　　　窦清旺　杨金友　左　靖

　　　　　　耿卫东　郭明俊

中美贸易摩擦的影响及应对措施调研报告

　　　——青岛市总工会　法律工作部课题组

建功新旧动能转换中工会的新使命与新担当

　　　　——烟台市总工会　刘洪波　邱春波

关于做好城市困难职工解困脱困工作的调查研究

　　　——滨州市总工会　王恩东　孙战洪

　　　　　　左丽华　周立强　朱晓晨

关于推进"智慧工会"建设的调查研究

　　　——青岛市总工会　政研室课题组

泰安市开展基层工会组织"四分类四升级"活动实践与思考

　　　　——泰安市总工会　郭　青　赵相鑫

　　　　　刘荣峰　崔向河　吴长龙

东营工会联系引导劳动关系领域社会组织调研报告

　　　——东营市总工会　巩天兵　高继宝

　　　　　　宋雪琰　隋秀玲

关于大力弘扬劳模精神工匠精神的思考与建议

　　　——烟台市总工会　邱春波　邢成刚

优　秀　奖

（一）一类课题

山东省财务工作现状及发展思路研究

　　　　——省总工会　魏　丽　唐艳霞

　　　　　　　　姜艳荣　朱　青

前移工作端口　加强联动配合　有效提升服务农民工工作整体水平

　　——省总工会　蒋石宝　李东风　戴兴召
　　　　　　孙占勇　马长征　孙　健
　　　　　　省建设工会　杨振同

关于工会干部教育培训的调研与思考

　　　　——省总工会　李业文　丁春洁
　　　　　　许春荣　刘　磊　周佳霓

当前影响和制约基层工会工作开展的主要问题和对策建议

　　　　——威海市总工会　姚海岩
　　　　　　郎济民　张　晓

（二）二类课题省级层次

关于进一步健全产业工会组织体系　发挥产业工会作用的调研报告

　　　　　　——省农林水工会　单光帅

关于进一步提高工会系统党建工作质量的研究

　　　　——中国石油大学（华东）工会
　　胡　煜　郭　杰　温胜利　孟　伟
　　　　孙　熳　汤平如　张　军

山东省技能型海员职工队伍建设调研报告

　　　　——省海员工会　马　骥　刘尚涛
　　　　　　丛国栋　郭　磊

关于适应社会主要矛盾变化　不断满足人民教师美好生活新需求的网络问卷调查报告

　　　　——山东科技大学工会　刘培进　王建友

关于菏泽工会干部挂职非公企业第一主席工作的调研报告

　　　——省总工会　王星海　姜卫红　王安伟

强化开门开放　破解工会系统自我封闭自娱自乐问题的调研报告

　　——省淮河流域水利管理局工会　张庆竹
　　　　任晨曦　赵　鹏　吕　艳
　　　　　　孙　鹏　李　莉

关于贵州浙江两省产业工会工作的调研报告

　　　　——省国防机械电子工会　尹向群

我省环卫工人队伍、权益保障现状及发展应对建议

　　　　——省建设工会　周善东
　　　　　　薛希法　谭　政

关于在经济技术创新活动中发挥工会组织作用的调查研究

　　　　——省建材工会　张崇华　徐福松

关于我省化工园区工会组织建设的调研报告

　　　　——省石油化学工会　王吉盛　张洪逞

山东省建筑业农民工工资权益维护情况调研报告

　　　　——省建设工会　杨振同

关于县（市、区）外经贸企业工会联合会建设的调研报告

　　　　——省对外经济贸易工会　田敬毅
　　　　　　徐　霄　吕婷婷　王　哲

关于进一步健全煤炭产业工会组织体系发挥产业工会作用的调研报告

　　　　——省煤矿工会　李　斌　赵和平

山东黄河基层单位职代会建设调研报告

　　——省黄河工会　张庆彬　刘　鑫
　　　　刘　凯　张　宁　刘　昊

全省煤矿工会劳动保护工作情况调研报告

　　　　——省煤矿工会　李　斌
　　　　　　王心贺　田　浩

（三）二类课题省以下层次

关于强化基层基础、增强基层工会活力的研究和思考

　　　　——滨州市总工会　翟承军
　　　　　　郭家水　孙　磊

关于加强"智慧工会"建设的调查研究

　　　　——大唐山东发电有限公司工会

王国金　张培巧　于文林
关于实施莱芜工匠建设工程推动经济高
质量发展的调研报告
　　　　——莱芜市总工会　孟昭乾
　　　　王　敏　李汉水
关于新旧动能转换与工会工作的思考
　　　——青岛市总工会　办公室课题组
用习近平新时代中国特色社会主义思想
引领工会"三性"实践
　　　　——淄博市总工会　王树槐
关于深化开展"查保促"活动，健全群
众性隐患排查治理长效机制的调查研究
　　——胜利石油管理局有限公司车辆管理
　　中心工会　王克孝　孙培良　任耀秀
　　刘志远　尚红兵　李　斌　叶　萌
关于理顺工会组织双重领导关系　强化
对下领导职能的调研报告
　　　——胜利石油管理局有限公司工会
　　李　梅　宋旭平　刘宗辉　黄子军
　　李　伟　贾宝忠　李　霞　祝明皋
关于以深化劳动竞赛　推进新旧动能转
换的调研报告
　　　——德州市总工会　王殿凯　周美清
关于加强和改进新时代产业工人队伍思
想政治工作的调研报告
　　　——聊城市总工会　孙希华　朱　琳
关于强化基层基础增强基层工会活力的
研究
　　　　——成武县总工会　许建平

幸福和谐企业创建的实践与思考
　　——莱钢集团公司工会　李茂岭　张崇坤
　　葛文京　高　峰
拓展工会服务新模式满足员工对美好生
活的向往
　　——齐鲁石化公司工会　韩　林　齐惠怡
践行"为民情怀　职工福祉"信念追求
为魅力山钢建设提供强力支撑
　　——山东钢铁集团有限公司工会　卢彤书
　　李荣臣　金连华　孙　霞
关于强化基层基础　增强国企工会活力
的研究
　　　——齐鲁石化公司工会　杜明逸
　　刘爱东　张立群
关于提高工会经费审查审计监督水平的
调查研究
　　　　——泰安市总工会　张仁忠
强化基层基础，增强基层工会活力
　　　——莱芜市总工会　李永莲　秦立艳
关于推进企业文化建设助推新旧动能转
换工作的调查研究
　　　　——滨州市总工会　李花英
关于进一步提升工会服务农民工工作水
平的调查研究
　　　　——东营区总工会　牛东梅
　　刘国庆　朱　鹏
新时期工会劳动保护工作的创新与探索
　　　——莱钢集团公司工会　郭晓霞
　　葛文京　高　峰　宋　雪

论 文 选 编

关于深化工会改革的几点思考

王 政、刘光庆、匙 涛、
李兴龙、李 义

党的十八大以来，以习近平同志为核心的党中央坚定不移全面深化改革，为夺取新时代中国特色社会主义新胜利注入强大动力。工会改革作为全面深化改革的重要组成部分，以习近平同志为核心的党中央始终高度重视工会改革，作出一系列重要部署，提出一系列明确要求，为工会改革指明了方向、确立了目标、提供了遵循。

在省委、全总领导下，我省工会改革迅速启动、全面展开，并取得了阶段性成果。省总工会抓住增强"三性"、去除"四化"这一关键要害，坚持问题导向，在深入开展调研、借鉴试点经验、争取职能部门支持的基础上，研究制定了《山东省总工会改革实施方案》。按照改革有关要求，完成了内设机构调整、人员编制精简、事业单位改制、配套文件制定等相关工作。为加强对下指导工作，省总工会建立完善了改革督查机制，督促各部室（单位）认真落实各项改革任务；定期组织改革专项督查，推动市、县级工会加快改革步伐。目前，省、市、县三级工会改革实施方案已全部印发实施。同时，从调研督导的情况看，我省工会改革在思想认识、工作力度、推进节奏、职工参与、改革实效等方面仍存在一些问题和不足。

党的十九届三中全会对深化群团组织改革提出了新的要求，在已有改革成效基础上，持续深化工会改革，确保各级改革任务落地见效，需要加深对习近平新时代中国特色社会主义思想的理解把握，加深对习近平总书记关于全面深化改革重要论述的理解把握，加深对习近平总书记关于工人阶级和工会工作的重要论述的理解把握，更加自觉地用以指导和推动工会改革持续深化、落地见效。

一、坚持党的领导是深化工会改革的根本原则

习近平总书记指出，实践证明，坚持和加强党对全面深化改革的集中统一领导，提升党中央对全面深化改革的领导力和权威性，有利于全党全国在改革上统一思想、坚定信心，有利于改革涉险滩、闯难关、啃硬骨头，有利于统筹协调、蹄疾步稳推进各项改革，为全面深化改革提供根本政治保证。

工会改革必须在党的领导下推进。工会改革能不能保持正确政治方向，能不能取得党政满意、职工认可的成效，根本在于是不是坚持党的领导、贯彻党的意志和主张。深化工会改革，要坚持以习近平新时代中国特色社会主义思想为指导，贯彻落实党的十九大精神，牢固树立"四个意识"，坚定"四个自信"，始终在政治立场、政治方向、政治原则、政治道路上同以习近平同志为核心的党中央保持高度一致，确保工会改革始终沿着正确政治方向前进。要认真学习贯彻落

实中央党的群团工作会议和党的十九届三中全会精神，学习贯彻习近平总书记关于工人阶级和工会工作的重要论述，真正学懂弄通做实，切实把思想和行动统一到党中央关于全面深化工会改革的重大决策部署上来，在科学理论的指引下扎实做好工会改革这篇大文章。要发挥党在把方向、谋大局、定政策、促改革方面的优势和作用，在各级党委全面深化改革领导小组的领导下推进工会改革，准确把握改革要求、自觉服从改革大局、定期报告改革进展、及时反馈改革问题，不折不扣地把工会改革各项任务落到实处。

必须通过改革加强和改进党对工会工作的领导。进一步推动各级党委落实召开党委群团工作联席会议、定期听取工会工作汇报等制度机制，建立健全向党委请示报告重要工作制度，就工会落实党委重要决策部署情况、职工队伍重大情况、工会开展的重要工作重大活动等，第一时间向党委请示报告，推动解决涉及职工群众和工会工作的重要问题。坚持同级党组织和上级工会双重领导、以同级党组织领导为主的原则，建立健全上级工会与党组织协同推进工会工作机制，定期沟通工会工作重要部署，反映问题情况；与党委组织部门协同做好工会领导班子配备、工会干部交流推荐等工作，把那些政治素质高、工作能力强、群众基础好、热爱工会工作的干部选配到工会工作岗位上来。进一步完善党建带工建、党工共建机制，推动将工会建设纳入党的建设总体布局，在完善组织体系、夯实基层基础、强化服务功能、增强组织活力等方面协同推进，不断提升工会组织建设的质量和水平。

必须通过改革加强工会系统党的建设。按照新时代党的建设总要求，以推进工会改革为契机，在党的政治建设、思想建设、组织建设、作风建设、纪律建设等方面全面发力，将制度建设贯穿始终，全面加强工会系统党的建设。要更加突出各级工会党委（党组）的领导核心作用，强调在政治上做出表率，认真履行全面从严治党主体责任，带头执行党的路线方针政策，严守政治纪律和政治规矩。进一步压实管党治党政治责任，以明责、履责、考责、追责为主线，健全完善党建责任制度。要扎实推进"两学一做"学习教育常态化制度化，强化对工会干部的教育、管理和监督，不断提高工会干部党的意识、党员意识和纪律规矩意识。全面加强工会系统党风廉政建设和反腐败工作，围绕评先树优、干部选拔、经费使用等事项，加强廉政风险防控，综合运用监督执纪四种形态，增强广大工会干部拒腐防变的能力，积极打造工会系统山清水秀的政治生态。

二、惠及职工群众是深化工会改革的鲜明导向

习近平总书记要求，必须坚持以人民为中心的发展思想。要坚持眼睛向下、脚步向下，尊重基层群众实践，解决群众生产生活中面临的突出问题，务必使改革的思路、决策、措施都能更好满足群众诉求，做到改革为了群众、改革依靠群众、改革让群众受益。

职工诉求是深化工会改革的出发点和落脚点。中国特色社会主义进入新时代，我国社会主要矛盾转化为人民日益增长的美好生活需要和不平衡不充分的发展之间的矛盾。深化工会改革，就要从满足职工需求入手，通过改革切实增加工会有效供给，不断满足广大职工对美好生活的需要。从职工队伍状况调查来看，职工队伍结构发生深刻变化，职工需求也更加多元、迭代升级，例如，调查显示有 32.6% 的职工认为"共享经济""数字经济"等新业态对自己的就业岗位产生了较大冲击。这就要求工会改革必须紧紧围绕最关心最直接最现实的利益问题，认真履行维护职工合法权益、竭诚服务职工群众的基本职责，牢固树立群众思想、群众观念，建好建强职工法律援助站、职工服务中心、劳动者驿站等维权服务阵地，创新实施职工维权、帮扶救助、普惠服务等工作和活动载体，切实做到哪里的职工合法权益受到侵害、哪里的工会就站出来说话，使工会维权服务更用心、更贴心、更暖心。

职工参与是深化工会改革的重要保证。习近平总书记指出，改革开放在认识和实践上的每一次突破和发展，无不来自人民群众的实践和智慧。深化工会改革也必须广泛发动职工群众，通过扎实深入地宣传发动，把工会改革的重要意义、方法路径、预期效果讲清楚，使广大职工群众了解工会改革、认同工会改革、支持工会改革、参与工会改革，为工会改革积极建言献策，共同营造有利于工会改革创新的良好环境。应牢固树立问题意识，坚持问题导向，从职工群众对工会的评价、要求之中查找工会组织和工会工作存在的问题和差距，制定完善制度，改进提升工作，切实加以解决。应虚心向职工群众请教，充分尊重职工群众的首创精神，从职工群众的生动实践中汲取改革创新的智慧，积极总结各地创造的可借鉴可推广的成功经验。

职工满意是深化工会改革的衡量标准。习近平总书记强调，时代是出卷人，我们是答卷人，人民是阅卷人。答好工会改革这份考卷，应牢固树立一切为了职工的理念，从优化职能、理顺机制、创新载体等各方面入手，更加有效地维护和发展职工的劳动经济权益、精神文化权益、民主政治权利等，不断增强职工群众的获得感、幸福感、安全感。把职工满意不满意作为检验改革成效的重要标准，通过组织职工满意度测评等方式，请职工"阅卷"打分，从中寻找差距、发现不足，不断校正改革准星，做到"靶向"发力、持久用力，切实交出让职工满意的改革答卷。

三、去除"四化"现象是深化工会改革的关键所在

习近平总书记强调，要坚持把群众路线作为工会工作的生命线和根本工作路线，把工作重心放在最广大普通职工身上，改进工作作风，破除衙门作风，坚决克服机关化、脱离职工群众现象，让职工群众真正感受到工会是"职工之家"，工会干部是最可信赖的"娘家人"。中央党的群团工作会议以来，各级工会组织自身存在的"四化"问题已有所改观，但相较于职工群众的期待还存在较大差距，必须进一步加大工作力度切实加以解决。

切实把职工群众放在心里最高位置。坚持以职工为中心的工作导向，进一步增强群众观念、服务意识，带着感情主动了解职工群众在生产生活中遇到的困难和问题，带着责任积极履行维权服务各项职责，带着使命不断发展职工群众的根本利益，把工会工作真正做到广大职工群众心坎上。采用更加便捷高效的工作方式，工会法人登记、劳模评选推荐、帮扶资金发放、服务职工项目等，要公示办事流程、精简报批材料、优化审批节点，千方百计打通工会服务基层、服务职工的难点、痛点、堵点，把"一次办好"的改革要求落实到工会工作中，探索建立周末值班制、错时工作制、职工预约制等全天候回应职工诉求制度，让职工群众随时进得了门、找得到人、办得了事。认真对待职工群众的诉求，能办理的要全力以赴去办理并及时反馈办理结果，办理条件暂不成熟的要耐心细致地向职工做好说明解释工作，用细致入微、贴心暖心的服务让职工感受到工会是"职工之家"，工会干部是最可信赖的娘家人、贴心人。

切实畅通沟通联系职工群众渠道。群众路线是工会工作的生命线和根本工作路线。密切联系职工群众是工会组织最大优势，脱离职工群众是工会组织最大危险。深化工会改革，应着力破解这一最大危险，更广泛更紧密地同职工群众紧密地联系在一起。应坚持把群众路线走实走好，坚持从群众中来、到群众中去的工作方法，走出机关大楼、高墙大院，走进工矿企业、生产一线，深入到职工群众中去，嘘寒问暖、问计问需。进一步健全完善联系职工的长效机制，落实好工会机关基层联系点、领导班子成员信访接待等制度，建立联系职工情况台账，实现工会干部联系职工群众的常态化制度化。畅通网上联系职工的渠道，注重通过微信、微博等信息化手段加强网上交流互动、网上信访接办等工作，第一时间掌握职工群众的诉求和动态，第一时间给予回应和办理，最大限度地拉近工会与职工之间的距离，有效疏通工会联系职工群众的"毛细血管"。

切实增强工会组织的代表性、广泛性。各级地方工会代表大会、委员会、常委会是各级地方工会的领导机关，应严格按照工会改革实施方案要求，进一步提高基层工会工作者、先进模范人物、生产和工作一线人员在各级地方工会代表大会、委员会、常委会等工会领导机构中的比例。根据产业结构、新业态发展和职工队伍结构变化等情况，适时调整确定不同类别的代表在工会委员会、常委会中的合理比例。根据要求选好配齐挂职兼职工会干部，让更多一线职工参与工会议事决策，切实提高职工群众的话语权，更好发挥工会领导机构的作用。

切实改进工会工作模式和活动方式。围绕破解体制机制不活、机关化行政化倾向突出、习惯于运用行政化手段开展工作、工作活力不足等方面的问题，采取更加有力的措施，把广大工会干部和职工群众参与工会工作的热情调动起来，把广大基层工会组织的作用发挥出来，共同推动工运事业蓬勃发展。坚持开门办会，加强与其他群团组织、社会组织的联合，共同谋划推进工作，共建共享活动阵地，整合各方力量资源，形成推动工会工作发展的强大合力。紧紧围绕党政中心工作和工会主责主业，抓住工会工作的根本性、本质性问题，集中工会组织的人、财、物力资源，采用项目化运作方式，推动工会工作创新发展。以品牌工作打造带动工会工作全面发展，在提升工会传统工作品牌的基础上，根据新的形势任务需要，着力打造一批贴近大局、职工欢迎、影响广泛的新工作品牌，切实增强工会工作的社会影响力和在职工群众中的感召力。

四、增强基层活力是深化工会改革的强基工程

习近平总书记强调，要树立大抓基层的鲜明导向，坚持眼睛向下、面向基层，把力量和资源向基层倾斜投放，把广大职工凝聚在党的周围。深化工会改革，就要从巩固党执政的阶级基础和群众基础的高度出发，按照总书记关于加强基层工会建设"三个着力"的要求，补齐基层工会组织体系不健全、有效覆盖不到位、作用发挥不充分等短板。

进一步健全组织体系。强化乡镇（街道）、开发区（工业园区）工会组织建设，推动乡镇（街道）、开发区（工业园区）工会主席由同级副职或副职级干部担任或兼任，积极主动争取机构和人员编制，选好配齐专职工会干部，提升工会社会专业人才队伍专业化、职业化水平，切实解决好乡镇

（街道）、开发区（工业园区）工会工作力量不足问题。强化产业工会组织建设，根据形势需要适时调整省级产业工会设置，进一步加强市、县级产业工会组织建设，在人、财、物力方面给予保障，明确产业工会职能职责，制定并落实工作任务督查考核制度，确保各级产业工会建起来、转起来、活起来。强化机关、事业单位工会组织建设，特别是在机构改革、事业单位改革中，避免撤并工会组织、削弱工会工作力量现象发生。

进一步扩大有效覆盖。加强"两新"组织建会力度，结合创业平台、楼宇商圈、专业市场、货运物流、合作经济组织等领域的不同特点，采取更加灵活的建会模式，进一步加强党建带工建的工作力度，广泛组织货车驾驶员、物流快递员、护工护理员等群体入会进家，不断扩大组织覆盖。打通企业外职工单体入会通道，树立依靠职工建会管会的思想，畅通网上入会通道，设立职工单体入会服务窗口，广泛吸纳职工入会，倒逼企业建会。扎实开展农民工入会工作，加大农民工聚集领域建会力度，适应农民工流动性大的特点，为农民工会籍转接创造便利条件，通过加大宣传、普惠服务，最大限度地吸引农民工加入工会组织。

进一步建强职工之家。加强职工之家阵地建设，统筹各方资源，采取与其他群团联建、工会单独建设等多种形式建设服务职工阵地，切实加大资金投入，指导和帮助各级工会建设职工之家。增强职工之家的综合服务能力，紧紧围绕满足职工群众多样化、多层次需求，不断丰富职工之家建设内涵，组织开展文体比赛、健康讲座、心理疏导等职工喜闻乐见的活动，确保职工之家有吸引力、凝聚力。

进一步配强工会主席。一个基层工会组织能否很好地履行职能、发挥作用，选好配强工会主席是关键。应把握好标准。工会主席人选既要具有较好的政治素质、工作能力、思想作风，更要对职工有感情、知职工、懂职工、爱职工，在职工中有较高微信和良好形象。要提升好能力。加强工会业务培训，搭建微信、微博等学习交流平台，加强基层工会相互之间的交流学习，帮助他们提高做好工会工作的能力。要履行好职责。严格按照基层工会选举工作有关规定，规范选举程序，通过公推直选、委员会选举等形式，切实将党政认同、职工拥护的工会主席选上来。

进一步加强分类规范。抓好机关、事业单位工会的规范化建设，加强工会工作人员的配备使用、业务培训、工作指导，明确工作职责，协调解决工会经费财政划拨等问题，确保机关事业单位工会作用充分发挥。抓好公有制企业工会的规范化建设，发挥其工作基础扎实、干部素质较高、职工民主意识较强等优势，在规范提升、深化创新上持续用力，争创模范职工之家。同时，坚决制止在国企改革改制中将工会与其他部门合并设置等弱化工会组织的做法。抓好非公企业工会的规范化建设，推动《工会法》《中国工会章程》贯彻落实，督促非公企业工会依法依规履职，注重培养不同类型典型，以点带面、引领示范，不断提升非公企业工会工作水平。

五、完善运行机制是深化工会改革的重要抓手

制度机制更具全局性、稳定性、长期性。运行机制改革既是工会改革的重要内容，也是巩固扩大工会改革成果的有效抓手。

提升法治化水平。工会的法治化建设是法治国家、法治政府、法治社会建设的重要组成部分，深化工会改革，应牢固树立法治思维，积极弘扬法治精神，切实增强法治观念，在宪法法律的范围内谋划推进工作，形成办事依法、遇事找法、解决问题用法、化解矛盾靠法的思维方式。强化合法性审查，确保每一份文件、每一项政策都依法合规，切实做到依法建会、依法管会、依法履职、依法维权。加强源头参与，积极参与涉及职工利益和工会工作的各项法律法规的制定修改，共同推动劳动法律法规体系健全完善，配合人大、政府相关部门开展劳动法律监督检查，促进形成有法可依、有法必依、执法必严、违法必究的良好法治环境。要运用法治手段，推行工会劳动法律监督意见书、建议书制度，加大普法宣传、法律服务、法律援助力度，引导和帮助职工依法理性表达诉求，维护社会和谐稳定。提高法治能力，不断壮大以工会公职律师、工会法律顾问、法律服务志愿者、工会法律援助律师团等工会法律工作力量，采取更加有效的措施，提高工会干部法律业务素质和依法维权能力。

体现群众化特点。在工作对象上体现群众化，坚持走群众路线，把工作的重心放在职工特别是一线职工身上，站稳群众立场，工会一切工作都围绕职工去谋划、部署、推动，发动职工群众参与。在工作任务形成上体现群众化，坚持定期开展职工需求调查，并作为定政策、做决策的重要依据，确定工会重点工作、举办重大活动、制定重要文件、实施服务职工重大项目，都要事先征集基层和职工的意见建议。在推进工会工作上体现群众化，在劳动竞赛、维权服务等方面充分调动工会会员、代表委员、积极分子、志愿者等参与工会工作的积极性，共同做好工会各项工作。在工作考核评价上体现群众化，稳步推进会务公开，接受职工群众的评议评价，增加年度目标责任考核中职工群众和基层工会满意度测评结果的比重，探索委托第三方定期开展职工满意度测评机制，把工会工作评判权交到职工群众手里。

善用网络化手段。注重树立互联网思维，把握互联网存在的开放性、包容性、交互性、人性化等特点，运用用户思维、服务思维、创新思维、融合思维等，对舆论引导、建会入会、技能培训、宣传教育、困难帮扶、维权服务、民主管理、心理援助等工会各项工作进行重塑和再造，重在建立适应移动互联网时代的业务流程和工作模式，切实发挥互联网在改进工会工作方面的重要作用。注重打造互联网平台，坚持以职工需求、工作需要为导向，加快工会微博、微信、APP 客户端、官方网站和数据库等建设，切实发挥其在联系引导服务职工方面的重要作用，不断提升工会互联网平台的实际效能和影响力。注重运用大数据技术，强化对职工有关数据的收集、分析和研究，获取职工队伍在行为偏好、利益表达、思想认识等方面的重要信息，为职工提供更加精准周到的服务，充分发挥数据在工会保障职工权益资源配置和运用中的主导作用。注重提升管网用网能力，加强网上工会工作培训，提升广大工会干部知网用网管网的能力，增强网络保密意识，提高工会互联网安全防护能力，全面提升"互联网+工会"工作水平。

实现社会化运作。运用社会化手段，充分发挥工会作为枢纽型社会组织的重要作用，积极承接政府转移的有关服务职工职能，强化社会治理功能，进一步加强对劳动关系领域社会组织的政治引领、示范带动、联系服务，与其他群团组织和党政职能部门共建共用共享服务群众的阵地和平台，有效拓展工会服务职工的广度深度，提升效率效能。引入社会化力量，成立专门的工会工作志愿者组织，招募志愿者参与到为职工群众服务的活动中；通过招聘招募、购买服务等形式，引入工会社会化专业人才、工会法律服务和援助律师、心理咨询和培训师等社会力量，有效解决当前各级工会存在的工作力量不足、专业人才匮乏等方面的问题。注重社会化效果，打破自我封闭、自我循环的运行状态，组织对工会开展的重点工作、重大活动的社会评价，加大对工会工作的宣传力度，坚决摒弃那些投入高、效能低、口碑差的工作项目，注重增强工会工作的社会效应，赢得广大职工的普遍认同。

六、加强上下协同是深化改革的必然要求

习近平总书记指出，注重系统性、整体性、协同性是全面深化改革的内在要求，也是推进改革的重要方法。深化工会改革，也要坚持系统集成、相互协调，上下联动、整体推进。

顶层设计要完善。继续做好立柱架梁、夯基垒台的工作，在省委、全总的领导下，深刻把握工会改革的时、度、效等问题，进一步完善工会改革任务书、时间表、路线图。在深入调查研究的基础上，进一步研究制定适应新形势需要的深化改革举措，出台工会改革相关配套文件。发挥上级工会组织站位更高、手段资源丰富的优势，积极协调职能部门，根据改革实施方案要求出台相关支持政策，为下级工会改革提供政策依据。

工作统筹要加强。明确责任分工，把各项改革任务分解落实到各部室（单位），明确落实标准和时限要求，建立改革任务完成情况通报机制，对改革不到位、落实不积极的部室（单位）和个人予以通报。加强工作指导，指导市、县级工会按照省委、全总有关要求稳步推进改革，帮助解决改革过程中遇到的实际困难和问题。规范工作程序，建立改革文件论证制度，工会及各职能部门出台的文件，通过召开论证会、听证会的形式，听取职工群众、社会公众的意见建议；建立改革效果评估制度，注重综合评价，查找解决问题，增强改革实效。

基层创新要支持。通过组织优秀改革创新项目评选等方式鼓励各级工会积极破解改革中遇到的难点、堵点、痛点。重大改革，可先行先试，鼓励支持有条件的地方工会、基层工会开展改革试点，在取得成功经验基础上，以点带面，全面推开。建立容错纠错机制，落实习近平总书记"三个区分开来"的思想，大力营造"鼓励创新、宽容失败"的浓厚氛围，保护那些在工会改革过程中大胆闯、大胆试、大胆改的工会干部，让广大工会干部轻装上阵、锐意改革创新。

督导推动要跟进。定期组织开展工会改革专项督察，总结推广各市、县级工会改革创新的亮点经验，查找问题不足，提出改进意见建议，确保工会改革取得实效。积极推动各级党委建立群团改革督察机制，督任务、督进度、督成效，察认识、察责任、察作风，不断消除工会改革障碍、加快改革任务落实。发扬钉钉子精神，抓住工会改革的关键点和突破口，持续发力、久久为功，以更大力度、更实举措推动工会改革不断深化，进行到底。

（作者单位：省总工会政研室）

关于工会参与实施
乡村振兴战略的实践与思考

刘淑秀、高立国、张雪峰、邱军安

实施乡村振兴战略，是党的十九大做出的重大决策部署，是决胜全面建成小康社会的重大历史任务。"党有号召、工会有行动"，是工会组织保持和增强政治性的具体体现。进入新时代，如何主动适应形势发展

需要，按照党和政府的要求，充分发挥自身职能优势，找准工作切入点，积极参与到乡村振兴战略实施中来，在推动乡村振兴中大显身手、做出贡献，是各级工会组织和广大工会干部应该认真面对、深入研究的新课题新任务。临沂是农业大市，截至2017年末，全市共有农村人口475万，农业耕地1260万亩，分别占全省的11%以上，均列全省第一位；粮食、油料、蔬菜、肉类、水果生产总量分别列全省第6、第1、第5、第2、第2，在山东占有十分重要的位置，是乡村振兴"齐鲁样板"中不可或缺的一环。近年来，特别是省总工会制定下发《山东工会参与乡村振兴战略实施十项措施》后，全市各级工会和工会干部认真学习领会上级有关政策要求以及文件精神，结合临沂农村农业发展实际，进行了深入思考，并主动付诸实践，为打造新时代乡村振兴的沂蒙样板做出了积极贡献。

一、加快推进乡村振兴，工会责无旁贷、重任在肩

习近平总书记强调指出，让乡村振兴成为全党全社会的共同行动，要求山东"打造乡村振兴的齐鲁样板"。工会作为党领导下的群团组织，是党的工作的有力助手。参与和推动乡村振兴战略，工会组织责无旁贷，理应主动参与、积极作为。

（一）参与乡村振兴，是突出工会政治功能，促进基层党的建设的有效载体。做好群众工作，保持党同人民群众的血肉联系，是全党重大而紧迫的政治任务。工会工作是党的群团工作、群众工作的重要组成部分，是党治国理政的一项经常性、基础性工作。当前的农村，一二三产业逐步融合发展，农村园区化、农业产业化、农民职业化的趋势愈加明显，很多农民放下锄头，进入工厂，催生了大量农业从业人员，成为有固定收入

的新型产业工人。最大限度把他们吸收到工会组织中来，使他们成为工人阶级坚定可靠的新生力量，是工会的重要政治责任。参与乡村振兴、工会进农村，可以说是新时代工会组织增强政治性、践行党的群众路线的又一具体实践。临沂是全国著名的革命老区，在长期的革命和建设实践中，形成了"爱党爱军、开拓奋进、艰苦创业、无私奉献"的沂蒙精神，坚定不移"听党话、跟党走"，是沂蒙精神的灵魂所在。作为老区工会，更应该积极主动在党的领导下开展工作，把包括农民工在内的广大职工更加紧密地团结在党的周围。

（二）参与乡村振兴，是工会围绕中心、服务大局的生动实践。农村兴则国家兴。农业农村农民问题是关系国计民生的根本性问题，解决好"三农"问题是全党工作的重中之重，乡村振兴则是新时代"三农"工作的总抓手。中央和省市委都把实施乡村振兴战略，作为当前各项工作的重中之重，先后做出一系列决策部署。围绕中心、服务大局，是群团工作的生命线。只有紧贴党和政府的中心工作，才能彰显工会工作的活力，才能切实保持和增强先进性。市委市政府立足临沂实际，提出了打造乡村振兴"沂蒙样板"的工作要求。各级工会必须积极响应党委政府号召，紧紧围绕乡村振兴这一工作大局，创新思路、科学谋划，强化措施，切实发挥好工会组织的职能优势，积极助力乡村振兴、努力推动转型发展。

（三）参与乡村振兴，是工会组织履职尽责的应有之义。中国工会的基本职责是维护职工合法权益、竭诚服务职工群众。新时代，我国社会主要矛盾已经转化为人民日益增长的美好生活需要和不平衡不充分的发展之间的矛盾。适应这一新变化，不断满足职工群众的美好生活需要，成为新时代工会的

奋斗目标。当前，随着农业产业经济的迅速发展，大量包括农民工在内的各类从业人员工作、生活在农村。《中国工会章程》明确规定，以工资收入为主要生活来源的劳动者，都可以加入工会。这就需要工会健全乡镇（街道）—村（社区）—企业小三级工会组织体系，吸纳他们加入工会、为他们服务。一方面，工会需要维护他们的合法权益。农村经济的发展涌现出多种形式的经济体，劳动关系愈发复杂，农民工权益维护显得尤为重要而迫切。工会作为职工的"娘家人""贴心人"，有责任、有义务从工资收入、民主管理、劳动安全等方面为广大农民工提供保障，维护好他们的合法权益，从而调动激发他们参与推进乡村振兴的积极性创造性。另一方面，工会需要满足他们的服务需求。农村生产生活方式的改变，使得农耕文明变得多元，广大农民工在教育培训、生活服务、文化供给方面的需求也更加多元。工会必须始终不忘竭诚为职工服务的初心使命，发挥职能优势，着力推动改善农业从业人员的生产生活环境，确保他们共享改革发展成果，增强获得感，提升幸福度。

（四）参与乡村振兴，为新时代工会工作发展开辟了新领域、搭建了新舞台。时代在发展，事业在创新，工会工作也要发展、也要创新。一直以来，工会的工作范围、对象和领域都在城市，在企事业单位。但随着城乡一体化建设，城市与农村的界限不再像以前那样清晰，进城务工和返乡创业也模糊了工人和农民的身份，户籍制度改革取消了农业户口和非农业户口，统称居民；在企业特别是非公企业内部，传统意义上的"正式工、铁饭碗"早已不复存在，全员竞争上岗、同工同酬、多劳多得。企业更加重视研发产品、技术工人，工人更加重视工作环境、劳动报酬、技术含量。这些变化，为工运事业发展带来了新机遇、新挑战。说是挑战，因为在农村开展工会工作，面对的是全新的领域、新兴的组织和新进的群体，还有层出不穷的新问题，工会不能仅凭以往在城市的老经验、老做法开展工作，需要结合农村的实情想办法、找思路；说是机遇，因为乡村振兴为工会开辟了新的天地，工会"进农村"，延伸了工作触角，丰富了工会理论，巩固了工农联盟，也必将推动新时代工运事业不断实现创新发展。

二、参与乡村振兴战略实施，工会有优势、有条件

工会是党领导的职工群众自愿结合的工人阶级群众组织，是国家政权体系中的重要组成部分，在国家政治经济社会生活中具有重要的地位。工会参与乡村振兴战略实施，具有一些浑然天成的优势和条件。

一是有政治优势。坚持党的领导，是工会组织开展工作必须遵循的重要原则，也是中国工会特有的政治优势。这就决定了，一方面，各级工会必须认真贯彻落实党的各项路线方针政策，主动服从服务于党和国家工作大局，始终做密切党和政府与职工群众联系的桥梁纽带，履行教育职能，加强政治引领，有效地把职工群众认识行动凝聚到上级各项决策部署上来；另一方面，工会组织也可以在党委政府的领导支持下，协调整合党政部门、经济组织、社会团体等各个方面的资源力量来开展工作。乡村振兴是一项涉及多部门多领域的系统工程，工会固有的协调各方、整合资源的政治优势，是其能够在乡村振兴中发挥作用的先决条件。

二是有组织优势。近年来，各级工会按照全总、省总的部署要求，坚持重心下移，服务拓展，大力推进乡镇（街道）工会建设，工作领域不断延伸，组织覆盖持续扩大，很多村居（社区）、农业专业合作社、田园综合体等农业经济组织工会相继成立。与此同时，不断加大力度，连续多年开展了农民工入会和"八大领域、八大群体"建会入会集中行动，把大量农民工和村居（社区）内的流动务工人员吸纳到工会组织中来。可以说，随着城乡一体化进程的加快，"工会进农村"已经成为新时代工会工作的重点着力方向。而逐步健全完善的乡镇（街道）小三级工会组织网络体系，也为工会参与乡村振兴打下了良好的基础。

三是有工作优势。工会进农村，归根结底还是做群众工作，这也是工会组织的本质属性。近年来，各级工会围绕服务发展、服务职工，积极探索、主动作为，逐步形成了一系列成熟有效、影响广泛的群众工作经验、工作品牌、工作机制。在阵地建设方面，既有工人文化宫这一"工人的学校和乐园"，也有自上而下建立的维权帮扶中心（站点）、"职工之家"，既有服务就业创业的"工友创业园"，也有正在建设完善的"两微一站"等工会网上服务平台；在品牌打造方面，有劳动竞赛、技术比武、岗位练兵，也有"四季服务""工惠乐学""结对帮扶""妈妈小屋"等等，这些辨识度高的工会"标签"；在运行体制方面，有工会与政府联席会议、工资集体协商、厂务公开民主管理、劳动关系协调等一套行之有效、逐步完善的维权服务机制。这些工作优势，可以结合新时代农村发展的形势特点，进一步深化拓展、巩固提升，在参与乡村振兴中发挥重要作用。

四是有人脉优势。一方面，工会源于职工、贴近职工、熟悉职工、了解职工，特别是通过多年来卓有成效的工作，赢得了各级党政、社会各界、广大职工的支持和认可，"工会就是做好事的"成为当下一种社会共识，职工对工会组织具有一种天然的信赖感。另一方面，工会直接接触大量的企业家、劳动模范，既了解企业的经营状况、发展需求，也了解先进模范的成功经验、特技绝活，可以积极"牵线搭桥"，帮助涉农企业搭建合作交流空间，也可以通过建设"劳模创新工作室"等方式，充分发挥劳模的示范引领作用，推动农业生产经营不断实现管理创新、技术创新、产品创新，提升农村各项事业发展质量。

五是有政策优势。刚刚闭幕的中国工会十七大指出，"要树立大抓基层的鲜明导向""哪里有职工群众、哪里就要有工会组织，哪里需要做群众工作、工会工作就跟进到哪里""把工作力量、经费使用等进一步向基层倾斜"。去年以来，省总工会审时度势，及时提出了"五个强化"的指导思想，今年又制定出台了"三个工程、三个十条"，形成了新时代山东工会工作"四梁八柱"，特别是《山东工会参与乡村振兴战略实施十项措施》的出台，为工会工作"进农村"指明了发展方向、提供了基本遵循。此后，省总工会又陆续制定下发了具体分工方案、促进工友创业工作意见等一系列配套文件，在责任分工、资金扶持、正向激励等方面做了进一步细化，针对性、前瞻性和可操作性都很强，必将引领和推动全省工会工作不断开启新篇章。

三、临沂工会在助推乡村振兴方面做出积极探索

临沂市总工会按照省总工会以及市委市政府关于参与乡村振兴战略实施的部署要求，立足临沂市情，在深入调研的基础上，研究出台了《临沂工会参与乡村振兴战略实施十项措施》，创新思路载体，狠抓工作落实，在助推乡村振兴战略实施方面进行了有益探索，并取得了明显成效。

（一）坚持组织先行，建设"农字号"

工会。一是，点面结合、抓组织覆盖。在整体布局上，根据形势发展需要，结合深化工会改革，明确乡镇（街道）一级全部成立总工会，逐步健全完善以乡镇（街道）工会为龙头，以村（社区）工会为重点，以小微企业为基础的"小三级"工会组织网络。在重点把握上，瞄准"农字号"，先后分别与市委两新组织工委、市农业局、市农业开发办联合下发文件，开展集中建会行动，大力推动村居社区、劳务市场、农业专业合作社、田园综合体等农业经济组织建立工会。目前，全市156个乡镇街道全部建立了总工会或工会联合会，建立村居（社区）工会1309个，依托农业特色产业或新型经营主体成立各类工会组织376家。如沂水县借助基层换届时机，在全部村居社区建立工会；兰陵县代村成立了全省首家村级总工会；兰山、河东、罗庄在零工市场成立工会联合会。二是，四轮并驱、抓作用发挥。首先，党工共建"推"，与市委组织部联合发文，坚持"五联"模式深化"党工共建"，着力推进"农字号"工会的规范化建设；其次，城乡结对"带"，专门下发了《关于开展城乡工会"结对共建"活动积极助推乡村振兴战略实施的意见》，按照不低于20%比例，组织发动获得县区级以上模范"职工之家"称号的城市企事业单位，与"农字号"工会牵手共建；再次，干部下沉"帮"，向辖区企业和职工人数相对较多以及规模较大的社区、田园综合体选派工会工作指导员，帮助组建工会，提升工作水平，先后培育形成了兰陵代村、沂南朱家林田园综合体等一批先进典型；最后，搭建平台"促"，依托3区零工市场搭建农民工服务平台，定期调查摸底，及时掌握务工人员需求，有针对性的提供入会帮助、职业介绍、技能培训、文化娱乐等服务。如费县在外出务工人员较多的20个村居社区建设"农民工之家"，定位为工会工作服务站，在务工人员外出打工前，征集汇总个人需求，有针对性地开展免费培训；加强与务工地工会组织的沟通联系，实施联合维权，为村级工会有效发挥作用做出了积极探索。

（二）深化提素建功，锻造"新农人"队伍。一是加强思想引领。针对新时期职工队伍构成新变化，坚持"线上线下"有机结合，通过创设"五微"载体、组建劳模宣讲团下基层宣讲、因地制宜建设职工文明实践站，潜移默化地加强教育引导，切实帮助广大职工提高思想认识，增强"主力军"意识，坚定信心，焕发热情，更加积极主动的参与乡村振兴实践。沂水县与县委组织部、宣传部联合，选定8名劳模工匠组建宣讲团，赴村居社区等基层一线巡回宣讲24场次，反响很好。二是助推技能提升。把农民工培训纳入整体培训计划，依托市县区培训学校、实训基地，有计划地对返乡就业农民工、就业困难人员实施"订单式"培训，促进了农民工队伍素质不断提高。去年以来，市县工会推出"工惠乐学"项目，利用业余时间，免费为广大职工开展包括钳工焊工、财务等内容在内的培训；针对农民工主要就业岗位技能需求，组织劳动模范、技术高手拍摄教学短视频，在零工市场等公共场所，利用视频电视滚动播放。沂南县创新"互联网+工友创业"培训模式，在线开设YY课堂、微课堂、云课堂，对农民工进行培训，促进就业创业。近年来，全市工会开展各类培训6000余次，参与职工30余万人。三是组织建功立业。以"当好主人翁、建功新时代"为主题，联合相关部门在涉农企业、交通水利、旅游服务等行业领域开展劳动竞赛、技能大赛、技术比武，吸收农民工技术骨干参与企业课题攻关、技术比武和技术改造。临沭县举办旨在打造"临沭柳编"地理标志的技能大赛，对优胜者授予"振兴临沭"劳动奖章，促进了柳编技术创新，提升了行业发展质量。沂水、沂南在当地农业观光企业中开展职业技能比武活动，提高了从业人员综合素质，推动形成了特色旅游品牌。

（三）引导创新创业，力促"新农业"发展。一是实施创业带动。大力培养选树为乡村振兴作出突出贡献的劳动模范、致富能手、技术人才等先进典型，强化正向激励和示范带动。全国劳模、兰陵县代村党委书记王传喜通过大力发展集体经济，带动全村80%的村民从事二、三产业，2017年，全村各业实现总产值26亿元，村民人均纯收入6.5万元，提前实现了全面小康；市"工友创业"先进个人、莒南县职工孙成果经营开元百货公司后，主动吸纳、支持具有创业愿望的返乡农民工加盟设点，在乡镇、社区建立直营超市37处，直接或间接帮助1200余名职工实现创业，累计提供农民工就业岗位4000余个；市"工友创业"先进个人、临沭县职工袁春山创立春山茶厂后，带动附近农民和返乡创业人员自办、联办大小茶厂上百家，并延伸发展形成了独具特色的苏鲁交界茶文化产业园。二是突出创新驱动。充分发挥各级劳模的示范引领作用，创新经营管理，传授绝活、技艺，大力发展智慧高效绿色农业。省劳模、金正大集团董事长万连步致力研究农业现代化生产模式，牵头成立金丰公社，覆盖全县所有乡镇，对小麦、玉米、花生全程托管专业化服务，极大促进了农产品品质的改善及产量的提高，2017年实现全程托管2万余亩，发展社员3千余名，有力的促进了农业增效、农民增收。市级劳模、费县果业局职工徐明举成立创新工作室，开设果农乐视频网传授果树种植新技

术，迄今已累计制作、发布视频750多个，点播量超1500万次，深受果农们的欢迎。三是凝聚合力联动。积极推动建立九间棚刘嘉坤、后峪子梁兆利、代村王传喜、厉家寨厉明聪等四位建国后各个时期的临沂农村典型带头人组成发展联盟，向全市农村党组织书记发出"弘扬沂蒙精神，做脱贫攻坚乡村振兴带头人"的倡议，实现优势互补、资源共享、抱团发展，共同谱写新时代乡村振兴新篇章。

（四）主动跟进服务，助推"新农村"建设。心贴心维护合法权益。站稳职工立场，用法律为农民工撑起"一片天"。加强法治宣传教育，不断增强农民工的法制观念和依法维权意识，携手签约律师事务所在全市范围内开展了为期两个月的"遵法守法·携手筑梦"农民工维权法律援助专项活动，开展宣传、讲座24场次，直接服务农民工20000余人次；协同政府有关部门开展农民工工资支付专项检查行动，加大对拖欠农民工工资行为的查处力度，让他们过上"安心年"；建立健全工会法律服务合作律师制度，畅通"12351"职工维权热线，做好农民工个案维权工作，帮助通过仲裁和诉讼解决劳动争议问题150余件次、挽回损失1000余万元。手拉手实施帮扶救助。通过对口帮扶、支部共建、劳模助建等多种形式，开展精准帮扶，推动了改革发展成果共享。聚焦农民工群体，专门研究下发文件，深入开展"情系农民工、爱心传万家"活动。如沂水县组织发动"百名劳模结对帮扶百户贫困家庭"，102名劳模与387户贫困家庭结成帮扶对子，走访贫困户860余户次，帮扶现金461.3万元、物资5万余元。点对点选派"第一书记"。从市、县区（开发区）工会选派优秀工会干部到贫困村担任"第一书记"，积极支持开展党建、基础设施建设、

引进扶贫项目等帮扶工作，帮助薄弱村脱困走强。市县两级工会共选派 52 名"第一书记"到村任职，协调投入帮扶资金 5000 余万元，在乡村经济社会事业发展中发挥了积极作用。市总工会连续被评为全市"第一书记"工作先进单位。

四、关于工会参与乡村振兴战略实施的几点启示

（一）工会参与乡村振兴，前提是认识到位、行动统一。要加强宣传教育。通过多种有效载体，广泛宣传习近平总书记关于乡村振兴战略的重要论述，宣传党在农村的路线方针政策，宣传工会组织的职责定位，教育引导广大工会干部牢记初心使命，帮助职工群众深刻认识实施乡村振兴战略的重大意义，改变乡村振兴与我无关的错误观念，切实把思想认识统一到中央和省市委的决策部署上来，提高政治站位，形成行动自觉。要加强工作领导。推动乡村振兴，是一项重要的政治任务。必须把这项工作摆上工会重要议事日程，切实加强组织领导。省市工会已经先后制订出台参与实施乡村振兴战略的十条措施，各级工会要结合自身实际，认真研究贯彻落实措施，逐条分解明确责任，列出任务单，排出时间表，创新工作措施，强化跟踪问效，以踏石留印、抓铁有痕的工作作风抓推进，确保各项任务落到实处。要加强调查研究。将新时代"三农"问题和工会参与推进乡村振兴战略，特别是农民工、农业劳模等群体相关问题研究，纳入工会调研课题范围，推动形成一批调研成果，为工会参与乡村振兴战略实施提供决策参考。要进一步抓好工会干部"333"联系基层服务职工工作机制，深入一线开展调查研究，及时发现和解决工作中遇到的新情况、新问题，对症下药，破解难题，确保工作顺利推进。

（二）工会参与乡村振兴，基础是健全组织、发挥作用。要抓好工会组建。《中国工会章程》明确规定，"社区和行政村可以建立工会组织"。各级工会要根据形势发展变化，特别是助推乡村振兴战略实施的实际需要，坚持重心下移，把工会建到农村去，把组织覆盖进一步扩大到乡镇、村居（社区），延伸到农业农村中的新经济体，比如农业专业合作组织、家庭农场、田园综合体等规模经营主体。这些新兴的经济形态，成为农民工就业创业的新领域、新天地，工会都要及时跟进，逐步建立健全工会组织。要持续深化农民工集中入会行动，创新入会方式，最大限度将农民工吸收到工会组织中来。要强化职工服务。突出抓好基层工会的规范化建设，为发挥作用搭建平台、提供支撑。进一步健全完善乡镇（街道）、社区和企业职工服务网络，积极推动将基层工会服务站点纳入乡镇（街道）党群服务中心、社区党群服务站和区域性党群服务中心建设内容，以乡镇党群服务中心、特色小镇、产业集聚区、工业园区、骨干企业的职工服务中心（站、点）为依托，推进工会服务进乡镇、进园区、进乡村企业。要改进工作方式。紧密结合农村发展实际，充分考虑职工群体特点，以更接地气、更加灵活多样的方式方法开展工作，为广大农民工提供及时有效、供需对路的服务。要善于利用基层网格化管理架构延长工会手臂、发挥工会作用。要加强网上工会工作，既可在田间地头、厂矿车间传授技能，也可利用互联网传播知识，打造线上线下相融合的服务平台。

（三）工会参与乡村振兴，关键是人才培育、劳模引领。乡村振兴需要靠人去推动，在农村培养一批适应形势需要、有技术能发明会创新的高素质人才队伍，是推动战略实施的关键之举。一方面，加快培育职业"新农人"。农民是农村发展的主体，培育新型职业农民是激发其主体能动性的催化剂。要积极推动搭建农民工技能学习和交流平台，加快建设农民工实训基地、"农民工夜校"等，注重发挥全省职工网上学习系统和"工惠乐学"平台作用，有计划地对返乡就业农民工、农村转移劳动力、就业困难人员实施"私人定制"式的岗位技能培训。另外，充分利用当地特色产业，鼓励相关企业和合作社及社会组织参与"新农人"培训，建立健全人才培养、评价、使用、激励机制，逐步构建多方参与的人才培育格局，促进业务能力和综合素质同步提升。另一方面，注重发挥先模引领作用。要大力选树为乡村振兴做出突出贡献的农业劳动模范，加大培养、选树和宣传返乡农民工创业创新先进典型，积极发现、培育、推广在乡村振兴中涌现出的农村工会组织，切实发挥他们的正向激励作用，以点带面，逐步推开，形成百花齐放的良好局面，充分汇聚助力乡村振兴的智慧力量。要关注支持劳模典型，关心关爱他们的生活和工作，积极搭建相互交流、相互学习、相互切磋的平台，让农业劳模们互通有无、取长补短，共同为乡村振兴助力添彩、勇立新功。

（四）工会参与乡村振兴，重点是发展经济、促进和谐。乡村振兴最重要的是发展和稳定。工会要切实履行建设、维护职能，充分调动发挥各类农业从业人员的主体作用，为农村改革发展稳定做出贡献。要组织岗位建功。以"当好主力军、聚力新动能、建功新时代"为主题，联合相关部门围绕现

代高效、绿色、智慧农业，以及农村有关建设项目，广泛开展形式多样的劳动竞赛，组织动员广大职工特别是农民工积极参与进去，推动项目建设提质增速；围绕发展农业"新六产"，鼓励职工立足岗位开展"五小"（小发明、小创造、小革新、小设计、小建议）竞赛，激发他们的创新创造活力。要实施创业带动。注重抓好"工友创业"行动的深化拓展，探索建设"返乡农民工创业园"，通过政策指导、技能培训、资金扶持、基地孵化等措施，扶持有创业意愿和能力的返乡农民工在农业生产、加工、物流、研发和服务领域实现创业，努力做到立足实际，科学合理，促进返乡农民工创业园向有特色、专业化方向发展。组织劳模和新兴农业组织带头人，以及爱心企业和劳模企业，以项目指导、技术服务、资金参股、贸易合作等方式，对口支持农民工返乡创业项目，帮助初创企业解决技术难题，实现成功创业，振兴乡村经济。要维护和谐稳定。加强对农民工群体的法治宣传教育，指导企业建立完善职代会、工资集体协商等制度，加大法律援助力度，当农民工合法权益受到侵害时，工会能旗帜鲜明地站出来帮助他们、维护他们。健全完善帮扶服务机制，把困难农民工纳入工会帮扶体系，开展好日常救助活动，鼓励有实力、责任感强的企业家参与到扶贫工作中来，构建社会化救助格局。倡树社会主义核心价值观，丰富职工文化生活，弘扬农村新风正气，积极推动乡村文明。

（作者单位：临沂市总工会）

政 策 法 规

山东省总工会关于印发《山东工会参与乡村振兴战略实施十项措施》的通知

鲁会〔2018〕31 号

各市总工会，省产业工会，大企业工会，省直机关工会，省总工会机关各部室、各直属事业单位：

为发挥工会优势，助力乡村振兴，打造齐鲁样板，省总工会研究制定了《山东工会参与乡村振兴战略实施十项措施》，现印发给你们，请各地各单位高度重视，认真抓好贯彻落实。

山东省总工会

2018 年 6 月 7 日

山东工会参与乡村振兴战略实施十项措施

实施乡村振兴战略，是党的十九大作出的重大决策部署，是决胜全面建成小康社会、全面建设社会主义现代化国家的重大历史任务。习近平总书记要求山东要"打造乡村振兴的齐鲁样板"。全省各级工会组织要认真落实习总书记的重要指示精神，按照省委、省政府的部署要求，紧贴中心、服务大局，主动参与、积极作为，以实际行动为谱写新时代乡村全面振兴山东篇章贡献工会智慧和力量。

一、提高政治站位，发挥工会优势助力乡村振兴。各级工会组织和工会干部要充分认识实施乡村振兴战略对于统筹推进"五位一体"总体布局和协调推进"四个全面"战略布局、实现"两个一百年"奋斗目标的重大意义，从新时代巩固工农联盟、促进城乡融合发展的高度，将参与、服务乡村振兴作为工会重大工程，充分发挥工会组织紧密联系职工群众的政治、组织、宣传优势，做好乡村振兴战略的宣讲者、推动者、参与者；突出农民工这个群体，积极引导、支持、鼓励农民工返乡创业就业、投身家乡建设，动员社会力量广泛参与乡村振兴工作；加大对推进乡村振兴新形势下农村、农业、农民问题的研究，紧紧抓住新时代农村劳动力转移和农民工返乡创业的机遇，及时有效地建立乡村工会组织，跟进开展乡村工会工作，在实现乡村振兴的进程中开拓工会工作新领域，不断取得工会工作新成果。

二、建强一线阵地，推进工会工作向乡村延伸。在第二、三产业相对发达，且农民工较为集中的村，成立村级工会；在农业专业合作组织、家庭农场等规模经营主体中，成立工会组织。持续深化农民工集中入会行动，创新入会方式，最大限度将农民工吸收到工会组织中来。以乡镇党群服务中心、特色小镇、产业集聚区、工业园区、骨干企业的职工服务中心、站（点）为依托，推进工会服务进乡镇、进园区、进乡村企业。

三、强化教育培训，建设农业"新六

产"农民工主力军。推动习近平新时代中国特色社会主义思想和党的十九大精神进入农民工工作生活的企业、车间、班组，教育引导农民工践行社会主义核心价值观。积极推动政府和企业搭建农民工技能学习和交流平台，建立健全技术工人培养、评价、使用、激励机制，鼓励农民工自主学习，帮助农民工提升岗位专业技能。依托工会培训机构，有计划地对返乡就业农民工、农村转移劳动力、就业困难人员实施"订单式""定向化"岗位技能培训，促进就业能力和就业质量双提升。

四、开展劳动竞赛，激发涉农企业创新创造活力。以"当好主力军、聚力新动能、建功新时代"为主题，联合相关部门在当前乡村振兴急需的交通通讯、农田水利等建设和参与农村"七改"（改路、改房、改水、改电、改圈、改厕、改灶）的企业中开展立功竞赛，推进乡村基础设施建设；围绕发展现代高效农业，开展岗位技能竞赛，推进质量效益提升；围绕发展绿色农业、智慧农业，开展职工创新竞赛，催生农业新兴业态，壮大乡村企业；在乡村企业中广泛开展安全生产竞赛，实现安全发展。在广大返乡就业创业农民工中开展"五小"（小发明、小创造、小革新、小设计、小建议）竞赛，激发他们的创新创造活力，为乡村振兴建功立业。

五、实施精准扶持，帮助农民工成功返乡创业。依托各级"工友创业园"、工友实训基地等工会创业平台，通过政策指导、技能培训、资金扶持、基地孵化等措施，扶持有创业意愿和能力的返乡农民工在农业生产、加工、物流、研发和服务领域实现创业。组织农民劳模、企业劳模和新兴农业组织带头人，以及爱心企业和劳模企业，以项目指导、技术服务、资金参股、贸易合作等方式，对口支持农民工返乡创业项目，帮助初创企业培训技术人才，解决技术难题，实现成功创业，振兴乡村经济。

六、依托扶贫机制，打造工会帮包村振兴样板。积极选派优秀工会干部到贫困村担任第一书记，集全会之力支持第一书记开展工作。狠抓村两委干部调研学习、村党员干部教育培训和各项规章制度健全完善，增强基层组织活力，提升治理水平。积极协调推动各村道路硬化、村容美化和文明乡村建设等项目落地落实，改善帮包村生产生活条件。积极争取政策资金，引进适合帮包村发展的休闲农业、乡村旅游、扶贫车间、光伏发电等扶贫项目，推进农村电商、微商发展，建设美丽乡村，实现可持续发展。

七、履行维权职责，切实维护农民工合法权益。深入开展法治宣传教育，不断增强农民工的法治观念和依法维权意识，指导农民工与用人单位依法订立和履行劳动合同。创新农民工参与民主管理的形式，坚持和完善企业职代会制度，完善政府、工会、企业共同参与的协商协调机制，参与构建和谐劳动关系。协同政府有关部门开展农民工工资支付专项检查行动，加大对拖欠农民工工资行为的查处力度，健全源头预防、动态监管、失信惩戒相结合的制度保障体系。加大对农民工群体的法律援助力度，根据需要免费为权益受到侵害的农民工"打官司"。积极推动劳动人事争议仲裁机构和人民法院为农民工劳动争议案件开辟"绿色通道"，按照"快立、快审、快结、快执"的原则及时化解矛盾，保障农民工合法权益。

八、普惠特惠结合，提高工会服务农民工质量水平。深化工会就业创业服务月、"春风送岗""民营企业招聘周"等活动，完善各级职工服务中心、工会网上服务等就业对接平台，线上线下相结合促进农民工就业。将符合条件的入会困难农民工纳入职工帮扶救助体系，并在"冬送温暖"和"金秋助学"活动中突出出来。关心关爱户外农民工工作生活，将其作为"夏送清凉"的重点群体，协调各方力量推进户外劳动者服务站点建设。督促企业落实农民工与城镇职工在社会保障、查体、疗休养等方面享有同等待遇，加强对农民工的人文关怀，每年为农民工相对集中的企事业单位送400场次以上（省总工会送50场次）心理健康公益巡讲，并开展心理咨询活动。继续深化关爱农民工子女上学、农民工平安返乡等主题活动，努力增强农民工群体的获得感、幸福感。

九、加强结对共建，助推城乡互补共赢协调发展。 开展"城乡工会手拉手"活动，组织县以上地方工会和省属大企业工会与乡村企业工会结对帮扶，帮助乡村企业工会建起来、转起来、活起来。鼓励工会志愿者对接帮助困难农民工，多层面促进城乡产业、人才、文化互补交流。引导返乡农民工在倡树喜事新办、厚养薄葬、节俭养德、文明理事等移风易俗文明创建行动中起带头作用。在职工疗休养活动中，积极组织新农村建设成就观摩等体验活动，促进职工了解农村，促进城乡交流，支持乡村旅游事业发展。

十、实施正向激励，激发全社会参与乡村振兴积极性。 大力选树为乡村振兴做出突出贡献的农业劳动模范，加大培养、选树和宣传返乡农民工创业创新先进典型，积极发现、培育、推广在乡村振兴中涌现出的农村工会组织。省总工会每年表彰一批优秀农村工会组织、一批返乡创业"农民工之星"，授予五一劳动奖，并给予物质激励。各市总工会结合本地实际，制定相应奖励措施，激励基层工会在乡村振兴中蓬勃发展、奋发有为，激发广大农民工践行劳模精神、劳动精神、工匠精神，发动广大职工群众为打造乡

村振兴的齐鲁样板做出积极贡献。

山东省总工会
关于新时代职工之家建设
的十条意见

鲁会〔2018〕33号
（2018年6月14日）

为深入贯彻习近平新时代中国特色社会主义思想和党的十九大精神，认真落实习近平总书记关于"要把工会组织建设成为广大职工群众信赖的'职工之家'，把工会干部锤炼成为听党话、跟党走、职工群众信赖的'娘家人'"的重要指示要求，在新时代现代化强省建设中更好发挥工会组织的作用，现就新时代职工之家建设提出如下十条意见。

一、扩大建会建家覆盖面，促进新领域新业态新组织职工入会进家。 从2018年下半年开始，实施"新领域、新业态、新组织建会入会集中行动"，以县（市、区）为单位，对"两新"组织、各类园区、特色小镇、创业平台、楼宇商圈、专业市场、货运物流、合作经济组织等八大领域拉网排查，采取单独组建、区域联建、行业统建、党群共建等模式，最大限度扩大组织覆盖。通过网上申请入会、在农民工聚集地设立流动服务窗口和企业外单体入会等形式，广泛组织货车驾驶员、物流快递员、护工护理员、家政服务员、商场信息员、网约送餐员、房产中介员、保安保洁员等八大群体入会进家。争取到2020年底，八大领域建会率和八大群体入会率均达到70%以上。制订职工之家建设三年规划，力争到2020年底，全省80%以上的基层工会达到全总提出的"六有"目标。以市为单位建立工作台账，明确

建会建家时间表、路线图、任务书，并加强指导推动，抓好任务落实。省总工会采取项目化管理方式，一月一调度、一季一通报，并结合定期检查抽查，加强督促落实，每季度检查情况直接向各市党委分管领导通报。

二、加强职工之家阵地建设，实现职工之家建设实体化、便利化。坚持"会、站、家"一体化建设，指导基层工会在整合现有资源的基础上，按照方便、就近的原则，突出职工聚集的重点区域，科学布局和规划建设区域性职工服务阵地和文体活动阵地，强化阵地的服务和活动功能，提供"菜单式"服务，开展职工喜闻乐见、丰富多彩的活动，满足职工对美好生活的多元化、个性化需求，提高工会的凝聚力和社会影响力。争取用两年左右时间，基层阵地达到"八有"标准，即有活动场所、有统一标识、有文体设施、有职工书屋、有管理制度、有活动计划、有经费保障、有人员管理。县（市、区）总工会负责阵地建设的具体落实，市总工会加强调度推动，省总工会定期检查通报。

三、采取直选和挂职方式，选好配强基层工会主席。积极稳妥推行党组织领导下的基层工会主席直接选举，努力破解基层工会主席角色定位问题。经营管理正常、劳动关系和谐、职工队伍稳定的中小企事业单位，在新建会或工会到期换届时，在同级党组织和上一级工会组织领导指导下，采取职工民主推荐、候选人现场竞职演说、会员直接投票选举的方式，规范"申请、筹备、动员、推荐、协商、公示、选举、报批"八个步骤，真正把知职工、懂职工、爱职工的优秀人才选拔到工会主席岗位上来。2018年在每个市选取一个县（市、区）、一个开发区进行试点，2019年全面推开。在全省开展工会干部挂职非公企业"第一主席"工作，自

2018年下半年起，从省、市、县、乡四级工会中选派1000名干部，派驻到当地未建立工会或工会工作薄弱的非公企业挂职"第一主席"，着力解决非公企业工会存在的突出问题，推动工会干部作风转变，面对面、心贴心、实打实为基层服务，为职工服务，推动非公企业工会工作逐步规范化、科学化。

四、充实基层工作力量，打造专业化、职业化工会社会工作人才队伍。与省人社厅、民政厅联合出台《关于加强工会社会工作专业人才队伍建设的意见》，到2020年，工会社会工作专业人才队伍达到4000人以上。职工人数超过2000人的乡镇（街道）、开发区（工业园区）、特色小镇和乡村振兴示范样板等，根据工作需要，配备工会社会工作专业人才。鼓励各级聘用的社会化工会工作者参加全国社会工作者职业水平考试，将取得国家社会工作者水平评价类职业资格证书的人员纳入专业技术人员管理范围。建立健全工会社会工作专业人才薪酬保障、评价激励、教育培训、职业发展等机制，参考事业单位有关标准，根据实际情况设置工会社会工作专业人才岗位等级和工资标准，同时按照国家有关规定办理社会保险和公积金。推荐优秀工会社会工作专业人才参选竞聘乡镇（街道）、开发区（工业园区）工会专职副主席。支持山东管理学院开设社会工作专业，为各级工会组织培养专业人才队伍。

五、开展"双争"活动，提升职工之家建设水平。制定《开展"争创职工信赖的职工之家、争做职工信赖的'娘家人'"活动实施意见》和《评分标准细则》。根据基层工会"六有"标准，按照合格、先进、模范三个等级，区分机关（事业）、国有（集体）、非公企业等单位性质，分别制定标准、提出要求。改进职工之家评比方式，不再事

先分配名额，由各基层工会根据工作标准自主创建、自主申报，逐级考评、审核、表彰。连续三年保持模范荣誉称号的基层工会和工会主席（副主席），可作为推荐申报上一级工会"五一劳动奖状（章）"的依据。把基层工会是否获得省级模范职工之家荣誉称号作为本单位及其党政领导、工会主席参评省级荣誉称号的条件。对获得职工信赖的职工之家、职工信赖的"娘家人"荣誉称号的单位和个人，由命名单位颁发奖牌、证书，并给予适当物质奖励。省总工会每年选树十佳职工信赖的职工之家、十佳职工信赖的"娘家人"，分别授予富民兴鲁劳动奖状（章）荣誉称号，并对十佳职工信赖的职工之家奖励50万元工作经费，给予十佳职工信赖的"娘家人"相应的政治待遇。推行基层工会为职工办实事公开承诺制度，每年制定为职工办实事项目清单，明确具体内容和标准，为职工群众提供精准服务，定期组织职工代表对承诺事项兑现情况进行评议。加大职工群众满意度在考核复核中所占分值比重，对会员评家满意度达不到70%的进行及时整顿。建立职工之家动态管理机制，对基层建家情况每年一考核，三年一复核，对复核合格的予以确认，不合格的提出限期整改要求，整改期限一般不超过半年，逾期未整改或经整改仍未达标的，由命名单位撤销其称号。

六、加大工会干部培训力度，全面提升工会干部专业素养。制定分级分类培训基层工会干部规划。从2019年开始，省总工会每年选派200名优秀基层工会干部到工会工作先进的省、市进行培训；各市总工会负责每年对乡镇（街道）工会专职主席轮训一遍；县（市、区）总工会负责抓好其他基层工会干部的教育培训工作。同时，将工会社会工作专业人才的培训列入各级工会年度培训计划。督促和协助企业行政用好8%的职工教育经费，抓好职工代表培训，着力提高职工代表整体素质和参政议政能力。基层工会干部每年参加各类学习培训累计一般不少于7天。拓展网上培训渠道，在工会网络平台开设专门模块，将工会业务知识讲座制成视频定期推送，供广大工会干部学习。加大工会干部专业培训力度，建立工会组织专业人才库，鼓励工会干部参加各类法律、劳动关系协调、职业安全与卫生、心理咨询等执业资格考试，提升工会干部的专业素养与维权能力，努力把工会干部锤炼成职工群众信赖的"娘家人"。

七、充分利用新媒体，打造团结引领职工新矩阵。建设"网上职工之家"，利用网络阵地加强政治引领、普惠服务、沟通协商等工作，增强"家"的粘性。以省总工会网上工作平台为依托，鼓励支持基层工会进行个性化定制和开发，通过文体活动、法律援助、帮扶救助等手段引领职工向上向善，满足职工多样化需求。发挥基层工会在职工思想政治引领工作中的优势和作用，鼓励机关、企事业单位工会利用各种阵地开办线上线下新时代文明传习所，面向职工群众，深入浅出地讲解习近平新时代中国特色社会主义思想的丰富内涵，讲解十八大以来党和国家发展取得的辉煌成就，讲解新时代中国特色社会主义发展的战略安排，讲解实现中华民族伟大复兴中国梦的美好前景，努力做到讲解有高度有温度，有理论有实践，使广大职工群众增强"五个认同"，不断推动学习宣传贯彻习近平新时代中国特色社会主义思想往深里走、往实里走、往心里走，引导职工感党恩、听党话、跟党走。

八、强化经费保障，加大资金向基层倾斜力度。依法推动具备社团法人资格的工会开设独立经费账户，督促基层工会及时足额计提工会经费，严格基层工会经费收支管理，严格工会经费票据管理。完善《山东省乡镇（街道）、开发区（工业园区）工会经费收缴办法》，推动乡镇（街道）、开发区（工业园区）总工会对所隶属的基层工会实施经费收缴按比例留成。按照权随责走、费随事转原则，对基层工会重点工作实行项目化补助，加大工会经费向基层倾斜力度，把更多资金用于服务基层、服务职工。

九、坚持党建带工建，把职工之家建设纳入党建工作总体部署。 落实中央和省委加强和改进党的群团工作的意见中"把群团建设纳入党建工作总体部署"的要求，健全落实党建带工建、工建促党建工作机制，将其纳入党建工作责任制考核，实现党建与工建工作同部署、同落实、同检查。构建资源共享机制，按照区域化党建工作的要求，把工会活动阵地建设纳入基层区域化党建工作之中，推进基层党组织和工会组织阵地统筹共建、队伍统筹培养、活动统筹安排、资源统筹共享。与省委"两新"组织工委联合出台《关于加强"两新"组织党建带工建工作的意见》，推动在实施乡村振兴战略、"两新"组织建设中发挥工会组织优势，及时吸收农民工和新业态、新领域劳动者入会，为建立党组织奠定基础。

十、切实加强组织领导，确保职工之家建设尽快见效。 各级工会都要成立新时代职工之家建设专门领导机构，形成省、市、县合力推动的工作格局。坚持职工主体地位，依靠职工群众建家，发动职工群众评家，通过职工之家建设真正惠及广大职工群众。建立全会分工包靠责任制，明确职工之家建设目标进度，由领导班子成员调度督促、各职能部门分工负责，推动问题多、难度大、工作弱的地方和领域重点突破。建立定期检查通报制度，采取集中检查、定期抽查、暗访

调查、电话和网络访问等方式，力促工作落实，检查和调度情况每年通报到各级党政主要负责人。建立学习交流制度，注重培育可推广、可复制的先进典型，并通过召开会议、现场观摩、媒体传播、表彰奖励等形式进行宣传推广，努力形成建家工作品牌效应，不断扩大职工之家的社会影响力。

山东省总工会关于加强工会维权工作的十条意见

鲁会〔2018〕35号

（2018年6月14日）

维护职工合法权益是工会的基本职责。习近平总书记指出，工会必须始终高举维护职工权益的旗帜，在维护职工合法权益上更加有为，推动发展和谐劳动关系。为深入贯彻落实习近平总书记重要指示精神，切实强化工会维权主责主业，努力打造"职工有困难找工会"工作品牌，更好实现职工群众对美好生活的向往，充分激发全省职工建功新时代的强大力量，现提出如下十条意见。

第一条，畅通诉求渠道，全天候立体式回应解决职工诉求。 设立网上维权"快速通道"，依托微信公众号、手机APP、工会网站等更加便捷高效地回应解决职工维权诉求。畅通12351职工维权热线，全天24小时提供咨询服务，在安排工会领导定期接访的基础上，引入有经验、懂法律的专业化团队接听解答职工来电，通过"统一接听、分类交办、按时办结"的工作模式，实现职工维权事项"一站式"受理、"一条龙"服务。各级工会服务中心（站点）探索实行周末值班制、错时工作制、职工预约制，全天候受理职工诉求。对职工反映的维权问题，

工会应在 3 个工作日内予以回应，能解决的抓紧解决，解决不了的及时做好说明解释工作，并积极向有关职能部门反映解决。

第二条，突出争议调处，构建"四方联动"维权工作机制。建立工会、人社、司法行政、法院"四方联动"工作机制，实现资源整合、信息共享、联动调处。推广依托县级以上劳动人事争议仲裁机构等场所设立劳动争议联合调处中心的做法，一并设立劳动争议调解室、劳动人事争议仲裁庭，有条件的法院可设立专门处理劳动争议的法官工作室或巡回法庭，为职工提供调解、仲裁、诉讼"一站式"服务。工会应推动培训合格、取得资质的工会工作人员聘任为调解员、兼职仲裁员、陪审员，积极参与调处劳动争议案件，最大限度维护职工合法权益。

第三条，加强法律援助，为权益受到侵害的职工伸张正义。扩大工会法律援助的受益面，通过主动为职工提供工会援助，主动与司法行政部门、劳动人事争议仲裁机构协调职工法律援助案源，对职工劳动报酬、社会保险方面的合法维权诉求提供"零门槛"援助等措施，使工会法律援助服务惠及更多职工，做到"应援尽援"。增强工会法律援助的便利性，通过在各级工会服务中心（站点）、法律援助中心、劳动人事争议仲裁机构等场所设立工会法律援助站（窗口）等方式，密织工会法律援助网络，实现全省市辖区"2 公里"范围内、非市辖区"半小时"工作圈内全覆盖。从 2018 年开始，全省工会系统每年为职工免费提供法律援助服务至少 1 万件，为职工提供法律援助服务案件数量占全部劳动争议案件数量的比例逐年提高。

第四条，强化法律监督，直面劳动违法行为坚决发声亮剑。大力推行工会劳动法律监督意见书、建议书制度，倒逼劳动违法用人单位整改、督促劳动执法部门执法。综合运用大数据分析和抽样定点监测等手段，建立省市县三级企业劳动关系状况动态监测报告制度，定期向党委政府及职能部门反映企业劳动关系和职工权益实现情况，提出工会的意见建议。建立工会与政府公共信用信息服务平台的工作对接机制，将拒不改正劳动违法行为的用人单位信息纳入政府公共信用信息系统，形成联合惩戒效应，加大劳动违法成本。省市县三级工会定期公布一批工会劳动法律监督典型案例，发出工会声音，形成震慑效应。

第五条，坚持重点突破，切实增强基层工会维权工作实效。把集体协商和职代会建设作为基层工会维权的重要突破口，努力提升维权工作集中度。继续开展集体协商"集中要约"行动，签订、落实好"1+3"集体合同（综合集体合同和工资专项集体合同、女职工权益保护专项集体合同、劳动安全卫生专项集体合同）。将行业性集体协商作为主攻方向，集中发力，重点突破。2018 年全省至少培育 10 个重点行业性集体协商典型，制定指导意见，2020 年县级以上产业工会涵盖行业全部开展行业性集体协商。县以上工会每年选树 3—5 个能谈、会谈、谈得好的企业典型，发挥示范带动作用。健全完善职代会制度，特别重视做好新旧动能转换、化解过剩产能过程中的职工权益维护工作，确保企业改革改制、职工分流安置、工资奖金调整等重大方案必须经职代会审议通过方能实施。

第六条，关注弱势群体，扎实做好农民工维权服务工作。开展农民工集中入会行动，最大限度将农民工吸收到工会组织中来。协同政府部门开展农民工工资支付专项检查行动，加大对拖欠农民工工资行为的查处力度，健全源头预防、动态监管、失信惩戒相结合的制度保障体系。加大对农民工群体的法律援助力度,对农民工合法权益受到侵害的典型案例,工会应第一时间选派律师免费提供法律援助服务,并积极推动劳动人事争议仲裁机构和人民法院为农民工劳动争议案件开辟"绿色通道",按照"快立、快审、快结、快执"的原则及时化解矛盾。推进工会户外劳动者服务站点建设,实施免费送心理健康行动,2018 年,全省建成 1000 个"工会爱心驿站",举办 1000 场心理健康公益讲座,增强农民工获得感幸福感安全感。

第七条,整合维权资源,不断汇聚工会维权工作合力。 省市两级地方工会设立维权工作委员会,统筹协调配置工会维权的人、财、物资源,努力破解工会维权职能分散、系统性不足问题。充分发挥政府与工会联席会议制度的源头维护作用,省市县三级地方工会每年都应就职工维权问题提出议题,提交联席会议研究审议。加大对议定事项的督查力度,通过推动政府开展督查、工会干部明察暗访、委托社会力量调查等方式,督促联席会议议定事项落实,督查情况及时向党委政府汇报。同时,重视发挥协调劳动关系三方机制在解决劳动关系问题上的重要作用。

第八条,坚持"以上代下",真正为基层工会维权打气撑腰。 按照基层工会在服务中实现维权,上级工会在维权中实现服务的基本工作定位,进一步调整不同层级工会的工作职能。针对难以履行维权职能的基层企事业单位工会,特别是非公有制企业和中小微企业工会,可按照工会隶属关系,由其上一级工会代为履行维权职能。"以上代下"主要基于以下情形:阻挠职工依法参加工会组织的;擅自撤销、合并工会组织的;妨碍职代会、厂务公开制度建立或正常运行的;

拒绝、拖延集体协商或拒不履行集体协商成果的;发生比较严重的劳动侵权行为的。

第九条,强化人才支撑,打造工会依法维权专业化队伍。 注重培养工会法律专业人才,不断壮大工会公职律师队伍,提升具有法律专业背景的工会干部比例。注重加大购买社会服务力度,到 2018 年底,省市县三级工会全面建立并规范工会法律顾问、法律服务志愿者制度,全部组建工会法律援助律师团。注重加强集体协商指导员队伍建设,努力实现能代表、会维护、善协商的工作目标。注重加强劳动关系协调员队伍建设,到 2020 年底,省市县三级工会取得劳动关系协调员、劳动争议调解员资质的工会干部达到 1000 人以上。

第十条,完善评价机制,把维权工作的评价权交到职工手中。 把职工群众的满意度作为衡量工会维权工作的根本标尺,着力解决工会维权工作与职工维权诉求供需不对路的问题。组织开展摸底调查,切实摸清职工对工会维权工作的真实评价情况,找准存在问题,明确工作方向。建立职工满意度调查制度,让职工对工会维权工作评议打分,并通过工会调查、委托第三方调查等多种方式增强调查的科学性。职工满意度调查的结果每年在工会系统内部通报,并适时向社会公布。职工满意度明显偏低的要限期整改。

关于印发《"齐鲁工匠"创建"工匠创新工作室"激励办法》的通知

鲁会〔2018〕39 号

各市总工会,省产业工会,省直机关工会,大企业工会:

《"齐鲁工匠"创建"工匠创新工作室"

激励办法》已经省总工会14届第98次主席办公会议研究同意，现印发给你们，请认真抓好贯彻落实。

山东省总工会

2018年6月25日

"齐鲁工匠"创建
"工匠创新工作室"激励办法

第一条 为深入贯彻习近平新时代中国特色社会主义思想和党的十九大精神，大力弘扬劳模精神、工匠精神，创新高技能人才队伍建设机制，充分发挥"齐鲁工匠"示范引领和牵引带动作用，激发人才创新创造创业活力，根据《关于实施"齐鲁工匠"建设工程的意见》（鲁人组发〔2018〕24号），制定本办法。

第二条 省总工会支持"齐鲁工匠""齐鲁大工匠"领衔创建"工匠创新工作室"，给予创新资金资助。

第三条 "齐鲁工匠"领衔创建的创新工作室，给予5万元创新资金资助；"齐鲁大工匠"领衔创建的创新工作室，给予30万元创新资金资助。

第四条 资助资金由省总工会实行一次性资助、一次性发放。

第五条 工匠创新工作室所在单位在收到省总工会资助资金一个月内，应按不低于1∶1的比例对资助资金进行配套，未配套者不得动用省总工会的资助资金。

第六条 资助资金的使用原则：科学合理、公开透明，专款专用、账目清晰。

第七条 资助资金实行统一管理、集中核算。账务处理如下：市级工会收到资助资金时记"上级补助收入—专项补助"，拨付创新工作室所在单位基层工会时列"业务支出—专项业务费"。工匠创新工作室所在单位基层工会收到的资助资金由各单位工会列

入"代管经费"科目核算。

第八条 资助资金用于创新工作室的项目研究、设备购置、人才培养、创新成果宣传推广、工作条件改善等方面。

第九条 省总工会对资助资金的管理使用情况进行监督检查，如发现有截留、挤占、挪用资助资金的行为，将根据有关规定进行严肃处理。

第十条 本办法由省总工会负责解释。

第十一条 本办法自发布之日起施行。

山东省总工会
关于"智慧工会"建设工程
的实施意见

鲁会〔2018〕48号

各市总工会，省产业工会，省直机关工会，大企业工会：

利用大数据、云计算、移动互联网等新一代信息技术，实现工会各项工作的"数字化"，努力建设山东"智慧工会"，实现工会业务、组织方式、工作模式的变革和创新，构建起"服务职工新园地、联系职工新渠道、工会宣传新阵地、工作交流新平台、信息收集新方式、数据分析新手段"，实现对职工需求、基层需要的智慧响应，更加高效便捷地服务职工群众，是山东工会工作科学发展的必然要求。

按照省委"大学习、大调研、大改进"的部署要求，省总工会对"智慧工会"建设进行了深入调研，经过反复论证，形成了成熟的建设方案。2018年8月2日，省政府办公厅在组织相关专家严格评审后，批准同意了我们的建设方案。为完成好山东"智慧工会"建设工程的各项工作任务，现制定如下意见：

一、建设原则

（一）坚持共享开放。"智慧工会"建设工程必须以信息共享和数据的互联互通为基础，打通工会系统的数据孤岛，做到信息集成、数据共享、平台统一、标准一致。实现工会业务纵向到底全覆盖，数据信息横向到边全聚合；提前谋划工会数据的共享，做好与其他政府部门的数据对接准备，积极融入全省大数据战略之中。

（二）坚持鼓励创新。"智慧工会"建设工程需要全省各级工会组织的齐心协力、各尽所能，在用足用好全省大平台的同时，各市、省产业和大企业工会要在工作理念、工作方法、服务内容、工作载体、运行机制、组织形态等方面进行大胆创新，不断丰富完善山东工会工作平台的内容和形式，实现全省各级工会组织的智慧化运行，省总工会将及时总结各单位的优秀创新成果并在全省推广。

（三）坚持统分结合。充分调动省、市、县三级工会组织的积极性，形成省总工会统一开发、各市总工会运维管理、县（市、区）总工会积极参与的工作格局。构建省总工会与各市总工会、省产业和大企业工会平台群，省总工会服务平台作为总系统，各市总工会、省产业和大企业工会为子平台，既能独立运行，又能实现信息互通、数据互联、资源共享。

（四）坚持分步实施。"智慧工会"建设工程是系统工程，需要统筹规划、分步实施。坚持高效便捷、务实管用、先易后难、分步实施，努力使平台功能更贴近职工会员、更接地气，切实发挥作用。

二、建设思路

山东"智慧工会"建设工程按照"12345"的工作思路展开，"1"是同上一片云（政务云），"2"是打造二终端（移动端、电脑端），"3"是实现"三统一"（做到统一规划、统一标准、统一建设），"4"是构建"四平台"（"齐鲁工惠"普惠服务职工平台、新媒体宣传平台、数据整合实施平台、自动化办公平台），"5"是实现"五级覆盖"（工会网上工作平台覆盖到省、市、县、乡、企业），形成"省总主导、市总主抓、五级覆盖"的信息互联、资源共享、优势互补、工作互动的全省"互联网+工会"工作体系。

三、建设内容

山东"智慧工会"建设工程主要由网上工作平台和软件系统组成。

（一）"齐鲁工惠"普惠服务职工平台建设

1. 全省普惠服务职工体系统一命名为"齐鲁工惠"，同步建设手机APP，做到美观大方，功能完善，服务职工，服务基层。

2. 在17市推广应用，各市总工会可在省总工会基础平台上进行个性化的定制和开发，全省形成统一规范、数据融合、各具特色、有高度粘性的普惠服务职工平台矩阵。

3. 积极对接省委组织部的"灯塔-党建在线"网站，实现"党网"有工会的位置、工会网站传播党的声音，努力建设党联系群众、服务群众的重要阵地，积极打造我省"网上服务第一品牌"。

4. 做好省总工会网站的改版升级，形成统一规范的全省工会系统网站矩阵。

（二）新媒体宣传平台建设

1. 开发面向全省职工的微信、微博等主流网络新媒体。

2. 整合《山东工人报》《职工天地》杂志社资源、人力，建设我省工会系统网上信息采编的专业团队。

3. 开发融媒体管理平台，省、市、县总工会可利用该平台实现信息共享、稿件互推等。

（三）数据整合实施平台建设

1. 建设全省工会组织数据库和全省工会会员数据库，实现数据的资产化、标准化、服务化，为加强工会会员管理、精准服务、政务协同、宏观决策提供技术和数据支撑。

2. 做好工会数据的综合利用开发，从关联的数据信息中进行舆情分析、发现问题、判断趋势，为领导决策提供参考依据；通过对广大职工用户行为数据分析，实现对职工的精准服务。

3. 建设以用户为中心的"一站式"服务门户系统，提供电脑、手机、平板设备等多种接入方式，将原有分布在各应用系统的功能模块通过统一工作平台进行集成展示。

（四）自动化办公平台建设

对省总工会自动化办公系统进行升级改造，同步开发移动办公系统，实现省总工会机关收发文件、公文交换、信息报送、移动审批、会议管理、邮件查阅、文件共享、实时沟通、移动办公等业务网上快速流转、无纸化办公。

同时，省总工会还将开发全省财务、经审管理系统，实现工会经费的网上监管和信息提取；原部署在莱钢集团的山东省职工网上学习系统，将迁移到省政务云；省总工会各部门现有业务应用系统将在完善、升级的基础上逐步嵌入山东"智慧工会"工程相应工作平台当中。

四、实施路径

（一）合理分工，各负其责

山东"智慧工会"建设工程由五个项目组同时推进。"齐鲁工惠"普惠服务职工平台及数据整合实施平台由网络办牵头，政策研究室、权益保障部、基层工作部协助开发建设；新媒体宣传平台由宣传教育部牵头，山东工人报社、职工天地杂志社协助开发建

设；自动化办公平台由办公室牵头开发建设；全省财务、经审管理系统由财务部、经审办开发建设；山东省职工网上学习系统迁移工作由生产保护部组织实施。网络办对新媒体宣传平台、自动化办公平台、财务经审管理系统开发建设以及山东省职工网上学习系统迁移工作给予技术支持。

（二）统一开发，分级运营

本着分级负责的原则，"齐鲁工惠"普惠服务职工平台、新媒体宣传平台、数据整合实施平台、自动化办公平台以及相关软件系统由省总工会通过招投标程序，选择一家或几家技术实力强、有一定影响力的公司统一开发，开发费用由省总工会统一支付；各市总工会运营、维护及拓展开发特色模块费用由各市自行支付。

（三）完善流程，分步实施

山东"智慧工会"建设工程将按照方案设计、方案评审论证、项目招标、项目建设、试运行、正式运行及培训等几个阶段有序推进。项目招投标结束后，计划利用3~4个月的时间完成项目建设，利用1个月开展平台的试运行。平台建设期间，省总工会将选择1~2个市、县先期开展工会组织数据和工会会员数据的收集试点工作；平台建成后开展全省各级工会组织、工会会员数据的收集录入工作。

五、有关要求

（一）加强组织领导。各市要高度重视山东"智慧工会"建设工程的推进工作，将其作为"一把手"工程，尽快成立领导小组，由主要负责同志担任组长，统筹做好网上建设项目的协调、推进、运维等工作；成立网络工作部门或明确专门机构负责推进"智慧工会"建设工程。省总工会各部门要明确专人负责做好建设需求的对接和后期网上工作模块的运维管理工作。

（二）加强平台支撑。山东"智慧工会"建设工程对于全省工会系统重大工程、重大载体、重大活动、重大项目的落地见效发挥着平台支撑和技术支持的重要作用。今后，全省各级工会组织新建、改建信息化建设项目都要在山东"智慧工会"工程的基础上进行开发，充分利用已有资源和系统，避免重复投资；要做到标准统一、接口统一、资源共享，避免形成数据孤岛。同时要积极对接政府部门的数据平台，做好数据资源的共享开放。

（三）加强培训推广。推动将"互联网+工会"工作列入工会干部教育培训体系，定期组织开展培训，引导各级工会干部树立互联网思维，提高运用互联网开展工作的能力；树立网络安全保障意识，强化保密意识，做到网络安全与网络工作发展同步推进，确保网络和信息安全。深入研究"互联网+"发展趋势，及时总结各地工会实施"互联网+"行动的新思路、新做法、新模式，推动"互联网+工会"工作全面发展。加大宣传力度，扩大工会组织微信、网站、APP的影响力，营造有利于推进工会网上工作的舆论氛围。

（四）加强考核监督。"智慧工会"建设工作将列入省总工会重点督查内容，定期组织专项督导。建立健全考核评价机制，制定量化考核指标，接受广大职工和社会各界的监督，加强第三方评估督查与绩效评价，保障网上工会服务质量；依托智能数据库，建设工作绩效平台，系统定期自动化生成绩效情况，形成网上工会工作业务绩效考核指标体系。建立工作通报机制，定期通报各级工会网上工作进展情况，确保各项任务落到实处。

山东省总工会
2018 年 8 月 3 日

关于印发《山东省总工会关于工会经费支出实行项目化管理的办法（试行）》的通知

鲁会办〔2018〕9 号

各市总工会，省产业工会，大企业工会，省直机关工会，省总工会机关各部室、事业单位：

《山东省总工会关于工会经费支出实行项目化管理的办法（试行）》已经省总工会 14 届第 82 次主席办公会会议研究同意，现印发给你们，请认真抓好贯彻落实。

山东省总工会办公室
2018 年 1 月 15 日

山东省总工会关于工会经费支出实行项目化管理的办法（试行）

第一章　总　则

第一条　为着力推进山东省总工会重点工作和重要政策规定落实，优化工会经费支出结构，加强工会经费管理和监督，提升工会经费使用绩效，根据中华全国总工会要求，结合我省实际，自 2018 年起，对省总工会的有关经费支出实行项目化管理。

第二章　项目化管理原则

第二条　统筹安排，保证重点。根据全省工会年度工作安排，经统筹规划、科学论证，将有关工作事项及所需经费资金，按照目标任务实施项目化管理，确保工会重点工作、重要政策规定和工会工作品牌创建工程落到实处。

第三条　补助引导，推动创新。省总工会以经费补助形式，要求市级工会通过配套等方式引导资金投入，进一步优化经费支出结构，推动工会服务职工方式方法的创新。

第四条　增强管控，注重绩效。对实行项目化管理的经费资金，要切实加强对预算编制、预算执行、资金使用的管理和监督，按照"预算编制有目标、预算执行有监控、预算完成有评价、评价结果有运用"的要求，实行全过程绩效管理和监督检查，做到依法依规、专款专用。

第三章　项目类别及内容

第五条　省总工会对基本支出以外的、单项支出本级预算资金总额在 500 万元及以上的支出（包括职工活动支出、维权支出、业务支出、补助下级支出、资本性支出等）实行项目化管理。

1. 省总工会重点工作项目库。省总工会对现有项目支出建立重点工作项目库。主要包括困难职工帮扶资金、送温暖资金、劳动模范帮扶资金、职工疗休养经费补助、工会文化事业建设项目补助、困难市县工会补助、乡镇（街道）工会补助、工资集体协商指导员补助、开发区（工业园区）工会补助、市县级产业工会补助、工会干部培训支出、资本性支出等项目。

2. 市、县级回拨补助项目。省总工会对市、县级回拨补助实行项目化管理。各市级工会申请省总工会回拨补助，需按项目内容列明资金使用计划。县级工会向市级工会申请回拨补助，参照市级工会做法确定补助项目，由市级工会负责审核汇总。项目包括省总工会安排的重点工作配套资金、市县级工会安排的重点工作、有地方特色的创新工作等。

3. 新增工作项目。新增加的工作，单项支出本级预算资金总额超过 500 万元的，应实施项目化管理，纳入省总工会重点工作项目库。相关业务部门（单位）经调研论证后形成包含项目内容、实施计划、执行期限、

项目预算、绩效考核等的项目整体规划方案，经主席办公会研究同意后予以立项，纳入项目库。

第四章　项目管理

第六条　项目预算。

1. 省总工会重点工作项目库预算。省总工会财务部和省总工会机关财务按照省总工会确定的年度重点工作任务和各业务部门（单位）提交的项目资金使用计划，汇总各项目支出需求，根据年度收入预算进行综合平衡，提出各项目支出预算安排建议，提交主席办公会议研究确定。

2. 市、县级回拨补助项目预算。省总工会财务部按照上年度市、县级回拨补助水平考虑一定增幅编列预算，实际项目支出额度以当年上缴经费决算数额确定。市级工会应当于每年 5 月 31 日前向财务部报送当年度项目补助相关申报材料（见附件 1、2），项目补助额度按照上年度省总工会对各市、县级工会回拨补助数额控制。

以上省总工会重点工作项目和市、县级回拨补助项目，应当符合省总工会经费补助支持方向、范围和相关规定；申报单位及时足额上解工会经费，无截留、挪用工会经费行为；按照本级工会或者项目单位级次逐级申报项目，不得越级申报；项目申报材料必须真实、准确、完整。

第七条　项目资金拨付。

1. 各相关业务部门（单位）按照相应工作职责，依据项目工作方案和年度预算，拟出项目资金分配使用方案，提交主席办公会研究确定后拨付。

2. 各相关业务部门（单位）、市级工会应当严格按照批复的项目支出预算，认真组织执行，不得自行调整。项目完成后，要及时组织验收和总结，并将项目完成情况报送省总工会财务部和经审办。

第八条 资金管理使用。项目资金应当按规定申报、使用和管理，做到依法依规、专款专用，不得擅自变更项目资金用途。确需变更的，各相关业务部门（单位）、市级工会应当按照项目和资金管理权限逐级上报原审批主管部门批准。重大变更事项应当按照审批权限报省总工会或全国总工会批准。对于预算安排的项目经费补助，其中属于未在规定期限内分配资金或者违规跨年度使用资金的，一经发现，严肃处理。

第五章 项目监督检查和绩效评价

第九条 省总工会有关业务、财务、审计部门应当根据职责分工开展项目监督检查工作。对于虚报冒领、骗取套取、隐瞒截留、挤占挪用项目资金等的，应当依法依规进行处理，并追究有关责任人的责任，省总工会停拨或收回补助资金，三年内不予受理所在市总工会的该类项目补助申请。

第十条 建立项目预算支出绩效评价机制。对项目资金实施全过程绩效管理，加强绩效评价结果运用，促进提高经费使用绩效。具体有关项目绩效评价工作，按照绩效评价有关规定执行。

第六章 附 则

第十一条 本办法自下发之日起施行。各市级工会可结合实际制定本级管理办法，并报省总工会财务部备案。

关于印发《山东工会困难职工档案管理办法》的通知

鲁会办〔2018〕17号

各市总工会，省产业工会，大企业工会，省直机关工会：

为进一步规范困难职工档案，根据中华全国总工会《困难职工档案管理办法》（总

工办发〔2016〕36号），现制定《山东工会困难职工档案管理办法》，现印发给你们，请遵照执行。

山东省总工会办公室
2018年2月6日

山东工会困难职工档案管理办法

总 则

第一条 为进一步规范困难职工档案，发挥困难职工档案在精准帮扶、解困脱困中的基础性作用，根据中华全国总工会《困难职工档案管理办法》，结合本省实际，制定本办法。

第二条 本办法适用于全省各级工会组织对困难职工家庭开展帮扶工作档案的管理。

第二章 建档标准

第三条 困难职工建立档案以家庭为认定单位，一户一档案。困难职工家庭主要包括：

1. 连续6个月以上家庭实际人均收入低于当地最低生活保障标准，尚未得到政府救助，生活特别困难的职工家庭。

2. 家庭人均收入低于当地最低生活保障标准，已经得到政府救助，仍然生活困难的职工家庭。

3. 符合当地政府部门划定的低收入家庭标准（没有低收入标准的应控制在当地低保线上浮50%以内），由于患病、子女上学、残疾、单亲及其他特殊原因造成生活困难的职工家庭。

4. 由于遭受突发事件、意外伤害、重大疾病及其他原因导致生活困难的职工家庭。

5. 加入工会组织、按务工地标准且符合上述条件之一的农民工家庭。

第四条 职工家庭困难认定标准：家庭人均收入减去引起家庭困难因素的必要人均

支出不大于低保标准。对于人均收入超过低保标准3倍以上的意外致困困难家庭，计算收入时需加上投资性财产和储蓄。

家庭人均收入是指"家庭可支配收入/家庭总人口"。

家庭可支配收入＝家庭总收入－缴纳所得税－社会保障支出。

家庭总收入包括工薪收入、经营净收入、财产性收入（如利息、红利、房租收入等）、转移性收入（如养老金、离退休金、社会救济收入等）。

引起家庭困难因素的必要支出费用是指包括本人及家庭成员患病、子女上学、残疾、重大意外灾害等造成的支出费用。

家庭总人口原则上以户籍为单位且常年共同生活的人口计算。

第五条 具有下列情形之一的职工家庭，不在建档范围：

拥有2套（含）以上住宅的；拥有商业店铺或雇佣他人从事经营活动的；子女进入高收费私立学校或自费出国留学的；非受雇佣经常使用机动车辆、船舶、工程机械以及大型农机具的。

第三章 档案构成

第六条 本办法所称档案是指工会组织在对困难职工家庭开展帮扶工作中形成的具有保存价值的文字、图表、音像（照片、录音、录像）、电子数据等不同形式和载体的历史记录。

第七条 档案由下列三部分组成：

1. 困难职工原始档案及电子档案。原始档案包括：困难职工帮扶申请书或经本人签字认可的基层单位工会帮扶申报材料，困难职工及有关家庭成员身份证明和收入证明材料、公示证明材料、致困原因及其引发的支出证明材料，困难职工家庭申报表（应与电子档案保持一致）。各地也可根据实际需要

增加相关内容。电子档案是指工会帮扶工作管理系统和精准帮扶信息化平台中的困难职工档案。

2. 按财务制度管理的档案。有关中央财政专项帮扶资金、地方财政配套帮扶资金、用于帮扶救助的工会经费以及其它帮扶资金的政策、规定、制度等，帮扶资金的分配方案、会计凭证、银行单据等，帮扶资金实名制汇总表（发放表）、预决算报表（报告）等。

3. 日常帮扶工作档案。帮扶工作政策、规定、制度，帮扶工作会议记录、纪要，帮扶工作有关请示、报告及上级机关的批复、复函，帮扶工作有关报表和数据统计资料等。

第四章 认定程序

第八条 认定程序主要有：

1. 申报。由困难职工本人或其家属向困难职工所在单位或社区工会提出书面申请，如实填写困难职工家庭申报表并提供相关证明资料。

2. 初核。困难职工所在单位或社区工会，对职工的申报材料进行核实。对符合条件的，经研究同意后在职工所在单位或社区内进行张贴公示。公示期满后，单位或社区工会在困难职工家庭申报表上签具意见并盖章，由本人或基层工会将申请书、申报表、证明材料、公示情况移交上级工会。

3. 调查。乡镇（街道）工会、产业（大企业）工会指派2名以上工作人员入户调查，采集困难职工档案所需相关信息，并上传相关资料。派出调查人员的工会提出审查意见后，将材料上报上一级工会。

4. 认定。各市、县级工会严格按照困难职工家庭认定标准，对上报的相关材料进行审核，深入职工家庭、基层工会抽查核实。审核完成后，将认定情况逐级向下级工会反

馈，同时告知职工本人。

第五章　档案管理

第九条　困难职工档案管理实行统一领导、分级负责，并接受上级工会及档案管理部门的指导和监督。

第十条　坚持属地管理的原则。与用人单位建立劳动关系的职工，由所在单位负责建立档案。灵活就业人员，由乡镇、街道（社区）工会负责建立档案；如社区尚未成立工会，由上一级工会负责建立档案。

第十一条　解除劳动关系的失业人员，在领取失业金期间符合建档条件的，由乡镇、街道（社区）工会负责建立档案；如社区尚未成立工会，由上一级工会负责建立档案。重新就业后由新用人单位工会重新认定。

第十二条　原用人单位被撤销，应及时将档案移交到职工所在的新用人单位工会或乡镇、街道（社区）工会，无法移交的由上一级工会负责代管。

第十三条　已实行社会化管理的退休人员，原则上不再纳入建档范围。

第十四条　基层工会建立的困难职工原始档案副本需报县级（含）以上工会备案。县级（含）以上困难职工原始档案由本级工会管理。

第十五条　档案按保管期限和要求分类管理。按财务制度管理的有关档案，应根据会计档案归档要求进行归档整理。其他档案均按文书档案归档要求，独立设置类别归档整理。困难职工原始档案自撤档之日起保管10年。音像（照片、录音、录像）等特殊载体类档案应与纸质文件材料同时归档，档案保管期限相同。具有永久保存价值的电子文本、图形、数据表格归档时，应同时生成纸质文件材料一并归档保存。

第十六条　应安排专人负责整理、保管、提交已建档案资料，并负责档案安全。档案管理人员调离工作岗位时，应办妥档案交接手续。对擅自损毁、涂改、伪造档案和因工作失职造成档案损毁、丢失的，应按照有关规定查处。

第十七条　建立健全档案借阅、查询、使用制度，做好档案保密工作。档案一般用于工会系统工作查询，不予外借。建档职工个人凭本人有效身份证件可查询本人档案信息。外单位查询档案需经档案保管单位批准，并办理有关查阅手续。查询者应严格遵守查档规定和保密制度，不得泄露或擅自对外公布档案内容。

第十八条　加大档案信息化工作软硬件投入，加强档案信息的收集、管理、使用和安全等方面的建设，进一步提升档案信息共享和精准帮扶的效果。

第六章　档案退出

第十九条　困难职工档案实行动态管理。建档单位不定期对困难职工家庭状况进行核查，对经帮扶后，其家庭致困因素消除，家庭人均收入连续6个月超过当地低保标准的，要及时向市级或县级工会提出退出申请。

第二十条　困难职工退出以家庭为单位。对已经退出的困难职工纳入脱困库管理，对已经死亡的进行注销。对因各种原因返困的困难职工，可以恢复档案继续给予帮扶。

第二十一条　建档困难职工退出要严把质量关，对工作不负责任、弄虚作假、违规操作的，要给予通报批评，情节严重的，追究相关单位和人员责任。

第七章　附　则

第二十二条　各市、县（市、区）总工会可以结合本地经济发展水平和物价指数等实际情况，对那些不符合本办法建档要求但又确实相对困难的职工，制定相应管理细则，分层建立档案实施帮扶。

第二十三条　本办法自公布之日起执行，凡过去规定与本办法不一致的，以本办法为准。

第二十四条　本办法由山东省总工会负责解释。

关于印发《山东省基层工会经费收支管理实施细则（试行）》的通知

鲁会办〔2018〕70号

各市总工会，省产业工会，省直机关工会，大企业工会：

《山东省基层工会经费收支管理实施细则（试行）》已经省总工会14届第98次主席办公会议研究同意，现印发给你们，请认真贯彻执行。

山东省总工会办公室

2018年6月27日

山东省基层工会经费收支管理实施细则（试行）

第一章　总　则

第一条　为加强基层工会经费收支管理，规范基层工会经费使用，使工会经费更好地惠及广大会员职工，根据《中华人民共和国工会法》和《中国工会章程》《工会会计制度》《工会预算管理办法》《基层工会经费收支管理办法》等有关规定以及中华全国总工会（以下简称"全国总工会"）贯彻落实中央有关规定的相关要求，结合我省工会实际，制定本实施细则。

第二条　本实施细则适用于企业、事业单位、机关和其他经济社会组织单独或联合建立的基层工会委员会。

第三条　基层工会经费的收支管理应遵循以下原则：

（一）遵纪守法原则。基层工会应依据《中华人民共和国工会法》《山东省实施<中华人民共和国工会法>办法》的有关规定，依法组织各项收入，严格遵守国家法律法规，严格执行全国总工会和山东省总工会有关制度规定，严肃财经纪律，严格工会经费使用，加强工会经费收支管理。

（二）经费独立原则。基层工会应依据全国总工会关于工会法人登记管理的有关规定取得工会法人资格，依法享有民事权利、承担民事义务，并根据财政部、中国人民银行的有关规定，设立工会经费银行账户，实行工会经费独立核算。

（三）预算管理原则。基层工会应按照《工会预算管理办法》的要求，将单位各项收支全部足额纳入预算管理。基层工会经费年度收支预算（含调整预算）需经同级工会委员会和工会经费审查委员会审查同意，并报上级主管工会批准。

（四）服务职工原则。基层工会应坚持工会经费正确的使用方向，优化工会经费支出结构，严格控制一般性支出，将更多的工会经费用于为职工服务和开展工会活动，维护职工的合法权益，增强工会组织服务职工的能力。

（五）勤俭节约原则。基层工会应按照党中央、国务院和山东省委、省政府关于厉行勤俭节约反对奢侈浪费的有关规定，严格控制工会经费开支范围和开支标准，经费使用要精打细算，少花钱多办事，节约开支，提高工会经费使用效益。

（六）民主管理原则。基层工会应依靠会员管好用好工会经费。年度工会经费收支情况应定期向会员大会或会员代表大会报告，建立经费收支信息公开制度，主动接受会员监督。同时，接受上级工会监督，依法接受国家审计监督。

第二章　工会经费收入

第四条　基层工会经费收入范围包括：

（一）会费收入。会费收入是指工会会员依照全国总工会规定按本人工资收入的5‰向所在基层工会缴纳的会费。

（二）拨缴经费收入。拨缴经费收入是指建立工会组织的单位按全部职工工资总额2%依法向工会拨缴的经费中的留成部分。

（三）上级工会补助收入。上级工会补助收入是指基层工会收到的上级工会拨付的各类补助款项。

（四）行政补助收入。行政补助收入是指基层工会所在单位依法对工会组织给予的各项经费补助。

（五）事业收入。事业收入是指基层工会独立核算的所属事业单位上缴的收入和非独立核算的附属事业单位的各项事业收入。

（六）投资收益。投资收益是指基层工会依据相关规定对外投资取得的收益。

（七）其他收入。其他收入是指基层工会取得的资产盘盈、固定资产处置净收入、接受捐赠收入和利息收入等。

第五条　基层工会应加强对各项经费收入的管理。要按照会员工资收入和规定的比例，按时收取全部会员应交的会费。要严格按照国家统计局公布的职工工资总额口径和山东省总工会规定的分成比例，及时足额拨缴工会经费；实行财政划拨或委托税务代收部分工会经费的基层工会，应加强与本单位行政的沟通，依法足额落实工会经费留成部分，并及时划拨到基层工会银行账户。要统筹安排行政补助收入，按照预算确定的用途开支，不得将与工会无关的经费以行政补助名义纳入账户管理。

第三章　工会经费支出

第六条　基层工会经费主要用于为职工服务和开展工会活动。

第七条　基层工会经费支出范围包括：职工活动支出、维权支出、业务支出、资本性支出、事业支出和其他支出。

第八条　职工活动支出是指基层工会组织开展职工教育、文体、宣传等活动所发生的支出和工会组织的职工集体福利支出。包括：

（一）职工教育支出。用于基层工会举办政治、法律、科技、业务等专题培训和职工技能培训所需的教材资料、教学用品、场地租金等方面的支出，用于支付职工教育活动聘请授课人员的酬金，用于基层工会组织的职工素质提升补助和职工教育培训优秀学员的奖励。

对优秀学员的奖励应以精神鼓励为主、物质激励为辅，给予物质奖励的每人不超过500元，奖励人数不超过参训人数的15%。授课人员酬金标准参照同级财政部门制定的培训费管理办法执行。

（二）文体活动支出。用于基层工会开展或参加上级工会组织的职工业余文体活动所需器材、服装、用品等购置、租赁与维修方面的支出以及活动场地、交通工具的租金支出等，用于文体活动优胜者的奖励支出，用于文体活动中必要的伙食补助费。

文体活动奖励应以精神鼓励为主、物质激励为辅。奖励范围不得超过参与人数的三分之二，团体奖励人均不得超过300元，个人奖励最高不得超过500元；不设置奖项的，可为参加人员发放少量纪念品，纪念品价值人均不超过100元。

基层工会开展文体比赛活动的，因比赛活动的特殊需要，可安排工作餐，正餐每人每餐标准不得超过40元。

基层工会举办或参加上级工会、行业和系统组织的文体比赛活动，根据比赛项目需要，确有统一着装要求的，可为参加人员购买服装，每人每年不超过800元。

基层工会在组织开展各类比赛时，可根据比赛项目实际需要为参赛人员购买人身意外保险，购买险种根据实际情况自行确定，不得借此购买与比赛活动无关的商业保险。

基层工会可以用会员会费组织会员观看电影、文艺演出和体育比赛等，开展春游秋游，为会员购买当地公园年票。会费不足部分可以用工会经费弥补，弥补部分不超过基层工会当年会费收入的三倍。

基层工会组织会员春游秋游应当日往返，不得到有关部门明令禁止的风景名胜区开展春游秋游活动。春游秋游确有需要，可安排工作餐、开支门票、交通费等，每人每天不超过200元，其中正餐每人每餐标准不得超过40元。

（三）宣传活动支出。用于基层工会开展重点工作、重大主题和重大节日宣传活动所需的材料消耗、场地租金、购买服务等方面的支出，用于培育和践行社会主义核心价值观，弘扬劳模精神和工匠精神等经常性宣传活动方面的支出，用于基层工会开展或参加上级工会举办的知识竞赛、宣讲、演讲比赛、展览等宣传活动支出。

（四）职工集体福利支出。用于基层工会逢年过节和会员生日、婚丧嫁娶、退休离岗的慰问支出等。

基层工会逢年过节可以向全体会员发放节日慰问品，每位会员年度总额不超过1600元。逢年过节的年节是指国家规定的法定节日（即：元旦、春节、清明节、劳动节、端午节、中秋节和国庆节）。节日慰问品原则上为符合中国传统节日习惯的用品和职工群众必需的生活用品等。基层工会可结合实际

采取便捷灵活的发放方式，但不可发放现金、购物卡等代金券。

工会会员生日慰问可以发放不超过300元的生日蛋糕等实物慰问品，也可以发放指定蛋糕店的蛋糕券。

工会会员结婚、生育时，可以分别给予不超过600元的慰问品。工会会员生病住院可以给予不超过600元的慰问金。工会会员去世时，可以给予不超过2000元的慰问金；其直系亲属（限于配偶、父母、子女）去世时，可以给予不超过1000元的慰问金。

工会会员退休离岗，可以发放不超过2000元的纪念品。

（五）其他活动支出。用于工会组织开展的劳动模范和先进职工疗休养补贴等其他活动支出。

第九条 维权支出是指基层工会用于维护职工权益的支出。包括：劳动关系协调费、劳动保护费、法律援助费、困难职工帮扶费、送温暖费和其他维权支出。

（一）劳动关系协调费。用于推进创建劳动关系和谐企业活动、加强劳动争议调解和队伍建设、开展劳动合同咨询活动、集体合同示范文本印制与推广等方面的支出。

（二）劳动保护费。用于基层工会开展群众性安全生产和职业病防治活动、加强群监员队伍建设、开展职工心理健康维护等促进安全健康生产、保护职工生命安全为宗旨开展职工劳动保护发生的支出等。

（三）法律援助费。用于基层工会向职工群众开展法治宣传、提供法律咨询、法律服务等发生的支出。

（四）困难职工帮扶费。用于基层工会对困难职工提供资金和物质帮助等发生的支出。

工会会员本人及家庭因大病、意外事故等原因致困时，基层工会根据会员困难情况

可以一次性给予不超过 2000 元的慰问金，由基层工会结合本单位实际，经集体研究公示确认后，公布执行。

基层工会应按照全国总工会和山东省总工会的要求，建立和完善本单位工会会员困难职工档案，建立困难职工帮扶专项资金。具体帮扶救助标准由各基层工会根据实际情况经职代会通过后确定。

（五）送温暖费。用于基层工会开展春送岗位、夏送清凉、金秋助学和冬送温暖等活动发生的支出。

（六）其他维权支出。用于基层工会补助职工和会员参加互助互济保障活动等其他方面的维权支出。

第十条 业务支出是指基层工会培训工会干部、加强自身建设以及开展业务工作发生的各项支出。包括：

（一）培训费。用于基层工会开展工会干部和积极分子培训发生的支出。开支范围和标准以同级财政部门制定的培训费管理办法为准。

（二）会议费。用于基层工会会员大会或会员代表大会、委员会、常委会、经费审查委员会以及其他专业工作会议的各项支出。开支范围和标准以同级财政部门制定的会议费管理办法为准。

（三）专项业务费。用于基层工会开展基层工会组织建设、建家活动、劳模和工匠人才创新工作室、职工创新工作室等创建活动发生的支出，用于基层工会开办的图书馆、阅览室和职工书屋等职工文体活动阵地所发生的支出，用于基层工会开展专题调研所发生的支出，用于基层工会开展女职工工作性支出，用于基层工会开展外事活动方面的支出，用于基层工会组织开展合理化建议、技术革新、发明创造、岗位练兵、技术比武、技术培训等劳动和技能竞赛活动支出

及其奖励支出。

（四）其他业务支出。用于基层工会发放兼职工会干部补贴（党政机关、事业单位、国有企业编制内的兼职工会干部不可发放兼职补贴）和专职社会化工会工作者补贴。用于经上级批准评选表彰的优秀工会干部和积极分子的奖励支出，用于基层工会必要的办公费、差旅费，用于基层工会支付代理记账、中介机构审计等购买服务方面的支出。

基层工会经上级批准可每年评选表彰一次优秀工会干部和积极分子，每人奖金（或奖品）不超过 500 元，表彰总人数不得超过单位会员总数的 15%，向同级党组织报备后执行。

第十一条 资本性支出是指基层工会从事工会建设工程、设备工具购置、大型修缮和信息网络购建而发生的支出。

第十二条 事业支出是指基层工会对独立核算的附属事业单位的补助和非独立核算的附属事业单位的各项支出。

第十三条 其他支出是指基层工会除上述支出以外的其他各项支出。包括：资产盘亏、固定资产处置净损失、捐赠、赞助等。

第十四条 根据《中华人民共和国工会法》的有关规定，基层工会专职工作人员的工资、奖励、补贴由所在单位承担；基层工会办公和开展活动必要的设施和活动场所等物质条件由所在单位提供。所在单位保障不足且基层工会经费预算足以保证的前提下，可以用工会经费适当弥补。

第十五条 基层工会对个人发放奖励、补贴、慰问金、帮扶救助款、慰问品、奖品、纪念品、蛋糕券、入场券等时，应完善审批手续，实名制发放并签收。

第四章 财务管理

第十六条 基层工会主席对基层工会会计工作和会计资料的真实性、完整性负责。

第十七条 基层工会应根据国家和全国总工会的有关政策规定以及上级工会的要求，制定年度工会工作计划，依法、真实、完整、合理地编制工会经费年度预算，依法履行必要程序后报上级工会批准。严禁无预算、超预算使用工会经费。年度预算原则上一年调整一次，调整预算的编制审批程序与预算编制审批程序一致。

第十八条 基层工会应根据批准的年度预算，积极组织各项收入，合理安排各项支出，并严格按照《工会会计制度》的要求，科学设立和登记会计账簿，准确办理经费收支核算，定期向工会委员会和经费审查委员会报告预算执行情况。基层工会经费年度财务决算需报上级工会审批。

第十九条 基层工会应加强财务管理制度建设，健全完善财务报销、资产管理、资金使用等内部管理制度。基层工会应依法组织工会经费收入，严格控制工会经费支出，各项收支实行工会委员会集体领导下的主席负责制，重大收支须集体研究决定。

第二十条 基层工会应根据自身实际科学设置会计机构、合理配备会计人员，真实、完整、准确、及时反映工会经费收支情况和财务管理状况。具备条件的基层工会，应当设置会计机构或在有关机构中设置专职会计人员；不具备条件的，由设立工会财务结算中心的乡镇（街道）、开发区（工业园区）工会实行集中核算，分户管理，或者委托本单位财务部门或经批准设立从事会计代理记账业务的中介机构或聘请兼职会计人员代理记账。

第五章 监督检查

第二十一条 山东省总工会负责对全省工会系统工会经费的收入、支出和使用管理情况进行监督检查。按照"统一领导、分级管理"的管理体制，设区市级及以下各级工会及经费审查委员会应加强对本级和下一级工会经费收支与使用管理情况的监督检查，下一级工会应定期向本级工会委员会和上一级工会报告财务监督检查情况。

第二十二条 基层工会应加强对本单位工会经费使用情况的内部会计监督和工会预算执行情况的审查审计监督，依法接受并主动配合国家审计监督。内部会计监督主要对原始凭证的真实性合法性、会计账簿与财务报告的准确性及时性、财产物资的安全性完整性进行监督，以维护财经纪律的严肃性。审查审计监督主要对单位工会财务收支情况和预算执行情况进行审查监督。

第二十三条 基层工会应严格执行以下规定：

（一）不准用工会经费请客送礼。

（二）不准违反工会经费使用规定，滥发奖金、津贴、补贴。

（三）不准使用工会经费从事高消费性娱乐和健身活动。

（四）不准单位行政利用工会账户，违规设立"小金库"。

（五）不准将工会账户并入单位行政账户，使工会经费开支失去控制。

（六）不准截留、挪用工会经费。

（七）不准用工会经费参与非法集资活动，或为非法集资活动提供经济担保。

（八）不准用工会经费报销与工会活动无关的费用。

第二十四条 各级工会对监督检查中发现违反本办法的问题，要及时纠正。违规问题情节较轻的，要限期整改；涉及违纪的，由纪检监察部门依照有关规定，追究直接责任人和相关领导责任；构成犯罪的，依法移交司法机关处理。

第六章 附 则

第二十五条 各级工会应根据本实施办

法的规定，结合本地区、本产业、本系统和本单位工作实际，细化支出范围，明确开支标准，规定审批权限，规范活动开展。基层工会制定的相关办法须报上级工会备案。

第二十六条　本办法自印发之日起执行。《关于贯彻落实全国总工会加强基层工会经费收支管理有关规定的通知》（鲁会办〔2015〕10号）同时废止。

第二十七条　本办法由山东省总工会负责解释。

关于印发《山东省工会困难职工解困脱困工作三年行动方案（2018—2020年）》的通知

鲁会办〔2018〕103号

各市总工会，省产业工会，省直机关工会，大企业工会：

《山东省工会困难职工解困脱困工作三年行动方案（2018—2020年）》已经省总工会14届第111次主席办公会议研究同意，现印发给你们，请结合工作实际，认真抓好落实。

山东省总工会办公室
2018年9月20日

山东省工会困难职工解困脱困工作三年行动方案（2018—2020年）

为深入贯彻落实中央关于脱贫攻坚决策部署，按照省委、全总工作要求，全力以赴做好城市困难职工解困脱困工作，集中攻坚，精准帮扶，确保困难职工同步迈入小康社会，结合我省实际，制定困难职工解困脱困工作三年行动方案。

一、总体要求

1. 指导思想。以习近平新时代中国特色社会主义思想为指导，紧紧围绕在全面建成小康社会进程中走在前列新要求，坚持把"精准"贯穿困难职工解困脱困工作全过程，聚焦源头解困、动态脱困、应急救助、常态帮扶，汇集政策引导、项目支撑、结对帮扶、社会保障的整体合力，勠力同心、奋发有为，确保困难职工解困脱困有序推进，努力实现全面小康路上一个不掉队。

2. 目标任务。2018—2020年，每年完成1/3以上建档立卡困难职工的解困脱困任务，对于新产生的困难职工按照相关标准同步建档，实施帮扶救助。到2020年，人均纯收入在当地城市低保标准下建档困难职工，全部实现解困脱困；对重病丧失劳动能力和身体残疾的深度贫困职工，推动由政府纳入救助制度兜底，同时，建立工会常态化帮扶机制，保障贫困职工的生活水平达到当地城市低保标准以上，努力实现解困脱困。

脱困标准：困难职工经精准帮扶后，其家庭致困因素消除，人均收入连续6个月超过当地低保标准，家庭生活状况脱离困境。解困标准：难以脱困的困难职工经政府救助体系和工会帮扶后，家庭生活水平达到当地低保标准，家庭困境得到有效缓解。

二、工作措施

3. 规范完善动态管理，夯实精准帮扶工作基础。坚持困难职工档案动态化管理。积极开展困难职工家庭信息数据核查和比对分析工作。依托山东工会精准帮扶信息化平台，与政府相关部门联合进行数据比对，真正做到"不落一个真困的，不帮一个不困的"。每年11月前，各地集中开展一次走访调查，确保对当地困难人口、致困原因、帮扶措施、脱困成效做到"四个清楚"。对新致困和返困的及时纳入建档范围，严格退出

· 395 ·

标准和程序，对经过帮扶和自身努力，达到解困脱困标准的困难职工，或明显不符合帮扶标准的困难户，按相关程序作脱困处理。

4. 建立健全联系人制度，促进精准帮扶措施落地。按照工会组织架构，完善分级负责的帮扶工作网络体系，层层落实帮扶责任，明确专人负责，搞好分工协作，形成工作合力。推行每个困难职工家庭与所在单位、联系人之间一一对应安排，实现工会和困难职工"一对一"精准对接和"面对面、点对点、零距离"的帮扶服务。调动和发挥困难职工联系人第一知情人、第一报告人、第一帮助人作用，原则上每季度入户一次，摸清困难职工底数，掌握致困原因，了解职工想法意愿，有针对性地制定帮扶措施。落实分工分级负责，最大限度地满足困难职工的合理诉求。责任单位难以协调解决的问题，可以请求上级地方工会予以帮助。

5. 整合社会资源，壮大工会帮扶工作实力。搭建社会资源和困难职工需求精准对接平台，引导大中型企业等设立专项公益基金，汇聚公益慈善、企业社会责任、职工互助等诸多资源，与困难职工需求实现精准对接。积极发展职工互助项目。借助"互联网+"模式实现资源共享，实现帮扶资源区域间协作、全系统共享，解决资源分散和不足的问题。

三、分类施策

6. 坚持精准施策，进一步提升帮扶工作实效。按照"挨家挨户摸底、分类谋划管理、因人因地施策"的原则，围绕实现基本医疗、就业创业、子女上学、住房安全、基本生活五项保障，深入研究分析困难职工家庭困难程度、致困原因、帮扶需求，分类研究管理，因人因户施策，开展有针对性的分类帮扶，探索多渠道、多元化的解困脱困新途径，做到在精准施策上出实招、在精准推

进上下实功、在精准落地上见实效。

7. 突出就业创业，增强困难职工"造血"功能。积极推动将有劳动能力且未就业的困难职工家庭成员纳入政府主导的就业政策体系。充分运用就业创业扶持政策，依托各级"工友创业园"、工友实训基地等工会就业创业平台，整合社会优势资源，优先支持困难职工就业创业。通过积极开展创业援助、技能培训促就业、阳光就业等计划措施，最大限度地帮助困难职工家庭成员实现就业创业。

8. 聚焦医疗帮扶，解决因病致困因病返贫问题。积极推动将困难职工纳入基本医疗制度和职工大病保险制度保障范围。大力开展职工医疗互助活动，将符合条件的大病致困职工纳入职工医疗互助保障范围，进一步缓解职工因病致困的问题。支持地方工会开展困难职工大病专项救助活动。引导社会组织参与救助患重特大疾病的困难职工。鼓励社会慈善组织对困难职工相关特殊病种给予医疗救助。

9. 深化助学活动，确保困难职工子女完成学业。坚持扶困与扶智相结合，加强调查研究，推动落实国家"助、贷、勤、减、免"等家庭经济困难学生资助政策。强化源头参与，充分整合各部门助学资源，推动出台更多的优惠政策措施，形成多方联动的协作机制。继续实施"金秋助学"活动，发挥其常态化、长效化、社会化作用。引导社会公益助学资金向困难职工家庭就学子女倾斜，将就读高中、大学的困难职工家庭子女作为重点对象，通过物质帮扶、精神帮扶等有力举措，确保困难职工子女顺利完成学业。

10. 强化社会救助，兜住困难职工基本生活底线。推动将符合社会救助政策的困难职工纳入相应救助范围，实现社会救助政策

兜底保障。对符合城市低保条件的，推动纳入政府最低生活保障范围，做到应保尽保；对符合专项社会救助条件的，帮助纳入并落实社会救助。推动完善临时救助制度，对遭遇突发事件、意外伤害、重大疾病或其他特殊原因导致基本生活陷入困境的困难职工，给予应急性、过渡性救助，切实保障困难群众基本生活权益。积极推进工会救急济难工作，逐步提高救助标准，做到突发困难及时帮、突出困难重点帮。建立健全社会力量参与机制，搭建社会力量参与社会救助工作平台。

11. 注重制度保障，发挥政策性保障的基础优势。协同政府部门落实好资源枯竭城市转型、新旧动能转换等过程中的社会保障政策。对困难职工与企业解除劳动关系的，推动做好各项社会保险关系接续、转移和待遇的落实；对困难职工因企业欠缴社会保险费而不能办理退休的，督促企业依法补缴社会保险费用；对困难职工未参加基本养老保险的，推动政府采取有效措施纳入基本养老保险范围；对因无法正常领取失业保险金，或者工伤认定困难、工伤保险待遇落实不到位等原因，造成家庭困难的职工，推动落实相关待遇；推动没有住房和居住危房的困难职工家庭，充分享受政府有关保障性住房政策待遇。

12. 关注改革改制，防止因职工失业陷入贫困。推动政府相关部门妥善解决煤炭、钢铁等产能过剩行业兼并重组、破产清算企业中的职工安置和社会保障问题。围绕着力推进供给侧结构性改革，针对经济下行压力加大、部分企业效益下滑的情况，依法维护职工劳动就业、收入分配、社会保障、劳动安全卫生等劳动经济权益。引导职工依法理性表达利益诉求，加强对困难职工的思想引领、心理疏导和困难帮扶、法律援助等。

四、组织保障

13. 加强组织领导。各级工会要把困难职工解困脱困工作摆在工会工作重要日程，切实加强领导，精心组织实施。要逐级建立目标责任制，坚持"一把手"工程，一级抓一级、层层抓落实。主要负责同志要强化责任担当，带头研究谋划、带头部署推进、带头督导落实。各地要结合总体任务，合理确定年度目标，逐级分解任务、倒排倒查工期，把解困脱困任务分解到年、精准到人，明确每家每户困难职工解困脱困的措施、期限和责任主体，确保健康有序推进，确保到2020年，全面完成困难职工解困脱困攻坚任务，让广大困难职工同全国人民一同进入小康社会。

14. 强化宣传引导。各级工会要加大对困难职工解困脱困工作的宣传力度，积极宣传党和政府对困难职工的关心关爱，宣传各级工会助力困难职工解困脱困的好经验好做法，充分调动社会各界参与困难职工解困脱困的积极性主动性，营造良好的舆论氛围。要重视加强对困难职工的思想教育，引导他们正确对待遇到问题和困难，不断激发他们健康向上的积极心态和内生动力。

15. 加大投入力度。各级工会要加大人力、财力、物力投入力度，积极争取财政加大帮扶专项资金投入，集中优势力量打赢困难职工解困脱困攻坚战。要及时充实工作力量，配齐配强工会帮扶工作人员。要加大培训工作力度，分级分类组织好工会帮扶干部业务培训，为提高解困脱困工作水平提供组织保障。要建立健全困难职工解困脱困经费保障机制，对困难职工解困脱困工作所需资金按规定予以支持，上级回拨的工会经费要进一步向困难职工解困脱困工作倾斜，带动建立多元化解困脱困资金投入机制。加大向社会组织购买困难职工服务项目，加强工会帮扶工作软件、硬件建设投入，进一步壮大工会帮扶工作实力。

16. 建立正向激励机制。落实国家扶贫荣誉制度。每年以省总工会名义通报表扬一批困难职工解困脱困先进集体和个人。2020年底，对在困难职工解困脱困工作中成绩突出的先进集体和个人，分别授予山东省富民兴鲁劳动奖状（章）荣誉称号，并作为推荐省委、省政府在脱贫攻坚中作出突出贡献的先进集体和个人的依据。

17. 完善考核评价机制。省总工会要及时掌握各市年度解困脱困工作进度，聚焦解困脱困质量和职工满意度，对全省解困脱困工作进行精准监测，对发现的问题建立台账、整改销号。

关于印发《山东省劳模和工匠人才创新工作室管理办法》的通知

鲁会办〔2018〕106 号

各市总工会，省产业工会，省直机关工会，大企业工会：

《山东省劳模和工匠人才创新工作室管理办法》已经省总工会 14 届第 111 次主席办公会研究同意，现印发给你们，请认真抓好贯彻落实。

山东省总工会办公室
2018 年 9 月 28 日

山东省劳模和工匠人才创新工作室管理办法

第一章 总 则

第一条 为规范和加强山东省劳模和工匠人才创新工作室（以下简称创新工作室）的创建、命名和管理工作，充分发挥劳模和工匠人才在促进高技能人才队伍建设、实施新旧动能转换重大工程、推动经济高质量发展中的示范引领和骨干带头作用，夯实企业技术进步和创新发展的群众基础，根据《关于在全省开展"当好主力军、聚力新动能、建功新时代"劳动竞赛的实施意见》和《关于实施"齐鲁工匠"建设工程的意见》精神，制定本办法。

第二条 创新工作室是指由掌握高超技能、善于创新创造、发挥领军作用的劳模和工匠人才为领衔人，以从事生产经营管理服务的一线职工为主体，积极开展发明创造、协作攻关和革新创新活动，并取得良好经济效益和社会效益的职工创新团队。

第三条 省总工会命名挂牌的创新工作室主要包括山东省劳模和工匠人才创新工作室、齐鲁工匠创新工作室、齐鲁大工匠创新工作室三种类型。

第四条 创新工作室的主要任务是：弘扬劳模精神、劳动精神、工匠精神，打造先模品牌，放大先模效应，通过发挥一线劳模、工匠等高技能人才的业务专长和技术优势，围绕质量提升、工艺改造、技术升级、服务创优、管理创新等方面的重点难点问题，有效开展技术创新、服务创新、管理创新等活动，发挥示范引领、集智创新、协同攻关、传承技能、培育精神等功能，总结推广先进操作法，开展技术培训、技术创新、业务交流、名师带徒等活动，培养造就一大批知识型、技能型、创新型职工，为实施创新驱动发展战略、推动制造强省建设提供技能支撑和人才保证。

第二章 基本条件

第五条 创新工作室应具备以下基本条件：

（一）标志明显：有工作室牌匾、组织机构、工作职责、目标任务、管理办法等规范性标志；

（二）场所固定：有面积适当、功能明确的固定场所，用于学习研讨、创新实践和成果、荣誉展示；

（三）设施齐全：配备必要的专业资料、器材工具、电脑网络、实验仪器等设施设备；

（四）团队精干：应形成知识、年龄结构和技术层级科学合理的创新工作团队；

（五）职工参与：积极组织一线职工参与，培养技术骨干，发挥示范带动作用；

（六）运行规范：有明确的技术攻关课题和创新目标、完善的管理制度，能定期开展技术攻关或创新活动，运行规范有序；

（七）经费保障：所在单位在经费上给予保障；

（八）成效明显：每年有 3 项以上创新课题或攻关项目；每两年至少有 2 项创新成果获得相关认定，并取得一定效益。

第三章　申报与命名

第六条　省总工会每年选树命名不超过 30 个劳模和工匠人才创新工作室，同时，根据每年齐鲁工匠、齐鲁大工匠选树情况，创建相应数量的齐鲁工匠或齐鲁大工匠创新工作室。

（一）劳模和工匠人才创新工作室从各市总工会、省产业工会、省直机关工会、大企业工会选树命名且已有效运行 3 年以上的创新工作室中推荐产生；

（二）劳模和工匠人才创新工作室领衔人原则上应是在技术、业务方面有专长，且具有较高技能水平、管理经验和创新能力的市级（含）以上劳动模范、先进工作者、五一劳动奖章获得者或是具有高级以上职业资格等级的一线职工；

（三）齐鲁工匠、齐鲁大工匠创新工作室必须由全省选树命名的齐鲁工匠、齐鲁大

工匠领衔创建；

（四）创新工作室所在单位原则上应为具有法人资格、工会组织健全的企事业单位；

（五）企事业单位原有建制的专门研发机构不在命名之列；

（六）劳模和工匠人才创新工作室分技术创新型、服务创新型、管理创新型等 3 个类别进行申报。

第七条　技术创新型工作室应具备以下条件：

（一）申报前 2 年内获得过 1 项市级一等奖以上或 2 项市级二等科学技术奖（包括科学技术最高奖、自然科学奖、技术发明奖、科技进步奖、国际科技合作奖）；或者获得过 2 项由中央部委或省级有关部门颁发的技术创新成果奖（包括全国和省职工优秀技术创新成果奖、全国行业性技术创新成果奖）或国家发明专利；

（二）相关创新成果已产生良好经济效益或社会效益；

（三）至少有 1 项创新成果已在全市行业（系统）内推广应用；

（四）在提高职工职业技能和革新创新能力、培养业务骨干等方面取得显著成绩。

第八条　服务创新型工作室应具备以下条件：

（一）有科学的服务理念和文化，有与现代科技特别是"互联网+"相结合的服务手段；

（二）建立了有效的服务质量管理体系、高标准的服务规范和服务保障机制，服务符合规范要求；

（三）有个性鲜明、品牌响亮、服务对象易于接受的服务名称或形象标识；

（四）所提供的服务能够体现行业特色和时代风貌，在本服务领域内具有明显的示

范导向作用，服务质量在省内外同行业处于领先水平；

（五）所提供的服务得到服务对象的普遍认可，社会知名度、认可度、美誉度高；

（六）申报前3年内获得过全省或全国行业性有关服务名牌、品牌等称号。

第九条　管理创新型工作室应具备以下条件：

（一）管理工作突破传统的思路或做法，解决了本地区、本行业、本单位建设发展中的重大问题或热点难点问题，经济、社会效益明显，在全国、全省同行业中处于领先水平；

（二）管理创新与业务工作紧密结合，积极引入国际先进管理理念，有完善的管理创新体系和与之相适应的管理创新监督保障和考核评价机制。管理创新取得明显成效，能够推动整体工作不断上水平；

（三）围绕本地区、本行业、本单位发展大局，提出有原创性、先进性、可行性的改革创新思路和对策建议，经实施后效果突出、作用明显，得到省、市主管部门，国家部委肯定，并在本行业（系统）或更大范围内得到推广；

（四）申报前3年内获得过全省或全国行业性管理成果认定或奖励。

第十条　劳模和工匠人才创新工作室的申报材料：

（一）创新工作室申报表；

（二）创新工作室成立时的相关文件、证明材料；

（三）创新工作室的相关工作制度、工作计划、管理办法等；

（四）创新工作室主要成员获得表彰奖励的荣誉证书、职业资格和技术等级证书等；

（五）符合申报条件的创新成果情况：

包括创新成果获奖证书、专利证书、技术鉴定证书等；

（六）相关创新成果转化证明，推广应用后的现场、实物图片，取得经济效益和社会效益的客观可靠的证明材料；

（七）其他能表明已达到申报条件的相关材料。

申报材料弄虚作假或存在不实情况的，一经核实，取消评审资格并通报批评。

第十一条　齐鲁工匠、齐鲁大工匠应当领衔创建创新工作室，已经领衔创建并符合基本条件的由省总工会直接命名挂牌并给予资助；还未领衔创建的，由省总工会和相关市级工会督导、资助其尽快创建，符合基本条件后由省总工会命名挂牌。

第十二条　创新工作室的选树命名，坚持自下而上、逐级申报推荐。每年按照省总工会下发的有关通知要求，由工作室所在单位工会提出申请，经县级工会和各市总工会，省产业工会、省直机关工会、大企业工会层层审核筛选后向省总工会推荐申报。

第十三条　省总工会成立评审工作办公室，负责对申报的创新工作室进行评审。评审结果经主席办公会研究审定并公示无异议后，发文公布并颁发牌匾。其中，劳模和工匠人才领衔的创新工作室颁发山东省示范性劳模和工匠人才创新工作室牌匾，齐鲁工匠、齐鲁大工匠领衔的创新工作室分别颁发齐鲁工匠创新工作室和齐鲁大工匠创新工作室牌匾。

第四章　资助支持

第十四条　省总工会安排专项资金对创新工作室进行资助支持，实行一次性资助、一次性发放。资助资金主要用于工作室的项目研究、设备购置、培训学习、创新成果宣传推广、办公条件改善等方面，不得用于人员接待、食宿安排和福利奖金等其他项目。

第十五条　山东省劳模和工匠人才创新工作室、齐鲁工匠创新工作室，省总工会给予 5 万元资助资金；齐鲁大工匠创新工作室，给予 30 万元资助资金。

第十六条　创新工作室所在单位收到省总工会资助资金一个月内，应按不低于 1∶1 的比例进行配套，未按要求配套的不得动用省总工会资助资金。工作室的日常工作活动经费由所在单位予以保障。

第十七条　资助资金实行统一管理、集中核算。账务按以下要求规范处理：市级工会收到资助资金时记"上级补助收入—专项补助"，拨付工作室所在单位基层工会时列"业务支出—专项业务费"。工作室所在单位基层工会收到的资助支持资金由各单位工会列入"代管经费"科目核算。

第五章　管理制度

第十八条　规范创建管理。制定相应管理办法，不断提高创新工作室学习交流、技术攻关、成果转化、人才培养等工作的规范化水平。

第十九条　建立工作台账。在台账中准确翔实记录创新活动，全面反映创新工作室的工作流程和运行状况。

第二十条　加强考核。所在单位和各市总工会、省产业工会、省直机关工会、大企业工会每年要对创新工作室建设运行和作用发挥情况进行考核评估。省总工会每 3 年对创新工作室规范运行、成效业绩、资金使用等情况进行专项检查考核，对检查考核结果未达到本办法规定要求的，要限期整改，整改不达标的予以摘牌。

第二十一条　建立评先树优制度。按照有关条件和程序，绩效突出的创新工作室经所在市总工会、省产业工会、省直机关工会、大企业工会推荐，可优先申报省、全国工人先锋号；领衔人可优先申报劳模和五一劳动奖章等表彰奖励项目。

第二十二条　建立资金审查制度。创新工作室的资金使用情况纳入上级工会的审查范围。各级工会财务部门、经费审查部门负责对工作室资助支持资金的使用情况进行审计、监督、检查，确保资金专款专用、公开透明、账目清晰。如发现有截留、挤占、挪用资助资金，严重失职、渎职、以权谋私等违法违规行为的，将根据有关法律规定追究相应责任，构成犯罪的，移交司法机关处理。

第六章　组织领导

第二十三条　各级工会要积极争取党政重视支持，将推进创新工作室创建工作列入重要议事日程，纳入企业研发创新体系、发展规划和人才培养计划。

第二十四条　各级工会要加强对创新工作室的指导和服务，积极搭建交流平台，促进相互学习提高；积极帮助创新工作室转化创新成果，及时推广应用；引导有条件的创新工作室加强横向联合，探索建立跨区域、跨行业、跨企业的创新工作室联盟。

第二十五条　各级工会要关心创新工作室成员的成长成才，在组织培训学习、进修深造和疗休养等方面予以优先考虑。

第二十六条　各级工会要及时总结创建经验，广泛宣传创新工作室创新创效的先进事迹，带动更多企事业单位和职工积极参与创新工作室创建工作，推动创建活动深入持久开展，努力打造成为工会工作的重要抓手和亮点品牌。

第二十七条　各市总工会、省产业工会、省直机关工会、大企业工会可参照本办法，结合本地区、本系统、本单位实际，制定相应的管理办法。

第七章　附　则

第二十八条　本办法由山东省总工会负

责解释。

第二十九条 本办法自发布之日起施行。原《山东省"劳模（高技能人才）创新工作室"管理办法》（鲁会〔2015〕62号）、《山东省"劳模（高技能人才）创新工作室"资助资金管理暂行办法》（鲁会办〔2014〕67号）同时废止。

关于印发新修订的《山东省工会工作创新奖评选办法》的通知

鲁会办〔2018〕129号

各市总工会，省产业工会，省直机关工会，大企业工会，省总工会机关各部室：

经省总工会14届第117次主席办公会议研究同意，现将新修订的《山东省工作创新奖评选办法》印发给你们，请结合实际认真贯彻执行。

山东省总工会办公室

2018年12月4日

山东省工会工作创新奖评选办法

第一章 总 则

第一条 为深入贯彻落实习近平新时代中国特色社会主义思想和党的十九大精神，充分激发全省各级工会组织和广大工会干部的创新热情和创造活力，担当作为、干事创业，努力推动工会改革创新，奋力走在前列，省总工会设立山东省工会工作创新奖，并制定本办法。

第二条 本办法所称的山东省工会工作创新奖，是指对在全省乃至全国具有开拓性、独创性、领先性，取得显著实效，并在一定范围内产生较大影响的工会工作创新成果的奖励。

第三条 本办法适用范围为全省各级工会组织。省总工会机关各部室（单位）不参加评选。

第四条 山东省工会工作创新奖评选实行项目管理，每两年评选一次。每次原则上评选10项（根据申报项目的数量和质量，可对评选数量作适当调整）。

第五条 山东省工会工作创新奖评选遵循公开、公平、公正、择优的原则。

第六条 成立山东省工会工作创新奖评审委员会，省总工会常务副主席担任评审委员会主任，省总工会领导班子其他成员、秘书长担任副主任，具有对下业务指导职能的部室（单位）主要负责人为成员。评审委员会领导和指导山东省工会工作创新奖评选工作。

评审委员会下设办公室，办公室设在省总工会政策研究室，负责拟定评选办法、受理项目申报、进行项目初审、组织评审公示等工作。

第七条 创新奖评审分两轮进行。创新奖第一轮评审评委，除省总工会领导班子成员、秘书长外，从各市总工会推荐的县（市、区）总工会负责同志和受到表彰的基层工会干部，省产业工会、省直机关工会、直属大企业工会负责同志，省总工会具有对下业务指导职能的部室（单位）主要负责人中随机抽取产生。有申报项目的单位负责同志不担任评委。第二轮评审评委，从全总、兄弟省（区、市）总工会以及有关高校中选取部分专家组成。

第二章 评选内容

第八条 各单位围绕去除机关化、行政化、贵族化、娱乐化，增强政治性、先进性、群众性，聚焦"三个工程""三个十条"，培植的亮点工作、开展的特色活动、实施的创新制度以及其他具有创新性的工作均可参加评选。主要包括以下内容：

（一）在深入学习贯彻习近平新时代中国特色社会主义思想和党的十九大精神，加强和改进职工思想政治引领，践行社会主义核心价值观，弘扬劳模精神、劳动精神、工匠精神，建设先进职工文化等方面有创新和突破并取得显著成效的；

（二）在推进产业工人队伍建设改革，实施"齐鲁工匠"建设工程，建设知识型、技能型、创新型高素质职工队伍等方面有创新和突破并取得显著成效的；

（三）在深化"当好主力军、聚力新动能、建功新时代"劳动竞赛，参与乡村振兴战略实施，促进新旧动能转换、实现高质量发展，助力新时代现代化强省建设等方面有创新和突破并取得显著成效的；

（四）在落实加强工会维权工作"十条意见"，完善维权机制，健全服务职工工作体系，提升维权服务实效，参与创新社会治理，构建和谐劳动关系等方面有创新和突破并取得显著成效的；

（五）在深化工会改革，推进"智慧工会"建设，加强新时代职工之家建设，强"三性"、去"四化"等方面有创新和突破并取得显著成效的；

（六）在其他方面有创新和突破并取得显著成效的。

第三章　评选标准

第九条　申报参加山东省工会工作创新奖评选的项目，应达到以下标准：

（一）具有创新性：创新项目应在工作理念、机制、载体和方式方法上富有创新内涵，具有鲜明的首创性、独创性，或者是在借鉴外地、外单位经验基础上的消化吸收再创新。

（二）具有实效性：创新项目应在实际工作中取得显著成效，被上级工会以文件、典型发言、现场会等形式给予认可或推介，或得到上级领导肯定性批示，或在省级以上媒体刊发，产生了良好的实际效果。

（三）具有领先性：创新项目应在全省乃至全国工会系统处于领先地位或先进水平，具有较高知名度和影响力。

（四）具有示范性：创新项目应具有较强的代表性、针对性、可操作性和普遍的借鉴意义，在全省乃至全国工会系统具有一定的推广价值。

（五）具有完整性：创新项目应具有明晰的组织体系、完善的创新方案、科学的实施过程、显著的工作成果。

第四章　评选程序

第十条　山东省工会工作创新奖评选按照申报、初审、评审、公示、确定、表彰的程序进行：

（一）申报。创新项目由实施单位自愿申报。评选当年10月底前，以各市总工会、省产业工会、省直机关工会、直属大企业工会为单位，统一择优推荐，每个单位推荐申报的项目原则上不超过2项（含下级工会实施的项目）。

每个项目报送以下材料（一式三份）：①《山东省工会工作创新成果申报表》，由单位主要负责人签字并加盖公章；②2000字左右的总结材料；③10分钟左右的视频资料。

申报材料与视频资料要着重展示项目的创新点，充分体现首创性、独创性、实效性。

（二）初审。评委会办公室对申报的创新项目进行登记、汇总、初审。对于明显达不到评选标准的项目；对于报送材料不完备，并且未按要求在规定时间内进行补充完善的项目，提出不提交评委会评审的建议，并报评委会主任审核同意。

对于通过初审的创新成果，由评委会办公室编印《山东省工会工作创新奖参评项目简介汇编》，汇总参评项目视频资料。

（三）评审。评选当年12月份，召开评审工作会议，组织评委以实名制方式对通过初审的参评项目进行第一轮评审（现场不公布计票结果），从评委中选取两名同志负责监票。根据第一轮评审各项目得票数多少，向外聘专家提供不超过15个项目，进行第二轮评审。省总工会召开主席办公会议，根据两轮评审结果，研究确定工会工作创新奖入围项目名单。

评审过程中，严肃纪律，申报单位一律不得拉票、打招呼；评委要严守纪律、坚持原则，不得代为拉票。对干扰评审正常秩序、影响公平公正评审的，一经发现查实，涉及的单位取消项目参评资格；对相关单位和人员，予以通报批评。

（四）公示。在《山东工人报》和山东工会网上对工会工作创新奖入围项目进行公示。公示期限为5个工作日。对有异议的，评委会办公室对该项目进行复核，并将复核结果报评审委员会主任。

（五）确定。入围项目公示结束后，如无异议视为通过，确定为山东省工会工作创新奖表彰项目。

（六）表彰。对评选出的创新奖项目，在省总工会全委会上进行表彰，颁发山东省工会工作创新奖奖牌、证书。

第五章　成果转化

第十一条　山东省工会工作创新奖获奖项目实施单位要持续深化提升，扩大创新成果的示范带动效应，积极培植工作亮点品牌。

评委会办公室要加强工作协调和督导推动，建立创新成果转化机制，通过成果发布、媒体宣传、信息交流、文件转发、会议推广等形式，促进优秀创新项目转化应用。

省总工会机关有关部室（单位）要结合业务职能，将推广优秀创新成果纳入年度工作计划，制定落实具体措施，更好地发挥其示范引领作用。

第六章　附　则

第十二条　本办法由评委会办公室负责解释。

第十三条　本办法自印发之日起施行。

关于印发《山东省总工会职工需求调查实施办法（试行）》的通知

鲁会办〔2018〕132号

各市总工会，省产业工会，省直机关工会，大企业工会，省总工会机关各部室、直属事业单位：

经省总工会14届第118次主席办公会议研究同意，现将《山东省总工会职工需求调查实施办法（试行）》印发给你们，请结合实际认真贯彻执行。

山东省总工会办公室
2018年12月4日

山东省总工会职工需求调查实施办法（试行）

第一章　总　则

第一条　为贯彻落实《山东省总工会改革实施方案》，切实增强工会组织和工会工作的政治性、先进性、群众性，进一步密切同职工群众的联系，探索建立以职工需求为导向的工会工作决策机制，提高工会服务职工工作的精准化水平，特制定本办法。

第二条　各级工会要把开展职工需求调查作为工会委员会、常委会及领导机关履职尽责的必经程序，定期分析研判职工群众的共性需求和特殊职工群体的普遍性问题。

第三条 本办法适用于全省各级工会组织。

第二章 调查对象和内容

第四条 职工需求调查的对象包括全省各类企业、事业、机关单位以及新经济组织、新社会组织等各领域职工。

第五条 调查对象应尽可能涵盖不同区域、不同行业、不同职业、不同年龄段的职工群体，以确保调查的广泛性、科学性。结合工作需要，选择调查对象时可有所侧重和取舍。

第六条 职工需求调查的内容应紧紧围绕职工群众最关心、最直接、最现实的利益问题开展，重点包括职工精神文化、就业创业、薪酬待遇、社会保障、劳动保护、休息休假、困难帮扶、民主管理等各方面需求。

第三章 调查种类和方式

第七条 职工需求调查分为定期调查和不定期调查。

（一）定期调查。主要包括每五年一次的全省职工队伍状况调查；每五年一届的工会代表大会前的调查；每年一次的全委会部署年度工作、确定重点工作前的调查；工会机关基层联系点制度、信访接待制度中规定的有关调查等。

（二）不定期调查。根据工作实际需要，各级工会在谋划阶段性重点工作任务、确定服务职工重大项目、制定涉及职工重大政策前，应坚持问需于职工、问计于职工，适时组织实施职工需求调查，为决策提供有益参考。

第八条 职工需求调查的方式主要包括以下几种，各级工会可结合工作需要选择适当调查方式。

（一）现场调查。通过深入基层实地走

访调研、召开职工座谈会、开展个案访谈等方式，面对面倾听职工的意愿诉求、意见建议，直接快速地获取职工需求信息。

（二）网上调查。依托工会网站、微信、微博、APP客户端等网络平台，不受时间、地点限制，灵活高效地开展较大范围的职工需求调查，了解职工群众的共性需求和普遍性问题。

（三）问卷调查。根据工作需要精心设计调查问卷，通过现场向职工发放问卷或依托网络平台电子问卷调查等方式，了解相关职工群体的需求情况。

（四）第三方调查。通过引入市场机制、购买社会服务、委托专业调查机构等开展职工需求调查，从第三方视角分区域、分行业、分群体进行精细化调查，提供更全面、科学、准确的决策参考。

（五）信访分析。通过工会领导定期接访，工会信访机构定期开展信访分析等，及时了解掌握信访职工群体的需求情况及其反映的突出问题。

（六）站点收集。通过各级工会服务中心（站点）、职工诉求中心（站点）、爱心妈妈小屋等载体平台，向服务对象发放征求意见表、调查表等形式，随时收集职工需求信息。

（七）日常工作调查。通过搭建职工与企业党政、工会组织、职工代表、职工董事和监事之间的沟通平台，不断畅通职工诉求表达渠道，收集掌握职工需求信息。

第四章 调查的组织实施

第九条 各级工会应按照分级负责的原则，组织实施好各自责任范围内的职工需求调查工作。

（一）各级地方总工会负责组织实施本辖区内的职工需求调查。省总工会各业务部室（单位）应结合部门职责适时组织实施全省范围内的职工需求调查。

（二）各级产业工会负责组织实施本行业（系统）的职工需求调查。省产业工会应根据工作需要适时组织实施全省行业（系统）内的职工需求调查。

（三）各企业、事业、机关单位等基层工会组织，负责组织实施本单位职工需求调查。

第十条 各级工会在确定年度重点工作、制定重大工作决策、谋划服务职工重大项目前，应组织开展职工需求调查。同时，积极推动将职工需求调查融入到工会日常工作中，随时收集职工需求信息，为工作决策提供参考。

第五章 需求信息的处理

第十一条 各级工会应定期对本地区、行业（系统）、单位内的职工需求信息进行分类汇总、分析研判，整理形成本地区、本行业（系统）、本单位的职工需求报告。原则上每年至少1次。

（一）职工需求报告应作为本级工会重大决策的参考，并及时报送上一级工会。各市总工会、省产业工会、省直机关工会、直属大企业工会应于每年11月底前向省总工会提交本地区、本行业（系统）、本单位的职工需求年度报告。

（二）根据工作需要，各级工会可自行决定形成季度报告、月度报告。如遇职工反映强烈、涉及面广的职工需求情况，应随时向上一级工会报告职工重大需求信息。

第十二条 各级工会在调查过程中发现的职工普遍性需求，应竭尽所能帮助职工解决；对于一时难以解决的问题，应向职工耐心做好解释说明工作。

（一）基层工会对于职工普遍性需求，工会自身能解决的，应尽快制定具体措施加

以解决；工会自身解决不了的，可依托企业工会与行政沟通协商机制，争取行政支持加以解决。涉及到需要职工（代表）大会研究审议的有关事项，应及时提交职工（代表）大会研究审议。

（二）基层以上工会对于职工普遍性需求，工会职责范围内能解决的，应尽快制定具体措施加以解决；工会自身解决不了的，应通过信息反映、向党政部门呈报参阅件、列为政府与工会联席会议议题、提交人大议案或政协提案等方式，积极争取党政和职能部门给予支持加以解决。

第六章 工作要求

第十三条 各级工会要高度重视职工需求调查工作，切实把职工需求调查工作作为工作决策的前置环节，摆上重要议事日程，以求真务实精神抓好落实，真正做到以职工需求为导向研究问题、谋划工作、作出决策、评价效果。

第十四条 各级工会干部要进一步树牢群众观点，增进同职工群众的感情，通过面对面与职工接触交流等有效方式，全面真实了解职工的实际情况、掌握职工的实际诉求、解决职工的实际困难，进一步密切同职工群众的血肉联系。

第十五条 各级工会要充分发挥报刊、广播、电视、网络、微信等媒体平台的作用，大力宣传职工需求调查工作的重要意义和工作成效，大力宣传工会干部在联系服务职工中的典型事迹，努力营造良好舆论氛围，叫响做实"职工有困难找工会""职工有需求找工会"。

第七章 附 则

第十六条 本办法由省总工会政策研究室负责解释。

第十七条 本办法自印发之日起施行。

先 进 表 彰

全国五一劳动奖和全国工人先锋号
获得者名单 (山东省)

按：总工发〔2018〕12号 中华全国总工会关于表彰全国五一劳动奖和全国工人先锋号的决定

2018 年 04 月 28 日

全国五一劳动奖状

翔宇实业集团有限公司
山东省地质科学研究院
中国石化胜利油田分公司孤岛采油厂
聊城市疾病预防控制中心

全国五一劳动奖章

姜宏伟 (女) 蓬莱市人民医院院长
于 伟 中国重汽集团济南卡车股份有限公司车身部副主办技师
李 莉 (女) 国网山东省电力公司济南供电公司调控中心方式计划室副主管
吴昌征 山东省建设建工 (集团) 有限责任公司抹灰班班长
郝丽红 (女) 即发集团青岛华绵水洗制衣有限公司技术经理

胡克涛 青岛能源集团金莱热电有限公司汽机专工兼检修班长
郭 磊 青岛前湾集装箱码头有限责任公司桥吊司机
于爱民 (女) 华电青岛发电有限公司生产技术部副主任
池一凡 青岛市第九人民医院党委书记
田茂军 山东天齐置业集团股份有限公司董事长
韩 冬 国网山东省电力公司东营供电公司副主管
梁 洁 烟台港集团有限公司联合港埠公司流机队工人
王俊堂 山东华源莱动内燃机有限公司工人
赵恩春 山推道路机械有限公司车间主任
胡钦晓 曲阜师范大学教务处处长
张树强 泰安启程车轮制造有限公司热加工车间副主任
姜 红 (女) 威海公共交通集团有限公司驾驶员

徐玉金	日照港集团有限公司铁路运输公司机务段质检组组长
任　杰	国网山东省电力公司莱芜供电公司班长
姜文富	山东华盛中天机械集团股份有限公司装备车间钳工组班长
赵宪荣（女）	山东省煤炭临沂温泉疗养院理疗科主任
李克文	保龄宝生物股份有限公司技术总监
王吉贵	茌平县国有广平林场场长
王江涛	山东滨化滨阳燃化有限公司车间主任
姚元滋	花冠集团酿酒股份有限公司技术中心主任
牛德成	国网山东省电力公司成武县供电公司汶上供电所所长
李　涛	山东黄河河务局德州黄河河务局工人
苏子民（蒙古族）	山东技师学院教师
韦金城（壮族）	山东省交通科学研究院科技部主任
王　涛（女）	中国石化胜利油田分公司石油工程技术研究院首席专家
于　健	中国石化齐鲁分公司烯烃厂分离工艺组组长
李子高	山钢集团莱钢宽厚板事业部副主任
周志强	山东金诚石化集团有限公司企管科科长
曲　鹏	济南市公安局槐荫区分局兴福派出所所长
万传莹	山东丰源集团股份有限公司董事会秘书
孙玉波	中化弘润石油化工有限公司油品一车间主管
卢国华（女）	潍坊医学院教授
刘全平	山东景芝酒业股份有限公司董事长、党委书记
刘明春	山东中烟工业有限责任公司青岛卷烟厂维修工

全国工人先锋号

威海交通场站管理有限公司设备处
山东周村烧饼有限公司烧饼车间
华润三九（枣庄）药业有限公司提取车间
济南市地方税务局章丘分局纳税服务中心
齐鲁制药有限公司药物研究院
上海医药集团青岛国风药业股份有限公司化药合成班
中建八局第四建设有限公司青岛新机场项目
东营市地方税务局税收管理一科
莱州市地方税务局三山岛中心税务所
歌尔股份有限公司数字硅微麦克风项目组
嘉祥县地方税务局办税服务厅
华勤橡胶工业集团通力轮胎工厂成型车间
泰安市泰山风景名胜区管理委员会消防队
石横特钢集团有限公司轧钢厂技术科
威海恒科精工有限公司冲压生产科
日照钢铁控股集团有限公司 ESP 制造部轧钢工场二课
山东威马泵业股份有限公司研发中心
山东华源锅炉有限公司设计一处
德州市地方税务局德城分局新湖中心税务所
莘县地方税务局古云中心税务所
临清市顺通客运有限公司临清至烟店线班组
香驰控股有限公司张波维修班
菏泽市牡丹区交通运输局交通服务"158"指挥中心
山东新洋丰肥业有限公司尿基厂第十生产班
青岛四三零八机械厂军械分厂水雷班
德州市水利局水利施工处

山东省地矿工程勘察院济南泉水保护班组

山东钢铁股份有限公司莱芜分公司型钢厂中
　型轧钢车间

兖矿集团济宁三号煤矿生产服务中心机厂
　"火车头"加工制作班组

山东省交通科学研究院道路工程研究室

山东出入境检验检疫局技术中心危险品检测
　实验室

中国邮政储蓄银行股份有限公司山东省分行

济南市历下支行营业部

中国铁路济南局集团有限公司青岛西车务段
　黄岛站

山东海运股份有限公司"山东鼎盛"轮船员
　集体

中国石化胜利油田分公司海洋采油厂海四采
　油管理区中心三号平台

淄博华光陶瓷科技文化有限公司设计中心

山东省劳动模范和先进工作者名单

（994人）

济南市

山东省劳动模范

刁统武	中国重型汽车集团济南卡车股份有限公司车身部钳工
马立军	济南农村商业银行股份有限公司党委书记、董事长
马林军	济南热电有限公司工会主席
王　勇	山东麦德森文化传媒有限公司董事长
王　涛	中建八局第二建设有限公司党委书记、董事长
王文涛	济钢集团有限公司规划发展部部长
王明梅（女）	中国邮政集团公司济南市分公司投递局投递员
王金祥	山东山水水泥集团有限公司生产监控部部长
亓明轩	平阴县孝直镇付庄村党支部书记
孔令海	山东平安建设集团有限公司副总经理

田象霞（女）	济南市天桥区工人新村南村街道办事处西区社区党委书记
冯继军（女）	济南华建地产开发有限公司副经理
刘　勇	济南茶叶批发市场集团有限公司总经理
刘云香（女）	济南市槐荫区中大槐树街道办事处裕园社区党委书记、居民委员会主任
刘立民	济南利民种禽有限公司总经理
刘官君	商河县龙桑寺镇刘集村党支部书记、村民委员会主任
刘建波	济南席庄大米专业合作社理事长
刘宪红（女）	济南市章丘金宝园蔬菜种植专业合作社理事长
闫洪枚（女）	山东金钟科技集团股份有限公司副总经理
江英茂	济南市历城区全福街道办事处南全福社区党支部书记、居民委员会主任

安　琪（女）	山东茂昌世纪投资有限公司财务经理		材车间主任
孙庆法	山东力诺特种玻璃股份有限公司董事长	张宪伟	山东百脉泉酒业有限公司机电车间主任
孙绪江	积成电子股份有限公司电网自动化事业部经理	张道山	济南市长清区龙凤庄园果树种植专业合作社理事长
杜　亮	中国石油化工股份有限公司济南分公司设备主管师	陈锡忠	济南华联商厦集团股份有限公司执行总裁
李云虎	玫德集团有限公司设计员	陈德国	济南西城高科农业发展有限公司首席农业技师
杨　铧	山东福牌阿胶股份有限公司董事、董事会秘书	邵广超	济南长兴建设集团有限公司工程部质检组长
杨传银	华能济南黄台发电有限公司锅炉专工	林　力（女）	国网山东省电力公司济南供电公司营业室主管
杨京涛	山东华艺物业管理有限公司维修工	明建建（女）	济南元首针织股份有限公司内销成衣车间副主任
杨赵河	济阳百事得农民养猪专业合作社理事长	孟庆华	山东中烟工业有限责任公司济南卷烟厂厂长、党委副书记
肖　衡	山东省建设建工（集团）有限责任公司项目经理	赵　才	山东广信工程试验检测集团有限公司隧道检测部经理
肖舒荣	济南市长清区万德街道办事处马套村党支部书记	赵世超	济南西区建设工程项目管理有限公司项目经理
宋洪润	山东济南烟草有限公司总经理	修春海	济南轨道交通集团有限公司总经理
张　英（女）	济南华鲁食品有限公司农产品采购员	秦翠慧（女）	济南阳光大姐服务有限责任公司居家养老服务员
张　亮	中国移动通信集团山东有限公司济南分公司副总经理	贾虎平	济南市历城区港沟街道芦南农业开发专业合作社理事长
张　健	国网山东省电力公司济南市历城区供电公司发展建设部主任	高　卫	山东中烟工业有限责任公司济南卷烟厂制丝车间电气技术主管
张　超	济南超意兴餐饮有限公司总经理		
张玉斌	中车山东机车车辆有限公司工艺技术部转向架工区焊工	郭经顺	中国重型汽车集团有限公司技术发展中心副主任
张明习	中国航空工业集团公司济南特种结构研究所所长	盛　虎	华电章丘发电有限公司基建部主任
张明生	济南黄河路桥建设集团有限公司党委书记、董事长	崔　刚	济南出版有限责任公司党委书记、董事长
张恒斌	山东小鸭零售设备有限公司板	梁志银（女）	山东华凌电缆有限公司董事长

董文祥	中建八局第一建设有限公司党委书记、董事长
蒋世波	济南市历城区鲁泉养殖场场长
潘　杰	山东圣义律师事务所主任
潘世英	济南热力集团有限公司党委书记、董事长

山东省先进工作者

山　清（女）	山东省济南市市中国家税务局纳税服务科科长
王秀荣（女）	济阳县人民医院查体中心主任
王幸福	山东省商河县第一中学党总支书记、校长
孔海涛	济南市杂技团演员
冯雪梅（女）	济南市地方税务局历下分局征收科科长
刘鸿顺	济南市市政重点道路推进办公室二环西路南延工程项目部主任
李绍斌	济南市公安局市中区分局四里村派出所所长
李肇元	济南市口腔医院院长
杨金平	济南市生活废弃物处理中心主任
杨金勇	济阳县职业中等专业学校校长
辛沙沙（女）	济南市殡仪馆入殓师
张风礼	济南市公安局交通警察支队槐荫区大队交通肇事处理中队中队长
张金波	济南市地方税务局市中分局二七新村中心税务所主任科员
周俊英（女）	中国共产党济南市委市直机关工作委员会会计
赵庆国	平阴县总工会党组书记、常务副主席
胡爱红（女）	济南市舜耕小学校长
韩　东	山东省济南回民中学组织人事科科长
韩晓爽（女）	济南市市中区人民法院十六里河人民法庭庭长
韩爱民（女）	济南市青龙街小学校长

青岛市

山东省劳动模范

于义睦	青岛真情巴士集团有限公司公交车驾驶员
于乐美（女）	莱西市乐美家庭农场负责人
于海霞（女）	青岛市黄岛区王台镇徐村计生主任
马云双	中车青岛四方机车车辆股份有限公司总经理、党委副书记
马晓莉（女）	青岛雷沃工程机械有限公司党群工作部部长
马铁民	浩丰（青岛）食品有限公司董事长
王　艳（女）	青岛公交集团隧道巴士有限公司驾驶员
王建华	青岛鼎信通讯股份有限公司董事长
王艳芳（女）	青岛市市北区洛阳路街道郑州路社区党委书记、居民委员会主任
王恩建	青建集团股份公司总承包事业部项目负责人
王清宇	青岛市城阳区惜福镇后金社区股份合作社党委书记、理事长
王瑛波	中国重汽集团青岛重工有限公司党委书记、总经理、副董事长
王鲁军	山东电力建设第三工程有限公司总经理、党委副书记
王新全	青岛海纳光电环保有限公司光谱技术中心副主任
王新强	青岛府新大厦党委书记、总经理
尹　星	青岛地铁集团有限公司运营分

	公司工程车检修工	杨宇婷（女）	青岛市政务服务热线接线员
尹财山	中国人民解放军第四八零八工厂电工	杨咏新	国网山东省电力公司青岛市即墨区供电公司总经理
左士美	青岛左家泊蔬菜专业合作社理事长	杨锡贤	中国民用航空青岛空中交通管理站三级管制员
卢清涛	青岛三合山精密铸造有限公司工艺组长	吴洪珠	青岛洪珠农业机械有限公司研发中心主任
付岳峰	青岛国信旅游酒店管理有限公司东部早茶店厨师长	何鹏程	山东中烟工业有限责任公司青岛卷烟厂维修工
毕仕俊	青岛百果山实业有限公司董事长	冷加礼	青岛市工商行政管理局车队负责人
吕俊吉	青岛泰光制鞋有限公司加工技术部部长	宋立胜	胶州市三里河街道办事处西辛置村党支部书记
刘卫东	青岛海信电器股份有限公司首席科学家	张化新	青岛城市传媒股份有限公司副总经理
刘丽亚	青岛市即墨区龙山街道办事处前东葛村党支部书记、村民委员会主任	张希台	青岛第一市政工程有限公司测量员
		张国防	青岛明月海藻集团有限公司董事长
汤磊	国网山东省电力公司青岛供电公司变电检修室检修员	张宝亮	双星集团有限责任公司董家口轮胎基地研发工程师
孙刚	青岛海立控股有限公司董事长		
孙书猛	青岛北海船舶重工有限责任公司修船分厂总工程师	张彦鹏	青岛市军队粮油供应站办公室负责人
孙明爽	青岛石老人实业股份有限公司董事长、总经理	张停强	青岛汇丰园海珍品养殖专业合作社理事长
孙思波	青岛橡胶谷科技集团有限公司董事长、总经理	陈波	平度市李园街道西关社区股份合作社理事长
李叶（女）	青岛松下电子部品（保税区）有限公司操作工	陈美佳（女）	交运集团公司青岛汽车总站青岛长途汽车站迎门服务班礼宾
李涛	青岛路桥建设集团有限公司中心实验室质量负责人	陈海鸥（女）	青岛八大关锦绣园酒店总经理
		范前业	上海医药集团青岛国风药业股份有限公司车间主任
李文龙	中车青岛四方机车车辆股份有限公司钳工		
李海冬	颐中（青岛）烟草机械有限公司装配电工	金玉谟	青岛征和工业股份有限公司董事长
李继强	大唐山东电力检修运营有限公司总工程师	周可璋	中建八局第四建设有限公司党委书记、董事长
		郑世斌	青岛双星轮胎工业有限公司设

	备技术员
赵　顺	中国银行股份有限公司青岛市分行市南第二支行柜员
胡克涛	青岛金莱热电有限公司汽机专工
侯成尧	国网山东省电力公司平度市供电公司工会主席
侯克宁	青岛澳柯玛控股集团有限公司智能制造中心冷柜公司发泡班长
姜　波（女）	青岛地平线蔬菜专业合作社理事长
姜　涛	青岛能源集团能源热电有限公司第一热力分公司换热站维修工
姜　锐	青岛平度市自来水公司工程科负责人
姜春明	中国石油化工股份有限公司青岛安全工程研究院化学品安全控制国家重点实验室事故预防与控制学科带头人
袁波友	青岛市城阳蔬菜水产品批发市场有限公司董事长
贾福宁	青岛地铁集团有限公司党委书记、董事长
徐加祥	中国移动通信集团山东有限公司青岛分公司网络维护中心工程师
高占华	青岛国际机场集团有限公司飞行区管理部副总经理
郭　锐	中车青岛四方机车车辆股份有限公司钳工
郭如意	海克斯康测量技术（青岛）有限公司工段长
郭希辉	青岛港国际物流有限公司机械司机
郭培正	青岛柏兰集团有限公司董事长

唐元生	中石化第十建设有限公司焊接首席技师
黄　涛	青岛海丽雅集团有限公司技术员
崔惠峰	青岛海尔股份有限公司工艺技师
梁　刚	青岛啤酒股份有限公司青岛啤酒二厂总酿酒师
寇世爱	青岛安邦石化有限公司运行一部设备检修工
宿发强	中交一航局第二工程有限公司副总经理
蒋亚卓（女）	中信银行股份有限公司青岛分行瞿塘峡路支行会计主管
程存玉	中建筑港集团有限公司第五事业部总工程师
鲁　斌	青岛市城市管理局青岛市公用事业收费服务中心市北营业站收费员
解居志	海尔集团青岛日日顺物流有限公司总经理
薛超山	青岛啤酒股份有限公司青岛啤酒厂党委书记、厂长
魏成吉	青岛水务集团有限公司董事长、总经理、党委副书记

山东先进工作者

王　颖（女）	山东省海洋生物研究院水产加工室主任
王桂云（女）	青岛酒店管理职业技术学院烹饪学院教师
王海滨	青岛市大沽河管理局工程管理科科长
印　萍（女）	青岛海洋地质研究所副总工程师
朱瑞华（女）	平度市农业技术推广站站长
刘成智	中共青岛市委青岛市人民政府信访局排查协调处处长

齐洪利	青岛职业技术学院旅游学院教师
孙　黎（女）	中国科学院海洋研究所二级研究员
孙建德	莱西市新闻中心党组书记
苏　里	青岛市水上运动管理中心教练员
李三忠	中国海洋大学海洋地球科学学院副院长
冷志俊	平度市东阁街道办事处徐福社区股份合作社理事长
辛　渤	青岛市地方税务局即墨分局党委书记、局长
张　星	青岛市崂山区实验小学校长
张书坤	青岛市城阳第一高级中学级部主任
张永胜	青岛市排水运营服务中心第一排水工区副主任
张志华	青岛市勘察测绘研究院院长
张建顺	胶州市人民医院院长、理事长
陈素伟（女）	青岛市林业局森林病虫害防治工作站主任科员
陈起发	青岛市黄岛区辛安街道经贸中心主任
陈德喜	青岛市海慈医疗集团脊柱外科主任
项文年	青岛市广播电视台广播电视新闻中心记者
姜　艳（女）	青岛市市南区人民法院金门路法庭庭长
徐凤翯（女）	山东省青岛实验初级中学教师
徐丕兵	青岛市技师学院机电工程学院教师
韩永健	青岛市财政局预算处处长

淄博市

山东省劳动模范

于道亮	山东嘉丰玻璃机械有限公司装配钳工
王　兵	山东新华医药集团有限公司实验组组长
王　辉	国网山东省电力公司淄博供电公司配电运检室主管
王一君	山东省国瓷陶艺书画院工艺师
王功庆	山东齐都药业有限公司车间主任
王庆光	山东国顺宏基集团有限公司总裁
王洪升	山东工业陶瓷研究设计院有限公司陶瓷透波材料学科带头人
韦君梅（女）	淄博市建筑设计研究院副总建筑师
尹汝慧	中国移动通信集团山东有限公司淄博分公司市场经营部经理
尹连春	淄博市博山区特殊教育中心学校校长
边希芦	山东金岭铁矿有限公司侯庄矿班长
朱俊科	淄博禾丰种业科技股份有限公司董事长、总经理
任昌娟（女）	淄博银仕来纺织有限公司细纱挡车工
刘成学	山东鑫泉医药有限公司董事长、总经理
刘红连（女）	高青诚信菌业科技有限公司总经理
刘国辉	中铝山东有限公司第二氧化铝厂操作工
刘秋兰（女）	佶缔纳士机械有限公司亚太区总经理
孙　亮	山东泉舜控股集团有限公司副总经理
孙　鹏	山东汇丰石化集团有限公司车间主任
孙成富	淄博临淄成富种植专业合作社

	总经理
李 学	山东重山集团有限公司董事长
李小勇	淄博渤海活塞有限责任公司副总经理
李久存	淄博市淄川区双杨镇赵瓦村党支部书记、村民委员会主任
杨秀广	山东兆物网络技术股份有限公司软件工程师
宋 磊	山东东岳有机硅材料股份有限公司车间主任
宋汝银	淄博张店银基农业开发专业合作社理事长
陈 茁	山东三金玻璃机械有限公司数控工
武怀强	淄博火炬能源有限责任公司五分厂工段长
金仕玲（女）	远方汽车贸易集团有限公司党委书记
郑安庆	淄博市公共汽车公司张店分公司驾驶员
赵胜建	淄博博山梦里老家种植专业合作社理事长
胡庆军	淄博市煤气公司总调度师
柏 杨（女）	中国农业银行股份有限公司淄博周村支行综合柜员
段 琦（女）	山东华安新材料有限公司总经理
姚海涛	山东新华医疗器械股份有限公司调试工
贾立建	太平洋保险在线服务科技有限公司山东分公司电话销售坐席
黄 茜（女）	沂源县喜洋洋畜禽养殖专业合作社经理
常承立	华能国际电力股份有限公司辛店电厂检修工
盖爱民	山东宏信化工股份有限公司生产计划部经理

董丹华（女）	山东扳倒井股份有限公司品酒师
樊红英（女）	淄博市周村区大街街道和平社区党委副书记

山东省先进工作者

丁 燕（女）	中国共产党淄川区委员会宣传部副部长、文明办主任
王玉华	中国人民银行淄博市中心支行货币信贷管理科科长
王立国	淄博市公安局临淄分局刑事侦查大队大队长
王俊红（女）	淄博市国土资源局规划科科长
江贵军	中国共产党沂源县委员会南麻街道工作委员会书记
许业强	高青县地方税务局党组书记、局长
孙德啟	淄博市中级人民法院审判员
苏同安	山东省桓台第一中学教师
李 涛	山东省淄博第一中学级部主任
张 刚	淄博市公安局张店分局党委委员、副政委
徐美凤（女）	淄博市体育运动学校教练员
崔明华	淄博市环境保护局办公室主任
管廷进	淄博市第一医院骨二科主任

枣庄市

山东省劳动模范

王 勤（女）	山东丰源集团股份有限公司科员
王读福	山东潍焦集团薛城能源有限公司技术中心主任
卞俊善	国网山东省电力公司枣庄供电公司客户服务中心滕州客户服务分中心主管
龙宗勇	枣庄市市中区税郭镇东北村党支部书记、村民委员会主任
白 迪	山东鲁南机床有限公司技术员
朱德明	华电滕州新源热电有限公司副

	总工程师
刘　强	兖矿鲁南化工有限公司董事长
李　娜（女）	枣庄中安房屋开发有限公司班组长
李永明	山东中泰煤业集团有限公司党委书记、董事长
李继鹏	山东中烟工业有限责任公司滕州卷烟厂党委书记、副厂长
杨兆忍	枣庄市峄城区吴林鑫民农机专业合作社理事长
时荣玉	枣庄市薛城区常庄镇邵庄村党支部书记
邱丙霞（女）	国网山东省电力公司枣庄供电公司力源集团枣庄光明电力服务有限责任公司党支部书记
邱慧敏（女）	山东益康集团工艺员
闵　滕	联泓新材料有限公司仪表工主修
张　维（女）	枣庄市台儿庄区涧头集镇后洪庙村党支部书记
张永密	华电国际电力股份有限公司十里泉发电厂厂长
张宝民	山东泉兴水泥有限公司车间主任
罗　永	枣庄市山亭区路通市政工程有限公司技术主管
金　冬（女）	中国银行股份有限公司枣庄分行行长
金　维	滕州市洪绪镇金庄村土地股份合作社理事长
单新民	滕州市西岗镇东王庄土地股份专业合作社监事会主任
宗兆国	山东枣建建设集团有限公司木工现场施工员
赵　伟	枣庄矿业集团新安煤业有限公司高级工程师
赵仁国	枣庄王晁煤矿有限责任公司采煤工区区长
相　莉（女）	枣庄金达莱塑业有限公司总经理
高奎贤	滕州市南沙河镇上营村股份合作社理事长
曹恒超	山东省台儿庄古城旅游集团有限公司党委书记、董事长
鹿　翔	枣庄矿业集团高庄煤业有限公司班长
裴忠亚	鲁南中联水泥有限公司生产品质部主任

山东省先进工作者

孔　婧（女）	枣庄市峄城区人民政府房屋征收管理办公室主任
闫先锋	枣庄市庄里水库建设管理处技术负责人
汤国华	枣庄市人力资源和社会保障局人事科科长
孙　飞	枣庄市实验学校校长
孙友明	枣庄市公路管理局应急中心总工程师
孙宝华（女）	枣庄市薛城区北临城小学教师
李宏基	枣庄市公安局山亭分局桑村派出所所长
邵　宏（女）	枣庄市公安局食品药品与环境犯罪侦查支队支队长
贺敬义	枣庄市精神卫生中心党委书记、院长

东营市

山东省劳动模范

于海凤（女）	山东军胜化工集团有限公司研发中心主任
王峰田	山东垦利石化集团有限公司基建部部长
王湛源	山东鲁百百货大楼集团有限公司董事长、总裁
田会英（女）	东营市广饶县李鹊镇安里村

	农民		指导员
刘志刚	东营市河口区新河林木种植农民专业合作社理事	崔国厂	东营市国土资源局土地评审交易中心主任
刘振刚	东营方圆有色金属有限公司车间主任	魏 涛	东营市地方税务局东营分局党组书记、局长
李 鑫	国网山东省电力公司东营市垦利区供电公司运维检修部主任	魏瑞霞（女）	东营市实验小学教师

烟台市

李明刚　东营齐润化工有限公司党委书记、董事长

山东劳动模范

李增刚	山东天弘化学有限公司催化联合车间主任	于炳安	烟台市建筑之友创客空间设计有限公司镶贴工
宋爱民	利华益集团股份有限公司车间主任	马树刚	龙口市胜通物流有限公司维修中心经理
宋锡滨	山东国瓷功能材料股份有限公司副总经理	王 雁（女）	烟台矢崎汽车配件有限公司课长
张立林	东营市东营区史口镇大宋村党支部书记、村民委员会主任	王曰刚	莱阳市冯格庄街道办事处桃源庄村党支部书记
张向辉	山东海科化工集团有限公司石化事业部部长	王可琪	烟台市牟平区环境卫生工程有限公司维修工
陈守温	利津县双瀛水产苗种有限责任公司董事长、总经理	王春宁	烟建集团有限公司第六建筑安装分公司党总支书记、经理
尚建立	万达控股集团有限公司副总裁	王洪光	烟台西蒙西轴承有限公司维修工
周孟磊	东营市俊源石油技术开发有限公司质量工程师	王洪波	山东绿叶制药有限公司冻干工
高永强	国网山东省电力公司东营市供电公司带电作业专责	石晶生	烟台龙港泵业股份有限公司技术员
高传星	东营银行股份有限公司党委书记、董事长	卢 刚	国网山东省电力公司烟台市供电公司总经理、党委副书记
郭加加	山东万得福实业集团有限公司生产一部中控员	史亚萍（女）	烟台持久钟表有限公司产品开发部部长
葛海军	华泰集团有限公司抄纸工	付景兵	蓬莱市小门家镇源翔种植专业合作社理事长

山东省先进工作者

刘冬至（女）	中共东营市纪委东营市廉政教育中心主任	冯 庸	核工业烟台同兴实业集团有限公司研发中心总经理
孙国新	东营市地方税务局油田分局局长	成进军	烟台鲁宝钢管有限责任公司电气维修工
杨红燕（女）	利津县公安局出入境管理大队	刘玉祥	龙口市石良镇尹村党支部书记、村民委员会主任

刘春红（女）	烟台马利酵母有限公司发酵工		社理事长
刘振东	恒通物流股份有限公司董事长	张淑香（女）	鸿富锦精密电子（烟台）有限公司操作工
刘维波	烟台市莱山区莱山街道东沟村党支部书记、村民委员会主任	陈松海	招远市金岭镇大户陈家村党委书记
刘博学	万华实业集团有限公司副总裁	陈善茂	莱州市金城镇新城村党支部书记、村民委员会主任
闫修峰	华电龙口发电股份有限公司副总经理	林翠英（女）	栖霞市翠乐果蔬专业合作社理事长
江伟	烟台港有限公司矿石码头分公司装卸机械司机	周卓良	烟台市福山区卓良水稻专业合作社理事长
孙杰	烟台吉斯家具集团有限公司董事长、总裁	周鹏辉	中粮长城葡萄酒（烟台）有限公司研发主管
孙泽世	山东春雪食品有限公司仓储工	战梅（女）	山东康达精密机械制造有限公司操作工
孙宪法	山东民和生物科技股份有限公司董事长	姜卫娟（女）	山东登海种业股份有限公司玉米所所长
孙锡辉	莱州市文峰路街道阳关村党支部书记、村民委员会主任	姜兰东	斗山工程机械（中国）有限公司焊工
李建波	山东中矿集团有限公司党委书记、总经理	姜延泉	烟台泉源食品有限公司董事长
李翠芹（女）	烟台市洪强供水工程有限公司排水工	徐向东	中国联合网络通信有限公司烟台市分公司总经理
杨希勇	山东三和德通律师事务所主任	徐艳鹏	山东康泰实业有限公司钳工
杨德将	烟台中集来福士海洋工程有限公司管装工	徐继亮	莱州联友金浩新型材料有限公司技术员
何永荣	方圆集团有限公司董事局副主席	栾会光	山东恒邦冶炼股份有限公司吹炉工
邹积坤	烟台市福山区东厅街道办事处南十里堡社区党支部书记	高大吉	长岛旅游集团有限公司船长
宋杰	海阳市东村街道和平村党支部书记	郭伟	烟台冰轮集团有限公司装配钳工
初鹏飞	莱阳市团旺镇光山村党支部书记、村民委员会主任	崔文罡	中海港务（莱州）有限公司总经理
张侠	烟台东方威思顿电气有限公司董事长、总经理	康日春	龙口矿业集团有限公司采掘工
张仁华（女）	瑞康医药股份有限公司总经理	商静宇	烟台市自来水有限公司总经理、党委副书记
张在奎	烟台圣洁岛海参养殖基地有限公司理事	梁辉	烟台啤酒集团有限公司党委副书记、纪委书记、工会主席
张承轩	海阳市富群蔬菜种植专业合作		

梁兆林	国网山东省电力公司栖霞市供电公司电工
尉云高	莱阳市汽车运输有限公司董事长
隋学海	山东华源莱动内燃机有限公司机线工

山东省先进工作者

于传莲（女）	烟台经济技术开发区人力资源和社会保障局科员
马京波	烟台市种子管理站站长
王永杰	烟台市公路管理局局长、党委副书记
王志强	烟台市教育科学研究院副院长
王春杰（女）	招远市人民医院心内科主任
尹伟英（女）	烟台市公安局经济技术开发区分局治安管理大队科员
刘广进	莱州市环境卫生管理处垃圾清运队队长
刘虎建	山东省牟平第一中学政教主任
刘雪峰	山东省城市服务技师学院实习指导教师
李志英（女）	蓬莱市郝斌中学校长
李建民	烟台市地方税务局稽查局副局长
杨军	烟台毓璜顶医院院长
邹本波	交通运输部北海救助局船舶船长
辛宗明	中国共产党海阳市委员会常委、政法委员会书记
张世平	烟台市公安局刑事侦查支队二级警员
徐永明	龙口市人民政府法制办公室主任
徐明娜（女）	龙口市农业局科员
宿冉（女）	莱州市第一中学教师
蒋善凤（女）	招远市公安局党委委员、副局长

蔡润圃	山东省烟台第二中学党委书记、校长

潍坊市

山东省劳动模范

丁强	诸城市汇鑫牧业专业合作社理事长
于英智	潍坊经济开发区双杨街道前阙庄村党支部书记
马利新（女）	临朐县寺头镇相亮山楂合作社党支部书记
马耀霞（女）	新郎希努尔集团股份有限公司制版师
王权	诸城市下茔山花生生产专业合作社理事长
王新（女）	山东恒联投资有限公司研发部经理
王飞飞（女）	山东青州农村商业银行股份有限公司会计
王仁善	山东海化股份有限公司纯碱厂新线重碱车间主任
王玉美（女）	寿光市交运汽车站有限公司售票员
王训杰	国网山东省电力公司潍坊供电公司总经理、党委副书记
王永法	临朐县天润农场场长
王江堂	昌乐县凤凰岭果蔬专业合作社理事长
王泳中	诸城东晓生物科技有限公司维修车间主任
王海松	潍坊港华燃气有限公司调压中心技术督导员
王福华	潍坊雷克兰劳保用品有限公司工会主席
冯蓬勃	歌尔股份有限公司副总裁
吕继贤	山东浩信集团有限公司董事长
刘在贵	潍坊市聚天农牧有限公司养殖事业部经理

刘志强	国网山东省电力公司诸城市供电公司变电检修班班长	赵连东	山东昌乐农村商业银行股份有限公司党委书记、董事长
刘序林	山东雷奥新能源有限公司党总支副书记	赵洪伟	潍坊花香花卉苗木专业合作社社长
刘祥伍	盛瑞传动股份有限公司董事长、总经理	赵洪周	山东世纪泰华集团有限公司福乐多超市理货员
闫方清	山东豪迈机械科技股份有限公司研发部部长	荆汝泉	高密市人民医院党委书记、理事长
孙　涛	高密市密水街道碾头社区党总支书记	胡道军	临朐县兴隆建安有限公司项目部经理
孙传德	潍坊市寒亭区开轩农场场长	班洪花（女）	山东潍坊百货集团股份有限公司便利店运营中心负责人
李伟华（女）	潍坊市潍城区南关街道人民商城社区党委书记、居民委员会主任	徐　芳（女）	潍坊银行股份有限公司员工
		徐世刚	山东海王化工股份有限公司副总经理
李法曾	山东新龙集团有限公司董事长	徐林收	高密市阚家镇松兴屯村经济专业合作社理事长
李奎珍（女）	安丘市辉渠镇雹泉村村民委员会委员	徐国栋	山东昌邑石化有限公司党委副书记、纪委书记
李冠兴	山东凯马汽车制造有限公司班长	郭百礼	山东寿光天成食品集团有限公司总裁
张　磊	山东美晨生态环境股份有限公司董事长	郭严平（女）	潍坊市公共交通总公司驾驶员
张建民	潍坊市千业色纺有限公司董事长	桑名亮	寿光市文家街道桑家营子村党支部书记
范满国	山东满国康洁环卫集团有限公司董事长	曹淑美（女）	孚日集团梦圆家居公司车间主任
周　剑	诸城中康农业开发有限公司生产部副部长	寇瑞国	潍坊市财政局财政政策研究室主任
周建章	康跃科技股份有限公司模具主管	董华友	中化弘润石油化工有限公司总经理
郑立强	高密市城市建设投资集团有限公司党总支书记、董事长	董春燕（女）	青州市亚泰农业科技有限公司董事长
泮月华	北汽福田汽车股份有限公司诸城奥铃汽车厂车间主任	韩全亮	寿光市民隆蔬菜专业合作社理事长
赵　强	青州鲁威有机果蔬专业合作社理事长	韩晋友	安丘市石堆镇西河洼村经济专业合作社理事长
赵　霞（女）	潍坊市玉泉洼种植专业合作社联合社理事长	舒　安	山东全福元商业集团有限责任

公司董事长

甄曰菊（女）山东吉青化工有限公司技术总监

臧传奎　潍坊滨海旅游集团有限公司党委书记、董事长

薛　华（女）潍柴控股集团有限公司新加坡分公司业务经理

穆洪伟　昌邑市绿美园林绿化工程有限公司绿化工

鞠卫民　国网山东省电力公司安丘市供电公司光明电力施工队队长

山东省先进工作者

王炳芹（女）诸城市卫生和计划生育局宣教科科长

牛建一　潍坊市益都中心医院理事长、大神经内科主任

尹　义　潍坊市中级人民法院民事审判第一庭副庭长

孙曰波　潍坊职业学院农林科技学院副院长

张成元　潍坊市妇幼保健院新生儿科主任

张国庆　潍坊高新技术产业开发区人民医院理事长

张照松　寿光世纪教育集团党委书记、总校长

孟祥军　临朐县农村能源环境保护办公室主任

赵丰平　山东省昌乐二中校长

赵洪东　潍坊中学工会主席

秦伟博　潍坊市公安局治安警察支队副大队长

夏传兵　潍坊市奎文国家税务局信息中心副主任

殷好治　昌乐县人民医院党委书记、理事长

韩忠玉　山东省潍坊第四中学党委书

记、校长

翟文成　潍坊市住房和城乡建设局组织人事科科长

济宁市

山东省劳动模范

马兆文（女）济宁市兖州区向阳花家庭农场场长

王　乐（女）山东济宁心心酒业有限公司党委委员、工会主席

王广荣（女）山东金宇商贸有限公司党总支书记

王成允　山东梁山徐坊大曲有限公司技术员

王如勇　汶上县如勇苗木种植中心理事长

王美华（女）嘉祥县满硐镇翟坊东村党支部书记

王振男　鱼台县振南木耳种植专业合作社业务经理

文方武　微山县马坡镇圣威家庭农场场长

孔祥民　曲阜市三孔古建筑工程管理处主任

田亚平　中国人寿保险股份有限公司济宁分公司党委书记、总经理

司相芳　山东荣信集团有限公司总经理

吕新民　曲阜天博汽车零部件制造有限公司董事长

朱思东　山东省微山湖矿业集团有限公司巷道掘砌工

刘现允　山东万事达专用汽车制造有限公司副总经理

闫崇高　梁山县小安山镇冯庄村党支部书记

孙庆义　曲阜市良友工贸有限公司总经理

孙守营　山东红太阳酒业集团有限公司

	技术总监	徐继兵	山东济宁运河煤矿有限责任公司综采二区副区长
李 鲁	山东公用控股有限公司董事长		
李卫东	济宁市任城区李营镇苗木协会会长	高 军	山东百盛生物科技有限公司董事长
李汝祥	金乡县康华乳业有限公司总经理	高 振	山东鲁抗医药股份有限公司新药销售总监
李体恒	山东圣大建设集团有限公司项目经理	郭波波	汶上县雷沃农业机械农民专业合作社理事长
杨 楠(女)	济宁九龙贵和商贸集团有限公司总经理	常 猛	山东常生源生物科技股份有限公司董事长、总经理
杨连河	山东联合纸业有限公司董事长	崔 波	中国联合网络通信有限公司济宁市分公司党委书记、总经理
宋如兵	国网山东省电力公司泗水县供电公司办公室主任	崔金声	巴斯夫浩珂矿业化学（中国）有限公司董事长
张秋萍(女)	山东如意科技集团有限公司班长	程学良	邹城市中心店镇东傅村党支部书记、村民委员会主任
张保建	山东济宁烟草有限公司专卖监督管理科科长	焦绪常	华能济宁运河发电有限公司生产部主任
张洪锋(女)	济宁高新区王因镇后岗村农民		
陈忠合	兖州煤业股份有限公司济宁二号煤矿综采一区采煤机司机	路笃俊	山东省汶上县丝杠有限责任公司车工班长
周不修	金乡县晨雨食用菌专业合作社理事长	廉 政	济宁众诚汽车销售服务有限公司技术顾问
郑兆宗	山东山矿机械有限公司总工程师	臧永芝(女)	邹城市润鑫果蔬种植专业合作社理事
孟 奎	济宁海关机关服务中心厨师长	薛 超	山东鲁泰控股集团有限公司海则庙项目部经理
赵小娟(女)	山东水发环境科技有限公司副总经理		

山东省先进工作者

郝 隆	微山县两城镇计划生育协会专职副会长	于世鹏	济宁医学院附属医院党委副书记、常务副院长、工会主席
侯晓曦(女)	梁山庄稼人粮食种植农民专业合作社理事长	马双文	梁山县公安局法制科科长
		司秋英(女)	济宁经济技术开发区管理委员会财政集中支付中心主任
姚洪远	泗水县圣水峪镇南仲都村党支部书记	刘 岭	济宁市任城区人民政府办公室主任
顾 涛	中国移动通信集团山东有限公司济宁分公司技术员	刘福建	邹城市地方税务局党委书记、局长
顾士胜	兖矿集团有限公司工会主席		
钱振亚	嘉祥县梁宝寺镇钱集村农民	李春荣(女)	金乡县人民医院党委书记、理

	事长		专业合作社理事长
杨中革	兖州市地方税务局党组书记、局长	李云岱	兴润建设集团有限公司高级管理人员
杨宜东	济宁北湖省级旅游度假区园林服务中心党支部书记、主任	李钦顺	新泰市国有太平山林场场长
张 平	济宁学院附属中学教务处主任	李修林	肥城白庄煤矿有限公司掘进一区副区长
张 峰	微山县夏镇街道曹庄村党支部书记	李海燕（女）	山东华兴纺织集团有限公司细纱挡车工
张雅莉（女）	济宁市产品质量监督检验所所长	杨仁庚	肥城市王瓜店大丰粮食种植专业合作社理事长
周 磊	济宁市委市直机关工作委员会工会主任	吴同殿	泰安市泰山区邱家店镇前旧县村党支部书记、村民委员会主任
周长权	邹城恒益热力有限公司党支部书记、经理	宋其涛	泰安市泰山景区客运有限公司董事长、总经理
孟庆站	济宁市技师学院教师	宋宪臣	中国邮政集团公司泰安市分公司投递员
赵 云（女）	济宁市农业科学研究院经济作物研究所副所长	张 冰	山东厚丰汽车散热器有限公司销售部销售员
聂志奎	济宁市第一人民医院骨关节外科主任	张 宸	新泰市青云街道青云社区党委书记、居民委员会主任

泰安市

山东省劳动模范

王光忠	新泰市青云街道福田社区党委副书记	张 辉	山东友邦肥业科技有限公司董事长
王同伟	山东泰山轮胎有限公司车间主任	张若祥	新汶矿业集团有限责任公司党委书记、董事长
吕 彬	泰山云谷互联网产业集团有限公司总裁	张道恒	新汶矿业集团有限责任公司孙村煤矿技术员
朱宁鹏	山东华宁矿业集团有限公司鑫安煤矿运转工区维修队长	张德刚	泰山玻璃纤维有限公司党委委员、副总经理
刘电新	山东泰山安康生态乳业有限公司董事长	陈爱武	新泰市唯特果树研究所技术员
刘艳林（女）	泰山酒业集团股份有限公司质量管理委员会主任	武 辉	中国邮政集团公司山东省东平县分公司投递员
纪 伟	石横特钢集团有限公司党委书记、总经理	郁国强	泰山中联水泥有限公司副总经理
李 勇	新东岳集团有限公司董事长	庞广礼	山东泰邦生物制品有限公司总经理
李万海	宁阳县圣地农庄农业休闲观光	赵 丽（女）	泰开集团有限公司执行副总

	经理		税务局党组书记、局长
赵士梅（女）	泰安市泰山区泰前街道御碑楼社区经济委员会副主任	张玉晶	泰安市地方税务局泰山分局局长
耿进平	东平县银山镇耿山口村党支部书记	高罡	新泰市公安局禹村派出所所长
		展长顺	东平县总工会主席
贾衍强	山东众成饲料科技有限公司锅炉工	**威海市**	
		山东省劳动模范	
贾爱云（女）	肥城汇隆农产品专业合作社理事长	于江	乳山市爱母茶叶专业合作社理事长
麻宝忠	特变电工山东鲁能泰山电缆有限公司党委书记、总经理	王毅	威高集团有限公司副总裁
康俊昌	泰安市里峪惠民林果专业合作社副理事长	王文水	威海御龙旗西洋参专业合作社社长
韩丽（女）	国电石横发电有限公司电气队继电保护班工作组组长	王玲玲（女）	威高集团有限公司车间主任
程化伟	中国移动通信集团山东有限公司泰安分公司副总经理	丛建臣	天润曲轴股份有限公司总工程师
		丛建杰	威海仁昌电子有限公司维修工
焦恩岭（女）	东平县市容环境卫生管理处环卫工人	丛荣洲	威海市环翠区温泉镇冶口社区党支部书记、居民委员会主任
缪超	中国联合网络通信有限公司泰安市分公司岱岳区分公司总经理	邢树明	文登威力工具集团有限公司技改办副主任
山东省先进工作者		吕增兵	山东文登农村商业银行股份有限公司党委书记、董事长
申洪英（女）	泰安市岱岳实验中学党支部书记、校长	刘润东	山东安然纳米实业发展有限公司董事长
刘温来	中国共产党泰安市委员会宣传部市文明办活动协调科科长	孙云龙	威海怡和专用设备公司车间主任
安红强	泰安市泰山风景名胜区管理委员会桃花峪管理区党支部副书记、副区长	孙玉晓	荣成市寻山街道赵家村党支部书记、村民委员会主任
许兴堂	山东省泰安第一中学教师	李光太	威海广泰空港设备股份有限公司董事长
许振坡	宁阳县公安局刑警大队大队长	李俊峰	山东好当家海洋发展股份有限公司副总裁
李平（女）	泰安市中医医院副院长、肺病科主任	李德政	金猴集团有限公司车间主任
李升刚	泰安市恒丰典当有限公司业务主办	杨杰（女）	山东达因海洋生物制药股份有限公司总裁
宋尊柱	泰安高新技术产业开发区国家	杨文勇	威海市国有资本运营有限公司党委书记、董事长

杨明燕（女）山东威达机械股份有限公司董事长

谷业廖　威海海鑫新材料有限公司分厂厂长

辛　华　威海市海大客运有限公司总经理

宋修帅　威海华菱光电股份有限公司行政总监

张玉朋　黄海造船有限公司项目经理部部长

张桂林（女）宏安集团有限公司光缆车间主任

金新明　威海热电集团有限公司检修车间主任

周俊英（女）威海百合生物技术股份有限公司车间主任

宫福祝　山东金洲矿业集团有限公司电气主管

祝旦璞　山东樱聚缘农业科技发展股份有限公司总经理

徐芳芳（女）乳山市海天集团有限公司洗浴部主任

郭清云　威海建设集团股份有限公司第一建筑分公司经理

唐克永　乳山市乳山口镇南唐家村党支部书记、村民委员会主任

陶遵建（女）威海市商业银行股份有限公司首席财务官

樊海英（女）恒茂实业集团有限公司副总经理

山东省先进工作者

许　胜　荣成市城乡建设局局长

李树阳　威海市乳山公路管理局局长

张恩东　威海市妇幼保健院耳鼻喉—头颈外科重点学科带头人、教研室主任

武仁德　威海市地方税务局直属征收局局长

周　玲（女）威海市古寨小学校长

周建华　威海市中心医院科主任

周晓毅　威海市公安局交通警察支队第一大队副主任科员

单振宇　威海经济技术开发区政法委信访办主任

日照市

山东省劳动模范

于庆兰（女）日照市东港区南湖镇大宅科村村民

马玉娟（女）日照市黄金海岸装卸工程有限公司公寓班长

叶　成　岚桥集团有限公司董事长、总裁

申　军（女）日照银行股份有限公司总行营业部大堂主管

田中余　莒县浮来山街道田家店子村党支部书记

冯展帅　山东五征集团有限公司技师

刘　伟　国网山东省电力公司日照供电公司总经理、党委副书记

刘平刚　山东阳尔律师事务所主任

刘兰普　莒县晨宇汽车销售服务有限公司技术经理

刘雨奇　山东双港活塞股份有限公司技术员

闫秀训　日照钢铁控股集团有限公司党委书记

孙继先　山东钢铁集团日照有限公司安全保卫部安全督查业务经理

李玉军　华能国际电力股份有限公司日照电厂策划部副主任

张守英（女）五莲县洪凝街道红泥崖村党支部书记

姜成西　日照市岚山兴旺农机服务专业合作社理事长

郭章峰	日照市城市建设投资集团有限公司第四建设项目部经理
黄庆林	山东汤谷太阳文化旅游开发有限公司执行董事、总经理
梁茂连（女）	莒县小店横山家庭农场场长
程学晓	海汇新能源汽车有限公司技术总工
焦自华（女）	山东幸福盛地养老产业管理有限公司西湖敬老院院长
蔡中堂	日照港集团有限公司党委书记、董事长

山东省先进工作者

丁德恩	日照市茶叶技术推广中心副主任
孙西周	日照市中医医院脑病三科主任
杨乐清	日照市公安局党委委员、副局长、东港分局局长
陈维芹（女）	莒县法律援助中心主任
赵庆英（女）	日照市金海岸小学校长

莱芜市

山东省劳动模范

王兆申	莱芜市莱城区财源蔬菜种植专业合作社理事长
王迎迎（女）	山东奔速电梯股份有限公司出纳
亓 凯	山东金鼎电子材料有限公司生产部经理
吕占美（女）	山东莱芜润达新材料有限公司技术中心分析测试室主任
刘加前	莱芜市钢城区棋山国家森林公园八大庄村党支部书记
苏 军	山东威马泵业股份有限公司磨床操作工
吴卫平	山东阿尔普尔节能装备有限公司董事长
陈 锋	山东九佳紧固件股份有限公司车间主任

罗登武	山东钢铁股份有限公司莱芜分公司党委书记、总经理
岳隆杰	莱商银行股份有限公司党委书记、董事长
赵 刚	山东泰山钢铁集团有限公司不锈钢炼钢厂副厂长
黄金栋	莱芜裕源食品有限公司董事长
梁栋梁	山东得象电器股份有限公司技术员

山东省先进工作者

祁庆梅（女）	莱芜市钢城区环境保护局污染物总量控制办公室主任
杨 磊	山东省莱芜市国家税务局党组书记、局长
张新生	中国共产党莱芜市莱城区口镇委员会机关党总支书记

临沂市

山东省劳动模范

于孟生	山东临工工程机械有限公司总裁
上官学江	华能临沂发电有限公司检修部焊工班班长
王 东	山重建机有限公司客服部市场维修班班长
王佃莉（女）	中国民生银行股份有限公司临沂分行业务总监
王京国	临沂交运集团公司沂水盛通公交客运有限责任公司驾驶员
王宝剑	山东临沂烟草有限公司沂水分公司富官庄烟叶收购站站长
井彦明	临沂兴元煤业有限责任公司车间主任
牛庆花（女）	蒙阴县晏婴故里果品专业合作社社长
毛会涛	临沂市兰山区白沙埠镇毛家村社区党支部书记
方国明	蒙阴百泉乡村民俗旅游专业合

	作社社长
玄瑞利	临沂城市建设投资集团有限公司总经理、党委副书记
刘文玲（女）	沂水县沂城街道西朱家庄村党支部书记、村民委员会主任
刘永连	山东远通汽车贸易集团有限公司副总裁
刘竹承	临沂市六合鲁盛食品有限公司副董事长（台湾同胞）
刘芬松（女）	国网山东省电力公司临沂供电公司配电抢修班班长
刘希文	山东华源锅炉有限公司焊工
刘建永	山东新天地现代农业开发有限公司兰陵国家农业公园园区经理
闫良凯	中钢集团山东矿业有限公司提选动力车间主井维修段段长
孙宝安	河东区九曲街道九曲店社区党委书记
孙效峰	山东效峰生物科技股份有限公司董事长
孙鸿雁（女）	山东益膳房集团有限公司副总经理
杜玉花（女）	临沂罗庄中心医院内二科主任
李树睦	沂南县铜井镇两泉坡社区党支部书记、居民委员会主任
杨进邦	临沭县晴朗工艺品有限公司技术员
吴照军	中国农业银行股份有限公司临沂分行党委书记、行长
邱绪刚	山东景耀玻璃集团有限公司车间主任
何晓芳（女）	金沂蒙集团有限公司技术员
宋久远	山东三和玩具股份有限公司董事长
张玉泽	山东沂星电动汽车有限公司汽车装调工
张兆伟	山东正之源律师事务所合伙人主席
张克庆	临沂新程金锣肉制品集团有限公司副产班班长
张贵民	鲁南制药集团股份有限公司党委书记、董事长、总经理
张晓华	国网山东省电力公司临沂供电公司总经理、党委副书记
陈东建	莒南县东盛果菜专业合作社理事长
武心会	临沂经济技术开发区梅家埠街道办事处鑫惠葡萄种植专业合作联社理事长
武玉金	山东三众房地产有限公司施工科科长
林波	中国奥德集团实业有限公司总裁
林化海	费县化海肉鸡专业合作社理事长
周宝英（女）	费县大田庄乡周家庄村农民
庞玉坤	临沂市政集团有限公司党委书记、董事长、总经理
孟祥山	山东玉泉食品有限公司总经理
赵京国	平邑县保太镇堤后村党支部书记、村民委员会主任
段友清	临沂三阳置业集团有限公司董事长
侯天增	沂水县大地缘地瓜专业合作社理事长
聂兵	天元建设集团有限公司副总经理
徐军	临沂市君发供应链服务有限公司总经理
高永	郯城县恒丰农机化服务农民专业合作社理事长
高进华	史丹利农业集团股份有限公司总裁

高洪路	临沂市罗庄区罗庄街道沈泉庄党委书记
郭 红（女）	兰陵县润生养殖专业合作社理事
黄 翔	山东卧龙种业有限责任公司董事长
崔程祥	山东新银麦啤酒有限公司市场部经理
寇凤禄	临沂华太电池有限公司车间主任
逯登哲	山东阳煤恒通化工股份有限公司车间主任
韩纪雷	莒南县环境卫生管理处环卫工
腾厚玉	临沂临港经济开发区历家寨樱桃种植专业合作社理事长
谭丽华（女）	山东新时代药业有限公司实验员

山东省先进工作者

马红梅（女）	临沂市农业综合执法支队农业执法大队副大队长
王 丽（女）	山东省临沂市兰山区人民法院主审法官
王 梁	临沂大学资源环境学院副院长（校聘）
王焕增	临沂市公安局兰山分局刑事侦查大队大队长
庄 园（女）	临沂市社会福利院护士长
孙兴华	山东省沂南县人民医院胸外科主任
张 丽（女）	郯城县美澳学校教师
张凤伟	临沂市人民医院心脏外科主任
张克成	蒙阴县国税局坦埠分局科员
张艳丽（女）	临沂市妇女儿童医院院长
赵 明	蒙阴县人民医院党委副书记、副院长
夏兆纪	临沂市技师学院机械装配与维修系党总支书记、主任

高富军	山东医学高等专科学校附属眼科医院院长
彭 斌	临沂市国土资源局测绘院不动产勘测中心主任

德州市

山东省劳动模范

丁建广	禹城市强农合作社理事长
于文平	山东百龙创园生物科技股份有限公司车间主任
马 军	德州市公共汽车公司党总支书记、总经理
马 腾	山东金麒麟股份有限公司软件开发员
马恒龙	平原县恩城镇北马庄村党支部书记
王 建	夏津县瑞丰源果蔬专业合作社理事长
王 荣（女）	山东信立泰药业有限公司质量部主任
王建忠	谷神生物科技集团有限公司研发部主任
冯树强	山东陵县德强农场场长
邢增然	德州临邑县啟丰农业发展有限公司后勤部部长
朱春泉	齐河县晏城街道办事处红庙朱村党支部书记
任学辉	宁津县宁城街道办事处西张县村党支部书记
刘红伟	金能科技股份有限公司技术员
刘绍安	庆云县常家镇洼刘村土地股份专业合作社理事长
刘桂文	德州经济技术开发区赵虎镇大刘汗村党支部书记
孙天国	中国邮政集团公司山东省武城县分公司投递员
孙京梅（女）	齐河鼎泰庄园林业种植专业合作社理事长

李 琛　国网山东省电力公司齐河县供电公司营销部班长

李文令　武城县李家户镇刘王庄村党支部书记

李秀贵　山东恒硕自动化装备制造股份有限公司总工程师

李学功　德州市经济适用房开发中心董事长、总经理

李瑞瑞（女）德州恒丰纺织有限公司细纱值车工

宋金松　山东福洋生物科技股份有限公司技术员

张洪亮　山东滨庆新能源开发有限公司总经理

武利坡　山东普利森集团有限公司电器设计与调试工

林建伶　昇兴（山东）包装有限公司总经理

周英亮　德州市德城区新华街道新园社区农村经济合作社理事长

祝 超　国网山东省电力公司夏津县供电公司运维检修部配电运检班技术员

弭尚岭　乐陵市弭科农作物种植专业合作社理事长

秦士东　通裕重工股份有限公司车间主任

崔丽凤（女）山东华鲁恒升化工股份有限公司研发部经理

崔贵海　山东德州扒鸡股份有限公司董事长

矫庆国　山东水星博惠汽车部件股份有限公司车间主任

蒋克辉　临邑县华辉土地股份专业合作社社长

韩 晶（女）泰山体育产业集团有限公司预算审计部副部长

喇建文　德州齿轮有限公司机加一车间加工中心班班长

程 平　华能国际电力股份有限公司德州电厂技术员

管印贵　山东格瑞德集团有限公司董事长

山东省先进工作者

石发建　德州市第一中学年级主任

曲学文　平原县财政局党组书记、局长

祁玉金　德州市水利局机关服务中心主任

苏 霞（女）德州市实验小学党支部书记、校长

时洪亮　山东省宁津县人民医院院长助理、工会主席

宋兆明　德州市公安局交通警察支队事故处理大队政委

张志强　德州市植物园管理办公室主任

宓东升　德州市地方税务局党组书记、局长

程 青（女）山东省夏津县国家税务局收入核算科科长

聊城市

山东省劳动模范

王 跃　山东华建仓储装备科技有限公司副总裁

王丁如　莘县莘亭建设有限公司装饰镶贴工

王开峰　中国邮政集团公司聊城市分公司党委书记、总经理

王太敏　山东天工岩土工程设备有限公司数控车工

王桂霞（女）山东省聊城市百货大楼有限责任公司营业员

牛 红（女）东阿阿胶股份有限公司商务总监

尹学亮　临清市鲁源苗木专业合作社

	社长		事长
孔春焕（女）	山东泰华面业有限公司总经理	赵学刚	东阿县绿旺养驴专业合作社理事长
申　华	山东金号织业有限公司技术研发中心技术员	耿遵珠	茌平县贾寨镇耿店村党支部书记、村民委员会主任
刘　飞（女）	聊城江北水城旅游度假区李海务街道谭庄村农民	候新林	聊城市东昌府区沙镇镇侯家村经济股份合作社理事长
刘进文	山东景阳冈酒厂副厂长	徐玉英（女）	临清市田野葡萄专业合作社社长
刘建勇	山东天海科技股份有限公司技术中心主任	栾万军	山东青鲜源食品有限公司总经理
刘奎民	国网山东省电力公司冠县供电公司发展建设部主任	高月霞（女）	山东聊城华润纺织有限公司纺一后纺车间副主任
刘增民	莘县农富果蔬种植专业合作社常务理事长	高宪武	山东阳谷电缆集团有限公司董事长
刘德善	国网山东省电力公司临清市供电公司总经理、党委副书记	韩振成	冠县伟业养牛专业合作社理事长
闫新华	聊城交通汽运集团有限责任公司软件设计师	**山东省先进工作者**	
许文民	山东民生置业有限公司董事长	牛方超（女）	中国人民银行临清市支行办公室副主任
许明月	山东正泰工业设备安装有限公司管道工	牛树亭	聊城市公安局交通巡逻警察支队执勤二大队市医院岗班长
杨文静（女）	山东茌平农村商业银行股份有限公司柜员	司家峰	东阿县人民医院检验科主任
杨吉生	山东时风（集团）有限责任公司中央研究院技术员	任　敬（女）	聊城经济技术开发区实验学校校长
肖陶恩	山东莘州投资集团有限公司总经理	李金刚	聊城市东昌府区中医院院长
汪凤华（女）	阳谷风华粮食种植专业合作社理事长	李森林	聊城市人民医院消化内科主任
		宋晓燕（女）	聊城市水城中学校长、党委副书记
张保国	聊城市公共交通集团有限公司党委书记、董事长、总经理	张　微（女）	阳谷县体育局教练员
张宪贵	高唐县绿色佳园蔬菜种植专业合作社理事长	胡振国	聊城市总工会财务部部长
陈少春	阳谷润祥农作物种植专业合作社理事长	袁家鹏	聊城市人民检察院公诉二处副处长
孟宪礼	山东飞泰纺织有限公司棉检室棉检员	崔宪奎	聊城市接待处党组书记、处长
		滨州市	
		山东省劳动模范	
赵吉朝	冠县康德果品专业合作社理	马学军	滨州渤海活塞有限公司技术中

	心总设计师
王　超	国网山东省电力公司滨州供电公司营业班副班长
王　滨	山东滨州交运集团有限责任公司客运分公司驾驶员
王玉瑞	无棣鑫岳化工有限公司董事长
王建宏	山东龙马重科有限公司技术员
王恒军	华能沾化热电有限公司执行董事、总经理、党委副书记
王新伟	滨州亚泰雅德动力配件有限公司设备保全科科长
王黎明	滨化集团股份有限公司党委委员、副总经理
王德银	惠民县农丰瓜菜种植专业合作社理事长
刘淑娟（女）	山东魏桥创业集团有限公司宏儒纺织科技有限公司细纱车间二班细纱车工
阮春华	滨州经济开发区日昇养殖场场长
李云荣（女）	阳信诺瑞织品有限公司刻花车间主任
李孝天	海纳川（滨州）轻量化汽车部件有限公司压铸班班长
李宗学	滨州高新区小营街道李前居委会潘王社区党支部委员
吴元元（女）	山东惠民齐发果蔬有限责任公司董事长
吴胜利	山东创新金属科技有限公司熔铸六车间主任
何　旺	滨州大有新能源开发有限公司项目部部长
张　磊	阳信县金阳街道办事处王集西街村村民委员会主任
张立铭	滨州市净洁固体废弃物处置转运有限公司执行董事
张国清	愉悦家纺有限公司副董事长

张宝勇	山东花园食品有限公司姬家花园营养餐配送组送餐员
张树华（女）	滨州市北海新区家家富种植专业合作社农民
张继功	邹平县长山镇大由村党支部书记
陈晋銮	山东博华高效生态农业科技有限公司董事长
郑振雷	山东香驰健源生物科技有限公司生产总监
赵文鑫	山东鑫诚现代农业科技有限责任公司总经理
赵奇生	华纺股份有限公司电气车间主任
胡云江	滨州港务集团有限责任公司党委书记、董事长
耿　磊	山东永鑫能源集团有限公司催化车间主任
耿金光	博兴县吕艺镇崔庙村农民
高文俊	无棣俊棣树木种植专业合作社理事长
韩云华（女）	国网山东省电力公司惠民县供电公司麻店镇供电所所长

山东省先进工作者

王汉云（女）	滨州市沾化区中医院院长
王海军	滨州市地方税务局党组书记、局长
刘云浩（女）	滨州市沾化区第二中学教师
刘志刚	滨州高新区扶贫开发领导小组办公室主任
沙　涛	滨州市公安局鲁冀界荣乌高速公安检查站站长
张枚房	中国人民银行滨州市中心支行办公室主任
邵振新	山东省滨州市市区国家税务局党组书记、局长
赵昌忠	中共滨州市委滨州市人民政府

	信访局驻北京值班工作办公室主任	刘念波	花冠集团酿酒股份有限公司董事长
郭晓军	滨州实验学校党总支副书记、副校长	刘振华	成武县成禾果蔬种植专业合作社理事长

菏泽市

山东省劳动模范

丁书兵	山东东明石化集团有限公司副总裁	关志洁（女）	山东玉皇农业科技有限公司总经理
于海勤	山东立海润生物技术有限公司课题组长	孙洪卫	菏泽市牡丹区高庄镇孙楼行政村党支部书记、村民委员会主任
马国兴	山东省东明县马头镇邵庄行政村农民	孙敬同	山东新洋丰肥业有限公司办公室副主任
马跃彬	山东尚舜化工有限公司不溶性硫磺车间主任	李正道	曹县正道牧业科技有限公司总经理
王　凯	山东易达利化工有限公司总工程师	李修京	山东天荣实业集团有限公司总经理
王文义	菏泽开发区岳程办事处西王堂社区党支部书记	李振杰	国网山东省电力公司菏泽供电公司总经理、党委副书记
王志国	国网山东省电力公司郓城县供电公司副总经理	李嘉伟	山东省曹普工艺有限公司户外家居车间主任
方生海	中国移动通信集团山东有限公司菏泽分公司传输电源维护工程师	杨纪明	巨野县独山镇蒋寺张庄村党支部书记
尹利广	山东郓城农村商业银行股份有限公司党委书记、董事长	杨现旺	郓城县经济开发区金河社区党支部书记
石秀勇	山东青林家居用品有限公司编制品车间主任	宋道玉	鄄城县左营乡丁阳寺行政村郭集村农民
冯林华（女）	山东佳农国际贸易有限公司销售员	张丕峰	成武金安热电有限公司生产经理
朱瑞广	单县君信中药材种植专业合作社理事长	张海玉	菏泽市定陶区陈集镇七一村党支部书记
任庆生	曹县大集镇丁楼村农民	陆全新	菏泽农村商业银行股份有限公司办公室主任
刘　振	国网山东省电力公司菏泽市定陶区供电公司总经理、党委副书记	庞全恩	山东莱河乳业有限公司总经理
		居发奎	山东四君子集团有限公司技术研发中心品酒委员
刘　梅（女）	国网山东省电力公司单县供电公司施工作业班班长	赵　菁（女）	山东步长神州制药有限公司董事长
		侯宗敏	单县蔡堂镇李寨村党支部书记

夏俊祥	鄄城康泰化工有限公司董事长	乙广燕（女）	中国石化胜利油田分公司孤岛采油厂采油管理三区注采301站党支部书记、副站长
郭玉宝	曹县普连集镇李楼寨村农民		
曹传增	巨野县麒麟镇南曹村党支部书记		
崔 哲（女）	菏泽市定陶区南王店镇王楼村农民	马广俊	中国石化胜利石油管理局有限公司电力分公司东区供电公司电工
董城郊	郓城县郓州街道盛平社区党支部书记	田 辉	中石化胜利石油工程有限公司渤海钻井总公司技术发展中心主任、党总支副书记
游 磊	富士康科技集团菏泽科技园装配主管		
解心景	鄄城县彭楼镇舜王城行政村农民	冯新永	中国石化胜利油田分公司胜利采油厂采油管理五区采油工
樊继文	郓城县阳光谷物合作社理事长	匡兆庆	中国石化胜利石油管理局有限公司胜东管理中心党委常委、副主任
潘先军	菏泽市绿茵绿化有限公司总经理		
魏洪森	国网山东省电力公司巨野县供电公司电工	吕书栋	中国石化胜利石油管理局有限公司公共事业服务中心锦苑物业服务公司维修工

山东省先进工作者

王海明	菏泽市林业局二级研究员	刘豫龙	中国石化胜利石油管理局有限公司胜利发电厂厂长、党委副书记
任红姣（女）	菏泽市经济开发区招商一局局长		
李红桥	东明县三春集灌区管理处主任	许军富	中石化胜利石油工程有限公司海洋钻井公司党委书记、经理
谷 艳（女）	菏泽市地税局高新技术产业开发区分局局长	李淑芳（女）	中国石化胜利油田分公司临盘采油厂工艺研究所副所长
尚庆峰	鄄城县公路管理局党总支书记、局长	杨湖川	中国石化胜利油田分公司河口采油厂采油管理十区经理、党委副书记
黄圣伦	山东省成武县国家税务局局长		
韩亚丽（女）	曹县妇幼保健计划生育服务中心主任	张兴瑞	中国石化胜利油田分公司油气井下作业中心胜采作业大队技术服务队作业工
曾广国	菏泽市第一实验小学校长		
樊庆芳（女）	山东省郓城县地方税务局党组书记、局长	张春荣（女）	中国石化胜利油田分公司现河采油厂集输大队郝现联合站集输工
潘东升	菏泽市定陶区文化馆馆长		
潘秋彦（女）	菏泽市地方税务局直属征收局副局长	燕岣胜	中国石化胜利石油管理局有限公司供水分公司经理、党委副书记

胜利油田管理局

山东省劳动模范

中国铁路济南局集团公司

山东省劳动模范

刘　波	中国铁路济南局集团有限公司青岛动车段动车组机械师
许爱华（女）	中国铁路济南局集团有限公司青岛西车务段货运值班员
杜英国	中国铁路济南局集团有限公司济南供电段副主任
吴言坤	中铁十四局集团有限公司总经理
季风运	中国铁路济南局集团有限公司济南西工务段铁路探伤工
周建明	中铁十局集团第一工程有限公司总经理
宿　亮	中国铁路济南局集团有限公司济南电务段信号工
董翠萍（女）	山东济铁旅行服务有限公司副总经理
蔡保刚	中国铁路济南局集团有限公司青岛客运段段长
薛　军	中国铁路济南局集团有限公司济南机务段动车组司机

齐鲁石油化工公司

山东省劳动模范

任林刚	山东科鲁尔化学有限公司生产运行部主任
齐振国	中国石油化工股份有限公司齐鲁分公司胜利炼油厂班长
袁令赟（女）	中国石油化工股份有限公司齐鲁分公司氯碱厂环保科科员

省委省直机关工委

山东省劳动模范

王　栩	华能山东发电有限公司总经理、党委副书记
冯新岩	国网山东省电力公司检修公司变电检修中心电气试验班班长
刘德华	山东送变电工程有限公司项目经理
苏庆民	国网技术学院培训教务部主任
李咸水	中国邮政集团公司山东省机要通信局投递班班长
杨萧栩	中国邮政集团公司山东省济南邮区中心局干线邮运驾驶员
汪映荣	国核示范电站有限责任公司党委书记、董事长
张久伟	大唐黄岛发电有限责任公司副总工程师
郝长山	中国电建集团山东电力建设第一工程有限公司项目经理
高　才（女）	中国石油天然气股份有限公司山东销售分公司潍坊坊子潍胶加油站经理

山东省先进工作者

马　力	山东省国家税务局督查内审处副处长
王　芳（女）	山东省农业厅机关党委二级调研员
王　欣（女）	山东省立医院血液科主任
王军成	山东省科学院海洋仪器仪表研究所学术委员会主任
江丽华（女）	山东省农科院农业资源与环境研究所研究员
孙学文	中华人民共和国青岛海关软件维护科科长
李有志	山东省兽药质量检验所所长
李宝生	山东省肿瘤防治研究院副院长
李恒庆	山东省环境监测中心站副主任
杨丽芝（女）	山东省地质调查院水文地质项目研究员
张　帆	山东省人民政府研究室工交处一级主任科员
张　刚	大众报业集团齐鲁晚报济南事业部副主编
邵　磊	山东省审计厅一级主任科员

金瑞清　山东省海河流域水利管理局组
　　　　教科副科长
胡旭辉　山东省地震监测中心地震观测
　　　　技术保障室工程师
高文胜　山东省果茶技术推广站果树技
　　　　术科科长
高文静（女）山东省煤炭工业信息计算中心
　　　　记者
崔　婧（女）山东省高级人民法院刑二庭副
　　　　庭长

省委教育工作者

山东省先进工作者

吉兴香（女）齐鲁工业大学科技处副处长
毕学军　青岛理工大学环境与市政学院
　　　　院长
刘永红　中国石油大学（华东）机电工
　　　　程学院院长
刘伟韬　山东科技大学矿业与安全工程
　　　　学院副院长
杨秀玉（女）山东艺术学院音乐学院民乐系
　　　　主任
陈学森　山东农业大学园艺学院教授委
　　　　员会主任
陈增敬　山东大学数学学院院长
尚书旗　青岛农业大学机电工程学院
　　　　院长
贺爱华（女）青岛科技大学高分子学院烯烃

催化实验室主任
夏　静（女）曲阜师范大学文学院院长
　　　　（校聘）

省国资委

山东省劳动模范

丁茂家　山东海运股份有限公司船长
于少明　山东国惠投资有限公司党委书
　　　　记、董事长
李广庆　山东省国有资产投资控股有限
　　　　公司党委书记、董事长
李国红　山东黄金集团有限公司总经理
张立山　山东高速股份有限公司济青济
　　　　南路管分中心主任
陈　炜（女）山东发展投资控股集团有限公
　　　　司审计法务部部长、监事会办
　　　　公室主任
彭吉水　山东机场集团有限公司指挥中
　　　　心特种车辆科地面设备操作员
潘旭东　山东航空股份有限公司飞行部
　　　　飞行教员、责任机长
魏　萍（女）山东重工集团财务有限公司资
　　　　金结算部主任

部队工厂

山东省劳动模范

孙占滨　中国人民解放军第七四二三工
　　　　厂技术处处长

2018年山东省富民兴鲁劳动奖状（章）和山东省工人先锋号获得者名单

山东省总工会
关于授予张瑜等34名获得
省行业性职工职业技能竞赛
第一名选手山东省富民兴鲁
劳动奖章的决定

鲁会〔2018〕9号
（2018年2月9日）

张　瑜（女）银座集团股份有限公司八一店
　　　　　　职工

闫淑敏（女）银座集团股份有限公司商城店
　　　　　　运营部主管

李玉凤（女）德州市国家税务局科员

刘艳艳（女）平阴县地方税务局科员

孟凡培　　　花冠集团酿酒股份有限公司
　　　　　　班长

张　震　　　山东赛维安讯信息科技有限公
　　　　　　司高级经济师

孙启玉　　　山东锋士信息技术有限公司总
　　　　　　经理

赵向军　　　中国移动通信集团山东有限公
　　　　　　司集团客户部省级客户服务中
　　　　　　心高级经济师

周志强　　　山东工业技师学院教师

陈继文　　　山东建筑大学机电工程学院副
　　　　　　教授

王　鹤（女）烟台市水产研究所副主任

臧建金　　　诸城市畜牧兽医管理局职工

陆瑞云（女）莒县动物疫病预防控制中心

程兵兵　　　青岛能源集团有限公司维修工

吴思超　　　荣成市供热有限公司运行工

刘宗花（女）山东省千佛山医院教学秘书

陈春梅（女）济宁市任城区疾病预防控制中
　　　　　　心职工

郭培军　　　烟台市疾病预防控制中心科长

杜　新（女）山东省新汶矿业集团中心医院
　　　　　　职工

朱敏敏（女）安丘市市立医院职工

马丽鹏（女）泰安中联水泥有限公司化验室
　　　　　　检验员

郭　磊　　　山东鲁碧建材有限公司机修车
　　　　　　间工人

李明辉　　　国网山东省电力公司临沂供电
　　　　　　公司变电运维室变电运维三班
　　　　　　电力运维

王金锋　　　山东省青岛船舶检验局副科长

何恩新　　　山东省济南船舶检验局科员

卢业亭（女）中国邮政集团公司济南市分公
　　　　　　司投递局投递员

赵化森　　　中国电信股份有限公司济南分
　　　　　　公司技术支撑

张子晓　　　临沂市沂州文物考古研究所

郑建洋　　　曲阜市三孔古建筑工程管理处

王世营　　　山东世博华创动漫传媒有限公
　　　　　　司高级动画师

于延超　　　东营市技师学院教师

李　洋　　　山东电力建设第三工程公司

焊工

袁华玉　中国石油天然气第七建设有限公司焊工

郭　英（女）齐河县总工会财务部长兼女工部长

山东省总工会关于授予"特高压入鲁"重点工程建设立功竞赛先进集体和先进个人山东省富民兴鲁劳动奖状（章）、山东省工人先锋号的决定

鲁会〔2018〕10号

（2018年2月9日）

一、山东省富民兴鲁劳动奖状（5个）

山东诚信工程建设监理有限公司

辽宁省送变电工程公司（青州换流站安装C包施工项目部）

河南送变电工程公司（青州换流站配套特高压交流工程包1施工项目部）

国网山东省电力物资公司

国网莒南县供电公司

二、山东省富民兴鲁劳动奖章（14人）

任志刚　扎鲁特－青州±800千伏特高压工程验收组组长

王训杰　青州±800千伏换流站工程属地协调组组长

陈志勇　临沂±800千伏换流站工程属地协调组副组长

刘玉树　国网山东省电力公司工会副主席

蒋瑞金　榆横－潍坊1000千伏特高压工程物资供应保障负责人

杨军虎　特高压站运维人员调配组组长

杨明辉　特高压工程并网运行总调度长

张卫东　国网山东省电力公司建设部项目管理处处长

李雪亮　扎鲁特－青州±800千伏特高压工程验收总工程师

孙洗凡　临沂1000千伏特高压站运检组组长

王大鹏（女）潍坊1000千伏特高压站设备调试工程师

焦平文　国网山东省电力公司特高压工程青州换流站业主项目部经理

刘仙仰　山东送变电工程有限公司输电施工一分公司经理

汪　湲（女）榆横－潍坊1000千伏特高压交流工程规划主责

三、山东省工人先锋号（20个）

国网山东省电力公司建设部项目管理处

国网山东信通公司信息通信运检中心

国网山东检修公司变检中心

国网山东电科院设备状态评价中心

国网临沂供电公司建设部

国网滨州供电公司建设部

国网淄博供电公司建设部

国网泰安供电公司建设部

国网日照供电公司建设部

国网临朐供电公司发展建设部

国网庆云县供电公司发展建设部

国网泗水县供电公司发展建设部

山东送变电工程有限公司青州换流站电气A包施工项目部

山东送变电工程有限公司临沂变电站土建A包施工项目部

上海电建青州换流站土建B包施工项目部

河北省电力建设第一工程公司（临沂换流站调相机工程施工项目部）

重庆送变电工程公司青州换～潍坊变线路施工项目部

山东送变电工程有限公司临沂换~临沂变线路施工项目部

东北电力设计院有限公司临沂 1000 千伏变电站设计 A 包

福建省送变电工程有限公司锡盟~泰州包 9 施工项目部

山东省总工会
关于授予王双等 3 名山东省第二届智能制造（工业 4.0）创新创业大赛前三名作品第一完成人山东省富民兴鲁劳动奖章的决定

鲁会〔2018〕11 号
（2018 年 2 月 11 日）

王 双	珞石（山东）智能科技有限公司涉外秘书
李延真	国网山东省电力公司青岛供电公司高级技工
高 平	烟台东晨软件科技有限公司工程师

山东省总工会关于授予重点工程建设立功竞赛先进集体和先进个人山东省富民兴鲁劳动奖状（章）山东省工人先锋号的决定

鲁会〔2018〕40 号
（2018 年 6 月 26 日）

按：山东省总工会决定，授予在立功竞赛活动中取得优异成绩的中铁五局集团第二工程有限公司等 21 个先进集体山东省富民兴鲁劳动奖状；授予中铁一局济青高铁项目部测量师何振克等 45 名先进个人山东省富民兴鲁劳动奖章；授予济青高速铁路有限公司工程管理部等 80 个先进班组山东省工人先锋号。

一、济青高速铁路建设项目

1. 山东省富民兴鲁劳动奖状（2 个）

中铁五局集团第二工程有限公司

中铁十二局集团第三工程有限公司

2. 山东省工人先锋号（15 个）

济青高速铁路有限公司工程管理部

济青高速铁路有限公司安全质量部

济青高速铁路有限公司征地拆迁部

济青高速铁路有限公司计划合同部

中铁十局集团有限公司济青高铁项目部

中铁三局集团有限公司济青高铁项目部邹淄特大桥 144 米简支拱工点

中铁十一局集团有限公司济青高铁项目部工程部

中铁上海局集团有限公司济青高铁项目部

中铁北京局集团有限公司济青高铁项目部

中铁二十一局集团有限公司济青高铁项目部二分部

中铁五局集团有限公司青州北站项目部

中铁十局集团有限公司章丘北站项目部

中铁电化局集团有限公司济青高铁项目部一工区

中国铁路设计集团有限公司济青高铁设计组

天津路安工程咨询有限公司济青高铁监理站

3. 山东省富民兴鲁劳动奖章（10 人）

何振克	中铁一局集团有限公司济青高铁项目部测量师
姜长兴	济青高速铁路有限公司党委书记、董事长
冯昭洁	济青高速铁路有限公司征地拆迁部高级工程师

宿宝忠　济青高速铁路有限公司工程管理部高级工程师

李广涛　中铁十局集团有限公司济青高铁项目部三分部高级工程师

周金桥　中铁五局集团有限公司济青高铁项目部一分部高级工程师

李卫民　中铁十二局集团有限公司济青高铁项目部经理

董金堂　中铁二十一局集团有限公司济青高铁项目部经理

朱德军　中铁上海工程局集团有限公司济青高铁项目部党工委书记、经理

李昌江　中铁北京工程局集团有限公司济青高铁项目部党工委书记兼工会主席

二、济青高速公路改扩建项目

1. 山东省富民兴鲁劳动奖状（2 个）

山东高速工程咨询有限公司

山东省公路桥梁建设有限公司

2. 山东省工人先锋号（10 个）

济青高速改扩建工程项目建设管理办公室工程技术处

济青高速改扩建工程项目建设管理办公室东段现场指挥部

济青高速改扩建工程项目建设管理办公室西段现场指挥部

中铁十四局集团有限公司济青高速公路改扩建工程项目主体工程第一标段项目经理部工程部

中国建筑第八工程局有限公司济青高速公路改扩建工程项目主体工程第三标段项目经理部一分部

中交路桥建设有限公司济青高速公路改扩建工程项目主体工程第四标段项目经理部一分部

山东省公路建设（集团）有限公司济青高速公路改扩建工程项目主体工程第五标段项目经理部工程部

山东省滨州市公路工程监理咨询公司济青高速公路改扩建工程项目主体工程第二驻地监理工程师办公室

山东省交通规划设计院路桥设计二分院

中交公路规划设计院有限公司济青高速改扩建勘察设计项目组

3. 山东省富民兴鲁劳动奖章（5 人）

赵增生　济青高速改扩建项目办主任

杨伟刚　济青高速改扩建项目办工程技术处处长

李兴锋　济青高速改扩建项目办计划合同处处长

韩企业　山东华潍工程监理咨询中心济青高速公路改扩建工程项目主体工程第三驻地监理工程师

刘　昶　山东省路桥集团有限公司济青高速公路改扩建工程项目主体工程第六标段项目经理部第一工区经理

三、潍日高速公路建设项目

1. 山东省富民兴鲁劳动奖状（2 个）

山东高速潍日公路有限公司

山东省路桥集团有限公司市政工程公司

2. 山东省工人先锋号（5 个）

中铁四局集团有限公司潍日高速第一合同段项目经理部工程部

中建八局第一建设有限公司潍日高速第一合同段项目经理部三分部一工区

山东高速工程咨询公司潍日高速滨海连接线工程驻地监理办技术室

山东格瑞特监理咨询有限公司潍日高速第一合同段驻地监理工程师办公室试验室

山东恒建工程监理咨询有限公司潍日高速第二合同段驻地办监理工程师办公室第三监理组

3.山东省富民兴鲁劳动奖章（3人）

张文浩　　山东高速潍日公路有限公司技术
　　　　　负责人

张　勇　　山东省路桥集团有限公司潍日高
　　　　　速滨海连接线工程项目经理部技
　　　　　术员

姜开明　　山东高速潍日公路有限公司副总
　　　　　经理

四、济南轨道交通建设项目

1.山东省富民兴鲁劳动奖状（5个）

中铁一局建筑安装公司

中铁十四局集团隧道工程有限公司

中铁上海工程局集团第一工程有限公司

北京建工土木工程有限公司

中铁四局集团第三建设有限公司

2.山东省工人先锋号（20个）

中铁十局集团有限公司济南市轨道交通R1
　　号线地下段土建工程二标项目部

山东营特建设项目管理有限公司/上海市工
　　程建设咨询监理有限公司（联合体）济南
　　市轨道交通R1号线试验段项目监理部

中国建筑第八工程局有限公司济南市轨道交
　　通R1号线试验段项目部

中铁一局集团有限公司济南市轨道交通R1
　　号线车辆基地一标段项目部

中铁济南工程建设监理有限公司济南市轨道
　　交通R1号线地下一标段项目部

中铁十局工程有限公司济南市轨道交通R2
　　线土建五标项目部

中铁二十一局集团有限公司济南市轨道交通
　　R2线三标项目部

中铁十二局集团有限公司/济南城建集团有
　　限公司（联合体）济南轨道交通R2线土
　　建施工七标段项目部

上海同济工程项目部管理咨询有限公司/山
　　东省建设监理咨询有限公司（联合体）济
　　南轨道交通R2线一期监理九标项目部

山东营特建设项目管理有限公司/上海市工
　　程建设咨询监理有限公司（联合体）济南
　　轨道交通R2线一期监理七标项目部

中铁五局集团有限公司济南市轨道交通R3
　　线四标项目部

中铁十八局集团有限公司济南市CBD轨道
　　交通预留土建施工二标项目经理部施工
　　一队

中铁三局集团有限公司济南轨道交通R3线
　　一标项目部龙洞庄站至孟家庄站区间盾构
　　班组

北京铁城建设监理有限责任公司济南市轨道
　　交通R3线一期土建工程五标段项目监
　　理部

英泰克工程顾问（上海）有限公司济南轨道
　　交通R3线一期土建工程三标段项目监
　　理部

中铁十四局集团有限公司济南轨道交通R3
　　线土建施工二标项目部

中国建筑第八工程局有限公司济南市东客站
　　综合交通枢纽南北广场地下工程土建施工
　　二标段项目部

北京中城建建设监理有限公司/山东建院工
　　程监理咨询有限公司（联合体）济南市东
　　客站综合交通枢纽南北广场地下工程土建
　　监理二标段项目部

济南轨道交通集团有限公司第三项管中心技
　　术方案室

济南轨道交通集团有限公司第四项管中心交
　　通枢纽项目部

3.山东省富民兴鲁劳动奖章（10个）

宫　斌　　中铁十四局集团隧道工程有限公
　　　　　司济南地铁R1线地下段1标项
　　　　　目部盾构机长

周建国　　济南轨道交通集团有限公司副总
　　　　　经理

马万国　　中建八局第二建设有限公司基础

设施分公司济南市轨道交通 R1 线施工高架试验段项目部项目经理

肖　刚　中铁十局集团第一工程有限公司济南市轨道交通 R1 线施工地下二标段项目部常务副经理

廖　军　中铁上海工程局集团有限公司济南市轨道交通 R2 线一期土建工程施工一标段项目经理部党支部书记

李建国　中铁二局工程有限公司济南市轨道交通 R2 线一期土建工程施工九标段项目经理部项目经理

周明祥　中铁十六局集团地铁工程有限公司济南市轨道交通 CBD 施工一标段项目经理

汲晓锋　中铁十四局集团有限公司济南市轨道交通 R3 线一期土建二标项目部项目经理

王　珺　济南城建集团有限公司济南市东客站综合交通枢纽南北广场地下工程土建施工一标项目部总工程师

刘传富　安徽阜阳金祥建筑工程劳务有限公司济南市轨道交通东客站进出场道路二标项目部工班长

五、济南中央商务区建设项目

1. 山东省富民兴鲁劳动奖状（5 个）
中建三局集团有限公司山东分公司
济南市历下区大明湖街道办事处
中建八局第二建设有限公司基础设施公司
中铁十四局集团第四工程有限公司
济南市城乡建设委员会

2. 山东省工人先锋号（20 个）
济南市发展和改革委员会固定资产投资处
济南市财政局综合处
济南市国土资源局土地土储中心业务三处

济南市规划局济南市城乡规划编制研究中心
济南市投资促进局项目促进处
济南市环境保护局环境影响评价处
济南城市投资集团有限公司土地规划及开发部
济南城市投资集团有限公司企划部
山东省建设建工（集团）有限责任公司中央商务区服务中心徐洪斌项目部
同圆设计集团有限公司中央商务区地下空间设计总控管理平台
济南市公安局重点工程保卫支队
济南市建设监理有限公司中央商务区市政工程二标段监理项目部
济南城建集团有限公司中央商务区市政道路及地下综合管廊基础设施建设项目工程一标段项目部
山东恒信建设监理有限公司中央商务区服务中心项目监理部
山东建院工程监理咨询有限公司中央商务区市政道路及地下综合管廊基础设施建设项目（一期）工程一标段建院监理项目部
山东中大汇通工程造价咨询有限公司中央商务区市政（一期）项目部
济南新泉城建设项目管理有限公司项目一部
济南市历下区解放路街道办事处城管科
济南市历下区龙洞街道办事处城市管理服务中心
济南市城市建设投资服务中心有限公司工程管理部

3. 山东省富民兴鲁劳动奖章（10 个）
高　兵　中建三局施工生产队队长
赵铁灵　济南城市投资集团有限公司副总经理
李　毅　济南中央商务区建设指挥部工程管理项目部主任
冯　毅　中共济南市历下区委姚家街道工作委员会书记

徐洪斌	山东省建设建工（集团）有限责任公司中央商务区文化服务中心项目经理
窦松涛	中建八局第二建设有限公司中央商务区市政一期二标段执行项目经理
赫德亮	中铁十四局集团第四工程有限公司中央商务区三标段项目经理
朱献民	济南城建集团有限公司中央商务区市政道路及地下管廊基础设施建设项目一期一标段项目经理
范明媚	济南新泉城建设项目管理有限公司造价合同组组长
田 涛	济南黄河路桥建设集团有限公司施工员

六、济南二环快速路项目

1. 山东省富民兴鲁劳动奖状（5个）
山东汇通建设集团有限公司
济南市城乡交通运输委员会
济南金曰公路工程有限公司
山东顺河路桥工程有限公司
山东高速济莱（泰）城际公路有限公司

2. 山东省工人先锋号（10个）
济南市公路管理局北部工程建设办公室
济南市公路管理局南部工程建设办公室
济南同晟路桥工程有限公司第二项目部
中铁四局集团有限公司京沪高速济南连接线总承包项目部
中国建筑股份有限公司京沪高速济南连接线第二标段项目经理部
北京城建道桥建设集团有限公司济广高速济南连接线段店立交至绕城南线段工程项目部
山东省路桥集团有限公司济南绕城高速济南连接线总承包项目部
山东高速工程咨询有限公司京沪高速济南连接线工程监理处

山东汇友市政园林集团有限公司第六项目部
中铁十局集团第一工程有限公司济南市二环西南延项目部

3. 山东省富民兴鲁劳动奖章（7个）

于亚南	济南市城乡交通运输委员会交通设施建设处主任科员
黄 岩	济南市公路管理局南部工程建设办公室科员
姜春华	济南市城乡交通运输委员会总工程师
刘洪武	山东高速济莱（泰）城际公路有限公司董事长
吕守明	济南城建集团有限公司工业北路三标项目经理
王 芃	济南黄河路桥建设集团有限公司工业北路五标项目经理
屈凡锋	济南汇通联合市政工程有限责任公司机械班班长

山东省总工会关于授予山东省模范职工之家红旗单位山东省富民兴鲁劳动奖状和职工最信赖"娘家人"山东省富民兴鲁劳动奖章的决定

鲁会〔2018〕44号
（2018年7月6日）

按：省总工会决定，授予山东济华燃气有限公司工会委员会等6个山东省模范职工之家红旗单位"山东省富民兴鲁劳动奖状"称号，授予赵宗柱等10名职工最信赖"娘家人""山东省富民兴鲁劳动奖章"称号。

一、山东省富民兴鲁劳动奖状（6个）
山东济华燃气有限公司工会委员会

滕州市荆河街道总工会
青援食品有限公司工会委员会
潍坊市三建集团工会委员会
德州市中心血站工会委员会
莱钢集团有限公司工会委员会

二、山东省富民兴鲁劳动奖章（10名）

赵宗柱	济南热力集团有限公司工会主席
荆长涛	聊城交通汽运集团有限责任公司党委委员、工会主席
孙荣新	寿光市总工会党组书记、常务副主席
房忠明	中航威海船厂有限公司工会主席
崔华山	中国石化集团胜利油田分公司桩西采油厂党委副书记、工会主席
张　虹（女）	烟台市公交集团有限公司党委副书记、纪委书记、工会主席
朱孟玲（女）	山东华盛中天机械集团公司党委副书记、纪委书记、工会主席
朱永强	金晶（集团）有限公司工会主席
高淑军	山东钢铁股份有限公司莱芜分公司工会副主席、经审委主任
许红霞（女）	济宁市第一人民医院工会主席

山东省总工会关于授予日照钢铁精品基地重点工程建设劳动竞赛先进集体和先进个人山东省富民兴鲁劳动奖状（章）山东省工人先锋号的决定

鲁会〔2018〕45号
（2018年7月6日）

按：日照钢铁精品基地重点工程建设项目自启动以来，各参建单位开展了形式多样的竞赛活动，充分调动了广大职工的积极性、创造性，有力促进了工程高起点、高质量、高效率、高水平建设，涌现出一大批先进集体和先进个人。为表彰先进，树立典型，进一步推动全省重点工程建设劳动竞赛活动广泛深入开展，山东省总工会决定，对在竞赛活动中取得优异成绩的中冶赛迪工程技术股份有限公司授予山东省富民兴鲁劳动奖状，对上海宝冶集团有限公司宽厚板项目部等10个先进班组授予山东省工人先锋号，对杨国刚等6名先进个人授予山东省富民兴鲁劳动奖章。

一、山东省富民兴鲁劳动奖状（1个）
中冶赛迪工程技术股份有限公司
二、山东省工人先锋号（10个）
上海宝冶集团有限公司宽厚板项目部
中国二十冶山钢集团日照基地2050热连轧工程项目经理部
中冶东方工程技术有限公司山钢原料场工程项目部
中国二十冶山钢日照精品基地2030冷轧项目部

日照精品钢基地岚山服务中心

中化二建集团有限公司 LNG 项目部

日照港山钢码头有限公司财务室

山东钢铁集团日照有限公司信息计量部

山东钢铁集团日照有限公司科技质量中心

山东钢铁集团日照有限公司规划运营部

三、山东省富民兴鲁劳动奖章（6人）

杨国刚	中国三冶集团有限公司焦炉项目部操作工
姜云航	中国十七冶集团山钢日照钢铁精品基地炼钢主车间工程项目经理部技术员
冯　成	北京首钢国际工程技术有限公司山钢日照球团工程项目部操作工
张润生	山东钢铁集团日照有限公司党委委员、副总经理
王　珩	山东钢铁集团日照有限公司热轧部副部长
靳其辉	山东钢铁集团日照有限公司炼钢部高级工程师

山东省总工会
关于向山东省第四届创业大赛优秀选手颁发山东省富民兴鲁劳动奖章的决定

鲁会〔2018〕66号

（2018年9月19日）

山东省富民兴鲁劳动奖章

李爽爽	山东大集舞衣电子商务有限公司董事长
潘　强	青岛诺安百特生物技术有限公司董事长兼总经理
刘泓辰	山东芯合机器人科技有限公司CEO

关于授予2018年度
"齐鲁大工匠""齐鲁工匠"
山东省富民兴鲁劳动奖章的决定

鲁会〔2018〕98号

（2018年12月20日）

按：山东省总工会决定，授予李红新等26名"齐鲁大工匠""齐鲁工匠"山东省富民兴鲁劳动奖章。

山东省富民兴鲁劳动奖章名单（26名）

李红新	国网山东省电力公司烟台供电公司带电作业班班长
孔祥民	曲阜市三孔古建筑工程管理处主任
吴洪波	济南二机床集团有限公司副主任技师
姜　涛	国网山东省电力公司济南供电公司电缆运检一班班长
王明先	山东唐骏欧铃汽车制造有限公司试制试验室主任
王一君	山东省国瓷陶艺书画院高级工艺美术师
张宝民	山东泉兴水泥有限公司首席技师
王开胜	枣庄矿业（集团）有限责任公司柴里煤矿通防科科长
宋良友	科达集团股份有限公司技术员
张金海	东营市市容环境卫生处垃圾处理中心技术员
史彩言	上汽通用东岳动力总成有限公司维修工程师
曹景芳（女）	华电国际电力股份有限公司邹县发电厂生产技术部精密诊断中心组长

程银贵　肥城市正港木业工艺品厂总工艺师

卢文涛　威海博胜气动液压有限公司机加班班长

王丽梅（女）山东临沂银凤陶瓷集团有限公司工艺美术师

程　平　华能国际电力股份有限公司德州电厂焊工班技术员

张则强　中通汽车工业集团有限责任公司钳工技能大师

王建强　滨州渤海活塞有限公司熔炼车间工段长

张　波　香驰控股有限公司维修车间主任

曹晓燕（女）黄河窑陶瓷博物馆有限公司首席技师

崔明强　山东省煤田地质局第一勘探队钻机机长

崔本亮　汶上如意技术纺织有限公司色纺一厂设备主管

金　晓（女）中国航天科技集团公司五院第五一三研究所自动化生产线班组长

肖　军　山东省地质矿产勘查开发局八〇一水文地质工程地质大队钻机机长

史秀宝　山东泰山钢铁集团有限公司维修班班长

耿　磊　中国石化集团齐鲁石化塑料厂聚丙烯车间值班长

关于授予 2018 年度"当好主力军、聚力新动能、建功新时代"劳动竞赛工程先进集体和先进个人山东省富民兴鲁劳动奖状（章）山东省工人先锋号的决定

鲁会〔2018〕100 号
（2018 年 12 月 27 日）

　　按：山东省总工会决定，授予康跃科技股份有限公司等 5 家职工技术创新竞赛示范企业山东省富民兴鲁劳动奖状；授予李浩等 9 名职工优秀技术创新成果第一完成人山东省富民兴鲁劳动奖章；授予济南西门子变压器有限公司电磁计算组等 90 个创新型班组山东省工人先锋号。

一、山东省富民兴鲁劳动奖状（5 个）

康跃科技股份有限公司

国网山东省电力公司东平县供电公司

威海克莱特菲尔风机股份有限公司

山东华盛中天机械集团药械公司

中铁十四局集团第三工程有限公司

二、山东省富民兴鲁劳动奖章（9 人）

李　浩　国网山东省电力公司检修公司安全质量综合管理专工

赵金省　中国重型汽车集团有限公司济南动力部成品一班班组长

万红棉　济南市中医医院针灸一科副主任

李晓磊　国网山东省电力公司济南供电公司变电检修室技术员

谢圣斌　山东凯盛新材料股份有限公司生产技术部经理

陈　波　日照港集团股份动力公司岚山维

护班班长

郭全喜　滨州渤海活塞有限公司专机分厂
技术组组长

蔡　飞　胜利石油管理局有限公司胜利发
电厂首席技师

王朝进　山东新升实业发展有限公司东辰
瑞森项目部主任

三、山东省工人先锋号（90个）

济南市

济南西门子变压器有限公司电磁计算组

中建八局第一建设有限公司安装公司机电
班组

济南华北升降平台制造有限公司焊接班

山东三箭建设工程股份有限公司第七项目部

国网山东省电力公司济南供电公司调控中心
地区调度班

青岛市

中建筑港集团有限公司前黄枢纽工程船闸土
建施工项目部

青岛海尔空调电子有限公司钣金班组

青岛前湾联合集装箱码头有限责任公司工程
技术部固机组

青岛泰能科技实业发展有限公司泰能供热创
客班组

淄博市

国网山东省电力公司淄博供电公司高新客户
服务分中心配电运检班

山东三金玻璃机械有限公司装配分厂框架流
水线班组

国网山东电力公司沂源县供电公司计量二班

山东唐骏欧铃汽车制造有限公司涂装车间保
全班

枣庄市

华电滕州新源热电有限公司生产技术部

鲁南中联水泥有限公司生产品质部技术室

东营市

利华益集团股份有限公司异构化班组

国网山东省电力公司东营市垦利区供电公司
永安供电所

烟台市

国网山东省电力公司海阳市供电公司信通运
检班

烟台泰和新材料股份有限公司对位芳纶纺
丝班

华电龙口发电股份有限公司运行二分场电气
甲班

烟台市公路管理局公路数字化管理监督中心

山东恒邦冶炼股份有限公司精炼公司一车间
实验班

潍坊市

北汽福田股份有限公司山东多功能汽车厂总
装部综合三班

山东海化集团热电分公司电气车间变配班

潍柴动力股份有限公司一号工厂首席技师工
作分站

潍坊市汇川电子有限公司设备部

济宁市

山东如意科技集团有限公司高品质智能纺
纱班

山推股份履带底盘分公司模具车间钳工班

山东中煤华安机电设备有限公司矿用设备
车间

国网山东省电力公司梁山县供电公司黑虎庙
供电所

泰安市

国网山东省电力公司泰安供电公司经济技术
研究所规划评审室

国网山东省电力公司宁阳县供电公司综合服
务中心综合室

山东泰安煤矿机械有限公司矿专技术组

威海市

威海热电集团有限公司热源二厂热工班

威海威力工具集团有限公司锻造厂锻造八班

山东百圣源集团有限公司三车间旋切机装

配班

日照市

国网山东省电力公司日照供电公司配电运检
　室电缆运检班

日照港裕廊码头有限公司维修队流程电气维
　修班

金马工业集团股份有限公司本部机加一车间

莱芜市

山东泰山钢铁集团有限公司干熄焦车间干熄
　炉班

莱芜钢铁集团泰东实业有限公司资源利用分
　公司热焖班

临沂市

莒南县石泉湖水库管理所工程管理科

临沂华盛江泉管业有限公司电气自动化高压
　运行工段

山东临沂银凤陶瓷集团有限公司技术中心样
　品组

临沂市政集团有限公司七公司施工班组

德州市

山东格瑞德集团有限公司净化空调系统技术
　研究定向小组

乐陵市信诺医疗器械有限公司质量检测部

顺方管业有限公司聚乙烯管道班组

聊城市

国网山东省电力公司东阿县供电公司调控运
　行班

聊城中通新能源汽车装备有限公司罐体班

东阿阿胶股份有限公司黑毛驴高效繁育与健
　康养殖班组

聊城鲁西聚碳酸酯有限公司脱挥干燥单元

滨州市

国网山东省电力公司滨州市沾化区供电公司
　变电检修班

滨州渤海活塞有限公司机加工一厂112A线

滨州盟威戴卡轮毂有限公司机加工车间维保
　班组

菏泽市

山东菏建建筑集团有限公司质量技术部

山东龙跃橡胶有限公司一分厂B区成型班

山东尚舜化工有限公司技术科

省产业工会、省直机关工会、大企业工会

淄博银仕来纺织有限公司织造分厂样品生产
　组（轻纺）

山东北方现代化学工业有限公司密封胶公司
　产品转化班组（国机电）

山东省畜牧兽医局动物疫病预防与控制中心
　（农林水）

山东省地质测绘院地质大数据开发应用小组
　（地质）

阳谷祥光铜业有限公司精炼厂电解一车间电
　解班（冶金）

威海金威化学工业有限责任公司阻燃剂项目
　小组（石化）

德州天元集团有限责任公司工程管理部（建
　设）

平邑中联水泥有限公司技术装备部运行班组
　（建材）

济南黄河河务局水闸工程班（黄河）

国网山东省电力公司物资公司质量监督部
　（电力）

山东省路桥集团有限公司桥隧工程公司隧道
　创新班组（交通）

山东省交通科学研究院桥梁工程组（教育）

山东职业学院机电一体化技术教研室（教
　育）

中国邮政集团公司济南市分公司创新营销项
　目组（邮政）

青岛海关“智慧监管”推进工作组（省直
　机关）

中国石油化工股份有限公司胜利油田分公司
　鲁明油气勘探开发有限公司济北采油管理
　区注采三站（胜利油田）

中国石化集团胜利石油管理局有限公司公用

事业服务中心锦苑物业服务公司一班（胜利油田）

中石化胜利石油工程公司黄河钻井总公司40706钻井队工程一班（胜利油田）

济南工务机械段桑梓店焊轨车间（济南铁路局）

济南铁路物资工业集团有限公司济南三新铁路润滑材料有限公司技术质量部（济南铁路局）

中国石化股份有限公司齐鲁石化公司第二化肥厂气体联合车间工艺二班（齐鲁石化）

山钢股份莱芜分公司焦化厂化产精制车间苯加氢班（山钢集团）

莱钢设备检修中心能源动力检修部电工二班（莱钢集团）

中铁十四局集团隧道工程有限公司城市地铁装配式车站施工班组（中铁十四局）

山东太古飞机工程有限公司飞机大修部波音客改货团队（山航）

山东翔宇航空技术服务有限责任公司凌霄班组（山航）

中国联合网络通信有限公司济南市分公司客户服务部服务创新班组（联通）

中国联合网络通信有限公司青岛市分公司呼叫室支撑管理组（联通）

中铁十局一公司盾构班组（中铁十局）

大唐黄岛发电有限责任公司设备管理部热控车间炉控班（大唐）

山东能源临矿集团内蒙古上海庙矿业公司新上海一号煤矿综掘一队（山能）

山东中烟滕州卷烟厂卷包车间乙工段第一班组（中烟）

2018年"齐鲁大工匠""齐鲁工匠"名单

2018年"齐鲁大工匠"名单（10名）

刁统武	中国重型汽车集团济南卡车股份有限公司工装组维修班班长
刘建树	中车青岛四方机车车辆股份有限公司电焊工
何 岩	淄博华光陶瓷科技文化有限公司设计总监
李红新	国网山东省电力公司烟台供电公司带电作业班班长
王树军	潍柴动力股份有限公司一号工厂首席技师
孔祥民	曲阜市三孔古建筑工程管理处主任
徐 海	华能临沂发电有限公司燃料部副主任
徐玉金	日照港集团有限公司铁路运输公司质检组组长
唐守忠	中国石化胜利油田采油工首席技师
蔺红霞（女）	莱钢集团建筑安装工程有限公司电焊班班长

2018年"齐鲁工匠"人选名单（40名）

| 吴洪波 | 济南二机床集团有限公司副主任技师 |

姜　涛	国网山东省电力公司济南供电公司电缆运检一班班长		加班班长
郭　磊	青岛前湾集装箱码头有限责任公司集装箱装卸司机	李为刚	山东双港活塞股份有限公司技术总工
李先杰	中青建安建设集团有限公司钢筋组组长	卜新龙	莱芜钢铁集团粉末冶金有限公司机动科科长
王　彬	山东中烟工业有限责任公司青岛卷烟厂设备主管	王丽梅（女）	山东临沂银凤陶瓷集团有限公司工艺美术师
王明先	山东唐骏欧铃汽车制造有限公司试制试验室主任	程　平	华能国际电力股份有限公司德州电厂焊工班技术员
王一君	山东省国瓷陶艺书画院高级工艺美术师	赵　磊	亚萨合莱国强（山东）五金科技有限公司模具工段长
张宝民	山东泉兴水泥有限公司首席技师	张则强	中通汽车工业集团有限责任公司钳工技能大师
王开胜	枣庄矿业（集团）有限责任公司柴里煤矿通防科科长	李振月	山东正泰工业设备安装有限公司水暖班班长
宋良友	科达集团股份有限公司技术员	王建强	滨州渤海活塞有限公司熔炼车间工段长
张金海	东营市市容环境卫生处垃圾处理中心技术员	张　波	香驰控股有限公司维修车间主任
孙志辉	烟台冰轮集团有限公司铆焊一班班长	牛德成	国网山东省电力公司成武县供电公司供电所所长
史彩言	上汽通用东岳动力总成有限公司维修工程师	曹晓燕（女）	黄河窑陶瓷博物馆有限公司首席技师
李冠兴	山东凯马汽车制造有限公司质检班班长	崔明强	山东省煤田地质局第一勘探队钻机机长
周建章	康跃科技股份有限公司模具主管	崔本亮	汶上如意技术纺织有限公司色纺一厂设备主管
曹景芳（女）	华电国际电力股份有限公司邹县发电厂生产技术部精密诊断中心组长	金　晓（女）	中国航天科技集团公司五院第五一三研究所自动化生产线班组长
朱宁鹏	山东华宁矿业集团有限公司维修队长	肖　军	山东省地质矿产勘查开发局八〇一水文地质工程地质大队钻机机长
程银贵	肥城市正港木业工艺品厂总工艺师	史秀宝	山东泰山钢铁集团有限公司维修班班长
宫福祝	山东金洲矿业集团有限公司电气主管	刘丹丹（女）	兖矿鲁南化工有限公司计算机班班长
卢文涛	威海博胜气动液压有限公司机		

武国振　　　中国电建集团核电工程有限公
　　　　　　司焊接班班长

张春荣（女）中国石化集团胜利油田集输工

技能大师

耿　磊　　　中国石化集团齐鲁石化塑料厂
　　　　　　聚丙烯车间值班长

工 运 人 物

新 闻 人 物

杨东奇 男，汉族，1962年9月出生，黑龙江甘南人，研究生，博士学位，1985年7月参加工作，中共党员。2018年8月任山东省委副书记、省总工会主席。

主要简历：

1980.09—1985.07 哈尔滨船舶工程学院机械工程系金属材料及热处理专业学习

1985.07—1989.10 哈尔滨船舶工程学院出版社编辑部编辑

1989.10—1995.08 哈尔滨船舶工程学院出版社行政总编办公室副主任、主任

（其间：1991.09—1993.05 哈尔滨船舶工程学院社会科学系工业经济专业在职研究生学习）

1995.08—1996.09 哈尔滨工程大学出版社副社长

1996.09—1997.04 哈尔滨工程大学党委办公室主任

1997.04—1999.08 哈尔滨工程大学党委书记助理兼党委办公室主任

1999.08—2001.02 哈尔滨工程大学党委副书记、副校长

2001.02—2004.05 黑龙江省委组织部副部长

（1999.09—2002.03 哈尔滨工程大学经济管理学院管理科学与工程专业在职研究生学习，获管理学博士学位）

2004.05—2005.11 黑龙江省大兴安岭地委副书记、行署专员、林管局局长

2005.11—2011.08 黑龙江省委副秘书长、办公厅主任

2011.08—2012.04 黑龙江省委秘书长、办公厅主任

2012.04—2013.02 黑龙江省委常委、秘书长、办公厅主任

2013.02—2013.11 黑龙江省委常委、秘书长

2013.11—2016.02 黑龙江省委常委、政法委书记

2016.02—2018.07 山东省委常委、组织部部长

2018.07—2018.08 山东省委副书记、组织部部长

2018.08— 山东省委副书记，省总工会主席

刘贵堂 男，汉族，1962年10月出生，山东费县人，中央党校研究生，硕士学位，1980年9月参加工作，中共党员。2018年1月任省总工会党组书记、常务副主席（正厅级）。

主要简历：

1980.09—1983.06 济南陆军学校军事指挥专业学习

1983.06—1983.10 临沂军分区费县人武部干事

1983.10—1988.05 临沂军分区政治部干事

1988.05—1992.06 济南军区政治部宣传部干事

1992.06—1994.08 济南军区政治部宣传部副营职干部

1994.08—1997.05 省劳动厅办公室干部

1997.05—1997.09 省劳动厅办公室副主任科员

1997.09—1997.09 省劳动厅办公室主任科员

1997.09—2000.10 省委组织部干部综合处主任科员

（其间：1995.08—1997.12 中央党校函授学院经济管理专业学习）

2000.10—2001.11 省委组织部干部一处主任科员

2001.11—2004.07 省委组织部干部一处副处长

2004.07—2005.11 省委组织部人才工作处（省知识分子工作办公室）副处长（副主任）

（其间：2002.09—2005.07 中央党校在职研究生班经济管理专业学习）

2005.11—2009.05 省委组织部人才工作处（省知识分子工作办公室）调研员

2009.05—2010.12 省委组织部人才工作处（省知识分子工作办公室）处长（主任）

2010.12—2012.09 省委组织部人才工作处处长

2012.09—2015.06 德州市委常委、组织部部长

（其间：2011.03—2014.03 北京理工大学软件学院软件工程专业学习，获工程硕士学位）

2015.06—2015.09 德州市委常委、组织部部长、统战部部长

2015.09—2017.01 德州市委常委、组织部部长

2017.01—2017.02 德州市委常委

2017.02—2017.12 德州市委副书记

2017.12—2018.01 省总工会党组书记，提名为省总工会常务副主席（正厅级）候选人

2018.01— 省总工会党组书记、常务副主席（正厅级）

魏 丽 女，汉族，1961年10月出生，山东青州人，中央党校研究生，1978年12月参加工作，中共党员。2018年11月任省总工会党组副书记、副主席，省妇联副主席（兼职）。

主要简历：

1978.12—1980.09 省机械工业学校物理实验室实验员（以工代干）

1980.09—1983.07 山东广播电视大学机械专业学习

1983.07—1984.12 省机械工业学校指导教师、校长办公室干事

（1984.07转为国家干部）

1984.12—1988.03 省机械工会干事

1988.03—1991.12 省机械工会组宣部副部长

1991.12—1997.09 省机械工会组宣部部长、省总工会女职工部主任科员

1997.09—2003.01 省总工会女职工部助理调研员

（其间：1998.08—2000.12 中央党校函授学院经济管理专业学习）

2003.01—2007.04 省总工会女职工部

部长

（其间：2001.09—2004.07 中央党校在职干部研究生班经济管理专业学习）

2007.04—2008.06　省总工会财务部部长

（其间：2006.02—2006.12 省委党校第16期中青班学员）

2008.06—2010.09　省总工会常委、财务部部长

2010.09—2010.10　省总工会党组成员、财务部部长，提名为省总工会副主席候选人

2010.10—2012.12　省总工会党组成员、副主席、财务部部长

2012.12—2017.12　省总工会党组成员、副主席

2017.12—2018.11　省总工会党组成员、副主席，省妇联副主席（兼职）

2018.11—　省总工会党组副书记、副主席，省妇联副主席（兼职）

李业文　男，汉族，1972年10月出生，山东日照人，中央党校研究生，硕士学位，1996年7月参加工作，中共党员。2018年12月任省总工会党组成员、副主席、秘书长。

主要简历：

1992.09—1996.07　福州大学化学工程系硅酸盐工程专业学习

1996.07—1997.10　日照市碑廓镇党政办公室综合干事、镇政府文书

（其间：1997.04—1997.10 中共日照市岚山工委办公室帮助工作）

1997.10—1998.12　中共日照市岚山工委办公室秘书

（其间：1998.09—1998.12 省总工会组织部帮助工作）

1998.12—2000.09　省总工会组织部科员

2000.09—2002.12　省总工会组织部副主任科员

2002.12—2008.08　省总工会组织部主任科员

（其间：2007.09—2007.12 山东省委党校省直分校科级干部青年培训班学习）

2008.08—2012.12　省总工会组织部副部长

（2008.04—2010.12 山东大学政治学与公共管理学院公共管理专业学习，获公共管理硕士学位）

2012.12—2017.02　省总工会办公室主任

（2010.09—2013.07 中央党校在职研究生经济学（经济管理）专业学习）

2017.02—2017.05　省总工会秘书长、办公室主任

2017.05—2018.01　省总工会秘书长

2018.01—2018.11　省总工会秘书长、一级调研员

2018.11—2018.12　省总工会党组成员、秘书长、一级调研员，提名为省总工会副主席候选人

2018.12—　省总工会党组成员、副主席、秘书长

李东风　男，汉族，1964年2月出生，山东潍坊人，中央党校大学，1983年7月参加工作，中共党员。2018年12月任省总工会党组成员、副主席、权益保障部部长。

主要简历：

1981.09—1983.07　德州师范专科学校物理系物理专业学习

1983.07—1986.04　德州市总工会干部

1986.04—1997.09　省总工会政工处科

员，办公室科员、副主任科员、主任科员

1997.09—2001.02　省总工会办公室助理调研员

（其间：1998.09—2000.12 中央党校函授学院经济管理专业学习）

2001.02—2003.01　中共山东省总工会党组纪律检查组副组长、机关纪委书记

2003.01—2003.04　省轻工工会主任

2003.04—2012.12　省轻工纺织工会主席

（其间：2008.02—2008.12 山东省委党校第十八期中青年干部培训班学习）

2012.12—2013.07　省总工会宣传教育部部长

2013.07—2017.05　省总工会常委、宣传教育部部长

2017.05—2017.11　省总工会常委、保障工作部部长

2017.11—2018.01　省总工会常委、权益保障部部长

2018.01—2018.11　省总工会常委、权益保障部部长、一级调研员

2018.11—2018.12　省总工会党组成员、权益保障部部长、一级调研员，提名为省总工会副主席候选人

2018.12—　省总工会党组成员、副主席、权益保障部部长

胡少华　女，汉族，1967 年 9 月出生，山东栖霞人，中央党校研究生，1990 年 7 月参加工作，中共党员。2018 年 12 月任省总工会党组成员，省纪委省监委驻省总工会纪检监察组组长。

主要简历：

1987.09—1990.07　山东公安专科学校治安管理专业学习

1990.07—1991.07　青岛流亭边防检查站见习检查员

1991.07—1991.09　青岛流亭边防检查站排职检查员

1991.09—1994.12　济南边防检查站业务处排职检查员

1994.12—1996.03　济南边防检查站业务处副连职检查员

1996.03—1997.03　转业待分配

1997.03—2001.03　省公安厅治安处科员

2001.03—2002.09　省公安厅治安警察总队综合科副科长

2002.09—2005.10　省公安厅治安警察总队综合科副科长、主任科员

2005.10—2010.07　省公安厅国内安全保卫局机动侦察队副队长、丽山大厦副总经理

2010.07—2013.06　省公安厅国内安全保卫局机动侦察队政委、丽山大厦总经理

2013.06—2017.05　省公安厅纪委副书记、省监察厅驻省公安厅监察专员办公室主任

2017.05—2017.12　省纪委驻省公安厅纪检组副组长

2017.12—2018.12　省纪委驻省公安厅纪检组副组长、一级调研员

2018.12—2018.12　省纪委省监委驻省公安厅纪检监察组副组长、一级调研员

2018.12—　省总工会党组成员，省纪委省监委驻省总工会纪检监察组组长

尹佐海　男，汉族，1964 年 2 月出生，山东济南人，大学，硕士学位，1984 年 7 月参加工作，中共党员。2018 年 12 月任省总工会副主席（兼职），省高级人民法院党组成员、政治部主任（副厅级）、直属机关党委书记。

主要简历：

1982.09—1984.07 济宁供销学校物价专业学习

1984.07—1985.07 省高级人民法院干部

1985.07—1987.04 省高级人民法院办事员级书记员

1987.04—1989.01 省高级人民法院科员级书记员

1989.01—1991.08 省高级人民法院副科级书记员、副科级秘书

1991.08—1993.06 省高级人民法院正科级秘书、书记员

1993.06—1994.06 省高级人民法院正科级秘书、助理审判员

1994.06—2001.10 省高级人民法院副处级审判员

（其间：1993.09—1996.07 在山东大学法学院法学专业学习；1997.09—1998.09 挂职任费县副县长）

2001.10—2004.04 省高级人民法院民事审判第二庭副庭长、审判员

2004.04—2007.09 省高级人民法院民事审判第四庭庭长、审判员

（其间：2002.04—2004.12 在山东大学法学院法律硕士专业学习，获法律硕士学位）

2007.09—2011.12 省高级人民法院民事审判第四庭庭长、审判委员会委员、审判员

（其间：2008.02—2008.12 在省委党校第18期中青班学习）

2011.12—2012.02 烟台市中级人民法院副院长、代院长、党组书记

2012.02—2017.01 烟台市中级人民法院院长、党组书记

2017.01—2017.04 省高级人民法院党组成员、政治部主任（副厅级）

2017.04—2018.12 省高级人民法院党组成员、政治部主任（副厅级）、直属机关党委书记

2018.12— 省总工会副主席（兼职），省高级人民法院党组成员、政治部主任（副厅级）、直属机关党委书记

段培永 男，汉族，1968年5月出生，山东滕州人，研究生，博士学位，1991年7月参加工作，中共党员。2018年12月任省总工会副主席（兼职），山东师范大学副校长、党委常委。

主要简历：

1987.09—1991.07 山东建筑工程学院电气自动化专业学习

1991.07—1993.09 山东建筑工程学院机电系辅导员

1993.09—1996.07 山东工业大学电力学院学习

1996.07—1999.07 上海交通大学自动化系博士生

1999.07—2000.01 山东建筑工程学院自动化系教师

2000.01—2001.02 山东建筑工程学院自动化系副主任

2001.02—2004.07 山东建筑工程学院自动化系主任

2004.07—2005.01 北京语言大学出国留学人员培训部英语培训

2005.01—2006.01 美国肯塔基大学公派访问学者

2006.01—2014.07 山东建筑大学教务处处长

2014.07—2017.02 聊城大学副校长、党委常委

2017.02—2018.12 山东师范大学副校

长、党委常委

2018.12— 省总工会副主席（兼职），山东师范大学副校长、党委常委

张宝才 男，汉族，1967 年 4 月出生，山东曲阜人，大学，硕士学位，1989 年 7 月参加工作，中共党员。2018 年 12 月任省总工会副主席（兼职），兖矿集团党委常委、董事、总法律顾问，兖矿集团财务有限公司董事长，兖州煤业澳大利亚有限公司董事长。

主要简历：

1987.09—1989.07 秦皇岛煤炭工业学校会计专业学习

1989.07—1994.02 兖州矿务局唐村煤矿财务科会计

1994.02—1997.01 兖州矿务局唐村煤矿财务科副科长

1997.01—1998.09 兖州矿务局唐村煤矿财务科科长

1998.09—1999.01 兖矿集团公司财务部科长

1999.01—2002.06 兖州煤业股份有限公司财务部副部长

（其间：1996.09—1999.07 山东经济学院行政管理专业函授学习）

2002.06—2006.09 兖州煤业股份有限公司计划财务部部长

（其间：2000.09—2003.07 山东科技大学会计学专业函授学习；2004.08—2006.06 南开大学工商管理专业学习，获得高级管理人员工商管理硕士学位）

2006.09—2010.04 兖州煤业股份有限公司董事、董事会秘书、董事会秘书处处长、信息管理部部长

2010.04—2011.03 兖州煤业股份有限公司董事、董事会秘书、董事会秘书处处长

2011.03—2013.12 兖州煤业股份有限公司董事、副总经理、董事会秘书、董事会秘书处处长

2013.12—2014.06 兖州煤业股份有限公司董事、副总经理、董事会秘书、董事会秘书处处长，兖州煤业澳大利亚有限公司副董事长、执行委员会主席

2014.06—2015.10 兖州煤业股份有限公司董事、副总经理、董事会秘书，兖州煤业澳大利亚有限公司副董事长、执行委员会主席

2015.10—2017.10 兖矿集团党委常委、董事，兖州煤业澳大利亚有限公司副董事长、执行委员会主席

2017.10—2018.06 兖矿集团党委常委、董事，兖矿集团财务有限公司董事长，兖州煤业澳大利亚有限公司副董事长、执行委员会主席

2018.06—2018.12 兖矿集团党委常委、董事、总法律顾问，兖矿集团财务有限公司董事长，兖州煤业澳大利亚有限公司董事长

2018.12— 省总工会副主席（兼职），兖矿集团党委常委、董事、总法律顾问，兖矿集团财务有限公司董事长，兖州煤业澳大利亚有限公司董事长

张宏卿 女，汉族，1968 年 4 月出生，山东淄博人，大学，1990 年 7 月参加工作，中共党员。2018 年 12 月任省总工会副主席（兼职），省妇联副主席、党组成员。

主要简历：

1986.09—1990.07 曲阜师范大学中文系汉语言文学专业学习

1990.07—1991.07 省妇联研究室见习

1991.07—1995.03 省妇联研究室科员

（其间：1990.09—1992.03 邹平县韩店

乡妇联挂职锻炼）

1995.03—2000.12　省妇联研究室副科级干事、副主任科员

2000.12—2002.12　省妇联城乡部主任科员

2002.12—2005.01　省妇联发展部主任科员

2005.01—2013.04　省妇联宣传部副部长

（其间：2006.09—2006.12 省委党校第五十一期县处级领导干部进修班学习）

2013.04—2015.10　省妇联机关党委专职副书记兼机关纪委书记

（其间：2014.03—2014.07 省委党校第二十四期中青年干部培训班学习）

2015.10—2017.11　省妇联组织联络部部长

2017.11—2017.12　省妇联党组成员、组织联络部部长

2017.12—2018.04　省妇联副主席、党组成员，组织联络部部长

2018.04—2018.12　省妇联副主席、党组成员

（其间：2018.05—2018.07 国家行政学院第三十五期厅局级公务员任职培训班学习）

2018.12—　省总工会副主席（兼职），省妇联副主席、党组成员

王际仓　男，汉族，1968 年 2 月出生，山东莘县人，大学，1989 年 7 月参加工作，中共党员。2018 年 12 月任省总工会党组成员、副主席（挂职），省人力资源和社会保障厅劳动关系处处长。

主要简历：

1985.09—1989.07　山东大学经济管理系经济管理专业学习

1989.07—1997.05　省劳动局计划处科员

1997.05—2000.08　省劳动厅劳动力管理处副主任科员

2000.08—2004.08　省劳动保障厅劳动争议处理处主任科员

2004.08—2008.10　省劳动保障厅监察监督处主任科员

2008.10—2009.11　省劳动保障厅监察监督处副处长

2009.11—2011.03　省人力资源社会保障厅劳动监察处副处长

2011.03—2013.07　省人力资源社会保障厅调解仲裁管理处副处长

2013.07—2015.05　省人力资源社会保障厅人事处副处长

2015.05—2016.12　省自主择业军队转业干部管理服务中心主任、省军官转业安置办公室副主任

2016.12—2018.09　省人力资源社会保障厅劳动监察处处长

2018.09—2018.11　省人力资源社会保障厅劳动关系处处长

2018.11—2018.12　省总工会党组成员（挂职），省人力资源社会保障厅劳动关系处处长，提名为省总工会副主席（挂职）候选人

2018.12—　省总工会党组成员、副主席（挂职），省人力资源社会保障厅劳动关系处处长

郭　锐　男，汉族，1977 年 10 月出生，山东昌邑人，大学，1997 年 7 月参加工作，中共党员。2018 年 12 月任省总工会副主席（兼职），中车青岛四方机车车辆股份有限公司转向架分厂车辆钳工，公司首席技师。

主要简历：

1994.09—1997.06 铁道部四方机车车辆厂技工学校内燃机车钳工专业学习

1997.07—2003.03 铁道部四方机车车辆厂液力传动分厂工人，钳工助理技师

2003.03—2004.11 南车青岛四方机车车辆股份公司液力传动分厂工人，钳工技师

2004.11—2006.01 南车青岛四方机车车辆股份公司柴油机分厂工人，钳工高级技师、公司首席制造师

2006.01—2015.10 南车青岛四方机车车辆股份公司转向架分厂班长，公司首席技师

（其间：2007.03—2010.01 青岛理工大学机械设计制造及自动化专业学习；2009.02 享受国务院特殊津贴）

2015.10—2018.12 中车青岛四方机车车辆股份有限公司转向架分厂车辆钳工，公司首席技师

2018.12— 省总工会副主席（兼职），中车青岛四方机车车辆股份有限公司转向架分厂车辆钳工，公司首席技师

领 导 成 员

山东省总工会

主　　　席	尹慧敏（2018 年 6 月离任）
	杨东奇（2018 年 8 月任职）
常务副主席	刘赞杰（2018 年 1 月离任）
	刘贵堂（2018 年 1 月任职）
副　主　席	魏丽（女）
	王星海（2018 年 11 月离任）
	李臻（2018 年 11 月离任）
	魏勇
	李业文（2018 年 12 月任职）
	李东风（2018 年 12 月任职）
挂职副主席	王际仓（2018 年 12 月任职）
兼职副主席	尹佐海（2018 年 12 月任职）
	段培永（2018 年 12 月任职）
	张宝才（2018 年 12 月任职）
	张宏卿（女，2018 年 12 月任职）

郭 锐（2018 年 12 月任职）

经审委主任 蒋石宝

省总工会党组成员、省纪委省监委驻省总工会纪检监察组组长

贺余德（2018 年 12 月离任）

胡少华（2018 年 12 月任职）

二级副巡视员 周克民

秘 书 长 李业文

办公室

主　　任 胡延慧

副　主　任 李更光 吴晓瑞（女）

政策研究室

主　　任 王 政

副　主　任 卢 飞

组织部

部　　长 丁春洁（女）

副 部 长 丁 博 许春荣（女）

宣传教育部

部　　长 刁维强

副部长　胡焰（女）
生产保护部
　　部　　长　谭博
　　副部长　张志刚
权益保障部
　　部　　长　李东风
　　副部长　孙海涛
基层工作部
　　部　　长　姜卫红（女）
　　副部长　杨宝光
法律工作部
　　部　　长　卢国栋（女,2018年9月离任）
　　副部长　吴兴波
　　　　　　王贞（女,2018年9月任职）
　　　　　　孙占勇（挂职）
女职工部
　　部　　长　李颖（女）
财务部
　　部　　长　唐艳霞（女）
　　副部长　姜艳荣（女）
离退休干部处
　　处　　长　王文欣（女）
　　副处长　刘萍（女）
机关党委
　　书　　记　刘赞杰（2018年3月离任）
　　　　　　刘贵堂（2018年3月任职）
　　专职副书记　李晶珠（女）
　　副书记　孟令强（2018年3月任职）
　　机关纪委书记　王峻（女）
　　机关工会主席　王峻（女）
经费审查委员会办公室
　　主　　任　王石
　　副主任　王炳军
资产监督管理中心
　　主　　任　孙文强（2018年3月离任）
　　副主任　鞠兵　王世玉

职工帮扶中心
　　主　　任　罗鹏
　　副主任　孙晓冬
省工运史研究室
　　副主任　褚万宗
山东职工对外交流中心
　　主　　任　白明
　　副主任　辛玮静（女）
机关服务中心
　　主　　任　李庆华
　　副主任　管咏梅（女,2018年1月离任）
　　　　　　代峰

省总工会直属企事业单位负责人

山东管理学院
　　书　　记　冯庆禄
　　院　　长　邹广德
　　副书记　邹广德　李明勇
　　副院长　杨西国　杨茂奎
　　　　　　董以涛
　　纪委书记　房克乐
青岛工人疗养院
　　党委书记、院长　官爱民（女）
　　副院长　王玉光
青岛工人温泉疗养院
　　党委书记　程绍萍（挂职,2018年5月离任）
　　　　　　姜德庆（挂职,2018年5月任职）
　　院　　长　张文义（2018年9月离任）
　　　　　　官爱民（女,兼职,2018年12月任职）
　　副院长　张文义（2018年9月任职）

中国纺织工人疗养院
党委书记 官爱民（女，挂职，2018年7月任职）
院　　　长 张　伟
副 院 长 吕　端

山东工人报社
总编辑、社长 丁宏元
副 总 编 辑 丁秀胤
　　　　　　 王汉民

《职工天地》杂志社
总编辑、社长 辛学福
副 总 编 辑 丛海燕（女）

山东职工之家
负 责 人 卜　兵

省产业、省直机关工会负责人

山东省财贸金融工会委员会
主　　　任 孙文强（2018年3月任职）
副 主 任 薛胜利

山东省轻工纺织工会委员会
主　　　席 袁宗贵
副 主 席 刘传成（2018年1月离任）
　　　　　 刘　磊

山东省国防机械电子工会委员会
主　　　席 葛永胜
副 主 席 王志坚 尹向群

山东省对外经济贸易工会委员会
主　　　席 田敬毅

山东省农林水工会委员会
主　　　席 马玉珊（女）
副 主 席 刘鸿文

山东省地质工会委员会
主　　　任 巴爱军（女）
副 主 任 沙　江

山东省冶金工会委员会
主　　　席 刘纯玉
副 主 席 刘光庆

山东省石油化学工会委员会
主　　　席 王吉盛
副 主 席 孙利斌

中国海员工会山东省委员会
主　　　席 马　骥

山东省建材工会委员会
主　　　席 张崇华

山东省医务工会工作委员会
主　　　任 许洪昌
副 主 任 张明峰

山东省电力工会委员会
主　　　席 杜　军
副 主 席 刘玉树
　　　　　 赵　民（2018年4月离任）
　　　　　 陈学民（2018年4月任职）

山东省煤矿工会委员会
主　　　席 李　斌
副 主 席 陈增科 王传奎
经审委主任 王心贺

中国教育工会山东省委员会
主　　　席 宋志明
副 主 席 王　辉（2018年1月任职）
　　　　　 杨　慧（兼职）

山东交通工会委员会
主　　　席 姜述奎
副 主 席 丁昶国

中国黄河工会山东省委员会
主　　　席 刘景国（2018年5月任职）
副 主 席 张庆彬
　　　　　 孙丽娟（2018年11月任职）
经审委主任 邱　红

中国邮政集团工会山东省委员会
主　　　席 林令才
副 主 席 韩世强（2018年6月离任）

韩　勇

王冬生（2018 年 6 月任职）

经审委主任　韩世强（2018 年 6 月离任）

宋培平（2018 年 6 月任职）

山东省建设工会委员会

主　　席　薛希法

副 主 席　高　静（女，2018 年 10 月

离任）

吴柏坡（2018 年 10 月任职）

邵永立（2018 年 10 月任职）

原济南军区装备部工会

主　　席　李洪田

常务副主席　孙占滨

副 主 席　李兆阁

省直机关工会工作委员会

主　　任　邹　霞（女）

副 主 任　刘庆功　王建建（女）

经审委主任　王建建（女）

大企业工会负责人

胜利石油管理局有限公司工会

党委副书记、工会主席　韩　辉

工会副主席　国　梁　李　梅

彭　斌

杨金友（挂职）

唐守忠（兼职）

中国铁路济南局集团有限公司工会

主　　席　陈连弘

副 主 席　田文锦

朱元东

齐鲁石化公司工会委员会

主　　席　王洪亮（2018 年 10 月离任）

孔　健（2018 年 10 月任职）

副 主 席　杜明逊

韩　林

莱钢集团有限公司工会委员会

主　　席　李茂岭

副 主 席　张崇坤

中铁十四局集团有限公司工会

主　　席　王子贵

副 主 席　郑洪星

郭晓红（女）

李遵起

中国冶金地质勘查总局山东局工会

副 主 席　赵立军

中国东方航空公司山东分公司工会委员会

主　　席　吴　蔚

副 主 席　何振泰

山东航空公司工会委员会

主　　席　宋洪琪

副 主 席　覃俊武

中国移动通信集团工会山东省委员会

主　　席　熊文连

副 主 席　段跃忠

中国联通公司山东分公司工会委员会

主　　席　李天涛

副 主 席　张福存

山东机场有限公司工会委员会

主　　席　王　光

副 主 席　王凤新

中铁十局集团有限公司工会委员会

主　　席　崔　军

副 主 席　杜钟海　汤德明

中移铁通山东分公司工会委员会

主　　席　杜纪涛

副 主 席　肖兴业

中国电信集团工会山东省委员会

主　　席　王秀美

副 主 席　公茂华

中国石化青岛炼油化工有限责任公司工会

主　　席　雷　平

副 主 席　方　营

中泰证券股份有限公司工会委员会
 主 席 侯祥银
 副 主 席 张 晖
      亓益锋

华能山东发电有限公司工会
 主 席 刘 杰

大唐山东发电有限公司工会委员会
 主 席 王国金
 副 主 席 张培巧

山东能源集团有限公司工会
 主 席 宿洪涛
 副 主 席 严继承

山东中烟工业有限责任公司工会
 主 席 鹿广瑞
 副 主 任 赵飞虎 向 东

山东钢铁集团有限公司工会
 主 席 卢彤书
 副 主 席 鹿凡伟 刘松林
 经审委主任 徐亮天

济南市

市总工会
 主 席 孙积港（2018年7月离职）
      雷天太（2018年7月任职）
 常务副主席 傅金峰
 副 主 席 徐其东（2018年2月离职）
      于 虹（女）
      李兴家
      戚淑斌
      蒲玉全
 经审委主任 丁希录（2018年10月离职）
      刘明忠（2018年10月任职）

历下区总工会
 常务副主席 张秋力
 副 主 席 王先怀

      杨 芳（女,2018年6月离职）

市中区总工会
 主 席 王盛元
 常务副主席 林秀丽
 副 主 席 姜道森 马德静
      毛 磊
      韩 轶（2018年1月离职）

槐荫区总工会
 主 席 姜 鹏
 副主席 滕 萌
      柏 廷

天桥区总工会
 主 席 亓 伟
 常务副主席 朱建龙（2018年8月任职）
      左永新（2018年8月离职）
 副 主 席 邱 燕 李小平

历城区总工会
 主 席 边祥为
 常务副主席 王 锐
 副 主 席 李文平 陈允美

长清区总工会
 主 席 宋传娥（女）
 副 主 席 李爱国 焦方勇

章丘区总工会
 主 席 刘维圣
 副 主 席 孟凡利 王成民

济阳区总工会
 常务副主席 张成华
 副 主 席 毕思夏 高增明

平阴县总工会
 主 席 张吉忠
 常务副主席 赵庆国
 副 主 席 苑保友 刘家裖

商河县总工会
 常务副主席 田兆生
 副 主 席 刘官勇 王学玲（女）

高新技术产业开发区总工会

主　席　李怀东

副主席　李文锋

南部山区总工会

主　席　文东河

副主席　李茉莉（2018 年 11 月任职）

济南国际医学科学科学中心总工会

主　席　国　亮

青岛市

市总工会

主　　　席　刘圣珍（女,2018 年 7 月任职）

　　　　　　邓云锋（2018 年 7 月离任）

常务副主席　彭建国（2018 年 7 月任职）

副　主　席　蔡　绮（女，正局级，2018

　　　　　　　　　年 3 月离任）

　　　　　　周新国

　　　　　　梁海泉（2018 年 12 月离任）

　　　　　　李　明（2018 年 12 月任职）

　　　　　　李　丽（女，2018 年 12 月

　　　　　　　　　任职）

　　　　　　刘福斌（2018 年 12 月离任）

　　　　　　王　尧（2018 年 12 月任职，

　　　　　　　　　兼职）

　　　　　　傅　强（2018 年 12 月任职，

　　　　　　　　　兼职）

　　　　　　皮进军（2018 年 12 月任职，

　　　　　　　　　兼职）

　　　　　　孙更新（2018 年 12 月任职，

　　　　　　　　　挂职）

经审委主任　逄京林（2018 年 12 月任职）

　　　　　　李　明（2018 年 12 月离任）

市南区总工会

主　　　席　牛鲁彬（女）

副　主　席　岳增海

　　　　　　吕淑萍（女）

　　　　　　朱闻冬（女，2018 年 9 月任

　　　　　　　　　职，挂职）

　　　　　　邹伟炜（2018 年 9 月任职，

　　　　　　　　　兼职）

经审委主任　岳增海

市北区总工会

主　　　席　王明世

常务副主席　杜　杰（2018 年 2 月任职）

　　　　　　吴宝正（2018 年 2 月离任）

副　主　席　王　岩（女）

　　　　　　李学良

经审委主任　马　盈（女）

李沧区总工会

主　　　席　盛祥柏

常务副主席　袁和久

副　主　席　高孟勇

经审委主任　刘学彦（女）

崂山区总工会

主　　　席　宋　军

常务副主席　王鹏海

副　主　席　蓝先永

　　　　　　李吉香（女）

经审委主任　李吉香（女）

城阳区总工会

主　　　席　吕良秀（女）

副　主　席　董　磊　刘兵世

　　　　　　王　青（女）

经审委主任　董　磊

西海岸新区总工会

主　　　席　陈柯富

常务副主席　孙业安

党组书记　　臧明运

副　主　席　谭远玲（女）

　　　　　　朱长涛

　　　　　　丁守芬（女）

经审委主任　肖金亮

即墨区总工会

  主　　席　衣服坡

  党组书记　牛兆利

  副　主　席　于朝华（女）

            陈学港

            常显杰（2018年10月离任）

  经审委主任　刘　明

胶州市总工会

  主　　席　姜　鹏

  副　　主　席　孙殿开

            吴传星

            任海燕（女，2018年5月离任）

  经审委主任　任海燕（女，2018年5月离任）

平度市总工会

  主　　席　王鹏飞

  副　主　席　任学强

            徐清民

            姜宪萍（女）

  经审委主任　荆兰芳（女）

莱西市总工会

  主　　席　隋庆九

  副　主　席　周亦斌

            郭树林

            汪丽英（女）

  经审委主任　郭树林

前湾保税港区总工会

  主　　席　郭宝存

  副　主　席　李国琴（女）

            李　平（女）

红岛经济区（高新区）总工会

  主　　席　王庆林

淄博市

市总工会

  主　　席　王树槐

常务副主席　陆汉明（2018年12月任职）

            葛泓泉（2018年12月离职）

副　主　席　王建华（2018年12月任职）

            宋海杰

            刘　蓬（女，2018年12月离职）

            蒲先农（2018年12月离职）

秘　书　长　韩　兵

经审委主任　左宏雁（女）

张店区总工会

  主　　席　郑亚飞（女）

  副　主　席　贾海亭

            张海涛

  经审委主任　毛　锐（女）

临淄区总工会

  主　　席　朱春光

  副　主　席　相永胜

            于宗伟

  经审委主任　贾凤玲（女）

淄川区总工会

  主　　席　郑向忠

  副　主　席　白念柱

            司翠红（女）

            陈丽霞（女）

  经审委主任　杜忠浩

博山区总工会

  主　　席　王　忱（女）

  副　主　席　张　伟

            岳晓慧（女）

            郑贵杰（女）

办公室主任　陈　静（女）

党组成员　赵　琦

周村区总工会

  主　　席　韩桂芳（女）

常务副主席　曲庆霞（女）

副　主　席　李　芬（女）

            刘延刚

党 组 成 员　赵小月（女）

桓台县总工会

　主　　　席　周焕宝

　副 主 席　胡庆忠

　　　　　　　姜　红（女）

　　　　　　　胡晓兵

沂源县总工会

　主　　　席　黄军红（女，2018 年 12 月
　　　　　　　离任）

　　　　　　　任维东（2018 年 12 月任职）

　常务副主席　朱乐孝

　副 主 席　盛明泰

　经审委主任　吴仲文

高青县总工会

　主　　　席　纪祥国

　副 主 席　李守光

　　　　　　　胡春华（女）

高新技术产业开发区总工会

　主　　　席　王衍梁

　副 主 席　于　涛

枣庄市

市总工会

　主　　　席　刘振学

　常务副主席　陈业江

　副 主 席　程　杰

　　　　　　　龙晓华（2018 年 12 月任职）

　　　　　　　范晓兵

　　　　　　　胡安源（2018 年 12 月离职）

　经审委主任　李新忠

　女职委主任　邹　源

　副 调 研 员　梁龙东

滕州市总工会

　主　　　席　姜繁茂（2018 年 9 月离职）

　　　　　　　李广宪（2018 年 9 月任职）

　常务副主席　崔　波（2018 年 3 月离职）

　　　　　　　杨其朝（2018 年 9 月任职）

　副 主 席　韩景玲（女）

　　　　　　　吴进平　龙长松

薛城区总工会

　主　　　席　李天禹

　常务副主席　孙景悦

　副 主 席　石素刚

　　　　　　　种　静

　副主席（挂职）

　　　　　　　钱　锋（2018 年 12 月离职）

　经审委主任　张兆猛

山亭区总工会

　主　　　席　刘建法

　常务副主席　张永龙

　副 主 席　黄元民　连秀英　郭双龙

　经审委主任　王国亮

市中区总工会

　主　　　席　胡方忠

　常务副主席　王祥忠

　副 主 席　党同席　王思全

　挂职副主席　甄文婷（2018 年 6 月任职）

　兼职副主席　皮士海（2018 年 6 月任职）

　　　　　　　张本勇（2018 年 6 月任职）

　经审委主任　孟繁强

峄城区总工会

　主　　　席　马士杰

　常务副主席　李茂銮

　党组副书记　杨　丽（女）

　副 主 席　孙启义

　经审委主任、女职委主任　许　青（女）

台儿庄区总工会

　主　　　席　徐景劝（2018 年 7 月离任）

　　　　　　　张道发（2018 年 11 月任职）

　常务副主席　韩建斌

　副 主 席　张洪伟

　　　　　　　陈生侠

经审委主任　陈生侠

高新技术产业开发区总工会

常务副主席　谢　辉

经审委主任　付　丽

东营市

市总工会

主　　席　田青云

常务副主席　徐庚祥

副　主　席　张国忠

　　　　　　马玉钏（女）

　　　　　　巩天兵

经审委主任　刘伟民

东营区总工会

主　　席　耿汝清

常务副主席　赵树平

副　主　席　牛冬梅（女）

　　　　　　陈婷舞（女）

经审委主任　张建林

河口区总工会

主　　席　郭存三

常务副主席　周玉光

副　主　席　陈海花（女,2018年2月离任）

　　　　　　李建强（2018年2月任职）

经审委主任　李向华（2018年2月离任）

　　　　　　李建强（2018年2月任职）

垦利区总工会

主　　席　周玉林

常务副主席　岳永平

副　主　席　耿丽娟（女）

　　　　　　宋新立

经审委主任　李安彬

广饶县总工会

主　　席　许忠志

常务副主席　宋海勇

副　主　席　徐教松

　　　　　　秦爱英（女）

纪检组长　张保平

经审委主任　刘玉杰（女）

利津县总工会

主　　席　牛吉山

常务副主席　黄　昕

副　主　席　任学英（女）

　　　　　　薄其福

经审委主任　薄其福

东营经济技术开发区工会工作委员会

主　　任　张玉明

东营港经济开发区工会工作委员会

主　　任　刘汝勇

烟台市

市总工会

主　　席　刘洪波（女）

党组书记、常务副主席

　　　　　　黄亚林（2018年12月任职）

副　主　席　李维广

　　　　　　刘志昌（2018年7月离任）

　　　　　　王德新　王文昌

党组成员、经审委主任　刘海强

党组成员、私营企业工会主席　王文仁

芝罘区总工会

主　　席　刘建针

常务副主席　王　峰

副　主　席　梁秀友

党组成员、主任科员　许颖进（女）

福山区总工会

主　　席　姜广益

党组书记、常务副主席

　　　　　　马少彦（2018年3月离任）

　　　　　　高中卫（2018年3月任职）

副　主　席　刘荣田

党组成员、主任科员　吕祖光　王成宾

莱山区总工会

常务副主席　张鹏甫

副　主　席　姜言良　杨守军

牟平区总工会

主　　席　孔庆林

党组书记、常务副主席　车军光

副　主　席　李海涛　王　健

海阳市总工会

主　　席　崔天新

党组书记、副主席　于顺成

副　主　席　孙海燕（女）

莱阳市总工会

主　　席　田　宏

党组书记、常务副主席　左梅令（女）

副　主　席　马　诚（女）

栖霞市总工会

主　　席　林　良

常务副主席　王国栋

副　主　席　胡佳勇

党组成员、主任科员　柳广东

党组成员、工人文化宫主任　郝向阳

党组成员　汪晓阳（女）

蓬莱市总工会

主　　席　张　敏

党组书记、常务副主席　于风格

副　主　席　盖希红

　　　　　　李　明（2018年1月转为主任科员）

党　组　成　员　邹艳红（女）

长岛县总工会

主　　席　陈华利

党组书记、常务副主席　赵延凌

龙口市总工会

主　　席　初元民

常务副主席　范钦禹

副　主　席　李　军

　　　　　　王春艳（女）

招远市总工会

主　　席　丛臣亭

党组成员　刘甲福　张炳坤　张建军

莱州市总工会

主　　席　金显道（2018年9月任职）

党组书记、常务副主席

　　　　　　尼德茂（2018年9月免去党组书记、常务副主席职务）

副　主　席　毕华良　张岐三

党组成员　刘铁军　原敬民

经济技术开发区总工会

主　　席　刘厚波（2018年4月任职）

常务副主席　徐田生

副　主　席　韩　强

烟台市高新区总工会

主　席　高炳钊（2018年3月离任）

　　　　孙丁丰（2018年3月任职）

昆嵛山保护区工会

主　任　王锡忠

潍坊市

市总工会

主席、党组书记　张新强

常务副主席、党组副书记　郭召义

副主席、党组成员　刘春强

副主席、党组成员、女职委主任　吕梅贞

党组成员、经审会主任　李付顺

副主席、党组成员　于守君

副主席、党组成员　朱建平（正县级）

副主席（兼职）　王钦峰

副主席（兼职）　高明芹

二级调研员　王保民

奎文区总工会

主　席　任　祥

常务副主席　甄延亮

副　主　席　王国强

副主席（兼职）　张建民

副主席（兼职）　方　强

潍城区总工会

主　席　马文远

常务副主席　吕永红

副　主　席　王桂森

坊子区总工会

主　席　张秀霞（女）

常务副主席　孙孟超（2018 年 3 月离职）

常务副主席　张永建（2018 年 3 月任职）

副主席、女职委主任　郭逊娥（女）

副主席（挂职）　朱晓云（女）

寒亭区总工会

主　席　范连军

常务副主席　刘洪军

副　主　席　栾健君

青州市总工会

主　席　王寿礼

常务副主席　刘瑞宏（女）

副　主　席　刘福民

诸城市总工会

主　席　赵　莉（女）

常务副主席　李瑞堂

副主席、经审会主任　王　霞（女）

寿光市总工会

主　席　寇振彦

常务副主席　孙荣新

副　主　席　桑清华

　　　　　　刘　蕾（女）

经审会主任　李静波

安丘市总工会

主　席　李建英（2018 年 2 月离职）

　　　　　孙　钧（2018 年 2 月任职）

常务副主席　高立伟

副　主　席　杜启胜　周军英

经审会主任　曹洪磊

高密市总工会

主　席　徐方吉

常务副主席　宋进岭

副　主　席　冯际刚

女职委主任　栗小萌（女，2018 年 10 月
　　　　　　　　　离职）

昌邑市总工会

主　席　孟凡铎（2018 年 6 月离职）

　　　　　高敬东（2018 年 6 月任职）

常务副主席　姚大光（2018 年 3 月离职）

　　　　　　王圣仟（2018 年 8 月任职）

副　主　席　姜在兴

经审会主任　王明飞

临朐县总工会

主　席　许佃永

常务副主席　王孔新

副　主　席　王承学

昌乐县总工会

主　席　贺玉洁（女）

常务副主席　张桂荣（女,2018 年 2 月离职）

常务副主席　吴进光（2018 年 2 月任职）

副　主　席　刘志敏

高新区总工会

主　席　初咏明

副　主　席　梁松港

滨海区总工会

主　席　朱良田（2018 年 11 月离职）

　　　　　李树森（2018 年 11 月任职）

常务副主席　高　祥（2018 年 11 月任职）

副　主　席　刘　涛（2018 年 11 月任职）

副主席、经审委主任

　　　　　刘月成（2018 年 11 月离职）

峡山区总工会

主　席　陈祥海

常务副主席　郭振清

经济区总工会

主　　席　朱忠仁

副　主　席　张曰金

副　主　席　张媛媛（女）

经审委主任　唐惠芝（女）

女职委主任　张建平（女）

济宁市

市总工会

市人大副主任、市总工会主席

　　　张玉华

党组书记、常务副主席

　　　岳秀银（女，2018年10月离职）

党组成员、副主席　王厚忠　段成军

党组成员　李惠敏

经审委主任　段成军

任城区总工会

主　　席　王万川

副　主　席　秦朝宁　张　铭

　　　李　峰（女）

　　　王　勇　李淑红（女）

兖州区总工会

党组书记、主席　薛　梅

副　主　席　邱凯敏

　　　刘　彤（女）

纪检组长　邹　平

曲阜市总工会

主　　席　李建伟

党组成员、主任科员　张宝申

副　主　席　陈贵亮　王秋生

泗水县总工会

主　　席　徐宝龙

党组成员、常务副主席　王涌涛

党组成员、副主席　王庆萍（女）

邹城市总工会

主　　席　牛永和

副　主　席　李　俐　刘　华

微山县总工会

主　　席　顾　军

副　主　席　黄秀林　刘传鹏

鱼台县总工会

主　　席　张建民

副　主　席　郭继凯　张敬军

金乡县总工会

县政府党组成员、县总工会主席

　　　刘奎军

党组书记、副主席　李广民

副　主　席　李群立

　　　朱艳荣（女）

经审委主任　贾建华

嘉祥县总工会

县一中党委书记、县总工会主席、

　党组书记　黄存才

党组成员、主任科员　姚支元

副　主　席　李清振　庞冬梅（女）

汶上县总工会

主席陈波

党组成员、副主席　步兆国

党组成员、主任科员　周　颖（女）

梁山县总工会

县委常委、县委办公室主任、

　总工会主席　李士兵

党组书记、常务副主席　徐长勇

副　主　席　贾存健　戴存义

济宁国家高新技术产业开发区总工会

主　　席　王　雷

副　主　席　王乃亭　马陪标

济宁太白湖新区总工会

主　　席　张成俊

副　主　席　陈　力　高　密

贾治胤　刘书勤
陈建社

济宁经济开发区总工会
主　　席　许振峰
副　主　席　司秋英　柳军

泰安市

市总工会
主　　席　张书盈
常务副主席　巩华仁
副　主　席　郭　青　李宝荣
陈长举
经费审查委员会主任　欧阳宏飞（女）

泰山区总工会
主　　席　周长斌
副　主　席　张　强　王兴明（女）
陈　明

岱岳区总工会
主　　席　李振华
常务副主席　马　斌
副　主　席　李福江　程湘云（女）
贾富泰

新泰市总工会
主　　席　朱致义
常务副主席　公维贞
副　主　席　张秀莲（女）
侯明涛　李明芹（女）

肥城市总工会
主　　席　宋淑荣（女）
副　主　席　尹承运　于建亮
杨　曦（女）
武文更

宁阳县总工会
主　　席　马海荣（女）
常务副主席　陈　光　赵继运

副　主　席　邵秋云（女）
董绍银　王亚南
徐华成

东平县总工会
主　　席　王成明（2018年12月任职）
展长顺（2018年12月离职）
常务副主席　范思安（2018年12月任职）
副　主　席　徐广三　张吉民

威海市

市总工会
主　　席　张　竞（女）
常务副主席　刘德柏
副　主　席　赵堂娥（女）
于福万
朱富勤（兼职，2018年5月
任职）
林　宁（兼职，2018年5月
任职）
王玲玲（女，兼职，2018年
5月任职）
经审委主任　王庆文

环翠区总工会
主　　席　邹　杰
副　主　席　方召海　王卫东

文登区总工会
主　　席　林治早
副　主　席　汤顺玲（女）　宋建新
孙　辕

荣成市总工会
主　　席　林永新
副　主　席　宁兰芳（女）　肖辉明

乳山市总工会
主　　席　于留泮
副　主　席　王　茜（女）

李永玲（女）　侯永绪

高技术产业开发区总工会

　　主　　席　孙盛和

　　常务副主席　孙清华（女）

经济技术开发区总工会

　　主　　席　张广忠

　　常务副主席　刘海滨

临港经济技术开发区总工会

　　主　　席　邢爱民

日照市

市总工会

　　主　　席　李崇禧

　　常务副主席　李登来

　　副　主　席　李国栋

　　　　　　　　王雪燕（女）

　　经审委主任　王雪燕（女）

东港区总工会

　　主　　席　隋红臣

　　副　主　席　张　咏

岚山区总工会

　　主　　席　谭　洁（女）

　　常务副主席　战祥征

　　副　主　席　于　臣

　　　　　　　　张守密

莒县总工会

　　主　　席　仇道萍（女）

　　副　主　席　李永欣（女）

五莲县总工会

　　主　　席　郑　娟（女）

　　常务副主席　张建廷

　　副　主　席　王洪礼

　　　　　　　　李　军

开发区总工会

　　主　　席　辛　辉

莱芜市

市总工会

　　主　　席　刘延才

　　常务副主席　刘祖亭

　　调　研　员　郝　敏

　　副　主　席　孟昭乾

　　　　　　　　李永莲（女）

　　挂职副主席　边永生（2018 年 4 月任职）

　　兼职副主席　陈　栋（2018 年 4 月任职）

　　　　　　　　朱正乾（2018 年 4 月任职）

　　经审委主任　孟广宇

　　市工贸工会　宁　猛

　　市工人文化宫主任　亓宏霞（女）

莱城区总工会

　　主　　席　王庆喜

　　副　主　席　杨德斌

　　　　　　　　任维华

钢城区总工会

　　主　　席　李学谦

　　副　主　席　李茂全

高新区工会

　　主　　任　吕龙昌

雪野旅游区工会

　　主　　任　高　伟

临沂市

市总工会

　　主　　席　刘淑秀（女）

　　常务副主席　尚江华

　　副　主　席　张　涛（2018 年 8 月离任）

　　　　　　　　宗　丽（女）

　　　　　　　　高立国（2018 年 12 月任职）

张立波（2018年12月任职，
挂职）

牟　峰（2018年12月任职，
兼职）

耿国生（2018年12月任职，
兼职）

张淑琴（2018年12月任职，
兼职）

经审委主任　高立国（2018年12离任）
　　　　　　王秀丽（2018年12月任职）

兰山区总工会

主　　席　李洪利（2018年9月离任）
　　　　　王爱君（2018年9月任职）

常务副主席　刘相星（2018年9月任职）

副　主　席　李建梅（女）
　　　　　　赵玉启
　　　　　　胡　波（2018年9月离任）

经审委主任　徐孟光

罗庄区总工会

主　　席　彭有聚

常务副主席　朱正竹

副　主　席　王丽丽（女）

经审委主任　张世涛

河东区总工会

主　　席　刘思勤

常务副主席　朱建忠

副　主　席　张从岩　赵清泉
　　　　　　张淑红（女）
　　　　　　刘修建（2018年2月任职）
　　　　　　李　可（2018年2月任职，
挂职）
　　　　　　袁宏杰（2018年2月任职，
兼职）

经审委主任　张从岩

郯城县总工会

主　　席　杨从军

常务副主席　陆现春

副　主　席　孔　玲（女）

经审委主任　张星堂

兰陵县总工会

主　　席　崔　浩

常务副主席　王玉纯

副　主　席　范天坤　蒋亚南

经审委主任　范天坤

沂水县总工会

主　　席　高慧明

常务副主席　郑　磊

副　主　席　田宝安　宋学好

经审委主任　程茂余

沂南县总工会

主　　席　张德新

常务副主席　刘富元

副　主　席　徐厚志

平邑县总工会

常务副主席　刘玉华

副　主　席　秦　屹
　　　　　　王　莉（女,2018年1月离任）
　　　　　　孙小荃（女,2018年1月任职）
　　　　　　刁宣清

经审委主任　王　莉（女,2018年1月离任）
　　　　　　孙小荃（女,2018年1月任职）

费县总工会

主　　席　黄久利

常务副主席　戚霄峰

副　主　席　张　群　周厚福

经审委主任　周厚福

蒙阴县总工会

主　　席　武传存

常务副主席　时培军（2018年9月离职）
　　　　　　张　伟（2018年9月任职）

副　主　席　龙兴涛　赵久洲　李瑞奇
　　　　　　郑　亮（2018年4月任职，
挂职）
　　　　　　刘　哲（2018年4月任职，

兼职)

阚士余（2018 年 4 月任职，
　　　兼职)

经审委主任　龙兴涛

莒南县总工会

主　　席　程守清

常务副主席　周启新

副　主　席　王贞波

　　　　　　毛希清（女)

　　　　　　任英英（女)

经审委主任　王贞波

临沭县总工会

主　　席　王建华

常务副主席　袁清光（2018 年 5 月离职)

副　主　席　王正荣（女)

　　　　　　王庆东　周洪刚

经审委主任　王庆东

高新技术产业开发区总工会

常务副主任　宋艳红（女)

副　主　任　孙士标

　　　　　　唐桂忠（2018 年 6 月任职)

经审委主任　孙士标

经济技术开发区总工会

主　　席　王继卫

常务副主席　云　鑫（女，临沂经济技术
　　　　　　　　开发区工青妇办公
　　　　　　　　室主任)

副　主　席　马维淼（女，临沂经济技术
　　　　　　　　开发区工青妇办公
　　　　　　　　室副主任)

临港经济开发区总工会

副　主　席　王郡芹（女)

　　　　　　陈艳飞（女，2018 年 8 月离
　　　　　　　　任)

经审委主任　仕文君（女)

蒙山旅游度假区工会

副　主　席　于桂华（女)

经审委主任　于桂华（女)

德州市

市总工会

主　　席　周玉刚

常务副主席　朱秀彦

副　主　席　王殿凯　邱家起

　　　　　　王荣渭　孙　刚

经审委主任　陈付华

德城区总工会

主　　席　周风华

副　主　席　冯　军　夏艾钧

　　　　　　孙建波

陵城区总工会

主　　席　李志勇

常务副主席　于世昌

副　主　席　赵洪征　李秀清（女)

禹城市总工会

主　　席　王建国

副　主　席　王冬芹（女)

　　　　　　张拥军（女)

乐陵市总工会

主　　席　刘相泉

副　主　席　任爱鲁（女)

　　　　　　杜国良

宁津县总工会

主　　席　武永生

常务副主席　史恩智

副　主　席　张丙林（2018 年 3 月调离)

　　　　　　李振芬（2018 年 3 月任职)

齐河县总工会

主　　席　孙红梅（女)

副　主　席　李　冰（2018 年 3 月转岗)

　　　　　　李宪宝

　　　　　　孟令功（2018 年 3 月调离)

丁　军（2018 年 3 月任职）

临邑县总工会

　　副　主　席　马福平

　　　　　　　　朱晓峰　李万银

平原县总工会

　　主　　　席　夏顺安

　　副　主　席　孟庆利

武城县总工会

　　主　　　席　李兆臣

　　常务副主席　刘庆同

　　副　主　席　王如民

　　　　　　　　徐　敏（女）

夏津县总工会

　　主　　　席　万庆华

　　副　主　席　丛　敏（女）

　　　　　　　　范连红（2018 年 2 月任职）

庆云县总工会

　　主　　　席　杨全华

　　副　主　席　郭　宏　赵小强

聊城市

市总工会

　　主　　　席　李志华

　　党组书记、常务副主席　白文儒

　　副　主　席　韩洪锋

　　　　　　　　罗冬梅（女）

　　经审会主任　韩洪锋（兼）

　　副 调 研 员　陆家安

东昌府区总工会

　　主　　　席　国金祥

　　常务副主席　纪培军

　　副　主　席　张　朋

　　　　　　　　徐　健（女）

　　经审会主任　张登第

　　副主任科员　郭益燕

临清市总工会

　　主　　　席　王保粮

　　常务副主席　高金波

　　副　主　席　齐观全　周承印

　　　　　　　　谢孟震

冠县总工会

　　主　　　席　郭秀芳（女）

　　党组书记、常务副主席　田振云

　　副　主　席　张健生

　　　　　　　　呼庆禄（2018 年 3 月离职）

莘县总工会

　　主　　　席　耿西臣

　　常务副主席　袁振峰（2018 年 9 月任职）

　　党组成员、主任科员　王际革

阳谷县总工会

　　主　　　席　马　涛

　　党 组 书 记　杜秀菊（女）

　　副　主　席　费思庭

　　　　　　　　高　波（2018 年 9 月离职）

　　　　　　　　范　辉（女, 2018 年 9 月任职）

东阿县总工会

　　主　　　席　王德勇

　　常务副主席　张茂增（2018 年 8 月任职）

　　副　主　席　魏海生

　　　　　　　　卢　泰（2018 年 8 月任职）

　　　　　　　　刘倩倩（女，2018 年 8 月任
　　　　　　　　　　　　职）

茌平县总工会

　　主　　　席　白若华

　　副　主　席　吕晓霞（女）

　　　　　　　　王琳琳（女）

高唐县总工会

　　主　　　席　宫金卫

　　常务副主席　张士慧

　　副　主　席　赵洪志

　　　　　　　　周庆民（女）

　　经审会主任　袁建华

滨州市

市总工会

主　　　席　王立勇
常务副主席　耿庆东
副　主　席　翟承军
　　　　　　王恩东（2018 年 2 月任职）
　　　　　　戴新生（2018 年 2 月挂职）
　　　　　　崔　刚（2018 年 2 月兼职）
　　　　　　李振平（2018 年 2 月兼职）
　　　　　　王江涛（2018 年 2 月兼职）

滨城区总工会

主　　　席　荆开科
副　主　席　尚建军
　　　　　　田爱民
　　　　　　刘新民（2018 年 1 月离任）
　　　　　　魏　玮（2018 年 8 月挂职）
　　　　　　王卫清（2018 年 8 月兼职）
　　　　　　李延芹（2018 年 8 月兼职）

沾化区总工会

主　　　席　吕景春（2018 年 2 月去世）
　　　　　　牟同忠（2018 年 11 月任职）
副　主　席　张丙森
　　　　　　刘景明（女）
　　　　　　宁方忠（2018 年 10 月挂职）
　　　　　　王　敏（女，2018 年 10 月
　　　　　　　　　兼职）
　　　　　　闫福华（2018 年 10 月兼职）

邹平市总工会

主　　　席　刘德胜
副　主　席　王延武
　　　　　　董国喜（女）
　　　　　　王　月（2018 年 9 月挂职）
　　　　　　李玉文（2018 年 9 月兼职）
　　　　　　范雪莲（2018 年 9 月兼职）

惠民县总工会

主　　　席　卢兆俊（2018 年 9 月离任）
副　主　席　李　彬（2018 年 4 月任职）
　　　　　　常遵勇（2018 年 4 月离任）
　　　　　　刘　君（2018 年 7 月挂职）
　　　　　　何建波（2018 年 7 月兼职）

阳信县总工会

主　　　席　宋德昌
常务副主席　史洪亮
副　主　席　王会堂（2018 年 11 月任职）
　　　　　　刘霄鹏（2018 年 11 月挂职）
　　　　　　王玉花（女，2018 年 11 月
　　　　　　　　　兼职）
　　　　　　李少君（2018 年 11 月兼职）

无棣县总工会

主　　　席　邱先明
副　主　席　张广清
　　　　　　杨景亮
　　　　　　孟令儒
　　　　　　张金庄（2018 年 5 月挂职）
　　　　　　李克林（2018 年 3 月兼职）
　　　　　　于克龙（2018 年 3 月兼职）
　　　　　　牛占华（2018 年 3 月兼职）

博兴县总工会

主　　　席　王炳军
副　主　席　满学锋
　　　　　　袁艳霞（女）
　　　　　　张晓珊（2018 年 7 月挂职）
　　　　　　唐元波（2018 年 7 月兼职）
　　　　　　马晓华（2018 年 7 月兼职）
　　　　　　张　波（2018 年 7 月兼职）

滨州经济技术开发区工会工作委员会

主　　　任　盖　娜（女）
副　主　任　邓慧丽（女，2018 年 1 月任职）

滨州高新技术产业开发区工会工作委员会

主　　　任　王长坤
副　主　任　光登志

滨州北海经济开发区工会工作委员会
主　　任　陈利朋
副 主 任　王　健

菏泽市

市总工会
主　　席　丁志刚
党组书记、常务副主席
　　　　　刘守文
正县级领导干部
　　　　　周继东（2018 年 6 月退休）
党组成员、副主席　王运传
　　　　　王胜利
　　　　　冉凡文
　　　　　王善飞
党组成员、经审会主任
　　　　　杨亚军
调 研 员　路绍俊（2018 年 1 月退休）
　　　　　李新军
副主席（挂职）　田项楠（2018 年 7 月任职）
女工委主任　吕晓华
副主席（兼职）　刘　青（2018 年 7 月任职）
　　　　　孙敬同（2018 年 7 月任职）

牡丹区总工会
主　　席　赵效存
党组书记、常务副主席　李存喜
党组成员、主任科员　张祥生（女）
党组成员、副主席　王殿卿
经审会主任　李铭义
女职工委员会主任　徐兰英（女）
职工服务中心主任　晁　静（女）

曹县总工会
主　　席　韩春兰
党组书记、常务副主席　李玉国
副 主 席　李　华
主 任 科 员　苗忠荣

定陶区总工会
主　　席　游福泉
常务副主席　刘大用
副 主 席　刘素芳（女）
　　　　　游　宇
经审会主任　庞　伟
女工委主任　许　贺（女）

成武县总工会
主　　席　张冠忠
党组书记、常务副主席　于清涛
副主席、主任科员　许建平
主 任 科 员　王树民
副 主 席　丁　峰
党 组 成 员　池翠平（女）
党组成员、女职工委员会主任
　　　　　田爱娟（女）
经审会主任　刘海霞（女）

单县总工会
主　　席　周在宇
党组书记、常务副主席
　　　　　张士珍（2018 年 3 月任职）
　　　　　曹兆金（2018 年 3 月离任）
副 主 席　瞿鲁坤
　　　　　胡敬惠（女）
经审会主任　吴翠娟（女）

巨野县总工会
主　　席　杜　飞
常务副主席　韩廷清
副 主 席　郭　涛　郭爱梅（女）
经审会主任　王立新
女工委主任　周秀兰（女）

郓城县总工会

主　　　席　曹建文

常务副主席　张洪献（2018 年 9 月任职）

　　　　　　梁素云（女，2018 年 9 月离
　　　　　　　　　任）

副　主　席　李　霞（女）

　　　　　　段于才

经审会主任　姬广增

鄄城总工会

主　　　席　于海亭

党组成员、主任科员

　　　　　　张兰珍（女，2018 年 2 月调
　　　　　　　　　整职务）

党组成员、主任科员　孟宪国

党组成员、副主任科员　梁　艳（女）

经审会主任　任　飞

女工委主任　王鲁华（女）

东明县总工会

党组书记、主席　吕海刚

党组成员、副主席　王学先

党组成员、副主席

　　　　　　张翠姣（女,2018 年 5 月离任）

女工委主任　苏　伏（女）

职工服务中心主任　常　燕（女）

开发区工会

主　　　任　范阳春

常务副主任　马春平

主 任 科 员　吴忠贵

副　主　任　吕　磊

高新区总工会

主　　　席　杨绍青（2018 年 12 月任职）

副主席　程香华（女）　吴　涛

统 计 数 字

工会基层组织建设状况

表1-1

	基层工会	独立基层工会	联合基层工会	基层工会涵盖单位	职工	女性	农民工	女性农民工	工会会员	女性	农民工	女性农民工
	个	个	个	个	人	人	人	人	人	人	人	人
指标序号		$c904=1$	$c904=2$	$z001$	$z002$	$z003$	$z004$	$z005$	$z006$	$z007$	$z008$	$z009$
总　计	151300	143105	8195	385598	19691011	7424465	7820650	2891134	19274344	7311105	7702233	2850251
山东省总工会	0	0	0	0	0	0	0	0	0	0	0	0
济南市	17463	15927	1536	91880	2208211	807785	503093	153372	2180357	799580	499999	152921
青岛市	16540	15342	1198	58489	2130457	836674	1074525	474143	2086064	825777	1057582	467758
淄博市	6280	5551	729	12038	684109	269087	191309	66682	667568	266056	189077	65988
枣庄市	10832	10669	163	12450	971457	361336	426634	147889	947293	357050	424793	147234
东营市	3573	3198	375	11874	647217	221601	184589	61548	635151	216549	179590	59980
烟台市	17730	16643	1087	43994	1691076	595039	436924	134001	1642102	581438	432199	133372
潍坊市	15113	13958	1155	55172	2460533	880053	1602983	517608	2428839	872692	1588493	513988
济宁市	10841	10575	266	15959	1612847	589395	796941	296592	1578042	579060	785651	291204
泰安市	5510	5035	475	13220	1002332	375815	332793	107634	971640	364984	316167	96215
威海市	4541	4443	98	5852	535856	214368	148009	58675	520728	211167	145345	57399
日照市	4404	4347	57	4875	430940	152299	120075	39263	424812	150217	118829	38708
莱芜市	1712	1507	205	3872	172776	62277	47276	15906	163728	59050	44012	15314
临沂市	14289	14008	281	18327	1269135	470149	445688	182341	1247554	463678	438920	179230
德州市	4188	4011	177	7092	571937	232408	203854	72715	553798	227300	200925	71891
聊城市	3691	3529	162	8197	514324	209079	150167	56472	493177	202614	143930	55013
滨州市	3214	3192	22	5067	471393	221357	184415	88931	456411	217726	181930	88109
菏泽市	9630	9450	180	15171	1677530	710467	945638	410821	1661764	705332	943830	410321
省直机关	587	581	6	600	97757	36114	2717	1214	93497	34715	2122	1088
省外经贸	90	90	0	90	8205	3810	2167	1227	7582	3525	1792	1033
省黄河	73	71	2	79	6917	1770	0	0	6810	1755	0	0
胜利石油管理局	678	664	14	763	130030	51566	1231	118	128373	51371	0	0
济南铁路局	61	60	1	119	94357	13999	1683	1578	94251	13999	1683	1578
齐鲁石化公司	36	36	0	36	28101	7752	0	0	28101	7752	0	0
莱钢集团公司	8	8	0	8	7456	1764	0	0	7456	1764	0	0
中泰证券公司	5	5	0	5	7681	3340	0	0	6197	2861	0	0
省财贸金融	48	46	2	87	22986	10817	0	0	22528	10580	0	0
省国防机电	6	6	0	6	26979	6085	0	0	26920	6075	0	0
省地质	13	13	0	13	5684	1181	5	0	5684	1181	5	0
省冶金	0	0	0	0	0	0	0	0	0	0	0	0
省医务	24	24	0	24	27742	19312	1901	1507	27742	19312	1901	1507
济军装备部	4	4	0	4	1488	457	51	10	1314	457	51	10
省电力	7	7	0	7	7932	1323	0	0	7823	1295	0	0
省交通	22	22	0	22	48675	17479	4691	254	43327	16009	51	12
省教育	23	23	0	23	38269	18360	607	223	37743	18296	269	121
中铁十四局	9	9	0	9	12084	2345	2646	232	12080	2343	2646	232
中冶地质山东局	14	14	0	14	2893	862	40	21	2364	679	0	0
中铁十局	17	15	2	93	23887	3196	7791	132	16242	3175	234	0
铁通山东分公司	1	0	1	19	1943	670	0	0	1943	670	0	0
联通山东分公司	1	1	0	1	698	217	0	0	698	217	0	0
东航山东分公司	1	1	0	1	2157	976	0	0	2157	976	0	0
山东航空公司	5	4	1	30	13282	4431	207	25	12806	4378	207	25
移动山东分公司	1	1	0	1	892	287	0	0	892	287	0	0
山东机场公司	1	1	0	1	2253	915	0	0	2253	915	0	0
电信山东分公司	1	1	0	1	2890	1156	0	0	2890	1156	0	0
青岛炼化公司	1	1	0	1	667	44	0	0	667	44	0	0
华能山东公司	1	1	0	1	145	40	0	0	145	40	0	0
山东能源	8	8	0	8	13293	4713	0	0	13293	4713	0	0
山东中烟	1	1	0	1	565	59	0	0	565	59	0	0
山东铁塔	1	1	0	1	896	217	0	0	896	217	0	0
山东钢铁集团	0	0	0	0	0	0	0	0	0	0	0	0
大唐山东发电公司工会	1	1	0	1	77	19	0	0	77	19	0	0

工会基层组织建设状况

表 1-2

指标序号	专职工会工作人员	女性	专职工会工作人员年龄构成			专职工会工作人员文化程度构成				
			35岁及以下	36-50岁	51岁及以上	研究生	大学本科	大专	高中（中专、中技）	初中及以下
	人	人	人	人	人	人	人	人	人	人
	z010	z011	z012	z013	z014	z015	z016	z017	z018	z019
总　计	95386	34409	33380	51416	10590	1808	29919	40362	19319	3978
山东省总工会	0	0	0	0	0	0	0	0	0	0
济南市	13652	4507	6060	6338	1254	229	3418	6746	2588	671
青岛市	8695	3163	2925	4890	880	186	3188	4074	1128	119
淄博市	5267	2488	1595	2938	734	129	1885	2122	904	227
枣庄市	6478	2750	2679	3350	449	47	1600	2829	1752	250
东营市	2225	977	1002	1096	127	48	867	1199	102	9
烟台市	2905	1026	637	1823	445	111	1090	1268	334	102
潍坊市	10573	3671	4730	4761	1082	303	3121	4002	2437	710
济宁市	9374	2994	2659	5079	1636	92	2103	3163	3025	991
泰安市	5032	1932	1144	3384	504	62	1840	2471	590	69
威海市	1630	755	485	898	247	21	714	573	302	20
日照市	1740	784	642	864	234	57	711	693	227	52
莱芜市	831	253	170	538	123	15	347	321	117	31
临沂市	10031	2653	2795	6287	949	88	3097	3970	2643	233
德州市	3313	1146	1047	1939	327	19	792	1780	682	40
聊城市	3331	1254	987	1938	406	54	1341	1171	643	122
滨州市	2124	1180	924	957	243	91	1117	675	213	28
菏泽市	6111	1935	2513	3236	362	43	1271	2924	1569	304
省直机关	458	227	157	185	116	64	316	65	13	0
省外经贸	16	5	0	8	8	1	8	6	1	0
省黄河	54	25	9	19	26	0	46	7	1	0
胜利石油管理局	526	252	62	397	67	30	360	121	15	0
济南铁路局	164	34	7	71	86	13	100	46	5	0
齐鲁石化公司	75	36	5	47	23	1	41	25	8	0
莱钢集团公司	35	9	9	23	3	4	31	0	0	0
中泰证券公司	9	7	5	2	2	3	5	1	0	0
省财贸金融	84	36	10	28	46	9	68	7	0	0
省国防机电	35	16	14	14	7	3	20	11	1	0
省地质	32	11	12	16	4	6	23	2	1	0
省冶金	0	0	0	0	0	0	0	0	0	0
省医务	41	25	3	17	21	4	27	4	6	0
济军装备部	11	6	4	1	6	1	8	2	0	0
省电力	26	8	6	11	9	3	17	4	2	0
省交通	151	75	23	94	34	15	100	35	1	0
省教育	125	67	6	52	67	36	75	12	2	0
中铁十四局	42	22	5	25	12	4	23	9	6	0
中冶地质山东局	3	1	0	0	3	0	3	0	0	0
中铁十局	53	17	20	25	8	3	42	8	0	0
铁通山东分公司	0	0	0	0	0	0	0	0	0	0
联通山东分公司	9	2	0	3	6	1	7	1	0	0
东航山东分公司	16	9	1	6	9	0	14	2	0	0
山东航空公司	9	4	1	5	3	1	6	1	1	0
移动山东分公司	6	3	1	3	2	0	6	0	0	0
山东机场公司	5	2	0	2	3	0	2	3	0	0
电信山东分公司	30	20	13	10	7	3	27	0	0	0
青岛炼化公司	2	1	0	1	1	0	2	0	0	0
华能山东公司	3	1	0	2	1	2	1	0	0	0
山东能源	50	18	12	30	8	4	37	9	0	0
山东中烟	2	1	0	2	0	1	1	0	0	0
山东铁塔	1	1	0	1	0	1	0	0	0	0
山东钢铁集团	0	0	0	0	0	0	0	0	0	0
大唐山东发电公司工会	1	0	1	0	0	0	1	0	0	0

工会基层组织建设状况

表 1-3

	兼职工会工作人员		有女职工的工会数	女职工组织的覆盖率	本级工会建立女职工组织			本级工会女职工工作人员	
		女性						专职	兼职
	人	人	个		建立女职工委员会	仅设立女职工委员	未建立	人	人
指标序号	z020	z021			z022	z022	z022	z023	z024
总　计	384615	162838	147956		106509	38406	6385	29765	175634
山东省总工会	0	0	0	0%	0	0	0	0	0
济南市	31869	14775	17463	100%	16118	1345	0	4710	17425
青岛市	52200	24764	16440	99.93%	10751	5678	111	2971	22964
淄博市	11788	5596	6236	95.59%	3596	2365	319	1640	6855
枣庄市	19352	8151	10538	95.55%	7083	2986	763	2491	9664
东营市	11800	4782	3568	100%	2225	1343	5	958	4531
烟台市	46041	21228	17620	99.12%	12520	4945	265	481	20231
潍坊市	46258	18715	14664	99.09%	11171	3359	583	3135	20646
济宁市	27456	9936	10167	97.86%	7216	2733	892	2242	11797
泰安市	13038	3975	5368	94.71%	3076	2008	426	1866	5586
威海市	10011	4923	4111	100%	2031	2080	430	530	5145
日照市	12338	5954	4307	99.12%	2190	2079	135	698	6203
莱芜市	4065	1310	1681	75.73%	891	382	439	191	1540
临沂市	30283	12652	13518	100%	11192	2326	771	2758	13815
德州市	9018	4045	4148	98.6%	3213	877	98	811	5220
聊城市	11031	4189	3603	91.62%	2193	1108	390	1008	4631
滨州市	8262	3363	3180	94.59%	2116	892	206	1054	3325
菏泽市	23274	7928	9612	97.52%	7886	1488	256	1641	12002
省直机关	4713	1991	581	79.69%	300	163	124	175	1434
省外经贸	398	236	87	80.46%	47	23	20	5	139
省黄河	430	181	72	87.5%	51	12	10	20	131
胜利石油管理局	2663	1256	671	82.71%	381	174	123	173	973
济南铁路局	1427	270	61	93.44%	53	4	4	14	185
齐鲁石化公司	1312	331	36	100%	30	6	0	22	152
莱钢集团公司	51	7	8	100%	8	0	0	7	44
中泰证券公司	18	9	5	80%	2	2	1	1	5
省财贸金融	570	284	48	91.67%	39	5	4	13	157
省国防机电	295	118	6	100%	6	0	0	22	93
省地质	312	124	13	100%	12	1	0	9	102
省冶金	0	0	0	0%	0	0	0	0	0
省医务	615	443	24	95.83%	19	4	1	15	87
济军装备部	24	11	4	100%	4	0	0	5	18
省电力	315	82	7	100%	6	1	0	4	34
省交通	756	313	22	72.73%	8	8	6	12	51
省教育	798	301	23	100%	21	2	0	41	202
中铁十四局	629	195	9	100%	8	1	0	9	81
中冶地质山东局	132	69	14	100%	11	3	0	1	45
中铁十局	700	190	17	94.12%	14	2	1	9	47
铁通山东分公司	62	18	1	100%	1	0	0	0	6
联通山东分公司	32	15	1	100%	1	0	0	0	17
东航山东分公司	0	0	1	100%	1	0	0	2	0
山东航空公司	76	28	5	60%	3	0	2	2	7
移动山东分公司	0	0	1	100%	1	0	0	0	1
山东机场公司	36	21	1	100%	1	0	0	1	6
电信山东分公司	0	0	1	100%	1	0	0	0	2
青岛炼化公司	32	4	1	100%	0	1	0	0	1
华能山东公司	1	0	1	100%	1	0	0	1	0
山东能源	68	29	8	100%	8	0	0	16	24
山东中烟	41	13	1	100%	1	0	0	0	3
山东铁塔	17	9	1	100%	1	0	0	1	3
山东钢铁集团	0	0	0	0%	0	0	0	0	0
大唐山东发电公司工会	8	4	1	100%	1	0	0	0	4

工会权益保障工作

（第 b001 项仅限企业工会填报；第 b002、b003 项限企事业单位填报；第 b004-b009 项限单独基层企业工会填报）

表 2-1

	是否开展创建劳动关系和谐企业活动		工会所在单位签订劳动合同			
	是	否	基层工会	涵盖单位	签订劳动合同的职工人数	签订劳动合同的农民工
	个	个	个	个	人	人
指标序号	b001	b001			b002	b003
总　计	85254	66046	93267	228437	11671033	4077039
山东省总工会	0	0	0	0	0	0
济南市	9563	7900	12084	61500	1277330	275872
青岛市	6269	10271	10305	33499	1254992	577308
淄博市	4320	1960	4725	9213	517079	145111
枣庄市	5863	4969	6418	6693	507097	205400
东营市	2534	1039	2923	10895	552979	128690
烟台市	12115	5615	9319	18822	965831	248794
潍坊市	11674	3439	12024	37616	1898231	1152185
济宁市	5631	5210	5779	7499	728029	243905
泰安市	2621	2889	4428	8630	589803	132991
威海市	2892	1649	3119	4060	425886	110712
日照市	3267	1137	2749	3096	264840	88348
莱芜市	793	919	1105	1626	112945	37470
临沂市	6254	8035	5665	7941	540830	224462
德州市	2369	1819	2644	3259	328924	98500
聊城市	1490	2201	2066	2286	299046	88705
滨州市	1246	1968	1679	3445	196216	45004
菏泽市	5426	4204	4842	6654	677934	251400
省直机关	65	522	370	383	58935	1838
省外经贸	57	33	81	81	6256	1511
省黄河	10	63	57	57	4223	0
胜利石油管理局	594	84	615	696	120372	1129
济南铁路局	57	4	58	116	89243	1683
齐鲁石化公司	33	3	35	35	26805	0
莱钢集团公司	8	0	8	8	7456	0
中泰证券公司	3	2	5	5	7681	0
省财贸金融	33	15	38	77	19342	0
省国防机电	6	0	4	4	24638	0
省地质	0	13	13	13	5418	0
省冶金	0	0	0	0	0	0
省医务	0	24	17	17	14799	3
济军装备部	3	1	4	4	1488	51
省电力	7	0	7	7	7932	0
省交通	5	17	12	12	43101	4676
省教育	0	23	14	14	18485	607
中铁十四局	9	0	9	9	12084	2646
中冶地质山东局	3	11	7	7	1446	40
中铁十局	15	2	16	92	23754	7791
铁通山东分公司	1	0	1	19	1943	0
联通山东分公司	0	1	1	1	698	0
东航山东分公司	1	0	1	1	2157	0
山东航空公司	4	1	4	29	13107	207
移动山东分公司	1	0	1	1	892	0
山东机场公司	1	0	1	1	2253	0
电信山东分公司	1	0	1	1	2890	0
青岛炼化公司	1	0	1	1	667	0
华能山东公司	1	0	1	1	145	0
山东能源	6	2	8	8	13293	0
山东中烟	1	0	1	1	565	0
山东铁塔	0	1	1	1	896	0
山东钢铁集团	0	0	0	0	0	0
大唐山东发电公司工会	1	0	1	1	77	0

工会权益保障工作

（第 b001 项仅限企业工会填报；第 b002、b003 项限企事业单位填报；第 b004-b009 项限单独基层企业工会填报）

表 2-2

指标序号	单独签订了综合集体合同		其中有高危行业劳动安全卫生专章或附件		其中有女职工权益保护专章或附件		单独签订了工资专项集体合同	
	合同数（覆盖企业数）	覆盖职工数	合同数（覆盖企业数）	覆盖职工数	合同数（覆盖企业数）	覆盖女职工数	合同数（覆盖企业数）	覆盖职工数
	个	人	个	人	个	人	个	人
	b004		b005		b006		b007	
总　计	55115	6901195	15072	2004123	18484	820093	55447	6952141
山东省总工会	0	0	0	0	0	0	0	0
济南市	5509	444196	1875	145753	736	17596	4601	378801
青岛市	12873	1429883	2268	375089	5995	216457	12694	1411497
淄博市	2112	274556	672	73948	979	30266	2795	342983
枣庄市	3579	387354	306	37180	321	15906	3753	379377
东营市	1182	310551	234	83407	575	56292	1160	304060
烟台市	4258	518041	165	54964	233	22408	2979	389719
潍坊市	6222	721459	864	143536	880	50433	6433	733187
济宁市	2469	324870	1687	178478	1368	61543	2539	337678
泰安市	955	212176	125	53695	123	14400	914	206671
威海市	1293	223472	353	99841	259	38989	1975	276798
日照市	3286	304859	1055	114216	1813	63434	2848	276222
莱芜市	245	49806	189	38054	178	8363	222	39379
临沂市	4649	390110	3678	311221	3330	101869	4638	396294
德州市	1535	260475	566	95250	695	39865	2090	341458
聊城市	553	137660	171	37231	218	18512	669	148257
滨州市	1562	199468	701	69149	553	19128	1587	301633
菏泽市	2508	430751	29	5661	51	10485	3361	538827
省直机关	15	12205	8	5874	11	1537	11	7410
省外经贸	16	2443	4	314	8	250	11	2204
省黄河	3	196	0	0	0	0	0	0
胜利石油管理局	162	38230	73	16560	85	7585	91	16282
济南铁路局	49	77157	21	39200	38	9880	25	35431
齐鲁石化公司	8	6279	6	5560	7	2258	5	2300
莱钢集团公司	8	7456	5	5172	7	1375	3	1499
中泰证券公司	0	0	0	0	0	0	0	0
省财贸金融	5	6144	0	0	3	1701	3	2708
省国防机电	4	25767	0	0	0	0	4	25767
省地质	0	0	0	0	0	0	0	0
省冶金	0	0	0	0	0	0	0	0
省医务	0	0	0	0	0	0	0	0
济军装备部	4	1488	0	0	1	61	2	664
省电力	5	7675	2	1755	1	208	2	5175
省交通	5	42488	2	983	4	6847	2	1858
省教育	0	0	0	0	0	0	0	0
中铁十四局	9	12084	5	8129	6	1716	8	10858
中冶地质山东局	0	0	0	0	0	0	0	0
中铁十局	15	21018	5	2267	5	442	10	19219
铁通山东分公司	0	0	0	0	0	0	0	0
联通山东分公司	1	698	0	0	0	0	0	0
东航山东分公司	1	2157	0	0	0	0	1	2157
山东航空公司	2	696	0	0	0	0	0	0
移动山东分公司	1	892	1	892	1	287	0	0
山东机场公司	1	2253	0	0	0	0	1	2253
电信山东分公司	0	0	0	0	0	0	0	0
青岛炼化公司	1	667	1	667	0	0	0	0
华能山东公司	1	145	0	0	0	0	1	145
山东能源	8	13293	0	0	0	0	8	13293
山东中烟	0	0	0	0	0	0	0	0
山东铁塔	0	0	0	0	0	0	0	0
山东钢铁集团	0	0	0	0	0	0	0	0
大唐山东发电公司工会	1	77	1	77	0	0	1	77

工会权益保障工作

（第 b001 项仅限企业工会填报；第 b002、b003 项限企事业单位填报；第 b004-b009 项限单独基层企业工会填报）

表 2-3

	单独签订了高危行业劳动安全卫生专项集体合同		单独签订了女职工权益保护专项集体合同		本年度领导干部联系生活困难职工户活动		参加本单位工会开展的职工互助互济活动人数				本年度从职工互助互济活动中获得经济资助	
	合同数（覆盖企业数）	覆盖职工数	合同数（覆盖企业数）	覆盖女职工数	参加活动的领导干部	联系的困难职工家庭		医疗	特殊疾病	意外伤害	人数	金额
	个	人	个	人	人	户	人	人	人	人	人	元
指标序号	b008	b009			b010	b011	b012	b013	b014	b015	b016	b017
总　计	16695	2210919	38004	1739677	104320	146225	1640902	711875	380390	324220	67759	90070238
山东省总工会	0	0	0	0	0	0	0	0	0	0	0	0
济南市	2126	184200	7019	204549	10004	13034	241223	34358	150714	36225	2326	4193739
青岛市	2169	278868	6967	289186	13987	21147	191479	120458	53321	27519	13927	11552981
淄博市	1473	192555	1662	88482	6476	8158	85856	24514	5048	4701	5289	5422514
枣庄市	31	14716	331	19337	5108	7417	130850	33925	5942	41779	1480	3180582
东营市	355	84864	787	54465	2838	5289	12513	1234	886	817	440	1471054
烟台市	2559	266608	2740	135900	3193	3773	72926	15813	14364	15354	1234	2053870
潍坊市	4345	503095	5856	259623	6677	10089	140559	97933	14926	49436	2893	3655282
济宁市	939	143108	1447	62089	11119	17309	111590	23079	17628	18108	4046	7316439
泰安市	287	80013	566	53102	2904	3977	46680	11247	1875	1020	3346	4370666
威海市	532	78558	1674	74227	1799	2116	147748	133329	13405	15585	2621	2865495
日照市	435	66995	1471	37446	8387	11746	44880	4875	1536	2503	4701	4716333
莱芜市	35	5369	88	5883	919	1269	7950	697	829	955	532	916100
临沂市	269	31690	1554	57831	4476	4333	21210	7762	3460	5920	1740	2723285
德州市	117	34318	1476	79312	3095	4491	33953	12489	2340	2562	1209	1922173
聊城市	115	66174	364	44755	3103	4212	30040	13244	1106	392	3046	4851852
滨州市	76	26507	989	60317	3198	4071	61018	16815	2354	2090	2781	4292872
菏泽市	787	98649	2898	186651	9491	11190	11246	2947	904	1021	1659	1073479
省直机关	1	4674	3	748	1415	2174	13169	5444	5781	4861	648	1417946
省外经贸	3	254	7	882	129	221	2157	1531	470	316	134	223973
省黄河	0	0	0	0	107	144	5948	69	4947	1	60	391803
胜利石油管理局	18	4865	60	6482	3069	5018	76412	62924	36487	59115	1126	4219749
济南铁路局	8	9909	6	778	675	1057	77945	45589	26809	21953	9617	8955151
齐鲁石化公司	0	0	1	136	306	368	18787	18124	4	0	709	361126
莱钢集团公司	0	0	0	0	153	149	5738	3985	3945	3953	192	773868
中泰证券公司	0	0	0	0	6	6	4539	14	0	0	14	492251
省财贸金融	0	0	6	1578	262	381	6586	2826	1682	1722	135	910465
省国防机电	1	526	3	5338	47	75	123	1	2	1	4	13120
省地质	0	0	0	0	59	88	112	5	3	0	112	186100
省冶金	0	0	0	0	0	0	0	0	0	0	0	0
省医务	0	0	0	0	73	192	42	20	10	1	25	32600
济军装备部	0	0	1	168	15	67	352	6	3	0	12	20000
省电力	1	4674	3	906	29	49	4	0	1	0	1	109430
省交通	0	0	0	0	148	357	9008	7277	326	741	477	2039862
省教育	0	0	0	0	243	565	7459	2917	142	920	202	409752
中铁十四局	1	316	3	629	207	479	4552	1090	2289	755	455	982612
中冶地质山东局	0	0	0	0	36	71	36	0	1	0	1	4500
中铁十局	3	13960	9	2169	136	167	7671	3132	2658	1933	242	513350
铁通山东分公司	0	0	0	0	66	92	1943	1943	1943	1943	69	898800
联通山东分公司	0	0	0	0	0	0	698	0	0	0	0	0
东航山东分公司	1	2157	1	976	0	0	1918	0	1918	0	4	160000
山东航空公司	0	0	1	41	35	233	814	0	205	0	20	55024
移动山东分公司	0	0	0	0	0	3	80	108	108	0	0	0
山东机场公司	0	0	1	915	0	0	0	0	0	0	0	0
电信山东分公司	0	0	0	0	57	165	0	0	0	0	0	0
青岛炼化公司	0	0	1	44	7	7	0	0	0	0	0	0
华能山东公司	0	0	0	0	8	57	0	0	0	0	0	0
山东能源	8	13293	8	4713	249	338	2983	151	126	18	230	320040
山东中烟	0	0	0	0	3	1	0	0	0	0	0	0
山东铁塔	0	0	0	0	3	3	0	0	0	0	0	0
山东钢铁集团	0	0	0	0	0	0	0	0	0	0	0	0
大唐山东发电公司工会	0	0	1	19	0	0	77	0	0	0	0	0

工会民主管理工作（限企事业单位填报）

表 3-1

	建立职代会制度情况								
	建立了职代会制度			建立了职工大会制度			总　计		
	基层工会	涵盖单位	涵盖职工	基层工会	涵盖单位	涵盖职工	基层工会	涵盖单位	涵盖职工
	个	个	人	个	个	人	个	个	人
指标序号							h001		
总　计	48881	168786	11765138	80770	129520	4783015	129651	298306	16548153
山东省总工会	0	0	0	0	0	0	0	0	0
济南市	6109	48153	1274549	9405	22345	497577	15514	70498	1772126
青岛市	5659	30485	1262045	9312	15721	597105	14971	46206	1859150
淄博市	1491	4683	413408	3731	6065	186928	5222	10748	600336
枣庄市	4652	4979	624484	4518	5165	211693	9170	10144	836177
东营市	1069	5810	406614	1611	3174	113151	2680	8984	519765
烟台市	3511	13840	876473	12029	19580	580237	15540	33420	1456710
潍坊市	3288	23784	1494348	10545	16723	603868	13833	40507	2098216
济宁市	4523	7602	996097	4083	4578	239534	8606	12180	1235631
泰安市	2827	6266	664265	1805	2839	124242	4632	9105	788507
威海市	1113	1977	362036	2861	2982	134399	3974	4959	496435
日照市	606	885	245363	3311	3465	145850	3917	4350	391213
莱芜市	437	630	80027	827	1641	60450	1264	2271	140477
临沂市	5976	8290	768541	6598	6834	349744	12574	15124	1118285
德州市	1573	2281	370769	1740	1934	103677	3313	4215	474446
聊城市	976	1094	287486	1302	5133	113534	2278	6227	401020
滨州市	799	2056	324621	1764	2341	101461	2563	4397	426082
菏泽市	3385	4808	776642	4852	8488	578286	8237	13296	1354928
省直机关	159	169	54763	158	159	9432	317	328	64195
省外经贸	42	42	4575	22	22	1179	64	64	5754
省黄河	40	40	4251	20	20	833	60	60	5084
胜利石油管理局	398	448	101514	232	267	24865	630	715	126379
济南铁路局	52	110	90439	7	7	310	59	117	90749
齐鲁石化公司	33	33	25710	0	0	0	33	33	25710
莱钢集团公司	8	8	7456	0	0	0	8	8	7456
中泰证券公司	2	2	7318	1	1	249	3	3	7567
省财贸金融	29	68	17602	8	8	759	37	76	18361
省国防机电	6	6	26979	0	0	0	6	6	26979
省地质	13	13	5684	0	0	0	13	13	5684
省冶金	0	0	0	0	0	0	0	0	0
省医务	16	16	26684	6	6	331	22	22	27015
济军装备部	4	4	1488	0	0	0	4	4	1488
省电力	6	6	7798	1	1	134	7	7	7932
省交通	7	7	43251	11	11	1738	18	18	44989
省教育	21	21	36774	1	1	849	22	22	37623
中铁十四局	9	9	12084	0	0	0	9	9	12084
中冶地质山东局	6	6	2354	7	7	475	13	13	2829
中铁十局	15	91	23762	2	2	125	17	93	23887
铁通山东分公司	1	19	1943	0	0	0	1	19	1943
联通山东分公司	0	0	0	0	0	0	0	0	0
东航山东分公司	1	1	2157	0	0	0	1	1	2157
山东航空公司	4	29	11671	0	0	0	4	29	11671
移动山东分公司	1	1	892	0	0	0	1	1	892
山东机场公司	1	1	2253	0	0	0	1	1	2253
电信山东分公司	1	1	2890	0	0	0	1	1	2890
青岛炼化公司	1	1	667	0	0	0	1	1	667
华能山东公司	1	1	145	0	0	0	1	1	145
山东能源	8	8	13293	0	0	0	8	8	13293
山东中烟	0	0	0	0	0	0	0	0	0
山东铁塔	1	1	896	0	0	0	1	1	896
山东钢铁集团	0	0	0	0	0	0	0	0	0
大唐山东发电公司工会	1	1	77	0	0	0	1	1	77

工会民主管理工作（限企事业单位填报）

表 3-2

	本年度召开过职代会（包括职工大会）		职代会职工代表（建立职工大会制单位不填）	女性	工会所在单位实行厂务公开情况				工会所在单位建立了董事会	董事	女性	建立职工董事制度的工会所在企业数	职工董事	女性
	基层工会	涵盖单位			实行了厂务公开	没有实行厂务公开	涵盖单位	涵盖职工	涵盖单位					
	个	个	人	人	个	个	个	人	个	人	人	个	人	人
指标序号	h002		h003	h004	h005	h005				h007	h008		h009	h010
总　计	103183	240689	1568438	447967	127596	23704	296553	16365306	24730	49451	8803	17996	11322	2667
山东省总工会	0	0	0	0	0	0	0	0	0	0	0	0	0	0
济南市	12599	63214	149837	33475	15354	2109	70061	1752417	5343	7236	795	4324	2335	210
青岛市	12958	41157	162260	53564	14695	1845	45821	1835684	2037	4239	686	1210	647	218
淄博市	4254	8744	67748	20758	5079	1201	10580	585620	2715	4099	739	2466	1023	238
枣庄市	7940	8673	98342	28233	9155	1677	10133	824313	479	1938	388	114	288	101
东营市	1760	5845	34723	7173	2586	987	8142	512927	478	1346	85	145	178	20
烟台市	8639	15750	158628	37084	15479	2251	34525	1442206	3655	2877	399	3364	503	128
潍坊市	11437	32283	205430	61985	13782	1331	40439	2074835	4212	9459	2208	3536	2844	820
济宁市	7029	9816	141366	45275	8169	2672	12226	1208931	1270	4236	916	657	800	248
泰安市	4354	8401	63747	17136	4526	984	8710	777016	470	1060	142	235	195	46
威海市	2713	3578	44733	16065	3913	628	4885	493856	647	1584	364	223	250	80
日照市	3533	3952	47931	14511	3904	500	4337	390485	190	734	110	93	136	33
莱芜市	878	1639	9970	2860	1145	567	1923	132588	361	994	180	315	322	91
临沂市	9111	11488	80096	19713	12759	1530	15417	1130671	185	415	71	48	70	21
德州市	3107	3923	56845	17131	3245	943	4155	470513	296	1611	321	243	492	137
聊城市	2060	5978	36812	14971	2151	1540	6082	395402	367	1302	218	219	289	83
滨州市	2334	4168	45753	11111	2567	647	4399	426271	301	747	144	78	99	51
菏泽市	7273	10566	117336	34717	7776	1854	13115	1353605	1588	4837	952	666	768	131
省直机关	252	263	7263	2345	272	315	285	56410	43	239	29	19	21	0
省外经贸	41	41	720	274	63	27	63	6291	40	172	30	13	19	7
省黄河	52	52	1262	262	54	19	54	4607	5	23	2	0	0	0
胜利石油管理局	595	678	14242	3534	650	28	735	125993	12	91	10	4	9	1
济南铁路局	59	117	4618	629	59	2	117	90745	2	18	2	2	2	1
齐鲁石化公司	30	30	2710	541	35	1	35	27681	9	55	3	6	13	0
莱钢集团公司	7	7	592	127	8	0	8	7456	0	0	0	0	0	0
中泰证券公司	3	3	271	113	4	1	4	7432	4	22	2	3	5	2
省财贸金融	29	68	1589	766	27	21	44	15593	5	37	1	4	4	0
省国防机电	6	6	386	89	5	1	5	26360	4	17	3	3	3	0
省地质	13	13	749	139	12	1	12	5118	0	0	0	0	0	0
省冶金	0	0	0	0	0	0	0	0	0	0	0	0	0	0
省医务	20	20	2038	1152	22	2	22	27629	0	0	0	0	0	0
济军装备部	2	2	177	40	4	0	4	1488	0	0	0	0	0	0
省电力	7	7	693	112	7	0	7	7932	0	0	0	0	0	0
省交通	16	16	590	127	10	12	10	43941	3	25	1	2	2	0
省教育	17	17	4445	1267	19	4	19	27190	0	0	0	0	0	0
中铁十四局	9	9	966	94	9	0	9	12084	0	0	0	0	0	0
中冶地质山东局	13	13	263	72	13	1	13	2829	4	14	0	0	2	0
中铁十局	17	93	1196	101	16	1	92	23738	0	0	0	0	0	0
铁通山东分公司	1	19	90	18	1	0	19	1943	0	0	0	0	0	0
联通山东分公司	0	0	0	0	0	1	0	0	0	0	0	0	0	0
东航山东分公司	1	1	92	43	1	0	1	2157	0	0	0	0	0	0
山东航空公司	3	28	305	87	4	1	29	11671	0	0	0	0	0	0
移动山东分公司	1	1	12	7	1	0	1	892	0	0	0	0	0	0
山东机场公司	1	1	92	32	1	0	1	2253	1	4	0	1	1	0
电信山东分公司	1	1	121	45	1	0	1	2890	0	0	0	0	0	0
青岛炼化公司	1	1	116	12	1	0	1	667	0	0	0	0	0	0
华能山东公司	1	1	120	12	1	0	1	145	0	0	0	0	0	0
山东能源	4	4	993	136	8	0	8	13293	3	13	0	1	1	0
山东中烟	0	0	0	0	1	0	1	565	1	7	2	1	1	0
山东铁塔	1	1	113	29	1	0	1	896	0	0	0	0	0	0
山东钢铁集团	0	0	0	0	0	0	0	0	0	0	0	0	0	0
大唐山东发电公司工会	1	1	57	0	1	0	1	77	0	0	0	0	0	0

工会民主管理工作（限企事业单位填报）

表 3-3

指标序号	工会主席或副主席进入了董事会		工会所在单位建立了监事会	监事	女性	建立职工监事制度的工会所在企业数	职工监事	女性	工会主席或副主席进入了监事会	
	是	否	涵盖单位						是	否
	人	人	个	人	人	个	人	人	个	个
	h011	h011		h013	h014		h015	h016	h017	h017
总 计	6444	144856	22356	31419	6376	15754	11136	2847	5968	145332
山东省总工会	0	0	0	0	0	0	0	0	0	0
济南市	1139	16324	4880	3976	425	3338	2272	182	1092	16371
青岛市	437	16103	1275	2144	471	626	698	252	307	16233
淄博市	768	5512	2640	2687	502	2442	960	225	726	5554
枣庄市	292	10540	309	564	143	113	145	78	73	10759
东营市	255	3318	406	826	72	184	161	14	118	3455
烟台市	354	17376	3456	1514	306	3163	417	132	204	17526
潍坊市	672	14441	4148	7273	1787	2562	2660	960	497	14616
济宁市	703	10138	1151	2735	547	518	607	187	630	10211
泰安市	126	5384	356	730	145	133	178	47	111	5399
威海市	166	4375	545	859	217	220	213	76	126	4415
日照市	64	4340	165	397	67	99	132	36	59	4345
莱芜市	152	1560	308	608	99	278	226	64	142	1570
临沂市	42	14247	830	751	106	647	518	88	614	13675
德州市	167	4021	346	1354	395	312	619	244	224	3964
聊城市	208	3483	319	756	188	213	281	90	209	3482
滨州市	102	3112	179	538	175	135	166	44	147	3067
菏泽市	738	8892	913	3332	637	684	754	87	642	8988
省直机关	18	569	40	140	34	32	53	18	10	577
省外经贸	18	72	38	71	26	19	22	10	9	81
省黄河	2	71	6	17	4	2	4	2	2	71
胜利石油管理局	3	675	12	36	8	9	9	3	6	672
济南铁路局	1	60	2	11	0	2	4	0	1	60
齐鲁石化公司	8	28	9	24	7	7	9	2	7	29
莱钢集团公司	0	8	0	0	0	0	0	0	0	8
中泰证券公司	2	3	4	17	5	3	9	3	0	5
省财贸金融	2	46	5	16	2	3	3	0	3	45
省国防机电	1	5	4	11	1	4	5	1	3	3
省地质	0	13	0	0	0	0	0	0	0	13
省冶金	0	0	0	0	0	0	0	0	0	0
省医务	0	24	0	0	0	0	0	0	0	24
济军装备部	0	4	0	0	0	0	0	0	0	4
省电力	0	7	0	0	0	0	0	0	0	7
省交通	1	21	2	12	3	2	5	0	2	20
省教育	0	23	0	0	0	0	0	0	0	23
中铁十四局	0	9	0	0	0	0	0	0	0	9
中冶地质山东局	0	14	4	10	2	2	2	1	3	11
中铁十局	0	17	0	0	0	0	0	0	0	17
铁通山东分公司	0	1	0	0	0	0	0	0	0	1
联通山东分公司	0	1	0	0	0	0	0	0	0	1
东航山东分公司	0	1	0	0	0	0	0	0	0	1
山东航空公司	0	5	0	0	0	0	0	0	0	5
移动山东分公司	0	1	0	0	0	0	0	0	0	1
山东机场公司	1	0	1	3	1	1	2	1	0	1
电信山东分公司	0	1	0	0	0	0	0	0	0	1
青岛炼化公司	0	1	0	0	0	0	0	0	0	1
华能山东公司	0	1	0	0	0	0	0	0	0	1
山东能源	1	7	2	6	1	1	2	0	1	7
山东中烟	1	0	1	1	0	0	0	0	1	0
山东铁塔	0	1	0	0	0	0	0	0	0	1
山东钢铁集团	0	0	0	0	0	0	0	0	0	0
大唐山东发电公司工会	0	1	0	0	0	0	0	0	0	1

工会劳动保护工作（限企事业单位填报）

表 4-1

指标序号	工会建立了劳动保护监督检查委员会		工会建立分公司、分厂、车间一级工会劳动保护监督检查委员会个数	工会小组劳动保护检查员	本年度本级工会劳动保护监督组织受理举报案件	提请劳动安全卫生监督部门处理案件	本年度工会参加安全生产检查
	是	否					
	个	个	个	人	件	件	次
	1001	1001	1002	1003	1004	1005	1006
总　计	76699	74601	86063	167351	4935	1441	565883
山东省总工会	0	0	0	0	0	0	0
济南市	11697	5766	15056	24510	1072	98	69240
青岛市	7502	9038	8021	14542	612	275	87487
淄博市	3834	2446	3846	8807	541	220	27119
枣庄市	5712	5120	6414	11735	236	58	28493
东营市	2161	1412	1635	3498	72	1	16088
烟台市	7536	10194	5441	12793	403	213	43655
潍坊市	11412	3701	10324	17906	390	176	113095
济宁市	4307	6534	5519	12994	614	101	31191
泰安市	2512	2998	3692	6128	150	61	11424
威海市	3217	1324	3908	6781	104	33	24221
日照市	2659	1745	2599	6830	86	40	22922
莱芜市	514	1198	658	2011	65	19	2806
临沂市	4429	9860	3575	6541	118	11	13834
德州市	2696	1492	3027	5304	107	8	8860
聊城市	1149	2542	1450	2667	137	71	10315
滨州市	1308	1906	1725	3447	78	43	7588
菏泽市	3178	6452	4494	6699	133	8	33351
省直机关	87	500	173	587	2	2	1375
省外经贸	35	55	41	92	3	0	458
省黄河	13	60	10	27	0	0	486
胜利石油管理局	552	126	2172	3775	9	2	6358
济南铁路局	57	4	800	5212	0	0	2121
齐鲁石化公司	34	2	412	1319	0	0	1497
莱钢集团公司	8	0	67	135	1	1	49
中泰证券公司	2	3	52	10	0	0	26
省财贸金融	8	40	30	101	0	0	60
省国防机电	6	0	60	266	1	0	63
省地质	12	1	117	173	0	0	170
省冶金	0	0	0	0	0	0	0
省医务	7	17	30	118	0	0	116
济军装备部	4	0	24	30	0	0	42
省电力	7	0	75	494	0	0	38
省交通	6	16	46	163	1	0	345
省教育	5	18	45	47	0	0	37
中铁十四局	8	1	200	534	0	0	113
中冶地质山东局	3	11	10	32	0	0	147
中铁十局	12	5	210	516	0	0	218
铁通山东分公司	1	0	19	315	0	0	5
联通山东分公司	1	0	0	0	0	0	0
东航山东分公司	0	1	0	0	0	0	2
山东航空公司	1	4	9	0	0	0	3
移动山东分公司	0	1	0	0	0	0	0
山东机场公司	1	0	21	36	0	0	3
电信山东分公司	0	1	0	0	0	0	0
青岛炼化公司	0	1	0	0	0	0	4
华能山东公司	1	0	0	5	0	0	20
山东能源	4	4	56	171	0	0	437
山东中烟	0	1	0	0	0	0	1
山东铁塔	0	1	0	0	0	0	0
山东钢铁集团	0	0	0	0	0	0	0
大唐山东发电公司工会	1	0	0	0	0	0	0

工会劳动保护工作（限企事业单位填报）

表 4-2

	本年度工会组织职工查找事故隐患和职业危害数量	事故隐患和职业危害整改数	本年度工会参加处理工伤事故	女职工劳动保护								
				是否执行女职工禁忌从事劳动的有关规定			是否执行女职工在经期、孕期、产期、哺乳期享有特殊待遇的有关规定			是否建立女职工哺乳室		
				基层工会	涵盖单位	女职工数	基层工会	涵盖单位	女职工数	基层工会	涵盖单位	女职工数
	件	件	件	个	个	人	个	个	人	个	个	人
指标序号	1007	1008	1009	1010			1011			1012		
总　计	575544	532311	6708	95906	231100	4909376	96975	235765	4996071	24728	47082	1735195
山东省总工会	0	0	0	0	0	0	0	0	0	0	0	0
济南市	34407	29600	444	11775	55838	484941	11910	58247	495464	1703	7220	111141
青岛市	39030	35674	477	14421	41841	686892	14703	43685	699250	5047	10577	321692
淄博市	19045	18145	570	4006	8567	190488	4014	8527	192512	2126	4166	121882
枣庄市	18143	17335	325	7675	8376	260924	7983	8681	274840	3040	3106	115515
东营市	50002	42958	94	2512	7360	166454	2449	6895	162151	234	1243	39355
烟台市	15819	14851	902	7403	18155	334551	7370	18118	335062	155	1028	40718
潍坊市	159693	156787	1140	12977	37263	704076	12956	37238	703342	3486	6038	229989
济宁市	32893	30063	297	5416	7871	316555	5449	7904	317441	1409	1894	116887
泰安市	21281	19181	128	3983	6844	244401	4003	6877	246047	708	1560	88788
威海市	27534	27288	202	4137	5214	203330	4137	5214	203330	414	734	44704
日照市	21520	17248	112	2872	3258	105358	2874	3260	105375	1556	1853	60906
莱芜市	3720	3613	54	955	1834	41587	968	1825	42322	208	360	13278
临沂市	10428	10061	748	4731	6579	210890	4666	6514	209556	1445	1460	78942
德州市	5587	5305	148	3009	3860	183710	2982	3833	184437	65	65	26980
聊城市	10712	7930	179	1969	5911	145637	2003	5948	147095	640	714	62635
滨州市	9344	8102	534	1912	3686	110651	1979	3751	114777	304	2024	24349
菏泽市	23168	19613	98	4752	6958	331623	5083	7518	371204	1915	2620	153730
省直机关	2646	2554	52	371	384	26332	391	404	26914	56	56	8919
省外经贸	825	806	7	67	67	2968	71	71	3084	26	26	1140
省黄河	109	97	0	53	53	1020	54	54	1021	5	5	63
胜利石油管理局	22424	21742	126	635	715	49325	642	722	50178	83	92	7442
济南铁路局	9791	9454	25	60	118	13592	60	118	13592	29	87	9842
齐鲁石化公司	15773	14713	3	34	34	7603	35	35	7676	1	1	1038
莱钢集团公司	566	566	7	6	6	1349	7	7	1375	7	7	1375
中泰证券公司	12	4	0	4	4	3300	5	5	3340	1	1	3025
省财贸金融	30	26	1	34	73	9104	37	76	9649	21	60	6719
省国防机电	627	627	0	6	6	6085	6	6	6085	1	1	4994
省地质	978	960	8	13	13	1181	13	13	1181	2	2	162
省冶金	0	0	0	0	0	0	0	0	0	0	0	0
省医务	126	106	5	22	22	19138	22	22	19138	12	12	12455
济军装备部	27	25	0	3	3	385	4	4	457	1	1	72
省电力	51	51	7	6	6	1115	6	6	1115	4	4	1001
省交通	1682	1674	8	14	14	15782	15	15	15792	4	4	15126
省教育	15	15	2	18	18	14107	19	19	15467	5	5	3428
中铁十四局	632	632	1	7	7	1742	9	9	2345	3	3	850
中冶地质山东局	276	276	0	12	12	780	13	13	840	0	0	0
中铁十局	4641	2242	4	15	91	3155	15	91	3155	1	42	313
铁通山东分公司	0	0	0	1	19	670	1	19	670	0	0	0
联通山东分公司	0	0	0	0	0	0	1	1	217	1	1	217
东航山东分公司	0	0	0	1	1	976	1	1	976	1	1	976
山东航空公司	2	2	0	4	4	366	4	4	366	3	3	229
移动山东分公司	0	0	0	1	1	287	1	1	287	1	1	287
山东机场公司	0	0	0	1	1	915	1	1	915	1	1	915
电信山东分公司	0	0	0	1	1	1156	1	1	1156	1	1	1156
青岛炼化公司	9403	9403	0	1	1	44	1	1	44	0	0	0
华能山东公司	0	0	0	1	1	40	1	1	40	0	0	0
山东能源	1633	1633	0	8	8	4713	8	8	4713	3	3	1960
山东中烟	949	949	0	1	1	59	1	1	59	0	0	0
山东铁塔	0	0	0	0	0	0	0	0	0	0	0	0
山东钢铁集团	0	0	0	0	0	0	0	0	0	0	0	0
大唐山东发电公司工会	0	0	0	1	1	19	1	1	19	0	0	0

工会法律工作（限企事业单位填报）

表5

	建立了工会劳动法律监督组织		工会劳动法律监督员	劳动保障法律监督员	本年度工会劳动法律监督组织受理违法、违规案件	本组织自行处理的案件	提请劳动监察部门处理的案件	工会所在单位建立了劳动争议调解委员会		劳动争议调解委员会中工会成员（职工代表）	本年度劳动争议调解委员会受理劳动争议	集体劳动争议	本年度劳动争议调解委员会受理劳动争议	集体劳动争议
	是	否						是	否					
	个	个	人	人	件	件	件	个	个	人	件	件	件	件
指标序号	f001	f001	f002	f003	f004	f005	f006	f007	f007	f008	f009	f010	f011	f012
总　计	60365	90935	118792	81424	6198	2350	340	64387	86913	171498	10367	1008	3344	657
山东省总工会	0	0	0	0	0	0	0	0	0	0	0	0	0	0
济南市	9926	7537	18082	16587	855	75	5	9371	8092	24130	2871	80	207	18
青岛市	7153	9387	12640	7108	596	334	119	5930	10610	13325	1134	299	349	215
淄博市	4000	2280	7785	6028	1327	521	50	3556	2724	7983	948	90	273	50
枣庄市	3856	6976	8283	6459	885	137	6	8146	2686	26270	1133	137	168	81
东营市	1428	2145	2554	1763	71	62	0	1631	1942	3499	271	25	185	24
烟台市	3906	13824	6233	2185	8	5	0	4382	13348	11817	184	12	134	10
潍坊市	9442	5671	17360	6017	138	96	1	11606	3507	26959	1128	72	661	43
济宁市	3421	7420	6590	6979	1285	536	116	3367	7474	10654	703	137	432	105
泰安市	1097	4413	3191	3042	114	108	1	965	4545	3018	323	21	259	20
威海市	2509	2032	4056	3338	75	43	14	2557	1984	6221	143	20	59	14
日照市	2458	1946	6064	5580	85	25	1	2465	1939	6330	189	32	60	18
莱芜市	453	1259	1105	850	52	48	0	455	1257	1386	81	21	65	20
临沂市	3213	11076	5783	3585	75	58	6	2955	11334	7938	107	19	81	18
德州市	2305	1883	4424	1360	215	195	4	2086	2102	5994	417	8	166	0
聊城市	1070	2621	1957	1624	39	30	3	976	2715	2839	138	10	94	9
滨州市	879	2335	3363	1904	66	53	4	698	2516	2745	67	9	27	5
菏泽市	2510	7120	5884	3601	258	16	8	2501	7129	6202	394	14	23	7
省直机关	75	512	177	169	0	0	0	75	512	327	84	0	80	0
省外经贸	29	61	58	54	1	1	0	34	56	92	2	0	2	0
省黄河	5	68	9	7	0	0	0	4	69	10	0	0	0	0
胜利石油管理局	467	211	2094	2070	10	5	0	456	222	2676	23	0	4	0
济南铁路局	54	7	332	410	0	0	0	51	10	288	7	0	7	0
齐鲁石化公司	30	6	164	115	0	0	0	31	5	177	1	0	1	0
莱钢集团公司	8	0	54	55	1	0	0	8	0	53	0	0	0	0
中泰证券公司	0	5	0	0	0	0	0	0	5	0	0	0	0	0
省财贸金融	8	40	66	66	4	0	0	13	35	62	7	0	3	0
省国防机电	4	2	15	12	0	0	0	6	0	30	0	0	0	0
省地质	6	7	23	27	2	1	1	11	2	61	5	0	3	0
省冶金	0	0	0	0	0	0	0	0	0	0	0	0	0	0
省医务	5	19	23	20	0	0	0	4	20	27	0	0	0	0
济军装备部	4	0	16	19	0	0	0	3	1	12	0	0	0	0
省电力	5	2	21	20	0	0	0	7	0	37	1	0	1	0
省交通	4	18	35	23	0	0	0	4	18	95	0	0	0	0
省教育	5	18	48	47	1	1	0	5	18	35	0	0	0	0
中铁十四局	8	1	52	52	0	0	0	7	2	43	0	0	0	0
中冶地质山东局	0	14	0	0	0	0	0	0	14	0	0	0	0	0
中铁十局	12	5	194	196	34	0	0	11	6	73	0	0	0	0
铁通山东分公司	0	1	0	0	0	0	0	1	0	5	0	0	0	0
联通山东分公司	0	1	0	0	0	0	0	0	1	0	0	0	0	0
东航山东分公司	0	1	0	0	0	0	0	0	1	0	0	0	0	0
山东航空公司	1	4	5	2	1	0	1	1	4	2	1	0	1	0
移动山东分公司	0	1	0	0	0	0	0	1	0	1	0	0	0	0
山东机场公司	1	0	1	1	0	0	0	0	1	0	0	0	0	0
电信山东分公司	1	0	1	1	0	0	0	1	0	4	0	0	0	0
青岛炼化公司	0	1	0	0	0	0	0	0	1	0	0	0	0	0
华能山东公司	1	0	2	2	0	0	0	1	0	9	0	0	0	0
山东能源	5	3	47	45	0	0	0	4	4	66	5	2	0	0
山东中烟	0	1	0	0	0	0	0	0	1	0	0	0	0	0
山东铁塔	0	1	0	0	0	0	0	0	1	0	0	0	0	0
山东钢铁集团	0	1	0	0	0	0	0	0	1	0	0	0	0	0
大唐山东发电公司工会	1	0	1	1	0	0	0	1	0	3	0	0	0	0

工会经济技术工作（限企事业单位填报）

表 6-1

	技术工人	农民工	初级工	中级工	高级工	技师	高级技师	工会开展了劳动和技能竞赛 是	否	本年度参加劳动和技能竞赛职工	农民工	本年度职工提出合理化建议	本年度已实施合理化建议	本年度技术革新项目	本年度职工发明创造项目
	人	人	人	人	人	人	人	个	个	人次	人次	件	件	项	项
指标序号	j001	j002	j003	j004	j005	j006	j007	j008	j008	j009	j010	j011	j012	j013	j014
总　计	2615325	539412	1111978	619476	396598	135863	44817	64261	87039	7036917	1291868	722483	423020	78810	26153
山东省总工会	0	0	0	0	0	0	0	0	0	0	0	0	0	0	0
济南市	162249	32086	52243	33801	24972	10181	4346	11627	5836	1258838	49848	73030	36414	20457	4230
青岛市	205382	35927	84297	43669	37706	11327	2953	2986	13554	442073	81699	80534	57419	5576	4101
淄博市	100718	21009	35092	26360	14623	6625	2193	1560	4720	217030	35025	28849	19642	2924	1101
枣庄市	77663	27411	33151	20362	9307	2333	1096	7517	3315	524929	102847	12107	8098	5473	527
东营市	89615	14678	36293	16313	7501	1647	645	1567	2006	102700	14954	19959	14989	257	158
烟台市	730428	189873	363690	213974	80387	36736	14266	6832	10898	719786	239176	123505	27822	4098	522
潍坊市	228414	56828	176341	26439	13265	5365	1306	7582	7531	1062235	348652	80139	60741	9362	1404
济宁市	155707	25233	51019	40002	28835	9310	3215	2832	8009	354927	46098	34898	22460	5284	1774
泰安市	129787	14764	51317	29172	22527	7491	2117	2614	2896	249275	44556	21831	14522	4066	862
威海市	90868	16830	39579	16682	12223	5297	1229	3097	1444	381767	83122	70557	66284	5591	3476
日照市	73072	13680	21300	16332	12009	6863	1460	2394	2010	169236	38838	28130	16675	4170	3259
莱芜市	20416	2497	6912	5901	3704	591	135	366	1346	53700	12351	5447	3961	276	131
临沂市	58947	12180	30057	10439	4727	1992	803	2795	11494	90577	24198	18904	5848	418	243
德州市	39271	6325	15771	10684	5633	2564	776	2087	2101	279255	19594	18943	6378	1171	249
聊城市	91820	13656	33687	21460	14468	5789	715	886	2805	135057	19784	23744	14189	2868	533
滨州市	47133	10591	14442	9533	6850	2719	1142	1305	1909	141567	6838	10600	6021	520	144
菏泽市	98612	32645	39836	24508	11474	2693	781	5278	4352	407703	105627	17507	10059	616	262
省直机关	11950	572	2185	3356	3398	1085	524	123	464	27445	1008	5574	1653	1135	674
省外经贸	810	199	250	140	133	109	19	19	71	2905	2072	530	299	7	3
省黄河	1993	0	362	335	643	543	75	35	38	1048	0	535	380	48	13
胜利石油管理局	79560	156	11950	21528	36937	4152	2337	524	154	187571	132	9203	6078	1266	394
济南铁路局	59137	1683	4007	15010	26482	5675	1006	56	5	68865	1593	9089	3328	521	79
齐鲁石化公司	16646	0	1603	4183	8805	1216	515	28	8	18048	0	13814	10405	100	10
莱钢集团公司	3772	0	394	1003	1575	392	158	7	1	3045	0	321	192	74	22
中泰证券公司	23	0	0	20	3	0	0	2	3	6893	0	37	15	0	0
省财贸金融	225	0	2	114	32	60	4	24	24	30853	0	506	391	22	16
省国防机电	3321	0	302	1859	605	398	104	6	0	11735	0	7279	4035	1070	1066
省地质	1786	0	193	820	698	74	0	13	0	1330	0	168	96	27	14
省冶金	0	0	0	0	0	0	0	0	0	0	0	0	0	0	0
省医务	605	0	161	141	223	60	20	17	7	13563	1348	425	294	30	25
济军装备部	882	40	152	247	359	99	25	2	2	572	0	0	0	15	10
省电力	3012	0	53	322	1350	995	292	6	1	7535	0	1127	463	178	174
省交通	12359	4502	3179	2381	1760	362	172	12	10	23126	4628	694	303	118	25
省教育	1276	7	166	287	740	34	5	10	13	971	0	451	266	328	425
中铁十四局	1863	0	48	247	948	193	60	9	0	6598	1230	235	216	78	83
中冶地质山东局	724	0	169	181	301	68	5	12	2	881	0	98	84	5	1
中铁十局	8674	6034	319	711	764	590	256	12	5	13521	6443	271	177	59	35
铁通山东分公司	0	0	0	0	0	0	0	1	0	123	0	65	15	0	0
联通山东分公司	0	0	0	0	0	0	0	0	1	0	0	0	0	0	0
东航山东分公司	598	0	402	165	26	5	0	1	0	2018	0	1697	1589	0	0
山东航空公司	641	6	486	133	22	0	0	5	0	11593	207	32	18	20	4
移动山东分公司	0	0	0	0	0	0	0	1	0	800	0	219	63	18	0
山东机场公司	0	0	0	0	0	0	0	1	0	500	0	0	0	0	0
电信山东分公司	0	0	0	0	0	0	0	0	1	0	0	0	0	0	0
青岛炼化公司	414	0	37	86	165	102	24	1	0	311	0	179	109	0	0
华能山东公司	0	0	0	0	0	0	0	1	0	230	0	3	3	0	0
山东能源	4219	0	531	576	418	128	38	5	3	3454	0	1212	991	564	104
山东中烟	0	0	0	0	0	0	0	1	0	565	0	0	0	0	0
山东铁塔	733	0	0	0	0	0	0	1	0	153	0	16	16	0	0
山东钢铁集团	0	0	0	0	0	0	0	0	0	0	0	0	0	0	0
大唐山东发电公司工会	0	0	0	0	0	0	0	1	0	10	0	19	19	0	0

工会经济技术工作（限企事业单位填报）

表6-2

	本年度荣获国家专利项目	本年度推广先进操作法项目	本年度开展选树技能带头人活动		本年度开展选树技能带头人活动		选树技能带头人（"金牌工人""首席技师""首席员工"）	技能人才（劳模）师徒结对	建有职工技协组织		技协会员
			是	否	是	否			是	否	
	项	项	个	个	人	对	个	个	人		
指标序号	j015	j016	j017	j017	j018	j019	j020	j020	j021		
总　计	15276	25236	29547	121753	18450	132850	80054	73297	6031	145269	195602
山东省总工会	0	0	0	0	0	0	0	0	0	0	0
济南市	601	3538	5078	12385	5008	12455	39012	7633	627	16836	36516
青岛市	2942	2113	920	15620	1325	15215	3809	5773	180	16360	2694
淄博市	394	1239	606	5674	697	5583	2092	4554	607	5673	34866
枣庄市	119	403	3276	7556	883	9949	2424	3393	786	10046	14250
东营市	33	79	669	2904	249	3324	630	444	48	3525	889
烟台市	986	1280	1417	16313	936	16794	1598	2090	1007	16723	3312
潍坊市	791	982	5250	9863	1716	13397	4224	10618	472	14641	7521
济宁市	706	1422	800	10041	1136	9705	3463	3269	383	10458	18151
泰安市	283	682	2350	3160	233	5277	1825	3269	92	5418	5248
威海市	1809	5168	2230	2311	1842	2699	7157	8102	102	4439	6698
日照市	1411	2229	1559	2845	1194	3210	2476	6318	228	4176	4239
莱芜市	54	167	111	1601	97	1615	715	736	29	1683	588
临沂市	1130	2435	1618	12671	1267	13022	1775	846	669	13620	34055
德州市	215	198	433	3755	452	3736	2258	3907	348	3840	3195
聊城市	525	1058	462	3229	401	3290	1619	1859	104	3587	6185
滨州市	90	102	199	3015	398	2816	1975	1221	103	3111	3334
菏泽市	142	123	1904	7726	240	9390	502	502	91	9539	1734
省直机关	553	791	78	509	36	551	672	782	12	575	523
省外经贸	1	1	12	78	4	86	5	6	2	88	46
省黄河	8	17	21	52	8	65	18	41	1	72	12
胜利石油管理局	376	231	382	296	208	470	643	2945	119	559	3426
济南铁路局	12	118	52	9	39	22	332	1254	6	55	2814
齐鲁石化公司	73	13	24	12	19	17	54	438	1	35	76
莱钢集团公司	95	72	7	1	7	1	27	96	1	7	16
中泰证券公司	0	0	2	3	0	5	0	0	0	5	0
省财贸金融	1	4	11	37	5	43	34	23	1	47	64
省国防机电	563	266	6	0	6	0	130	58	1	5	1520
省地质	22	18	8	5	7	6	13	61	3	10	114
省冶金	0	0	0	0	0	0	0	0	0	0	0
省医务	65	25	13	11	4	20	6	0	0	24	0
济军装备部	10	5	0	4	2	2	29	0	1	3	20
省电力	384	72	6	1	4	3	347	315	1	6	23
省交通	53	24	7	15	5	17	27	219	0	22	0
省教育	398	184	5	18	3	20	46	52	2	21	962
中铁十四局	58	20	6	3	4	5	44	208	1	8	272
中冶地质山东局	4	0	3	11	1	13	2	0	0	14	0
中铁十局	35	38	8	9	9	8	33	240	2	15	2165
铁通山东分公司	0	0	1	0	0	1	0	0	0	1	0
联通山东分公司	0	0	0	1	0	1	0	0	0	1	0
东航山东分公司	0	0	1	0	0	1	0	0	0	1	0
山东航空公司	13	11	3	2	1	4	5	10	0	5	0
移动山东分公司	0	21	1	0	0	1	0	0	0	1	0
山东机场公司	0	0	0	1	0	1	0	0	0	1	0
电信山东分公司	0	0	0	1	0	1	0	0	0	1	0
青岛炼化公司	0	0	1	0	0	1	1	15	0	1	0
华能山东公司	0	0	1	0	0	1	0	0	0	1	0
山东能源	318	87	4	4	3	5	32	95	1	7	74
山东中烟	3	0	1	0	0	1	0	0	0	1	0
山东铁塔	0	0	0	1	0	1	0	0	0	1	0
山东钢铁集团	0	0	0	0	0	0	0	0	0	0	0
大唐山东发电公司工会	0	0	1	0	0	1	0	0	0	1	0

职工文化体育工作

表 7

	工会直属文化宫、俱乐部	工会直属体育场（馆）	工会直属图书馆（室）（藏书1万册以上）	是否建立了职工书屋	
				是	否
	个	个	个	个	个
指标序号	w001	w002	w003	w004	w004
总　计	3383	2862	3104	16386	134914
山东省总工会	0	0	0	0	0
济南市	218	355	482	368	17095
青岛市	348	192	342	1334	15206
淄博市	300	134	108	1127	5153
枣庄市	348	310	565	257	10575
东营市	2	0	0	665	2908
烟台市	96	115	119	647	17083
潍坊市	292	306	244	1793	13320
济宁市	302	266	236	2463	8378
泰安市	212	137	127	1853	3657
威海市	210	188	148	511	4030
日照市	93	108	97	1257	3147
莱芜市	45	22	35	239	1473
临沂市	177	104	144	1317	12972
德州市	21	13	27	473	3715
聊城市	241	186	134	390	3301
滨州市	175	185	161	567	2647
菏泽市	77	32	26	395	9235
省直机关	77	55	43	230	357
省外经贸	3	0	0	21	69
省黄河	1	2	1	29	44
胜利石油管理局	42	65	19	252	426
济南铁路局	7	20	8	52	9
齐鲁石化公司	4	4	4	15	21

续表

	工会直属文化宫、俱乐部	工会直属体育场（馆）	工会直属图书馆（室）（藏书1万册以上）	是否建立了职工书屋	
				是	否
	个	个	个	个	个
莱钢集团公司	2	3	2	6	2
中泰证券公司	0	0	0	1	4
省财贸金融	24	7	8	28	20
省国防机电	6	8	2	3	3
省地质	1	3	1	11	2
省冶金	0	0	0	0	0
省医务	5	9	5	17	7
济军装备部	0	2	1	2	2
省电力	2	2	3	7	0
省交通	0	0	0	8	14
省教育	33	17	6	5	18
中铁十四局	6	5	2	8	1
中冶地质山东局	0	0	0	3	11
中铁十局	1	3	3	15	2
铁通山东分公司	0	0	0	1	0
联通山东分公司	0	0	0	0	1
东航山东分公司	1	1	0	1	0
山东航空公司	0	1	0	5	0
移动山东分公司	5	0	0	0	1
山东机场公司	1	2	1	1	0
电信山东分公司	0	0	0	0	1
青岛炼化公司	0	0	0	0	1
华能山东公司	1	0	0	1	0
山东能源	4	0	0	6	2
山东中烟	0	0	0	1	0
山东铁塔	0	0	0	1	0
山东钢铁集团	0	0	0	0	0
大唐山东发电公司工会	0	0	0	0	1

工会财务和经费审查工作

表8

	工会经费情况			是否建立了工会经费审查组织			
				建立了 经费审查委员会		建立了 经费审查委员会办公室	
				是	否	是	否
	按工资总额2% 拨缴工会经费	有拨缴， 但不足额	没有拨缴 工会经费	个	个	个	个
指标序号	s001	s001	s001	s002	s002	s003	s003
总 计	84213	43703	23384	118450	32850	54379	96921
山东省总工会	0	0	0	0	0	0	0
济南市	13262	3110	1091	17463	0	11799	5664
青岛市	9716	3904	2920	11199	5341	4829	11711
淄博市	4696	643	941	4758	1522	2578	3702
枣庄市	4168	5120	1544	8896	1936	4309	6523
东营市	2912	522	139	3573	0	1	3572
烟台市	6125	11004	601	11790	5940	1414	16316
潍坊市	8848	4450	1815	14129	984	4789	10324
济宁市	5240	3187	2414	7708	3133	2957	7884
泰安市	3321	1850	339	5121	389	4494	1016
威海市	3869	499	173	3019	1522	1084	3457
日照市	3773	557	74	3546	858	2420	1984
莱芜市	1074	283	355	1017	695	351	1361
临沂市	3450	2940	7899	6928	7361	5169	9120
德州市	3786	86	316	3830	358	1495	2693
聊城市	1980	517	1194	2533	1158	777	2914
滨州市	2211	933	70	3134	80	1650	1564
菏泽市	4375	4031	1224	8844	786	3837	5793
省直机关	518	35	34	374	213	146	441
省外经贸	67	3	20	69	21	32	58
省黄河	66	1	6	60	13	10	63
胜利石油管理局	460	9	209	160	518	95	583
济南铁路局	61	0	0	58	3	30	31
齐鲁石化公司	35	1	0	35	1	17	19
莱钢集团公司	8	0	0	8	0	7	1
中泰证券公司	4	0	1	4	1	2	3

续表

	工会经费情况			是否建立了工会经费审查组织			
				建立了 经费审查委员会		建立了 经费审查委员会办公室	
				是	否	是	否
	按工资总额2% 拨缴工会经费	有拨缴， 但不足额	没有拨缴 工会经费	个	个	个	个
省财贸金融	45	1	2	44	4	18	30
省国防机电	3	3	0	6	0	2	4
省地质	12	1	0	13	0	6	7
省冶金	0	0	0	0	0	0	0
省医务	22	2	0	19	5	6	18
济军装备部	4	0	0	4	0	1	3
省电力	7	0	0	7	0	5	2
省交通	21	1	0	19	3	8	14
省教育	15	8	0	23	0	12	11
中铁十四局	9	0	0	8	1	4	5
中冶地质山东局	13	1	0	13	1	2	12
中铁十局	15	1	1	16	1	12	5
铁通山东分公司	1	0	0	1	0	0	1
联通山东分公司	0	0	1	1	0	0	1
东航山东分公司	1	0	0	1	0	1	0
山东航空公司	4	0	1	3	2	2	3
移动山东分公司	1	0	0	1	0	0	1
山东机场公司	1	0	0	1	0	1	0
电信山东分公司	1	0	0	1	0	0	1
青岛炼化公司	1	0	0	1	0	0	1
华能山东公司	1	0	0	1	0	1	0
山东能源	8	0	0	8	0	5	3
山东中烟	1	0	0	1	0	0	1
山东铁塔	1	0	0	1	0	1	0
山东钢铁集团	0	0	0	0	0	0	0
大唐山东发电公司工会	1	0	0	1	0	0	1

山东工会年鉴 (2019)

附　　录

山东省总工会机关领导及部门办公电话

领导电话

姓名	电话	电话
张江汀		
刘贵堂	86075378	86075379
魏　丽	86075303	86075319
蒋石宝	86075388	86010676
魏　勇	86075306	82602878
李业文	86075731	86075732
李东风	86075730	86075739
胡少华	86075737	86075736
王际仓	86075757	86075759
周克民	86075333	86115256

部门电话

部门	职务	电话
省纪律省监委驻省总工会机关纪检监察组	组长	86075329
	办公	86075216
		86075700
办公室	主任	86075310
	副主任	86075330
		86075312
	办公	86075311
政策研究室	主任	86075200
	副主任	86075201
	办公	86075201
组织部	部长	86075202
	副部长	86075204
		86075203
	办公	86075114
		69906215
宣传教育部	部长	86075205
	副部长	86071373
	办公	86075206
		86075207
生产保护部	部长	86075208
	副部长	86075209
	办公	86075209
	传真	86915387
保障工作部	部长	86075400
	副部长	86075401
	办公	86075401
		86025043
民主管理部	部长	86075431
	办公	86075402
		86075429
法律工作部	副部长	86075220
	办公	86075404
		86075220
女职工部	部长	86075405
	办公	86075406
		86075238

部门电话

部门	职务	电话
财务部	部长	86075407
	办公	86075408
		86075331
离退休干部处	处长	86075416
	副处长	86075517
	办公	86075413
		86075415
机关党委	专职副书记	86075410
	副书记	86075187
	机关纪委书记	86075213
	机关工会主席	86075213
	办公	86075409
经审办	主任	86075706
	副主任	86075420
	办公	86075420
资产监督管理中心	办公	86075332
		86075422
		86075432
工运史研究室	副主任	86075417
	办公	86075417
对外交流中心	主任	86025040
	副主任	86075418
	办公	86075418
职工帮扶中心	主任	86057038
	副主任	86050380
	办公	86051207
		86057138
		86058331
	信访	86051562
	送温暖基金会	86054086
机关服务中心	主任	86075118
	副主任	86075116
	办公	86075117
		86075100
		86075109
	办公楼大厅	86075110

注：1. 区号0531，电话号码加下划线"＿＿"表示内网号码；

　　2. 邮编250001，地址：济南市经二路187号。

山东省总工会直属企事业单位通讯录

名　　　称	地　　　址	电　话	邮　编
青岛工人疗养院	青岛市泉州路 5 号	0532-85873185	266071
青岛温泉疗养院	青岛市即墨温泉镇通泉路 4 号	0532-86562188	266207
中国纺织工人疗养院	青岛市市南区香港中路 5 号	0532-83878272	266071
山东工人报社	济南市黄台南路 2 号	0531-88907203	250100
《职工天地》杂志社	济南市经二路 187 号	0531-86075426	250001
山东职工之家	济南市经二路 187 号	0531-86163885	250001

省产业工会、省直机关工会通讯录

名　　　称	地　　　址	电　话	邮　编
山东省财贸金融工会	济南市经二路 187 号	0531-86075423	250001
山东省轻工纺织工会	济南市经二路 187 号	0531-86075425	250001
山东省国防机械电子工会	济南市经二路 187 号	0531-86075798	250001
山东省对外经济贸易工会	青岛市香港中路 32 号五矿大厦 19 楼	0532-85713435	266071
中国海员工会山东省委员会	青岛市香港中路 32 号五矿大厦 19 楼	0532-85710056	266071
山东省农林水工会	济南市历山路 127 号	0531-86944142	250013
山东省地质工会	济南市历山路 74 号	0531-86403480	250013
山东省冶金工会	济南市经二路 187 号	0531-86075305	250001
山东省石油化学工会	济南市经二路 187 号	0531-86055772	250001
山东省建设工会	济南市经五小纬四路 46 号	0531-87087039	250001
山东省医务工会	济南市燕东新路 9 号	0531-67876200	250014
山东省建材工会	济南市经二路 187 号	0531-86075105	250001
黄河水利工会山东区委员会	济南市黑虎泉北路 159 号	0531-86987228	250013
山东省电力工会委员会	济南市经二路 150 号	0531-80166463	250001
中国煤炭工会山东省委员会	济南市堤口路 141 号	0531-85685447	250031
山东省交通工会	济南市舜耕路 19 号	0531-85693171	250002
中国教育工会山东省委员会	济南市文化西路 29 号	0531-81916595	250011
中国邮政集团工会山东省委员会	济南市黑虎泉西路 181 号	0531-85056388	250011
济南军区装备部工会	济南市文庄路 22 号	0531-87169805	250022
山东省直机关工会工作委员会	济南市省府前街 1 号	0531-86912239	250011

省属大企业工会通讯录

名　　称	地　　址	电　话	邮　编
胜利油田管理局工会	东营市济南路 125 号	0546-8552885	257002
济南铁路局工会	济南市车站路 2 号	0531-82429449	250001
齐鲁石化公司工会	淄博市临淄区桓公路 15 号	0533-7589822	255408
莱钢集团有限公司工会	莱芜市钢城区府前大街 99 号	0634-6821866	271104
中铁十四局集团有限公司工会	济南市和平路 1 号	0531-88385987	250014
中国冶金地质总局山东局工会	济南市龙奥北路 8 号海尔玉兰公寓 705	0531-66770619	250101
东方航空公司山东分公司工会	青岛市燕儿岛路 16 号	0532-83070051	266071
山东航空集团有限公司工会	济南市二环东路 5746 号	0531-85698676	250014
中国联通集团工会山东省委员会	济南市经三路 77 号	0531-86052628	250001
中国移动通信集团工会山东省委员会	济南市经十路 20569 号	0531-58998832	250001
山东机场有限公司工会	济南市遥墙国际机场	0531-82086109	250107
中铁十局集团有限公司工会	济南市高新区舜泰广场 7 号	0531-82461275	250101
中国铁通集团有限公司山东分公司工会	济南市东舍坊街 116 号	0531-82427719	250011
山东省电信公司工会	济南市高新区舜华路 1999 号	0531-83198787	250101
齐鲁证券有限公司工会	济南市经七路 86 号	0531-68889050	250001
中国石化青岛炼油化工有限公司工会	青岛市经济技术区千山南路 827 号	0532-86915986	266500
华能山东发电有限公司工会	济南市经十路 14900 号	0531-89938732	250014
大唐山东发电有限公司工会	青岛市黄岛区庐山路 6 号瑞源名嘉国际 1113 房间	0532-55560125	266555
山东能源集团有限公司工会	济南市经十路 10777 号	0531-66597820	250014
山东中烟工业有限责任公司工会	济南市将军路 171 号	0531-82599089	250100
山东钢铁股份有限公司莱芜分公司工会委员会	莱芜市钢城区府前大街 99 号	0634-6821445	271104

县级以上工会通讯录

济南市

名　　称	地　　址	电　话	邮　编
济南市总工会	济南市龙鼎大道 1 号龙奥大厦	0531-66602635	250099
市中区总工会	济南市经八路 122 号（济南大厦）	0531-82078166	250001
历下区总工会	济南市解放东路 99 号（历下大厦）	0531-88150902	250014
槐荫区总工会	济南市经十路 29851 号	0531-87589384	250117
天桥区总工会	济南市堤口路 53 号	0531-85872562	250031
历城区总工会	济南市华信路 15 号	0531-88023759	250100
长清区总工会	济南市长清区清河街 2517 号	0531-87221939	250300
高新技术产业开发区总工会	济南高新区舜华路 66 号	0531-88871336	250101
章丘市总工会	章丘市龙泉大厦 12 层 12045 室	0531-83212373	250200
平阴县总工会	平阴县城府前街 25 号	0531-87883715	250400
济阳县总工会	济阳县开元大街政务中心 8 楼 822 室	0531-84232649	251400
商河县总工会	商河县青年路 84 号	0531-84880283	251600
南部山区总工会	济南市柳埠街道三区 309 号	0531-88112707	250113
济南国际医学科学中心总工会	济南市烟台路 2167 号西园大厦东二楼	0531-66604175	250000

青岛市

名 称	地 址	电 话	邮 编
青岛市总工会	青岛市南区湛山一路 18 号	0532-83092301	266071
市南区总工会	宁夏路 286 号 A1 楼	0532-88729162	266071
市北区总工会	延吉路 80 号	0532-85801505	266033
李沧区总工会	黑龙江中路 615 号	0532-87610781	266100
崂山区总工会	崂山区仙霞岭路 18 号	0532-88996002	266061
城阳区总工会	城阳区和阳路 343 号	0532-87868456	266109
西海岸新区总工会	西海岸新区朝阳山路 33 号	0532-88183470	266400
平度市总工会	平度市红旗路 46 号	0532-80812166	266700
莱西市总工会	莱西市上海西路 17 号	0532-88405038	266600
胶州市总工会	胶州市兰州东路 451 号	0532-87212019	266300
即墨市总工会	即墨市蓝万鳌路 692 号	0532-88521133	266200
前湾保税港区总工会	西海岸新区江山南路 611 号	0532-86766956	266555
红岛经济区总工会	高新区科创慧谷 D9-1	0532-66966508	266109

淄博市

名 称	地 址	电 话	邮 编
淄博市总工会	淄博新区科技工业园英雄路西首	0533-8488567	256411
张店区总工会	张店区政务中心	0533-2869929	255000
淄川区总工会	淄川区总工会淄川区般阳西路 35 号	0533-5181761	255199
博山区总工会	博山区县前街 46 号	0533-4182671	255200
临淄区总工会	临淄区行政办公中心	0533-7220356	255400
周村区总工会	周村区新建东路 201 号	0533-6195252	255300
桓台县总工会	桓台县索镇中心大街 688 号	0533-8180006	256400
高青县总工会	高青县大悦路 5 甲 17 号机关综合楼 11 楼	0533-6961257	256300
沂源县总工会	沂源县胜利路 17 号	0533-3250189	256100
高新技术产业开发区总工会	淄博高新区柳泉路 109 号火炬大厦	0533-3580430	255086

枣庄市

名 称	地 址	电 话	邮 编
枣庄市总工会	枣庄市光明大道 2865 号	0632-3313987	277800
滕州市总工会	滕州市政务中心 A0330	0632-5583220	277500
市中区总工会	市中区君山中路 31 号	0632-3083166	277101
薛城区总工会	薛城区永兴东路 258 号	0632-4410976	277000
台儿庄区总工会	台儿庄区金光路 166 号	0632-6611161	277400
峄城区总工会	峄城区坛山路 166 号	0632-7726678	277300
山亭区总工会	山亭区府前东路 11 号	0632-8811789	277200
高新区总工会	高新区光明西路 1699 号	0632-8693278	277800

东营市

名　　　称	地　　　址	电　　话	邮　编
东营市总工会	东营市东城府前大街 77 号	0546-8381897	257091
广饶县总工会	东营市广饶县乐安大街 501 号	0546-6441506	257300
垦利县总工会	垦利县行政办公新区商务大厦 1819 房间	0546-2521018	257500
利津县总工会	东营市利津县城利一路 127 号	0546-5622386	257400
东营区总工会	东营市东营区宁阳路 89 号	0546-8221687	257000
河口区总工会	东营市河口区黄河路 93 号	0546-3661062	257200
东营经济技术开发区工会	东营市府前街 59 号	0546-8325066	257091
东营港经济开发区工会	东营港经济开发区港城路	0546-8019600	257237

烟台市

名　　　称	地　　　址	电　　话	邮　编
烟台市总工会	烟台市观海路 75-1 号	0535-6247570	264003
芝罘区总工会	芝罘区芝罘里 1 号附 4 号	0535-6226588	264000
牟平区总工会	牟平区东楼路 35 号	0535-4219300	264100
福山区总工会	烟台市福山区崇文街 90 号	0535-6326506	265500
莱山区总工会	莱山区迎春大街 172 号	0535-6891585	264003
开发区总工会	烟台开发区珠江路 28 号科技大厦 4 楼	0535-6372512	265500
烟台高新区总工会	高新区科技 CBD 高新区管委会 25 层党群工作部	0535-6922030	264670
昆嵛山保护区工会	烟台市昆嵛山保护区昆嵛路 1 号	0535-4693868	264112
龙口市总工会	龙口港城大道 1001 号市行政中心档案馆楼 3 楼	0535-8517658	265701
莱阳市总工会	莱阳市城厢街道广场街 10 号工人文化宫三楼	0535-7212317	265200
莱州市总工会	莱州市府前街 212 号	0535-2211324	261400
蓬莱市总工会	蓬莱市钟楼东路 204 号	0535-5953766	265600
招远市总工会	招远市泉山路 106 号	0535-8213506	265400
栖霞市总工会	栖霞市腾飞路 199 号行政中心 1220 室	0535-5212229	265300
海阳市总工会	海阳市海河路 81 号	0535-3262796	265100
长岛县总工会	长岛县英山街 2 号	0535-3212546	265899
保税港区工会	芝罘区环海路 88 号烟台保税港区管委 317	0535-6877601	264012

潍坊市

名　　　称	地　　　址	电　　话	邮　编
潍坊市总工会	潍坊市胜利东街 99 号	0536-8789165	261061
奎文区总工会	潍坊市胜利东街 4919 号	0536-8252952	261041
潍城区总工会	潍坊市潍城区综合办公大楼 3 号楼	0536-8188397	261057
寒亭区总工会	潍坊市寒亭区泰祥街 3569 号	0536-7251253	261100
坊子区总工会	潍坊市坊子区凤凰大街 75 号	0536-7606589	261200
青州市总工会	青州市海岱中路 1928 号	0536-3222262	262500
诸城市总工会	诸城市和平街 171 号	0536-6212478	262200
寿光市总工会	寿光市金海路商务小区 4 号楼	0536-5221651	262700
安丘市总工会	安丘市北区市级机关综合办公大楼	0536-4396242	262100
昌邑市总工会	平安街 1669 号（市级机关综合服务中心 A 座）	0536-7212448	261300
高密市总工会	高密市人民大街 126 号	0536-2323391	261500
临朐县总工会	临朐县山旺路 300 号	0536-3212373	262600
昌乐县总工会	昌乐县城关商务社区 5 号楼	0536-6222884	262400
高新区总工会	高新区健康东街 6699 号第二孵化器主楼	0536-8791531	261205
滨海区总工会	潍坊滨海经济技术开发区未来大厦 4 楼	0536-7573759	261041
峡山区总工会	峡山区创新创业服务中心附属大厅 3 楼西区	0536-7778058	261325
经济区总工会	潍坊市民主西街 10066 号	0536-8060972	261057

济宁市

名　　称	地　　址	电　话	邮　编
济宁市总工会	圣贤路北 50 米第 23 届省运会综合指挥中心	0537-2603600	272000
任城区总工会	任城区任城大道 89 号任兴商务中心	0537-5660956	272013
曲阜市总工会	曲阜市春秋路 1 号	0537-4498544	273100
兖州区总工会	兖州区九州大道西首行政办公中心 625 房间	0537-3412545	272100
邹城市总工会	邹城市平阳东路 2699 号（市政协办公楼）	0537-5213476	273500
微山县总工会	微山县奎文路 68 号	0537-8221509	277600
鱼台县总工会	鱼台县北外环路县委办公楼	0537-6211467	272300
金乡县总工会	金乡县府前街 1 号县委院后三楼	0537-8721692	272200
嘉祥县总工会	嘉祥县呈祥街 99 号	0537-6853607	272400
汶上县总工会	汶上县国防大厦 0813	0537-7215569	272500
泗水县总工会	泗水县泉兴路科技文化中心二楼	0537-4221421	273200
梁山县总工会	梁山县人民南路 19 号	0537-7321573	274800
高新区总工会	高新区吴泰闸路 116 号	0537-3255705	272035
太白湖新区总工会	太白湖新区新城发展大厦 10 楼	0537-6537058	272000

泰安市

名　　称	地　　址	电　话	邮　编
泰安市总工会	泰安市市政大楼 A 区 3041 室	0538-6991455	271000
泰山区总工会	泰安市升平街中段泰山区委院东一楼	0538-8222040	271000
岱岳区总工会	泰安市泰山大街西段岱岳区政大楼	0538-8568012	271000
新泰市总工会	新泰市府前街 1 号市委大楼 10 楼	0538-7222941	271200
肥城市总工会	肥城市河西小区	0538-3280601	271600
宁阳县总工会	宁阳县金阳路县政府院内	0538-5621741	271400
东平县总工会	东平县龙山街 19 号	0538-2821523	271500

威海市

名　　称	地　　址	电　话	邮　编
威海市总工会	威海市文化中路 59 号 1106 室	0631-5231770	264200
荣成市总工会	荣成市文化路 15 号	0631-7572039	264300
乳山市总工会	乳山市胜利街东首	0631-6658729	264500
环翠区总工会	威海市环翠区远遥墩路 99 号	0631-5223365	264200
文登区总工会	威海市文登区文山路 111 号	0631-8451231	264400
高技术产业开发区总工会	威海市文化西路 288 号	0631-5623123	264200
经济技术产业开发区总工会	威海市经区世纪大厦 2505 室	0631-5999948	264500
临港经济技术开发区总工会	威海临港区江苏路 1 号管委大楼 609 室	0631-5588078	264200

日照市

名　　称	地　　址	电　话	邮　编
日照市总工会	日照市北京路 198 号	0633-8781403	276826
东港区总工会	日照市海曲中路 19 号	0633-8253937	276800
岚山区总工会	日照市岚山中路 1 号	0633-2613195	276808
五莲县总工会	日照市五莲县文化路 21 号	0633-5213190	262300
莒县总工会	日照市莒县北坛路理想大厦	0633-6222467	276500
开发区总工会	日照市天津路中段	0633-8352083	276826
山海天旅游度假区总工会	日照市太公岛一路 23 号	0633-8316175	276825

莱芜市

名　　称	地　　址	电　话	邮　编
莱芜市总工会	龙潭东大街 1 号	0634-6213701	271100
莱城区总工会	凤城西大街 148 号	0634-6116424	271100
钢城区总工会	钢城区汶水路 10 号	0634-6891124	271104
高新区工会	汇源大街 108 号	0634-8867366	271101
雪野旅游区工会	雪野镇邢家峪北雪野软件园	0634-6595619	271100
经济开发区工会	嬴牟西大街 28 号	0634-8558019	271100
农高区工会	农高区方下镇新城路 1 号	0634-6617566	271100

临沂市

名　　称	地　　址	电　话	邮　编
临沂市总工会	临沂市北城新区算圣路市文化中心	0539-8726713	276001
兰山区总工会	临沂市金雀山路 57 号 3 号楼	0539-8198232	276000
罗庄区总工会	临沂市罗庄区区委大楼 B 楼	0539-8243791	276017
河东区总工会	临沂市河东区民兵训练中心 17 楼	0539-8382905	276034
郯城县总工会	郯城县人民路东段县文体中心 B 座	0539-6221053	276100
兰陵县总工会	兰陵县教体大楼 10 楼	0539-5211304	277700
沂水县总工会	沂水正阳路 15 号	0539-2251460	276400
沂南县总工会	沂南县人民路 40 号	0539-3221017	276300
平邑县总工会	平邑县东城新区市民文化中心	0539-4211241	273300
费县总工会	费县政通路 2 号	0539-5221114	273400
蒙阴县总工会	蒙阴府东路 1 号	0539-4271085	276299
莒南县总工会	莒南县隆山路 43 号	0539-7212515	276600
临沭县总工会	临沭县沭新东街 9 号	0539-2132172	276700
高新技术产业开发区总工会	高新技术产业开发区办公楼 3 楼	0539-7118202	276017
经济技术开发区总工会	经济开发区投资创业服务中心 3 楼	0539-8890026	276023
临港经济开发区总工会	临港经济开发区坪上镇	0539-7557009	276624
蒙山旅游度假区工会	蒙山旅游度假区管理委员会	0539-6376317	273304

德州市

名　　称	地　　址	电　话	邮编
德州市总工会	德州市东风东路 1566 号	0534-2687776	253076
德城区总工会	德州市东方红路 1378 号	0534-2671659	253000
禹城市总工会	禹城市行政街 847 号	0534-7365082	251200
陵城区总工会	陵城区政府路 156 号	0534-8264238	253500
乐陵市总工会	乐陵市阜昌东路 277 号	0534-6268295	253600
宁津县总工会	宁津县宁德路 121 号	0534-5221778	253400
齐河县总工会	齐鲁大街 241 号	0534-5321035	251100
临邑县总工会	临邑县署前路 1 号	0534-4366161	251500
平原县总工会	平原县共青团路南路 339 号	0534-4218788	253100
武城县总工会	武城县振华西街 55 号	0534-6211373	253300
夏津县总工会	夏津县南城街 252 号	0534-3211383	253200
庆云县总工会	庆云县广电大楼 1011 室	0534-3321285	253700
经济技术开发区工会	德州市晶华大道 1 号	0534-2561236	253076
运河开发区工会	德州市旭升街 16 号	0534-2263672	253000

聊城市

名　　称	地　　址	电　话	邮编
聊城市总工会	聊城市东昌东路 79 号	0635-8262040	252000
东昌府区总工会	聊城市东关大街 204 号	0635-8410100	252000
临清市总工会	临清市新华路中段柴市街 910 号	0635-2323552	252600
高唐县总工会	高唐县金城路 73 号	15726525030	252800
茌平县总工会	茌平县新政路 129 号	0635-4276716	252100
东阿县总工会	东阿县文化街 114 号	0635-3281086	252200
阳谷县总工会	阳谷县大众路 8 号	0635-6695769	252300
莘县总工会	莘县政府街 52 号	0635-7321299	252400
冠县总工会	冠县红旗北路 109 号	0635-5236341	252500

滨州市

名　　称	地　　址	电　话	邮编
滨州市总工会	滨州市黄河五路 385 号	0543-3162319	256603
滨城区总工会	滨州市黄河十六路 969 号	0543-3336207	256600
沾化区总工会	沾化县金海五路 166 号	0543-7810069	256800
邹平市总工会	邹平县黛溪四路 68 号	0543-4353661	256200
惠民县总工会	惠民县府前街 1 号	0543-5321405	251700
阳信县总工会	阳信县阳城六路 567 号商务中心	0543-8232593	251800
无棣县总工会	无棣县府前大街政务中心	0543-6781232	251900
博兴县总工会	博兴县博城二路 399 号	0543-2395269	256500
邹平县总工会	邹平县黛溪四路 68 号	0543-4353661	256200
经济开发区工会工作委员会	滨州市渤海 18 路中海大厦	0543-3181766	266606
高新区工会工作委员会	高新区高新创业服务中心 602 办公室	0543-3160021	256623
北海经济开发区工会工作委员会	滨州北海经济开发区北海大街 1 号	0543-2258059	251907

菏泽市

名　　称	地　　址	电　话	邮　编
菏泽市总工会	菏泽市中华路 1111 号	0530-5310256	274000
市直工会	菏泽市中华路 1111 号	0530-5310254	274000
市直机关工会	菏泽市中华路 1111 号	0530-5310253	274000
牡丹区总工会	菏泽市牡丹区重庆路公务大楼 9017	0530-5928398	274000
曹县总工会	曹县人民政府大楼	0530-3221051	274400
定陶县总工会	定陶县兴华街中段陶驿北路 C 段 069 号	0530-2216718	274100
成武县总工会	新一中教研楼 4 楼	0530-8622914	273600
单县总工会	单县湖西大厦	0530-4660225	274300
巨野县总工会	巨野县青年路 49 号	0530-8212765	274900
郓城县总工会	郓城县临城路 33 号	0530-6522372	274700
鄄城县总工会	鄄城县南环路 3 号	0530-2421345	274600
东明县总工会	东明县解放路北段 48 号	0530-7312422	274500
开发区工会	开发区管委会	0530-5329820	274000
高新区总工会	中华西路 2059 号	0530-3625818	274000